Au bonheur des mots

DU MÊME AUTEUR

TOUT SUR TOUT
(édition du club France-Loisirs)

CLAUDE GAGNIÈRE

Au bonheur des mots

FRANCE LOISIRS
123, boulevard de Grenelle, Paris

Nous remercions Gérald Antoine et son éditeur, Les Presses Universitaires de Nancy – qui ont publié, en 1984, en hommage à cet auteur, un recueil de « mélanges » également intitulé *Au bonheur des mots* – de nous avoir autorisés à reprendre ce titre.

ISBN 2-7242-6113-5

A Lydie, ma mère
et à Nicou...
Les deux femmes de ma vie.

C.G.

« Souriez, Mesdemoiselles, si vous voulez avoir plus tard les rides bien placées ! »

MADAME DE MAINTENON
aux demoiselles de Saint-Cyr

« Le sourire est la perfection du rire. »

ALAIN

« L'humanité se prend trop au sérieux. C'est le péché originel de notre monde. Si l'homme des cavernes avait su rire, le cours de l'histoire eût été changé. »

OSCAR WILDE

Tout, sur tout le bonheur des mots

A l'origine du *Bonheur des mots* se trouve un mince livre, au format très modeste, paru en 1986 et paradoxalement intitulé *Tout sur tout !* Sous-titré « Petit dictionnaire de l'insolite et du sourire », cet opuscule était offert, en hommage de fidélité, aux adhérents d'un grand club de livres : je m'étais beaucoup amusé à traiter sur le mode aimable et désinvolte des sujets les plus divers, en mêlant au fil de la plume les informations sérieuses aux citations drôles, les jeux d'esprit aux anecdotes cocasses.

Surprise heureuse : un courrier abondant et complice témoigna de la satisfaction des lecteurs qui m'incitaient à donner une suite à ce petit livre. La possibilité m'en fut offerte par Robert Laffont qui, séduit par les divertissantes ressources de son exemplaire de *Tout sur tout*, me fit la joie de me proposer la transformation de ce modeste essai en un livre de plus belle envergure. J'ai donc repris mon ouvrage... en conservant de la première version les seuls chapitres traitant de la littérature, de la poésie, de la langue, de l'édition, des jeux de lettres... que j'ai développés et enrichis, en élargissant mon propos d'une bonne soixantaine de sujets nouveaux.

Celui qui voudrait connaître les ingrédients que j'ai utilisés pour concocter *Au Bonheur des mots*, y trouverait *un quart* de « Tout sur tout », *trois quarts* de chapitres inédits, sans compter *quatre autres quarts* de ce que nos meilleurs humoristes ont pu écrire de drôle, d'inattendu ou d'irrespectueux.

A ceux qu'étonnerait cette curieuse arithmétique, il est facile de faire remarquer qu'un gros livre de 700 pages est susceptible de contenir bien d'autres choses encore tout aussi réjouissantes, je l'espère !

Claude Gagnière

A

« Au commencement était le *Verbe* », dit la Bible.
« Pardon! au commencement, on trouve toujours le A! » s'écrient en chœur MM. Littré, Quillet, Larousse et Robert, nos encyclopédistes tricolores.
Rien de plus simple à concilier que ces points de vue en apparence contradictoires :
Tout commence par le verbe, sans doute, à condition qu'il s'agisse du verbe *avoir* à la 3e personne du singulier de l'indicatif présent, c'est-à-dire « A », seul et sans accent. C.Q.F.D.
D'ailleurs, s'il faut croire Antoine de Piis (1788) :

> A l'aspect du Très-Haut, sitôt qu'Adam parla.
> Ce fut certainement " A " qu'il articula!

Premier pas de la culture, lever de rideau sur le savoir, A est le commencement de toute science et, s'il est exact que - comme le déclare l'ineffable Petit Jean dans *Les Plaideurs* de Racine (acte III, scène 3) - « Ce que je sais le mieux, c'est mon commencement », la lettre A devrait être, de toutes celles de l'alphabet, celle qui recèle le moins de mystères.

En est-on bien sûr?
Aurait-on toujours en mémoire que la lettre A est capable de symboliser tout à la fois un lopin de terre, une infime longueur, un brin d'électricité et un rien de musique étrangère?

☘ *Un lopin de terre?* La lettre « a » écrite avec une minuscule est le symbole de l'**are** qui, comme chacun sait, est une mesure agraire représentant la surface d'un petit champ de 10 mètres de côté, l'équivalent du décamètre carré.

☘ *Une longueur infime?* Lorsque vous surmontez un A majuscule d'un chapeau rond (non pas à la mode de Bretagne... à la mode de Suède, plutôt, c'est-à-dire ainsi : Å) il représente alors un ANGSTRÖM, soit une longueur correspondant à un dix-millième de micron, lequel micron est égal, pour sa part, à un millième de millimètre. Å équivaut donc à un dix-milliardième de mètre soit 10^{-10} ce qui, il faut en convenir, n'est pas une distance bien considérable et ne peut guère servir que pour les mesures de microphysique.

☘ *Un rien de musique étrangère?* Dans les pays anglo-saxons, la lettre A majuscule correspond à la note « La » utilisée dans nos pays latins, B correspondant à « Si », C à « Do », D à « Ré », etc.

La lettre A sert aussi à désigner une bombe nucléaire de fission et un groupe de vitamines. Il est à noter qu'elle est également l'abréviation d'Altesse et d'Autoroute.

Ce n'est pas tout : depuis qu'Arthur Rimbaud, dans un sonnet fameux, a imaginé de donner une couleur à chaque voyelle, A représente poétiquement la couleur noire :

> **A** noir, **E** blanc, **I** rouge, **U** vert, **O** bleu, voyelles...

et Rimbaud développe un peu plus loin cette impression :

> **A,** noir corset velu des mouches éclatantes
> Qui bombillent autour des puanteurs cruelles,
> Golfe d'ombre...

Soulignera-t-on assez l'importance que revêt la connaissance de cette simple lettre A - associée toutefois à sa voisine B - aussi bien comme brevet de culture qu'en tant qu'élément de preuve? Ne dit-on pas, en effet, « Il ne sait ni A ni B » pour se moquer d'un illettré et « Prouver par A + B » dans le cas d'une démonstration péremptoire?

Les Grecs prononçaient leurs deux premières lettres *alpha* et *bêta*. Le souvenir de cette origine a été conservé à travers les siècles dans notre mot *alphabet*.

Mais s'il suffit de deux lettres - mêmes grecques - pour désigner l'ensemble des autres lettres de notre langue, il faut croire que

grand séjour,
ionné APL,
arges. BLOT
.26.
part. F3 70m2
. ind. gaz +
+ ch. Tél.
ds résid. avec
s vis-à-vis, par-
F + ch. Tél.
2 appart. T3
ch.gaz indiv.,
78.51.30.85 sf

■ VIENNE, part. loue superbe T3, ctre ville, 60m2, chauff. gaz, loyer 2.900F. Tél. 07.66.38.76.

■ Loue F3 dans maison avec garage quartier sud VIENNE.Tél. de 20 à 22h 76.71.50.44.

■ Vd ou loue, GIVORS 11 rue R Salengro, appt F3. Tél. 78.07.10.77.

■ CENTRE VIENNE loue appt 85m2, 6em ét. ascenseur, balcon, vue panoramique, cuisine intégrée, gd confort, 3.400F, + charges 400F. Tél. h repas 74.85.16.91.

■ VIENNE 3 pces 70m2, wc cuis. amér. pied montée Hopita de suite 1.900F Tél. 74.585.4 ap19h

Appartement

■ Ctre PEAGE-DE-ROUSSILLO prop. calme, garage, cave, tt balc. sud, lib. 1 février 74.84.24.43.

■ T4, Pl. L. Revol, Vienne, c ind. gaz, TBE, 2.800F, hon. 1 REGIE CONSEIL 74.85.14.12.

DES COMPAGNONS
EST NOEL
son des Compagnons
du gouvernement (prêt à 0%)
aux futurs propriétaires
000F sur prix catalogue (1995)
signés avant le 31 décembre 1995

000F TTC
s contrats signés, entre le 21/11 et le 31/12/95.
F TTC total = 379 000F TTC
ATUIT SANS ENGAGEMENT
C.
☐ Documentation gratuite de nos projets
☐ Documentation de 45 projets contre participation aux frais d'envoi de 49F TTC

ne la connaissance de quatre lettres
ont donné le mot latin *abecedarius*,
-on dire curieusement que les élèves
dans leur « abécédaire » latin.

pitre sans rappeler une savoureuse
embellie par les conteurs successifs
toire d'A » :

ne dont les études n'avaient guère
e « A ». Chaque année, son fils et
rejeton auquel elle tricotait une
it d'un superbe « A » brodé. « Ça
t-elle à des Parisiens qui s'éton-
fants ont appelé leur premier gar-
le troisième Anri et puis la fille
ne demande comment je vais m'y
k imbéciles se sont mis en tête de

tablir un parallèle entre cette his-
écrivain prolifique qui conçut
toutes d'un prénom commençant

regardez-le à l'envers. Ne vous
taureau avec ses cornes? Rien
vants qui pensent que cette lettre
ptiens. A l'appui de cette hypo-
le nom phénicien de cette même
e bœuf.

nt est toute trouvée : du bœuf,
turellement... au bicorne.

SE

adémie française, écrivait Jean
nts d'une très ancienne tribu à
de se promener le long de la

nter l'ethnologue curieux de

retrouver les origines de cette antique tribu de petits hommes verts et d'en étudier les mœurs et les coutumes.

En 1570, la première Académie française est l'œuvre de *Jean-Antoine de Baïf* et de *Joachim-Thibault de Courville* désireux tous deux de réunir au sein d'une assemblée les « beaux esprits » de l'époque : Dorat, Ronsard, Jodelle, Belleau, Pontus de Tyard.

Le nom d' « académie » lui avait été donné en souvenir d'un jardin d'Athènes - consacré au héros grec Akademos - où Platon dispensait son enseignement à l'élite de la jeunesse athénienne.

Bien que Charles IX eût accordé à cette assemblée les lettres patentes lui conférant l'officialité, l'expérience ne dura pas.

Plus tard, l'idée en fut reprise sous Louis XIII par un conseiller du roi, *Valentin Conrart* - au nom évocateur d'une bien surprenante pénurie! - lequel, depuis 1629, avait pris l'habitude de réunir chez lui un petit groupe de gens de lettres.

Le cardinal de Richelieu, qui était d'un naturel méfiant, se hâta de donner une consécration officielle à ces réunions amicales et spontanées, afin de les mieux pouvoir contrôler. Un très joli travail de récupération! Le cénacle s'élargit et passa de neuf à douze, puis à trente-quatre membres.

Le 13 mars 1634 eut lieu la première séance de la nouvelle assemblée qui, une semaine plus tard - la date du *20 mars 1634* est historique -, se dota du nom prestigieux d'*Académie française*.

Comme elle avait accepté de devenir « un corps sous une autorité publique », Louis XIII en signa les lettres patentes le *29 janvier 1635*. Richelieu, devenu le protecteur officiel de l'Académie, exercera désormais à travers elle une véritable dictature sur les lettres.

C'est ainsi que, jaloux du succès du *Cid* (1636) que Corneille avait refusé de lui vendre (car « Son Éminence » avait des prétentions littéraires), Richelieu fit condamner la pièce par l'Académie. Fort heureusement, cette cabale n'empêcha pas la tragédie de Corneille d'attirer des foules enthousiastes. On disait alors, à propos de quelque chose d'admirable : « C'est beau comme *Le Cid*! »

Boileau, dans un quatrain célèbre, ironisera sur cette prétention du Cardinal à vouloir étouffer un chef-d'œuvre :

> En vain contre le *Cid*, un ministre se ligue
> Tout Paris, pour Chimène a les yeux de Rodrigue,
> L'Académie en corps a beau le censurer,
> Le public révolté s'obstine à l'admirer.

Triste époque où les gens de plume ne pouvaient survivre qu'en devenant les domestiques des puissants et des rois!

Heureusement, le talent eut le dernier mot! Dix ans plus tard (1646), et après deux échecs, Corneille sera élu à l'Académie.
En 1639, le nombre des académiciens - qui n'étaient alors que trente-quatre - fut porté à quarante. Ce chiffre ne cessera de donner lieu à d'innombrables plaisanteries :
Piron - qui ne fut jamais de l'Académie - s'est montré féroce : « Ils sont là quarante qui ont de l'esprit comme quatre! »

Fontenelle - qui fit partie de l'illustre compagnie - se plaignait amèrement qu'on ne songeât à accorder quelque importance aux académiciens qu'aux approches d'une élection :

> Sommes-nous trente-neuf, on est à nos genoux
> Et sommes-nous quarante, on se moque de nous.

Diderot - qui jamais n'« en » fut - décréta un demi-siècle plus tard :
« Nous avons quarante oies qui gardent le Capitole et ne le défendent pas. »

Louis XIV, qui se voulut à son tour protecteur de l'Académie, institua, par l'intermédiaire de Colbert, les jetons de présence (32 sous) qui ajoutaient l'avantage pécuniaire à la faveur royale. Dans sa modestie bien connue, le Roi Soleil exigera de l'Académie française qu'elle n'ait d'autre préoccupation que de chanter ses louanges. C'est ainsi qu'elle deviendra, selon le mot de Guy Breton, « une manufacture de louanges ».
« Vous pouvez juger, messieurs, déclare Louis XIV dans un discours aux académiciens, de l'estime que j'ai pour vous puisque je vous confie la chose au monde qui m'est la plus précieuse : MA GLOIRE! »

« L'Académie devint alors une académie glorieuse et triomphante, écrivait l'abbé de La Chambre, revêtue de la pourpre des cardinaux et des chanceliers, protégée par le plus grand roi de la Terre... remplie de princes de l'Église et du Sénat, de ministres, de ducs et de pairs, de conseillers d'État. »
Une place à l'Académie n'était plus qu'une récompense due à la faveur plutôt qu'au mérite.
Cent ans après sa création, voici quelle était la composition de l'Académie :
3 Éminences, 3 Grandeurs, 9 Abbés, 2 Maréchaux, 4 hauts fonctionnaires, 6 historiens, politiciens, ambassadeurs ou économistes, 2 ora-

teurs, 3 traducteurs et *3 écrivains proprements dits* (René Peter, *Vie secrète de l'Académie*).

Lorsque le comte de Montesquiou fut élu à l'Académie, cette épigramme courut Paris :

Montesquiou-Fézensac est à l'Académie.
Quel ouvrage a-t-il fait? - Sa généalogie!

Voltaire avait ainsi défini l'Académie :
« Un corps où l'on reçoit des gens titrés, des hommes en place, des prélats, des gens de robe, des médecins, des géomètres... *et même des gens de lettres*! »

Avec un semblable pedigree, il aurait été surprenant que l'appartenance à l'Académie française pût être considérée comme une preuve d'indépendance d'esprit. Pour un auteur célèbre admis en vertu de son seul talent, que de cardinaux, de nobles, de politiciens à l'échine souple ou de généraux à la retraite ne rencontrait-on pas dans ses rangs!

Dans le premier acte de *Cyrano de Bergerac*, Edmond Rostand s'est amusé à faire citer par l'un de ses personnages quelques noms d'académiciens, célébrités de l'époque, tombés, aussitôt morts, dans l'oubli le plus profond.

... Bardin, Boisset et Cureau de La Chambre,
Porchères, Colomby, Bourzeys, Bourdon, Aubaud,
Tous ces noms dont pas un ne mourra, que c'est beau!

Au moins, reconnaissons à l'Académie, parmi d'autres mérites, celui d'offrir une parfaite illustration de la relativité de la gloire.

Quel beau Panthéon ne pourrait-on élever à la mémoire - toujours vivante elle! - de tous ceux qui jamais ne firent partie de l'Académie et dont voici une liste classée alphabétiquement et non limitative :

BALZAC (4 échecs) - BARBEY D'AUREVILLY - BAUDELAIRE - BEAUMARCHAIS

ANDRÉ CHÉNIER - AUGUSTE COMTE - BENJAMIN CONSTANT - PAUL-LOUIS COURIER - COURTELINE

ALPHONSE DAUDET - DESCARTES - DIDEROT - ALEXANDRE DUMAS (4 échecs)

GUSTAVE FLAUBERT

THÉOPHILE GAUTIER - GIDE - GIONO - LES FRÈRES GONCOURT

LA ROCHEFOUCAULD - LAMENNAIS

MALEBRANCHE - STÉPHANE MALLARMÉ - MARTIN DU GARD - MAUPASSANT
JULES MICHELET - MIRABEAU - MISTRAL - MOLIÈRE
NERVAL
PASCAL - L'ABBÉ PRÉVOST - PROUST
QUENEAU
REGNARD - JULES RENARD - RETZ - RIVAROL - ROUSSEAU
SAINT-EXUPÉRY - SAINT-SIMON - SCARRON - STENDHAL
VERLAINE
ZOLA (24 échecs)

Ce palmarès, volontairement réduit, se passe de commentaire! Depuis trois siècles et demi qu'elle existe, il est d'usage pour tout homme de lettres normalement constitué de moquer l'Académie tout en rêvant d'y entrer un jour afin d'acquérir, d'abord, l'assurance d'une aisance financière pour ses vieux jours, et ensuite le fragile sentiment d'une très provisoire immortalité.
Écoutez, bonnes gens, le chœur des méchants!

« L'Académie? Avec une minuscule, c'est un corps de jolie femme. Avec une majuscule, c'est un corps de vieux barbons. »

PAUL MORAND (de l'Académie)

« L'Académie? le commun des immortels! »

JULES RENARD (de l'Académie... Goncourt)

« Quand je n'aurai plus qu'une paire de fesses pour penser, j'irai l'asseoir à l'Académie. »

GEORGES BERNANOS (qui ne fut pas académicien)

« Les Académies sont des sociétés comiques où l'on garde son sérieux. »

MADAME DE LINAUGE

« L'Académie a un grand malheur, c'est la seule corporation un peu durable qui n'ait jamais cessé d'être ridicule. »

ALFRED DE VIGNY (de l'Académie)

« L'Académie est le chef-d'œuvre de la puérilité sénile. »

VICTOR HUGO (de l'Académie)

L'habit vert

A la question « de quelle couleur est l'habit vert de l'académicien? » il n'est qu'une réponse exacte : « Il est *noir*, orné de broderies vertes en feuilles d'olivier. »
Sous la Convention, les membres de l'Institut réclamèrent un costume « simple et décent » pour les distinguer du commun des mortels.

Le Conseil d'État voulut d'abord les vêtir d'un habit noir brodé et doublé de ponceau. Avec beaucoup de hauteur, ils refusèrent d'être habillés en coquelicot. On confia donc à une commission de trois membres composée d'un sculpteur (Houdon), d'un peintre (Vincent) et d'un architecte (Chalgrin), la mission de choisir à ces messieurs de l'Institut un uniforme à leur goût.

On leur présenta un habit brun avec des broderies d'un brun plus clair : ils refusèrent de devenir des « bonshommes en chocolat ». Ils refusèrent aussi un costume noir brodé de jaune souci, pour accepter enfin des broderies vertes, considérées comme plus sobres.

C'est cet uniforme qui habille toujours nos académiciens d'aujourd'hui. La seule transformation importante concerne la culotte « à la française » remplacée aujourd'hui par le pantalon. A part cela, la veste a évolué de la redingote vers le frac, se faisant de moins en moins martiale et de plus en plus civile.

Il n'existe pas deux uniformes pareils. Sur chaque costume les proportions et les nuances de broderies sont différentes. Il faut, pour le réaliser, soixante heures de dessin, deux cents heures de broderie... et un joli capital d'environ cent trente mille francs. La confection d'un habit vert par un grand couturier comme Lanvin ou Cardin demande au moins six mois, ce qui explique qu'il s'écoule parfois près d'un an entre la date d'une élection et celle d'une réception.

On comprend la réflexion prudente de Tristan Bernard qu'on incitait à poser sa candidature : « Le costume d'académicien coûte cher, trop cher! J'attendrai qu'il en meure un de ma taille! »

Réflexe d'autant plus sensé que cet uniforme a très peu de chances d'être amorti : les académiciens, peu enclins à se balader accoutrés de la sorte, viennent en civil aux séances du Quai Conti. Il fallut que Maurice Genevoix, secrétaire perpétuel, prît une décision dictatoriale : le bureau désignerait, avant chaque séance sous la Coupole, six « volontaires » qui seraient tenus de parader... en tenue.

L'épée

Si l'uniforme est hors de prix, l'épée est gratuite : elle est offerte au récipiendaire par ses amis qui ont collecté des fonds par souscription. Selon une tradition touchante, la poignée de l'épée doit porter les symboles les plus représentatifs de la vie et de l'œuvre du futur académicien.

Jean Cocteau avait demandé à Picasso de lui dessiner la sienne. Le peintre lui présenta, en s'amusant beaucoup de son gag, l'épée « pour petit déjeuner » avec garde en forme de croissant et la coquille en forme de tasse à café. Il n'y manquait ni le sucre ni le couteau à

beurre ni la petite cuillère. Cocteau n'eut d'autre ressource que de dessiner lui-même son épée.
Celle d'Alain Decaux porte une émeraude dont Sacha Guitry lui avait fait cadeau.
Celle du professeur Jean Bernard, spécialiste des recherches sur le sang, porte un globule et ses initiales gravées.
Jean d'Ormesson a fait figurer sur la sienne le « F » de *Figaro*, la chouette de l'École normale et les armes de sa famille *.
Il n'empêche que tous nos écrivains sont fort embarrassés de recevoir cette épée par eux tant désirée. Cette arme, martiale au côté d'un militaire, prend chez eux des allures de manche de parapluie.
On ne peut s'empêcher d'évoquer Labiche, tremblant de trac au moment de sa réception et murmurant : « C'est la première fois que je porte une épée, et je n'ai jamais eu aussi peur de ma vie ! »
Bien sûr, les prêtres sont dispensés du port de l'épée... ainsi que « les » femmes !

** La palme (!) de l'originalité revient au commandant Cousteau qui voulut une épée de cristal, une espèce de lame de fond en quelque sorte.*

La candidature

L'Académie française ouvre ses portes à n'importe qui... en principe !
L'article premier des « statuts et règlements » stipule qu'il faut « être de bonnes mœurs, de bonne réputation, de bon esprit et propre aux fonctions académiques ».
Il n'est pas dans la tradition de l'Académie d'accueillir les esprits trop originaux, les personnalités trop remuantes ou les auteurs d'avant-garde. Un discret immobilisme rassure, un conservatisme de bon aloi ne déplaît pas, et rien ne choque comme les différences affirmées.
Ainsi de l'élection des femmes : il n'y a rien dans le règlement de l'Académie qui s'oppose à l'entrée d'une femme sous la Coupole ; rien, si ce n'est la TRADITION.
Madame de La Fayette, née en même temps que l'Académie et auteur de ce chef-d'œuvre qu'est *La Princesse de Clèves,* ne fut pas élue, pas plus que Madame de Staël, que George Sand, Colette ou la comtesse de Noailles.
En 1970 - scandale ! -, Françoise Parturier pose sa candidature au fauteuil de Jérôme Carcopino. Elle obtient une voix !
En 1975, deux femmes se présentent à la succession de Marcel Pagnol : la chorégraphe Janine Charrat qui obtient 6 voix et Louise Weiss, première en date des féministes européennes, qui en compte 4. Aucune des deux n'est élue.
Il fallut donc attendre trois siècles et demi pour qu'une jupe illustre celle de Marguerite Yourcenar - vînt se poser au milieu d'une assemblée de trente-neuf pantalons.
Le 6 mars 1980, elle fut élue au premier tour par 20 voix contre 12

au professeur Jean Dorst. Le 2 janvier 1981, elle était accueillie solennellement sous la Coupole par Jean d'Ormesson, artisan de cette victoire sur la tradition et le sexisme.
C'est ce même farceur D'Ormesson qui prétendait que, désormais, il y avait deux portes aux toilettes de l'Académie. Sur l'une il est inscrit « Messieurs », sur l'autre « Marguerite Yourcenar »!
Hélas! le 18 décembre 1987, il fallut apposer sur cette deuxième porte imaginaire la mention « FERMÉ POUR CAUSE DE DÉCÈS » en attendant que l'Académie décidât de l'ouvrir à un autre auteur féminin. Moins d'un an plus tard, le jeudi 24 novembre 1988, une autre femme, Mme Jacqueline de Romilly, était élue à ces deux sièges, dont l'autre est un fauteuil.
Encore réservée sur la candidature des femmes, l'Académie ne s'entrouvre (!) qu'à regret aux homosexuels.
Si l'on en croit Jean Galtier-Boissière *(Le Dictionnaire de la conversation)*, l'Académie de 1956 comptait dans son sein quatre homosexuels notoires, dont trois polyvalents et un - que ses collègues avaient surnommé « Tante et Quarante » - qui vivait depuis quinze ans en ménage avec un danseur et faisait de la tapisserie.
On connaît le mot de Renan à qui l'on confiait que Loti, candidat déclaré, « en » était : « Eh bien! Messieurs! Nous verrons bien! »
L'Académie n'aime pas non plus les gens du spectacle et s'est toujours refusée à accueillir un baladin : Molière ni Sacha Guitry ne furent jugés dignes d'entrer, non plus que Charles Trenet, qui aurait pourtant apporté la fraîcheur d'une « fleur bleue » à ce bouquet d'immortelles.

La réception

C'est impressionnant! Ils descendent à la queue leu leu et gagnent leur place pendant que battent et roulent les tambours de la Garde républicaine. Le directeur en exercice s'assied au bureau entre le secrétaire perpétuel et le chancelier en exercice. Le récipiendaire dispose d'une heure pour lire - debout - son remerciement et faire l'éloge de son prédécesseur. Le directeur a également une heure pour lire - assis - l'éloge du récipiendaire. Les discours sont sans surprise pour les académiciens qui les ont entendus le jeudi précédent dans le secret du comité de lecture. Ces discours sont vaguement soporifiques. Piron - encore lui! - se moquait de ces interminables allocutions :

> Plus de ces longs discours dans votre Académie.
> Tout naturellement, il serait mieux, je crois,
> Que le sujet reçu dît : « Je vous remercie »...
> Et qu'on lui répondît : « Il n'y a pas de quoi! »

Pourtant - exception heureuse -, les voûtes du Quai Conti se souviennent encore du rire interminable qui salua le discours de réception de Marcel Pagnol à son ami Marcel Achard, au moment où il lui dit :
« Eh bien, monsieur, je regrette d'avoir à rappeler ici que vous êtes monté vous-même sur les tréteaux... Je vous ai vu, la face enfarinée, le menton pointé, les pieds en dedans... soulever de grands éclats de rire... en recevant, monsieur, des coups de pied!... Et des coups de pied où ça?... »
Et Pagnol s'arrêta le temps de changer de feuillet, avant de continuer : « Au théâtre de l'Atelier devant une foule chaque soir renouvelée ! »

Le dictionnaire

L'homme de la rue se demande parfois à quoi peut bien servir un académicien.
Tous les jeudis que Dieu fait, de 15 h 30 à 16 h 30, les académiciens travaillent au dictionnaire de l'Académie française. Un dictionnaire que personne ne lira !

Depuis le XVIIe siècle il y eut 8 éditions : 1694-1718-1740-1762-1795-1835-1878-1935.
L'édition actuelle en était au tome II, de « baratte » à « chaînage » à la fin 1987. On y trouve 1 085 entrées nouvelles : barbaque, bluff, boycott, cache-sexe, casse-pieds, cave, chahuteur. Le dictionnaire admet même le mot « bordel » dans le sens de « grand désordre » et donne comme exemple : « mettre le bordel dans une administration » ! Était-ce bien nécessaire, messieurs, de risquer un tel pléonasme ?
Les séances de dictionnaire ont de tout temps donné lieu à des scènes bien rafraîchissantes :
Les académiciens après avoir pondu cette définition du mot ÉCREVISSE : « Petit poisson rouge qui marche à reculons », eurent l'heureuse idée de consulter leur collègue Cuvier qui leur répondit : « L'écrevisse n'est pas un poisson, elle n'est pas rouge et elle n'avance pas à reculons. Au demeurant, messieurs, excellente définition ! »
Si la fonction d'académicien est si recherchée, ça n'est pas à cause du traitement : un académicien gagne environ 2 000 francs par mois : 600 francs de fixe plus des jetons de présence. « C'est le seul club où, au lieu de verser une cotisation, vous en touchez une ! » dit Jean Dutourd. Le secrétaire perpétuel est le seul à recevoir un salaire décent : environ 18 000 francs.

Est-ce parce qu'ils ne travaillent pas aux pièces que les académiciens avancent si lentement dans la rédaction de leur dictionnaire? Déjà au XVIIe siècle, Boisrobert, un des membres de la fondation, écrivait en parlant du travail de ses collègues :

> Tous ensemble, ils ne font rien qui vaille :
> Depuis six ans dessus l' « F » on travaille
> Et le destin m'aurait bien obligé
> S'il m'avait dit : « Tu vivras jusqu'au " G "! »

Et Lebrun-Pindare de rimer :

> On fait, défait, refait ce beau Dictionnaire
> Qui, toujours très bien fait, sera toujours à faire.

Les académiciens distribuaient aussi des prix de vertu et des prix littéraires qui étaient sans grande importance pour la plupart. On en a répertorié 143! Il y avait un « prix Patouillard », un « prix décerné à des domestiques qui l'auront mérité par leur dévouement à leurs maîtres », une fondation Broquette-Gonin qui avait pour but de verser des « prix destinés à récompenser des actes de vertu ».
Aujourd'hui, tous ces prix gentiment ridicules ont été versés dans une cagnotte qui permet de récompenser richement les écrivains élus par l'Académie :

- 100 000 F pour le grand prix du roman de l'Académie française.
- 50 000 F pour le prix de la critique, de la biographie, de l'essai, de philosophie.
- 300 000 F pour le prix Paul-Morand attribué tous les deux ans depuis 1980.
- 300 000 F via la fondation Le Métais-Larrivière-fils pour le grand prix de littérature.
- 100 000 F grâce à la fondation Roucoules pour le grand prix de poésie.
- 400 000 F avec le Canada pour le grand prix de la francophonie.

(Source : *Lire*, février 1988.)
Peu de personnes savent que l'Académie française est - en commun avec les quatre autres académies composant l'Institut - un richissime propriétaire foncier qui possède entre autres : le château de Chantilly, le château de Langeais, le manoir de Kérazan à Loctudy, l'abbaye de Chaalis, la « Mer de sable », louée à Jean Richard, et... la salle Wagram à Paris.
Depuis sa fondation en 1634 et jusqu'à la fin 1988, l'Académie française a accueilli 683 Immortels dont 4 ont été élus deux fois,

c'est-à-dire exclus avant d'être réélus *. Ce qui fait en moyenne 17 postérieurs par fauteuil, soit environ vingt ans par tête d'académicien!

Mais il est vulgaire de parler de postérieur alors que Jean Dutourd, dans son discours de réception (10 janvier 1980), a fort bien démontré que « ce sont des esprits qui s'asseyent dans les fauteuils académiques et non des séants comme dans les fauteuils ordinaires ».

« Il est bien plus facile d'être immortel de son vivant qu'après sa mort », avait écrit l'académicien Maurice Barrès qui tint à démontrer par la suite la justesse de son assertion en réussissant à se faire presque complètement oublier.

** Renseignement dû à la courtoisie et à la science de M. Michel Topolinski pour qui l'histoire de l'Académie française n'a pas de secrets.*

Retenons pour terminer le mot un peu amer que fit Henri Jeanson à l'élection de Marcel Pagnol : « Être immortel, c'est tout de même être un petit peu mort! »

Car après tout,

« Immortel, on ne l'est que pour la vie! » DANIEL-ROPS.

Académie Goncourt

Lorsque Jules mourut en 1870, son frère Edmond fut inconsolable : toute une vie passée à deux, à voyager ensemble, à écrire à quatre mains, dans une communion de pensées, de sentiments et de goûts, toute une vie qui relevait davantage de la gémellité que de la normale fraternité, venait de prendre fin. Il restait encore vingt-six ans à Edmond pour achever seul l'œuvre pensée en commun; seul, comme amputé d'une moitié de lui-même.

Longtemps, ils avaient rêvé ensemble d'un projet exaltant, la fondation d'une *académie littéraire* qui porterait leur nom, une académie qui - à la différence de l' « autre », celle du Quai Conti - serait un cénacle d'amis, tous choisis parmi les vrais écrivains, ouverts à la littérature d'aujourd'hui; une académie qui serait aussi libre de ton, aussi fraternelle et anticonformiste que l'autre était traditionaliste et guindée. Tous deux, ils avaient même fait leurs comptes :

Les dix « académiciens Goncourt » recevraient une rente annuelle destinée à leur assurer une vie exempte de gros soucis matériels. Le chiffre en avait même été fixé à *6 000 francs-or* par an. Accessoirement, la nouvelle académie aurait pour mission d'attribuer chaque année un prix de *5 000 francs-or* permettant à un jeune écrivain d'être libéré de toute préoccupation financière pendant un an ou deux. On peut lire dans le testament d'Edmond de Goncourt qui date de juillet 1874 :

« A l'égard des 5 000 livres de rente de surplus, elles seront employées à faire les fonds d'un prix annuel destiné à rémunérer une *œuvre d'imagination*. Ce prix sera donné au meilleur roman, au meilleur recueil de nouvelles, au meilleur volume d'imagination en prose et exclusivement en prose publié dans l'année (...).

« Mon vœu suprême, vœu que je prie les jeunes académiciens futurs d'avoir présent à la mémoire, c'est que *le prix soit donné à la jeunesse, à l'originalité du talent, aux tentatives nouvelles et hardies de la pensée et de la forme*. Le roman, dans ces conditions d'égalité, aura toujours la préférence. »

Le journal *Le Bien Public* révéla, dès le 23 juin 1882, le secret du testament d'Edmond de Goncourt. Ce n'est que trois ans plus tard, le 1er février 1885, qu'ouvrira le Salon littéraire, antichambre de la future académie, dans le « grenier » de la maison d'Auteuil où Edmond a installé ses pénates, ses estampes japonaises et ses chinoiseries.

Le Tout-Paris des Lettres et des Arts s'y rencontrait : Alphonse Daudet, Théodore de Banville, Zola, Maupassant, Joris-Karl Huysmans, Richepin, Gavarni, et tant d'autres. Le lieu ressemblait à un musée où il convenait de prendre garde à ses mains et à ses pieds pour ne rien bousculer. Au gré du temps, des décès et des brouilles, la liste initiale des écrivains désignés pour faire partie de la future académie se modifiera : Loti, Bourget, Zola en seront rayés pour avoir posé leur candidature à l'autre académie, la rivale. Les noms de Flaubert (mort en 1880), de Maupassant (mort en 1893) seront supprimés ainsi que ceux de Théodore de Banville (mort en 1891) et de Barbey d'Aurevilly (mort en 1889). Le 16 juillet 1896, Edmond de Goncourt meurt chez son ami Alphonse Daudet. Son testament désigne Daudet et Léon Hennique comme légataires universels. Les héritiers naturels intentent un procès contre le testament en prétextant qu'un certain nombre d'écrivains prévus par le testataire avaient disparu. Ils seront déboutés en 1897. Et la première Académie Goncourt pourra - enfin - naître officiellement le 19 janvier 1902.

Alphonse Daudet, qui était mort soudainement en mangeant sa soupe, le 16 décembre 1897, y sera représenté par son fils *Léon*. Il y aura ensuite *Huysmans, Mirbeau, J.-H. Rosny Aîné, Rosny Jeune, Léon Hennique, Paul Margueritte, Gustave Geffroy, Elémir Bourges, Lucien Descaves.*

Les premiers prix...

Les académiciens Goncourt prirent dès le début l'habitude de se réunir autour d'une table. Ce fut d'abord chez Champeaux, place de la Bourse, puis, au café de Paris, avenue de l'Opéra. Pendant les premières années, ces repas étaient des dîners. A partir de 1914, les Goncourt trouvèrent définitivement asile au restaurant Drouant, place Gaillon.

Comme on s'en doute, la comparaison entre les académiciens français et leur fauteuil, d'une part, et le couvert des académiciens Goncourt d'autre part, fut le prétexte à une floraison de bons mots : Forain baptisa les Dix « l'Académie de la Nappe ». Le critique Émile Faguet fut plus dur en surnommant le nouveau cénacle « l'Académiette » !

C'est le 21 décembre 1903, à 10 heures du soir et dans la plus parfaite indifférence, que le premier prix Goncourt fut attribué à Eugène Torquet, dit *John-Antoine Nau* - quarante-quatre ans - pour son livre *Force ennemie*, « récit fort hallucinant de la conquête d'un cerveau humain par la folie ». Lucien Descaves pensait que John-Antoine Nau « ferait une grande carrière ». Léautaud que « c'est pour de tels livres qu'est fait le prix Goncourt ». A un moment, il fut question de le donner à René Boylesve pour *La Leçon d'amour dans un parc*. Mirbeau s'y opposa sous prétexte que Boylesve avait « fait un mariage riche le mettant à l'abri du besoin » (*Le Crapouillot,* « Faux Génies », n° 53, juin 1961). L'incidence du prix sur la vente de ce roman fut insignifiante. « Quelques douzaines de lecteurs seulement voulurent connaître l'œuvre du lauréat » (J. Brenner, *Tableau de la vie littéraire en France*).

7 décembre 1904. Le deuxième prix Goncourt est attribué, au second tour, à Léon Frapié pour *La Maternelle*.

Un livre « plein de petits Poils de Carotte », écrit Jules Renard. Et Mirbeau, qui a voté pour ce livre : « C'est du Jules Renard pour écoles primaires. »

Les académiciens Goncourt ayant refusé de recevoir les journalistes, c'est la caissière du Café de Paris qui annonce les résultats aux quelques curieux qui s'étaient dérangés.

La Maternelle remporta un énorme succès (440 000 exemplaires) qu'il faut bien se garder d'imputer à l'attribution du prix : c'est plutôt, à l'inverse, *La Maternelle* qui fera connaître le prix au grand public.

6 décembre 1905. Claude Farrère, enseigne de vaisseau de vingt-neuf ans, reçoit le prix pour son roman *Les Civilisés, mœurs et paysages d'Extrême-Orient*.

☘ Décembre 1906. Les frères Tharaud obtiennent le Goncourt pour *Dingley, l'illustre écrivain*, un livre qui « n'est qu'un remaniement d'un ouvrage paru il y a quatre ou cinq ans, aux *Cahiers de la Quinzaine* ». Que devient la clause des Goncourt : « livre paru dans l'année » ?

☘ 1907. Le prix va à Émile Moselly, professeur au lycée d'Orléans, « pour ses livres et en particulier pour *Jean des Brebis* ».
Mais *Jean des Brebis* ayant paru trois ans plus tôt, le prix aurait dû plutôt aller à *Terres Lorraines*, publié en 1907.

☘ 1908. Francis de Miomandre, *Écrit sur l'eau*.

☘ 1909. Les Goncourt couronnent Marius et Ary Le Blond, *En France*. Jules Renard écrit : « Jamais prix n'a été décerné dans plus de quolibets... On ne veut pas voter pour Giraudoux parce qu'on ne veut pas voter pour Jules Renard. Les Le Blond n'auront jamais de succès de public. Il faut mettre ce souvenir dans leur vie. »

☘ 1910. On préfère Louis Pergaud *(De Goupil à Margot)* à Colette *(La Vagabonde)* et à Apollinaire *(L'Hérésiarque et Cie)*.

☘ 1911. Alphonse de Chateaubriant, *Monsieur des Lourdines*.

☘ 1912. *Les Filles de la pluie,* d'André Savignon, « étude des mœurs assez libres des filles d'Ouessant ». Le Goncourt bénéficiera du bruit fait autour des dissensions des Dix et pour la première fois, les droits d'auteur dépasseront les 5 000 francs qui avaient jusqu'alors constitué le principal intérêt du prix.

☘ 1913. Il faut onze tours pour préférer Marc Elder, *Le Peuple de la mer* à *Barnabooth* de Valery Larbaud et au *Grand Meaulnes* d'Alain-Fournier.

☘ 1914. Le prix est réservé en raison de la guerre. Il doit être attribué plus tard à un écrivain combattant.

☘ 1915. René Benjamin pour *Gaspard*.

☘ 1916. Adrien Bertrand reçoit le prix pour *L'Appel du sol* et Henri Barbusse le prix de 1914 pour *Le Feu* (500 000 exemplaires).

☘ 1917. Henry Malherbe, *La Flamme au poing*.

☘ 1918. Six voix à Georges Duhamel pour *Civilisation* contre quatre à Pierre Benoit pour *Koenigsmark*.

☘ 1919. Les Goncourt suivent Léon Daudet qui les entraîne à voter pour Marcel Proust, *A l'ombre des jeunes filles en fleurs*. Roland Dorgelès obtient quatre voix pour *Les Croix de bois*. « J'ai eu une grande chance dans ma vie, disait Dorgelès, c'est de ne pas obtenir le prix Goncourt. Si je l'avais eu, Proust ne l'aurait pas eu et tout le monde aurait dit que c'était à cause de moi... J'aurais eu toute ma vie le cadavre de Proust sur les épaules ! »

☘ 1920. Ernest Pérochon pour *Nène*, roman paysan édité à Niort.

☘ 1921. Dédaignant Chardonne *(L'Épithalame)* et Mac Orlan *(Le*

Nègre Léonard), les Dix couronnent René Maran pour *Batouala, véritable roman nègre* (!). Défense de se marrer!

☘ 1922. Il y a du beau monde parmi les favoris : Luc Durtain, Maurice Genevoix, Joseph Kessel, Roger Martin du Gard, Paul Morand. C'est Henri Béraud qui reçoit le prix pour deux romans : *Le Vitriol de lune* et *Le Martyre de l'obèse*.

☘ 1923. Un ingénieur, Lucien Fabre, est lauréat pour *Rabevel ou le Mal des Ardents*.

☘ 1924. Thierry Sandre est couronné pour trois livres : un roman *(Le Chèvrefeuille)*, un recueil de souvenirs de captivité et une traduction du grec.

☘ 1925. Maurice Genevoix pour *Raboliot*.

☘ 1926. On parle beaucoup de Bernanos et de son roman *Sous le soleil de Satan*... Beaucoup trop, pensent les Goncourt qui donnent le prix à Henri Deberly pour *Le Supplice de Phèdre*.

☘ 1927. Maurice Bedel, *Jérôme 60ᵉ latitude Nord*.

☘ 1928. Maurice Constantin-Weyer, *Un homme se penche sur son passé*.

☘ 1929. Tant pis pour Cendrars *(Les Confessions de Dan Yack)* - et pour Marcel Aymé *(La Table aux crevés)* –, le prix ira à Marcel Arland pour *L'Ordre*.

☘ 1930. Henri Fauconnier, inspecteur des plantations, est couronné pour *Malaisie*.

☘ 1931. Les dames du Fémina ont soufflé aux Goncourt Saint-Exupéry et son *Vol de nuit*. Ils se rabattent sur *Mal d'amour* de Jean Fayard qui a le mérite d'être le fils de l'éditeur Arthème Fayard.

☘ 1932. Tout le monde donne Céline et son fantastique *Voyage au bout de la nuit* comme vainqueur. Même les jurés Goncourt à la majorité s'étaient accordés sur ce roman. Or, lors du vote, le président de l'Académie, J.-H. Rosny Aîné, manœuvre pour faire élire l'incolore Guy Mazeline et ses *Loups*. Sous quel prétexte? Tout simplement parce que Rosny publiait un feuilleton dans *L'Intransigeant* dont Mazeline était un collaborateur.

Alors, Descaves, l'un des jurés : « Je ne remettrai plus les pieds dans une académie qui est un marché, une foire et où, à quelques exceptions près, tout est à vendre! »

☘ 1933. Les Dix se payent le luxe de découvrir André Malraux - *La Condition humaine* -, trois ans après qu'il a reçu le premier prix Interallié pour *La Voie royale* : Malraux, à vingt-sept ans, était le plus jeune écrivain à avoir obtenu le prix Goncourt.

Ainsi se déroula donc la destinée du prix Goncourt qui passa en trente ans d'une naissance obscure à la consécration officielle. Considéré comme accessoire par ses créateurs eux-mêmes, ce prix ne fit pas vendre plus de 100 exemplaires la première année de son attribution et à peine plus de 10 000 exemplaires avant la guerre de 1914. Entre les deux guerres, le tirage moyen du Goncourt avait atteint les 100 000 exemplaires. Aujourd'hui, grâce à un important accompagnement médiatique, les ventes du prix s'échelonnent de 150 000 exemplaires pour un Goncourt « médiocre » à 600 000 pour un « bon ». On estime à environ trois milliards de centimes le chiffre d'affaires créé par un prix Goncourt. On comprend que, dans ces conditions, il parvienne à susciter des convoitises, à déchaîner des passions, à engendrer des polémiques et à provoquer une contestation permanente.

« *Le mépris Goncourt* »...

La contestation commença dès 1907.
Lorsque Jules Renard fut proposé comme successeur au siège que la mort de Huysmans laissait vacant à l'Académie, il fallut deux séances pour l'élire. Cette mise en ballottage vexatoire lui fit écrire dans son *Journal* à la date du 26 octobre : « L'Académie Goncourt me paraît malade : ça a l'air d'une maison de retraite pour vieux amis. La littérature s'en désintéressera. »

En octobre 1931, l'éditeur Bernard Grasset, dans *Les Nouvelles littéraires,* signe un article au titre éloquent : « Feu le prix Goncourt » : « Chacun sait que la gloire que les Dix débitent est de la " gloire-papier ", et déjà, on s'intéresse plus à ce qu'ils ont mangé qu'à ce qu'ils ont dit... A quelles clartés, à quels dieux devraient donc ces dix hommes de découvrir chaque année, à date fixe, le meilleur roman des douze mois écoulés et précisément celui dont personne n'a parlé ! »

1947. L'époque était à la chasse aux sorcières. Certains jurés reprochaient à René Benjamin et à Sacha Guitry leur attitude durant l'Occupation. Au moment des délibérations précédant l'attribution du prix, on oublia tout bonnement de les convoquer. Sans hésitation, les deux exclus se réunirent et annoncèrent à Robert Laffont qu'ils avaient couronné *Salut au Kentucky* de Kléber Haedens.
Pendant ce temps, les autres jurés avaient donné leur prix à Jean-Louis Curtis pour *Les Forêts de la nuit.* Laffont fit imprimer une bande : « LE GONCOURT DE SACHA GUITRY ET RENÉ BENJAMIN », qui entoura le livre de Kléber Haedens.
Deux prix Goncourt ! c'était un de trop ! Devant la fureur des « vrais » Goncourt, Laffont modifia la bande qui portait désormais : « LE GONCOURT HORS GONCOURT. » La beauté du jeu de mots n'empêcha pas que l'éditeur fût symboliquement condamné à l'issue du

procès qui s'ensuivit. Peu de temps après cet incident, René Benjamin mourut et Sacha démissionna.

☘ 1951. Raymond Queneau proclame les résultats. Il ne peut s'empêcher d'y aller de son contrepet : « Le 48ᵉ prix Goncourt a été attribué à Julien Gracq pour *Les Ravages de Sartre*... Oh, pardon! pour *Le Rivage des Syrtes* ». C'était, de la part des Goncourt, prendre un risque : Julien Gracq avait déclaré : « Si on me donnait le prix Goncourt, je ne pourrais faire autrement que de le refuser. » Il refuse le prix de 5 000 francs et José Corti, son éditeur, s'abstient de toute publicité. Julien Gracq était ainsi en parfaite conformité avec les conclusions du pamphlet qu'il avait publié en 1949, *La Littérature à l'estomac*.

☘ 1960. Vintila Horia, écrivain roumain, obtient le Goncourt avec *Dieu est né en exil*. Dès le lendemain, la presse se déchaîne : Vintila Horia a publié vingt ans plus tôt en Roumanie des articles favorables au régime nazi. Après avoir tenté de s'expliquer, Vintila Horia renonce au prix qui ne sera donc pas attribué cette année-là.
La question se pose à la suite de cet incident : le prix Goncourt est-il un certificat de bonnes mœurs ou la récompense d'un bon roman? Charles Blanchard écrit : « Quand je vais voir *Phèdre*, je ne me préoccupe pas de savoir si Racine a ou n'a pas empoisonné la Duparc. »

☘ 1968. Bernard Clavel obtient le Goncourt avec *Les Fruits de l'hiver*. Aragon, convaincu d'avoir comploté contre le futur lauréat, quitte l'Académie Goncourt en claquant la porte. Il lance : « Je ne tiens pas à m'associer à la sorte de cannibalisme qui règne entre certains de nos collègues! »

☘ Interviewé en octobre 1971 par Bernard Pivot pour *Le Figaro*, Jacques Laurent fait le coup du mépris au Goncourt avant de l'accepter un mois plus tard *(Les Bêtises)* :
« Je méprise les prix littéraires parce qu'ils ont été trop souvent donnés d'une manière indigne et impardonnable (...) Et pourtant, ce qui pourra vous paraître contradictoire et qui ne l'est pas, je serais très content que mon livre ait un prix. Non pas pour moi, mais pour mon livre. Car je suis détaché de ce livre comme un père de son fils qu'il voit vivre sa vie bien à lui... »
Le procédé - mais nous savons que ça n'en est pas un - réussit une deuxième fois à Jacques Laurent lorsqu'il fut reçu à l'Académie française après avoir déclaré, peu de temps avant, qu'il ne souhaitait pas en faire partie.

☘ Le prix Goncourt attire les critiques comme la pointe de platine la foudre :
En 1975, Jack Thieuloy agresse Michel Tournier à la sortie de chez Drouant.

Dans l'immeuble où habite Françoise Mallet-Joris un cocktail Molotov est déposé... qui fait long feu heureusement. Une pluie de tracts est jetée de l'escalier : « LIBÉREZ LE GONCOURT. GONCOURT CORRUPTION. PREMIER AVERTISSEMENT. »

Quelques années plus tard, c'est l'infortuné Armand Lanoux qui reçoit, tandis qu'il annonce les résultats à la presse, une tarte à la crème en pleine figure.

Il n'y a qu'en France qu'existe une telle institution ayant semblable retentissement. C'est une tradition bien gauloise que de créer des académies pour mieux pouvoir les chansonner ensuite. Le prix Goncourt a sûrement dépassé les espérances que mettaient en lui ses fondateurs. Par la mobilisation des médias qu'il entraîne, il tend à focaliser sur un seul livre la capacité d'attention et d'intérêt de tout un pays. Le Goncourt n'est plus seulement un événement littéraire, c'est un spectacle et l'équivalent à la fois d'une médaille d'or aux jeux Olympiques de la littérature, d'un super-pactole au loto de l'édition, et d'un maillot jaune au Tour de France du roman. Quel jury pourrait se montrer à la hauteur d'une telle attente? Si les Goncourt veulent satisfaire le goût d'un public large de plusieurs centaines de milliers de lecteurs, ils devront choisir une œuvre facile et populaire. Ce faisant, ils iront à l'encontre du souhait des frères Goncourt de voir couronner un talent original.

Les jurés d'avant-guerre ont eu le remarquable talent d'ignorer la quasi-totalité des grands écrivains d'une époque qui en était pourtant richement pourvue.

Le palmarès alphabétique des non-Goncourt est important : Alain-Fournier, Aragon, Aymé, Bernanos, Camus, Céline, Chardonne, Cocteau, Colette, Gide, Giono, Giraudoux, Green, Max Jacob, Jouhandeau, Larbaud, Martin du Gard, Mauriac, Montherlant, Morand, Queneau, Romains, Sartre, Simenon, Yourcenar.

L'actuel jury semble mieux inspiré dans ses choix. François Nourissier revendique un bon Goncourt tous les deux ans, c'est-à-dire cinquante pour cent d'erreur. Résultat remarquable même si, pour cela, le prix doit couronner un auteur déjà célèbre. *L'Amant* de Marguerite Duras avait commencé de se vendre avant l'attribution du Goncourt, mais après, ce fut un délire : 600 000 ventes plus autant en club. A soixante-douze ans, ce n'était pas un jeune auteur?

« C'est une débutante dans la clarté », dit en souriant Robert Sabatier et il ajouta : « Cette année, nous avons donné Marguerite Duras au Goncourt! »

Le prix Goncourt a ceci de semblable à la démocratie que c'est le pire des systèmes... à l'exception de tous les autres!

Histoire de l'académie Goncourt

1er couvert

Léon Daudet († en 1942)
Jean de La Varende (démissionne en 1944)
Colette († en 1954)
Jean Giono († en 1970)
Bernard Clavel (démissionne en 1977)
ANDRÉ STIL

2e couvert

Joris-Karl Huysmans († en 1907)
Jules Renard († en 1910)
Judith Gautier († en 1918)
Henri Céard († en 1924)
Pol Neveux († en 1939)
Sacha Guitry (démissionne en 1948)
Armand Salacrou (retraite en 1983)
DANIEL BOULANGER

3e couvert

Octave Mirbeau († en 1917)
Jean Ajalbert († en 1947)
Alexandre Arnoux († en 1973)
JEAN CAYROL

4e couvert

J.-H. Rosny Aîné († en 1940)
Pierre Champion († en 1943)
André Billy († en 1971)
ROBERT SABATIER

5e couvert

J.-H. Rosny Jeune († en 1948)
Gérard Bauer († en 1967)
Aragon (démissionne en 1968)
Armand Lanoux († en 1983)
EDMONDE CHARLES-ROUX

6e couvert

Léon Hennique († en 1935)
Léo Larguier († en 1950)
Raymond Queneau († en 1976)
FRANÇOIS NOURISSIER

7e couvert

Paul Margueritte († en 1918)
Émile Bergerat († en 1924)
Raoul Ponchon († en 1937)
René Benjamin († en 1948)
Philippe Hériat († en 1971)
MICHEL TOURNIER

8e couvert

Gustave Geffroy († en 1926)
Georges Courteline († en 1929)
Roland Dorgelès († en 1973)
EMMANUEL ROBLES

9e couvert

Elémir Bourges († en 1925)
Gaston Chérau († en 1937)
Francis Carco († en 1958)
HERVÉ BAZIN

10e couvert

Lucien Descaves († en 1949)
Pierre Mac Orlan († en 1970)
FRANÇOISE MALLET-JORIS

ACROSTICHE

Voici un jeu littéraire aussi vieux que le monde... ou presque. Les poètes grecs ou latins s'y livraient déjà avec virtuosité et on en trouve même dans la Bible, à ce qu'il paraît!
« Acrostiche » vient d'ailleurs de deux mots grecs : *Akros*, qui veut dire « extrémité » et *Stikhos*, qui signifie « vers ». Nous pouvons donc en déduire que l'acrostiche est le vers qui se trouve à l'extrémité des autres. On le définit comme une pièce poétique dont les premières lettres de chaque vers peuvent se lire dans le sens vertical. Elles forment un nom qui est souvent celui de l'auteur ou du dédicataire. Voici, à titre d'exemple, un acrostiche que composa François Villon et qui se trouve à la fin de sa *Ballade pour prier Notre-Dame*. Les initiales de chacun des six vers, lues de haut en bas, composent la signature du poète (dans l'ancien français, la lettre J se confondait avec la lettre I) :

Vous portâtes, digne Vierge, Princesse,
Jésus régnant qui n'a ni fin ni cesse,
Le Tout-Puissant, prenant notre faiblesse
Laissa les Cieux et nous vint secourir,
Offrit à Mort sa très claire jeunesse
Notre Seigneur, tel est, tel le confesse :
En cette foi, je veux vivre et mourir.

☘ Mais on ne compose pas seulement des acrostiches dans le but de sauver son âme. Il est des exemples moins nobles, mais plus drôles : Tel celui que dédia à Louis XIV un courtisan fort désargenté dans l'espoir que son habile flatterie lui vaudrait la faveur d'une bourse remplie d'écus d'or... à l'effigie du roi :

Louis est un héros sans peur et sans reproche
On désire le voir. Aussitôt qu'on l'approche,
Un sentiment d'amour enflamme tous les cœurs.
Il ne trouve chez nous que des adorateurs.
Son image est partout... excepté dans ma poche.

☘ Par son côté mystérieux, l'acrostiche est une forme poétique en faveur auprès des amoureux. Il permet au poète épris de déclarer sa flamme à l'objet aimé tout en dissimulant son nom aux indiscrets.

Je ne saurais nommer celle qui sait me plaire :
Un fat peut se vanter, un amant doit se taire.
La pudeur qu'alarmait l'impétueux désir
Inventa sagement le voile du mystère
Et l'amour étonné connut le vrai plaisir.

Sur le sens de ce poème, d'apparence ordinaire, la belle *Julie* ne se sera pas trompée et elle aura, d'un coup d'œil, reconnu qu'il lui était destiné.

☘ Il est possible de compliquer encore les choses en composant des acrostiches pouvant se lire par les deux bouts.
Était-il plus amoureux que le précédent (ou seulement plus habile) le poète qui, pour sa belle, composa cet acrostiche double?
A moins qu'Anna ne fût deux fois plus aimée que Julie?

Amour parfait dans mon cœur imprimA
Nom très heureux d'une que j'aime bieN
Non! non jamais, cet amoureux lieN
Autre que mort défaire ne pourrA

Sans aucunement diminuer le mérite de cet auteur anonyme, reconnaissons qu'Anna lui avait facilité la tâche par son prénom en forme de « palindrome »!
Des exemples qui précèdent, nous pourrions conclure que l'acrostiche est un genre plus spécialement utilisé par les quémandeurs, lorsqu'ils désirent obtenir du Ciel une grâce, d'un puissant une faveur et de la femme désirée un abandon. Il existe – heureusement pour cette forme littéraire – des acrostiches désintéressés!

☘ Sous la forme du « portrait », l'acrostiche peut devenir jeu de société. Il s'agit de composer, sur le nom d'un personnage choisi par l'assistance, une phrase dont les mots devront avoir comme initiales les lettres du nom à trouver.
Voici, par exemple, un « portrait-acrostiche » qui fut composé sur le nom de Racine :
« **R**ivalisant **A**vec **C**orneille, **I**l **N**ous **E**tonna. »
Avec un peu d'entraînement on doit pouvoir faire - presque - aussi bien.
Permettez-moi de vous proposer :

Zut! **O**n **L**'**A**ccuse!
L'**O**rientale **T**'**I**ntéresse
Gare, **I**diot! **D**ieu **E**xiste!

Que MM. Zola, Loti et Gide veuillent bien excuser une telle familiarité.

☘ Guillaume Apollinaire, séducteur impénitent, ne cessa d'adresser à ses amoureuses - pour leur bonheur peut-être, mais à coup sûr pour le nôtre - des correspondances poétiques enflammées.
A vingt ans, il bombardait la sœur d'un ami de vers irrésistibles... auxquels pourtant la péronnelle résista. Cette Linda fut même insensible à ce bel acrostiche :

L'ombre de la très douce est évoquée ici
Indolente et jouant un air dolent aussi :
Nocturne ou lied mineur qui fait pâmer son âme
Dans l'ombre où ses longs doigts font mourir une gamme
Au piano qui geint comme une pauvre femme.

Quelques années plus tard, en septembre 1914 à Nice, Apollinaire tomba amoureux de Louise de Coligny-Châtillon qu'il baptisa « Lou » et à qui il dédia quelques-uns de ses chefs-d'œuvre. Voici deux tercets tirés d'un plus long poème intitulé « Adieu », entièrement composé en acrostiches :

Lettres! Envoie aussi des lettres, ma chérie
On aime en recevoir dans notre artillerie
Une par jour au moins, une au moins, je t'en prie...

L'heure est venue, Adieu! l'heure de ton départ
On va rentrer, il est neuf heures moins le quart
Une... deux... trois... Adieu de Nîmes, dans le Gard.

Le plus bel acrostiche que Guillaume écrivit à Lou est aussi le plus court. Le voici, bouleversant dans sa brièveté :

La nuit descend
On y pressent
Un long un long destin de sang.

Avant Linda et Lou, voici le nom de Maria, une autre belle à qui « le Mal-Aimé », alors séducteur-débutant, avait dédié un acrostiche :

Mon aimée adorée, avant que je m'en aille,
Avant que notre amour, Maria, ne déraille,
Râle et meure, m'amie, une fois, une fois,
Il faut nous promener tous deux seuls dans les bois.
Alors je m'en irai plein de bonheur je crois.

☘ L'acrostiche peut également être composé à des intentions satiriques : nous en trouvons deux magnifiques exemples dans la biographie de Willy qu'écrivit François Caradec (*Feu Willy*, éditions J.-J. Pauvert). Willy, premier mari de Colette, était un des personnages les plus drôles et les plus remuants du début du siècle. Il avait ses bêtes noires parmi lesquelles figurait un certain Mangeot, directeur de la revue *Le Monde musical*. Régulièrement, Willy se moquait de « l'Immonde musical », ce qui entraînait des injures et des sommations par voie d'huissier. Un jour, la revue publia un sonnet à la gloire de la musique qu'un lecteur lui avait adressé :

Musique, tu me fus un palais enchanté
Au seuil duquel menaient d'insignes avenues
Nuit et jour, des vitraux aux flammes continues,
Glissait une adorable et vibrante clarté.

Et des chœurs alternant - dames de volupté,
Oréades, ondins, faunes, prêtresses nues -
Toute la joie ardente essorait vers les nues,
Et toute la langueur et toute la beauté.

Sur un seul vœu de moi, désir chaste et lyrique,
Ta fertile magie a toujours, ô musique!
Bercé mon tendre songe ou mon brillant désir.

Et quand viendra l'instant ténébreux et suprême
Tu sauras me donner le bonheur de mourir,
En refermant les bras sur le Rêve que j'aime!

Mangeot était ravi d'avoir des lecteurs aussi cultivés. Il le fut moins lorsque Willy révéla dans un quotidien que le poème publié par *Le Monde musical* était un acrostiche dont les premières lettres composaient la phrase :

M.A.N.G.E.O.T. E.S.T. B.E.T.E.

☘ Pendant la guerre de 14-18, Willy réfugié en Suisse avait fait sa tête de Turc d'un nommé Charles Hubacher. Lorsque celui-ci se présenta aux élections municipales de Genève, il fit distribuer un prospectus où il attaquait « Willy, le dévoyé du Moulin-Rouge ». Français, réfugié en Suisse, Willy ne pouvait répliquer directement : il le fit de façon détournée. Il envoya, sous un pseudonyme, le sonnet ci-dessous à un journal pacifiste français qui le publia aussitôt. Hubacher le reproduisit dans sa gazette genevoise sans même demander l'autorisation à l'auteur :

Hélas! à chaque instant, le mal terrible empire!
Un cyclone de haine et de férocité
Bouleverse les champs, ravage la cité,
A flots coule le sang sous les dents du vampire

Cruauté d'autrefois! Cet ancestral délire,
Honnis soient les bandits qui l'ont ressuscité,
Et honte à ceux dont la cruelle surdité
Refuse d'écouter la pacifique lyre.

C'est assez de combats, de furie et de deuil,
Rien ne demeurera si nul ne s'interpose
Entre les ennemis qu'enivre un même orgueil.

Toute raison à la Raison est-elle close?
Impuissante, se peut-il que sur l'âpre écueil,
Nous laissions se briser notre nef grandiose.

On imagine sans peine la fureur du candidat Hubacher lorsqu'on lui signala qu'il avait publié lui-même un poème acrostiche le désignant à tous ses lecteurs comme :

H.U.B.A.C.H.E.R. C.R.E.T.I.N.!

Tout le monde connaît Corneille, l'inventeur du héros sublime, et il ne viendrait à l'idée de personne de considérer ce noble dramaturge comme un petit rigolo mal embouché...
Et pourtant!...
A la fin des années 60, Hubert Gignoux mettait en scène *Horace* au Centre dramaturge de l'Est, lorsqu'il éprouve la surprise de sa vie : dans une tirade de l'acte IV, il venait de découvrir l'incroyable acrostiche ci-dessous * :

** Merci à Bernard Pivot d'avoir, dans ses carnets* (Lire, *été 89), ressuscité cet étonnant acrostiche.*

S'attacher au combat contre un autre soi-même
Attaquer un parti qui prend pour défenseur
Le frère d'une femme et l'amant d'une sœur
Et, rompant tous ces nœuds, s'armer pour la patrie
Contre un sang qu'on voudrait racheter de sa vie,
Une telle vertu n'appartenait qu'à nous;
L'éclat de son grand nom lui fait peu de jaloux (...)

Il crut tout d'abord qu'un hasard malicieux était seul responsable du sacrilège, mais les spécialistes des calculs de probabilité eurent tôt fait de lui démontrer que cet assemblage de lettres n'avait qu'une chance sur mille milliards de se produire spontanément et que cet acrostiche était on ne peut plus prémédité.
Il reste pourtant à découvrir le nom du « Sale cul » qui avait mérité ce coup de bec du gentil Corneille!

Revenons, pour clore ce chapitre, à un sujet plus sentimental. L'histoire de la littérature, qui se confond parfois avec la chronique du cœur, a retenu l'acrostiche qu'Alfred de Musset écrivit à George Sand dont il était follement épris. Dans le poème ci-dessous, il convient de lire, de haut en bas, le premier mot de chaque vers - et non plus les initiales - pour en découvrir le sens caché.

QUAND je mets à vos pieds un éternel hommage
VOULEZ-vous qu'un instant je change de visage?
VOUS avez capturé les sentiments d'un cœur
QUE pour vous adorer forma le Créateur.
JE vous chéris, amour, et ma plume en délire
COUCHE sur le papier ce que je n'ose dire.
AVEC soin, de mes vers lisez les premiers mots
VOUS saurez quel remède apporter à mes maux.

Invitation transparente... à laquelle George Sand s'empressa de répondre selon le même code :

CETTE insigne faveur que votre cœur réclame
NUIT à ma renommée et répugne à mon âme.

N'importe quel bon dictionnaire vous dira comment l'histoire s'est terminée.

AGE

S'il est un problème qui nous passionne, qui se trouve au premier plan de nos préoccupations de chaque jour, c'est bien celui de notre âge : celui que nous avons, celui que nous avouons, celui que nous voudrions avoir, celui qu'on nous prête ou celui qu'on nous donne, celui que nous accusons et celui dont nous nous défendons!
Rien n'est plus vrai que cette pensée de Maurice Chapelan : « Les gens de mon âge me paraissent plus âgés que moi! »
Age, notre souci permanent!
☘ Qu'est-ce que l'âge?
C'est le nombre des années passées depuis le jour de notre naissance, mais ce n'est pas que cela. Un scientifique pourrait définir l'âge comme un point C qui se déplace d'un mouvement lent et uniforme au long d'une ligne AB représentant la longueur de la vie. L'âge apparent, représenté par la droite AC, ne prend sa pleine signification qu'en fonction du chemin qui reste encore à parcourir entre C et B. L'âge relatif serait donc le rapport entre l'âge actuel AC et la durée totale de la vie AB, c'est-à-dire $\frac{AC}{AB}$.
Le hic, c'est que jamais un mathématicien ou un astrologue ne sera capable de calculer la durée d'une vie. Et c'est, en définitive, l'ignorance dans laquelle se trouve chacun de nous de la longueur de sa destination exacte qui donne à chaque vie son mystère, sa fragilité, sa valeur. C'est cette destination incertaine que les hommes ont appelé, en abrégé, leur *destin*.
« La jeunesse est le temps que l'on a devant soi », a écrit Jules Romains. Cette phrase est devenue historique depuis qu'elle a été citée par François Mitterrand, âgé de soixante et onze ans, dans sa déclaration de candidature à un second mandat de président de la République, le 22 mars 1988.
Penseurs, philosophes, humoristes, poètes, dramaturges, écrivains ont eu à affronter la vieillesse et ils ont consacré à la définition de l'âge quelques belles phrases. Certaines d'entre elles méritent d'être retenues, car il n'est rien de mieux qu'une formule drôle ou grave pour nous aider, aux heures sombres, à ne pas prendre trop au sérieux les progrès de cette maladie mortelle qu'on appelle la vie.
Avant tout, il convient de se persuader que prendre de l'âge est non seulement la chose la plus naturelle qui soit, mais aussi le plus sûr moyen de vivre longtemps. De nos jours pourtant, vieillir apparaît

comme une inconvenance, comme la pire des malédictions. Et tous les moyens sont bons pour essayer d'en retarder ou d'en gommer les effets : vêtements, cosmétiques, teintures, postiches, remèdes, opérations. Faute de pouvoir remonter le temps, on se fait remonter la peau du visage ou des seins.

☘ Résultat :

« Ce qu'on appelait autrefois l'âge mûr tend à disparaître. On reste jeune très longtemps, puis on devient gâteux. » ALFRED CAPUS

A quoi bon d'ailleurs ce combat perdu d'avance puisqu'un jour il faudra malgré tout jeter l'éponge et quitter la scène.
Qu'on sache bien que la jeunesse n'a jamais été une question d'état civil, mais de caractère :
« On peut naître vieux, comme on peut mourir jeune. »

JEAN COCTEAU

☘ Ayons donc la sagesse d'accepter l'âge que nous avons puisqu'il n'y a pas moyen de faire autrement. Tous les auteurs nous le disent : « Chaque âge a ses plaisirs », et chaque âge constitue une découverte, puisque
« L'homme arrive novice à chaque âge de la vie. »

CHAMFORT

« L'âge est une grâce qu'il faut mériter et non un poids qui nous écrase. » JACQUES DE BOURBON-BUSSET

Et puis, n'ayons garde d'oublier que nous sommes toujours le vieux, mais aussi le jeune de quelqu'un. A l'appui de cette théorie de la relativité, voici quelques « mots » à l'usage de ceux qui pourraient croire qu'il existe des âges préférables à d'autres :

~ 17 ans
« On n'est pas sérieux quand on a *dix-sept* ans. »

ARTHUR RIMBAUD

~ 18 ans
« C'est une aventure accablante d'être un jeune homme. Il y en a une preuve, c'est entre *dix-huit* et *vingt-deux* ans qu'on se sent vieillir - qu'on se sent terriblement vieillir ! »

JEAN PAULHAN

~ 20 ans
« J'avais *vingt* ans et je ne permettrai à personne de dire que c'est le plus bel âge de la vie. »

PAUL NIZAN

« Je plains celui qui n'a pas été révolutionnaire à *vingt* ans : c'est qu'il manque de cœur. Je plains celui qui est toujours révolutionnaire à *quarante* ans : c'est qu'il manque de tête. »

GEORGE BERNARD SHAW

« On n'a pas tous les jours *vingt* ans, ça nous arrive une fois seul'ment. » (Air connu)

~ 30 ans

« A *trente* ans, tout est joué : œuvre, carrière, amour, destinée. Après, il suffit de suivre les rails - chemin de velours ou mauvaise glissade, peu importe - on " suit " sa pente. Entre *vingt* et *trente* ans, on la fait. » PIERRE DE BOISDEFFRE

« La *trentaine* est un âge difficile... La vie est finie, l'existence commence. » ANDRÉ BAY

« Les alentours de la *trentaine*, c'est un âge critique pour un homme, celui où l'on fait les grosses bêtises ou plutôt l'âge où les bêtises que l'on fait commencent à être irrémédiables. » JEAN DUTOURD

La trentaine terminée, voici qu'on entre dans l'ère des « *génaires* » : quadra, quinqua, sexa (l'ère du sexe!), septua, octo, nona, et il faut atteindre cent ans avant de pouvoir sortir de cet engrenage infernal!

~ 40 ans

« *Quarante* ans est un âge terrible, car c'est l'âge où nous devenons ce que nous sommes. » CHARLES PÉGUY

« On ne comprend pas plus la vie à *quarante* ans qu'à *vingt*, mais on le sait et on l'avoue... C'est ça la jeunesse! » JULES RENARD

« A *quarante* ans, il faut ouvrir ses fenêtres de l'autre côté : on est même un peu en retard. » JULES RENARD

« Passé *quarante* ans, un homme est responsable de son visage. »

LÉONARD DE VINCI

~ 45 ans

« Personne n'est jeune après *quarante-cinq* ans, mais on peut être irrésistible à tout âge. » COCO CHANEL

~ 50 ans

« C'est à *cinquante* ans qu'on devient vraiment orphelin. »

MARC JULLIAN

« Quand j'étais petit, on me disait toujours : " Tu verras quand tu

auras *cinquante* ans. " Eh bien! m'y voilà à *cinquante* ans... et je n'ai rien vu. Rien! »
ERIK SATIE

A *cinquante* ans on a dix ans de plus qu'à *quarante*,
A *soixante* ans, vingt ans de plus qu'à *cinquante*
A *soixante-dix*, quarante ans de plus qu'à soixante!

GEORGES COURTELINE

52 ans

« A *cinquante-deux* ans, il n'y a que le bonheur et la bonne humeur en général qui puissent rendre un homme séduisant. »

JEAN DUTOURD

60 ans

« *Soixante* ans! Ce déguisement de vieillard qu'il va falloir porter! »

JEAN ROSTAND

« L'âge, c'est quand les bougies commencent à peser plus lourd que le gâteau. »
THIERRY LE LURON

Un *sexagénaire* est toujours robuste,
un *septuagénaire* est toujours robuste,
un *octogénaire* est toujours robuste,
un *nonagénaire* est toujours robuste,
un *centenaire* est toujours bulgare.

GUSTAVE FLAUBERT

80 ans

« *Quatre-vingts* ans! C'est l'âge de la puberté académique. »

PAUL CLAUDEL

« Je suis dans la fleur d'un âge qui commence à sentir le chrysanthème. »
R. LASSUS

« C'est merveilleux la vieillesse, dommage que ça finisse si mal! »

FRANÇOIS MAURIAC

« Un des privilèges de la vieillesse, c'est d'avoir, outre son âge, tous les âges. »
VICTOR HUGO

« Le drame de la vieillesse, ce n'est pas qu'on se fait vieux, mais qu'on reste jeune. »
OSCAR WILDE

« Le vieillard est un homme qui a dîné et qui regarde les autres manger. »
HONORÉ DE BALZAC

« Un vieillard ne dit pas : " Je t'aime! ", il dit " Aimez-moi! ". »

MAX JACOB

« Les vieillards meurent parce qu'ils ne sont plus aimés. »

HENRY DE MONTHERLANT

100 ans

Eh! N'as-tu pas *cent* ans? (...)
Je voudrais qu'à cet âge,
On sortît de la vie ainsi que d'un banquet.

LA FONTAINE

Après cette revue des différents âges de l'homme, qu'on veuille bien nous pardonner d'aborder maintenant le sujet délicat de l'âge de la femme. Nous nous garderons bien de longs commentaires, nous bornant à citer les phrases, forcément partiales, dues au mauvais esprit du sexe dit « fort ».

L'âge de la femme.

« La femme parle toujours de son âge et ne le dit jamais. »

JULES RENARD

« L'âge des femmes se calcule en ajoutant l'âge qu'elles se donnent à celui que leur donne leur meilleure amie, puis en divisant par deux. »

LÉO CAMPION

Le XVIIIe siècle ne fut sûrement pas une époque de féminisme galopant à en juger par ce poème du PARNASSE SATYRIQUE qui se plaît à définir la femme aux différents âges de sa vie. Une telle goujaterie choquerait aujourd'hui même le plus machiste de nos contemporains :

Fille à *10* ans est un petit livret
Intitulé : le berceau de nature.
Fille à *15* ans est un joli coffret
Qu'on n'ouvre pas sans forcer la serrure.
Fille à *20* ans est un épais buisson
Dont maint chasseur, pour le battre, s'approche.
Fille à *30* ans est de la venaison
Bien faisandée et bonne à mettre en broche.
A *40* ans, c'est un gros bastion
Où le canon a fait plus d'une brèche.
A *50* ans, c'est un vieux lampion
Où l'on ne met qu'à regret une mèche.

Heureusement, par la suite quelques esprits inventifs retrouvèrent la recette de la galanterie, ce qui permit à ANDRÉ MAUROIS d'affirmer :

A *vingt* ans, la Parisienne est adorable
A *trente* ans, elle est irrésistible,
A *quarante* ans, elle est charmante
Après *quarante*... Mais non, une Parisienne
ne dépasse jamais *quarante* ans !

Chacun remarquera qu'il n'est question ici que de la Parisienne. En cette première moitié du XXe siècle, la provinciale n'avait pas encore été inventée.

« Les dix meilleures années de la vie d'une femme ? Entre *vingt-cinq* et *vingt-six* ans ! »

RIP

« Une femme de *trente-cinq* ans paraît toujours plus âgée qu'un homme de trente-cinq. Pourquoi ? C'est parce qu'elle l'est vraiment ! »

HENRY DE MONTHERLANT

« Il est très difficile de faire entrer une femme dans sa *quarantième* année. Et plus difficile encore de l'en faire sortir ! »

ANDRÉ ROUSSIN

« Les femmes entrent volontiers dans leur ménage aux approches de la *quarantaine*. C'est l'âge où les hommes en sortent. »

HENRY BECQUE

Toutes ces allusions perfides à l'âge de la femme risquent de prendre rapidement... un coup de vieux ! Depuis que les soins esthétiques, la diététique et la mode font paraître les femmes plus jeunes d'année en année, elles n'hésitent plus à annoncer leur âge comme un défi au temps. Non seulement elles ne cachent plus leur grande fille, mais, belles et rayonnantes, elles s'avouent grand-mères avec fierté. On ne saurait rien écrire de plus actuel que cette phrase d'Olivier Goldsmith qui date pourtant de la fin du XVIIe siècle :
« Il y a quelque temps, *quarante* ans faisait fureur, mais je me suis laissé dire que les dames voulaient lancer la *cinquantaine* pour l'hiver prochain ! »
Un jour pourtant... et, bien qu'il ne soit pas prévu de féminin au mot « vieillard », une femme cesse d'être jeune. Il lui reste alors tant d'autres ressources pour continuer à plaire : le charme des cheveux blancs, la douceur du regard et la beauté de l'âme... Sans oublier l'humour. Cet humour qui faisait dire à AGATHA CHRISTIE vers la fin de sa vie :
« Si vous voulez que votre mari vous aime de plus en plus au fur et à mesure que vous vieillissez, faites comme moi, épousez un archéologue ! »

ALEXANDRINS

Comme j'aurais souhaité - mais ma plume ne l'ose,
Traiter un tel sujet en quelques très beaux vers...
Las! ma muse est au diable et mon luth à Vauvert.
Alors, comme toujours, je vais écrire en prose!

Que l'auteur soit pardonné pour ce quatrain de mirliton qui ne répond qu'à la nécessité où il se trouvait d'ouvrir sur quelques alexandrins un aussi noble chapitre!

Se demande-t-on pourquoi notre vers de douze pieds porte ce joli nom dérivé d'Alexandre? Sans doute *alexandrin* sonne-t-il mieux que *dodécasyllabique* et gagne-t-on du temps à prononcer l'un de préférence à l'autre. Mais, que fait donc cet Alexandre dans le jardin de nos muses?

Alexandre et compagnie

D'abord, de quel Alexandre s'agit-il? Car il y a dans nos dictionnaires suffisamment d'Alexandre pour remplir plusieurs pages : des papes, des tsars de toutes les Russies, un patriarche, des rois de Syrie, de Macédoine, de Grèce, de Pologne, de Serbie, de Yougoslavie - et même le roi de trèfle! - et puis des grands prêtres, des grands ducs et des princes... Sans parler d'une reine juive, d'une reine de Grande-Bretagne et d'une impératrice de Russie prénommées toutes trois Alexandra, ainsi que de plusieurs villes baptisées Alexandrie. On peut même trouver un poète de la Pléiade d'Alexandrie nommé Alexandre l'Étolien!
Alors? Lequel?

Inutile de chercher plus avant : Alexandre, celui qui donna - bien malgré lui - son nom à notre alexandrin est évidemment de tous les Alexandre le plus célèbre : Alexandre III de Macédoine dit le Grand (356-323 av. J.-C.), celui qui fut l'élève d'Aristote, le conquérant de la Perse et de la Syrie, celui qui trancha le nœud gordien et qui, toujours monté sur Bucéphale - le cheval à tête de bœuf - soumit le Moyen-Orient, incendia Persépolis pour un sourire de Thaïs, sa favorite, envahit l'Égypte le temps d'y fonder Alexandrie, avant de mourir, éperdu de conquêtes et de gloire, à l'âge de trente-trois ans.

Notre vers alexandrin pouvait-il rêver plus noble et plus glorieux parrainage?
Quatorze siècles s'écouleront après la mort d'Alexandre avant que naisse, timidement, dans le sud de notre pays, au début du XIIe siècle, le premier ouvrage romanesque consacré aux exploits de ce grand conquérant. Ce n'était pas une épopée comme *La Chanson de Roland*, mais une narration en vers destinée, non à être chantée, mais à être lue à haute voix. Seuls nous sont parvenus 105 *vers de 8 syllabes* écrits en franco-provençal par un certain Alexandre d'Albéric - ou de Briançon.
Quelques années plus tard, vers 1170, un poète anonyme du Poitou composera, sur le thème de l'enfance d'Alexandre, 785 *vers de 10 syllabes*, auxquels un clerc de Châteaudun, bossu peut-être puisqu'il portait le nom de Lambert le Tort, donnera une suite.
Dernière étape : ces deux textes seront fondus à l'intérieur d'un ouvrage d'une plus haute ambition : Le Roman d'Alexandre écrit par Alexandre (encore!) de Paris ou de Bernay : 16 000 *vers de 12 syllabes rimés*. Nous y voici enfin! l'alexandrin vient de naître à la fin du XIIe siècle.
♣ Il va s'imposer peu à peu au cours des siècles suivants et se codifier pour devenir, aux siècles classiques, le vers noble par excellence : Un vers de douze pieds, composé de deux unités égales – les *hémistiches* – séparées par une *césure*. Les rimes masculines alterneront obligatoirement avec les rimes féminines.
C'est de ces contraintes surmontées que naîtront les plus beaux vers de notre langue. Quoi de plus simple, de plus émouvant, de plus élégant que ces vers qui nous viennent au hasard de la plume?

Comme on voit sur la branche au mois de mai la rose.
RONSARD

Et, rose, elle a vécu ce que vivent les roses. MALHERBE

Je ne t'ai point aimé, cruel! Qu'ai-je donc fait? RACINE

Je suis d'un pas rêveur le sentier solitaire. LAMARTINE

Rien ne nous rend si grands qu'une grande douleur. MUSSET

Entends, ma chère, entends la douce nuit qui marche.
BAUDELAIRE

Oh! Là! Là! Que d'amours splendides j'ai rêvées! RIMBAUD

Et puis, voici mon cœur qui ne bat que pour vous.
VERLAINE

Mon verre s'est brisé comme un éclat de rire. APOLLINAIRE

La plus belle définition de l'alexandrin a été donnée - on ne s'en étonnera pas - par Jules Renard : « Un beau vers a douze pieds et deux ailes. » Car l'alexandrin, pour nous transporter vers les pays du songe, doit être capable de prendre son essor.

☘ Nul ne saurait parler d'alexandrin sans évoquer aussitôt Victor Hugo dont on dirait aujourd'hui qu'il produisait des vers aussi naturellement qu'un pommier des pommes.
Au lycée, il rendit un jour une dissertation entièrement composée en vers de douze pieds. Au professeur qui s'en étonnait, le jeune Hugo répondit avec assurance : « Pardonnez-moi, monsieur, je n'ai pas eu le temps de la faire en prose ! »
On connaît de lui quelques pièces de vers qu'il avait composées, à peine âgé de dix ans, tel ce quatrain d'inspiration agreste :

Puisque, déjà, Vesper, voyageur indomptable
Ramène au nid l'oiseau, les troupeaux à l'étable,
Pour clore dignement un si doux entretien,
Je m'assieds sur mon cul et j'embrasse le tien !

C'est le même Victor Hugo qui, plus tard, se vantera des mauvais traitements qu'il infligeait à la prosodie classique :

... Oui, brigand, jacobin, malandrin,
J'ai disloqué ce grand niais d'alexandrin.

Il traitait aussi cavalièrement ses vers que ses maîtresses et n'hésitait jamais, dans un cas comme dans l'autre, à pratiquer l'enjambement ! On sait qu'*Hernani* commence par ce vers qu'accompagnent des coups frappés à la porte :

Serait-ce déjà lui ? C'est bien à l'escalier
Dérobé !...

L'audace de ce rejet provoqua les hurlements des auteurs classiques qui assistaient à la première représentation.

☘ Quelles imprécations n'eussent pas proféré ces hypocondriaques s'ils avaient pu lire, cent ans plus tard, les poèmes que publia le facétieux Georges Fourest ! Dans *La Négresse blonde* et *Le Géranium ovipare*, on trouve quelques superbes alexandrins d'une facture parfaitement classique, mais d'une inspiration rien moins qu'orthodoxe. Piquons au hasard :

O Seigneur, bénissez ma tante et son andouille !

Des lotus fiers d'avoir Loti pour génitif...

Qu'il est joli garçon l'assassin de papa !

Ta sœur négresse aux longs tétons, la Hottentote !

Ce cher Georges Fourest, qui, décidément, ne respectait rien, même pas ses propres funérailles, avait remarqué que les alexandrins pouvaient se chanter sur l'air du *Père Lustucru*. Il vous est loisible d'essayer non seulement avec le quatrain ci-dessous signé Fourest, mais aussi avec Racine ou Corneille... C'est iconoclaste et irrésistible :

Que mon enterrement soit superbe et farouche
Que les bourgeois glaireux bâillent d'étonnement
Et que Sadi Carnot ouvrant sa large bouche,
Se dise Nom de Dieu ! le bel enterrement !
    Sur l'air du tra, la, la*(bis)*
    Sur l'air du tra-dé-ri-dé-ra
    Et tra, la, la !

Personne ne s'étonnera, à ce point précis de notre développement, de voir paraître Alphonse Allais, à qui rien de ce qui est drôle n'est étranger. Notre humoriste avait remarqué - comme l'a pu faire chacun de nous - que les alexandrins sont de longueur variable. Allant jusqu'au bout de cette observation, il avait organisé parmi les lecteurs du journal *Le Sourire* un concours doté de nombreux prix : il s'agissait de composer un distique original dont l'un des deux alexandrins serait réduit à la longueur minimum alors que l'autre serait le plus long possible. Les résultats furent publiés dans le numéro du 15 février 1902. Voici les chefs-d'œuvre des gagnants * :

Coup d'œil sur le mouvement insurrectionnel
en Vendée à la fin du XVIII*e* *siècle* **
De 97 à 99,
Maints Chouans gouailleurs baffraient chaude andouille
    et froid bœuf.

* *Ces deux exemples se trouvent dans l'excellent* Jeux de lettres, jeux d'esprit *de Michel Laclos, J.-Cl. Simoen éditeur, 1977.*

** *Le titre, un peu long, est nécessaire à la compréhension du poème !*

Qui dit mieux? Celui-ci peut-être :

> Piaillaient trois cents chiards blonds reniflant leurs chandelles :
> A.B.C.D.E.F.G.H.I.J.K.L.!

Il voit des alexandrins partout

L'alexandrin est un rythme obsessionnel qui se glisse partout... même dans la prose. En lisant un roman, il est rare de ne pas rencontrer, au cœur du texte, une phrase parfaitement alexandrine qui ferait merveille dans un poème.

Au hasard, dans le récit vécu de Jean Carrière *Le Prix d'un Goncourt* (Robert Laffont, 1987), nous avons trouvé :

> Déjà ma main se crispe et je cherche mes mots...
> Le genre humain entier était mon ennemi...
> On sait que paradis signifie jardin clos...;
> Mourir ce n'était pas une mauvaise idée...

Et puis, ce distique :

> ... Qui me faisait imaginer mes initiales
> Sur les noirs étendards dont on drapait les seuils.

Dans *Le Navire Argo*, Richard Jorif y va quelquefois de ses douze pieds :

> Où diable voulait-on que je m'enracinasse?

Lorsque l'on a acquis l'habitude de partir à la chasse à l'alexandrin afin de le traquer partout où il croit s'être embusqué, on va de surprise en découverte : l'alexandrin ne craint pas d'aventurer ses douze pieds sur les terrains inattendus, où jamais on n'aurait l'idée de le chercher *(tiens! en voilà un!)* : la politique, le journalisme, le cinéma ou même l'Administration.

Le rythme noble du vers dodécasyllabique convient parfaitement à certains hommes politiques au comportement solennel et à l'élocution un rien pompeuse.

Le général de Gaulle, par exemple, a parsemé ses discours de très beaux alexandrins (voir *Charles de Gaulle écrivain* de J. Gaulmier, « Charlot » éditeur - ça ne s'invente pas! -, 1946) :

Monsieur le Maréchal, en ces heures de honte...
On n'avait pas besoin du vainqueur de Verdun...
Moi qui suis, à présent, le chef des Français libres...

Ou bien encore :

Je dissous aujourd'hui l'Assemblée nationale!

Raymond Barre, à qui il arrive d'endosser les habits, un peu grands pour lui, du Général, lâche parfois un bel alexandrin comme celui-ci qui lui échappa le 7 janvier 1987 à l'« Heure de Vérité » (TF 1) :

Je ne suis pas de ceux qui trahissent leur camp!

~ Il se trouve aussi – mais plus rarement à cause de la longueur – qu'un titre de livre, de film ou d'article soit un alexandrin de belle venue :

Alexandre (Eh, oui!) Vialatte :

Battling le ténébreux ou la mue périlleuse.

Rémo Forlani :

Quand les petites filles s'appelaient Sarah.

Yvonne Clos :

Dis, mamie, tu l'écris notre histoire d'amour.

Et ce film de Sacha Guitry :

Le Destin fabuleux de Désirée Clary.

~ Dans le *Nouvel Observateur* du 28 août 1987 sur le pouvoir des journalistes, André Bruguière titre :

Pour un Dreyfus sauvé, combien de Salengro?

V.S.D. du 3 décembre 1987 :

Le Bonheur retrouvé d'Antoine Normandin.

On ne savait pas qu'Hersant était poète : la une de *France-Soir* est souvent une mine d'alexandrins :

Balladur au secours des petits épargnants (10 déc. 1987).
Un ferry coule avec quinze cents passagers (21 déc. 1987).

~ Mais la pourvoyeuse la plus généreuse, la plus inattendue d'alexandrins involontaires, c'est encore notre **Administration** à qui nous sommes redevables des chefs-d'œuvre suivants :

Le train ne peut partir que les portes fermées
Prière de ne pas gêner leur fermeture.
La Caisse de Dépôts et Consignations.
Le Conseil Supérieur de la Magistrature.
Tout condamné à mort a la tête tranchée.

N'allons tout de même pas en déduire, au risque d'une déception cruelle, que nos fonctionnaires écrivent tous comme on le faisait au Grand Siècle.

En dépit de ce que nous avons voulu démontrer dans ce petit chapitre, l'alexandrin, hélas! ne court pas les rues. Raison de plus pour terminer sur deux superbes vers de douze pieds d'une espèce rare : le premier, dû au génie de Racine, n'est composé que de mots d'une seule syllabe. Le second est une de ces acrobaties poétiques dont l'obscur Mallarmé avait le secret :

Le jour n'est pas plus pur que le fond de mon cœur.
Aboli bibelot d'inanité sonore.

ALLAIS (Alphonse)
1854-1905

Sans aucun doute, il est le premier des humoristes français... et pas seulement par ordre alphabétique. A la fin du siècle dernier, alors que le rire se portait gras de préférence et que les calembours pesaient des tonnes, Alphonse Allais avait inventé un humour logique et glacé, assez proche de l'humour britannique et qui annonçait - en tellement plus drôle - toute la littérature française de l'absurde. Les enfants d'Alphonse Allais se nomment Sacha Guitry, Jacques Prévert, Raymond Queneau, Pierre Dac, Francis Blanche... sans oublier Raymond Devos et Pierre Desproges. Quelle belle progéniture!
En principe, la littérature comique vieillit vite et mal. Pourtant, un

es pensées, les acrobaties poétiques
ner le rire et de susciter l'émerveille-
unesse et d'actualité, n'a pas pris une
quaient à travailler de belles phrases
vait choisi d'être naturel. Un français
ıme qu'il prenait à peine le temps de
cette raison qu'en lisant une page
s l'impression de l'écouter parler.

e où naquirent, à quelques lustres de
melin et celui qui écrit ces lignes. La

n autobiographie.
e ses amis plus tard surnommeront
quit donc à Honfleur, le 20 octobre
r Rimbaud. Jusqu'à l'âge de trois ans,
un mot, si bien que dans sa famille on
es sans grand éclat, il devint stagiaire à

ire, qu'il accomplit au 119e de ligne, le
quelques hauts faits qui lui valurent
de. Pendant ses vingt-huit jours, tout
aire, il alla se présenter au capitaine-
la salle pleine d'officiers, il les salua
ieurs-Dames ! » du plus heureux effet.
l'accorder une permission de nuit aux
uver afin de lui réclamer, en plus, une
ier qui lui en demandait la raison, il
s bigame ! »
eler ses supérieurs « Carporal », « Carpi-
orlonel », ce qui lui valut rapidement
mple d'esprit et d'avoir la paix. Pour-
été d'une certaine utilité pour Allais :
t à rouler le tambour, talent de société
cabaret du Chat-Noir pour battre la
s projections de l'Épopée sur le Théâtre

passera quatre examens de pharmacie,
au cinquième. Il avait décidé de sa car-

YDROPATHES (littéralement : ceux à qui
n 1879, l'un des centres du mouvement

littéraire. Il y aura plus tard de l'eau dans le « glass » et les Hydropathes se scinderont en deux écoles ennemies : les HIRSUTES d'un côté et de l'autre, les FUMISTES dont Allais deviendra le chef. Il collabore au *Journal du Chat-Noir* dont il sera le rédacteur en chef.
Pendant vingt-cinq ans, Alphie ne cessera pas d'écrire des contes, des pièces de vers, des olorimes, des combles, des fables-express. On a peine à imaginer l'importance de l'œuvre qu'il a écrite, jour après jour, dispersée dans de nombreux journaux dont il fit la fortune : *Les Hydropathes, Le Tintamarre, L'Anticoncierge, Le Tout-Paris, Le Courrier français, Le Mirliton, Le Sourire* dont il fut le directeur jusqu'à sa mort, *Le Chat-Noir* déjà cité et *Le Journal* dans lequel il animera avec une verve étourdissante une rubrique régulière qu'il avait baptisée « La Vie drôle ».
« Pendant quinze ans et plusieurs fois par semaine, Alphonse Allais a distribué de la joie à des milliers de lecteurs. Alors, dans les wagons [...] dans le métro, dans les omnibus, dans la rue, on entendait cette phrase : Avez-vous lu celui de ce matin? Il s'agissait de l'article d'Alphonse Allais et, pendant quelques instants, ces humbles gens avaient pu croire, effectivement, que la vie était drôle. Résultat émouvant ! » écrivait Maurice Donnay.
On peut à peine imaginer qu'avec 1 680 contes, Allais a écrit une œuvre qui peut se comparer en importance à celle de Victor Hugo. Mais, alors que le père Hugo écrivait pour la postérité, Allais nous mettait en garde : « J'ai toujours détesté le labeur et, si je travaille, c'est dans le but unique de subvenir à mes débauches (je me passe aisément du nécessaire !). »
L'œuvre d'Alphonse Allais a été réunie en trois volumes de ce que l'humoriste appelait joliment ses *Œuvres anthumes* et en huit volumes d'*Œuvres posthumes* grâce à l'acharnement et à la passion de son biographe François Caradec (« Bouquins », Robert Laffont, 1989).

L'esprit d'Allais

Alphonse Allais a connu un demi-siècle d'oubli. S'il est aujourd'hui revenu en grâce, c'est moins à cause de son œuvre - qui reste, hélas ! peu lue - que pour ses bons mots. Toute sa vie, comme un milliardaire prodigue, il a généreusement distribué sur son passage, ses bons mots, ses trouvailles, son esprit et ses blagues énormes.

♣ Lorsqu'il était jeune journaliste, il avait l'habitude de venir voir chaque mois le caissier du journal et de lui dire :
« – Bonjour ! je viens toucher *mon* appointement. »
Après quelques mois, le caissier ne put s'empêcher de lui faire remarquer qu'on devait dire *mes* appointements.

« – Oui, c'est vrai ! répondit Allais, mais je ne vais tout de même pas déranger le pluriel pour si peu de chose ! »

☘ Assis à la terrasse d'un café, il crie au garçon :
« – Garçon ! un Picon grenadine... et un peu moins de vent s'il vous plaît ! »

☘ Un jour où, avec ses amis, il se trouvait par hasard dans la minuscule gare de Dozule-Putot, il fit venir le chef de gare :
« – Je tiens à vous féliciter : vous avez là une ravissante petite gare... Vous auriez ça rue Saint-Lazare à Paris, vous auriez un monde fou ! »

☘ Voyageant en Belgique, il envoya à l'un de ses amis un bouchon sur lequel il avait gravé ces simples mots : « Souvenir de Liège ! »

☘ Répondant avec trois mois de retard à une lettre de Jules Renard, il lui écrivit :
« – Excuse-moi d'avoir tant tardé à te répondre, mais lorsque ta lettre est arrivée, j'étais dans le fond du jardin. »

☘ Il se présenta chez un notaire chargé de la vente d'une terre. Il demanda à voir le terrain :
« – Très bien ! J'en prendrai pour deux sous ! »
Devant l'ébahissement du tabellion, il expliqua :
« – Je n'ai pas besoin d'une telle surface. Il me faut seulement de quoi faire une pipe... une pipe en terre. Et vous m'avez affirmé que la vôtre était de première qualité. »

☘ Alphonse Allais était profondément anglophobe et il ne manquait jamais de critiquer Londres. Un jour, il s'emporta contre l'absence d'édicules destinés aux épanchements urgents. Il entra dans une pharmacie :
« – Faites-vous des analyses d'urine ?
– *Of course.*
– Alors, donnez-moi vite un bocal... et stérilisé, naturellement. »
Ayant rempli le bocal, il annonça qu'il repasserait le soir-même. Bien sûr, il ne revint jamais. Son besoin d'analyse n'était qu'un besoin tout court.

☘ Il avait dédicacé lui-même certains livres de sa bibliothèque du nom de personnages illustres. On pouvait lire : « A Alphonse Allais, avec le regret de ne pas l'avoir connu. » Après quoi il avait signé Voltaire, en toute simplicité.

☘ Dans son appartement du 25, rue Royale, il avait constitué un petit musée dont les plus belles pièces étaient :

~ Le crâne de Voltaire enfant.
~ Une tasse avec anse à gauche pour les gauchers.
~ Un véritable morceau d'une des nombreuses fausses croix authentiques de Notre-Seigneur Jésus-Christ.

Allais n'avait pas gardé un excellent souvenir de certains de ses professeurs du lycée d'Honfleur et notamment d'un dénommé Boudin. Il lui prit un jour l'idée d'annoncer la nomination dans l'ordre de la Légion d'honneur de l'excellent homme, en l'assortissant de ce commentaire : « La France entière sera heureuse de voir récompenser son mérite : M. Boudin est, comme on le sait, l'inventeur du ressort du même nom. » Aussitôt, M. Boudin de démentir avec vigueur. Et Allais, imperturbable, de rectifier : « Contrairement à ce que nous écrivions dans notre précédent numéro, M. Boudin n'a jamais rien inventé. Pas même le ressort qui porte son nom. »

Alphonse Allais dont les contes faisaient rire la France entière était un homme lugubre. Personne ne se souvenait de l'avoir vu rire, et lorsqu'il plaisantait, c'était de l'air le plus sinistre. Comme il écrivait toujours au café, il s'adonna à la boisson, à l'absinthe qui, en ce temps-là, faisait des ravages. Sacha Guitry disait de lui qu'il ne l'avait « jamais vu ivre, jamais dégrisé ».
En 1894, Alphie épouse Marguerite Gouzée : il a quarante ans, elle en a vingt-quatre. Cette femme jolie et intelligente connut une double disgrâce : lorsqu'elle perdit Allais, elle se remaria avec un homme qui buvait autant que lui.
En 1905, Alphonse Allais eut une phlébite. Le médecin lui ordonna de rester six mois au lit. Il préféra se lever et aller, comme chaque jour, au café. Rencontrant un ami, il lui demanda de le reconduire à l'hôtel Britannia, 24, rue d'Amsterdam, où il habitait, en l'absence de sa femme. C'est à cet ami qu'il fit sa dernière blague : « Demain, je serai mort! Vous trouvez ça drôle, mais moi je ne ris pas. Demain je serai mort!. »
Et le lendemain matin 28 octobre, vers 8 heures, il mourait comme promis d'une embolie foudroyante. Il avait cinquante et un ans. On l'enterra au cimetière de Saint-Ouen. Pendant la guerre, en 1944, une bombe larguée par un avion anglais (Ah! ces Anglais!) vint pulvériser sa tombe. Quel bouquet final pour ce prodigieux artificier du langage!
Aujourd'hui, on ne peut plus parler d'humour sans trouver Alphonse Allais sur son chemin; comme on dit, il est in-con-tour-nable. Quel que soit le sujet abordé, on s'aperçoit qu'Allais s'y est intéressé et a formulé une idée originale et folle.

Allais penseur?

Si j'étais riche, je pisserais tout le temps!

Je ne suis pas de ceux qui s'imaginent qu'ils n'ont qu'à ouvrir la bouche pour que les alouettes y tombent toutes rôties... Non, mais tout de même, j'ouvre la bouche de temps en temps.

Allais diététicien?

Le café est un breuvage qui fait dormir quand on n'en prend pas.

Les pommes de terre cuites sont plus faciles à digérer que les pommes en terre cuite.

Allais savant?

Le caoutchouc serait un matériau très précieux, n'était son élasticité qui le rend impropre à de nombreux usages. (Ce qu'on sait mal, c'est qu'Alphonse Allais travaillait très sérieusement à la synthèse du caoutchouc et, qu'à sa mort, il avait obtenu des résultats quasi définitifs.)

Procédé pour stériliser l'eau : Je mets mon eau sur le feu. Quand elle est bien bouillante, je l'expose brusquement à un courant d'air. Les microbes qui ont, comme vous le savez, la poitrine excessivement délicate, attrapent un bon petit chaud et froid dont ils se relèvent rarement.

La mer est salée parce qu'il y a des morues dedans. Et si elle ne déborde pas malgré tous ces fleuves qui s'y jettent c'est parce que la Providence, dans sa sagesse, y a placé aussi des éponges.

Allais helléniste?

Sept villes se disputaient l'honneur d'avoir vu naître Homère : Argos, Athènes, Chio, Colophon, Rhodes, Salamos et Smyrne.
« N'oubliez pas la plus célèbre de toutes, dit Allais.
– Je regrette, il n'y en a que sept et non pas huit.
– Huit, car la voix populaire a consacré Alaure comme la huitième. Dit-on autrement que *Homère d'Alaure?* »

Allais financier?

Un impôt qui doit rentrer facilement, c'est celui sur les portes et fenêtres.

Il faut demander plus à l'impôt et moins au contribuable.

Allais ministre de la Guerre?

Les culs-de-jatte sont des infirmes incapables de rendre service à la société. Sauf, peut-être, pendant les guerres, aux premières lignes. Les tranchées seraient alors moitié moins profondes à creuser.

Allais peintre?

Alphonse Allais est l'auteur de deux découvertes considérables qui ont élargi le champ de la peinture :

Dans le domaine de la peinture à l'eau, il préconise « l'aquarelle faite avec de l'eau de l'océan qui se gondole à l'époque des grandes marées ».

On lui doit aussi l'invention de la *peinture monochrome* qui s'est matérialisée dans sept œuvres impérissables :

1. Un rectangle *uniformément noir* : « Combat de nègres dans une cave pendant la nuit. »

2. Un rectangle *uniformément bleu* : « Stupeur de jeunes recrues apercevant pour la première fois ton azur, ô Méditerranée. »
3. Un rectangle *uniformément vert* : « Des souteneurs *, encore dans la force de l'âge et le ventre dans l'herbe, boivent de l'absinthe. »

* *Dans l'argot de l'époque, on appelait les souteneurs des* « dos verts ».

4. Un rectangle *uniformément jaune* : « Manipulation de l'ocre par des cocus ictériques. »
5. Un rectangle *uniformément rouge* : « Récolte de la tomate par des cardinaux apoplectiques au bord de la mer Rouge. »
6. Un rectancle *uniformément gris* : « Bande de pochards dans le brouillard. »
7. Un rectangle *uniformément blanc* : « Première communion de jeunes filles chlorotiques par un temps de neige. »

Allais, auteur de chansons?

Quel est le musicien qui mettra des notes sur ce chef-d'œuvre intitulé : *Tout au fond?*

Tout au fond du corridor sombre
Les poissons pleuraient lentement;
Et l'on apercevait dans l'ombre
Valser des filles, à deux temps.

Au bout d'une heur' de c't exercice,
On demande de toutes parts :
Est-ce un petit feu d'artifice,
Ou le gazouillis du têtard?

Refrain
Goui, goui, goui, goui, goui!
C'est le chant de la fauvette.
Goui, goui, goui, goui, goui!
C'est la voix du salsifis.
Goui, goui, goui, goui, goui!
C'est le cri de l'andouillette.
Goui, goui, goui, goui, goui!
C'est le chant du parapluie.

Allais métaphysicien?

Dieu a agi sagement en plaçant la naissance avant la mort; sans cela, que saurait-on de la vie?

L'homme est plein d'imperfections, mais on ne peut que se montrer indulgent si l'on songe à l'époque à laquelle il fut créé. Et surtout ce sommet philosophique :

Tout est dans tout, et vice versa.

Il en est de l'œuvre d'Alphonse Allais comme de ces paniers de cerises où l'on commence à choisir les plus rouges, les plus appétissantes et où l'on ne peut s'arrêter avant d'avoir tout mangé. Heureusement, tout au long de ce petit dictionnaire, nous nous sommes ménagé des rendez-vous avec Allais. Nous allons le retrouver dans les chapitres : fausses citations, combles, fables-express, inventions, olorimes, rimes. Ce diable d'homme est partout et on ne peut faire autrement que de le citer :

Que la vie serait triste sans Allais!
Merci Seigneur : Allais, lui, Ah!
Allais, lui, Ah!

ALLEMAGNE

Touriste or not touriste? Au cours de sa longue histoire, la France a été le pays préféré des envahisseurs de tout poil.
Ce ne sont pas les Allemands, en dépit de leurs dons naturels, qui ont inventé le principe de l'excursion collective et armée. Tour à tour nous reçumes les Romains, les Wisigoths, les Huns, les Vikings et quelques autres; puis les Arabes et les Anglais. Chacun de ces peuples représenta successivement pour nos ancêtres la race maudite de Dieu, le barbare abhorré. Les Allemands, derniers venus de la liste, n'ont pas encore tout à fait réussi à passer du statut privilégié d'ennemi héréditaire qui était le leur hier à celui de partenaire favori. Ça vient!... mais l'entente cordiale traîne un peu les pieds. Il faut dire que nous venons de loin!
Pendant soixante-quinze ans, deux peuples se prétendant chacun soldats de Dieu et investis d'une mission civilisatrice se défiaient de chaque côté de la frontière dans l'attente de la prochaine revanche qui permettrait de rayer de la surface de la terre l'ennemi exécré. A trois reprises on s'étripa. Trois guerres totales en trois quarts de siècle laissèrent les belligérants exsangues et l'Europe à genoux. Cette Europe qui avait dominé le monde perdit dans ces affrontements fratricides des millions d'hommes, sa puissance économique et son prestige. Profitant de cet effacement, d'autres puissances dictent désormais leur loi sur la planète. Français et Allemands sont donc maintenant condamnés à s'entendre. Les trois quarts des Français et des Allemands d'aujourd'hui sont nés après 1945. Ils ne peuvent donc pas imaginer, en dépit des livres, des films, des témoignages, le climat de haine hystérique qui, de 1870 à 1945, opposa leurs deux nations.
Jean Giraudoux avait écrit : « Le mot France et le mot Allemagne ne sont à peu près plus et n'ont jamais été pour le monde des expressions géographiques : ce sont des termes moraux. »

L'Allemand urine par les pieds!...

Si l'on feuillette la presse des années 1914 à 1918, on est stupéfait de constater le degré d'exaltation, de démence, de ridicule auquel avaient atteint des gens considérés comme faisant partie des plus intelligents de notre pays. L'exemple du docteur Edgar Bérillon est particulièrement significatif. Ce savant, connu pour ses recherches sur le cerveau humain, était directeur de l'École de psychologie. Des travaux rigoureux lui avaient valu une certaine considération du monde scientifique. Et voici soudain qu'en 1914, le docteur Bérillon, trop âgé pour pouvoir s'engager (cinquante-cinq ans), est saisi d'une haine frénétique envers l'Allemagne et le peuple allemand. Sa folie teintée de science se donne libre cours dans des livres, des publications et des conférences dont les arguments nous sembleraient aujourd'hui risibles s'ils n'étaient aussi inquiétants.

La thèse du bon docteur est que les Allemands ont été dotés par la nature d'un tube intestinal beaucoup plus long que le nôtre ce qui les entraîne à évacuer davantage d'excréments :

« Dans toutes les invasions antérieures, les hordes germaniques s'étaient signalées par le débordement d'évacuations intestinales dont elles jalonnaient leur marche. » C'est ce que le docteur Bérillon nomme poétiquement *la polychésie de la race allemande*.

« Déjà, poursuit-il, du temps de Louis XIV, on disait que, par le seul aspect de l'énormité des excréments, le voyageur pouvait savoir s'il avait franchi les limites du Bas-Rhin *(sic)* et s'il était entré dans le Palatinat... La proportion des matières fécales des Allemands s'élève à plus du double de celles des Français. »

☘ Ces élucubrations furent approuvées par l'historien Georges Lenôtre qui, dans son livre *Prussiens d'hier et de toujours* (1915), n'hésitait pas à aller plus loin... ou plus haut :

« Plusieurs aviateurs affirment que, lorsqu'ils arrivent au-dessus d'une agglomération allemande, ils en sont avertis par une odeur dont leurs narines sont affectées, même s'ils survolent à une très grande hauteur. »

Le docteur Bérillon, passant joliment du solide au liquide, analyse aussi l'urine allemande dans un autre livre au titre prometteur : *La Bromidrose fétide de la race allemande*, dont voici quelques gouttes :

« L'Allemand dégage une odeur spécifique fétide, nauséabonde, imprégnante et persistante, la *bromidrose*. Le coefficient urotoxique est, chez les Allemands, au moins un quart plus élevé que chez les Français. Cela veut dire que, s'il faut 45 centimètres cubes d'urine française pour tuer un kilogramme de cobaye, il ne faudra que 30 centimètres cubes d'urine allemande, plus toxique, pour obtenir le même résultat [...] La principale particularité organique de l'Allemand actuel c'est qu'il est impuissant à éliminer par sa fonction rénale surmenée tous les éléments uriques ; il doit donc y ajouter la sudation plantaire ; cette conception peut s'exprimer en disant que l'Allemand urine par les pieds... »

Le docteur Bérillon fit même une conférence à la Société de médecine dont le titre débordait de lyrisme :

« Comment pourrait-on s'entendre un jour avec un peuple qui sent mauvais? » Le journal *Le Matin* titrait de son côté le 14 juillet 1915 : « Les cadavres boches sentent plus mauvais que ceux des Français. » Les lecteurs de l'époque devaient même s'étonner que des soldats français fussent tués au front après avoir lu des articles comme celui-ci, paru dans *L'Intransigeant* du 17 août 1914 :

« Nos soldats ont pris l'habitude des balles allemandes et des shrapnells et l'inefficacité des projectiles de nos ennemis est l'objet de toutes les conversations. Les shrapnells, en effet, éclatent mollement en l'air et tombent en pluie de fer inoffensive ou s'enfoncent dans la terre sans éclater. De plus, le tir est très mal réglé. Et nos pioupious n'en parlent qu'en riant.

« Quant aux blessures causées par les balles, elles ne sont pas dangereuses. Un de nos amis qui revient de la frontière a pu constater que les balles traversent les chairs de part en part sans faire aucune déchirure. De sorte que les grands trains de blessés que notre ami rencontra étaient remplis de jeunes garçons atteints par des balles et qui, pourtant, riaient avec une réconfortante bonne humeur. »

Comment, dans ces conditions, expliquer les 1 390 000 morts français de la Grande Guerre et nos 3 millions de blessés?

Pendant ce temps, de l'autre côté de la frontière, un certain Friedrich von Bernhardi écrivait :

« La guerre est un devoir et une idéale nécessité... une nécessité biologique. Notre importance dominatrice en tant que peuple civilisateur éclate à tous les yeux [...]. Il faut faire à la France une guerre au couteau qui anéantira pour toujours sa situation de grande puissance et qui entraînera pour toujours sa disparition et son anéantissement. »

En 1918, nos grands-parents croyaient naïvement en avoir terminé avec la guerre, avec toutes les guerres. Le plus terrible restait encore à vivre. Sans doute fallait-il que fût atteint le tréfonds de l'horreur pour que des gens de bonne volonté des deux nations entreprissent patiemment de construire une amitié sur tant de morts, sur tant de décombres inutiles.

L'aigle et le coq

Il est surprenant que deux peuples aussi proches géographiquement que l'Allemagne et la France soient aussi différents. Tout les sépare, tout les oppose :

A l'ouest du Rhin, c'est la versatilité gauloise. *A l'est,* la lourdeur germanique. *Nous* plaisantons de tout, même et surtout des sujets les plus sérieux. *Eux* sont dépourvus de tout sens de l'humour. *Ici* est la nation des initiatives individuelles et des confrontations. *Là,* le pays de l'ordre et du consensus.

En France, on admire les personnalités un peu voyantes qui font preuve d'originalité et d'esprit ; *en Allemagne,* on préfère le travail en profondeur, le conformisme et le respect des normes. *Ils* nous trouvent superficiels, *nous* les jugeons moutonniers. L'insolence de *notre coq,* qui crie victoire dressé sur ses ergots, les irrite. *Leur aigle* au regard d'acier et aux serres puissantes nous glace.

« Chez les Français, tout est pose, grandiloquence, parade. Leur coq ne supporte pas qu'on chante plus fort que lui dans la basse-cour européenne. » BISMARCK

« L'élève allemand n'a pas d'idées personnelles, pas de vues d'ensemble. Il apprend par cœur. » MAURICE BARRÈS

Schopenhauer n'aime pas les Français, mais il n'est pas plus tendre pour autant avec ses compatriotes :

« Si les autres parties du monde ont des singes, l'Europe a des Français, cela compense ! »

« On a reproché aux Allemands d'imiter tantôt les Français, tantôt les Anglais, mais c'est justement ce qu'ils peuvent faire de plus fin, car, réduits à leurs propres ressources, ils n'ont plus rien de sensé à vous offrir. »

Voici maintenant, en vrac, quelques opinions sur les défauts et les vertus des Allemands :

« Les grandes vertus des peuples allemands ont engendré plus de maux que l'oisiveté n'a jamais créé de vices. »

PAUL VALÉRY, *Variété,* 1.

« Chez aucun peuple du monde le défaut ne se greffe plus étroitement sur la qualité, le revers n'est plus inséparable de l'avers. Dans le bien et dans le mal, l'Allemand est indivisible. »

ROBERT D'HARCOURT,
Les Allemands d'aujourd'hui.

« Si on met un uniforme à l'Allemand, sa reconnaissance n'a plus de limites ; celui qui l'habille le possède. » JACQUES RIVIÈRE

« Les Allemands nus sont extraordinairement désarmés. Sans mystère. Ils ne font plus peur. Le secret de leur force n'est pas dans leur peau, dans leurs os, dans leur sang, mais dans leur uniforme [...]. Il suffit de les voir nus pour comprendre le sens secret de leur vie nationale, l'histoire de leur nation. » CURZIO MALAPARTE, *Kaput.*

« On a beaucoup de peine à s'accoutumer, en sortant de France, à la lenteur et à l'inertie du peuple allemand ; il ne se presse jamais, il trouve des obstacles à tout ; vous entendez dire en Allemagne : *C'est impossible* cent fois contre une en France. » MADAME DE STAËL,
De l'Allemagne.

« En allemand, c'est mentir que d'être poli. » GOETHE

« Chaque Allemand ne connaît que sa spécialité ; pour le reste, il s'en remet au gouvernement. » JEAN GIRAUDOUX

« L'Allemand dont la musique est la femme et la femme un bétail. » NATHALIE CLIFFORD-BARNEY

« Il y a mille expressions allemandes pour exprimer l'ivresse. » SCHOPENHAUER

« L'Allemagne, force de la nature à laquelle elle tient au plus près, faisceau d'instincts puissants mais troubles, artistes-nés qui n'ont point de goût, techniciens restés féodaux, pères de famille belliqueux, restaurants qui sont des temples, usines dans les forêts, palais gothiques pour les nécessités, oppresseurs qui veulent être aimés, séparatistes obéissant au doigt et à l'œil, chevaliers du myosotis qui se font vomir leur bière, route que Siegfried le Limousin voit épique le matin, romantique vers midi, guerrière le soir, océan sublime et glauque d'où le filet retire pêle-mêle des monstres et des trésors. »
CHARLES DE GAULLE, *Vers l'armée de métier.*

Le goût affirmé des Allemands pour l'ordre - *Ordnung muss sein !* -, leur respect absolu de la loi, leur soumission aveugle à l'autorité supérieure ont permis au régime national-socialiste de transformer des millions de citoyens ordinaires en autant d'exécutants consciencieux de sa politique criminelle. Le principe de l'élimination systématique des Juifs d'Europe, décidé par Hitler, Himmler et les autres, fut mis en œuvre au jour le jour par toute une bureaucratie appliquée et sans états d'âme. De bons pères de famille, honnêtes et bien-pensants, ont géré « la solution finale » comme s'il s'agissait d'affaires courantes et ils l'ont fait en apportant à leur travail toute la conscience, tout le souci de productivité dont ils étaient capables. Ah ! les braves gens !

Raul Hilberg, dans son livre *La Destruction des Juifs d'Europe,* analyse minutieusement le fonctionnement au quotidien du plus terrible génocide de l'histoire.

On y apprend avec horreur que les employés des chemins de fer du Reich facturaient à la Gestapo le voyage de chaque déporté à raison de 4 pfennigs du kilomètre, que les enfants de moins de dix ans avaient droit au demi-tarif et que les enfants de moins de quatre ans bénéficiaient de la gratuité. On consentait des réductions de 50 p. 100 pour des groupes d'au moins quatre cents adultes. Les SS accompagnateurs recevaient un billet aller-retour, eux, alors que les déportés ne payaient qu'un aller simple.

On ne peut s'empêcher de penser que si les fonctionnaires avaient un peu, un tant soit peu traîné les pieds dans l'exécution de leur tâche, le processus n'aurait jamais pu être « mené à bonne fin ». Si trois millions de Juifs ont pu être acheminés vers les crématoires par les wagons allemands, ce ne peut être que parce que l'objectif de la solution finale ne posa jamais de problème de conscience aux bureaucrates de l'administration.

Passer l'éponge, oublier les guerres, les morts, ça n'est pas facile. Témoin ce petit poème de Paul Valet intitulé « *Trois générations* » :

Le vieux mourut dans la boue de Champagne
Le fils mourut dans la crasse d'Espagne
Le petit s'obstinait à rester propre
Les Allemands en firent du savon.

Je t'aime... moi non plus !

Peu à peu, les deux pays apprennent à se connaître. Le « mariage » a eu lieu en 1950 sous la IVe République grâce à deux grands Français : Jean Monnet et Robert Schumann. Ce ne fut au début qu'un mariage blanc. Treize ans plus tard et, en grande pompe, dans la cathédrale autrefois martyre de Reims, à l'endroit même où les rois de France étaient sacrés, de Gaulle et Adenauer renouvelèrent leurs vœux. La chance a voulu que les présidents français et les chanceliers allemands successifs se soient découvert des affinités et que de réelles amitiés soient nées : Willy Brandt-Georges Pompidou - Helmut Schmidt-Valéry Giscard d'Estaing - Helmut Kohl-François Mitterrand. Ainsi se fortifie chaque jour un peu plus l'entente du couple franco-allemand sans lequel il n'est pas d'Europe possible.
Les rouages grincent parfois, les scènes de ménage et les bouderies alternent avec les réconciliations.
La France n'aime pas que l'Allemagne regarde vers l'est, derrière ce Mur où se trouve cette autre moitié d'elle-même. Mais elle n'aime pas non plus que l'Allemagne se tourne vers les États-Unis à la recherche d'accords privilégiés entre nations riches.
L'Allemagne reproche à la France son attitude en Afrique et dans le Pacifique : elle l'accuse de colonialisme et déteste sa politique nucléaire. La France, qui s'enthousiasme pour la technologie du futur, ne trouve avec l'Allemagne qu'un partenaire réservé qui fait des calculs d'épicier et se demande si ces folies sont bien indispensables. L'ennui c'est que l'épicier est le plus riche des deux!
Les Français n'apprennent pas l'allemand : « L'allemand, c'est la langue où je me tais de préférence », disait Jules Renard. Et, un autre

Jules - Goncourt celui-ci - ajoutait . « La langue allemande n'est pas une langue, c'est un hachepaille. »
Mais les Allemands, de leur côté, n'apprennent pas le français.
Résultat : dans les rencontres bipartistes on s'exprime en anglais, faute de mieux.
Pourtant les Français ne manquent pas de mots doux pour désigner « affectueusement » les Allemands :
Les Alboches, les Boches, les Fritz, les Frisés, les Frisous, les Doryphores, les Prussiens, les Pruscos, les Teutons, les Casques à pointe, les Chleuhs, les Vert-de-gris...
« Je t'aime... *Ich liebe dich!*
– Moi, non plus! »

La belle phrase de Romain Rolland est plus que jamais actuelle : « La France et l'Allemagne sont les deux ailes de l'Occident. Qui brise l'une empêche l'autre de voler. »

AMOUR

Je t'aime, Sacha. Et toi?
- Moi aussi, je m'aime.
Sacha Guitry

Qu'est-ce au juste que l'Amour lorsqu'on l'écrit avec un grand A?
☘ Est-il ce petit dieu malin, aux yeux et à l'arc bandés - pour s'en tenir à l'essentiel - tirant ses flèches au hasard, et que l'on nomme aussi Éros ou Cupidon?
☘ L'Amour, qui coule de source, l'Amour qui n'en finit pas de couler, n'est-ce pas aussi un fleuve interminable et chinois (4 354 km), un de ces fleuves dont on fait les romans et qu'on appelle aussi SAKHA-LINE ou HEI-LONG-KIANG (le fleuve du Dragon noir)?
☘ L'Amour, pourquoi s'en ferait-on une montagne à moins que l'on ne soit algérien ou explorateur et que l'on ait à gravir les 1 977 mètres auxquels culmine ce Djebel?
Fort bien, mais que devient l'amour dans tout ça? L'amour

quotidien, l'amour-toujours, celui qui est enfant de Bohème, celui qui est magicien... mais pas sorcier, celui dont le nom s'écrit avec une minuscule bien qu'il naisse souvent d'une rencontre... capitale? Tous les romanciers ont parlé de l'amour, pour s'en moquer ou pour le sublimer. Toutes les chansons, tous les opéras ont mis l'amour en musique : lorsqu'il y a de l'amour dans l'air, pourquoi n'y aurait-il pas des airs dans l'amour?
Avec toutes les phrases inspirées par l'amour, on remplirait la plus grande bibliothèque du monde. C'est une entreprise bien présomptueuse que d'essayer d'en extraire quelques-unes parmi les plus belles, parmi les plus drôles, parmi les plus vraies.

Définir l'amour

« Aimer, c'est trouver sa richesse hors de soi. » ALAIN

« Aimer, c'est la moitié de croire. » VICTOR HUGO

« Aimer, c'est ne plus avoir droit au soleil de tout le monde. On a le sien. » MARCEL JOUHANDEAU

« Aimer, c'est ne plus comparer. » BERNARD GRASSET

« Aimer, c'est préférer un autre à soi-même; dans ce sens-là je n'ai jamais aimé. » PAUL LÉAUTAUD

« Aimer, c'est donner raison à l'être aimé qui a tort. » CHARLES PÉGUY

« Aimer une femme, c'est surestimer la différence qui existe entre une femme et une autre. » GEORGE-BERNARD SHAW

« Être amoureux, c'est se créer une religion dont le dieu est faillible. » JORGE LUIS BORGES

« Aimer n'est, le plus souvent, que le besoin que l'on a de quelqu'un pour lui donner la comédie de soi et se donner la comédie de lui. » MARCEL JOUHANDEAU

La définition la plus précise, la plus exacte, la plus scientifique de l'amour c'est, à coup sûr, celle qu'en donna Mademoiselle de SCUDÉRY :
« L'amour est un je-ne-sais-quoi qui vient de je-ne-sais-où et qui finit je-ne-sais-comment. »

Faire l'amour

« Ce qu'il y a d'ennuyeux dans l'amour c'est que c'est un crime où l'on ne peut pas se passer d'un complice. » CHARLES BAUDELAIRE

« L'amour, tel qu'il existe dans la société, n'est que l'échange de deux fantaisies et le contact de deux épidermes. » CHAMFORT

« L'homme et la femme, l'amour, qu'est-ce? Un bouchon et une bouteille. » JAMES JOYCE

L'amour est une affection
Qui, par les yeux, dans le cœur entre
Puis, par une déflexion,
S'écoule par le bas du ventre.

MATHURIN RÉGNIER, 1573-1613.

« Qui a le plus de plaisir et de bien dans l'amour? L'homme ou la femme? Avisez que si l'oreille vous démange et la grattiez de votre petit doigt, qui a le plus de plaisir?
- Eh bien! N'est-ce pas l'oreille? »

BÉROALDE DE VERVILLE, 1558-1623

« Dire que c'est en faisant exactement la même chose qu'un homme honore une femme ou la déshonore. » NOCTUEL

« L'amour est un repos laborieux. » E. HELLO

« Nous vivons en un temps où l'amour se fait vite, c'est-à-dire mal. La faute en est aux affaires, aux automobiles et aux fermetures Éclair. » LOUIS TESSIER DU CROS

« Le plus beau moment de l'amour, c'est quand on monte l'escalier. » CLEMENCEAU

« Les deux seules créatures qui s'accouplent en se faisant face sont l'homme et le sandwich au pâté. » FRANÇOIS CAVANNA

A quoi ça sert l'amour?

« L'amour consiste à être bêtes ensemble. » PAUL VALÉRY

« Si l'amour donne de l'esprit aux sots, il rend parfois bien sots les gens d'esprit. » NINON DE LENCLOS

« Ce qu'il y a d'admirable dans l'amour, c'est qu'en s'occupant de l'autre, on s'occupe encore de soi. » MICHEL CORDAY

« Dans les premières passions, les femmes aiment l'amant. Dans les autres, elles aiment l'amour. » LA ROCHEFOUCAULD

« L'homme commence par aimer l'amour et finit par aimer une femme. La femme commence par aimer un homme et finit par aimer l'amour. » REMY DE GOURMONT

« On n'aime plus personne quand on aime. » FRANÇOIS MAURIAC

« L'amour tue l'intelligence. Le cerveau fait sablier avec le cœur. L'un ne se remplit que pour vider l'autre. » JULES RENARD

« L'amour est cette merveilleuse chance qu'un autre vous aime encore quand vous ne pouvez plus vous aimer vous-même. » JEAN GUEHENNO

Quand l'amour meurt

« L'amour décroît quand il cesse de croître. » CHATEAUBRIAND

« L'amour, c'est l'effort que fait l'homme pour se contenter d'une seule femme. » PAUL GERALDY

« Je t'aimerai le temps de voir dans ce grain de beauté une verrue. » JULES RENARD

« L'amour n'est pas aveugle, il est atteint de presbytie. La preuve, c'est qu'il ne commence à distinguer les défauts que lorsqu'il s'éloigne. » MIGUEL ZAMACOÏS

« En amour, il n'y a que la conquête et la rupture qui soient intéressantes. Le reste n'est que du remplissage. » MAURICE DONNAY

« Si l'on mourait de toutes les aventures d'amour, il n'y aurait plus personne pour les raconter. » MARCEL PAGNOL

« Il n'y a qu'un moyen sûr de quitter une femme, c'est d'être quitté par elle. » ÉTIENNE REY

L'amour médecin

L'amour n'est pas une maladie, c'est une affection tout au plus. Peut-être est-ce la raison pour laquelle un groupe de médecins américains ont étudié très scientifiquement, dans les années 70, l'influence de l'amour sur notre métabolisme [Western State College, Gunnison (Col.)]. En se basant sur on ne sait quelles expériences, ces chercheurs de mes deux seins décrétèrent que chaque baiser diminuait notre existence de trois minutes (calculette en main : un an de vie équivaut tout de même à 172 800 baisers). Certains déconseillaient le baiser aux diabétiques sous prétexte qu'il leur pompait l'insuline. D'autres, en vrais romantiques, préconisaient, avant et après chaque baiser, un lavage buccal au moyen d'un antiseptique.
Le principal avantage de telles déclarations à sensation réside dans leur caractère provisoire. Il suffit d'attendre sans hâte le démenti et la démonstration contraire que ne manqueront pas d'apporter d'autres médecins. En l'occurrence, quelques années plus tard, un certain docteur Bridger est venu préconiser le baiser à haute dose pour ses bienfaits insurpassables.
Nous avons alors appris, extasiés, que nous étions tous, à l'intérieur de nous, des chimistes qui s'ignoraient. Saviez-vous que les microbes échangés dans la salive de deux amoureux facilitent la digestion?

Quel poète inspiré composera-t-il un sonnet sur ce « t'aime »? Ses premières rimes sont toutes trouvées : bicarbonate et permanganate.
Le baiser doit être considéré comme une discipline sportive : chaque fois, il met en action 29 muscles, il augmente l'activité de la thyroïde, il fait perdre douze calories et passer de 75 à 150 par minute les pulsations de notre cœur.
Dans un baiser, en plus de serments d'amour, on échange 0,7 milligramme d'albumine et 0,45 gramme de sel (du sel gemme sans doute!).
Francis Blanche, comme tous les amuseurs, devait être inspiré lorsqu'il racontait l'histoire du garçon qui rencontre une fille à la sortie d'un laboratoire d'analyses pharmaceutiques :
« Mademoiselle, j'ai de l'albumine, vous avez du diabète... Venez donc à la maison, nous ferons des meringues! »

L'amour en toutes lettres

Un chapitre consacré à l'amour ne saurait se conclure sur une note burlesque.
Depuis que l'écriture fut inventée - peut-être par un amoureux -, le désir, l'amour, la passion, ont fait couler beaucoup d'encre. On doit à l'amour d'avoir donné du génie aux écrivains et prêté du talent à ceux qui ne se savaient pas eux-mêmes capables d'écrire.
☘ Juliette Drouet, qui adora dans l'ombre son Victor Hugo, lui adressait des lettres comme celle-ci : « Je fais tout ce que je peux pour que mon amour ne te dérange pas. Je te regarde à la dérobée. Je te souris quand tu ne me vois pas. Je mets mon regard et mon âme partout où je voudrais mettre mes baisers : dans tes cheveux, sur ton front, sur tes yeux, sur tes lèvres, partout où les caresses ont un libre accès... »
☘ Julie de Lespinasse (1732-1776) adressa à son amant le comte de Guibert la plus courte et en même temps la plus belle des lettres d'amour connues : « Mon ami, je souffre, je vous aime et je vous attends. »
Sur un registre mineur, voici deux billets que le désir inspira à des soupirants impatients :
☘ La comédienne Rachel (1821-1858) reçut un jour dans sa loge ce mot cavalier que lui adressa le prince de Joinville, fils de Louis-Philippe et roi des goujats : « Quand? Où? Combien? » Rachel ayant regardé la signature répondit sur le même mode : « Quand vous voudrez. Chez vous. Pour rien. »
☘ Gérard Bauer raconte dans ses souvenirs qu'un certain marquis de Cassagnac avait fait porter dans les coulisses, à une petite théâtreuse

qui lui avait tapé dans l'œil, une lettre où figurait cette seule et jolie phrase : « Mademoiselle, quand on vous voit, on vous aime; et quand on vous aime, où vous voit-on? »

Cette anecdote, qui a pour cadre un théâtre, amène tout naturellement cette conclusion de Nietzsche :
« Dans la plupart des amours, il y en a un qui joue et un autre qui est joué; Cupidon est avant tout un petit régisseur de théâtre. »

ANAGRAMME

L'anagramme, simple jeu de lettres connu depuis l'Antiquité, n'est pas - comme son nom pourrait donner à croire - une quelconque unité de poids, sous-multiple du gramme. Vieux comme le monde, ce jeu pèse pourtant, aujourd'hui encore, d'un poids considérable dans les programmes quotidiens de notre deuxième chaîne de télévision : au jeu « Des chiffres et des lettres », qui rive chaque soir douze millions de regards au petit écran, c'est l'anagramme devenue reine. Reine et pas roi! car, autant vous le dire tout de suite pour vous permettre de gagner tous vos paris, « anagramme » appartient au genre féminin.
Anagramme est composé de deux mots du grec ancien : *Ana* qui indique le « renversement » et *Gramma* qui signifie « lettre ».
Une anagramme, littéralement un renversement de lettres, consiste à fabriquer un mot nouveau ou une phrase nouvelle, en mélangeant les lettres d'un mot ou d'une phrase donnés.
- **crèmerie** est l'anagramme de **mercerie,**
- **pâtissier** celle de **tapissier,**
- **signe** celle de **singe,**
- ou **avenir** celle de **navire** et de **ravine.**
- Plus poétiquement, **Marie** est l'anagramme du verbe **aimer.**

Lorsque le poète Ronsard tombe amoureux de la jeune paysanne Marie Dupin, il lui dédie ces vers :

> **Marie** qui voudrait votre nom retourner,
> Il trouverait **aimer,** aimez-moi donc Marie!

Semblable en cela à beaucoup d'autres jeux d'esprit, l'anagramme connut une grande vogue à la cour du roi François Ier parmi les lettrés, enchantés de la redécouverte qu'ils venaient de faire du monde gréco-latin. Ce devint même la coutume pour les écrivains de signer leurs œuvres de l'anagramme de leur nom. **François Rabelais** publia les deux premiers volumes de son *Pantagruel* sous le pseudonyme d'**Alcofribas Nasier,** qui rappelait au passage qu'il avait le nez fort avantageux.

Peu désireux d'attirer sur lui les foudres de l'Église, Jean **Calvin** commence par signer ses *Instructions chrétiennes* du nom de **Alcvinus** qui était l'anagramme de Calvinus, son nom en latin.

Le nom de **Voltaire** était l'anagramme de son nom véritable : **Arouet le Jeune,** ainsi écrit à la latine : Arovet L.I.

Paul Verlaine se mettait souvent en scène dans ses poèmes sous le nom de **Pauvre Lélian.**

Boris Vian signait volontiers **Bison Ravi** ou **Brisavion,** et **Raymond Queneau, Rauque Anonyme** ou **Don Evane Marquy.**

On sait moins que le nom de l'un de nos plus talentueux romanciers et scénaristes, **Sébastien Japrisot** *(L'Été meurtrier, La Dame dans l'auto)* est formé des lettres de son vrai nom **Jean-Baptiste Rossi.**

De même, à une lettre près, le nom de Marguerite **Yourcenar** est l'anagramme de son patronyme : **Crayencour.**

Et Françoise **Giroud,** notre ministre-journaliste, n'a eu pour se fabriquer un nom de plume qu'à bousculer un peu les lettres de son vrai nom, **Gourdji.** Quant à l'écrivain Jean-François **Josselin,** il s'est conformé à cette tradition en signant **Jess Lion** un polar pastiche de la fameuse Série noire.

Désireux de dépasser ces acrobaties littéraires, certains voulurent traquer au cœur des noms leur secrète signification. En véritables alchimistes du verbe, ils manipulèrent les consonnes et les voyelles composant les noms pour tenter d'en extraire le sens qu'un facétieux destin y avait soigneusement dissimulé.

Les anagrammes dans l'histoire

Ce ne sont pas les exemples qui manquent :

- Dans **Pierre de Ronsard** on a trouvé tout naturellement : « **Rose de Pindare.** »
- Le nom de la favorite de Charles IX, **Marie Touchet,** donne, habilement sollicité : « **Je charme tout.** »
- **Frère Jacques Clément,** l'assassin d'Henri III, ne pouvait d'évidence échapper à sa triste destinée puisque les lettres de son nom sont celles mêmes de « **C'est l'enfer qui m'a créé.** »
- Précieuse, elle le fut dans les deux acceptions du terme et au suprême degré celle que l'on connaît sous le surnom de « l'incompa-

rable **Arthénice** » : **Catherine** de Vivonne, marquise de Rambouillet (1588-1655), n'avait eu qu'à mélanger les lettres de son prénom pour se composer un nom de guerre triomphal.

~ **Napoléon, empereur des Français,** est la parfaite anagramme de cette phrase, saisissant raccourci historique : « **Un pape serf a sacré le noir démon.** »

~ Avec les lettres de **Révolution française,** on peut composer cette hallucinante prédiction : « **Un veto corse la finira.** »

~ En 1783 eut lieu la première ascension en montgolfière. **Pilastre des Rosiers,** poussé par le vent, réussit à relier par les airs le château de la Muette à la Butte-aux-Cailles. Cet exploit inspira un faiseur d'anagrammes plus enthousiaste qu'habile, qui tira du nom de l'aérostier cette phrase anagrammatique : « **Tu es le p(remier) roi des airs »,** la lettre « p » étant censée être l'abréviation du mot « premier ». Malgré cela, l'anagramme n'est pas tout à fait juste (il y faudrait remplacer un « S » par un « U »).

~ La prise de position de **Lamartine** en faveur de la République en 1848 lui valut d'un opposant politique cette prédiction tirée de son nom : « **Mal t'en ira !** »

~ Plus près de nous, André Breton épingla à jamais **Salvador Dali** et son sens inné de la publicité payante par cette impitoyable anagramme : « **Avida Dollars ».**

~ Parfois, l'anagramme se plaît à fréquenter les vedettes du spectacle. Lorsque Claude François, notre immortel Clo-Clo, connut quelques démêlés avec l'Administration pour cause de redressement fiscal, il engagea avec son contrôleur une longue procédure dont il justifia le principe en prétendant que cette attitude lui était dictée par l'anagramme même de son nom : **Claude François** contient en effet toutes les lettres de « **Râle donc au fisc !** »

~ Il fallait être à coup sûr une admiratrice inconditionnelle de **Jean-Paul Belmondo** pour composer d'après son nom l'anagramme suivante : « **Une jambe d'Apollon !** »

~ C'est dans les jeux de la politique et de la polémique que l'anagramme peut donner sa pleine mesure : chaque élection présidentielle nous vaut le plaisir de retrouver sur notre petit écran la muse des « travailleuses, travailleurs », la chère **Arlette Laguiller.** Le combat perdu d'avance et pourtant guilleret qu'elle mène est inscrit tout entier dans les lettres de son nom : « **Lutte, l'air allégré** ».

~ **Le Canard enchaîné** découvrit pendant la campagne des Présidentielles de 1988 qu'en mélangeant les lettres de **François Mitterrand** on obtenait cette phrase qui se révèle encore plus surprenante lorsque l'on sait que **Tintin** est l'un des surnoms de Michel Rocard : « **Feras Tintin, M. Rocard !** »

~ L'année 1983 avait été marquée par la polémique sur les « avions renifleurs » qui opposa un ancien Président de la République au gouvernement de la Gauche. La chose est presque trop belle pour être vraie et pourtant... En faisant l'anagramme de **Renifleur,** on obtenait tout simplement « **Ruiner Elf** », cette société dont le Président Albin Chalandon avait été mis en cause dans le scandale.

~ L'anagramme politique est une spécialité qui a toujours eu ses classiques depuis : **Vincent Auriol** : « **Voilà un crétin** » jusqu'à : **Laurent Fabius** : « **Naturel abusif.** »

~ Lors des élections présidentielles de 1988, Jean-Marie Le Pen, président du Front National, eut à se plaindre du silence du *Figaro Magazine,* il se vengea d'une anagramme. Ayant découvert que les lettres de « **le Figaro magazine** » pouvaient aussi donner « **Le gai fromage nazi** », il communiqua sa trouvaille à toutes les rédactions avec ce commentaire subtil : « Délicieux, non? et tellement bien senti ! »

Au moment de signer ces pages, l'auteur s'est amusé à chahuter les lettres de son nom dans l'espoir d'y rencontrer peut-être une vérité cachée. Il fut tout étonné d'y trouver ce conseil tout particulièrement adapté à ses origines méridionales : « **Garde une cigale !** »

ANGLETERRE

Ils sont fous ces Anglais ! Ils s'ingénient à ne faire rien comme tout le monde... je veux dire à ne rien faire comme nous. Peut-on se prétendre civilisé lorsqu'on conduit à gauche, qu'on boit de la bière tiède et qu'on sert le porto à la fin du repas?

Est-ce à cause de leur teint rose que nous les appelons les « rosbifs »? Ils nous rendent d'ailleurs la pareille en nous surnommant « froggies », comme si nous mangions des grenouilles à chaque repas. Nous les imaginons coiffés d'un melon et ils nous voient un éternel béret sur la tête. Nous sommes bavards, futiles, imaginatifs ; ils sont taciturnes, empruntés et traditionalistes.

Bref, nous vivons dans deux univers bien différents qu'un océan sépare... c'est-à-dire un bras de mer de trente kilomètres, à peine un large fleuve.

Si l'on faisait un sondage d'opinion des deux côtés de la Manche, on aurait la confirmation que le Français n'a jamais eu de plus profond ennemi que l'Anglais... et réciproquement. Mais à une question différente, il serait répondu, avec non moins de conviction, que la France est la meilleure amie de l'Angleterre... et réciproquement.

Depuis 1066, date à laquelle un certain Guillaume le Conquérant envahit l'Angleterre par surprise, nous ne cessons de trouver ce peuple sur notre chemin!

En 1415 à Azincourt - chez nous! -, ils ont fait percer les rutilantes armures de nos chevaliers par leurs misérables fantassins équipés d'arbalètes, ce qui ne faisait pas partie de la règle du jeu!

En 1715, à Fontenoy, forts de l'autorisation que nous leur avions donnée, ils ont tiré les premiers, révélant ainsi un manque total d'éducation... qui ne leur a pas porté bonheur en l'occurrence.

Ils « nous » ont brûlé Jeanne d'Arc, ils « nous » ont fait mourir Napoléon. Allions-nous, par hasard, chercher la tranquillité en Afrique, qu'ils venaient à notre rencontre pour nous faire un mauvais parti... et c'était Fachoda... et c'était Mers el-Kébir.

A force de lui faire la guerre, chaque camp accusait l'autre de n'être pas héroïque. « Prendre la fuite » se dit chez nous « filer à l'anglaise » et chez eux « to take a French leave ».

Pourtant, ces maudits Anglais, nous les avons trouvés à nos côtés sur les champs de bataille des deux guerres mondiales et - mis à part un petit réflexe d'égoïsme aux environs de Dunkerque en 1940 - ils ont vaillamment combattu avec nous dans le camp de la Liberté. Alors? « Ennemi héréditaire » ou « Entente cordiale »? Les deux, mon capitaine! Un point partout et la balle au centre.

Ce qui ne nous interdit pas le moins du monde de plaisanter les Anglais sur leurs ridicules et leurs travers. Et ce ne sont pas les sujets qui manquent!

☘ Voici quelques formules choisies parmi les plus percutantes. On remarquera au nombre de leurs auteurs quelques noms anglais, ce qui prouve que ce peuple possède au moins une qualité incontestable : l'humour.

« Les Anglais, c'est drôle quand même comme dégaine, c'est mi-curé, mi-garçonnet. » L.F. CÉLINE, *Mort à crédit.*

« Les Anglo-Saxons : des neurasthéniques aux joues roses. »
JULIEN GREEN, *Journal.*

« C'est drôle, vous autres Anglais, quand vous êtes à côté d'une jeune fille, c'est vous qui avez l'air vierge! »
ROBERT DE FLERS, *Les Vignes du Seigneur.*

« Non seulement l'Angleterre est une île, mais tout Anglais est une île. » NOVALIS

« Les Anglais sont occupés, ils n'ont pas le temps d'être polis. » MONTESQUIEU

Les distractions en Angleterre

« Il n'est pas interdit de penser que si l'Angleterre n'a pas été envahie depuis 1066, c'est que les étrangers redoutent d'avoir à y passer un dimanche. » PIERRE DANINOS, *Les Carnets du major Thompson.*

« Londres, c'est de l'ennui bâti. » VICTOR HUGO

« En Angleterre, nous n'avons pas d'autres distractions que le vice et la religion. » SYDNEY SMITH

Erreur! vous avez inventé une troisième distraction : le cricket, sport national que jamais ne comprendra celui qui est né hors des îles britanniques. Un Français, après avoir suivi plusieurs matches, était arrivé à résumer ainsi les règles du jeu :
« Les équipes entrent sur le terrain. L'arbitre siffle et la pluie se met à tomber. »
Ce Français était doué d'un remarquable esprit de synthèse, tant il est vrai que le climat permet d'expliquer la plupart des comportements de nos voisins anglais.

« Dans sa bonté infinie, Dieu a donné la pluie aux Anglais afin de leur fournir pour l'éternité un sujet de conversation. »

ANTHONY CHESTER

Il est exact qu'on a coutume de dire : en Angleterre il y a huit mois d'hiver et quatre mois de mauvais temps.
Henri Monnier faisait proférer à son Joseph Prudhomme cette noble phrase :
« Londres est une ville de brouillards et de charbon de terre... Ainsi, au bout de huit jours, une chemise n'y est plus mettable! »

Les Anglais aiment-ils la musique? Le grand chef d'orchestre Sir Thomas Beecham nous répond :
« Il se peut que les Anglais aiment la musique, mais ils aiment surtout le bruit qu'elle fait. »
Ce maestro avait eu l'occasion, dans les années d'après-guerre, d'entreprendre, dans les principales villes anglaises, une tournée de concerts au cours desquels il dirigeait chacun des orchestres symphoniques locaux. Un grand violoniste de réputation internationale - était-ce Heifetz? - faisait partie de ces représentations. Avec des musiciens plus riches de bonne volonté que de talent, le résultat était

assez lamentable. Pourtant, un soir, pendant l'exécution d'un concerto pour violon, le miracle se produisit : l'orchestre jouait juste et suivait la mesure. Alors, Sir Thomas se pencha vers Heifetz et lui murmura à l'oreille :
« Surtout, ne vous retournez pas. Je crois que nous sommes suivis! »
Abel Hermant, qui connaissait bien l'Angleterre, avait pu constater à quel point les Anglais étaient « bon public » :
« Les Anglais sont si simples, un rien les amuse. Ils préfèrent d'ailleurs que ce soit un rien! »

La cuisine en Angleterre

Paul Claudel, avec la résignation du chrétien, écrivait dans son journal :
« Devant la cuisine anglaise, il n'y a qu'un seul mot : " soit! " »
Voltaire, le païen, avait sur la question une réponse à peu près semblable :
« Les Anglais ont mis Dieu à toutes les sauces et ils n'en ont qu'une à mettre dans leur assiette. »
Talleyrand était plus indulgent qui créditait les Anglais de trois sauces, mais dont la conclusion restait, malgré tout, peu optimiste :
« En France, nous avons trois cents sauces et trois religions. En Angleterre, ils n'ont que trois sauces, mais trois cents religions. »

« On ne trouve en Angleterre de fruits mûrs que les pommes cuites et de poli que l'acier. » COMTE DE LAURAGAIS

« La cuisine anglaise, a dit un anonyme - français à coup sûr - si c'est froid c'est de la soupe, si c'est chaud c'est de la bière. »
Une autre formule - également anonyme, hélas! - parvient à condenser en peu de mots le secret de la gastronomie britannique :
« Les Anglais mettent tout dans leur assiette et ils font la cuisine dans leur bouche. »
Appétissant, non?
Conclusion :
Quelle différence y a-t-il entre un Français et un Anglais désireux de faire un bon repas? Le Français passe sa veste et l'Anglais passe la Manche!

L'amour en Angleterre

« L'Angleterre est le paradis des femmes, le purgatoire des hommes et l'enfer des chevaux. » JOHN FLORIO

« Lorsqu'une Anglaise est habillée ce n'est plus une femme, c'est une cathédrale. Il ne s'agirait pas de la séduire, mais de la démolir. »
PAUL GAVARNI, 1804-1866

« Ses robes viennent de Paris, mais elle les porte avec un fort accent anglais. » SAKI

« Le féminisme ne peut être une question de sexe puisque le Français est plus femme que l'Anglaise. » NATHALIE C. BARNEY

« Une Anglaise est la lutte de la chlorose et de la couperose. »
EDMOND ET JULES DE GONCOURT

« Les Anglaises adorent les chevaux, mais elles ignorent le bidet. »
ALPHONSE ALLAIS

« Les Anglaises ont deux bras gauches. » RIVAROL

Et l'amour dans tout ça?

« Les Français sont des gastronomes de l'amour, les Anglais des exécutants. » PIERRE DANINOS

« Les habitants du Continent ont une vie sexuelle, les Anglais ont des bouillottes d'eau chaude. » GEORGES MIKES

La langue anglaise

« Je me suis remis à la clarinette. C'est ce qui se rapproche le plus de l'anglais. » RAYMOND DEVOS

« Le privilège de l'Angleterre est de ne comprendre aucune autre langue que la sienne... Et même s'il comprend, il ne doit en aucun cas s'abaisser à le laisser croire. » PIERRE DANINOS

C'est cet universel mépris pour l'ensemble des langages indigènes parlés dans le monde barbare qui a inspiré l'auteur de la devinette suivante :

- Comment appelle-t-on un type qui parle trois langues?
- Un trilingue.
- Et celui qui parle deux langues?
- Un bilingue.
- Comment appelle-t-on un homme qui ne parle qu'une seule langue?
- Un Anglais!

Clemenceau prétendait que « l'anglais, ce n'est que du français mal prononcé ».

Le Tigre exagérait, bien sûr... mais pas autant qu'on aurait pu le croire. En voulez-vous un exemple :

Dans la banlieue sud de Londres se trouve un carrefour d'un aspect peu engageant qui porte le nom curieux d'*Elephant and Castle.* Cette bizarre rencontre, au cœur de l'Angleterre, d'un pachyderme et d'un manoir, a une explication phonétique. Sur l'emplacement de ce carrefour se trouvait jadis une auberge célèbre au nom français de *A l'infante de Castille.* Avec leur don pour les langues étrangères, les autochtones ont peu à peu remplacé les mots français par leur équivalent homophone en anglais. C'est ainsi que *A l'infante* est devenu *Éléphant* et que la *Castille* s'est retrouvée *château.*

Bel exemple d'assimilation par le vocabulaire!

Lorsqu'il se trouve en face d'un interlocuteur étranger qui s'escrime à parler sa langue, l'Anglais ne fait pas le plus petit effort pour lui venir en aide ou même pour tenter de le comprendre à demi-mot. Il le laisse patauger en affectant une indulgence condescendante.

Au cours de son septennat, le président Vincent Auriol fut reçu à Londres avec un faste exceptionnel. On lui fit le privilège de l'admettre à parler devant la Chambre des lords. Conscient de cet honneur, Auriol avait préparé et longuement répété son discours en anglais. Il le prononça dans un silence recueilli et fut salué par des applaudissements de bon ton. C'est alors que le président de la Chambre des lords se pencha vers l'ambassadeur de France qui était à sa droite et lui dit d'un air sincère : « Jamais je n'ai autant regretté qu'aujourd'hui de ne pas comprendre votre belle langue! »

Disons à la décharge de l'honorable parlementaire que l'accent « pur cassoulet » du père Auriol communiquait à la moindre de ses phrases anglaises une sonorité bien peu orthodoxe!

L'Angleterre et la France

Comment les Anglais qui, au long de leur histoire, ont bâti un empire colonial sur lequel le soleil ne se couche jamais, pourraient-ils pardonner aux Français d'avoir été les premiers colonisateurs de l'Angleterre?

Alphonse Allais et Georges Clemenceau le rappelaient d'une phrase presque semblable :

« L'Angleterre est une ancienne colonie normande qui a mal tourné. »

ALPHONSE ALLAIS

« L'Angleterre? cette colonie française qui a mal tourné! » CLEMENCEAU

« Dieu, dans son infinie sagesse, a eu raison de faire les Anglais différents des Français. » WINSTON CHURCHILL

« Il faut à un Français un an pour comprendre la monnaie des Anglais, dix ans pour comprendre leur tempérament, cinquante ans leur manque de tempérament... et l'éternité leurs femmes. »

GEORGES ELGOZY

« Ils préfèrent leur thé à notre café, la viande desséchée à notre steak saignant, leur pudding à notre tarte aux pommes. Le seul point sur lequel les Anglais s'accordent parfaitement avec les Français, c'est de conduire sur la file de gauche! »

Comment peut-on espérer convertir à l'idée européenne un peuple aussi différent du nôtre, comment donner un esprit communautaire à une nation aussi égoïste?

Comment s'entendre avec des gens aussi silencieux?

« En France où l'on brille par la parole, un homme qui se tait, socialement se tue... En Angleterre, où l'art de la conversation consiste à savoir se taire, un homme brille par son côté terne. » PIERRE DANINOS

« Si le silence est d'or, l'Angleterre est le pays le plus riche du monde. » JANE ROUCH, *Le rire n'a pas de couleur.*

C'est entre ces deux nations que tout oppose qu'un tunnel est en train d'être percé. Les Britanniques les plus conservateurs en ont à l'avance des sueurs froides. Depuis plus d'un siècle, leurs ancêtres n'ont cessé de torpiller ce projet insensé qui était déjà réalisable sous Napoléon III. A l'ingénieur français, père du tunnel, Thome de Gamond qui venait lui parler d'un financement commun, lord Palmerston répliquait :

« Quoi? vous prétendriez nous faire participer à une opération dont le but serait de raccourcir une distance que nous trouvons déjà trop courte! »

Un Anglais, Douglas Jerrold, l'avait pourtant déclaré tout net :
« Entre la France et l'Angleterre, la meilleure chose est la Manche. »
Heureusement, Victor Hugo, le visionnaire, avait célébré le projet comme « une œuvre qui sera la consécration de l'unité humaine et de la fraternité des peuples ». N'avait-il pas écrit dans *Cromwell* :

L'Angleterre toujours sera sœur de la France!

Pour clore ce chapitre sur une note plus drôle, nous laisserons le dernier mot au grand sociologue que fut Alphonse Allais qui a résumé en une formule frappante la manie qu'ont les Anglais de toujours faire tout à l'envers :

« Je ne comprends pas les Anglais! Tandis qu'en France nous donnons à nos rues des noms de victoires : Wagram, Austerlitz... Là-bas, on leur colle des noms de défaites : Trafalgar Square, Waterloo Place... »

A-PEU-PRÈS

Si le propre d'une bonne définition est de s'adapter au mot à expliquer, celle de l'« à-peu-près » devrait sagement se cantonner dans l'approximatif. Autrement, comment espérer définir avec précision un mot évoquant l'imperfection, l'inachèvement ou l'imitation grossière ?

En matière de langage, l'à-peu-près est, en quelque sorte, la confusion absurde faite par un ignorant, entre un nom ou une expression et son équivalent sonore. L'à-peu-près le plus célèbre est sans doute l'irrésistible « Fier comme un petit banc » - avec sa variante « Fier comme un bar-tabac » - qui sont les deux avatars grotesques de l'expression « Fier comme Artaban ». Personne n'est obligé de connaître le nom de l'amant de Cléopâtre, dans le roman de La Calprenède (1610-1663), dont la fierté est devenue proverbiale, mais tout de même... !

Les à-peu-près - à condition de n'avoir pas été rabâchés à l'excès - sont souvent des trouvailles ingénues qui tirent leur force comique de la rupture entre une référence noble à prétention culturelle et sa traduction grossière.

Si toute erreur peut se définir comme une coquille, l'à-peu-près ressemblerait plutôt à une perle... une perle en détournement de culture. L'à-peu-près tient à la fois du pataquès - il est aussi une erreur provoquée par un manque de culture - et du calembour ; mais il existe entre eux la même différence qu'entre l'homicide par imprudence et le meurtre avec préméditation.

Si l'on voulait établir une liste des classiques du genre, le risque serait grand de lasser le lecteur. Citons quelques-uns parmi les plus éprouvés accompagnés - pardon ! - de leur traduction :

- Vieux comme mes robes (Hérode)
- L'ingénieur à Grenoble (agronome)
- Le mec le plus ultra (nec plus ultra)
- Rire à gorge d'employé (déployée)
- Pousser des cris d'orfèvre - ou de porc frais - (d'orfraie)
- Je ne le connais ni des lèvres ni des dents (ni d'Ève ni d'Adam)
- Et lycée de Versailles (vice versa)
- Il s'en est sorti idem (indemne)
- Il est riche comme Fréjus (Crésus)
- C'est la croix et la baleinière (bannière)

- Les pieds de la dame au clebs (épée de Damoclès)
- Une quantité gastronomique (astronomique)
- Sortir de la cuisine de Jupiter (la cuisse de Jupiter)

Les à-peu-près les plus savoureux sont toujours ceux auxquels on assiste en direct. Nous avons tous, dans nos relations, des spécialistes du genre, doués d'une sorte de génie inconscient, et dont les trouvailles sont dignes des loges.

A côté des à-peu-près spontanés, fleurissent par vagues des à-peu-près conscients qui ne sont, tous comptes faits, que d'affreux jeux de mots venus d'on ne sait où et dont le pouvoir hilarant réside autant dans le caractère détestable que dans la répétition.
Il n'est pas d'écolier qui ne se soit entendu dire au moment où il séchait devant un problème ardu : « C'est ici que les Athéniens s'éteignirent, que les Perses se percèrent, que les Satrapes s'attrapèrent et - ajoute-t-on parfois - que les Mèdes... »
D'autres à-peu-près sont ceux que l'on pourrait définir comme ayant été engendrés en vertu de l'effet « Yau-de-poêle », l'un des plus solides piliers de notre culture gauloise.

- Comment vas-tu... yau de poêle?
- Pas mal et toi... le à matelas?
- Que se passe-t-il... de menthe?
- Ce sera terminé sous peu... à l'oignon
- C'est un peu tard... de 14 juillet
- C'est un peu tôt... télégraphique
- C'est adorable... de lapin

Une supposition...

Il appartenait à un membre éminent (c'est toujours ainsi qu'on les désigne) de l'Académie française de donner sa caution à l'à-peu-près en le rendant immortel. Dans les années 60, en effet, le délicat cinéaste qu'était René Clair publia, dans le cadre des travaux du Collège de Pataphysique, un opuscule intitulé *Une supposition* dont le contenu est consacré à ce qui se fait de plus détestable en matière de jeux de mots. Fort heureusement, les gens intelligents bénéficient d'une certaine disposition naturelle à prendre du recul face à des calembours abominables. Il leur arrive même de s'en divertir. Au-delà d'un certain poids, l'humour abolit toute réticence :

> Une supposition que tu t'appelles Vence de Labbe,
> Une supposition que tu joues au billard,

Une supposition que tu aies l'air un peu malade,
Et je voudrais que tu joues
Et je voudrais que tu te marres.
Alors je te dis :
Joue, Vence de Labbe et souris!

Les moins de trente ans n'ont sûrement jamais entendu parler de ce remède miracle « La Jouvence de l'Abbé Souris » qu'un ecclésiastique inspiré avait composé afin de guérir tous les maux de la femme. Encore un deuxième exemple à l'intention des amateurs :

Une supposition que tu t'appelles X;
Une supposition que nous soyons fâchés,
Une supposition qu'on se rencontre dans un bistrot,
Et que tu aies une bouteille à la main.
Alors, moi, je fais les premiers pas
Et je te dis :
- Verse, hein, j'ai tort X!

De l'à-peu-près comme un des Beaux-Arts

Si l'on veut éviter à ce chapitre une fin tragique, il est temps d'en relever le contenu intellectuel en faisant appel à des rimeurs qui n'ont pas hésité à utiliser l'à-peu-près à des fins poétiques : Voici, d'Édouard Guy,

Théo

Lorsqu'il rencontre sur l'asphalte
Une Manon qui lui sourit
L'œil allumé, Théo fait halte
Théo... rit

Et bientôt, n'étant pas de bois,
Théo goûte un plaisir extrême
Dont il se délecte trois fois
Théo... r'aime

Puis, un peu las de sa prouesse,
Du sommeil du juste et du fort,
Tournant le dos à son hôtesse,
Théo... dort

Et quand arrive le matin
Le corps dispos, l'âme tranquille,
En peinard, posant un lapin,
Théo... file.

Franc-Nohain, père de notre national Jaboune et de son frère Claude Dauphin, composa le poème ci-dessous, intitulé *Sollicitude*, qui rappellera quelque chose aux admirateurs de Serge Gainsbourg.

Sollicitude

Appétit vigoureux, tempérament de fer,
Membert languit, Membert se meurt - ami si cher...
Qu'a Membert?

Hé, Momille bonjour! Comment va la famille?
Le papa, la maman... Tu pleures, jeune fille?
Qu'a Momille?

Je viens de rencontrer, allant je ne sais où,
Outchou, le professeur qui courait comme un fou.
Qu'a Outchou?

Notre chemin à travers l'à-peu-près croise une nouvelle fois celui de l'Académie française. Voici une œuvre signée Jean Cocteau :

Odile

Odile rêve au bord de l'île,
Lorsqu'un crocodile surgit;
Odile a peur du crocodile
Et, lui évitant un « ci-gît »,
Le crocodile croque Odile.

Caï raconte ce roman,
Mais, sans doute, Caï l'invente
Odile alors serait vivante
Et, dans ce cas-là, Caï ment.

Un autre ami d'Odile, Alligue
Pour faire croire à cette mort
Se démène, paye et intrigue
D'aucuns disent qu'Alligue a tort.

Nous avons gardé pour la fin une très libre interprétation du « Notre Père » signée Robert Desnos. Mieux vaut ne pas prendre à la lettre le texte de cette prière qu'il est préférable de dire... les yeux fermés.

Notre Père

Notre Père quiète Ô yeux!
oit sang (t'y fier)
rie,
eux soit fête (au fait)
otion)
ues réduites
n.
de nos œufs foncés
donnons
nt offensés
s succomber à la tentation
du mal.

si, diront les uns. Les remarques des

illaume)

ez-vous de moi... », écrivit Guillaume oulu exorciser l'oubli et la mort. Pou- oré des générations suivantes, lui qui é »? Pouvait-il imaginer qu'il serait des poètes français, lui qui souffrit de métèque »?

je frappe en pleurant

ollinaire commence à sa naissance. Sa le Kostrowitzka était d'origine polo- Fille d'un officier de petite noblesse, cour papale, elle se disait comtesse et gellon qui, au XIVe siècle, régna sur la ogne.

Mais qui donc était le père de Guillaume Apollinaire? Longtemps, son identité resta mystérieuse, ce qui permit tous les doutes et autorisa tous les soupçons. On avança un temps le nom du prince de Monaco. Certains affirmèrent que Mgr Theuret en poste à Rome avant 1880 était le père. D'autres murmuraient le nom du curé de Monte-Carlo. Les silences pleins de sous-entendus d'Angelika réussirent même à accréditer quelque temps la légende d'un Guillaume Apollinaire descendant de l'Aiglon!

La réalité, aujourd'hui connue, est plus prosaïque : le père de Guillaume et de son frère Albert, né deux ans après lui, est Francesco Constantin Camillo Flugi d'Aspermont, âgé de quarante-quatre ans, ex-officier et grand flambeur devant l'Éternel. Ce gentleman, de nationalité helvétique, disparaîtra sans éprouver le besoin de reconnaître ses enfants.

♣ Donc, le 26 août 1880, naît à Rome un garçon qui sera enregistré le même jour par la sage-femme sous le nom de Wilhelm Albert Dulcigny.

♣ Un mois plus tard, Mlle Angelika de Kostrowitzka, âgée de vingt-deux ans, présente, sur les fonts baptismaux de la basilique Santa Maria Maggiore de Rome, un garçon à qui elle donne le nom de Wilhelm Apollinaris Albert.

♣ Le 2 novembre de la même année, elle comparaît devant un notaire afin de reconnaître son fils à qui elle donne - enfin!- son nom, précédé, peut-être à titre de compensation, d'une kyrielle de prénoms : Guillaume, Albert, Wladimir, Alexandre, Apollinaris de Kostrowitzky. Sans doute cette curieuse mère n'était-elle guère physionomiste puisqu'il ne lui avait pas fallu moins de soixante-huit jours pour reconnaître son fils!

Au passage, remarquons qu'à peine âgé de deux mois et demi, Apollinaire avait déjà reçu trois noms différents. Comment s'étonner qu'il connaisse plus tard des problèmes d'identité? Toute sa vie, Guillaume éprouvera une fascination mêlée de répulsion pour cette mère demimondaine et à moitié folle : courtisane de haut vol, égoïste, affabulatrice, impétueuse, soumise aux outrances de son hérédité slave, instable, changeant aussi souvent de domicile que d'amant. Une pareille mère n'apporte pas à ses enfants l'équilibre et la sécurité.

Jusqu'à l'âge de sept ans, Guillaume parla italien et polonais et vécut ballotté entre deux palaces. Collège à Monaco, puis à Cannes, lycée à Nice : tout le monde savait que les études des deux frères étaient payées par l'évêque de Monaco.

Joueurs impénitents, Angelika et son amant de l'époque, le banquier Jules Weil, quittent la Côte d'Azur en 1899 pour tenter leur chance dans d'autres casinos : Aix-les-Bains, Lyon; ils atterriront à Spa en

Belgique après s'être débarrassés des deux garçons dans une pension de famille de la petite ville voisine de Stavelot.
Voici qu'entre en scène la première des sept femmes qui seront pour Guillaume ses sources de désir, de douleur, d'inspiration. Pour une petite muse ardennaise aux beaux yeux, Maria Dubois, notre poète écrit ses premiers poèmes d'amour : « Mareye » reste insensible. En revanche, l'élite bourgeoise du coin invite « le comte de Kostrowitzky » à lire ses vers au cours des soirées littéraires qu'elle donne.

Et tu bois cet alcool brûlant comme ta vie

Bientôt les deux frères, sans argent, doivent déménager à la cloche de bois. Retour à Paris où Guillaume va tenter sa chance dans l'édition. Mais, sans nom, sans relations, il est condamné aux obscurs travaux alimentaires qui permettent une existence précaire et sans gloire : piges misérables, compilations bâclées, il devient le « nègre » d'un feuilletoniste et écrit un roman licencieux au titre prometteur de *Mirely ou le petit trou pas cher*.
Guillaume est amoureux pour la deuxième fois. Il s'est épris de la jeune sœur d'un de ses amis, Linda Molina de Suza, qui ne répond pas, elle non plus, à ses avances. Sans doute ne méritait-elle pas, la pauvre sotte, les beaux vers qu'un poète avait composés pour elle et qui lui vaudront de partager un peu de son immortalité.
La vicomtesse de Milhau part pour l'Allemagne avec sa fille, en voiture. Elle engage Guillaume comme précepteur. Dans la suite de la vicomtesse, une ravissante gouvernante anglaise, Annie Playden, lui fait battre le cœur. Elle partage un moment ses émotions, puis elle repart pour l'Angleterre, le laissant inconsolable. Il fera à deux reprises le voyage de Londres afin de la reconquérir. Annie porte la lourde responsabilité d'avoir désespéré l'amour du poète, mais il lui sera beaucoup pardonné pour avoir été l'inspiratrice de la magnifique *Chanson du Mal-Aimé*.

Un soir de demi-brume à Londres
Un voyou qui ressemblait à
Mon amour vint à ma rencontre
Et le regard qu'il me jeta
Me fit baisser les yeux de honte.

Mon beau navire ô ma mémoire
Avons-nous assez navigué
Dans une onde mauvaise à boire
Avons-nous assez divagué
De la belle aube au triste soir [...]

« Ce poème moderne, a écrit Robert Sabatier, n'est pas détaché du passé poétique de la France, on pourrait parler des très riches heures d'Apollinaire, des souvenirs passent de ces frais chanteurs du Moyen Age des trouvères à Charles d'Orléans et à François Villon. »

Guillaume croit que, pour lui, le temps des amours est à jamais révolu. Il est saisi d'une véritable fringale de lectures qui s'accompagne d'une boulimie de nourriture. Il grossit. « Vaste plus que grand, lourd, un peu mal à l'aise dans son corps, un visage touchant de gros clown mélancolique et ironique. Chapeau trop petit, planté de traviole, moustache en broussaille. Il n'a rien d'un Don Juan et, pourtant, il est la séduction même. » Jean-Paul Crespelle dans son livre *La Vie quotidienne à Montmartre au temps de Picasso* (Hachette) le décrit ainsi : « Gros jeune homme aux traits mous, la bouche petite, charnue, gourmande, au fort nez busqué, il avait l'air d'une sorte de Napoléon sculpté dans du saindoux. » Sa mère le met en demeure de gagner sa vie. Il quitte cette maison du Vésinet où il vivait avec elle, et dans laquelle, entourée de molosses, de perroquets et de singes, elle recevait ses amis. Son grenier était décoré comme devait l'être la tente d'Abd el-Kader. Guillaume va emménager dans le premier appartement loué à son nom, rue Léonie (aujourd'hui rue Henner) que sa mère garnira d'énormes meubles bretons qui feront rire ses amis, mais dont il n'aura jamais le cran de se séparer. Il tremble encore devant sa mère dont il dira : « Avec elle, c'est toujours la malédiction ! »

Pour lui obéir, il travaille dans une banque, il rédige une feuille boursière... mais, dans le même temps, il écrit dans des revues. Il pénètre dans les milieux littéraires et artistiques. Ses amis se nomment Alfred Jarry, Picasso, Matisse, Braque et il connaît tous les occupants de cet immeuble bizarre que les Montmartrois ont baptisé « Bateau-Lavoir ». Il fait de la critique d'art. Dès 1905, il s'emballe pour la « période bleue » de Picasso dont il devient le chantre. Il se fait aussi le défenseur des cubistes que le public rejette avec horreur. Peu à peu, grâce à ses articles, toutes les écoles d'avant-garde de l'art commencent à émerger. Détaché de toute tradition culturelle nationale, Apollinaire a le génie de détecter les grands courants esthétiques qui vont assurer la profonde révolution artistique du XXe siècle.

Un jour Picasso dit à Guillaume : « J'ai une femme pour toi. » Et il organise une rencontre entre le poète et Marie Laurencin, qui vient d'avoir vingt-quatre ans. Elle travaille la peinture avec Braque et habite encore chez sa mère, rue de la Fontaine à Auteuil. C'est le coup de foudre.

Quelques jours plus tard, Marie recevra ce poème, écrit sur une feuille de crédit à en-tête de la banque de Châteaufort-en-Poitevin où il avait travaillé :

> Mon destin, ô Marie est de vivre à vos pieds
> En redisant sans cesse ô combien je vous aime.

Entre ces deux êtres, marqués par une même naissance irrégulière, ce fut une idylle de cinq années parsemées de brouilles et de réconciliations. La jalousie maladive et les infidélités de Guillaume achevèrent de les séparer. Marie, pourtant, tendrement aimée, avait été l'inspiratrice de l'immortel

> Sous le Pont Mirabeau coule la Seine
> Et nos amours
> Faut-il qu'il m'en souvienne
> La joie venait toujours après la peine
> Vienne la nuit sonne l'heure
> Les jours s'en vont je demeure (...)

C'est après la rupture avec Marie que Guillaume va s'installer au 202 boulevard Saint-Germain, logement qu'il ne quittera que le temps de la guerre. Par une coïncidence singulière, l'immeuble appartenait au prince de Monaco que l'on donna jadis comme le père d'Apollinaire !

En 1910, son recueil de contes *L'Hérésiarque et Cie*, paru chez Stock, avait obtenu trois voix au Goncourt, mais avait été battu par Louis Pergaud, *De Goupil à Margot*.

En 1913 paraîtra au Mercure de France *Alcools*, un recueil de poèmes composés au cours de quatorze ans de création. Au moment de corriger les épreuves, Apollinaire eut une inspiration et il supprima toute la ponctuation du recueil. Cette innovation, qui donnait au vers plus de fluidité et autorisait plus de liberté au lecteur, allait faire école parmi les poètes contemporains.

La guerre éclate. Guillaume Apollinaire, sujet russe, n'est pas mobilisable. Il signe une demande d'enrôlement qui reste sans suite. Hébergé à Nice chez un de ses amis, il rencontre Louise de Coligny-Châtillon dont il tombe éperdument amoureux et qu'il baptise aussitôt « Lou » dans les poèmes qu'il lui écrit.

Coquette, Lou se refuse à lui. Guillaume est désespéré. Il vient de vivre des années éprouvantes et il se sent seul dans le monde des lettres... Seul, « étranger », « métèque », insulté par une presse haineuse au nationalisme exacerbé.

Ah Dieu ! que la guerre est jolie avec ses chants ses longs loisirs

Le refus de Lou provoque le choc. Il demande à être naturalisé français afin de pouvoir s'engager et il rejoint le 38e régiment d'Infanterie à Nîmes. Touchée par ce témoignage d'amour, Lou devient sa maîtresse et va passer une semaine avec lui.
« Je pense à toi mon Lou ton cœur est ma caserne... »
Mais Guillaume ne se fait pas d'illusion, Lou ne l'aime pas vraiment et il sait que leur aventure sera brève :

Si je mourais là-bas sur le front de l'armée,
Tu pleurerais un jour, ô Lou, ma bien-aimée,
Et puis mon souvenir s'éteindrait comme meurt
Un obus éclatant sur le front de l'armée,
Un bel obus semblable aux mimosas en fleur.

Le 28 mars 1915, Lou met fin à leur liaison, mais Guillaume ne cessera pas pour autant de lui écrire et de lui envoyer des vers. Jamais notre poète n'est si amoureux que lorsqu'il est loin ! Quelques semaines plus tôt, dans le train qui va de Nice à Nîmes, Guillaume a rencontré Madeleine Pages, et son cœur, une nouvelle fois, a battu. Ainsi pourra-t-il avoir deux correspondantes auxquelles adresser des lettres enflammées.
En avril 1915, pour Pâques, le canonnier-conducteur de deuxième classe de Kostrowitzky monte vers le front de Champagne pour y accomplir « son métier de soldat ». Il faut croire qu'il le fait bien puisqu'en un an il va passer par les grades de brigadier à maréchal des logis puis à sous-lieutenant. Il découvre l'horreur des tranchées, mais il ne peut s'empêcher de voir la guerre avec des yeux de poète :

Le ciel est étoilé par les obus des Boches
La forêt merveilleuse où je vis donne un bal
La mitrailleuse joue un air à doubles croches
Je t'écris, ô mon Lou, de la hutte en roseaux
Où palpitent d'amour et d'espoir neuf cœurs d'hommes
Les canons font partir leurs obus en monômes,
Et j'écoute gémir la forêt sans oiseaux.

Cette cagna où Guillaume se terrait avec ses hommes, il l'avait baptisée d'un nom calembouresque et paillard : « Les Cénobites tranquilles. » L'artilleur de Kostrowitzky a un cheval baptisé « Loulou » :

Car c'est Loulou, mon Lou, que mon cheval se nomme;
Un alezan brûlé
Couleur de tes cheveux, cul rond comme une pomme
Il est là tout sellé.

En même temps qu'il écrit à Lou, Guillaume demande Madeleine en mariage. A la fin de l'année 1915, il se rend même à Oran au cours d'une permission pour rencontrer la famille de sa fiancée.
Le 17 mars 1916, Guillaume Apollinaire est blessé d'un éclat d'obus à la tête devant Berry-au-Bac. Transporté au Val-de-Grâce, il sera trépané deux fois, mais des signes de paralysie persistent.
A Paris, le front bandé, il retrouve ses amis et ses activités littéraires :

Une belle Minerve est l'enfant de ma tête
Une étoile de sang me couronne à jamais [...]

Au début de l'année 1918, il est frappé d'une congestion pulmonaire. Pendant deux mois, il est soigné à la villa Molière. A son chevet, une « jolie rousse », Jacqueline Kolb, dite Ruby, qui sera son dernier amour et qu'il épousera le 2 mai.

Elle vient et m'attire ainsi qu'un fer l'aimant
Elle a l'aspect charmant
D'une adorable rousse
Ses cheveux sont d'or on dirait
Un bel éclair qui durerait
Ou ces flammes qui se pavanent
Dans les roses thé qui se fanent.

Dérision du destin : Guillaume Apollinaire mourra le 9 novembre 1918 - deux jours avant l'armistice - de la grippe espagnole. Il agonise pendant que, dans la rue, des monômes joyeux conspuent le Kaiser : « A mort Guillaume! »
André Salmon, l'ami du poète, a raconté cette scène :
« Hélas, c'est des fenêtres d'un Flore dont je ne saurais plus dire s'il servait encore des repas tant nous manquâmes d'appétit, qu'à la veille de l'armistice, quand notre ami reposait, livide, sur son lit de poète, couvert de sa capote de soldat, nous vîmes défiler les Saint-Cyriens, bons enfants qui n'auraient pas à mourir, en gueulant de tout leur cœur, à serrer les nôtres : " Conspuez, Guillaume, Conspuez! " »

Je lègue à l'avenir l'histoire de Guillaume Apollinaire
Qui fut à la guerre et sut être partout
Dans les villes heureuses de l'arrière
Dans tout le reste de l'univers.

ARGENT

Nous sommes tous égaux devant cette commune nécessité où nous nous trouvons de devoir travailler pour avoir de l'argent.
« Tu gagneras ton pain à la sueur de ton front », a ordonné l'Éternel sans préciser quelle serait la quantité de pain ni le volume de la transpiration à fournir en contrepartie. Car l'inégalité commence avec la somme d'argent reçue par chacun en échange de son travail. Ce que les économistes nomment la hiérarchie - ou l'éventail - des salaires est plus ou moins accentuée selon les pays.
En France, que l'on classe volontiers parmi les pays les moins égalitaires, la différence s'accroît encore avec le vocabulaire. Il existe chez nous un nombre impressionnant de mots qui ont comme dénominateur commun l'argent.

- Un employé touche des *appointements*
- Un fonctionnaire un *traitement*
- Un officier ministériel perçoit des *émoluments*
- Un médecin, un avocat, des *honoraires*
- Un employé de maison, des *gages*
- Un employé de commerce, une *guelte*
- Un écrivain touche des *droits d'auteur*
- Un commerçant, des *bénéfices*
- Un représentant, une *commission* ou un *pourcentage*
- Un comédien, un *cachet*
- Un garçon de café, un *pourboire*
- Un propriétaire, un *loyer*
- Un mendiant reçoit des *aumônes*
- Le curé perçoit le *denier du culte*
- La mère de famille des *allocations*
- L'épargnant touche une *rente*

- Le vieux monsieur une *retraite*
- Un travail à durée déterminée entraîne une *vacation*
- Un militaire reçoit une *solde*
- Un administrateur de sociétés perçoit des *jetons de présence* et des *tantièmes*, etc.

Le mot qui pourrait convenir à la plupart des cas serait le mot « salaire » dont l'étymologie nous rappelle les temps lointains où l'homme travaillait pour gagner son sel, cette denrée indispensable et rare.

En *argot*, la notion d'argent est celle qui - juste après les attributs du sexe - aura engendré le plus de mots différents.

Classées par ordre alphabétique, voici quelques-unes des appellations argotiques qui ont été employées depuis un siècle pour désigner l'argent en général, les billets ou la monnaie. Ce dictionnaire n'a pas reçu l'approbation de l'Académie française :

- L'artiche, l'as, l'aspine, l'aubert.
- Les balles, le beurre, les biftons, le blanc, la blanquette, le blé, les boules, la braise, la bulle.
- Le caire, le carbi, le carbure, le carme, le craisbi.
- La douille.
- Les fafiots ou les fafs, les fifrelins, le flous, le flouze, le fourrage, la fraîche, le fric.
- La galette, la galtouse, le ganot, le gibe, le grisbi, la graisse.
- Les japonais.
- Du love.
- L'os, l'oseille, l'osier.
- Des pépettes, des pésètes, du pèze, des picaillons, des pimpions, du plâtre, du pognon.
- Des radis, des ronds.
- Le Saint-Fric et la soudure.
- Les talbins, les thunes, le trèfle.
- La vaisselle de fouille (la monnaie) qui peut se décomposer en bigaille, ferraille, menouille, mitraille, monaille, mornifle...

La langue verte possède sa propre échelle des valeurs monétaires dont l'énoncé permet de suivre la dégradation progressive du franc depuis la Belle Époque jusqu'à la semaine dernière.

- *Un sou* (ou cinq centimes) : bourgue, broque, croque, flèche, jacques, pelot, pétard, radis, rond, rotin.
- *Deux sous* (ou dix centimes) : doublin, lédé.
- *Cinq sous* (ou vingt-cinq centimes) : lincsé, invalide.
- *Dix sous* (cinquante centimes) : blanchisseuse, lidré, sardine.

- *Un franc* (vingt sous) : badigeon, balle, linvé, pinceau, point, veilleuse.
- *Deux francs* (quarante sous) : larantequé, leudé, roue de devant.
- *Cinq francs* (cent sous) : bougie, drinque, palet, thunard, thune et roue de derrière.
- *Dix francs :* deux thunes, demi-cigue.
- *Vingt francs* (or) : bonnet jaune, bouton, cigottin, cigue, coq, coquelicot, jaunet, louis, nap', œil-de-perdrix et roue de secours.
- *Cinquante francs :* demi-jambe, demi-jetée, demi-livre, demi-pile.
- *Cent francs :* jambe, jetée, livre, mètre, pile, tas.
- *Mille francs :* bardé, billet, faff, format, lacsé ou lacsatif, milled, raide, sac, ticket ou tickson.
- *Un million* (de centimes) : bâton, brique, briquette, pavé, soleil, tuile, unité.
- *Un lingot d'or :* lingue, quart de beurre.

Le franc français n'est l'unité monétaire de la France que depuis le début du XIXe siècle. Il fut institué par la loi du 17 germinal an XI (7 avril 1803).

Aux environs de l'an mille, c'est le système L.S.D. - Livre-sou-denier - qui était en vigueur. La livre valait vingt sous et le sou douze deniers. Lorsque Guillaume de Normandie conquit l'Angleterre en 1066, il y introduisit ce système qui s'est perpétué pratiquement jusqu'à aujourd'hui puisque ce n'est que très récemment que le système décimal y a été adopté.

Seuls les noms avaient été changés. La livre était devenue « pound », le sou « shilling » et le denier « penny » sans que les Anglais, peuple conservateur s'il en fut, songent à modifier pour autant les abréviations de leur monnaie qui s'écrivaient toujours, en dépit de toute logique, « L » pour pound et « d » pour penny.

Notre civilisation judéo-chrétienne a toujours eu vis-à-vis de l'argent une attitude équivoque faite à la fois de respect et de réprobation, de désir et de honte. Avec les pensées, les aphorismes, les maximes, que l'argent a inspirés à des auteurs de tous les genres et de toutes les époques, on pourrait remplir un coffre-fort. Nous avons relevé quelques phrases frappantes ou drôles qui peuvent se ranger sous deux rubriques : « Enrichissez-vous » et « L'argent ne fait pas le bonheur ».

« L'argent ne fait pas le bonheur de celui qui n'en a pas. » BORIS VIAN

« L'argent, tout compte fait, aide à supporter la pauvreté. »

ALPHONSE ALLAIS

L'argent, l'argent, dit-on, sans lui tout est stérile;
La vertu sans argent est un meuble inutile;
L'argent en honnête homme érige un scélérat;
L'argent seul au palais peut faire un magistrat. BOILEAU

« L'argent des sots est le patrimoine des gens d'esprit. » DIDEROT

« L'argent n'a pas d'odeur. » VESPASIEN

« Ce n'est pas que l'argent n'ait pas d'odeur, c'est que l'homme n'a pas d'odorat. » HENRI JEANSON

« Si vous voulez savoir la valeur de l'argent, essayez donc d'en emprunter. » BENJAMIN FRANKLIN

« L'argent n'a pas d'idées. » JEAN-PAUL SARTRE

« L'argent donne tout ce qui semble aux autres le bonheur. »
HENRI DE RÉGNIER

« L'argent n'est que la fausse monnaie du bonheur. »
E. et J. DE GONCOURT

« Ma grande objection à l'argent, c'est que l'argent est bête. » ALAIN

« Ni l'or ni la grandeur ne nous rendent heureux. » LA FONTAINE

« Ne dirait-on pas que la richesse rend heureux? Ce sont les pauvres gens qui font courir ce bruit : les gens riches seuls savent qu'il est faux. » JOSEPH MÉRY

« Le dédain de l'argent est fréquent, surtout chez ceux qui n'en ont pas. » COURTELINE

« C'est déjà bien ennuyeux de ne pas avoir d'argent, s'il fallait encore s'en priver! » PAUL MORAND

« Il faut choisir dans la vie entre gagner de l'argent et le dépenser : on n'a pas le temps de faire les deux. » ÉDOUARD BOURDET

« L'argent, c'est comme les femmes : pour le garder, il faut s'en occuper un peu ou alors... il va faire le bonheur de quelqu'un d'autre. » ÉDOUARD BOURDET

« Nous ne pensons qu'à l'argent : celui qui en a pense au sien, celui qui n'en a pas pense à celui des autres. » SACHA GUITRY

« Quand j'étais jeune, je croyais, que dans la vie, l'argent était ce qu'il y a de plus important. Maintenant que je suis vieux, je le sais. »
OSCAR WILDE

« Il faut mépriser l'argent... surtout la petite monnaie. »
FRANÇOIS CAVANNA

« Fortune, bonheur des pauvres d'esprit. » JULES RENARD

« Un idiot pauvre est un idiot. Un idiot riche est un riche. »
LAFFITTE

Paul Getty, l'homme le plus riche du monde - ce qui ne l'empêchait pas d'être également le plus méchant, le plus égoïste et le plus haïssable - se plaignait : « Je ne peux malheureusement acheter que ce qui est à vendre, sinon il y aurait longtemps que je me serais payé un peu de bonheur. »
Le pauvre homme à qui Jules Renard avait répondu d'avance : « Si l'argent ne fait pas le bonheur, rendez-le ! »

AVENIR

« L'avenir, c'est ce qui dépasse la main tendue », écrivait joliment Aragon. Et, il est vrai que, pour chacun de nous, la seconde à venir est aussi chargée d'inconnu que les siècles futurs pour le destin du monde. L'homme a toujours voulu savoir ce que lui réservait demain, d'où l'extraordinaire faveur dont jouissent, depuis la plus haute antiquité, ceux qui font profession de percer les secrets de l'avenir : mages, haruspices, pythies, astrologues, sorcières, devins, visionnaires, prophètes ou pythonisses... autant de noms qui dissimulent une même impuissance, un même aveuglement, une commune incapacité à déchiffrer les signes inscrits dans le livre du futur.
Aujourd'hui que l'on a la prétention de donner une réponse à chaque question, des gens sérieux ne cessent de dessiner l'avenir sous nos yeux. Politologues, futurologues analysent des sondages, extrapolent des courbes, interprètent des tendances afin d'établir les études prospectives qui nous donnent le résultat des élections futures, le chiffre de notre espérance de vie, le nombre des chômeurs, l'augmentation de notre richesse ou la diminution de notre pouvoir d'achat.
« Jamais on n'a tant parlé de l'avenir que depuis qu'on ne sait même plus s'il y aura un avenir », écrivait Jean Rostand, et il ajoutait : « A force de prévoir l'avenir, on nous le rend aussi fastidieux qu'un passé. » Et cet autre grand savant qu'était Einstein avouait : « Je ne pense jamais au futur : il vient assez tôt. »
Parmi les prophètes de tout poil qui se sont essayés à nous révéler l'avenir, deux noms viennent à l'esprit : ce sont ceux de saint Malachie et de Nostradamus. Si leurs prédictions ont traversé les siècles et sont encore étudiées aujourd'hui, c'est sûrement à cause de la judicieuse obscurité avec laquelle elles ont été rédigées, ce qui autorise une infinité d'interprétations.
Jugez-en.

Des papes, des papes...

« ... Oui, mais des Panzani ! » ricanait Coluche en parodiant la publicité bien connue. Voulait-il signifier par là que les papes se montraient plutôt bonnes pâtes et qu'ils étaient pratiquement tous d'origine italienne ?

Au XIIe siècle vivait en Irlande un saint homme d'abbé prénommé Malachie qui fut nommé primat de son pays. Au cours d'un voyage à Rome, il fit escale à Clairvaux et devint l'ami de saint Bernard.

On attribue à saint Malachie un livre de *Prophéties sur les papes* qui est, en fait, un apocryphe du XVIe siècle. Ce livre mérite pourtant qu'on le feuillette car il contient la liste de tous les papes qui dirigeront l'Église, depuis l'an 1143 jusqu'au dernier pape, celui de la fin des temps. Chacun d'eux se voit désigné sous un surnom qui présente parfois avec la réalité une bien étrange coïncidence. Examinons la fin de cette liste qui correspond à notre époque :

- *Jean XXIII*, 259e pape, a reçu de Malachie le surnom de *Pastor et Nauta* (Pasteur et nautonier). Mgr Angelo Roncalli (1881-1963) fut effectivement, avant d'accéder au pontificat, l'archevêque de Venise, la cité des bateliers.
- *Paul VI*, 260e pape, est désigné sous le surnom de *Flos Florum* (La fleur des fleurs). C'est le nom de « fleur des fleurs » qui était souvent donné à la fleur de lys, laquelle figurait précisément dans les armes du cardinal Giovanni Montini (1897-1978) lorsqu'il était archevêque de Milan.
- A *Jean-Paul Ier* correspond le surnom de *De Medietate Lunae* (De la moitié de la lune). En effet, Mgr Albino Luciani - dont le nom peut se traduire par « lumière blanche », comme l'est la clarté lunaire - ne régna effectivement sur l'Église que le temps d'une demi-lunaison. Élu le 26 août 1978, il mourait le 28 septembre suivant. Ce qui permettait à un magazine peu respectueux de titrer sur cinq colonnes à la une : « LE PAPE EST ENCORE MORT ! »
- *Jean-Paul II*, 262e pape, est surnommé par Malachie *De labore solis* (Du travail du soleil), appellation qui pourrait s'expliquer par le fait que Karol Wojtyla, archevêque de Cracovie, était un fils d'ouvrier venu de l'Est, c'est-à-dire du Soleil levant. Ce surnom est à rapprocher de celui que lui attribue Nostradamus : *Pol Mansole.* « Pol », jeu de mots portant à la fois sur le prénom du pape et sur son origine polonaise - « Mansole » est la forme française de *Manus Soli*, littéralement « la main du soleil ». En latin, le mot *main* servait à désigner également le travail fait à la main.

Donc, deux prophètes se rencontrent sur l'attribution d'un même surnom à notre pape actuel.
Sur la liste de Malachie, il n'y a plus que deux papes à venir après Jean-Paul II :
- *De Gloria olivae* (La gloire de l'olivier), dont le surnom est symbole de paix. Mais ce sera une paix bien fugitive car son successeur sera...
- *Petrus Romanus* (Pierre de Rome) ou Pierre II qui bouclera la boucle avec le premier pape de l'histoire de l'Église. On se doute bien que ce pontife, au nom hautement symbolique, ne se dérangera pas pour rien puisque sera venue « l'heure de la suprême persécution de la Sainte Église romaine ». Ce vent d'Apocalypse devrait souffler sur le monde au début du XXIe siècle.

« J'ai appris, disait Elsa Triolet, que pour être prophète, il suffisait d'être pessimiste. »
Prions toutefois que les terribles événements que nous promet cet homme de bien... Malachie, ne nous profitent jamais!

Nostre Dame... de Salon

Nostradamus a toujours fasciné ceux, et ils sont nombreux, que le surnaturel attire. Savoir que le destin du monde - de 1555 à 1999 - a été minutieusement décrit par un médecin du temps de François Ier a de quoi donner quelques frissons dans le dos. Notre avenir est là, tout entier dans un livre, mais, faute de posséder les clés du langage utilisé par Nostradamus, ses prévisions nous demeurent des énigmes... jusqu'au jour où, l'événement s'étant produit et l'avenir étant devenu de l'histoire, on se rend compte que Nostradamus l'avait prédit. Car, c'est incontestable : l'avenir se lit mieux lorsqu'il est devenu du passé!
Régulièrement, l'opinion redécouvre le vieux prophète qui se retrouve au cœur de l'actualité. La dernière fois, c'était le 13 mai 1981 : le Parti socialiste - qui avait fait de la « rose » son emblème - venait de remporter les élections en France, lorsque le pape Jean-Paul II fut la victime d'un attentat à Rome. Un quatrain de Nostradamus semblait lier les deux faits de façon indiscutable :

> Romain Pontife garde de t'approcher
> De la Cité que deux fleuves arrosent
> Ton sang viendra auprès de là cracher
> Toy et les tiens quand fleurira la Rose.

Le premier moment d'émotion passé on s'aperçut que Rome n'était traversée que par un seul fleuve. Quelques années plus tard, le 3 octobre 1986, lorsque Jean-Paul II vint en visite à Lyon – ville que deux fleuves arrosent, si l'on ne compte pas ce troisième qu'est le Beaujolais ! - les mesures policières de protection furent à la hauteur de la réputation de Nostradamus. Comme, fort heureusement, rien ne se passa, on rangea l'œuvre du prophète dans un tiroir, prête à servir pour une fois prochaine.

Michel de Nostredame naît à Saint-Rémi-de-Provence en 1503. Il fait ses études de médecine à Montpellier. Cet homme de science, quatre siècles avant Pasteur, découvre l'asepsie qui lui permet d'enrayer les épidémies de peste qu'il combattra à Aix, Marseille et Lyon. Il mit fin à la contagion en faisant enterrer les cadavres dans la chaux vive, brûler les vêtements des pestiférés et badigeonner les rues avec cette essence de hêtre dont on tirera le crésyl. Mais, il se garde bien de s'en vanter : à cette époque, en effet, il fallait se méfier – comme de la peste ! – de l'Inquisition qui confondait souvent un homme de science et un sorcier, en démontrant sans peine que l'un et l'autre étaient pareillement combustibles.
Des historiens ont prétendu que si Nostradamus devint prophète, c'est parce qu'il souffrait de la goutte, rapprochement qui n'est paradoxal qu'en apparence : la douleur le plongeait dans un état quasi permanent de mauvaise humeur dont il ne se consolait qu'en imaginant pour ses contemporains et pour les générations futures les pires calamités. Il passa donc la majeure partie de sa vie à rédiger les *Centuries* et les *Présages* qui représentent un total de 4 772 vers, composés en vieux français dans une langue encore imprégnée de ses origines grecques et latines. Ces vers de dix syllabes sont généralement regroupés en quatrains lesquels constituent autant d'entités prophétiques.
« Avec le secours de l'inspiration et de la révélation divines en de continuelles veilles et supputations, j'ai rédigé mes prophéties. » C'est Dieu, dit-il, qui lui permit d'avoir une vision globale de l'Histoire et d'embrasser par la pensée quatre siècles et demi de la vie future du monde.
Nostradamus aurait donc voyagé dans le Temps et vu se dérouler les événements dont il parle.
Mais, s'il avait écrit toutes ses prophéties en clair, l'Inquisition se serait chargée d'en effacer jusqu'à la trace. C'est pourquoi, dans sa préface adressée à son fils César, Nostradamus s'explique sur la nécessité devant laquelle il s'est trouvé de dissimuler son message à l'entendement de tous, et principalement des puissants de

l'époque, en attendant le jour, de lui seul connu, où ses prophéties pourront enfin être décryptées et utiles aux hommes.

De son vivant, le don prophétique de Nostradamus s'était manifesté dans une circonstance particulièrement dramatique. Le roi Henri II avait ordonné en 1555 qu'on fît venir à Paris ce prophète dont la réputation était si grande. En présence de Catherine de Médicis, il avait prédit au roi qu'il mourrait dans un tournoi : « Sire ! Ne faites plus de tournois ! » l'avait-il supplié.
Mais les prédictions sont prononcées pour n'être pas suivies. Le jeudi 30 juin 1559, rue Saint-Antoine, des tournois étaient organisés en l'honneur du mariage du duc de Savoie avec Marguerite, sœur d'Henri II. Le roi venait de mener deux combats. Il voulut se battre une nouvelle fois. Son adversaire était Gabriel, comte de Montgomery, commandant de la garde écossaise : deux lances rompues. Au troisième assaut, Montgomery oublie de jeter le tronçon de lance qu'il tient devant lui. C'est cette arme brisée qui va glisser sur la cuirasse, soulever la visière du casque et pénétrer dans la tête du roi qui tomba sur l'encolure de son cheval.
Henri II ne rendit le dernier soupir qu'après une agonie de dix jours. En apprenant la terrible nouvelle, Catherine de Médicis était tombée à genoux en s'écriant : « Nostradamus ! »
Cinq années plus tôt, en effet, Nostradamus avait « vu » la mort du roi. Le quatrain qu'il avait rédigé est hallucinant de vérité :

Le Lyon jeune, le vieux surmontera
En champ bellique, par singulier duelle,
Dans cage d'or, les yeux lui crèvera
Deux classes une, puis mourir mort cruelle !

Catherine de Médicis vint en 1564 à Salon-de-Provence, accompagnée du jeune Charles IX, afin de rencontrer Nostradamus. Le vieux prophète lui annonça les prochains règnes d'Henri III et d'Henri IV. Au sujet du Béarnais qui était présent, il précisa : « Celui-ci sera roi et entrera dans l'Église romaine. »
Il est à signaler que Nostradamus ne s'est pas contenté d'écrire des prophéties : on lui doit aussi un traité sur les fards et les confitures dont le titre est : *Recettes pour faire diverses senteurs et lavements pour l'embellissement de la face.*
Une légende tenace veut que Nostradamus ait annoncé la date de sa mort. Il s'est contenté - et ça n'est pas si mal - d'en donner dans un quatrain le lieu et les circonstances :

De retour d'ambassade, don de roy mis au Lieu
Plus n'en fera : sera allé à Dieu
Parans plus proche, amis, frères du sang,
Trouvé tout mort près du lict et du banc.

☘ Le 2 juillet 1566, revenant d'une visite à Charles IX qui lui avait offert trois cents écus d'or, Michel de Nostredame rendit le dernier soupir et, comme il l'avait annoncé, ses proches le trouvèrent mort entre son lit et son banc.
Les quatrains de Nostradamus se trouvent publiés à la suite, dans le plus grand désordre chronologique. Heureusement, il a placé quelques points de repère au long de cet immense puzzle qui s'étire sur quatre cent cinquante années : certains quatrains font état de noms de lieux ou de personnes avec une précision telle qu'on peut exactement les situer dans l'histoire :
~ Le quatrain IX.20 cite *Varennes* en toutes lettres et ne peut se rapporter qu'à la fuite de Louis XVI.
~ Le quatrain I.60 concerne à l'évidence *Napoléon*. Le voici :

Un Empereur naistra près d'Italie
Qui à l'Empire sera vendu bien cher
Diront avec quels gens il se ralie
Qu'on trouvera moins prince que boucher.

~ Le sixain 52 parle de la *Sainct-Barthélemy*.
~ Dans le quatrain IX.6 se trouve ce vers étonnant :

De Castel *Franco* sortira l'assemblée.

Ce qui peut se traduire par : « Franco sortira d'une junte réunie dans une place forte de Castille (jeu de mots : Castel avait le double sens de place forte et de Castille).
~ Pour terminer nous citerons l'impressionnant quatrain I.70 qui semble avoir prévu la révolution en Iran, la chute du Chah et son remplacement par un prophète qui était exilé dans une retraite en France :

Pluye, faim, guerre en Perse non cessée,
La foy trop grande trahira le Monarque
Par la finie en Gaule commencée,
Secret augure pour à un estre parque.

« C'est en vers que fut dévoilé l'avenir », écrivait Horace. Devrait-on en déduire que le poète latin avait prévu avec quinze siècles d'avance l'arrivée de Nostradamus? Sûrement pas, mais bien plutôt que le poète est le seul visionnaire de notre monde aveugle, la seule créature aux ailes de songe de notre humanité rampante.

C'est un poète, Paul Eluard, qui aura le dernier mot : « Le passé est un œuf cassé. L'avenir est un œuf couvé. »

Mais où sont les avenirs d'antan? *

* J.-P. Sartre.

Voyager dans l'avenir est une expédition que l'on n'accomplit pas sans bagages ni accessoires. Les devins utilisent ce qu'ils ont sous la main, c'est-à-dire... une main, l'air, l'eau, le feu, les étoiles ou les nuages, la terre, le verre, le corps des animaux ou les âmes des morts. Chacun des cuisiniers qui mitonne à l'intention de ses clients un futur sur mesure a soigneusement concocté ses recettes et choisi sa spécialité. Voici la carte des plats disponibles :

Aéromancie : art de deviner grâce à l'observation des phénomènes aériens (nuages, étoiles). Dans cette catégorie se range la méthode de Kaspar Peucer (1553) : un devin voilé tient devant lui un récipient rempli d'eau. En réponse à la question qu'il pose, l'air ambiant fait onduler ou bouillonner la surface de l'eau.

Arithmomancie : art de deviner au moyen des nombres. Synonyme de « numérologie ».

Astromancie : procédé divinatoire utilisant le vocabulaire de l'astrologie.

Bibliomancie : art de deviner au moyen d'un livre qu'on ouvre au hasard. On se sert d'un livre sacré *(Bible)* ou célèbre (*Iliade*...).

Cartomancie : art de deviner au moyen des symboles contenus dans un jeu de tarots. C'est le plus récent et le plus populaire des procédés divinatoires. Il remonte peut-être au XVIe siècle.

Cartoptromancie : procédé fort ancien signalé dans la Bible et en grande faveur chez les Arabes. Art de deviner en fixant son regard soit sur un miroir blanc (glace, verre, eau), soit sur une surface noircie (métal bruni au noir de fumée).

Chiromancie : art de deviner d'après l'inspection de la main.

Cristallomancie : art de deviner au moyen d'un verre de forme sphérique (boule de cristal) sur lequel on fixe son regard dans l'attente de visions.

Empyromancie : méthode de divination qui consiste à projeter diverses matières dans un feu et à observer les phénomènes qui se produisent à la suite de cette projection.

Géomancie : art de deviner en observant des figures formées

...lloux jetés au hasard sur une surface

...ire qui se pratiquait en marchant en
...sur le sol. On inscrivait autour de ce
...séparés et sans signification. Le sujet
...il tombe à différentes reprises sur des
...les mots et des présages.
...iner d'après le comportement d'objets

...divination fondée sur l'observation
...météorites, bolides, comètes, étoiles
...l'événements humains le plus souvent

...on dans un but de divination des
...voir communiquer avec les vivants.
...ne » (XIXe siècle) a été interdit par

...n par le vol ou le chant des oiseaux.
...e divination fondée sur l'observation
...llucinatoire des flammes.
...*mancie)* : action divinatoire consistant
...résor ou une source au moyen d'une

...ne telle curiosité - souvent ruineuse -
...e destin, puisque, de toute façon, « ce
...e). Et, comme le dit un proverbe -

...prophétie, surtout en ce qui concerne

...nterré en octobre 1967, Jean Anouilh
...r sa tombe :
...ns jeune ministre ému, sans honneurs

militaires et sans brochette de vieillards déguisés, le plus grand écrivain français vient de mourir.

« Je l'aimais trop pour lui écrire un adieu ému. Je ne parlerai même pas de celui qui, dans ces temps d'imposture, avait mérité le surnom de " Môme Courage ", ni de sa bonté, de son humanité profonde, de cette tranquille simplicité qui en faisaient le phénomène presque introuvable à Paris : un homme!

« Je veux simplement prendre date avec les encore tout jeunes professeurs du siècle prochain pour qui notre bruit, notre fureur, les fabuleux tirages et l'orchestration publicitaire de nos génies, ne seront plus qu'une pantomime incompréhensible et dérisoire, et leur dire ce qui sera l'évidence pour eux : le plus grand des écrivains français de nos années est mort sans bruit un soir d'octobre.

« C'est-à-dire qu'il a simplement quitté son image, cher visage indéchiffrable de Bouddha pour ceux qui ne savaient pas y lire, c'est-à-dire qu'il commence à nous parler enfin intarissablement, le cher muet. Il a retrouvé La Fontaine et les auteurs de fabliaux du Moyen Age, il a retrouvé la vraie France - dont il a beaucoup moins parlé que les professionnels de la chose, mais qu'il était. Il s'est simplement mis, avec son petit sourire modeste et un peu triste, à sa place - là où l'intelligentsia française qu'il agaçait et qui l'agaçait ne peut plus rien. »

Toute sa vie, Marcel Aymé s'était tenu à l'écart des honneurs officiels : il avait refusé de faire partie de l'Académie française en répondant à ceux qui le pressaient de poser sa candidature :

« Moi, pacifiste, j'endosserais à la rigueur un uniforme pour faire la guerre, mais écrivain, pas pour écrire! »

Ceux qui, après la Libération, voulaient lui faire obtenir la Légion d'honneur n'eurent pas plus de chance. Il leur expliqua qu'il ne pouvait accepter cette distinction, alors qu'on poursuivait des écrivains pour délit d'opinion.

Et pourtant, lui à qui on reprochait d'avoir continué à écrire pendant l'Occupation dans certains journaux comme *La Gerbe* et *Je suis partout*, il avait osé écrire le seul article s'élevant contre les mesures antisémites et qui fut refusé par la censure allemande.

☘ C'est dans l'Yonne, à Joigny que, le 29 mars 1902, naquit le petit Marcel, dernier enfant d'une famille nombreuse. Sa mère meurt lorsqu'il a deux ans et son père, maréchal-ferrant, le confie aux parents de sa femme, petits industriels dans le village de Villiers-Robert (Jura).

C'est là qu'il vivra pendant six ans, jusqu'à la mort de sa grand-mère en 1910. Après, il sera ballotté de droite et de gauche,

recueilli par un oncle meunier, puis par une tante de Dôle. Bachelier en 1918, il suivra la classe de maths spé à Besançon.
La maladie interrompra ses études. Après son service militaire en Allemagne occupée, il habitera Paris où il tâtera de plusieurs petits métiers : la banque, l'assurance, le journalisme.
En 1925, il tombe à nouveau malade. Il occupe ses loisirs forcés à écrire son premier roman *Brûlebois* qu'il donne à lire à l'un de ses frères, lieutenant à cette époque et futur général Aymé. Pour un auteur débutant, ce frère, qui entretenait avec l'éditeur Flammarion d'amicales relations, représentait l'espoir de voir son livre publié un jour. Hélas ! un bon militaire n'est pas forcément un critique avisé : un éclat de rire fut la seule réponse que reçut Marcel Aymé à son attente anxieuse. Flammarion, sans le savoir, venait de perdre un auteur alors que Gallimard allait compter une vedette de plus dans sa célèbre écurie.
Quatre années plus tard, en 1929, *La Table aux crevés*, son roman suivant, obtiendra le prix Renaudot et, en 1933, un autre roman d'inspiration paysanne, *La Jument verte*, fera scandale par sa truculence et assurera une renommée durable à son auteur. Dès lors, il publiera avec une régularité exemplaire un roman par an, plus quelques pièces de théâtre ou dialogues de films.

☘ Marcel Aymé devient une figure pittoresque et inattendue du Tout-Paris littéraire que ses silences déroutent. Loin de la gloire et de ses rumeurs, il mène une existence retirée sur la butte Montmartre. On ne lui connaît que peu d'amis célèbres. Le peintre Gen Paul est un de ses inséparables. Ensemble, le dimanche matin, ils jouent aux dominos avec les clients d'un bistrot.
Anarchiste, anticlérical, antimilitariste – malgré le frère général –, il ne nourrit aucune illusion sur notre pauvre humanité. Ses héros sont des petits bourgeois étriqués aux ambitions minables, des parvenus aux sentiments bas et médiocres. Comme l'écrit Pierre Lepape, « c'est le climat et ce sont les personnages du *Voyage au bout de la nuit*. Simplement, quand Céline vitupère, étouffe, gueule et se débat, Marcel Aymé abaisse ses lourdes paupières et plisse sa bouche mince d'un sourire impavide et candide. Lui ne se bat pas. Son mépris est si absolu, son pessimisme si total qu'il peut même s'offrir le luxe de la pitié et d'une sorte de tendresse suave pour ces animaux à deux pattes dont on ne sait pas s'ils sont plus bêtes que méchants » (*Télérama*, 18 avril 1979).

☘ Marcel Aymé est avant tout un moraliste. Afin de mieux souligner le caractère dérisoire de ses personnages, il lui arrive d'introduire dans ses contes des éléments de merveilleux.

Il prend un Français, tout ce qu'il y a de plus moyen, sans vice ni vertu notables, et il lui attribue un don surnaturel, par exemple, le pouvoir de traverser les murs :
« Il y avait à Montmartre, au troisième étage du 75 bis de la rue Orchampt un excellent homme nommé Dutilleul qui possédait le don singulier de passer à travers les murs sans en être incommodé... »
C'est le début de la nouvelle : *Le Passe-muraille*. Quelques lignes très simples et tout est dit.
Un autre Français moyen va se réveiller un matin le crâne ceint d'une auréole :
« M. Dupérier était un homme si juste, si pieux et si charitable que Dieu, sans attendre qu'il mourût, et alors qu'il était dans la force de l'âge, lui ceignit la tête d'une auréole qui ne le quittait ni jour ni nuit. »
Et c'est ainsi que commence une autre nouvelle intitulée *La Grâce*. On trouve dans son œuvre des tas de personnages du même tonneau : celui qui ne vit qu'un jour sur deux, le peintre dont les tableaux ont l'étrange pouvoir de nourrir ceux qui les regardent...
Avec de tels pouvoirs surnaturels, on pourrait imaginer des héros du genre Superman. Marcel Aymé, lui, se borne à démontrer qu'en dépit de leurs dons, ses pauvres héros continuent à ne poursuivre que des buts étriqués et se retrouvent, au bout du compte, minables et démunis comme devant. Il a peint son époque ou il l'a rêvée avec une implacable ironie. Dans *Travelingue*, il épingle le Front populaire et la « Gauche caviar ». *Le Chemin des écoliers*, c'est l'Occupation. *Uranus* se moque des faux résistants. Comme il craignait que quelqu'un portant le même nom que l'un de ses personnages ne s'estimât diffamé et ne le traînât devant les tribunaux, il avait pris le parti de donner à la plupart de ses héros le nom de Martin.
On a voulu cataloguer Marcel Aymé parmi les écrivains de droite alors qu'il était en réalité plus anarchiste que réactionnaire. Il avait par-dessus tout horreur des étiquettes, des mondanités et il détestait donner des interviews.
Ses silences étaient célèbres. Il préférait écouter ses contemporains qui lui fournissaient la matière première de ses romans.

Au cours d'un dîner mondain où il s'était laissé traîner, tout le monde parlait, parlait. Lui, le visage impassible, les paupières en

berne, demeurait silencieux. Sa jeune voisine se tourna alors vers lui :
« – Je sais, monsieur, que vous n'aimez pas parler, mais j'ai parié qu'au cours de ce repas, vous me diriez au moins quatre mots.
– Vous avez perdu ! » lui répondit Marcel Aymé avec un grand sourire.

BARBARISMES

La langue est un instrument dont il ne faut pas faire crier les ressorts.

RIVAROL

Aux yeux – et aux oreilles – des Grecs de l'Antiquité, étaient « barbares » tous ceux qui n'étaient pas nés grecs et qui, par conséquent, commettaient en parlant des... « barbarismes ».
A leur tour, les Romains – qui, pour les Grecs, avaient été d'affreux barbares – traitèrent avec un mépris semblable tous ceux qui n'étaient pas citoyens romains, confondant sous ce terme péjoratif les Suèves, les Cimbres, les Teutons et toutes ces peuplades germaniques qui menaçaient leurs frontières.
C'est fatal : on est toujours l'étranger, donc le barbare de quelqu'un.
Aujourd'hui, le danger se rapproche : point n'est besoin d'aller chercher hors de chez nous des gens qui écorchent notre langue. Les Français eux-mêmes s'en chargent.
« [...] notre langue de princes est devenue un idiome de clochard : un sabir de poubelles, où des loques de “ franglais ” s'accrochent à des débris de parlers journalistico-radiophonico-télévisuels. »

PAUL GUTH

Dresser un catalogue des erreurs, des impropriétés, des contresens, des solécismes quotidiennement pratiqués occuperait un assez joli rayon de bibliothèque.
Sans doute, en ce domaine, le censeur doit-il faire preuve d'une grande humilité. Parler un français parfait, dénué de toute impureté, exempt du moindre vice, n'est à la portée que de quelques académiciens vigilants ou d'une poignée de grammairiens sourcilleux. Tous les autres, ces gens de bonne volonté qui considèrent qu'aucune langue au monde n'est plus belle que le français, qu'aucune au monde n'est plus digne d'être chérie et respectée, doivent s'efforcer de le traiter comme un ami d'enfance à qui l'on souhaite épargner les meurtrissures de la rue et les agressions du vulgaire.

Quelques injures à éviter :

Ne pas confondre acception et acceptation

L'*acceptation* (consentement) n'a aucun rapport avec l'*acception* (sens d'un mot).
Il faut dire : « C'est un salaud dans toute l'*acception* du terme. »

Attention à l'emploi d'achalandé

Un magasin bien *achalandé* est celui qui a beaucoup de clients (jusqu'au XVIIe siècle, « chaland » avait le sens de « client »). Ce qui ne veut pas dire qu'il soit, pour autant, bien fourni en marchandises (il se peut même qu'avec autant de clients il finisse par tomber en rupture de stock !).

Attention : aréopage et non aéropage

L'*aréopage* s'emploie, dans une intention noble ou pompeuse, pour désigner une assemblée d'experts. Le mot vient du grec *areios pagos*, la colline d'Arès (dieu de la guerre) où se tenait le tribunal d'Athènes.
Le mot *aéropage* n'existe pas. Le préfixe *aéro*, l'air, n'a rien à faire ici... à moins qu'on ne veuille faire une très mauvaise plaisanterie sur un avion équipé de couchettes (en argot : page) !

Ne pas confondre agoniser et agonir

Agoniser (être sur le point de mourir) n'a rien à voir avec *agonir* (couvrir quelqu'un d'injures). Le verbe *agonir* (qui se conjugue comme « finir ») vient du vieux français « ahonnir » : insulter.

Attention : aller à vélo et non en vélo

On va *à* vélo comme on va *à* cheval, car on n'entre ni dans l'un ni dans l'autre (pauvre bête !). En revanche, on va *en* voiture.

☘ Dites au pis aller et non au pire aller
Pis est le comparatif de l'adverbe « mal ». « Aller de mal en pis », c'est-à-dire de plus en plus mal.

☘ Attention à l'emploi d'avatar
Un *avatar,* dans la religion hindoue, est une réincarnation comme celles que subit Vichnou. On peut l'employer dans le sens de transformations successives (ex : ce projet de loi a connu de nombreux avatars), mais pas dans le sens de catastrophes ou d'accidents.

☘ Ne pas confondre bourré et bourrelé
Ce coussin est *bourré* de plumes, cet enfant est *bourré de gâteaux*. Mais on est *bourrelé* de remords. Le remords torture le coupable ainsi que le ferait un bourreau.

☘ Dites cacophonie et non cacaphonie
Quelle que soit l'opinion que vous avez sur certaines musiques et l'envie qui vous prend de les assimiler à de la crotte, contentez-vous de les qualifier de *cacophonie* : le préfixe grec *caco,* « mauvais », suffira à marquer votre réprobation.

☘ Dites caparaçonner et non carapaçonner
Lors de certaines cérémonies, les chevaux sont recouverts d'une housse d'apparat appelé *caparaçon* (de *capa* : manteau).
Ce qui n'a rien à voir avec une *carapace* de tortue.

☘ Dites carrousel et non carroussel
On prononce *carrouzel* pour désigner une parade équestre. Aucun rapport avec *Cadet Roussel,* même s'il n'y a que trois chevaux!

☘ Dites causer avec et non causer à
« Je te cause plus », disent les enfants qui boudent. On parle *à* quelqu'un et on cause *avec* quelqu'un. *Causer* signifie « s'entretenir familièrement avec ».

☘ Attention à l'emploi de chaque
Chaque est un adjectif et, comme tel, il doit être suivi d'un nom. Ne dites jamais : « Ces melons coûtent dix francs chaque », mais « ils coûtent dix francs *chacun* ». (Chacun, en tant que pronom, s'emploie seul.)

☘ Dites commissariat et non commissairiat
Un commis*saire* travaille dans un commis*sariat* comme une secré*taire* dans un secré*tariat*.

☘ Ne pas confondre conjecture et conjoncture
Une *conjecture* est une hypothèse (ex : on se perd en conjectures).

Une *conjoncture* est un concours de circonstances. La conjoncture est l'étude de l'évolution prochaine de l'économie, de la politique, etc.

☘ Attention à l'emploi de conséquent
Conséquent signifie « qui agit avec logique ». C'est tout à fait à tort qu'on a donné à « conséquent » le sens d'important, sans doute par ressemblance avec considérable. On ne doit pas dire : « Il a un salaire conséquent. »

☘ Attention à la conjugaison du verbe convenir
Convenir, selon le sens qu'on lui donne, se conjugue avec l'auxiliaire « être » ou « avoir ».
- *Avec avoir*. Dans le sens de « répondre à ce que l'on souhaite ». Ex : « Si votre contrat nous avait convenu, nous l'aurions signé. »
- *Avec être*. Dans le sens de « se mettre d'accord ou admettre ». Ex : « Cette proposition n'est pas réaliste et vous en êtes convenu. » « Nous sommes convenus de nous retrouver demain. »

☘ Ne pas confondre décade et décennie
Décade (*deka-dies*) signifie dix jours.
Décennie (*decem-annus*) signifie dix ans.
Fabre d'Églantine avait imaginé la « décade » révolutionnaire dans laquelle le dixième jour avait reçu le nom de « décadi ».

☘ Dites dégingandé et non déguingandé, en prononçant *déjingandé*.

☘ Ne pas confondre denture et dentition
La *denture* : nombre et disposition des dents.
La *dentition* : c'est la formation et la sortie naturelle des dents.

☘ Ne pas confondre déprédation et dégradation
Et surtout, ne pas dire *dépradation,* ce qui serait un comble.
Déprédation : acte malhonnête, détournement causé à autrui.
Dégradation : dommages exclusivement matériels.

☘ Attention à l'orthographe de dilemme
Dilemme ne s'écrit pas comme *indemne*.
Dilemme, signifiant « hésitation entre deux moyens pour obtenir le même résultat », ne doit pas être confondu avec *alternative* qui veut dire « choix entre deux solutions différentes ».

☘ Attention à l'emploi de disputer
- *Disputer de...* l'avenir du monde. « Avoir un long débat sur... »
- Il m'a toujours *disputé* le premier prix : « Nous avons toujours lutté en vue du... »

Ne dites jamais : « Tu vas te faire disputer par ton père » ou « nous nous sommes disputés ».

☘ Ne pas confondre fruste et frustrer
Fruste (de l'italien *frusto* : usé) signifie sans culture ni éducation. On a tendance à l'assimiler avec *rustre*.
Frustrer signifie : priver de.
Ex : « Elle a été frustrée d'affection. »

☘ Attention à l'emploi de gent
Gent (du latin *gens*) a le sens littéraire de « nation, peuple, race », voir La Fontaine : « La *gent* trotte-menu », qui signifie « le peuple des souris ». On entend souvent à la télévision des speakerines à prétention intellectuelle parler de « la gent masculine » – ce qui est correct – et de « la *gente* féminine », ce qui est un affreux barbarisme. Sans doute ces charmantes confondent-elles ce mot avec un adjectif employé en vieux français, « la gente dame ».

☘ Attention à la prononciation de hypnotiser
Ne pas prononcer *hynoptiser*.

☘ Attention à la prononciation de infarctus
Après un *infarctus*, le tissu cardiaque est « infarci » (du latin *in* dans et *farcire*, remplir de farce), c'est-à-dire a l'aspect d'un hachis.
Ne jamais prononcer *infractus*, le cœur est un muscle et non pas un os susceptible de se *fracturer*!

☘ Attention à l'emploi de malgré que
Au lieu de *malgré que*, utiliser plutôt *bien que* ou *malgré* suivi d'un substantif.
Ex : Malgré qu'il soit âgé (à éviter).
Bien qu'il soit âgé (mieux) ou malgré son âge, ou en dépit de son âge. « Malgré que » s'emploie, uniquement avec le subjonctif, pour exprimer l'opposition ou la concession : « Malgré qu'il en eût, on le mit à la porte. »

☘ Attention à la prononciation de obnubiler
(Étymologie : couvrir de nuages) signifie par assimilation : obscurcir l'esprit.
Ne pas prononcer *obnibuler*!

☘ Attention à l'emploi du verbe pallier
On *pallie un* défaut et non *à* un défaut. *Pallier* vient du mot latin *pallium*, manteau. Pallier un inconvénient revient à le recouvrir d'un manteau de façon à ce qu'on ne le voie plus.

☘ Ne pas confondre mine et pantomime
- *Pantomime* (du grec *pantomimos*, qui imite tout) désigne un art

de s'exprimer par gestes ou par jeux de physionomie sans recourir au langage.
- *Faire des mines*, c'est faire des simagrées, minauder.

☙ Attention à l'emploi de pareil
Il ne faut jamais dire : « Il est pareil *que* moi », mais « il est pareil *à* moi ».
Les enfants disent souvent « pareil que moi » au lieu de « moi aussi » ou « comme moi ».

☙ Attention à l'emploi du verbe partir
Si l'on dit *aller à, venir à*, on ne doit pas dire *partir à* mais *partir pour.*
On part *pour* Lyon, *pour* la campagne ou *pour* l'étranger.

☙ Dites pécuniaire et non pas pécunier
Le mot latin *pécunia*, argent, n'a donné qu'un seul adjectif, c'est *pécuniaire.*

☙ Ne pas confondre phobie et folie
- Une *phobie* est une crainte irraisonnée, une angoisse instinctive. « Il souffre de *claustrophobie* », il est angoissé à l'idée de se retrouver enfermé.
- La folie est la passion. « Elle a la folie des meubles anciens. » Il faut être simple et dire : « J'ai horreur des épinards », plutôt que « j'ai la phobie des épinards ».

☙ Ne pas confondre près et prêt
- Être *près de*, c'est « être sur le point de ».
- Être *prêt à*, c'est « être préparé à, être disposé à ».

☙ Attention à l'emploi du verbe préférer
- On *préfère* un vin blanc *à* un vin rouge. Ou, on aime mieux un vin blanc *qu'*un vin rouge.
- On préfère mourir *plutôt que* souffrir longtemps.
Mais on n'emploie jamais le verbe préférer... que.

☙ Ne pas confondre rabattre et rebattre
- *Rabattre :* c'est rabaisser ce qui s'élève : une balle, un prix, un col, des mailles...
- *Rebattre*, c'est battre à nouveau.
« Ses exploits, j'en ai les oreilles rebattues », c'est-à-dire : « Ses exploits ne cessent de venir à mes oreilles. »

☙ Attention à l'emploi du verbe se rappeler
Si on se souvient *de quelque chose...* en revanche, on se rappelle *quelque chose* ou quelqu'un.

« Nos bêtises, je m'*en* souviens » ou « nos bêtises, je me *les* rappelle ».

☘ Dites rasséréner et non rassénérer
Rasséréner c'est rendre à nouveau serein.

☘ Ne pas confondre recouvrir et recouvrer
- *Recouvrer*, c'est rentrer en possession de ce qui était perdu : recouvrer la vue, recouvrer la santé.
- *Recouvrir*, c'est couvrir à nouveau ou complètement.
Au présent de l'indicatif les deux verbes se confondent parfois : Elle recouvre la santé et elle recouvre son divan.
Mais on dit : *recouvré* et *recouvert* au participe passé.

☘ Dites rémunérer et pas rénumérer
Rémunérer vient du latin *munus, muneris* qui signifie : présent, cadeau, récompense, et non pas *numerare* qui signifie compter.
On dit *rémunération* et non *rénumération*.

☘ Attention à l'emploi de soi-disant
1er piège : n'écrivez pas *soit-disant*.
2e piège : Cette locution étant invariable, ne parlez pas d'une « soi-disante vedette ».
3e piège : *soi-disant* ne s'emploie que pour ceux qui peuvent ou savent parler.
On ne dit pas : « ce soi-disant chien de race » mais ce « prétendu chien de race ».
4e piège : On ne dit jamais : « Soi-disant qu'il est aveugle », mais « on prétend qu'il est aveugle ».

☘ Ne pas confondre de suite et tout de suite
- *De suite* : c'est sans arrêt, sans interruption : « Il a plu deux jours de suite. »
- *Tout de suite* signifie « immédiatement » : « Oui, maman, je viens tout de suite. »

☘ Ne jamais dire : Tâcher moyen
« Je tâcherai de venir » ou « je tâcherai qu'il vienne » sont des formules correctes. Mais « tâcher moyen » est un pléonasme pour ne pas dire une absurdité.

☘ Attention à l'emploi de l'adverbe tantôt
Tantôt qui signifiait autrefois « tout à l'heure » a pris le sens de « cet après-midi » : « Je viendrai tantôt. »
Mais il est interdit de dire « on va se promener *le* tantôt » ou « je viendrai *ce* tantôt ».

♣ Attention à l'emploi de trop
Dites : « Il travaille trop » mais jamais « il travaille de trop ».
En revanche, on peut dire : « Il a bu un coup *de trop* ». *Trop* indique l'excès. *De trop* indique de combien est le dépassement.

♣ Ne pas confondre voir et voire
Voire, adverbe, signifie « et aussi, et même » et n'a rien à *voir* avec le verbe *voir*.
« Son attitude m'a semblée inamicale voire injurieuse. »
Ne jamais employer *voire même* : les deux mots ayant la même signification, ce serait faire un pléonasme.

De même que « la mauvaise monnaie chasse la bonne » (dicton d'économiste), de même le mauvais usage finit par l'emporter sur le bon. Le Petit Larousse, bon prince, s'incline devant le verdict du plus grand nombre et officialise, à la longue, le parler de la rue.
C'est ainsi qu'une langue évolue et s'adapte. Le parler relâché que nous déplorons aujourd'hui a deux cents ans devant lui pour devenir, au mieux, le langage classique des Français du XXIIe siècle.

BENOIT (Pierre)
1886-1962

Il fut sûrement l'auteur le plus fécond et le plus vendu de l'entre-deux-guerres. Lorsqu'un de ses confrères aux tirages confidentiels lui demandait s'il avait un secret pour écrire ce qu'on appellerait aujourd'hui un « best-seller », il répondait : « Enfantin, mon cher ! Vous prenez une tragédie de Racine et vous la mélangez au " Guide Bleu ". »
Cette boutade en forme de recette de cuisine contient pourtant les ingrédients qui ont assuré le succès des romans de Pierre Benoit auprès du public immense des femmes : des héroïnes belles, dominatrices et cruelles, la fatalité (voilà pour Racine !) et l'exotisme (voilà pour le Guide Bleu).
Pierre Benoit naquit à Albi (Tarn) le 16 juillet 1886. Jamais il ne fut l'un de ces écrivains qui, peu lus au départ, en arrivent à se hisser

d'un livre à l'autre jusqu'aux gros tirages. Pour lui, ce fut le succès immédiat, énorme, éclatant, dès son premier roman, *Kœnigsmark*. Son livre frais écrit sous le bras, Pierre Benoit se rendait d'un bout de Paris à l'autre, afin d'en déposer un exemplaire au domicile de chacun de ces dix académiciens Goncourt qui devaient se réunir bientôt pour décerner leur prix annuel.

Son périple à travers Paris était contrarié par la foule qui avait envahi les rues et qui hurlait sa joie. Avec l'égoïsme de l'auteur néophyte, il pestait de ne pouvoir trouver personne au logis. Mais que se passait-il donc?

L'Armistice venait d'être signé – excusez du peu –, on était le 11 novembre 1918.

Autant le dire tout de suite, Pierre Benoit n'obtint pas le prix Goncourt qui fut attribué cette année-là à Georges Duhamel. Mais, faveur plus rare encore qu'un prix – fût-il prestigieux entre tous –, *Kœnigsmark* se vendit à plus d'un million d'exemplaires.

Il faut dire qu'Albin Michel, son éditeur, avait lancé ce nouvel auteur comme un produit pharmaceutique. Ou plutôt, dirions-nous aujourd'hui, comme la fusée Ariane. Jacques Chardonne a raconté : « On ouvrait le journal et le placard publicitaire illustré d'une photo fascinait : dans quinze jours cet écrivain sera célèbre... Dans quatorze jours... Mais, ajoutait-il, Albin Michel n'a pas continué dans cette voie, c'est Grasset qui a pris le relais. »

Dès l'année suivante, Pierre Benoit publia *L'Atlantide* qui obtint le grand prix du roman de l'Académie et qui connut un succès encore plus phénoménal. Ce roman demeure au nombre des plus forts tirages de toute l'édition française : si l'on additionne les rééditions et les traductions (même en japonais – même en braille), on dépasse le chiffre de trois millions d'exemplaires.

L'héroïne de *Kœnigsmark* se prénommait Aurore, celle de *L'Atlantide*, Antinéa. Deux prénoms commençant par la lettre A. Pierre Benoit était superstitieux : désormais, le A devint l'initiale fétiche de ses héroïnes : elles seront 42 dont la liste se trouve page suivante.

Chaque année, un roman de Pierre Benoit voyait le jour avec une régularité de métronome. Sous sa fantaisie de méridional, il était un homme d'ordre et de principe. Qu'on en juge :

- Il avait décidé une fois pour toutes que ses romans auraient 318 pages, pas une de plus ou de moins...
- Que la scène d'amour et le premier baiser interviendrait toujours vers la page 100...

Titre des romans	*Année de parution*	*Prénom de l'héroïne*
Kœnigsmark	1918	Aurore
L'Atlantide	1919	Antinéa
Pour don Carlos	1920	Allégria
Le Lac salé	1921	Annabel
La Chaussée des géants	1922	Antiope
Mademoiselle de La Ferté	1923	Anne
La Châtelaine du Liban	1924	Athelsthane
Le Puits de Jacob	1925	Agar
Alberte	1926	Alberte
Le Roi lépreux	1927	Apsara
Axelle	1928	Axelle
Erromango	1929	Alice
Le Soleil de minuit	1930	Armide
Le Déjeuner de Sousceyrac	1931	Armande
L'Ile verte	1932	Andrée
Fort-de-France	1933	Aissé
Cavalier 6	1933	-
M. de La Ferté-Boissière	1934	-
La Dame de l'Ouest	1935	Ariane
Saint-Jean-d'Acre	1936	Angèle
Les Compagnons d'Ulysse	1937	Angélica
Bethsabée	1938	Arabella
Notre-Dame-de-Tortose	1939	Armène
Les Environs d'Aden	1940	Albine
Le Désert de Gobi	1941	Alzire
Lunegarde	1942	Armance
Seigneur, j'ai tout prévu	1943	Aude
Jamrose	1945	Algide
L'Oiseau des ruines	1947	Agathe
Aïno	1948	Aïno
Le Casino de Barbazan	1949	Argine
Les Plaisirs du voyage	1950	Adèle
Les Agriates	1951	Aquilina
Le Prêtre Jean	1952	Alverde
La Toison d'or	1953	Atalide
Villeperdue	1954	Aedona
Feu d'artifice à Zanzibar	1955	Azraelle
Fabrice	1956	Aydée
Montsalvat	1957	Alcyone
La Sainte-Vehme	1958	Aïda
Flamarens	1959	Atjouko
Le Commandeur	1960	Amrarida
Les Amours mortes	1961	Alcmène
Aréthuse (roman inachevé)	1963	Aréthuse

☘ Que chacun de ses romans contiendrait toujours une allusion à Gambetta (allez savoir pourquoi !).

☘ Enfin, dans le texte de chacun de ses romans, il glissera – sans guillemets permettant de l'identifier – une phrase tirée de l'œuvre de Chateaubriand. Jamais un critique ne s'en aperçut.

Ainsi, de livre en livre, Pierre Benoit entraîna-t-il en imagination à travers le monde un public ravi de voyager sans quitter ses pantoufles : le Liban, les Antilles, Zanzibar, le désert de Gobi, le Hoggar, les Nouvelles-Hébrides...

« Une sorte de Châtelet intime », écrivit Jean Farran. « De la littérature de chemin de fer », grinçaient certains critiques.

François Mauriac n'aimait guère Pierre Benoit dont il disait : « Je n'ai avec lui qu'un ami commun, le pin des Landes. »

Le 24 novembre 1931, à quarante-cinq ans, Pierre Benoit entrait à l'Académie française, reçu par Henri de Régnier, et il s'asseyait dans le fauteuil numéro 6 où il succédait à Porto-Riche.

Longtemps il demeura le benjamin et l'enfant terrible de la docte assemblée qu'il étonnait par ses farces. Il en démissionna pourtant avec éclat en 1959 par solidarité avec Paul Morand que le général de Gaulle avait écarté pour des raisons politiques.

Aujourd'hui, l'œuvre de Benoit a bien vieilli. On sourit parfois devant l'exotisme de pacotille de certaines scènes et on s'étonne de la psychologie sommaire des personnages. L'auteur écrivait pour un public bourgeois en quête de promotion sociale ; il lui tendait un miroir qui lui renvoyait une image flatteuse : palaces internationaux, croisières de luxe, voitures à forte cylindrée et wagons-lits. Rien ne manque à la panoplie.

Gardons-nous pourtant de sous-estimer le talent de Pierre Benoit qui a apporté à la génération d'une époque troublée la part du dépaysement et du rêve. Il a redonné ses lettres de noblesse au roman d'aventures.

L'année de ses soixante ans, Pierre Benoit fit un mariage d'amour avec Marcelle, une très jolie femme, de vingt ans sa cadette. Ils furent heureux pendant quatorze ans dans la propriété qu'il avait fait construire pour elle à Ciboure (Pyrénées-Atlantiques). Hélas ! Marcelle mourut en 1960.

Le 3 mars 1962 l'écrivain, incapable de surmonter sa douleur, se laissait mourir littéralement de chagrin, comme cela n'arrive que dans les romans de quatre sous.

BERNARD (Tristan)
1866-1947

Tristan Bernard vit le jour à Besançon le 7 septembre 1866. Un destin facétieux avait choisi de le faire naître dans la même ville et dans la même rue que Victor Hugo. Mais, là s'arrêtait la ressemblance ! « Le grand poète est venu au monde au numéro 138 de la Grand-Rue, disait Tristan Bernard, alors que moi, plus modestement, je ne suis né qu'au 23 ! » Il ajoutait : « On a mis des plaques sur les deux immeubles. Mais la mienne a été apposée par la Compagnie du gaz. »
Prénommé Paul, il choisit plus tard de s'appeler Tristan. Était-ce à cause d'une Iseut pour qui son cœur avait battu ? Pas la moindre trace de romantisme là-dessous : « J'ai pris le nom de Tristan à cause d'un cheval qui m'avait fait gagner de l'argent. Et c'était rudement rare car, lorsque aux courses je suivais un cheval, mon cheval suivait les autres ! »

L'homme n'est pas fait pour travailler

Contrairement à la tradition qui veut que les humoristes soient des gens plutôt mélancoliques, Tristan Bernard était un humoriste heureux. Dans sa famille de petits-bourgeois, on était drapier de père en fils. Ses études furent assez peu remarquables : « Pascal combattait ses maux de tête par la géométrie. Moi, je combattais la géométrie en faisant semblant d'avoir mal à la tête ! »
Il ne cherchait pas à dissimuler un penchant inné pour la paresse : « L'homme n'est pas fait pour travailler et la preuve, c'est que ça le fatigue ! » « Je suis un contemplateur fervent de l'effort d'autrui ! Un paresseux, c'est tout simplement un monsieur qui ne fait pas semblant de travailler. » Et comme il n'était pas hypocrite, il ne faisait pas semblant : « La vraie paresse, c'est de se lever à 6 heures du matin pour avoir plus longtemps à ne rien faire. »
Il disait à sa bonne, Élisa : « J'ai demain un rendez-vous important. Réveillez-moi à 7 heures. Si à 8 heures je ne suis pas levé, laissez-moi dormir jusqu'à midi ! »
Un été qu'il se trouvait au casino de Deauville dans un salon du privé, un gros monsieur vautré sur un divan lui dit en bâillant : « Je ne connais pas d'endroit où l'on soit mieux qu'ici pour dormir ! »

Tristan lui répondit : « On voit bien que vous ne connaissez pas mon cabinet de travail ! »
Tristan Bernard fut d'abord avocat à Paris, après quoi il devint directeur d'une petite usine d'aluminium à Creil. On le retrouva ensuite directeur sportif du stade Buffalo à Montrouge où se disputaient des courses cyclistes. Un portrait de Toulouse-Lautrec nous le montre barbu, ventru, des culottes bouffantes découvrant des « bas » cyclistes, un melon inattendu surmontant le tout.
Les premiers textes signés Tristan Bernard paraissent en 1891 dans *La Revue blanche* des frères Natanson. C'est dans ce milieu intellectuel qu'il se fait ses premiers amis. En 1895 paraît *X... roman impromptu*, qui offre la particularité d'être l'œuvre commune de Tristan Bernard, de Georges Auriol, de Georges Courteline, de Jules Renard et de Pierre Veber (qui était le beau-frère de Tristan). Chaque auteur rédigeait un chapitre dans lequel il accumulait les situations les plus extravagantes que l'imagination du suivant devait dénouer.
Parmi les petits métiers qu'exerça Tristan Bernard, il ne faudrait pas oublier son emploi de lecteur de manuscrits au Théâtre de la porte Saint-Martin.

L'esprit de Tristan

N'ayant vraiment réussi dans aucune de ces professions, Tristan n'avait d'autre ressource que de se mettre à écrire lui-même des pièces de théâtre. Et ce paresseux qu'on ne voyait jamais travailler écrivit une trentaine de pièces et enchaîna succès sur succès.
On lui doit notamment *L'Anglais tel qu'on le parle* (1899), *Triplepatte* (1905), *Le Petit Café* (1911).
Bien sûr le succès ne fut pas immédiat et il connut à ses débuts quelques bides – on disait « fours », à l'époque – qu'il prit, comme toujours, avec humour : « Venez armés, disait-il à ses amis en les invitant à venir voir sa pièce, l'endroit est désert ! » Et, à un autre qui lui demandait deux places gratuites, il refusait en disant : « Je ne donne que des rangs entiers ! »
Tristan Bernard avait une qualité rare : c'était un homme profondément bon qui se réjouissait du succès de ses amis et qui applaudissait à leurs mots d'esprit. Ce qui lui permit d'entretenir une amitié véritable avec les personnages les plus spirituels du moment.
Avec Maurice Donnay, Alphonse Allais, Lucien Guitry et Jules Renard, Tristan Bernard était le cinquième de ces quatre mousquetaires.

« Ce n'est pas difficile d'avoir de l'esprit, disait Tristan, lorsqu'on est méchant. »

Il avait une philosophie teintée d'indulgence. Ne sont-elles pas d'un grand sage ces remarques?

- « Pour être heureux avec les êtres, il ne faut leur demander que ce qu'ils peuvent donner. »
- « Dans la vie, il ne faut compter que sur soi... et encore pas beaucoup! »
- « On ne prête qu'aux riches. Et on a raison : les pauvres remboursent difficilement! »
- « Les hommes sont toujours sincères. Ils changent de sincérité, voilà tout! »
- « Ce qui ressemble à l'amour est toujours de l'amour. »
- « Le meilleur moyen de faire cesser la tentation, c'est d'y succomber. »
- « Le malentendu fait les divorces, mais il fait encore plus d'unions. »
- « Je veux bien changer d'opinion... mais avec qui? »

Ses reparties que tout Paris se répétait ont gardé aujourd'hui encore toute leur drôlerie.

Un jeune auteur lui ayant demandé conseil au sujet du titre qu'il devait donner à sa pièce :

« Voyons, mon jeune ami, est-ce qu'il y a des tambours dans votre pièce?

- Non, maître, dit l'autre, ahuri.
- Et des trompettes? Y a-t-il des trompettes?
- Non plus.
- Eh bien, à votre place, j'appellerais ma pièce : *Sans tambours ni trompettes* ».

Et à cette jeune comédienne qui lui demandait de l'aider à se choisir un nom de théâtre :

« Comment vous prénommez-vous?

- Maud.
- Que penseriez-vous, mademoiselle, de " Maud Cambronne "?

Comme un journaliste lui posait une question sur l'au-delà : « L'au-delà? Je n'ai pas d'opinion là-dessus m'étant plutôt spécialisé dans l'en deçà! »

On lui demandait un jour ce qu'il ferait s'il était roi :

« Si j'étais roi, je me méfierais des as! »

Comme tous les personnages célèbres, il avait à répondre aux questions oiseuses de certains journalistes à l'imagination limitée :

« Si un incendie éclatait au musée du Louvre et que vous ne puissiez sauver qu'un seul tableau, lequel emporteriez-vous?

- Celui le plus près de la sortie! »

☘ Un jour, pour régler une dette, il dut aller retirer à la Banque de France un peu d'argent qui lui restait sur son compte. Lorsqu'il sortit, la vue du factionnaire qui veillait, l'arme au pied, sur le coffre national le mit en joie :

- Merci, mon ami, lui dit-il. Maintenant vous pouvez partir!

La mine ahurie du garde le paya de tous ses soucis, ajoute Roland Dorgelès qui fut témoin de la scène.

☘ Avec sa belle barbe blanc et noir, son ventre rebondi, il avait une silhouette que chacun reconnaissait.

« Mon tailleur me fait des prix... mais à condition que je ne dise à personne que je m'habille chez lui! »

Sans doute détestait-il se baisser car ses lacets étaient toujours dénoués. Jules Renard note dans son *Journal* :

« Et voici Tristan qui doit être de plus en plus persuadé que personne n'est digne de lui dénouer les cordons de ses chaussures car ils ne sont jamais noués. »

☘ Tristan était un prince, le boulevard lui faisait fête et il n'y avait guère de dîner en ville où il ne fût invité, sa présence seule assurant le succès de toute réception. Sa réputation d'homme d'esprit était telle qu'il lui suffisait au cours d'un repas de demander qu'on lui passe le sel pour que tout le monde s'esclaffât.

Un de ses jeux favoris consistait à découvrir des vers dans la conversation. Un jour qu'un joueur de bridge renfrogné grommelait à l'adresse de son partenaire :

« Pourquoi n'avez-vous pas demandé sans atout?

- Un alexandrin! » s'écria Tristan radieux avant d'aller déposer un baiser sur le front du monsieur stupéfait.

☘ Toutes les tables de Paris ne sont pas bonnes à fréquenter. Tristan Bernard ne remit jamais les pieds chez cette dame d'une avarice sordide qui l'avait prié à un thé famélique où, par mesure d'économie, tous les gâteaux avaient été coupés en deux. Alors, désignant du doigt un baba, il demanda :

« S'il vous plaît, je prendrais volontiers un " ba "! »

☘ Un jour Tristan Bernard pensa à l'Académie française. Il commença par envoyer sa lettre de candidature par pneumatique, ce qui choqua ces messieurs. Puis, ne voulant pas se soumettre à l'humiliante mais indispensable corvée des visites, il envoya son fils à sa place.

A un journaliste qui lui demandait quand il espérait entrer au Quai Conti, il répondit :

« Le costume est très cher, mais il paraît qu'on revend les costumes des défunts. J'attendrai qu'il en meure un de ma taille! »

L'un des immortels déclara :
« M. Tristan Bernard agit exactement comme s'il voulait ne pas être élu. »
Et c'était sans doute vrai : le bon maître n'était pas assez solennel ni conformiste pour entrer dans la docte compagnie. Et puis, avait-il besoin de cet honneur supplémentaire?
Il se consola très vite...

Avec les mots croisés, notamment, où son esprit fit merveille. Il acquit dans cette spécialité une célébrité qui n'est pas près d'être dépassée *. Aux approches de la vieillesse, il publia un recueil de poèmes où l'on trouve des vers ravissants :

* *Voir chapitre Mots croisés.*

Où donc est-il ce temps charmant
Où le mot m'arrivait si vite?
Le mot venait d'abord, et la pensée ensuite...
J'étais un poète vraiment!

Un cache-nez...

Les dernières années de Tristan Bernard furent assombries par la défaite française et par l'Occupation nazie. Il portait l'étoile jaune et tentait quand même de sourire : « Quelle triste époque : les comptes sont bloqués et les Bloch sont comptés! »
Comme beaucoup d'Israélites, il s'était réfugié en zone non occupée sur la côte d'Azur. « Ici, nous ne sommes plus à Cannes, mais à Kahn! » écrivait-il à un ami. Il était réduit à l'inactivité par les mesures antisémites prises par le gouvernement de Vichy. « Comment peut-on être si désœuvré, blaguait-il, quand la France est si occupée? »
Malgré son âge, il fut arrêté et emmené à Drancy. Dans le camion qui allait l'y conduire, il consola sa femme en pleurs par cette phrase admirable : « Jusqu'ici nous vivions dans la crainte, nous allons désormais vivre dans l'espoir. »
Sacha Guitry, qui n'oubliait pas qu'il avait été un grand ami de son père, s'entremit aussitôt pour lui faire parvenir des colis. Il s'enquit de savoir ce qu'il pouvait lui envoyer : « Un cache-nez! » lui répondit simplement Tristan.
La sympathie générale et les relations de Sacha permirent de faire libérer le vieil humoriste en octobre 1943. Tristan put regagner son bel appartement du Champ-de-Mars, 43, avenue Charles-Floquet. Il mourut dans son lit le 7 décembre 1947.
Un jour, en compagnie de Jules Renard, il avait arrêté un corbillard : « Cocher! Êtes-vous libre? » Ce soir-là, il l'était.

BLANCHE (Francis)
1921-1974

L'humour insolent, insolite, incendiaire, burlesque et irrespectueux que nous aimons aujourd'hui, c'est en grande partie à Francis Blanche que nous le devons. Toute sa vie, il n'a eu qu'un but : faire rire et il y est si parfaitement arrivé qu'il n'existe pas actuellement d'humoriste qui n'ait, peu ou prou, à se réclamer de lui.
Ce diable d'homme s'est essayé à toutes les formes de spectacle et toujours avec bonheur. Passant du cabaret au cinéma, de la chanson au théâtre, de la radio au music-hall, du gag téléphonique à l'opérette, de la poésie à la publicité, il a partout imposé un style, une marque de fabrique.
« Éternel enfant prodige du spectacle », il a éveillé dans la jeunesse le goût de la contestation d'une société qu'il traitait par la dérision. Comme le dit Claude Villers dans sa préface aux *Pensées* de Francis Blanche (éditions du Cherche-Midi), « toute une génération a été nourrie au Francis Blanche ».

La place Blanche

Pourtant, en dépit de trente ans passés à faire le saltimbanque, ce touche-à-tout génial n'a jamais eu la consécration officielle qu'il aurait méritée. Trop doué, il lui arrivait de gaspiller son talent, de s'éparpiller, se faisant au passage étriller par des critiques qui aiment bien pouvoir classer les gens selon des critères précis dans des spécialités bien définies. Heureusement, le public, lui, l'adorait, car Francis Blanche savait le faire rire... et, quinze ans après sa mort, le public se tord encore de rire en entendant le disque de son interview du *Sâr Rabindranah Duval,* ou en revoyant son personnage de *Papa Schultz* dans *Babette s'en va-t-en guerre.*
N'est-ce pas cela la vraie consécration?
« Je suis presque aussi célèbre que de Gaulle, blaguait-il. Vous en connaissez, vous, des acteurs dont on a donné le nom à une rue et à une place de Paris... et cela, de leur vivant? »
Né le 20 juillet 1921, Francis Blanche était un enfant de la balle, un vrai. Son grand-père, François Blanche, avait, au début du siècle, monté au Châtelet la première super-production du théâtre français,

Le Tour du monde en quatre-vingts jours dans laquelle il jouait le rôle de Phileas Fogg. Son père, Louis Blanche, avait été un excellent comédien. Son grand-oncle, Louis Varney, était l'auteur des *Mousquetaires au couvent* et du fameux chant des Girondins : « Mourir pour la patri-i-eu, c'est le sort le plus beau... » Sa tante, la charmante Catherine Fonteney, lui avait donné ses premières leçons de comédie. « Chez moi, disait-il, le spectacle n'est pas une vocation ; c'est une charge héréditaire ! »

Sa première chanson fut un succès fantastique : il l'avait écrite sur commande pour l'émission de Saint-Granier « On chante dans mon quartier ». Et, en 1945, toute la France chantait en chœur « Ploum ploum tra la la... »

Il n'avait pas encore vingt ans qu'il écrivait déjà des paroles de chansons qu'il vendait à Charles Trenet. Le fameux *Débit de lait, débit de l'eau,* c'est de lui, ainsi que cet autre succès : *Sur le fil.*

Plus tard, il écrira pour Édith Piaf *Le Prisonnier de la tour* :

Si le roi savait ça Isabelle,
Isabelle, si le roi savait ça,
A la robe de dentelle
Tu n'aurais plus jamais droit
Isabelle, si le roi savait ça !

Pour Odette Laure, il fit les paroles de l'inquiétant *Ça tourne pas rond dans ma p'tite tête.* Les Frères Jacques n'ont jamais enlevé de leur tour de chant son inénarrable version de *La Truite* sur la musique de son camarade Schubert. Il récidiva, dans son inspiration iconoclaste, en écrivant pour les Quatre Barbus *La Pince à linge* sur la musique de la Cinquième symphonie du regretté Beethoven. On lui doit, en tout, 676 chansons.

Il a même écrit le livret d'une opérette pour les Frères Jacques dont Guy Lafarge fit la musique : *La Belle Arabelle.* Dans cette opérette se trouve l'une de ses plus belles chansons : *Les Boîtes à musique.*

Enfant de pub...

Dès 1945, il anime avec Pierre Cour sa première grande émission burlesque, l'ancêtre des *Branquignols,* « Sans rime ni raison ». Au cours de cette émission il prendra l'habitude de lancer ses fameux slogans publicitaires :

- Pour entrer chez vous, une seule adresse : la vôtre !
- Si vous ne vous sentez pas bien... faites-vous sentir par un autre !
- Madame ! N'achetez plus de tissu écossais. Écossez vous-même vos tissus !

- Étudiants, étudiantes, ne vous présentez plus au bac : prenez le pont de Tancarville!
- Mesdames, si votre poitrine tombe... posez-la par terre!
- Où que vous alliez, où que vous soyez, prenez toujours votre métro à Richelieu-Drouot : Richelieu-Drouot, la station de l'élite.
- Marny... le bas qui fait parler la jambe!
  André... la chaussure qui fait parler le pied!
  Rasurel... le slip qui fait parler le...
- Producteurs, scénaristes, vedettes de l'écran, exigez pour tous vos films le metteur en scène André Hunebelle! Ah! quel plaisir d'avoir Hunebelle! Ah! quel plaisir de pouvoir s'en servir!
- Qui aime bien ses lunettes, ménage sa monture.
- Pour que l'école dure, ami donnez!

Et on pourrait continuer longtemps encore à citer ses phrases devenues des morceaux d'anthologie. Que d'émissions radiophoniques se sont succédé! « Les Branquignols » passa de la scène à la radio. Pierre Dac remplaça Robert Dhéry. Mais Francis Blanche était toujours là : « Faites chauffer la colle! »; « Le Parti d'en rire »; « Studio 22 ». Ce furent ensuite les inénarrables aventures de *Furax* dans « Malheur aux barbus » (1951) et « Signé Furax » en 1956. Et sur les ondes d'Europe N° 1 de 1967 à 1972, « Les kangourous n'ont pas d'arêtes ». On y entendait Robert Willard - qu'il surnommait Chichinou, allez savoir pourquoi! - s'étrangler de rire en entendant les très sérieuses publicités de la station mises à mal par Francis. C'est ainsi que « Le Vin du Rocher, le velours de l'estomac » devenait « La satinette de l'œsophage » sans que ses ventes en pâtissent le moins du monde.

Le commissaire Macheprot

Les auditeurs n'auraient pas manqué pour un pétard le canular téléphonique de la semaine. Certains sont inoubliables : notamment celui de la dame, employée dans une fabrique d'ouvre-boîtes, qui s'étouffait de rire en écoutant Francis Blanche lui annoncer qu'il avait le doigt pris dans son appareil coincé dans une boîte de petits pois! Il aurait fallu aussi entendre Francis, en directeur d'une école privée pour garçons – le cours Sautereau à Vincennes! – proposer à la naïve directrice d'un collège de jeunes filles d'organiser des sorties mixtes afin que ces jeunes gens puissent se distraire entre eux!

Et, chaque dimanche, vers midi, le Commissaire Macheprot

concluait son canular par un : « Bonjour chez vous ! » qui laissait à son correspondant berné une ultime chance de le reconnaître.
« Une journée sans canular, disait-il, c'est un gruyère sans trou. »
Souvent, le cinéma fit appel à lui et rarement pour des chefs-d'œuvre. Les metteurs en scène utilisaient sa silhouette de petit gros marrant sans jamais lui proposer de rôles plus ambitieux. Il apparut dans cent vingt films, c'est-à-dire à peu près dans le même nombre de navets.
Deux sont à mettre à part : *Tartarin de Taracon* qu'il tourna lui-même en 1961. Ce sera un échec terrible et jamais plus Francis Blanche ne renouvellera l'expérience de la mise en scène.
Mais, pour le public, Francis Blanche, c'était surtout l'inquiétant, le grotesque *Papa Schultz* de la Gestapo qui faisait avouer à un Japonais qu'il était Juif et qui menaçait : « Fusillé sévèrement. » A lui seul, grâce à cette création, Francis Blanche sauva le film de Christian-Jaque *Babette s'en va-t-en guerre*.
Il conduisait sa vie comme il menait sa carrière, sur les chapeaux de roue et dans le plus grand désordre. Comme il s'était marié plusieurs fois, il se ruinait en pensions alimentaires. Il eut trois enfants, deux filles, Dominique et Barbara, et un fils, Jean-Marie, qui, aujourd'hui, est devenu comédien à son tour.
Généreux jusqu'à la prodigalité il dépensait tout l'argent qu'il avait et même celui qu'il n'avait pas. En vertu du principe qu'il avait énoncé que « qui donne à l'État prête à rire », il était sans cesse en retard dans le paiement de ses impôts. Il n'avait pas de correspondant plus assidu ni plus attentif que son percepteur. Souvent, il restait même... saisi d'une telle constance.
Pour éponger ses dettes, il travaillait beaucoup et ne prenait guère le temps de se reposer. « Comme je n'ai plus le temps de dormir, j'ai engagé un dormeur. Mais il n'est pas consciencieux : l'autre jour, figurez-vous que je l'ai surpris en train de lire ! »

Laissez-moi dormir !

Rondouillard, toujours entre deux farces, entre deux gags, Francis Blanche semblait incarner la joie de vivre. Et il est vrai qu'il aimait passionnément la vie et la considérait comme une immense partie de rigolade. Pourtant, ce bon vivant était un inquiet que terrassaient souvent des accès de mélancolie. Il avait une attirance morbide pour la mort et parfois son humour se faisait noir, très noir.
« « Mon grand-père, François Blanche, a eu un fils qui n'a pas vécu et qui s'appelait Francis. Ce qui fait que je vais sur la tombe de Francis Blanche, de temps en temps, pour m'habituer. »

« Crever gros? Crever maigre? La différence est pour les porteurs! »
« Vous me demandez si je suis athée? Je suis plus intéressé par notre vin d'ici que par leur au-delà! »
En 1972, il eut un infarctus dont il se remit assez bien. Il plaisantait de sa maladie comme il se moquait de tout :
« Infarctus? C'est le seul mot irrégulier de la langue française. On dit : Un infarctus - des obsèques. »
Après un répit de deux ans, une seconde crise l'emporta. C'était en juillet 1974, il avait cinquante-trois ans, tout juste.
« Après tout, avait-il dit, on n'a que l'âge de ses obsèques. »
Il avait demandé à être enterré à Èze-Village, l'un des plus beaux coins de France. Il avait acheté la tour du vieux château pour y passer des vacances studieuses sur la terrasse d'où l'horizon s'étendait jusqu'à la Corse. Il aimait ce village sarrasin aux ruelles en escalier et le jardin exotique aux innombrables cactus qu'il avait surnommé « le jardin des piqûres ». Et c'est là qu'il repose face au bleu du ciel et au bleu de la mer. Sur sa tombe sont gravés ces mots de lui : « Laissez-moi dormir! J'étais fait pour ça! »

Puisqu'il nous le demande, laissons-le à son éternité. Mais avant de prendre congé, rions encore une fois en sa compagnie. Ce ne sera pas la dernière!

« Je ne sais plus que faire : j'ai consulté deux médecins. Le premier veut m'envoyer à Pau pour une maladie de foie. Le second à Foix pour une maladie de peau. »

« La ville d'Antibes et la ville de Biot (Alpes-Maritimes) vont fusionner. Leurs habitants s'appelleront désormais "les Antibiotiques". »

« Je n'ai pas de violon d'Ingres et je le déplore. J'aurais aimé passer mes journées au travail et mes nuits au violon. »

« On m'a demandé mon opinion sur le mariage entre comédiens. Je ne peux pas répondre : je n'ai jamais été marié à un comédien et aucun ne me l'a d'ailleurs proposé! »

C

CACOGRAPHIE

C'est ma faute
C'est ma faute
C'est ma très grande faute
d'orthographe
voilà comment j'écris
Giraffe.

Ce petit poème de Jacques Prévert est une illustration toute trouvée à la définition de la *cacographie* (du grec *kakos*, mauvais, et *graphein*, écrire) : « Orthographe vicieuse ». Les deux « f » de la girafe peuvent en témoigner.

Au siècle dernier, on appelait « cacographie » une méthode d'enseignement du français. Le principe était celui du « jeu des sept erreurs ». Le maître donnait à corriger à ses élèves des phrases où les règles les plus sacrées de l'orthographe avaient été sciemment violées.

Exemple de cacographie : Combien trouvez-vous de fautes dans la phrase ci-dessous :

« En l'occurence, c'est un évènement relevant d'une imbécilité ambigüe que de contempler un levreau bâiller aux corneilles sous les groseillers. »

Réponse : 7 (occu*rr*ence - év*é*nement - imbéci*ll*ité - ambigu*ë* - levr*aut* - *bayer* - groseill*i*ers).

Aujourd'hui, sous le nom de « tests d'orthographe » les magazines présentent à leurs lecteurs ce genre de problèmes qui connaissent une grande faveur. Il faut dire que Bernard Pivot a transformé les Français. Eux qui, à l'école primaire, détestaient les dictées, n'hésitent pas à sacrifier un samedi afin de participer - sans espoir d'y rien gagner - aux épreuves des demi-finales du championnat de France de dictée. Se donnent-ils ainsi l'impression de rajeunir ou d'appartenir à une secte élitiste au sein de laquelle sont seuls admis ceux qui savent que « chausse-trape » s'écrit avec un seul « p »? Ainsi peuvent-ils considérer d'un air condescendant ceux qui sont tombés dans le piège... pardon : dans la trappe!

Toute une génération qui a reçu une éducation plus scientifique que littéraire connaît aujourd'hui de sérieux problèmes d'orthographe et se sent confusément en état d'infériorité envers des correspondants plus lettrés. D'où l'actuelle faveur du téléphone!

Mais, à en croire ces quelques anecdotes, le problème n'est pas nouveau :

Paul de Cassagnac, un ancêtre de Saint-Granier *, était, au début du siècle, aussi célèbre comme journaliste que comme parlementaire. Doté par la nature d'un caractère assez vif, il se battait souvent en duel, mais, comme il était très fort au jeu de l'épée, il se contentait de blesser légèrement ses adversaires. Aussi, les gens désireux de se faire de la publicité sans trop de risques se bousculaient-ils pour le provoquer, dans l'espoir qu'il serait fait mention de leur nom dans les gazettes. Un jeune journaliste, assoiffé de notoriété, l'ayant insulté s'attira cette riposte méprisante :

* *L'immortel parolier de la chanson* Ramona, j'ai fait un rêve merveilleux!

« Soit, monsieur, nous nous battrons. Je suis l'insulté, donc j'ai le choix des armes. Eh bien, comme j'ai lu vos articles, je choisis de me battre à l'orthographe. Vous êtes mort, monsieur! »

Alphonse Allais, au restaurant, étudie la carte. Le garçon arrive pour prendre la commande.

« Pour commencer, je prendrai une faute d'orthographe.

- Pardonnez-moi, monsieur, il n'y en a pas.

- Alors, pourquoi dans ce cas les mettez-vous sur le menu? »

Antoine Rivaroli, dit le comte de Rivarol, aîné des seize enfants d'un aubergiste italien de Bagnols-sur-Cèze (Gard) fut non seulement l'auteur du très important *Discours sur l'universalité de la langue française*, mais l'un des hommes les plus spirituels de son temps.

A l'un de ses correspondants attitrés qui lui disait en le quittant : « Je vous écrirai demain sans faute », il répondit avec simplicité : « Ne prenez pas cette peine, écrivez-moi comme à votre ordinaire ! »

« L'orthographe, a écrit Sainte-Beuve, est la propreté du style. » Croyons-en le bachelier qui, ayant à commenter cette phrase, conclut ainsi sa dissertation : « Décidément, la sainte avait raison ! »

CALEMBOUR

Calembour? Vous avez dit calembour?
Attendez-vous à ce qu'on vous lance bientôt à la figure la phrase définitive de Victor Hugo : « Le calembour est la fiente de l'esprit qui vole. »
Voilà qui est parfait.
Mais comment concilier alors le souverain mépris affiché par notre grand poète national avec la floraison de calembours - généralement détestables - qui parsèment son œuvre :

~ « Dis-moi qui tu fréquentes et je te dirai qui tu hais. »

~ « C'est une effroyable et admirable chose qu'un incendie vu à brûle-pourpoint. »

~ « Sais-tu pourquoi les sauvages vont tout nus?
- C'est parce que Christophe Colomb les a découverts. »

~ « Dans quels pays les chats se servent-ils de mouchoirs?
- Dans les pays chauds. Parce qu'il y a des moustiques et que les chasse-mouches ! »

Ou encore, ce pamphlet contre Veuillot, l'un de ses plus fidèles ennemis :

> Ô Veuillot, face immonde encor plus que sinistre,
> Laid à faire avorter une femme vraiment !
> Quand on te qualifie et qu'on t'appelle cuistre,
> Istre est un ornement !

Avant Hugo, Molière avait aussi dédaigné le calembour qu'il disait avoir été « ramassé parmi les boues des Halles et de la place Maubert ». L'abbé Jacques Delille (1738-1813) lui avait réglé son compte, en vers cette fois, ce qui est loin d'être une circonstance atténuante :

Le calembour, enfant gâté
Du mauvais goût et de l'oisiveté
Qui va guettant, dans ses discours baroques
De nos jargons nouveaux les termes équivoques,
Et, se jouant des phrases et des mots,
D'un terme obscur fait tout l'esprit des sots.

Le dictionnaire Bescherelle (10e édition, 1863) en donne la définition ci-dessous :

CALEMBOUR : jeu de mots fondé sur une équivoque et le plus ordinairement sur une similitude de sons, sans égard à l'orthographe.

« Il est rare que le calembour s'élève jusqu'au bon mot ; en général, on l'a nommé avec raison l'esprit de ceux qui n'en ont pas. » OURRY

Exemple : Une dame qui chantait avec prétention n'ayant pu achever, sur le ton qu'elle avait pris, l'air commencé, dit à un homme d'esprit assis à côté d'elle :
« Je vais la reprendre en *mi* ! - Non, madame, restez-en *la* ! » lui repartit son voisin.
Évidemment, il n'y a pas de quoi s'étrangler de rire !
Après ces accusations péremptoires, le moment est venu de céder la parole à la défense.

Un calembour signé Jésus-Christ

Le calembour le plus célèbre est attribué à Jésus-Christ, ce qui, on l'avouera, confère au genre un incontestable brevet de noblesse :
Tu es Petrus et super hanc petram Ecclesiam meam aedificabo
« Tu es Pierre et sur cette pierre, je bâtirai mon Église. »
(Évangile selon saint Matthieu, XVI, 18)
En bas latin on s'amusait aussi à jouer sur les mots :
Ave, ave ! aves esse aves ? « Salut, grand-père ! veux-tu manger des oiseaux ? »

Au cours du XVIIIe siècle, le calembour eut son prince. C'était le Pierre Dac de l'époque. Il avait pour nom Georges-François Mareschal, marquis de Bièvre (1747-1789). (Deux siècles plus tard, Cécil Saint-Laurent donnera à sa fille, surnommée « Caroline chérie », une renommée internationale.) Le marquis de Bièvre ne pouvait s'empêcher de faire des astuces partout et en tout temps.

Lorsqu'il voyait passer un enterrement, il faisait arrêter son carrosse pour que ses chevaux ne prennent pas le « mort » aux dents.

Quand son pâtissier chantait, il lui conseillait de faire un gâteau de « sa voix ».

☘ Il avait écrit une tragédie intitulée *Vercingétorixe* où l'on trouvait ces vers qui connurent un gros succès :

> Il *plut à verse* aux dieux de m'enlever ces biens!
> Hélas! sans *eux brouillés*, que peuvent les humains?

☘ Les personnages de ses œuvres se nomment l'abbé Quille, la comtesse Tation, l'ange Lure, etc.
☘ Louis XV demande un jour à Bièvre :
- Marquis, vous qui faites des calembours sur toutes sortes de sujets, faites-en donc un sur moi.
Bièvre s'inclina avant de répondre :
- Oh! Sire! Votre Majesté n'est pas un sujet!
☘ Le marquis avait fait planter six ifs dans son jardin. C'est là qu'il conduisait les jeunes filles qui lui plaisaient en leur disant :
- Voici l'endroit « **décisif** »!
☘ Louis XVI, à son tour, appréciera l'esprit de Bièvre. Il lui arrivera certains jours de vouloir rivaliser avec lui.
- Savez-vous, marquis, de quelle secte philosophique sont les puces?
Le marquis réfléchit et donne sa langue au chat.
- Eh bien! répond le roi, elles appartiennent à la secte **d'Épicure** ».
Bièvre applaudit : « Des piqûres, Sire, c'est bien normal, comme les poux appartiennent à celle **d'Épictète**! »
☘ En 1785, M. de Calonne était un ministre des Finances particulièrement impopulaire. Une nuit qu'il dormait profondément le ciel de son lit se détacha et lui tomba sur le corps : « Juste ciel! » s'écria Bièvre, lorsqu'on lui apprit la nouvelle!
☘ Rendons cette justice à Bièvre que jamais de sa vie il ne recula devant un bon mot. Même dans les pires circonstances. Apprenant par le hasard d'une discussion qu'un jeune homme de ses amis s'était donné la mort :
« Vous rendez-vous compte, dit quelqu'un, il s'est jeté dans un puits par désespoir d'amour! » - « Dans un puits, dit un autre, mais c'est là se conduire comme un fou. » - « Dites plutôt... comme un sot! » rectifia Bièvre.
Le goût du calembour aurait-il été héréditaire chez les Bourbons? En 1824, Louis XVIII, de son lit de mort, trouva la force d'apostropher ses médecins.
- Allons! finissons-en, Charles - le futur Charles X - attend! (charlatan).
En 1784, une épigramme restée célèbre avait couru pour protester contre le mur des Fermiers généraux qui encerclait Paris d'une barrière d'octrois, une épigramme en forme de calembour :
« Le mur, murant Paris rend Paris murmurant. »

1853 est une date importante dans l'histoire du calembour. C'est l'année où le journaliste Commerson publie *Les Pensées d'un emballeur*. On y trouve des phrases demeurées célèbres comme celles-ci :
- J'aimerais mieux aller hériter à la poste que d'aller à la postérité.
- Si j'avais une statue à élever à Mac Adam (l'inventeur de l'asphaltage des routes) je ne le représenterais pas assis : je le ferais « de boue ».

Calembour 1900

A partir du second Empire, le calembour s'installa en maître dans le théâtre, dans les journaux, sur les boulevards.
Jean-Claude Carrière, dans *Humour 1900* (éditions 1900), réhabilite ce genre injustement décrié :
« Le calembour fait partie intégrante non seulement de l'esprit, mais encore de l'humour français. Il serait absurde de le mépriser, plus encore de l'ignorer, même si les autres nations le pratiquent moins fréquemment et donc, plus maladroitement que nous. Le calembour est un exercice salutaire, car la liberté de la langue précède souvent la liberté de l'esprit. En coupant, en torturant, en assemblant des mots que rien n'appelait à s'unir, on découvre un rire nouveau. »
1900 marque l'apogée du calembour; on en trouve partout, même dans le fond des assiettes. Il existe un calendrier où chaque nom de mois est un calembour :

Janvier... ton sort!
Février... tes chaussures!
Mars... pas sur mes pieds!
Avril... moi sous ton parapluie!
Mai... ta main dans la mienne!
Juin... la force au courage!
Juillet... dit que je l'aime!
Août... toi de là que je m'y mette!
Septembre... comme peau de lapin!
Octobre... ioche est bonne!
Novembre... pas la peau de l'ours!
Décembre... garnies à louer!

En 1902, la sérieuse librairie Chaix édite un ouvrage éducatif permettant d'apprendre les départements, préfectures et sous-préfectures, par le calembour. Voici l'exemple du département de la Mayenne, chef-lieu Laval, sous-préfectures Mayenne et Château-Gontier.

Ma hyène apprivoisée attrape une perdrix
Et, sans vergogne, elle *l'avale*
Si ma *chatte Ô Gontier* attrape une souris
C'est *ma hyène* qui s'en régale!

Le calembour a ses champions : ils se nomment Cami, Willy (le premier mari de Colette) et Alphonse Allais, bien sûr.
Effectuons un rapide survol du panorama calembouresque du début du siècle :
☘ Cami, auteur de pièces délirantes, comme l'irrésistible *Jonas ou l'Amour en baleine* dans laquelle l'amant-Jonas récite à sa bien-aimée :

Jonas ne resta que trois jours
Dans le ventre de la baleine;
Mais moi je resterais sans peine,
Si vous étiez là, mon amour,
Dans le ventre de la baleine
Sans jamais dire : c'est assez!

☘ Voici comment Willy, critique musical à ses heures, rendait compte de l'échec de l'exécution de la *Marche slave* de Tchaïkovski : « Je *cronstadt* que cette *moujik* a ramassé une *verste* : Il n'y a *caviar* le public! »
☘ Jules Renard, dans ses *Histoires naturelles* :
« Le ver à soie file un mauvais cocon. »
☘ D'Alphonse Allais :

Le châtiment de la cuisson appliqué aux imposteurs :

Chaque fois que les gens découvrent son mensonge
Le châtiment lui vient, par la colère accru
" Je suis cuit, je suis cuit ", gémit-il comme en songe.
Le menteur n'est jamais cru!

☘ Gavarni : « Pourquoi mépriser les prostituées, ce sont des femmes qui gagnent à être connues. »

A cette époque-là, l'almanach Vermot était une institution. On ne pouvait pas dire que les calembours qui y fleurissaient à chaque page étaient des chefs-d'œuvre du genre... mais il y avait la quantité! Et parfois, sur le nombre, on en rencontrait un passable. Par exemple, à la date du Mardi Gras :

Madame et Monsieur sont en train d'essayer leur déguisement pour le bal costumé :
Monsieur : - Je suis en Henri IV.
Madame : - Moi, en Gabrielle d'Estrées.
La bonne, en entrant : - Ça tombe bien, y a le chien qui est en train de faire su' l' lit!
Aujourd'hui, le calembour fait partie de notre vie quotidienne.
- La publicité l'utilise à haute dose : Shell que j'aime. Chat alors! (le savon Le Chat).
- Les enseignes de magasins ou de restaurants : Le Galant Verre, Le Persil Fleur, le coiffeur à l'enseigne de « Diminu'Tifs ».

Le Canard enchaîné maintient joyeusement la tradition depuis trois quarts de siècle. Mais, aujourd'hui il n'est plus le seul et tous les magazines et les quotidiens, à la suite de *Libération*, qui a donné le ton, s'épuisent à imaginer des titres en forme de jeux de mots. L'une des plus célèbres manchettes du journal, au moment où les prolongements de l'affaire du Watergate allaient contraindre le président des États-Unis à la démission : « Pour Nixon le glas! »
Dans *L'Équipe*, le journal des sportifs, personne n'a oublié les titres qu'Antoine Blondin donnait à ses articles du temps qu'il suivait le Tour de France : « Le col tue lentement. » « La patrie est en Angers. » « Un mur à Thuir. » « Le régional de l'épate. » « Il n'est Peyresourde que celui qui ne veut pas entendre... »
L'exemple de Blondin a été contagieux. Voici les deux titres par lesquels *L'Équipe* a annoncé en avril 1988 les résultats du grand prix de Formule 1 de Rio où Alain Prost sur Mac Laren affrontait son coéquipier Ayrton Senna :
1er titre avant la course : Senna... Rio?
2e titre après la course : Prost... le roi, Mac... Laren.
Mais si cette joyeuse floraison de calembours apporte à notre presse un ton plus décontracté, il convient de revenir de temps en temps aux grands classiques du genre.

Breffort et le Canard

Alexandre Breffort fut le maître à penser de toute une génération qui n'a pas oublié les chefs-d'œuvre que sont :

- « Né de paire inconnue » ou, pour les bébés-éprouvette : « Nés de père en cornue ». Quant à l'éprouvette elle-même c'est « le cornet à fistons » ou « la verge-fiole ».
- « L'amour avec un grand tas. »
- « Un homme se penche sur son basset. »
- « Ôte-toi de là que je m'humecte. »

- « On a l'âge de ses haltères. »
- « Police se gourre. »
- « Qu'est-ce que Sapho pourvu qu'on rigole! »
- « Le sucrage universel. »
- « Ton corps est tatoué. »
- « Ne forçons point notre talon... »

Parmi les disciples fervents de Breffort, Jean-Paul Grousset continue aujourd'hui la tradition. C'est à lui que l'on doit souvent la fameuse manchette du *Canard*. Il avait publié en 1963 chez Julliard un recueil de 3 000 calembours, finement intitulé : « Si t'es gai, ris donc! » On y relève, pris au hasard, ces formules désormais impérissables, à utiliser en fonction des circonstances :

- En cas de maladie : « Splendeurs et misères des cortisones... »
- En boîte : « C'est beau mais c'est twist... »
- En se déshabillant : « Les choses étant ce caleçon... »
- En Angleterre : « Être reçu England pompe... », « Je suis en congé de ma lady... »
- Dans la forêt : « Un seul hêtre vous manque et tout est des peupliers... »
- Au Club Med' : « Chassez le naturiste, il revient au bungalow... »
- En Amérique centrale : « Ah! Tais-toi, tu Mexique... »
- Pour le tournoi des Cinq Nations : « Le rugbyman est talonneur... »
- A la boxe : « Mais vous pleurez mi-lourd? »
- A la pêche : « Mes illusions sont des truites... » ou : « Ne lâchons pas lamproie pour l'omble. »
- En mer : « La loi de l'offre et de la limande » ou « Les gaîtés de l'esturgeon. »
- Au Sahara : « Ciel mon méhari! »
- En cas de naufrage : « Chaloupe à tous les coups! »
- En Irlande : « Un peu d'Eire, ça fait toujours Dublin! »

Il serait dommage de ne pas citer dans ce chapitre le jugement aussi sévère que bref d'Henri Jeanson qui venait de voir le film d'Henri-Georges Clouzot, *Les Espions* : « Clouzot a fait Kafka dans sa culotte. » Voilà ce qui s'appelle torcher une critique!

Pour clore cette rubrique de façon sérieuse - et avant de jeter l'encre - il serait nécessaire de tenter une explication sur l'origine de ce nom bizarre de Calembour. Nous craignons bien que les lecteurs épris de certitudes ne soient déçus : autant de dictionnaires, autant d'hypothèses. Ce sera donc à chacun de choisir celle qu'il préfère :

~ L'Académie française et quelques lexicographes du siècle dernier écrivaient Calembourg, sans que rien n'autorisât le moindre rapprochement entre ce jeu de mots et le nom d'un village quelconque.

~ Larousse : de « calembredaine » ou de « calem » (bredaine) et de « bourde ».

~ Quillet : vocable composé de la particule péjorative « calem » et du suffixe « bourd » pour bourde.

~ Littré : Le mot serait dérivé du nom de l'abbé de Calemberg, personnage cocasse, amateur de facéties, qu'on rencontre dans les vieux contes allemands.

Après tout... qu'importe le nom pourvu qu'il nous reste l'ivresse de faire de bons calembours.

Demandez nos exquis mots - comme aurait dit Breffort.

Canard enchaîné

Au cœur de la symbolique basse-cour française, le coq gaulois est censé incarner nos ancestrales vertus de courage et de mâle résolution : crête phrygienne, panache tricolore, bec fier et ongles conquérants - Cogito... ergots sum ! -, il régna longtemps sans partage sur le peuple caquetant de la volaille.

A cette domination absolue, la naissance d'un canard de très bonne lignée est venue opposer, il y a trois quarts de siècle de cela, un contrepoids de taille, celui de la satire.

Aujourd'hui encore, on se demande comment le coq avait pu représenter aussi longtemps et à lui seul les qualités qu'on veut bien reconnaître aux Français lorsqu'on sait cet animal dépourvu de toute forme d'intelligence et d'humour. Il était donc urgent et nécessaire que fût engendré le canard, né malin et irrespectueux, qui ferait entendre, en contrepoint aux cocoricos officiels, le bémol dissonant de ses coin-coin déchaînés. Chacun aura reconnu dans le rôle du héros de cette fable *Le Canard enchaîné*, un hebdomadaire qui ne pouvait voir le jour qu'en France et que le monde entier nous envie.

Le 10 septembre 1915, alors que l'ensemble de la presse française vivait sous la menace de la censure et participait au bourrage de crâne national, parut le premier numéro d'un journal minuscule qui s'annonçait timidement comme : « Journal humoristique paraissant provisoirement les 10, 20 et 30 de chaque mois », mais qui n'hésitait pas à lancer déjà ce défi à la censure : « Tu auras mes plumes, tu n'auras pas ma peau ! »
On n'allait pas tarder à s'en apercevoir !
Cette première existence du *Canard enchaîné* ne dura que le temps de six numéros : le 4 novembre 1915, *Le Canard*, né provisoire, disparaissait... provisoirement afin de mieux renaître de ses cendres quelques mois plus tard. Un nouveau « numéro 1 » du *Canard*, paru le 5 juillet 1916, annonçait cette fois avec assurance « *Journal humoristique paraissant tous les mercredis* », et il fallut des circonstances exceptionnelles pour que cet engagement cessât d'être tenu.
En 1940, lorsque l'armée teutonne envahit Paris, *Le Canard* se saborda pour ne reparaître qu'après la Libération.
Entre le numéro 1249 du mercredi 5 juin 1940 et le numéro 1250, daté du 6 septembre 1944, 1554 jours s'étaient écoulés : jamais semaine n'avait paru aussi longue aux Français !
Dans *L'Armée des ombres*, film que Jean-Pierre Melville consacra à la Résistance, le personnage qu'interprète Paul Meurisse dit à Lino Ventura : « Pour les Français, la guerre sera finie lorsqu'ils pourront relire *Le Canard enchaîné* et voir ce film merveilleux » (il s'agissait d'*Autant en emporte le vent*).

Maurice Maréchal, le père fondateur du *Canard enchaîné*, avait été journaliste au *Matin* où il tenait la rubrique météo. Se doutait-il qu'un jour, son *Canard* ferait la pluie et le beau temps en France ? Dès le début, il donna au Journal un esprit libertaire, anar et polémique. Escaro, un des plus anciens dessinateurs du *Canard*, raconte : « C'était un instrument de lutte contre l'abrutissement de la propagande, contre l'espèce d'énorme entreprise de décervelage qu'accompagnait l'envoi au casse-pipe de l'époque. »
Le titre même de *Canard enchaîné* était déjà un pied de nez à Georges Clemenceau. Avant de devenir président du Conseil, Clemenceau avait fondé un journal qu'il avait baptisé *L'Homme libre*. Dès le début des hostilités, il dénonça dans ses colonnes l'incompétence du gouvernement et de l'état-major dans leur façon de conduire la guerre. Bien entendu, en 1914 et en 1916, la plupart de ses articles étaient censurés. Alors Clemenceau se fâcha et, en mesure de protestation, il rebaptisa son journal *L'Homme enchaîné*.
Lorsque ce même Clemenceau, en 1917, reçut de Poincaré les pleins

pouvoirs dans la conduite de la guerre, certains naïfs s'imaginèrent qu'il allait abolir cette censure qu'il avait si vigoureusement combattue. « Vous me prenez pour un con? » leur répliqua-t-il, avant de censurer de plus belle. *L'Homme enchaîné* était redevenu *L'Homme libre* et n'avait désormais d'autre rôle que d'appuyer la politique de son directeur, Georges Clemenceau.

Le Canard enchaîné fit alors une déclaration solennelle : il s'engageait à ne devenir *Le Canard libre* que le jour où son directeur serait nommé président du Conseil. On attend toujours!

Où l'on renvoie la censure...

A plusieurs moments de son existence, *Le Canard* eut à lutter contre la censure, son ennemie de toujours.

Dès sa naissance, au cœur de la guerre, il lui fallut, pour survivre, ruser avec celle qu'il avait baptisée Anastasie et qui, chaque semaine, avec ses longs ciseaux, l'amputait d'une partie de ses articles. Heureusement, dans sa lutte, *Le Canard* pouvait compter sur quelques amis.

Une anecdote est célèbre :

Le Canard avait écrit : « Nous avons déjà des jours sans viande, sans cinéma, sans music-hall. Pourquoi pas un jour sans guerre? » Cette phrase au parfum antimilitariste fut censurée. Dès le lendemain, Georges de La Fouchardière reprit dans *L'Œuvre* la phrase censurée en l'attribuant au journal allemand *Simplicissimus* et en l'assortissant de ce commentaire : « Faut-il que la censure boche soit bête! Elle ne sait pas que les articles censurés sont ceux qui ont la plus grande force de diffusion, que ce que le lecteur lit d'abord dans son journal c'est l'article en blanc! » La censure n'y vit que du feu et laissa passer l'article. Il ne restait plus au *Canard* qu'à reprendre dès la semaine suivante le papier de *L'Œuvre* et à raconter comment un *Canard* malin avait réussi à berner un censeur « bête comme une oie! »

Anastasie ne mourut pas en 1918 : l'intolérance peut ainsi entrer en léthargie le temps qu'il faut, en attendant son heure.

En 1939-40, elle reprit du service et, lorsque *Le Canard* reparut en 1945 il la retrouva, toujours fidèle au poste.

Entre-temps, elle était devenue plus vicieuse : Gaston Palewski, directeur du cabinet de De Gaulle, avait inventé un astucieux procédé pour qu'on ne s'aperçût pas de son passage : il obligeait tous les journaux dont un article avait été caviardé à combler le blanc laissé par les coups de ciseaux! En l'honneur de Palewski, *Le Canard* décida que la censure aurait *aussi* un nom à consonance polonaise : c'est ainsi qu'Anastasie devint *Anastasie Lodoïska.* Ce nom avait été pêché dans une chanson intellectuelle du début du siècle :

Ma cousine Lodoïska,
Celle qui fait la fière,
Moi, j'lui pète sur l'estomac,
V'là mon caractère!

La guerre d'Algérie vit revenir la censure. En mars 1958, le gouvernement ayant fait saisir *L'Express* pour un article de Sartre sur la torture en Algérie, *Le Canard* reproduisit en réduction les deux pages censurées dont les caractères minuscules étaient parfaitement lisibles à la loupe malgré les coups de crayon qui faisaient semblant de barrer l'article litigieux. Le ministère de l'Intérieur n'osa pas saisir *Le Canard*. Ce qui prouve qu'à toute « question » existe une réponse.

Le Canard, plume à plume

Au cours d'une existence déjà longue, *Le Canard* a accueilli dans ses pages bien des signatures célèbres : Georges de La Fouchardière (« Le Bouif »), Tristan Bernard, Jean Galtier-Boissière, Jean Cocteau, Raymond Radiguet (sous le pseudonyme de Rajki), Roland Dorgelès, Pierre Bénard, R. Treno, Henri Jeanson, Alexandre Breffort, accompagné de ses inséparables Grand-père Zig et Rididine, Morvan Lebesque... et bien d'autres, pour ne parler que des grands disparus. Quelques écrivains firent un bout de chemin avec *Le Canard*, mais ils durent, à un moment de leur existence, choisir entre leur carrière et leurs convictions de jeunesse. Pierre Scize, polémiste de talent, ayant accepté la Légion d'honneur qu'il avait pourtant stigmatisée dans un article au vitriol, dut quitter *Le Canard* en 1933. Henri Béraud, pamphlétaire et romancier, avait, lui aussi, abandonné l'équipe du *Canard* lorsque sa présence en son sein ne fut plus compatible avec ses sympathies d'extrême droite et ses obsessions antibritanniques.
La salle de rédaction des premiers *Canards* fut d'abord, faute de moyens, la salle à manger de l'appartement de Maurice Maréchal, 128, Faubourg-du-Temple. Par la suite, les journalistes du *Canard* élirent domicile dans un café proche du siège social. C'est ainsi qu'un certain nombre de bistrots passèrent à la postérité : « Le Café du Cadran », qui fut le héros d'un film; « Le Vieux Saumur », rue des Petits-Pères où les journalistes du *Canard* gagnèrent leur surnom de « Petits Pères », puis « Le Bougainville » et aujourd'hui le bar du « Normandy ».
Dans l'équipe actuelle du *Canard*, il y a du beau linge : Yvan Audouard, l'ami des vedettes d'hier, est la vedette d'aujourd'hui. On trouve Jean Clémentin, Roger Fressoz, Jean-Paul Grousset, Gabriel

Macé, Bernard Thomas, Claude Angeli, Dominique Durand et tant d'autres.
Le petit poète, Roland Bacri, tape toujours le pastiche aussi jovialement que son jumeau Roro de Bab-el-Oued tapait l'anisette.
André Rollin est l'homme le mieux renseigné sur les coulisses de l'édition française. Cependant que Joël Martin a épousé, en troisièmes et légitimes noces, la comtesse de La Falaise.
Côté dessin, Lap et Moisan ont laissé à Escaro la charge de représenter seul l'ancienne équipe. Mais Cabu est arrivé, avec Cardon, Kerleroux, Wiaz... Messieurs... *Le Canard* continue!

Parlez-vous le Canard?

Le Canard a toujours eu un style bien à lui. Il y a des « expressions-*Canard* », un « vocabulaire-*Canard* », un « esprit-*Canard* » : « de quoi se marrer », « comme son nom l'indique », « à se tapoter le menton », « pan sur le bec », « comme de juste », « à se taper le derrière par terre »... font partie du folklore *Canard*.
Ici, on « culpède », on accorde des « noix d'honneur », on franchit « le mur du çon » et on contribue à l'enrichissement de la langue française.
Bla-bla-bla. Pierre Bénard, directeur du *Canard*, avait emprunté au vocabulaire de son ami le journaliste Paul Gordeaux, grand raconteur d'histoires, cette onomatopée qu'il avait inventée pour se moquer d'un discours creux et interminable. Peu à peu, Bénard utilisa « bla-bla-bla » dans ses articles et l'expression s'imposa rapidement aux lecteurs du *Canard*, c'est-à-dire au public français. Après avoir reçu la légitimité que confèrent les pages du petit Larousse, « bla-bla » entama même une carrière internationale grâce aux journalistes anglo-saxons. La consécration planétaire lui fut donnée à la tribune de l'O.N.U., par le pandit Nehru, qui déclara : « Tout ça, c'est du bla-bla-bla, comme dit *Le Canard enchaîné!* »
Un comble : le dictionnaire étymologique de Larousse mentionne comme origine du mot : « 1929. Claudel! »
Le lampiste. A l'origine de tout scandale, il faut trouver un coupable. A défaut, on doit désigner un bouc émissaire. Pierre Bénard l'avait découvert et n'avait pas hésité à dénoncer ses agissements : tout ce qui ne va pas en France est de la faute d'un seul homme, *le lampiste*.
Minute, papillon! Dans le quartier de l'Opéra, au coin de la rue Daunou et de la rue Louis-le-Grand, se trouvait le Café du Cadran où l'équipe de rédacteurs du *Canard* avait ses habitudes avant la guerre. Le plus populaire des garçons de ce café était un nommé

Papillon qui, lorsqu'on l'appelait, ne manquait jamais de répondre : « Minute, j'arrive ! » sans se précipiter pour autant.
« Minute, Papillon ! », c'est l'équivalent poétique de « Y a pas le feu au bocal ! » ou de « Pas d'affolement, Berthe ! ».
Les étranges lucarnes. Le général de Gaulle fut comme une réincarnation solennelle et omnipotente du Roi-Soleil au milieu de sa cour ; comme Louis XIV, il eut son mémorialiste attitré : chaque semaine pendant neuf ans (1960-1969), André Ribaud reprit la plume abandonnée par Saint-Simon pour écrire la chronique malicieuse du règne de Charles Ier. Une différence de taille entre les deux époques : la télévision.
André Ribaud eut le génie de baptiser du nom poétique et intemporel d'« étranges lucarnes » cette invention dont le roi sut se servir mieux que personne pour parler à ses sujets.

Un appareil d'éclairage

Soixante-quinze ans après être sorti de l'œuf, *Le Canard enchaîné* a su conserver son indépendance, son mordant, son humour tout en s'adaptant à un monde en mutation. Aujourd'hui que toute la presse suit avec plus ou moins de bonheur l'exemple qu'il a donné, la dérision, le calembour, le jeu de mots ne sont plus des exclusivités *Canard*.
Son originalité est ailleurs : comme hier et comme toujours, *Le Canard* est le seul grand journal à refuser la publicité pour ne vivre que grâce à ses lecteurs. Attitude courageuse qui l'oblige, pour les conserver, à prouver chaque semaine son objectivité et son indépendance.
Le journal satirique des débuts est devenu un hebdomadaire d'informations qui enquête sur des scandales, vérifie des révélations, publie des scoops et débusque des lièvres... *Le Canard*, c'est un peu de morale dans la vie publique : affairistes, industriels, politiques, craignent comme la peste ce volatile indiscret dont les coin-coin dérangent. De temps à autre, la divulgation d'une grande affaire fait grimper le tirage du *Canard* bien au-delà de ses 350-400 000 exemplaires :
En 1971, publication de la feuille d'impôts de Chaban-Delmas.
En 1972, ce fut l'affaire Aranda, un haut fonctionnaire du ministère de l'Équipement qui révélait de bien curieuses pratiques immobilières.
En 1973, il y eut l'affaire des micros posés dans les locaux du *Canard* par des « plombiers » aux ordres du ministre de l'Intérieur.
En 1979, commença le feuilleton rocambolesque des diamants offerts à Giscard par Bokassa Ier, empereur déchu de Centrafrique ...

Grâce au *Canard*, et depuis trois quarts de siècle, chaque mercredi en France n'a jamais été tout à fait un jour comme les autres. Le plus étonnant est que cette petite entreprise de soixante-dix salariés, aux méthodes artisanales, sans financement occulte ni appuis politiques ait réussi à se hisser au rang d'institution d'opposition et à s'y maintenir.

Qui pourrait mieux conclure qu'Henri Jeanson? « Voltaire a dit : " Plus les hommes sont éclairés, plus ils sont libres! " Disons donc, nous, qu'un journal comme *Le Canard*, c'est un appareil d'éclairage! »

CANCRES

« Comment se fait-il que, les enfants étant si intelligents, la plupart des hommes soient si bêtes? » s'interrogeait Alexandre Dumas avant de conclure : « Ça doit tenir à l'éducation. »
C'est sans doute pour cette raison que notre langue, qui regorge de mots de trois lettres et plus pour couvrir toutes les infinies nuances de la bêtise humaine, se contente d'un symbole et d'un seul mot pour définir l'ignorance enfantine. Le symbole est celui du *bonnet d'âne*, depuis belle lurette aboli et pourtant transmis de génération en génération, jusqu'à notre époque. Le mot est celui de *cancre*. Étymologiquement, le cancre est un crustacé. Jusqu'à la fin du XIXe siècle, le mot était « un terme de compassion ou de mépris pour désigner un homme sans fortune qui ne pouvait être utile ou nuisible à personne * ». On disait alors « pauvre cancre » comme on dit « pauvre hère ». Relisons La Fontaine :

> Cancres, hères et pauvres diables
> Dont la condition est de mourir de faim.

Le cancre était aussi « un homme d'une profonde avarice qui laisserait mourir un malheureux plutôt que de lui porter secours *. » On en vient à se demander comment un mot aussi péjoratif a pu évoluer au point de qualifier de nos jours le petit personnage sympa-

* Dictionnaire universel de la langue française, *Bescherelle, 1863.*

thique à l'ignorance aussi crasse que les mains, qui somnole pendant « les » cours pour ne se réveiller qu'au moment de sortir dans « la » cour.
Jacques Prévert a consacré au cancre un poème qui commence ainsi :

Il dit non avec la tête
Mais il dit oui avec le cœur
Il dit oui à ce qu'il aime
Il dit non au professeur...

C'est au cours des années 1950 que le mot connut une étonnante fortune grâce à deux journalistes : Jean-Paul Lacroix venait d'abandonner le professorat pour entrer au *Canard enchaîné.* Il y inaugura une rubrique « A travers la paresse déchaînée » consacrée aux bourdes authentiques relevées dans les copies d'élèves. La matière ne risquait pas de faire défaut, tous les instituteurs et professeurs de France tenant à prouver par leurs envois qu'ils avaient l'honneur d'enseigner aux plus beaux ânes de la République. Jean-Paul Lacroix signait joliment cette rubrique : « Le Cancre las. »
Le phénomène du cancre allait atteindre son apogée avec Jean-Charles qui publia successivement *La Foire aux cancres, Hardi les cancres* et *Vingt cancres après.* Le filon est inépuisable. Jean-Charles devenu cancre d'honneur acheta, grâce à ses droits d'auteur, une superbe propriété qu'il baptisa « La Cancrerie » en manière de reconnaissance.
Le cancre est une créature douée d'humour - qu'importe après tout qu'il soit involontaire - et de poésie inconsciente. Comme l'huître, avec qui il partage la propriété de se fermer à volonté au milieu ambiant, le cancre fabrique des coquilles et sécrète des perles.
En voici une récolte prélevée directement sur les bancs de production :

Les cancres à l'école

- Nos ancêtres habitèrent dans des huttes : ils n'avaient pas d'habits, pas de chemise, rien qu'un trou pour laisser passer la fumée.
- Les Rois Mages apportèrent à la Sainte Famille de l'or, de l'encens et du Mir.
- Périclès a inventé l'alcool de menthe.
- Les femmes chantaient et dansaient autour du feu tandis que les membres virils de la tribu battaient la mesure en cadence.
- Les Gaulois buvaient de l'hydrogène dans le crâne de leurs ennemis.

~ Les premiers chrétiens furent atrocement persécutés. Par exemple, Blandine fut menée au taureau.
~ Au Moyen Age, les rues étaient obscures à cause de l'électricité qui n'avait pas encore été inventée.
~ Au Moyen Age, les paysans mettaient directement leur semence dans des trous.
~ En ce temps-là, Paris s'appelait Lucette.
~ Cédant à la pression atmosphérique, Hugues Capet monta sur le trône.
~ Qui a découvert l'Amérique? Kléber Colombes.
~ L'écureuil a une queue en panache, comme Henri IV.
~ Henri IV était simplement vêtu d'une framboise.
~ Il fut surnommé le Vert Galant parce qu'il voulait que chaque Français ait sa poule le dimanche.
~ Sully a dit : « Donnez-moi des mamelles et je repeuplerai la France. »
~ La France a eu trois héroïnes : Jeanne d'Arc, Jeanne Hachette et Édith de Nantes.
~ Les deux grands hommes de la Révolution française sont Robespierre et Jean-Marc Thibault.
~ Robespierre provoqua la mort des royalistes par la guillotine et mourut peu après de la même maladie.
~ Napoléon avait la possibilité de dicter plusieurs lettres à la fois : c'était un dictateur.
~ Il fit bâtir l'Arc de triomphe afin que les combattants de 14-18 puissent défiler dessous.
~ Chateaubriand à Combourg se soulageait à la fenêtre en contemplant la nature.
~ Napoléon III a un beau visage, où la bouche volontaire disparaît dans l'impératrice qu'il porte retroussée.
~ Jules Ferry a rendu les maîtresses gratuites et obligatoires.
~ La France, décapitée, releva la tête...

L'Histoire de France, telle qu'elle vient de nous être racontée par les cancres, possède des vertus comiques qu'on ne lui avait pas soupçonnées lorsque le professeur dictait son cours.

☘ Vous que les sciences rebutent avez-vous essayé de vous les faire expliquer par l'affreux Jojo de service?

~ Un angle de 170 degrés est un angle obscène.
~ La pesanteur, c'est que, s'il y en avait pas, on s'envolerait.
~ Watt est l'inventeur du coton hydrophile.
~ Le kangourou et la sarigue ont des poches sur le ventre dans lesquelles ils se réfugient en cas de danger.

- La grenouille est un poisson qui a perdu sa queue en devenant adultère.
- Les têtards perdent leur queue en atteignant leur majorité.
- L'adolescence est l'état qui sépare la puberté de l'adultère.
- L'alcoolique a des enfants qui naissent illettrés.
- A force de rester sous la terre, la pomme de terre devient tuberculeuse.
- Citez des négligences professionnelles :
  Une nourrice qui donne le sein sans l'avoir fait bouillir. Une garde-barrière qui oublie de la fermer.
- Avant de traire, la fermière se lave les mains, le pis et le seau.
- Dans l'insémination artificielle, on remplace le taureau par un vétérinaire.
- Une grue permet d'obtenir des résultats appréciables qu'on n'obtiendrait pas avec la main.
- Que devez-vous faire à votre réveil?
  Le remonter tous les soirs.

Et puis, nous apprenons pêle-mêle :

- Que le vrai chef est celui qui s'oublie devant ceux qu'il doit diriger.
- Que des devoirs conjugaux, c'est les verbes qu'on nous donne à corriger.
- Que la commune est le territoire arrosé par le maire et son conseil municipal.
- Que les deux ordres religieux les plus sévères sont les bénédictins et les trapézistes.
- Que, dans *Le Cid*, l'Infante ne faisant pas avancer l'action, de nombreux acteurs n'hésitent pas à la sauter.

Mais c'est, bien sûr, dans l'écriture de rédactions libres qu'emporté par son lyrisme le cancre se laisse aller, avec la naïveté de son âge, à employer des mots dont il maîtrise mal la signification. Nous qui avons l'esprit mal tourné, nous avons tort d'en rire... Aux purs, tout est pur!

- Le train partit sur un coup de corne du chef de gare.
- Quand je ne sais trop que faire de mes dix doigts, je vais au cinéma.
- Quand maman est malade, c'est papa qui fait tout le travail à la maison et sert de femme à tout le monde.

Et voici le chef-d'œuvre absolu qu'aurait pu signer un très grand auteur (il faut savoir pour pouvoir le goûter pleinement que le mot

« pierreuse » avait jadis, dans le langage populaire, la signification de « prostituée ») :

~ Autrefois, j'étais pierreuse, dit la petite route. Aujourd'hui, je suis entretenue.

CANULAR

Inventé à la fin du XIXe siècle, le mot *canular*, forgé d'après *canule* - l'embout du clystère, c'est-à-dire la partie la plus « curieuse » du lavement - ne pouvait pas avoir pour but de désigner une réalité sérieuse. Disons-le net, le canular est une farce, une de ces mystifications qui, par définition, se prépare et s'organise dans le... dos de celui qui en sera la victime. A l'origine, on désignait de ce nom les épreuves initiatiques que devaient subir les étudiants entrant à l'École normale supérieure. Mais, plutôt qu'à ces « bizutages » de tradition dans les grandes écoles, on réserve aujourd'hui le mot de canular aux blagues énormes commises aux dépens de gens importants et qui parviennent à déclencher le rire iconoclaste d'un vaste public.

Ne sont donc pas répertoriées comme canulars les rituelles plaisanteries réservées aux « bleus » trop crédules qui s'efforcent toute une journée de trouver « la clé du champ de tir » ou « la masse à enfoncer le piquet d'incendie ».

Le canular réussi exige un sens de la mystification et un montage rigoureux qui ne sont pas à la portée du premier rigolo venu. Un des spécialistes incontestés du genre se nommait Roland Dorgelès. Avant que les souffrances des Poilus de la Grande Guerre ne lui fournissent le sujet des *Croix de bois,* le roman qui fera sa gloire, Dorgelès était un journaliste venu d'Amiens à Paris pour d'improbables études aux Beaux-Arts et qui avait trouvé sur la Butte une province selon son cœur. Montmartrois comme d'autres sont normands ou bretons, il était le pilier de la jeunesse artiste de la Belle Époque. Il faisait profiter de son génie de la mystification les lecteurs du *Journal,* de *Messidor,* de *Paris-Journal,* de *L'Excelsior*... Heureusement, pour notre plaisir il a aussi conté ses folies de jeunesse dans quelques livres de souvenirs (*Bouquets de bohème,* 1947, ou *Quand j'étais montmartrois,* 1936).

La barbe au musée...

Afin de mieux assurer la protection de ses chefs-d'œuvre, la direction du Louvre avait décidé un beau jour de les mettre sous vitre. L'intention était louable, mais la réalisation désastreuse : la vitre faisait ce que n'avait pas fait le conservateur du musée... elle réfléchissait ! Et les visiteurs, au lieu du tableau espéré, contemplaient leur propre image.
Mieux que ne l'aurait fait un article tonitruant, Dorgelès attira l'attention de l'opinion en démontrant l'absurdité des mesures de protection.
Un matin, il se rendit au Louvre accompagné d'un photographe. Ayant revêtu une veste de pyjama, il entreprit de se raser devant l'autoportrait de Rembrandt que la vitre transformait en miroir. Le gardien furieux accourt, il hurle. Les badauds s'attroupent. Dorgelès très calme explique alors :
« Si la direction des Beaux-Arts a fait poser des glaces, c'est pour que le public s'en serve. Dans mon cabinet de toilette, je n'y vois goutte et je me coupe constamment. J'ai donc décidé de venir me faire la barbe ici tous les matins. »
Le gardien se met en demeure d'arrêter ce fou. Il réalise trop tard son erreur en voyant l'éclair de magnésium du photographe. Le reportage, le lendemain, connut un triomphe.

Montmartre entre au Louvre...

Le musée du Louvre inspirait décidément Dorgelès qui s'était mis en tête d'y faire exposer l'œuvre d'un de ses amis, un bohème montmartrois. Entrant un jour chez le sculpteur Buzon, il trouva ce qu'il cherchait : dans un coin de l'atelier, mise au rebut, gisait une jolie tête sculptée dont le nez, hélas ! avait été emporté par un coup de ciseau malheureux.
Le jour même, Dorgelès se rend au Louvre en mission de reconnaissance. Il choisit pour terrain de ses exploits la « salle de Magnésie du Méandre » où étaient exposés les débris du temps d'Éphèse. Le soir, il fabrique une étiquette de carton semblable à celles clouées devant chaque antique. Il écrit : « N° 402. TÊTE DE DIVINITÉ (FOUILLES DE DÉLOS). »
Le lendemain, il revient accompagné de sa petite amie Mado qui a dissimulé la tête sans nez dans son manchon de renard. Aussitôt que le gardien a le dos tourné, il dépose « sa » tête sur une étagère et fixe l'étiquette avec deux punaises.
Pendant plus d'un mois, l'œuvre de Buzon sera exposée à l'admira-

tion des visiteurs sans qu'aucun d'entre eux, pas plus que les guides, ni le conservateur d'ailleurs, n'évente la supercherie.

Dorgelès reviendra, accompagné de photographes, d'amis montmartrois et de journalistes à qui il avait promis d'importantes révélations. A peine arrivé, il se met à hurler :

« C'est une infamie! On se moque du public! Voici une tête moderne. On nous déshonore aux yeux de l'étranger. Même l'inscription est fausse! »

Lorsqu'il veut récupérer la « tête de divinité », le gardien-chef s'y oppose et part à la rescousse chercher le conservateur. Le Louvre ne rendra aucune de ses pierres, vraies ou fausses! Malgré plusieurs lettres au directeur des Musées nationaux, la sculpture ne sera jamais restituée. L'œuvre de Buzon continuera donc de figurer parmi les antiquités grecques, et son auteur sera fêté à Montmartre comme le seul sculpteur vivant à être exposé au Louvre.

Quarante ans plus tard, faisant visiter notre musée à un ami, Dorgelès aura la surprise de retrouver « sa » tête. Seule l'étiquette avait changé. La « divinité sans nez » de Buzon était devenue une véritable antiquité!

Pour l'amour du roi

Les petites annonces matrimoniales faisaient la joie de Roland Dorgelès qui décida un jour de s'amuser au détriment des amoureux transis qui les rédigeaient. Il releva le nom d'une centaine d'entre eux pour leur adresser la lettre suivante :

« J'ai vingt ans. Je suis jolie fille. Vous correspondez, je crois, à mon idéal. Je vous attendrai jeudi à 16 heures devant la Chambre des députés. Portez une fleur de lis à la boutonnière. »

Le jeudi, à l'heure dite, quelques dizaines de messieurs bien mis, une fleur de lis au revers, faisaient les cent pas devant le Palais-Bourbon. Dorgelès, quelques minutes plus tôt, avait téléphoné à la police :

« Je crois devoir vous avertir qu'une manifestation royaliste est en train de se former devant la Chambre des députés. Faites vite! »

Pauvres soupirants! Eux qui escomptaient d'autres transports, jusqu'au septième ciel y compris, ils furent transportés en panier à salade jusqu'au commissariat... du VIIe!

Un âne au salon...

En ces années d'avant-guerre, la peinture était en pleine révolution : cubistes, futuristes, surréalistes... Chaque jour une nouvelle école se créait, plus folle que la précédente. De peur de passer pour rétrograde, un public snob et ignorant se croyait obligé d'admirer tout en bloc. Pour quelques talents authentiques, que de prétentieux barbouilleurs qui se hâtaient d'exploiter la crédulité ambiante et multipliaient les déclarations absconses, les manifestes abracadabrants et les slogans incendiaires! Écœuré par tant d'horreurs et d'imbécillités, Dorgelès décida de frapper un grand coup. Le canular qu'il imagina est tellement énorme qu'on en trouve encore des traces dans les ouvrages consacrés à la peinture de cette époque.

« Aujourd'hui, disait-il, rien n'est plus facile que de se faire admirer... Il suffit de marcher la tête en bas. N'importe qui peut devenir un peintre célèbre du jour au lendemain; même un animal pourrait peindre! »

Un animal? L'idée jaillit. L'animal est tout trouvé : Ce sera Lolo, l'âne du père Frédé, le patron du Lapin Agile.

Le peintre s'appellera Boronali, l'anagramme d'Aliboron. On le prénommera Joachim Raphaël et il sera le chef de l'école « excessiviste ». Dorgelès en rédigea sur-le-champ le manifeste que publièrent les journaux :

« Holà! grands peintres excessifs, mes frères.

Holà! pinceaux rénovateurs. Brisons la palette archaïque et posons les principes de la peinture de demain [...]. L'excès en art est une force. Le soleil n'est jamais trop ardent, le ciel trop vert, la mer trop rouge. Place au génie de l'éblouissement! Dévastons les musées, piétinons les routines, faisons un feu de joie avec les chefs-d'œuvre... »

Un huissier fut convoqué au Lapin Agile afin d'apporter son témoignage sur la confection du tableau.

L'âne Lolo était installé devant une table débordant de choux, de poireaux et de salades. On lui avait ficelé au bout de la queue un pinceau enduit de peinture. Une toile vierge, glissée sous son arrière-train, était posée sur un tabouret. De temps à autre, on déplaçait le chevalet pour suivre les mouvements de la queue. On changeait de pinceau et de couleur. Lorsque l'âne faiblissait, une carotte ranimait les oscillations de sa queue.

L'huissier, maître Brionne, notait scrupuleusement les progrès du chef-d'œuvre. Un photographe immortalisait la scène.

Lorsqu'il fallut trouver un titre au tableau, certains suggérèrent : *Arc-en-ciel, Bataille de fleurs, Tremblement de terre.* Puisque le peintre était censé être italien et futuriste, Dorgelès décida que la toile s'intitulerait : *Et le soleil s'endormit sur l'Adriatique.* Pas moins!

Boronali fut inscrit au Salon des Indépendants qui ouvrait ses portes. *Le Coucher de soleil* connut un certain succès auprès du public. Quelques critiques parlèrent de la toile pour reconnaître au peintre « un tempérament encore confus de coloriste ». On loua sa « précoce maîtrise ». Il pèche par « excès de personnalité », écrivit un autre.

Quelques jours plus tard, Dorgelès portera au rédacteur en chef du *Matin* le dossier complet de l'affaire : photos, procès-verbal et documents. La nouvelle éclate comme une bombe, sous le titre : « Un âne chef d'école. » La foule se rue au Salon des Indépendants et s'extasie. *Le Coucher de soleil* est vendu 400 francs qui sont remis à l'orphelinat des Arts.

Le Bénézit, le très sérieux « dictionnaire des Peintres », consacre une rubrique à « Boronali J.R., peintre né à Gênes au XIXe siècle (école italienne », page 682.

Cette mystification trouvera même, un quart de siècle plus tard, un prolongement historique : en 1935, dans une soirée à Berlin, notre ambassadeur, André-François Poncet, racontera à Hitler la farce énorme de Dorgelès. Et le Führer de se frapper sur les cuisses en hurlant de rire : *Ein Esel! Wie Komisch!* (« Un âne! que c'est drôle! ») On était entre peintres, n'est-ce pas?

Le tableau avait été acheté par M. Maillos de Menton. A sa mort, son ami H. Bedu en hérita. Le tableau sera exposé au Salon d'Hiver de 1953 et au Salon des Indépendants en mars 1983.

La liste des canulars de Roland Dorgelès pourrait encore s'allonger, mais, avec l'invention du peintre Boronali, il avait réalisé son chef-d'œuvre. D'autres allaient s'efforcer, non sans succès, d'aller plus loin encore dans l'art de mystifier leurs contemporains.

Hégésippe Simon. « Le centenaire du Précurseur »

Paul Birault, journaliste à *L'Éclair*, un quotidien de droite, n'avait pas en grande estime les parlementaires que son métier l'obligeait à fréquenter. Il se demandait comment parvenir à ridiculiser ces personnages pour la plupart « ignorants, stupides, prétentieux et avides de publicité ».

Soudain, il eut « l' » Idée : inventer de toutes pièces une noble figure républicaine qu'il baptiserait Hégésippe Simon, un nom d'agréable consonance qui avait le mérite d'établir une certaine confusion avec Hégésippe Moreau, le délicat poète qui chanta la Voulzie. Il donna à ce personnage le titre vague de « *Précurseur* » et lui attribua cette fière devise : « Les ténèbres s'évanouissent quand le soleil se lève. »

Il imagina ensuite un comité chargé de préparer les fêtes devant célébrer le centenaire du grand homme. Voici la lettre qu'il adressa, au nom du comité, à une centaine de députés du parti radical :

Paris, le 20 août 1913

Monsieur le Député,

Grâce à la libéralité d'un généreux donateur, les disciples d'Hégésippe Simon ont enfin pu réunir les fonds néces-

> saires à l'érection d'un monument qui sauvera de l'oubli la mémoire du Précurseur.
> Désireux de célébrer le centenaire de cet éducateur de la démocratie avec tout l'éclat d'une fête civique, nous vous prions de vouloir bien nous autoriser à vous inscrire parmi les membres d'honneur du Comité.
> Au cas où vous auriez l'intention de prendre la parole au cours de la cérémonie d'inauguration, nous vous ferons tenir tous les documents vous permettant de préparer votre allocution.
> Veuillez agréer...

Plusieurs députés acceptèrent l'invitation de grand cœur et l'un d'eux se vanta même d'avoir personnellement connu ce « grand Français paré de toutes les vertus républicaines ».
Après quoi, Paul Birault récidiva en adressant sa lettre à une centaine de sénateurs. Les réponses affluèrent, surtout en provenance du département de la Nièvre. Le journaliste avait fait naître Hégésippe Simon dans un petit village nommé Poil, dans le canton de Luzy. Voici deux des plus belles lettres qu'il reçut en réponse :

> Je vous autorise bien volontiers à m'inscrire parmi les membres du Comité du centenaire d'Hégésippe Simon; mais, à mon plus vif regret, je prévois qu'il me sera sans doute difficile *de me retrouver à Poil* le 31 mars prochain.

Ce petit chef-d'œuvre était signé comte d'Aunay, ancien ambassadeur et sénateur de la Nièvre.
Autre sénateur de la Nièvre, un certain Beaupin, écrivit ce qui suit :

> J'ai bien reçu votre lettre du 29 décembre me demandant l'autorisation de m'inscrire parmi les membres d'honneur du Comité d'Hégésippe Simon qui *doit être inauguré à Poil.* Je suis heureux de vous envoyer mon autorisation.

Paul Birault finit par dévoiler la supercherie dans son journal : toute la presse s'en empara et un immense éclat de rire secoua le pays.
A Poil, on attend toujours... l'érection de la statue d'Hégésippe Simon.

La libération du peuple poldève

Il arrive que l'Histoire se répète, ce qui permet, lorsqu'elle est drôle, de rire deux fois. Quinze ans après Paul Birault, un journaliste de *L'Action française,* Alain Mellet, voulut, comme l'avait fait son aîné,

se payer la tête des parlementaires de l'époque. Il inventa « les Poldèves », un malheureux peuple d'Europe centrale qui gémissait sous le joug d'un oppresseur imaginaire.
La lettre ci-dessous qu'adressa Mellet à des parlementaires choisis avec soin est un modèle du genre : à moins d'être un monstre, qui donc resterait insensible à un aussi émouvant charabia qu'on ne peut s'empêcher de lire à voix haute avec l'accent des Balkans ?

18 mars 1929

> Honoré monsieur le député,
> C'est un cri à votre pitié et à votre justice que nous faisons entendre, en vous suppliant de laisser toute votre attention sur les choses qui suivent.
> En plein xxe siècle de Lumières et de droit, près de cent mille infortunés Poldèves, esclaves modernes, halètent sous le joug de quelques dizaines de grands propriétaires terriens. Femmes, vieillards, enfants [...] mènent une vie misérable de bêtes. Aucun secours pour eux, si leur délivrance ne vient pas de la conscience mondiale que nous venons chercher dans votre cœur [...].
> Donc, Honoré monsieur le député, nous venons vous dire : Aidez-nous ! Nous ne demandons pas le plus petit secours en argent, mais seulement votre éminent moral, par une lettre pour notre dossier que nous voulons présenter, le mois prochain, à la troisième sous-commission de la Commission des droits des minorités de la S.D.N.
> Dans ce commencement du xxe siècle qui a vu éclater grandiosement le triomphe de la paix perpétuelle et de la fraternité à toujours, il faut effacer les dernières taches immondes.
> La France de 1793 qui, avec son glaive flamboyant, a piétiné les tyrans et les rois, peut nous arracher entre les griffes des grands propriétaires affamés de sang poldève !
> Ô merci, Honoré monsieur le député, pour votre réponse qui ira à Genève avec celle des autres collègues du parlement de la grande France de la Révolution !
>
> Pour le Comité de défense poldève
> Lyneczi Stantoff et Lamidaeff.

Ces pseudonymes calembouresques (« l'inexistant...off » et « l'ami d'A.F. », c'est-à-dire d'*Action française*) n'éveillèrent pas le moindre soupçon chez nos crédules parlementaires dont quatre répondirent, témoignant de leur indignation et de leur douleur à la pensée des souffrances du peuple poldève ; Alain Mellet, ravi du résultat, voulut aller plus loin et rédigea une nouvelle lettre le 4 avril :

> Quinze jours déjà nous avions cru permis de frapper à votre conscience pour protestation contre les infamies que souffre la nation poldève. Hélas ! les événements ont marché ! marché ! la révolte s'est faite dans deux districts déjà. Alors, pour représailles la Bourse du travail de *Tcherchella* (« cherchez là », bien sûr !) a été incendiée par des sanguinaires comme les fascistes d'Italie. Un cent de nos pauvres frères esclaves ont vu la mort, transpercés par la soldatesque des grands bourreaux propriétaires. Il y a des filles qui ont vu la violation [...]
> Ah ! nous sommes vraiment abandonnés ! L'évêque poldève n'a rien fait du tout, on dirait qu'il n'existe pas ! Seuls les honorés collègues Planche, Boutet, Chouffet et Cazals ont répondu à notre première lettre : Qu'ils sont bons ! et comme nous leur prouverons bientôt notre reconnaissance ! Mais quatre, c'est trop peu pour enrayer le sang qui coule ! De grâce, aidez-nous ! Sauvez-nous ! [...] Il faut tarir l'écoulement du sang poldève !

D'autres lettres arrivèrent. Certains députés proposaient de saisir la Société des Nations, d'organiser un défilé de la République à la Bastille, etc. Seul, un député soupçonna le canular et écrivit prudemment :

> Je ne connais rien à la question que vous voulez bien me soumettre. Documentez-moi.
> Je ne vous accorderai ma signature qu'en connaissance de cause.
>
> Georges Richard.

C'est dans sa dernière lettre qu'Alain Mellet laissa éclater son génie. Il s'en donna à cœur joie, multipliant les calembours et les extravagances avant de révéler aux lecteurs de *L'Action française* l'énormité de son canular et la bêtise de ceux qui avaient mordu à l'hameçon. Encore une fois, en apprenant la machination, les Français allaient bien rire. Ils ne cessaient de relire cette lettre :

> Sur l'histoire de notre malheureux peuple, il n'y a rien guère sûr avant l'an mille [...]. Un héros national d'origine israélite, *Gellé-Foâ* (« J'ai les foies »), leva l'étendard pour l'indépendance. Avec l'aide de la France généreuse, qui

> envoya le colonel-général *Mellet* (« Mets-les »), tandis que l'Angleterre envoyait l'amiral *C.D. Bynn* (« Se débine »), il gagna la bataille sanglante de *Tanphépa* (« T'en fais pas! »). Malheureusement, il fut tué et, après sa mort, les aristocrates prennent pouvoir, les terres et écrasent les paysans et ouvriers. Ils étaient catholiques de l'hérésie moracique (« de Charles Maurras ») tandis que le peuple évangélisé par les prêtres luthériens *Cimon* et *Jézipe* (« Hégésippe Simon »... voir plus haut!) venus chez nous pour échapper le massacre des Vêpres siciliennes, étaient protestants et israélites. Pour manger, il fallait, les pauvres gens, aller au confessoire et à la messe [...].
> Aujourd'hui, c'est une famille étrangère, les marquis d'*Oddé-Helléon* (« Léon Daudet », directeur de *L'Action française*) qui possèdent un quart du pays! Pendant que leurs vassaux meurent de faim! Assassins! Assassins! etc.

On devait encore entendre parler des Poldèves en 1950 lorsqu'un groupe d'écrivains irrespectueux baptisa de ce nom un prix destiné à récompenser la plus belle supercherie littéraire. Les membres de ce jury (Yvan Audouard, Marcel Aymé, Guy Breton, Kléber Haedens, et les dessinateurs Hervé et Soro) décernèrent leur *prix des Poldèves* à Paul Claudel pour « l'ensemble de son œuvre ».
Puis ce peuple courageux rentra à jamais dans l'ombre... A jamais? Sait-on jamais!

L'inventeur des bateaux-mouche

En 1952, Jean Bruel, un ancien journaliste, eut l'excellente idée de racheter la « Société des bateaux-mouches » mise en liquidation et se trouva propriétaire d'une flottille qui sillonnait la Seine. Pour augmenter la fréquentation de ses bateaux, il fit un peu de publicité et commanda notamment à un peintre en lettres un panneau destiné à signaler l'embarcadère du quai de Solférino. Peu lettré, le peintre écrivit en lettres immenses une énorme faute d'orthographe :

> Société des bateaux-mouche

Ce que voyant, le chroniqueur littéraire d'un journal du soir rédigea un méchant article dans lequel il mettait en doute les connaissances grammaticales du propriétaire : « Si on met un " x " à bateaux, il faut un " s " à mouches. Pour écrire mouche sans " s ", il faudrait que ce fût un nom propre... » Jean Bruel commença par prendre... la mouche avant de s'aviser que le journaliste venait de lui donner une merveilleuse idée : non seulement le peintre en lettres ne serait pas...

licencié mais Mouche allait devenir un nom propre : ce serait lui le créateur des fameux bateaux Mouche. Il fut affublé du prénom de Jean-Sébastien, particulièrement approprié à la situation puisqu'un bateau-mouche peut remplacer... un bac! Bruel dénicha aux Puces un buste anonyme qui fut censé représenter les traits de Jean-Sébastien Mouche. Puis, il inventa une biographie au grand homme : Il avait été l'un des collaborateurs du baron Haussmann. Il avait créé à la préfecture un corps de policiers spécialisés dans les filatures et les enquêtes qui reçurent le nom de « mouchards ». « Chargé de résoudre le problème de la circulation dans Paris lors de l'Exposition de 1889, il eut l'idée géniale d'organiser un service régulier de bateaux sur la Seine, les fameux bateaux-Mouche dont la réputation atteint et dépasse maintenant les limites du monde civilisé. »

Un ancêtre de Jean-Sébastien, Nicolas Mouche, prévôt de Seine sous Louis XIII, se laissa pousser une petite touffe de poils sous le menton qu'on baptisa « mouche » en son honneur. Quant à son arrière-grand-mère, Suzanne Mouche, qui fut une des maîtresses de Louis XV, elle avait été surnommée la « fine mouche ».

Le buste de Jean-Sébastien Mouche fut inauguré le 1er avril au cours d'une cérémonie présidée par Edmond Heuzé, membre de l'Institut, ravi de participer à cette bonne farce.

Les journaux publièrent la biographie de Jean-Sébastien Mouche en l'assortissant de commentaires hilarants prouvant qu'ils appréciaient à sa juste valeur cet excellent canular.

Seul *Combat* - le journal d'Albert Camus - publia la biographie sans commentaires, comme s'il s'agissait d'un très sérieux personnage. Un membre du conseil municipal de Paris s'y laissa prendre et proposa que le nom de Jean-Sébastien Mouche fût attribué à une des rues de la Capitale.

Mieux qu'un canular, ce fut un fameux bateau!

Les Martiens débarquent...

Le 30 octobre 1938, à 20 heures, la chaîne de radio CBS retransmet son habituel concert du dimanche. Tout à coup, un flash d'informations interrompt la musique : un objet volant d'origine inconnue vient de s'abattre sur une ferme du New Jersey. Un journaliste sur place décrit les êtres monstrueux qui sortent de l'habitacle.

C'est aussitôt la panique! Des centaines de milliers d'Américains quittent le New Jersey. Exode, accidents, suicides, accouchements prématurés. L'hystérie collective durera toute la nuit.

Orson Welles est ravi. L'adaptation radiophonique qu'il a réalisée d'après *La Guerre des mondes* de son presque homonyme H.G. Wells vient de mystifier l'Amérique. A vingt-trois ans, le voici devenu

l'homme-miracle que s'arrachent les producteurs d'Hollywood. La R.K.O. l'engage grâce à l'un des plus fabuleux contrats de l'histoire du cinéma.
Neuf mois après cette terrifiante nuit, les maternités des États-Unis refusaient du monde. La courbe des naissances enregistra pendant une semaine un boom inattendu, prouvant ainsi que la peur ne coupe pas... les jambes à tout le monde!
Tout était donc Welles qui finissait bien!

Canular pas mort

Si le canular n'était pas une institution aussi indispensable, le calendrier lui consacrerait-il une journée par an, au même titre que ces valeurs reconnues que sont la Famille (Fête des mères et des pères), le Travail (1er mai) et la Patrie (14 juillet)?
Chaque 1er avril donc, la production de canulars et de farces en tous genres connaît un boom spectaculaire et nous n'en finirions jamais si nous voulions énumérer les canulars réussis qui viennent relever d'un peu de piment la monotonie du quotidien :
Encore un, très court, ce sera - promis! - le dernier :
André Gide disparut le 19 février 1951. Le lendemain de sa mort François Mauriac reçut le télégramme suivant :

L'ENFER N'EXISTE PAS - STOP - TU PEUX TE DISSIPER - STOP - PRÉVIENS PAUL CLAUDEL - STOP - SIGNÉ ANDRÉ GIDE

On en avait ri énormément dans les rues de ce VIe arrondissement où se concentre la vie littéraire et éditoriale. On apprit plus tard que l'une des responsables de cette macabre mystification était Anne-Marie Cazalis, ci-devant poétesse et muse existentielle.

CENSURE

La scène se passe à Rome en l'an de grâce 1633, le mercredi 22 juin : Galileo Galilei, un des plus grands savants de son époque, est introduit devant le tribunal du Saint-Office, revêtu de la chemise blanche des pénitents.
« A genoux! » ordonnent les cardinaux.
Galilée n'a plus le choix : âgé de soixante-neuf ans, il est aujourd'hui

un homme seul, accusé d'hérésie, un crime impardonnable pour lequel il risque la torture. Il y a trente-trois ans à peine, pour avoir soutenu la même thèse que lui, le philosophe Giordano Bruno a été brûlé vif. Alors, le vieil homme parle, reniant par chacune de ses paroles ce qui fut l'œuvre de toute sa vie : « Moi, Galilée, fils de feu Vincenzo Galileo, florentin. Attendu que ce Saint-Office m'avait intimé juridiquement l'ordre d'abandonner la fausse opinion selon laquelle le Soleil est au centre du monde et immobile tandis que la Terre n'est pas au centre du monde et mobile, je viens d'un cœur sincère et d'une foi non feinte abjurer, maudire et détester les susdites erreurs et hérésies. »

Au prix de ce reniement, Galilée sera « seulement » condamné à la prison à vie.

Relâché au bout d'un an, on l'autorise à regagner sa maison près de Florence avec défense de la quitter et d'y recevoir des visiteurs. Galilée a-t-il prononcé en se relevant les mots que la légende lui attribue : « *Eppure si muove !* » (« Et pourtant, elle tourne! »), peu importe. La Terre, indifférente aux injonctions des censeurs, s'obstinait à tourner dans l'espace autour d'un Soleil immobile.

Quel que soit le nom qu'on ait pu lui donner - Saint-Office, Inquisition, Index... -, la censure existe depuis l'aube des temps. Chienne de tous les pouvoirs, elle s'est adaptée à chaque régime, à chaque morale, s'est faite le bourreau de toutes les Églises. Aucun décret, aucune ordonnance, aucune loi n'est jamais parvenue à l'abolir. « Fille de la peur et de l'intolérance, la censure est le péché des pouvoirs faibles » (Robert Serrou).

Une autorité - qu'elle soit temporelle, spirituelle ou morale - ne peut durer que si elle commande à un troupeau docile et résigné, jugé trop puéril pour penser par lui-même et qu'il faut défendre malgré lui, et « pour son bien », contre les tentations extérieures, contre les idées nouvelles, contre tout ce qui peut représenter, aux yeux d'une société immobile, le Mal absolu. Pour les fanatiques et les hypocrites il n'est pas de crime plus impardonnable que l'Intelligence.

Ainsi chaque société défend-elle « sa » vérité par la carotte et le bâton : A ceux qui pensent peu mais bien, le circuit des honneurs et des privilèges. Aux autres, la police, la prison, la torture, ou le bûcher, c'est-à-dire l'arsenal ordinaire du censeur.

☘ L'enseignement de Socrate n'était que verbal. Pourtant, sous l'accusation d'impiété et d'influence corruptrice sur la jeunesse, on le condamna à boire la ciguë (399 av. J.-C.).

A Athènes, l'Aréopage condamna au bûcher les ouvrages du sophiste

Protagoras qui contestait l'influence des dieux et enseignait que l'homme est la mesure de toute chose.
Au XIIe siècle, une bulle du pape interdira aux universités d'enseigner la physique et la métaphysique d'Aristote. Un pape? De quoi se mêlait-il, ce pape?
On s'apercevra bientôt - dès le début du XVIe siècle - de la lutte farouche que livrera l'Église pour s'opposer à la diffusion de la parole de Dieu par le livre imprimé, qui vient d'être inventé.
Les théologiens, jaloux de leur savoir et de leur pouvoir, se refusent à ce que l'enseignement du Christ puisse être traduit en langue « vulgaire » en invoquant le prétexte qu'il est si obscur que seuls les savants peuvent y avoir accès. Le peuple, lui, doit continuer à marmonner comme perroquet des phrases latines auxquelles il ne comprend rien.

Quand les livres brûlent

Un censeur regrettera toujours de ne pouvoir s'introduire dans la tête des gens afin de mieux contrôler leurs pensées. Mais, qu'à cela ne tienne! Il lui suffira d'attendre pour pouvoir traquer la pensée, la détruire en s'attaquant à l'objet dans lequel elle va s'incarner, c'est-à-dire le *livre*, « le livre, celui par lequel le scandale arrive » (Anne Machet).

C'est à celui qui porte encore la honte d'avoir été le pire pape de l'histoire de la chrétienté que revient le douteux honneur d'avoir conçu la censure moderne : *Alexandre VI Borgia* qui, par l'intrigue et la compromission, était parvenu à occuper le trône de Saint-Pierre, ce débauché sans scrupules allait s'instituer le défenseur de la vertu, de la morale et de l'Église.

En 1501, il promulgue *l'obligation de l'autorisation préalable* à l'impression de tout ouvrage, sous peine d'excommunication et d'amende. François Rabelais allait être l'une des premières victimes de cette disposition. Son *Pantagruel* est condamné par le Parlement, par la Sorbonne, puis mis à l'*Index* en même temps que l'ensemble de son œuvre.

L'Index ce n'est pas seulement le doigt duquel on désigne un livre à la réprobation générale, c'est aussi le nom latin du catalogue des livres interdits par la censure : *Index librorum prohibitorum*.
Créé par le pape *Paul IV* en 1559, cet Index ne sera aboli que par un autre Paul, *Paul VI* en 1965, ce qui ne représente que deux Paul dans la liste des papes, mais plus de quatre siècles de répression et de censure.

1521 : *excommunication de Luther* et condamnation de ses écrits au feu.

François Ier interdit aux libraires et imprimeurs de publier ou de vendre quelque écrit que ce soit sans l'autorisation de l'Université et de la faculté de théologie.

Cinq ans plus tard, il investit également le Parlement du droit de censure.

Les années qui vont suivre seront pour le livre des années noires. Tous les écrits seront systématiquement contrôlés, interdits, brûlés par une censure déchaînée.

Brûler des livres, cela porte un nom : l'*autodafé*, d'un mot portugais signifiant « acte de foi ». Quel symbole!

Voltaire écrira : « Un livre défendu est un feu sur lequel on veut marcher et qui jette au nez des étincelles. »

Le philosophe américain Emerson (1803-1882) aura, plus tard, cette belle formule : « Tout livre brûlé illumine le monde. »

Le *concile de Trente* (1543-1563) consacrera une partie de ses travaux à la mise au point du premier Index romain. Le bilan est terrifiant : mille condamnations qui vont de la destruction du livre aux poursuites engagées contre son auteur et qui peuvent lui valoir la torture, le bûcher, la pendaison ou l'étranglement.

Au siècle des Lumières, les philosophes s'organisent : ils publient à l'étranger des livres qui reviennent en France sous le manteau, véhiculés par les colporteurs.

La Révolution proclame cette idée neuve et généreuse selon laquelle tout citoyen est libre de parler et d'écrire. Hélas! ces bonnes intentions ne dureront guère et la censure reprendra son règne triomphant.

Qui aujourd'hui peut imaginer que *Notre-Dame de Paris* et *Les Misérables* de Victor Hugo sont restés à l'Index jusqu'en 1959?

Alfred de Musset, pour un ouvrage érotique intitulé *Gamiani ou une nuit d'excès*, a été interdit quarante et une fois entre 1833, date de sa parution, et 1928.

Les Fleurs du mal de Baudelaire ayant scandalisé *Le Figaro*, l'auteur se vit refuser la publication de six poèmes. Cette interdiction ne sera levée qu'en 1949! Victor Hugo consolera Baudelaire : « Vous venez de recevoir une des plus rares décorations que le système actuel puisse accorder. »

En janvier 1857, Gustave Flaubert et son éditeur Michel Lévy sont poursuivis devant la 6e chambre correctionnelle après la publication de *Madame Bovary* pour outrage à la morale publique et aux bonnes mœurs; Flaubert, acquitté, s'écria : « La censure, quelle qu'elle soit, me paraît une monstruosité, une chose pire que l'homicide; l'attentat contre la pensée est un crime de lèse-âme! » Et il ajoutera : « La mort de Socrate pèse encore sur le genre humain. »

~ Connaissez-vous l'*Enfer ?*
C'est un coin de la Bibliothèque nationale où étaient enfermées les œuvres condamnées, dans des armoires munies d'alarmes. On y trouvait les romans polissons de Restif de La Bretonne, les œuvres érotiques de Mirabeau et d'autres ouvrages jugés aujourd'hui aussi anodins que la plupart des livres coquins qui sortent chaque jour en librairie. La liste serait longue de tous ceux qui furent frappés d'interdiction par de vertueux censeurs :

~ *Les Chansons de Bilitis* de Pierre Louÿs, jugées trop licencieuses, sont interdites de 1954 à 1964.

~ Les œuvres érotiques de Georges Bataille, *Histoire de l'œil* et *Le Mort* ont été interdites jusqu'en 1967.

~ *Les Onze Mille Verges* de Guillaume Apollinaire.

~ *La Garçonne* de Victor Margueritte en 1922, etc.

♣ Lorsque les nazis occupèrent la France en 1940, ils se préoccupèrent avant tout de faire disparaître les livres qui s'opposaient à leur sinistre idéologie. Otto Abetz, ambassadeur d'Hitler à Paris, établit, avec l'aide des services de renseignement allemands et de la *Propaganda Staffel*, une liste d'auteurs et de titres à interdire. Cette fameuse « *liste Otto* » proscrivait au hasard les œuvres des réfugiés politiques, des juifs, des francs-maçons... et d'autres. En tout quarante et un auteurs dont les livres seront interdits, parmi lesquels : Alexandre Arnoux, Bergson, Blum, Cendrars, Claudel, Daladier, Duhamel, Thomas Mann, Gabriel Marcel, Mauriac, Maurois, Trotski, Troyat, Jules Verne (!), Stefan Zweig, etc. On estimera, une fois la Libération venue, le nombre des volumes saisis pendant l'Occupation à 2 150 000.
Pourtant, beaucoup de livres condamnés par les nazis avaient pu être soustraits aux saisies et cachés jusqu'à la Libération dans un dépôt du Pré-Saint-Gervais.

♣ La République revint, la Liberté avec elle... mais le livre restait en liberté surveillée.

~ En 1945, la parution chez Denoël de *Tropique du Cancer* d'Henry Miller entraîne les poursuites de la censure. Gallimard avait été poursuivi pour *Printemps noir*, Maurice Girodias le sera pour *Tropique du Capricorne*. Décidément, Henry Miller, auteur des trois ouvrages, avait l'art d'attirer les foudres de la justice.

~ Un certain « Cartel d'action sociale et morale » attaque *J'irai cracher sur vos tombes*, le livre d'un Américain inconnu, Vernon Sullivan – traduit par Boris Vian – sous le motif « d'incitation d'adolescents à la débauche ». Le 3 juillet 1949, le livre est interdit, mais plus de cent mille exemplaires ont déjà été vendus par les éditions du Scorpion.

Avant de devenir un, puis deux, trois, quatre films à succès, l'*Emmanuelle* d'Emmanuelle Arsan est interdit à la vente jusqu'en 1968.

Jean-Jacques Pauvert publie en 1947 les œuvres du marquis de Sade. Ce sera le début d'un procès qui durera sept ans.
Pauvert peut se flatter d'une vingtaine de procès devant la 17ᵉ chambre correctionnelle entre 1947 et 1971, la plupart pour « outrages aux bonnes mœurs par la voie du livre ».

Régine Deforges publie sans nom d'auteur *Le Con d'Irène* d'Aragon en mars 1968. Le livre est saisi.
Courageuse, elle persiste et signe. Six titres érotiques de sa collection « L'Air du temps » seront poursuivis en justice entre 1969 et 1974.

La guerre d'Algérie vient renforcer les pouvoirs de la censure. L'éditeur François Maspero, en 1961, sera inculpé d'« atteinte à l'intégrité du territoire » pour avoir publié *Nuremberg pour l'Algérie*. Puis, en 1962, « d'incitation à la désertion et à l'insoumission » pour avoir édité deux ouvrages de Frantz Fanon, *Les Damnés de la terre* et *L'An V de la révolution algérienne*. En 1972, Maspero atteindra à une sorte de record du genre : six inculpations en une semaine pour « injures envers la police, réédition d'ouvrages interdits, offense à un chef d'État étranger... »

La chienne au front bas

« La censure est mon ennemie littéraire.
La censure est mon ennemie politique.
La censure est de droit improbe, malhonnête et déloyale. J'accuse la censure », écrit Victor Hugo dans sa correspondance. Et dans *Les Chants du crépuscule*, il déclame :

> [...] j'entends aboyer au seuil du drame auguste.
> La censure à l'haleine immonde, aux ongles noirs,
> Cette chienne au front bas qui suit tous les pouvoirs...

La cause est entendue : aucune censure n'est acceptable, qu'elle soit politique, littéraire ou religieuse. Il suffit à ceux qui ont la chance de vivre aujourd'hui dans un pays libre de franchir quelques centaines de kilomètres pour se retrouver avec plusieurs siècles de retard en matière de démocratie et de tolérance. L'Inquisition qui, hier, bâillonnait l'Europe, nous la voyons actuellement à l'œuvre en URSS, en Iran, en Afrique du Sud, au Chili... Et nous avons appris, au cours d'un passé récent, à quel point la liberté, chose fragile et menacée, doit être défendue.

Est-ce à dire pour autant que la liberté individuelle soit sans limite? Est-il possible de tout écrire, de tout imprimer, de tout publier sans restriction aucune?

Non! La liberté de chacun ne connaît qu'une seule limite, c'est la liberté des autres. Cet ensemble de règles de conduite accepté par chacun de nous en vue du bonheur commun suppose une haute idée de l'homme et un degré de civilisation avancé : il porte un beau nom, l'éthique.

« L'éthique, cette esthétique du dedans. » PIERRE REVERDY

Aujourd'hui que l'ingérence de l'État s'est faite plus légère, aujourd'hui que plus un parti ne milite pour le rétablissement de la censure, il est à craindre que l'initiative privée ne vienne prendre le relais de l'intolérance.

Désormais, le plus insignifiant groupuscule estime qu'il peut s'arroger le droit d'exiger, par l'intimidation ou par la force, la suppression d'un film ou d'un livre, la disparition d'un journal qui heurte ses convictions.

... C'est ainsi qu'une bombe détruit les locaux du journal *Globe*.

... C'est ainsi que le film de Martin Scorsese *La Dernière Tentation du Christ* disparaît de l'affiche, faute de directeurs de salles acceptant de risquer en le programmant l'incendie ou l'explosion de leur cinéma.

... C'est ainsi que meurt un spectateur du film de Claude Chabrol *Une affaire de femmes* pour une grenade lacrymogène reçue dans la tête. Il avait eu le tort de voir un film qui se terminait sur une prière blasphématoire.

... C'est ainsi, qu'en 1986, 191 exemplaires du livre *L'Agent noir* de Laurent Gally (éditions Robert Laffont) ont été brûlés en place publique par les gendarmes de Pithiviers.

Et l'on pourrait allonger cette liste à l'infini.

Allons! La maison France n'est pas encore près de devenir une maison de tolérance.

Allah dernière minute...

En matière de censure, rien n'est jamais terminé et seul le pire est toujours sûr. Qui aurait pu imaginer que nous vivrions en l'an de grâce 1989 la farce macabre des *Versets sataniques?* Salman Rushdie, grand écrivain indien et musulman (Booker Price 1981) avait publié sous ce titre en 1988 un livre délirant et halluciné qui contenait quelques pages irrévérencieuses envers le prophète Mahomet.

A moins de cent jours de sa propre mort, l'ayatollah Khomeiny trouva encore la force de lancer contre Rushdie la « fatwa », la ven-

geance islamique. Aussitôt mobilisés, des millions de musulmans - dont aucun n'avait lu le livre en question - se déclarèrent prêts à tuer de leurs propres mains non seulement l'écrivain lui-même, mais ses éditeurs et les vendeurs des « Versets Sataniques », n'importe où à travers le monde. On brûla le livre en place publique au cours de manifestations hystériques dans plusieurs villes occidentales.
Le résultat fut que des millions de gens de toutes nationalités (dont 250 000 en France) achetèrent le livre auquel il était fait une telle publicité. On estime à 1 % la proportion des acheteurs qui parvinrent à le lire au-delà du premier chapitre!
Rushdie! Quel nom prédestiné! « To rush », se ruer - « To die », mourir.
Salman Rushdie : « On se précipite pour le tuer »... salement.

Méditons, pour terminer ce chapitre grave, la belle phrase de Voltaire, qui déclarait à l'un de ses ennemis : « Je ne suis pas d'accord avec ce que vous dites, mais je me battrai à vos côtés jusqu'au bout pour que vous puissiez le dire! »

CENTENAIRE

Devenir centenaire ne devrait pas être une entreprise irréalisable : 36 500 jours en apparence, ça n'est pas la mer à boire! Et puis, n'est-ce pas l'Éternel lui-même - personne de confiance s'il en fut! - qui nous promit (Genèse, VI, 3) : « Mon esprit ne restera pas toujours dans l'Homme, car l'Homme n'est que chair : ses jours seront de *cent vingt ans* »?
Hélas! La promesse n'est plus tenue et le secret - s'il y en eut un - s'est perdu en route car, de nos jours, les centenaires sont oiseaux rares. Comme devenir célèbre n'est pas aisé non plus, il nous sera difficile de réunir une liste de personnalités centenaires. Ou plutôt, ce ne sera que trop facile d'y arriver... et sans l'aide d'un ordinateur : il suffira simplement de savoir compter jusqu'à deux! Deux noms dont personne ne s'étonnera que ce soient deux noms de femmes puisque nos compagnes naissent avec une disposition naturelle à nous survivre. Ce « bonus » d'existence, qui est de six ans en moyenne, étant

un délai très convenable pour nous pleurer comme nous le méritons, nous autres mâles fragiles. Coïncidence ! Ces deux femmes centenaires sont - accessoirement - femmes de lettres : la première fut comédienne et écrivain, c'est Madame Simone ; la seconde fut exploratrice et écrivain, c'est Alexandra David-Néel.
Avant de nous attarder sur la - longue - existence de ces deux dames, il convient de dire un mot du centenaire le plus célèbre de l'histoire de la littérature française, Bernard Le Bovier de Fontenelle. Au risque de décevoir ses admirateurs, il est temps de dire clairement que Fontenelle jamais ne put souffler ses cent bougies : Né le 11 février 1657, il est mort le 9 janvier 1757 à l'âge de *99 ans 10 mois et 29 jours*, manquant ainsi de 33 jours la date solennelle. La biographie de Fontenelle, mort si près du but, n'est donc pas traitée ici. Seules restent donc en lice nos deux centenaires en jupons.

Madame Simone
1877-1985

On n'était pas loin de la croire immortelle lorsqu'on apprit, le 18 octobre 1985, que madame Simone venait de s'éteindre à l'âge de 108 ans dans une maison de santé de la Côte basque.
Le 3 avril 1877, elle était née Pauline Benda, fille d'une mère bretonne et d'un père israélite belge, cousin de Julien Benda le célèbre - à l'époque - auteur de *La Trahison des clercs*. La famille, richissime, habitait 116, avenue des Champs-Élysées.
Elle épouse Charles Le Bargy, gloire de la Comédie-Française. Le lendemain des noces, sans un regard pour sa très jeune femme, le marié se plonge dans la lecture de son journal :
« Pourquoi ?
- Pour ne pas te voir !
- Mais alors, pourquoi m'avoir épousée ?
- Pour ton argent, voyons ! »
Charmant individu qui, quelques mois plus tard, s'en retournera vivre chez sa maîtresse.
Un soir, en sortant du Français, Pauline osera critiquer devant son mari le jeu de scène de la « divine » Bartet.
« Tu n'as qu'à en faire autant ! »
Défi relevé. Moins d'un mois après, rebaptisée Simone Prima, Pauline fait ses débuts au théâtre de Reims dans le rôle de Camille de *On ne badine pas avec l'amour*.
Ce sera le premier acte d'une carrière triomphale de quarante années. Devenue Simone tout court, puis Madame Simone, elle succédera à Sarah Bernhardt dans *L'Aiglon* et créera le rôle de « la Faisane » dans

e sera l'interprète de tous les grands dra-
rto-Riche, Bernstein, Donnay, Bataille.
es de Paris. Elle est l'amie d'Anna de
l, de Léon Blum, de Charles Péguy.
e à ses genoux.

.e Bargy pour épouser en 1906 Claude
n président de la République. C'est lui
sentera Henri Alban Fournier, son jeune
'écrire un roman. Avec lui, elle décou-
r chapitre et usera de son influence pour
ntitule *Le Grand Meaulnes* et l'auteur a
r. Ce sera le triomphe pour le livre et la
uteur, une folle passion à laquelle la
conclusion. Mobilisé le 12 août 1914,
e d'une balle en plein front, le 22 sep-

nçois Porché, qui revient de l'enfer de
mari (1923). Meurtris tous les deux par
approche. Simone recueille Wladimir,
s avait eu d'un précédent mariage russe.
da vont inciter Simone à écrire. Ils iront
s son bureau le temps qu'elle écrive ses

in qu'elle entame lui vaudra une nou-
ançaise lui décerne en 1960 son Grand
rdre, Jours de colère, Le Paradis ter-
lu prix Fémina dont elle deviendra la
longtemps après l'avoir quitté, la pré-

nt aussi célèbres que ceux de la reine-
appartement vert de la rue du Bac, elle
sa conversation n'a pas pris une ride :
ieuse, elle se refuse à s'avouer vaincue
95 ans, incapable de lire, elle se retire
emportant avec elle qu'une valise, son
s ses souvenirs.

Iarie David naît à Saint Mandé, à l'est
. Elle est profondément marquée par
e que lui imposent des parents âgés et
e peut, elle se libère de cette famille à

laquelle elle se sent étrangère. Elle découvre l'Asie au musée Guimet, puis, au cours d'un voyage qu'elle fait en 1891, elle tombe amoureuse de Ceylan.

Elle se cherche. Elle refoule en elle un tel besoin d'amour, une telle soif d'absolu qu'elle ne peut connaître que de graves désillusions. Lorsqu'elle épouse en 1904 - à trente-six ans - un haut fonctionnaire du nom de Philippe Néel, elle ne trouve pas en lui l'amour idéal qu'elle avait rêvé. Plutôt que de vivre avec lui un bonheur banal, elle préfère le quitter après huit jours de mariage. Toute sa vie, elle l'aimera, à sa manière... de loin : une correspondance ininterrompue de trente-six années porte le témoignage de cet amour étrange entre une Ulysse en jupons et son Pénélope de mari.

Elle parcourt l'Europe, poursuit ses études orientalistes, écrit des articles dans *L'Aurore*, quotidien socialiste, et dans *La Fronde*, organe de réflexions féministes où s'elle s'affirme comme militante.

Elle n'a pas eu de jeunesse, elle a trente-huit ans et se sent « âgée et mal portante ». Elle souffre de dépression.

Soudain, elle cesse de différer sa décision : le 9 août 1911, elle s'embarque pour l'Inde avec l'assentiment de son mari et - ce qui est plus important encore - son aide financière : un voyage de quelques mois qui se prolongera pendant quatorze ans. Cette femme fragile se découvrira une santé de fer : elle va parcourir l'Asie inconnue dans tous les sens à pied, à cheval, en charrette, à dos de mule et même de yak. Sa silhouette sera célèbre du Sikkim au Népal, du Tibet à la Chine. Elle explore les déserts de l'Himalaya qui sont encore des blancs sur les cartes.

Après avoir étudié pendant trois années au fameux monastère de Kum-Bum, elle repart pour une aventure décisive. Après une marche folle de huit mois, déguisée en mendiante, accompagnée seulement du lama Yogden qu'elle fait passer pour son fils - et qu'elle adoptera réellement plus tard -, elle est la première femme blanche à oser pénétrer dans la Cité interdite de Lhassa le 24 février 1924. Elle y vivra deux mois.

Et, pendant toutes ces années, son mari l'attend. Parfois il s'énerve et se fâche, elle l'amadoue en quelques phrases, il s'attendrit et finit par envoyer l'argent nécessaire à la poursuite de l'expédition. Jamais il ne l'abandonnera, jamais elle ne cessera de lui écrire afin de lui faire partager ses espoirs et ses doutes : « Tu hausseras les épaules, mais tu es plus aimé, plus vraiment aimé par la lointaine voyageuse que je suis que tes amis ne le sont par leurs dévouées épouses. »

La preuve de cet amour ne se trouve-t-elle pas dans cette correspondance qui se poursuivra à travers deux guerres de 1904 à 1940, date de la mort de Philippe?

Elle écrira ses souvenirs, et de nombreux ouvrages sur la pensée bouddhiste. Devenue trop âgée pour voyager, elle se retirera, cette... vieille dame à Digne, dans sa demeure *Samtem Dzong* (« la Forteresse de la méditation »). Elle y travaillera presque jusqu'à sa mort, ne s'interrompant que dix-huit jours avant le grand, le définitif voyage. Celle qu'on surnommait « la Lampe de Sagesse » s'éteignit le 8 septembre 1969. Quelques années plus tard, ses cendres seront dispersées le long du Gange, comme elle l'avait souhaité.
Cette femme hors du commun avait demandé le renouvellement de son passeport : elle venait d'avoir cent ans!

D'autres centenaires moins célèbres

Dans l'émission « Océaniques » (FR 3) du 5 octobre 1987, consacrée au centenaire de l'Institut Pasteur, les téléspectateurs ont découvert avec étonnement une femme de 109 ans, Aimée Dumas, qui leur racontait ses souvenirs : son père était le directeur de l'École normale de la rue l'Ulm à Paris et se souvenait parfaitement de ses rencontres avec Louis Pasteur qui était à l'époque responsable des études scientifiques dans cet établissement : une femme encore vivante portant témoignage sur un homme disparu en 1895!

A Véretz, petit village de Touraine, vivait un étonnant personnage de cent six ans, mort récemment. Né en 1883, Eugène Bizeau a eu toute sa vie deux passions : la poésie et la culture de la vigne, une muse libertaire plutôt rouge et un vin de Vouvray résolument blanc. Hier encore, il taquinait l'une et l'autre pour se maintenir gaillard. Lorsqu'il reçut, il y a deux ans, une note du contrôleur des Contributions lui demandant d'attester sur l'honneur qu'il n'était ni remarié ni en état de concubinage, voici ce qu'il répondit au zélé fonctionnaire :

A cent quatre ans, monsieur, pour me remarier
Il me faudrait avoir les conditions requises.
Quant au concubinage, à grand tort décrié,
Je n'ai plus assez d'encre en mon vieil encrier
Pour en « concubiner » villageoise ou marquise *.

* *D'après* Le Magazine littéraire.

Par les journaux, nous apprenions que, le 10 octobre 1987, Zvonimia Rogoz venait de fêter à Zagreb son centième anniversaire sur la scène en tenant son rôle dans une pièce classique yougoslave. C'est ainsi que nous était révélée l'existence du plus vieil acteur du monde qui dit avoir joué des centaines de pièces de théâtre et tourné dans vingt-cinq films et notamment dans *Ectasy*, l'un des tout premiers films érotiques connus, sorti en 1933, dont il fut la vedette !

☘ Le 28 février 1987, Georges Chavannes, ministre du Commerce, épinglait le ruban bleu de l'ordre du Mérite sur la poitrine de Mme Félicie Roux, née le 25 octobre 1885 à Ham. A cent deux ans, Mme Roux, qui tient un magasin de mercerie, est la doyenne des commerçants français. Après soixante-cinq ans de travail, elle se refuse à prendre sa retraite et continue de cotiser... pour ses vieux jours.

☘ En janvier 1988, Étienne Payen, le dernier pacha du *Normandie*, a soufflé gaillardement les cent bougies du gâteau que lui ont offert ses amis de Bernerie-de-Retz, la petite ville de Loire-Atlantique où il s'est retiré.

« La marine conserve bien ses serviteurs », a-t-il dit sobrement.

☘ Les Français ont en permanence un doyen et une doyenne. Comme ce ne sont jamais bien longtemps les mêmes, nous n'avons pas le temps de connaître leur nom.

Pourtant, il semble que notre actuelle doyenne soit de l'étoffe dont on fait les champions ; c'est une surdouée du genre. Comme dit le proverbe russe : « Pour devenir centenaire, il faut commencer jeune. » Ainsi a-t-elle fait.

Jeanne Calment a eu cent quatorze ans au début de 1989. Elle est née le 21 février 1875 dans une famille bourgeoise d'Arles. Elle se souvient d'avoir souvent rendu visite à Frédéric Mistral à Maillane, en voisine. Elle a connu aussi ce clochard de Van Gogh qui venait acheter ses toiles dans le magasin de soieries et de nouveautés que tenait son mari - ce mari qui était aussi son cousin germain et dont elle est veuve depuis un bon demi-siècle.

Aujourd'hui, Jeanne Calment est la star capricieuse et l'enfant gâtée de la résidence « La Maison du lac » où elle tyrannise son entourage. Sa prodigieuse vitalité fascine les médecins qui se demandent si l'état de conservation de leur patiente ne relèverait pas plutôt de l'archéologie que de la médecine. Sans aucune modestie, mais avec humour, l'intéressée explique : « Aujourd'hui encore, j'ai des seins ronds comme des petites pommes. Je porte la gaine. Je n'ai qu'une seule ride... et je suis assise dessus ! »

Cette vieille dame indigne a un secret pour vivre longtemps encore. Elle sait que les gens doués d'un caractère exécrable survivent aux gentils. Si cette théorie est exacte, toutes les amies de Jeanne Calment vous confirmeront qu'elle n'est pas près de décrocher.

Amie Calment vôtre !

Les « presque » centenaires

Il serait dommage - et injuste - de ne pas essayer d'allonger quelque peu ce très court inventaire des centenaires illustres, en y ajoutant les noms de quelques célébrités qui, sur le point d'atteindre le siècle, sont tombées dans l'ultime ligne droite.

L'impératrice Eugénie de Montijo, épouse de Napoléon III, née à Grenade en 1826 et morte à Madrid en 1920, à l'âge de *94 ans*.

Le maréchal Philippe Pétain né à Cauchy-la-Tour (Pas-de-Calais) en 1856 est mort, condamné à la détention perpétuelle, à l'île d'Yeu, en 1951 à l'âge de *95 ans*.

Maxime Weygand, né à Bruxelles en 1867, mort à Paris en 1965 à *98 ans*. Chef d'état-major de Foch pendant la Grande Guerre. En 1940, ce général au prénom en forme de superlatif ne pouvait devenir que généralissime - il était, prétendent certains, un fils naturel de l'impératrice Charlotte de Belgique. Celle-ci fut mariée à l'archiduc Maximilien d'Autriche qui devint empereur du Mexique. Elle revint en Europe pour essayer de le sauver. Lorsque l'empereur Maximilien fut exécuté par les Mexicains, Charlotte perdit la raison en 1866 - Le colonel Van der Smissen aurait tenté de la consoler. Mais ce n'est qu'une hypothèse parmi tant d'autres.

L'écrivain et académicien français Jacques de Lacretelle, né en 1888 et mort le 3 janvier 1985 à *97 ans*.

Henri de Monfreid, pirate et écrivain, né en 1879 et mort en 1974 à l'âge de *95 ans*.

Paul Le Fèvre - dit Paul Géraldy - naquit le 6 mai 1885 et mourut le 10 mars 1983 à près de *98 ans*. Il fut un poète charmant qui parlait du cœur comme d'autres parlent du nez. Ses petits poèmes décrivent l'amour au quotidien, la garçonnière, la romance sirupeuse : « Bois ton thé » - « Mouche ton nez » - « Baisse un peu l'abat-jour ». Il eut le tort, pour les critiques, d'arriver trop tard, c'est-à-dire en même temps qu'Apollinaire... et de publier en 1913 *Toi et moi*, le plus grand succès de vente du siècle, qui reste aujourd'hui encore le bréviaire des amants et des maîtresses, tendance sentimentalo-cucul.

Pourtant, il sera beaucoup pardonné à Paul Géraldy pour quelques jolis vers comme celui-ci :

> Si tu m'aimais et si je t'aimais
> Comme je t'aimerais !...

Ou bien ce distique :

Et que c'est long, le temps, et que c'est grand, le monde.
Et que nous aurions pu ne pas nous rencontrer.

♣ Nous aurions volontiers parié sur les chances de Charles Vanel de devenir centenaire. Né à Rennes le 21 août 1892, il est mort sur la Côte d'Azur le 14 avril 1989 alors qu'il lui suffisait de retenir son souffle pendant 1 223 jours encore : une misère! Une vue déficiente l'avait empêché de devenir officier de marine.Il avait tourné son premier film en 1912, et avait obtenu en 1953 le prix d'interprétation au Festival de Cannes pour l'inoubliable *Salaire de la peur* de H.G. Clouzot.

♣ Le peintre Marc Chagall, né à Vitebsk en Russie le 7 juillet 1887 et mort le 29 mars 1985 à presque *98 ans*.

♣ Un peintre encore, Pablo Picasso, né à Malaga le 25 octobre 1881 et mort le 8 avril 1973 à *92 ans*.

Et puis quelques musiciens, car il est bien connu que la musique est une assurance de longévité :

♣ La grande pianiste Marguerite Long, née en 1874 et morte en 1966 à *92 ans*.

♣ Le chef d'orchestre Léopold Stokowski, né en 1882 et mort en 1977, à *95 ans*. Lorsque, âgé de 94 ans, il avait signé un nouveau contrat, il avait exigé qu'il portât sur une période de six ans, c'est-à-dire jusqu'à son centième anniversaire!

♣ Le violoncelliste Pablo Casals né en 1876 et mort le 22 octobre 1973 à *97 ans*.

♣ La harpiste Lily Laskine est morte le 4 janvier 1988 à l'âge de *95 ans*. Elle s'appelait Aimée mais elle n'aimait pas son prénom. Ses parents étaient russes, le père médecin et la mère pianiste. A 12 ans et demi elle décrochait son premier prix au Conservatoire. A 16 ans, elle entrait à l'orchestre de l'Opéra, une gamine avec les cheveux dans le dos! Elle jouera dans tous les grands ensembles, avec tous les compositeurs, de Fauré à Ravel, Debussy ou Messager, avec tous les grands chefs, de Toscanini à Munch, de Monteux à Fürtwängler. Elle avait épousé le violoniste Roland Charmy qui enseignait, comme elle, au Conservatoire. Elle est morte discrètement, un jour, dans l'autobus.

♣ Et enfin, le pianiste Arthur Rubinstein né le 28 janvier 1887 à Łódź en Pologne et mort le lundi 20 décembre 1982 à *95 ans* dans sa villa de Genève. Il avait souhaité mourir sans déranger personne en écoutant l'adagio du sombre quintette à cordes de Schubert. Il avait donné son dernier concert à 90 ans.

« Ayant joué du piano pendant quatre-vingt-huit ans, disait-il, je sais où sont les notes, mais je ne trouve plus le piano ! » Car, sur la fin de sa vie, il était devenu presque aveugle. A Claude Samuel venu l'interviewer, il avait dit cette phrase superbe : « Maintenant, je vois mieux qu'avant, je vois de l'intérieur ! »

Terminons cette rubrique des « presque » centenaires avec une inconnue : Pierrette, la sœur cadette du gastronome Brillat-Savarin, mourut à l'âge de *99 ans et 10 mois*, alors qu'elle se trouvait à table et qu'elle venait de dire à sa servante : « Et maintenant, ma fille, apportez-moi le dessert ! »
Mourir, ça n'est déjà pas drôle... mais s'il faut, en plus, être privé de dessert !

Les futurs centenaires

Est-il convenable de poser aujourd'hui la question de savoir quels seront les centenaires de demain ? Parmi les célébrités qui semblent avoir le plus de chances de franchir victorieusement le poteau d'arrivée, nous pouvons parier sur un musicien, un décorateur, un homme politique et une actrice.
Mais, comme disait Fontenelle à qui on faisait remarquer que la mort semblait l'avoir oublié : « Chut ! » -, alors, parlons bas en établissant cette liste :

Le pianiste polonais Mieczyslaw Horszowski naquit le 23 juin 1892. Il fut un enfant prodige en exécutant d'éblouissante façon en 1901, à Varsovie, le concerto en ut majeur de Beethoven. Le lundi 1er juin 1987, à la Comédie des Champs-Élysées, il fut un vieillard prodige qui donna un inoubliable concert.

Le décorateur Erté *, dont le véritable nom est Romain de Tirtoff, naquit le 23 novembre 1892 à Saint-Pétersbourg. A 6 ans, il dessina pour sa mère une robe du soir qu'elle fit exécuter et qui lui valut une foule de compliments. En 1913, c'est pour Mata-Hari cette fois qu'il crée un costume de danseuse orientale pour le rôle qu'elle joue dans la pièce de Jean Richepin, *Le Minaret*. Il collabore avec le couturier Paul Poiret jusqu'à la guerre de 14. Après quoi le *Harper's Bazaar* le prend sous contrat et il fera pendant vingt-deux ans les couvertures de ce magazine.

** Hélas ! le 21 avril 1990, Erté est mort, à 97 ans, en pleine jeunesse.*

Le président Antoine Pinay a vu le jour le 30 décembre 1891 à Saint-Symphorien-sur-Coise dans le Rhône. Industriel en tannerie, à la suite d'un héritage de sa femme, il se tourne ensuite vers la politique. Maire de Saint-Chamond, président du Conseil et ministre des Finances en 1952-58, 1959-60, c'est lui qui « inventa » le franc lourd. Il avait pris conscience de la faiblesse du franc le jour où, n'ayant pas de monnaie, il avait payé son journal avec un billet de dix mille francs (anciens).

La silhouette de l'homme au petit chapeau est demeurée légendaire parmi les Français. Il a, pour son âge, une étonnante vitalité : interrogé par un journaliste alors qu'il avait 85 ans, il avait répondu : « Il n'y a rien de ce que je faisais à vingt-cinq ans que je ne fasse maintenant encore... Je dis *rien*! »
C'est le candidat le plus sérieux au centenariat.
Denise Grey, actrice française née à Turin le 17 septembre 1896. Le type même de l'actrice de boulevard dans la meilleure acception du terme. Elle brûle les planches et crève l'écran. A réussi une étonnante composition de grand-mère un peu fofolle dans *La Boum* en 1980 qui lui a permis de conquérir le public des jeunes. A fait ses adieux à la scène le 1er juillet 1987. Après la dernière représentation d'*Harold et Maude* au théâtre Antoine, elle a recueilli quarante-cinq minutes d'ovations. Depuis, elle a recommencé de jouer d'autres pièces... ce qui sera l'occasion ou le prétexte à de nouveaux adieux. « Ce n'est qu'un au revoir, Denise!... »

Ainsi, nous l'avons constaté, les centenaires célèbres ne courent plus les rues : d'abord, parce qu'à leur âge ils ne courent plus guère et parce qu'on ne les laisse plus sortir dans les artères fréquentées. Des artères qui sont leurs contemporaines, d'ailleurs! Mais comme le dit Erik Satie dans un à-peu-près dont il répondra devant la postérité : « Mieux vaut avoir l'âge de ses artères que l'âge de César Franck! »

CENTONS

Ces *centons* ne doivent en aucun cas être confondus avec les *santons*, petits saints d'argile de nos crèches provençales. Dans la Rome impériale, on appelait *cento* les morceaux de tissu dépareillés que cousaient les légionnaires - pas fous ces Romains! - afin de se fabriquer un sous-vêtement qui leur tînt chaud l'hiver sous la cuirasse de métal glacée. Le mot latin vient lui-même du grec *kentron*, qui signifie également « habit fait de divers morceaux ». Le mot est formé d'après le verbe *kenteo*, « piquer », parce qu'il fallait une infinité de points pour assembler entre eux ces chiffons.
Par analogie, on nomma *centon* un jeu littéraire qui consistait à

composer un poème original à partir de vers « empruntés » à un ou plusieurs auteurs. Rien de plus amusant, au cours d'un dimanche pluvieux - centons sous la pluie ! - que de se livrer entre amis à la confection d'un patchwork poétique ! Il suffit pour cela d'une bonne anthologie et d'une paire de ciseaux.

Afin de vous donner l'exemple, nous avons l'honneur de vous proposer ci-dessous un sonnet « presque » inédit, composé spécialement à votre intention, ami lecteur. Vous y reconnaîtrez sûrement au passage quelques vers qui sonneront à vos oreilles comme autant de musiques familières. A la fin du chapitre, nous indiquerons pour chaque alexandrin le nom de son auteur et le titre de l'œuvre d'où il a été tiré. En d'autres termes moins choisis, et comme aurait dit Breffort, nous rendrons à César ce qui appartient à cézigue.

Voici donc, grâce à l'involontaire collaboration de dix poètes et au pillage de quatorze œuvres...

Les beaux étés sans toi

Regarde ! Je viens seul m'asseoir sur cette pierre
Où jadis, pour m'entendre, elle aimait à s'asseoir.
Le ciel est triste et beau comme un grand reposoir,
L'air est parfois si doux qu'on ferme la paupière.

Il est d'étranges soirs où les fleurs ont une âme
Embaumant les jardins et les arbres d'odeur,
La cendre du soleil nage sur l'herbe en fleur.
Nous sommes tous les deux voisins du ciel, Madame !

Aux regards d'un mourant, le soleil est si beau.
Les beaux étés sans toi, c'est la nuit sans flambeau !
Que ne m'est-il permis d'errer parmi les ombres !

Maintenant, ô mon Dieu, que j'ai ce calme sombre,
Il n'est rien de commun entre la terre et moi.
Hélas ! en te perdant, j'ai perdu plus que toi.

Croirait-on vraiment que chaque vers a été tiré d'un poème différent ? Sauriez-vous rendre à chaque poète le vers qui lui appartient, lorsque vous connaîtrez les noms des dix poètes pillés ? Ce sont, par ordre alphabétique : Baudelaire - Boileau - Marceline Desbordes-Valmore - Victor Hugo (3 vers) - La Fontaine - Lamartine (3 vers) - Leconte de Lisle - Arthur Rimbaud - Ronsard et Albert Samain. Bonne chance ! et rendez-vous à la fin du chapitre.

Le centon s'applique aussi bien à la prose qu'aux vers.

On raconte qu'une *Vie de Jésus* fut ainsi composée uniquement à partir de phrases extraites de *L'Iliade* et de *L'Odyssée* d'Homère. Plus amusant : un docte ouvrage sur l'*Histoire de la Révolution française* fut composé en 1803 à partir d'extraits tirés de Cicéron, Pline, Tacite, Tite-Live, Salluste, Suétone... L'auteur de ce très érudit salmigondis était un ingénieur des Mines nommé Héron de Villefosse. Plus près de nous, Blaise Cendrars publia en 1943 chez Denoël un recueil de poèmes exclusivement composés de bouts de phrases piquées dans le roman de Gustave Le Rouge *Le Mystérieux Docteur Cornélius*.

☘ Cendrars qui avait d'abord intitulé son poème « Kodak » dut, à la suite de l'interdiction que lui en fit la société propriétaire de ce nom, le rebaptiser « Documentaires ». En voici un extrait :

> Les jours de fête
> Quand les Indiens et les vaqueros s'enivrent de whisky et de pulque
> Dorypha danse
> Au son de la guitare mexicaine
> Habaneras si entraînantes
> Qu'on vient de plusieurs lieues pour l'admirer
>
> Aucune femme ne sait aussi bien qu'elle
> Draper la mantille de soie
> Et parer sa chevelure blonde
> D'un ruban
> D'un peigne
> D'une fleur.

Beau travail ! Comme on pourrait le dire au montage d'une bande sonore ou d'un film : les collages ne se voient pas !

☘ En 1979, Yak Rivais publia chez Belfond un étonnant « roman-citations », *Les Demoiselles d'A.*, composé de 750 extraits (à raison d'une seule phrase citée - intégralement, bien sûr - par ouvrage) empruntés à l'œuvre de 408 auteurs. Un très beau festival d'érudition et d'habileté, dont voici un extrait :

> Et, avec la fierté d'une bassesse qui était sa vengeance elle ajouta :
> - Je ne suis qu'une fille à cent sous.
>
> D'AUREVILLY, *La Vengeance d'une femme.*

Elle était nue, son corps, dans l'air rouge, semblait un grand morceau de coton.

SARTRE, *L'Âge de raison.*

- Écoute, Blanche, ce n'est pas vrai que tu as misé toute ta vie sur ton métier.

TRIOLET, *Luna-Park.*

- C'est ça, traite-moi d'andouille en public!

QUENEAU, *Loin de Rueil.*

- Malheureuse, pourquoi t'es-tu prostituée aux hommes?

BALZAC, *Jésus-Christ en Flandre.*

Blanche considéra la question un instant.

JAMES, *La Vie privée.*

- Au contraire, dit-elle, c'est très amusant.

ROBBE-GRILLET, *La Jalousie.*

- Seulement, toi, n'importe quelle saleté te plaît, et moi cela me dégoûte!

TOLSTOÏ, *La Sonate à Kreutzer.*

Les deux jeunes gens étaient là debout, le seul couple, semblait-il, qui hésitait encore au bord de l'abîme du mal, en ce monde désolé.

HAWTHORNE, *Le Jeune Sieur Brown.*

Cependant les femmes chantaient à tue-tête et dansaient en claquant des mains.

TOLSTOÏ, *Le Diable.*

Ces visages d'abord si vulgaires resplendissaient, transfigurés par des excès d'âmes inouïes.

HUYSMANS, *Là-bas.*

- Je suis bien bon d'espérer convaincre une entêtée!

BERNANOS, *Histoire de Mouchette.*

Il y eut des applaudissements unanimes...

LEE, *La Légende de Mme Krasinska.*

Comme une cuisinière inspirée qui compose un plat nouveau et succulent à partir de restes de la veille, le *centon* permet de réaliser d'amusants montages tout en redonnant de bonnes couleurs à quelques classiques pâlichons.

Il serait dommage de considérer comme un sacrilège ce qui est, en fait, le plus vivant des hommages.

Composition du sonnet « Les beaux étés sans toi ».

1. Lamartine : *Le Lac* - 2. Hugo : *Tristesse d'Olympio* - 3. Baudelaire : *Harmonie du soir* - 4. Rimbaud : *Roman* - 5. A. Samain : *Il est d'étranges soirs* - 6. Ronsard : *Amours de Marie* II, 4 - 7. Leconte de Lisle : *Le Sommeil de Leilah* - 8. Hugo : *Ave Dea, moriturus te salutat* - 9. M. Desbordes-Valmore : *Les Séparés* - 10. Lamartine : *L'Automne* - 11. La Fontaine : *Adonis* - 12. Lamartine : *L'Isolement* - 13. Hugo : *A Villequier* - 14. Boileau : *A Iris.*

CHANSONS ÉTERNELLES

Il nous semble bien loin aujourd'hui le temps où la chanson était l'opéra permanent de la rue. On chantait en se rasant, on chantait en marchant, en travaillant et, lorsqu'on ne chantait pas, on fredonnait ou l'on sifflait. La chanson faisait partie de la famille, du décor, des souvenirs et même, en toute modestie, de l'histoire.
On s'attroupait autour du chanteur de carrefours et l'on apprenait par cœur ses rengaines avant de les reprendre en chœur. Le dimanche, au moment béni de la grasse matinée, on ouvrait sa fenêtre aux roucoulades du chanteur des cours qu'on gratifiait d'un sou entouré de papier journal. Et les enfants tournaient sur les chevaux de bois aux flonflons du limonaire. La rue dansait les soirs de fête au son d'un accordéon tendre. Il n'était pas non plus de repas de famille sans chansons au dessert. Chacun avait préparé la sienne qu'on réclamait sur l'air des lampions et qu'on acclamait à tout rompre.
Oh! les beaux souvenirs qu'une chanson suffit à évoquer!
Vous ne savez pas encore, enfants de notre temps, sur quelles chansons vous vous souviendrez de votre jeunesse et de vos belles amours. Auront-elles, ces chansons, une aussi longue vie que les quelques-unes que nous énumérons ci-dessous?

1. *J'ai du bon tabac*

Gabriel Charles, abbé de L'Attaignant, né à Paris en 1697, était un drôle d'ecclésiastique! Chanoine à Reims, il était aussi chansonnier à Paris où il menait une existence peu catholique. Amateur de soupers fins et de franches repues, il lui arrivait, plus souvent qu'à son tour, de finir la soirée sous la table. Selon le moment ou l'humeur, il pouvait aussi bien composer une chanson religieuse qu'entonner un couplet grivois.
C'est à lui qu'on doit l'éternel

J'ai du bon tabac
Dans ma tabatière

En vieillissant, le paillard se fit ermite et termina ses jours de la plus édifiante façon qui soit, en 1779, chez les frères de la Doctrine chrétienne.

2. *Nous n'irons plus au bois*

La musique de cette ravissante chanson a été tirée des premières notes du *Kyrie* de la messe *De Angelis*.
Quant aux paroles, on les attribue à la belle Jeanne-Antoinette, épouse du fermier général Le Normant d'Étiolles, qui se refusait à tromper son gros benêt de mari afin de mieux se réserver pour le roi. C'est elle qui, de 1745 à 1751, régna comme maîtresse en titre sur le cœur de Louis XV le Bien-Aimé, lequel inventa pour elle le titre de marquise de Pompadour, si bien adapté à sa blondeur et à sa grâce.

3. *Plaisir d'amour*

Chaque génération redécouvre à son tour cette chanson qui est d'une telle perfection qu'elle se paiera le luxe d'être encore à la mode au XXIe siècle.
Les paroles en sont de Jean-Pierre Claris de Florian, un gentilhomme noble et sans fortune, né en 1755 à Sauve dans le Gard. Orphelin de bonne heure, il passe deux années de son enfance chez son grand-père qui vit à Ferney, auprès de Voltaire. Le philosophe est séduit par la grâce et la vivacité d'esprit de celui qu'il nomme « Florianet ». A treize ans, il devient le page du duc de Penthièvre qui en fera son gentilhomme ordinaire puis l'officier de dragons de l'un de ses régiments et demeurera toute sa vie son protecteur officiel. Romancier, conteur, poète, dramaturge, Florian est surtout connu aujourd'hui

comme un « homme à fables ». La Révolution bouleversa la vie simple et innocente de ce juste qui fut incarcéré un mois à la prison de la Bourbe. Il ne put supporter un tel traitement et il s'éteignit en 1794.

Florian entrecoupait ses œuvres de poésies que se disputaient les musiciens. C'est ainsi que dans l'une de ses nouvelles intitulée *Célestine* se trouve un poème intitulé « La Romance du chevrier », qui deviendra plus tard *Plaisir d'amour* par la grâce de la musique de Jean-Paul Martini. La consonance italienne de son nom ne doit pas faire illusion : Jean-Paul Schwarzendorf (1741-1816) fut un enfant prodige né en Allemagne mais qui fit carrière en France sous le nom de Martini il Tedesco, c'est-à-dire *l'Allemand* en italien!

4. *Il pleut bergère*

Fabre d'Églantine... un bien joli nom pour un assez triste sire dont les mensonges ne se comptent pas. Philippe François Nazaire Fabre naquit en 1750 à Limoux (Aude) mais prétendit toujours être de Carcassonne. En 1771, aux jeux Floraux de Toulouse, il remporta un « Lys d'argent » pour un *Sonnet à la Vierge*. Quant à la fameuse « Eglantine d'or » qu'il aurait obtenue aux jeux Floraux de poésie et qui justifierait son pseudonyme, c'est pure invention de sa part : « l'Eglantine » était un prix réservé aux textes en prose et à l'éloquence et n'avait pas été attribué cette année-là!

Il quittera sa province pour suivre des comédiens ambulants. Pour avoir enlevé l'ingénue de la troupe, il sera condamné à Namur à être pendu puis, on le graciera. Il se mariera, en novembre 1778, à Strasbourg, mais avec une autre actrice de la troupe.

C'est au cours d'un séjour à Maestricht en 1780 qu'il composera, sur une musique du violoniste Victor Simon, la chanson *L'Hyménée*, qui deviendra célèbre sous le titre de son premier vers *Il pleut, il pleut, bergère*. En sept ans, il écrivit dix-sept pièces de théâtre dont la plus connue (!) est le *Philinte de Molière ou la suite du Misanthrope*. Pour un personnage aussi remuant et intrigant que l'était Fabre d'Églantine, une révolution est une aubaine. Il se lancera à corps perdu et avec enthousiasme dans celle qui vient d'éclater. Tour à tour directeur de journaux, fondateur du club des Cordeliers, secrétaire de Danton, député de Paris, il entrera en mars 1793 au Comité de salut public. Il contribue à l'élaboration du calendrier dont il s'est attribué l'entière paternité alors qu'il a emprunté l'essentiel de ses innovations à un certain Romme.

Par ses malversations, il devint suspect à Robespierre qui le fit emprisonner en octobre 1793. Il fut traduit devant le tribunal révolutionnaire en même temps que Danton et condamné à mort.

« Fouquier peut faire tomber ma tête, dit-il fièrement, mais pas mon Philinte! » Hélas! les deux tomberont. Il fut guillotiné le 5 avril 1794. La légende veut qu'il ait fredonné sa célèbre chanson sur la charrette qui le conduisait à l'échafaud.

5. *Ça ira!*

La musique de cette chanson est née la première : en 1786, Bécourt, violoniste au théâtre Beaujolais composa une joyeuse contredanse qu'il intitula *Le Carillon national*. La reine Marie-Antoinette adorait cet air qu'elle jouait souvent sur son clavecin.

Le deuxième acte aura pour cadre le Pont-Neuf. Depuis Mazarin, c'est là qu'on criait des libelles et qu'on chantait des chansons. Chaque niche du pont avait son poète attitré. C'est sûrement sur le Pont-Neuf que commença la Révolution. L'un de ces chansonniers, un ancien soldat nommé Ladré, y avait ses assises. C'est lui qui agrémenta la contredanse de Bécourt de paroles révolutionnaires. Le titre et le thème du refrain de cette chanson ont été inspirés par un tic de langage de Benjamin Franklin. On se moquait gentiment du grand homme qui, pendant la guerre d'indépendance américaine, ne cessait de répéter machinalement, comme pour se donner du courage : « Ça ira! ça ira! »

La chanson fut chantée au Champ-de-Mars pour la fête de la Fédération, le 14 juillet 1790, et aussitôt adoptée par les Parisiens. Ironie du sort : c'est au milieu de la foule qui braillait cette chanson, dont elle aimait tant la musique, que Marie-Antoinette fut conduite à la guillotine le 16 octobre 1793.

6. *Le Chant du départ*

Marie-Joseph Chénier, frère cadet d'André, le poète guillotiné, fut le chantre de la Révolution à ses débuts. Il écrivit les paroles d'un *Hymne à la guerre*.

> La victoire en chantant
> Nous ouvre la barrière...

Le musicien Étienne-Nicolas Méhul en composa la mélodie. Il appartenait à Robespierre de rebaptiser cette chanson *Le Chant du départ*; elle fut jouée pour la première fois le 14 juillet 1794. Le 25 juillet, André Chénier sera guillotiné, précédant de trois jours Robespierre sur l'échafaud.

7. *Ma Normandie*

Frédéric Bérat, né à Rouen en 1800, était le type même du brave garçon honnête et aux goûts simples. Sa vocation était d'être chansonnier, mais, comme le métier nourrit mal son homme, il était entré comme petit employé au Gaz de Paris, histoire de boucler ses fins de mois. Un jour de l'été 1836, il descendait la Seine sur un bateau à vapeur. La beauté du paysage fit battre son cœur de Normand. En s'inspirant d'un air de l'opéra *Atys* composé par Lully en 1653 et intitulé « Quand le péril est agréable », il se mit à fredonner :

> Quand tout renaît à l'espérance
> Et que l'hiver fuit loin de nous
> Sous le beau ciel de notre France
> Quand le soleil revient plus doux...

Commencée à Rouen, la chanson était achevée en arrivant au Havre. Ce fut un succès immédiat : on en vendit 40 000 exemplaires en quelques semaines.

8. *Minuit chrétiens*

En cette année 1846, M. le curé de Roquemaure dans le Gard rêvait d'entendre dans son église une belle messe de minuit.

Il commença par s'adresser à l'une de ses ouailles, un négociant en vins du nom de Placide Cappeau qui taquinait la muse à ses moments perdus, et lui demanda de lui écrire un beau texte.

Un ingénieur parisien nommé Laurey était venu dans la région afin d'y construire un pont. Son épouse, cantatrice de talent, était à ce titre une amie du compositeur Adolphe-Charles Adam (qui avait écrit *Giselle* en 1841). Elle mit en rapport le poète local et le compositeur. Sur des paroles que Cappeau écrivit dans la diligence qui reliait Mâcon à Dijon, Adam composera une musique inoubliable. Mme Laurey chantera pour la première fois le *Noël d'Adam* en l'église de Roquemaure, le 24 décembre 1847.

M. le curé pouvait être content : près d'un siècle et demi après, on en parle encore de sa messe !

9. *La casquette du père Bugeaud*

Thomas Bugeaud de La Piconnerie, né à Limoges en 1784, est le héros de la conquête de l'Algérie. Il fut fait maréchal de France et duc d'Isly. La fameuse casquette qu'il avait inventée était, en fait, un simple shako auquel il avait fait ajouter une deuxième visière pour protéger la nuque. Un nommé Binder, devenu plus tard chef de fanfare au 3e Bat' d'Af', composa la chanson un brin irrévérencieuse qui fera entrer « le père Bugeaud » dans la légende.

10. Le P'tit Quinquin

Alexandre Joachim Desrousseaux naquit rue Saint-Sauveur à Lille en 1820. A six ans, le gamin fut mis en apprentissage chez un tisserand puis chez un tailleur. En plus d'un métier, il y apprit les chansons à la mode.

A quinze ans, c'est à peine s'il savait lire, mais il connaissait parfaitement la musique. Sa vie misérable prendra fin le jour où il aura l'idée d'aller chanter dans les cabarets lillois des chansons de sa composition en patois de ch'nord.

Le P'tit Quinquin fut écrit en 1848 sous le titre *L'Canchon dormoire*, c'est-à-dire « la berceuse » en dialecte.

Desrousseaux la chantera pour la première fois le 13 novembre 1853 dans la salle à manger de l'auberge « A la ville d'Ostende ». Elle deviendra aussitôt la chanson fétiche des gens du Nord. Desrousseaux laissera cinq volumes de « chansons et pasquilles lilloises » inspirées par les gens de son pays et composées à leur intention. Le jour de son enterrement, le 27 novembre 1892, *Le P'tit Quinquin*, joué comme marche funèbre, l'accompagnera jusqu'au tombeau.

11. Le Temps des cerises

Jean-Baptiste Clément, né à Boulogne-sur-Seine en 1836, était le fils d'un meunier. Mis en apprentissage à quatorze ans, il exerce mille métiers. A vingt et un ans, il est manœuvre au viaduc de Nogent, mais, le soir, il travaille la grammaire et la versification et s'exerce à la poésie. L'éditeur Vieillot remarque ce garçon doué, le conseille et publie ses premières chansons. Au début, ce sont celles d'un poète amoureux que la nature inspire : *Bonjour printemps !, En coupant les foins, Catherine,* ou *Le Temps des cerises*, écrit en 1866.

L'année suivante, Clément commence une carrière de pamphlétaire qui le conduit tout droit à la prison Sainte-Pélagie. Il y restera trois ans avant d'être libéré par la chute de l'Empire. Il participera aux combats de la Commune. C'est au cours d'une de ces journées chaudes que Jean-Baptiste Clément et ses compagnons voient arriver, un panier à la main, une jeune fille, qui vient participer à leurs côtés à la lutte contre les Versaillais.

Ils ne la revirent plus jamais.

Obligé de s'expatrier, Clément rencontre par hasard en Belgique le célèbre ténor Antoine Renard et lui confie son poème *Le Temps des cerises*. Renard le met aussitôt en musique et la chanson connaît un triomphe. Amnistié, Clément reprend son activité de propagandiste socialiste révolutionnaire. Ce n'est qu'en 1885 qu'il dédiera *Le Temps des cerises* « à la vaillante citoyenne Louise, l'ambulancière de la rue Fontaine-au-Roi, le dimanche 28 mai 1871 ». Et voilà comment une chanson d'amour toute simple devint le symbole des combats de la Commune.

12. *Frou-Frou*

Lucien Delormel s'était fait une spécialité dans les chansons patriotiques et revanchardes. Avec Villemer, il avait signé l'extraordinaire *Fils de l'Allemand* qui restera à jamais le chef-d'œuvre du genre :

> Va, passe ton chemin, ma mamelle est française
> N'entre pas sous mon toit, emporte ton enfant
> Mes garçons chanteront plus tard la Marseillaise
> Je ne vends pas mon lait au fils d'un Allemand!

Aux environs de 1890, sur une musique du compositeur Henri Chapau, Delormel avait écrit une chanson intitulée : *La Fête du souffleur* qui fut un bide magistral. Pourtant, un Allemand qui passait par là avait remarqué la mélodie. Il la fit adapter à Vienne sous le titre *Beim Supper* (« A souper ») où elle remporta un triomphe. La chanson revint en France où, sous le nom de *Frou-Frou*, elle connut enfin une gloire qui n'est pas près de s'éteindre.
Lucien Delormel est l'auteur de milliers de chansons dont le très célèbre *En rev'nant de la revue* que Paulus créa à l'Alcazar d'été le 14 juillet 1886.

13. *La Petite Tonkinoise*

Vincent Scotto (1876-1952) fut le Marseillais qui sut sans doute le mieux chanter Paris. Il fut le compositeur de plus de quatre mille chansons parmi lesquelles on trouverait facilement plusieurs centaines de gros succès. Pour parvenir à ce chiffre fabuleux, il faut commencer par le numéro un et, précisément, la première chanson de Vincent Scotto a une histoire. Sur des paroles de Villard il avait écrit *Le Navigatore* :

> Je suis un navigatore
> Navi, navi, navi, navi, navigatore...

Polin, l'excellent comique troupier, créateur de *L'Ami Bidasse* et de *La Caissière du Grand Café*, passant un jour par Marseille entendit la chanson, la rapporta avec lui à Paris et demanda à Christiné de lui écrire d'autres paroles sur cette musique. Et ce fut *La Tonkinoise* qui obtint un succès foudroyant. On raconte que nos troupes prirent d'assaut Casablanca, en 1906, aux accents de *La Petite Tonkinoise* que jouait le clairon.

14. Boire un petit coup, c'est agréable

La chanson fut composée par Félix Boyer en 1910 alors qu'il faisait son service militaire au 76ᵉ R.T. Elle avait pour titre : *Allons dans les bois, ma mignonnette*. Le succès ne fut pas immédiat. La chanson ne devint célèbre que pendant la guerre de 14-18, grâce aux tournées du Théâtre aux armées. Trente ans plus tard, en 1947, pour le film *Les Amants du pont Saint-Jean*, Valbonne écrivit sur cette musique un couplet que chantaient Michel Simon et Gaby Morlay : « Boire un petit coup c'est agréable. »

Depuis, il n'est plus de fête de famille, de noce, de réunion d'amis ou de soirée dans une boîte à touristes où cette chanson ne soit entonnée par des chœurs approximatifs.

Elle est, avec *Frère Jacques*, la chanson française la plus célèbre au monde.

15. La Madelon

Bach, le comique troupier, créa cette chanson en 1913, sans aucun succès. Cela prouve à l'évidence que la réussite d'une chanson, comme d'un livre d'ailleurs, est affaire de circonstance. Les paroles de Louis Bousquet et la musique de Camille Robert qui, en temps de paix, n'évoquaient rien, avaient besoin de la guerre pour trouver toute leur signification et le triomphe. Mais de cela, personne n'avait conscience, même pas les auteurs. Lorsque le père Joffre décidera d'organiser des tournées théâtrales sur le front pour soutenir le moral des poilus, Bach remettra la chanson à son répertoire : elle obtiendra un succès qui ne s'est jamais démenti par la suite.

16. Maréchal, nous voilà !

C'est par dérision que nous rangeons au nombre des « chansons de toujours » cet hymne officieux de la France de Vichy qui, pendant les années d'Occupation, remplaça une *Marseillaise* aux couplets jugés trop séditieux. Cette chanson – paroles de Montagard, musique de

Montagard et Courtioux – avait été lancée officiellement en 1940, et aussitôt imposée dans toutes les cours de récréation, rassemblements populaires et cérémonies officielles.
Ce que peu de gens savent c'est que cette époque de récupération et de système D avait bien trouvé l'hymne qu'elle méritait : ses deux auteurs avaient tout simplement réutilisé une de leurs chansons précédentes au destin confidentiel intitulée *Voilà le Tour qui passe* et dont le refrain commençait ainsi :

> Attention ! Les voilà !
> Les coureurs, les géants de la route...

17. Petit Papa Noël

Le film de Richard Pottier *Destins,* sorti sur les écrans en 1946, était l'une de ces productions commerciales qui ne méritait à aucun titre de rester dans les mémoires. Oubliée sitôt vue, cette histoire de jumeaux, l'un riche et bon, l'autre minable truand qui kidnappe l'enfant du premier, est d'une insurpassable niaiserie. Circonstance aggravante, Tino Rossi jouait les deux rôles : un était difficilement supportable, alors, vous pensez... deux !
Seulement, voilà ! c'est dans *Destins* que Tino pousse pour la première fois la chanson qui le rendra immortel : *Petit Papa Noël.* Cette romance sucrée fait maintenant partie du folklore enfantin de la nuit de Noël. Trente millions de disques en ont été vendus à ce jour... et, chaque année, Pathé-Marconi en vend 300 000 à l'approche des fêtes. Il n'y a aucune raison pour que le phénomène s'arrête : depuis bientôt un demi-siècle, les enfants lorsqu'ils sont devenus parents réamorcent la pompe.
Il est amusant de noter que le compositeur de cet hymne national du père Noël se nommait - ô paradoxe - Henri Martinet, comme l'indispensable accessoire du père Fouettard. Pas un enfant n'a su qu'Henri Martinet, à soixante-seize ans, le 28 novembre 1985, s'était envolé de Marseille pour retrouver le père Noël qui l'emploie maintenant comme chef de ses chorales célestes. Il lui devait bien ça !

CHARADES

Le nom de la charade viendrait, dit-on, du provençal *charrado,* causerie. Le Larousse la définit comme une « énigme où l'on doit faire deviner un mot de plusieurs syllabes en le décomposant en parties qui forment elles-mêmes un mot, par la définition des parties et du tout ».

Tous les enfants ont joué à ce jeu dont ils connaissent les phrases rituelles : mon premier... mon second... et mon tout.

Aussi incroyable que cela puisse paraître aujourd'hui, les charades ont connu une extraordinaire faveur dans les salons littéraires à la fin du XVIIIe siècle et pendant tout le XIXe siècle. Devant l'affligeante médiocrité de celles, anonymes pour la plupart, qui nous sont parvenues, on s'étonne qu'un tel jeu ait pu faire se pâmer d'aise nos lointains ancêtres. D'après les deux exemples ci-dessous, signés de noms illustres, on peut avoir une idée de la qualité littéraire de l'ensemble :

☘ D'André-Marie Ampère qui s'est heureusement acquis d'autres titres à notre reconnaissance :

Mon premier marche
Mon second nage
Mon tout vole

Hanneton (Ane-Thon).

☘ De M. de Voltaire soi-même, voici un chef-d'œuvre insurpassable de niaiserie :

Mon premier est une voiture
Mon second voiture
Mon tout est une voiture

Carrosse (Car-Rosse).

☘ On rencontre souvent des charades en vers : si l'emballage y gagne en grâce, il a pourtant du mal à faire oublier la faiblesse du contenu.

Mon premier est métal précieux
Mon second, habitant des cieux
Et mon tout est un fruit délicieux

Orange (Or-Ange).

Mon premier dans les airs lève sa noble tige,
Mon second le traverse et mon tout y voltige
Pinson (Pin-Son).

Il arrive parfois que, de loin en loin, on découvre un bijou comme ce charmant madrigal que l'amour sûrement inspira à un poète timide, timide au point d'être demeuré anonyme.

Mon premier de tous temps excite les dégoûts
Mon second est cent fois plus aimable que vous,
Quant à mon tout, hélas! dont vous êtes l'image
Tout haut j'en fais l'éloge... et tout bas j'en enrage

Vertu (Ver-Tu).

☘ La charade peut aussi n'être pas seulement un aimable divertissement à l'usage des classes enfantines. Il existe des charades beaucoup moins classiques qui font appel aux infinies ressources du calembour ou de l'à-peu-près. On entre alors dans un domaine réservé aux adultes, celui du mauvais goût conscient lequel, pris au second degré, fait les délices d'un public d'intellectuels et de gens d'esprit. En voici un exemple :

Mon premier est une étendue d'eau
Mon deuxième est le cri qu'on pousse en s'apercevant
qu'on a perdu au loto
Mon troisième est très étroit
Mon tout est le plus célèbre des théâtres français

La Comédie française
(Lac - Oh! mes dix francs! - Seize : 13 et 3).

☘ Victor Hugo a toujours manifesté un faible pour les charades. A quatorze ans, déjà, il composait des œuvres de cet acabit :

J'achète mon second avec (que) mon premier
Pour le voir, à la fin, mangé par mon entier

Souris (Sou-Riz).

Un demi-siècle plus tard, pendant son exil à Guernesey, il s'amusait encore à composer, pour le plaisir de ses proches, des flopées de charades parmi lesquelles nous avons prélevé les deux échantillons ci-dessous. Bien sûr, ça ne vaut pas *La Légende des siècles,* mais ça repose !

Mon premier est un étudiant en médecine assis au sommet d'un amphithéâtre
Mon second se compose des dernières lettres du journal
Mon tout est un chant révolutionnaire

Internationale (Interne assis haut - Nal).

Mon premier est ce que l'on dit à un menuisier qui a compté sur sa note des copeaux en trop,
Mon second est la fin de l'homme
Mon tout est un mets délicieux

Bifteck aux pommes (Biffe tes copeaux - Me).

Est-ce à cet endroit que le cercle de famille est supposé devoir applaudir à grands cris?

Pendant l'épouvantable guerre de 1914 il fallait soutenir le moral des combattants, fût-ce avec de mauvais jeux de mots ; la charade ci-dessous, parue en 1919 dans *Le Journal des tranchées,* et devenue un classique du genre, reste d'un humour tout à fait actuel :

Mon premier est la canne à pêche d'un prêtre bouddhiste détestant l'eau,
Mon second est un plantigrade entouré de maisons d'oiseaux
Mon tout était une enseigne que l'on pouvait lire autrefois sur un petit café de la rue du Faubourg-Saint-Denis

L'on boit du bon cidre au faubourg Saint-Denis
(Long bois du bonze hydrophobe - Ours ceint de nids).

Demeurons dans le domaine de la *charade non syllabique,* afin de vous présenter un remarquable exemple de la transformation que peut subir un jeu d'enfant lorsque s'en emparent des amateurs d'à-peu-près :

Mon premier est un oiseau,
Mon second est ce que disait Alexandre Dumas fils à son père lorsqu'il lui demandait de faire voir l'heure à leurs domestiques sans ouvrir la porte,

Mon tout est ce qu'on dit quand on a perdu sa montre à Nogent-le-Rotrou.

J'ai perdu ma montre à Nogent-le-Rotrou
(Geai - Père Dumas, montre à nos gens l'heure au trou *).

* *De la serrure, bien sûr !*

☘ Nous venons de glisser, mine de rien, dans la catégorie des *charades-pièges* dont la réponse est tout entière contenue dans l'énigme. En voici deux exemples parfaits :

Mon premier est un délit,
Mon deuxième est du riz,
Mon troisième est un homme très mince,
Mon tout menace l'ivrogne

Delirium tremens (Délit-Riz-Homme très mince).

Mon premier est bavard,
Mon deuxième est oiseau,
Mon troisième est chocolat,
Mon tout est un délicieux gâteau

Bavaroise au chocolat (Bavard-oiseau-chocolat).

Après l'entraînement intensif qui vient de vous être imposé, peut-être allez-vous résoudre en un clin d'œil cette charade « presque » classique :

Mon premier est un cul-de-poule,
Mon deuxième est un pet-de-nonne,
Mon troisième, une tête-de-cochon,
Mon tout fait le tour de Paris

Chemin de fer de ceinture (Chemin d'œuf-Air de sainte-Hure).

☘ Nouvel avatar de la charade : *la charade alphabétique.* Rien de plus simple : chacune des lettres du mot à deviner est remplacée par un mot qui lui correspond phonétiquement :

Mon premier porte l'oiseau (Aile : L)
Mon deuxième pousse le cheval (Hue : U)
Mon troisième inspire la vengeance (Haine : N)
Mon quatrième nourrit l'homme (Œufs : E)
Et mon tout inspire les rêves du poète

L + U + N + E : *Lune.*

Bien que la charade soit une manifestation exclusive de l'esprit (!) français, de hardis linguistes lui ont découvert des variantes régionales et étrangères.
La charade, quand elle veut bien s'en donner la peine, sait aussi prendre l'accent :

L'accent alsacien ?

Mon premier est un chentarme qui rentre à la caserne,
Mon teussième est un chentarme qui rentre à la caserne,
Mon troissième est un chentarme qui rentre à la caserne,
Mon quatrième est un chentarme qui rentre à la caserne,
Mon cinquième est un chentarme qui rentre à la caserne,
Mon sissième est un chentarme qui rentre à la caserne,
Mon tout, c'est le signe de l'arrivée du printemps en Alsace

Les cigognes sont de retour (Les six cognes sont de retour).

Mon premier est acréaple au bied,
Mon second sert au chefal,
Mon tout est une imbératrice.

Joséphine de Beauharnais
(Chaussette fine de peau - Harnais).

Mon premier il a tes tents,
Mon teussième il a aussi tes tents,
Mon troissième il a encore tes tents,
Mon tout, il fous mord comme s'il afait tes tents

Jalousie (Chat-Loup-Scie).

L'accent arabe ?

Y en a pas di premièr'
Y en a pas di dosièm'
Y en a pas di troisièm'
Quisqui c'ist?

C't'on train d'marchandis' !

L'accent belge ?

Mon premier ça est un combustible solide,
Mon deuxième ça est un combustible solide,

Mon troisième ça est un combustible solide,
Mon quatrième ça est un combustible liquide,
Et mon tout ça est ce que l'on dit en recevant un coup de pied mal placé

Houille ! Houille ! Houille ! Mazout !

L'accent anglais ?

Mon premier est une salade,
Mon deuxième est une salade,
Mon troisième est une salade,
Mon quatrième est une salade,
Mon cinquième est une salade,
Mon sixième est une salade,
Mon septième est une salade,
Mon huitième est une salade,
Mon tout est un célèbre écrivain anglais

Lewis Carroll (Les huit scaroles).

L'accent corse ?

Mon premier est ce que disaient les Corses en reconnaissant Napoléon,
Mon deuxième est ce que disait Napoléon en reconnaissant des Corses,
Mon troisième est ce que la mère de Napoléon disait à son enfant pour l'endormir,
Mon quatrième est ce que répondait alors Napoléon à sa mère,
Mon tout est une préparation pharmaceutique

Sirop d'écorce d'orange amère (Sire! - Oh! des Corses! - Dors, ange! - Ah! mère!).

L'accent parisien ?

Mon premier est un cul-de-jatte qui descend la rue Lepic à toute vitesse,
Mon deuxième est un cul-de-jatte qui descend la rue Lepic à toute vitesse,
Mon troisième est un cul-de-jatte qui descend la rue Lepic à toute vitesse,
Mon quatrième est un cul-de-jatte qui descend la rue Lepic à toute vitesse,

Mon cinquième est un cul-de-jatte qui descend la rue Lepic à toute vitesse,
Mon sixième est un cul-de-jatte qui descend la rue Lepic à toute vitesse,
Mon tout est une boisson rafraîchissante

Citron pressé (Six troncs pressés).

♣ *La charade parle du nez*

Mon premier est un poisson,
Mon second est un arbre fruitier
Mon tout est un roi de France

François Premier (Anchois-Pommier).

Nous avons gardé pour la fin la plus désolante, la plus consternante, la plus lamentable des charades qui se puisse concevoir - c'est-à-dire la plus drôle :

Mon premier est une ville italienne
Mon deuxième est une île française
Mon troisième est une ville fortifiée
Mon quatrième est un hydrocarbure gazeux
Mon tout se passa en 1821

Napoléon est mort à Sainte-Hélène (Naples - Oléron - Aigues Mortes - Acétylène).

N'insistons pas... et passons au chapitre suivant dans lequel nous verrons la charade devenir plus compliquée pour notre plus grand plaisir. Il est paradoxal de constater qu'alors qu'il lui pousse des tiroirs elle devient moins... commode.

CHARADES A TIROIRS

Avec la charade à tiroirs, nous entrons dans un domaine où régna Luc Étienne, grand maître ès contrepets (voir ce chapitre) et pape incontesté de la charade, deux disciplines fondamentales auxquelles il consacra des livres qui font autorité aujourd'hui : *L'Art du contre-*

pet (1957), *L'Art de la charade à tiroirs* (1965), tous deux chez J.-J. Pauvert. La charade à tiroirs, selon Luc Étienne, diffère de la charade simple en ce que la définition de chaque élément y est remplacée par un calembour - ou par une cascade de calembours - que nous nommerons *tiroirs.*

Mieux qu'un long exposé, un exemple fameux fera comprendre le mécanisme auquel obéit ce divertissement hautement intellectuel.

Mon premier va çà et là,
Mon deuxième est employé des Postes,
Mon troisième ne rit pas jaune,
Mon quatrième n'est pas pressé,
Mon tout est le plus célèbre des auteurs de charades à tiroirs.

Mon premier, c'est vic *parce que* vicaire (Vic erre),
Mon deuxième, c'est tor *parce que* torréfacteur (Tor est facteur *) ,
Mon troisième, c'est hu *parce que* urinoir (U rit noir),
Mon quatrième, c'est go *parce que* goéland (Go est lent).
Et mon tout, c'est, bien sûr, Victor Hugo, *célèbre pour d'autres raisons, mais qui s'illustra également dans ce domaine.*

** Signalons aux amateurs de coïncidences que le père de la chanteuse Michèle Torr était facteur.*

Puisqu'il est question de lui, voici l'une des plus connues parmi les charades à tiroirs que l'on doit à l'imagination de notre Victor Hugo national.

Mon premier a été volé,
Mon deuxième se bourre comme une pipe,
Mon troisième vaut cent francs,
Mon tout est une voiture légère.

Mon premier est til *parce que* Alcali volatil (Alcali vola Til),
Mon deuxième est bu *parce que* Bucéphale *et que* Phalsbourg (Bu c'est Phale et Phale s'bourre),
Mon troisième est ry *parce que* rivoli, *que* Lycée Saint-Louis *et que* Saint-Louis, *c'est* cent francs (Ry vaut Ly - Ly c'est cinq louis).
Mon tout est donc Tilbury.

« Comme on le voit par cet exemple, assure Luc Étienne, la charade à tiroirs est à la charade simple ce que le bridge est à la bataille ou au

nain jaune. Parfaitement impertinente, elle s'adresse à tous ceux qui ne se sont pas laissé prendre au piège de leur propre gravité. »
Bien sûr, il est impossible, rigoureusement, de deviner la solution d'une charade à tiroirs. Le plaisir ne consiste pas d'ailleurs à vouloir la résoudre, mais à en voir fonctionner la savante mécanique, à en apprécier l'ingéniosité et à en savourer les trouvailles.
Contrairement à la charade simple du précédent chapitre, la charade à tiroirs est un divertissement d'adultes. Ses tiroirs recèlent bien des équivoques, des plaisanteries salaces et un vocabulaire parfois peu convenable.
Il y aurait de quoi offenser la pudeur des ligues de vertu ou faire froncer le sourcil des professeurs de morale si la charade à tiroirs ne s'avançait voilée. L'audace - s'il y en a une - se trouve dans la réponse et non dans la question. Si l'on ne veut pas courir le risque d'être effarouché, il suffit de laisser les tiroirs fermés!

☘ Cette mise en garde effectuée, feuilletons notre anthologie de la charade à tiroirs.

Mon premier prépare des repas pour les Allemands,
Mon deuxième a de l'inclination pour les chèvres,
Mon troisième est ce que fait mon premier,
Mon tout est un philosophe français du XVIIIe siècle.

Mon premier est con *parce que* confédération germanique
Mon deuxième est di *parce que* dithyrambique,
Mon troisième est ac *parce que* accélération
Mon tout est Condillac.

Mon premier est un vampire nécrophage,
Mon deuxième possède un animal,
Mon troisième insulta l'armée française,
Mon quatrième équivaut à une note de musique,
Mon tout est un ancien comptoir français des Indes.

Mon premier est pon *parce que* pont suspendu,
Mon deuxième est di *parce que* diabète,
Mon troisième est ché *parce que* chéchia sur la tête d'un zouave,
Mon quatrième est ry *parce que* rivoli, *que* Livonie *et que* niveau d'eau (ni vaut do).
Mon tout est Pondichéry.

Mon premier fait l'amour,
Mon deuxième a ce qu'il faut pour le faire,

Mon troisième a envie de le faire,
Mon tout est un os de l'épaule.

Mon premier est o *parce que* obèse,
Mon deuxième est mo *parce que* moabite,
Mon troisième est plate *parce que* plate-bande,
Mon tout est omoplate.

☘ Une charade est beaucoup plus satisfaisante à l'œil et à l'esprit lorsque chacune de ses propositions peut être ramenée à un thème identique. Déjà, la charade précédente allait dans le sens de l'unité. Celle ci-dessous fait encore mieux. Quant à la suivante, elle est parfaite : comme la tragédie classique, elle obéit à la règle des trois unités :

Mon premier est un pédéraste,
Mon deuxième est un pédéraste,
Mon troisième est un complice de pédérastes,
Mon quatrième sera leur complice en observant la loi du silence,
Mon tout est une vraie corrida.

Mon premier est to *parce que* topinambour,
Mon deuxième c'est ro *parce que* Robespierre,
Mon troisième c'est ma *parce que* macache bono *pendant que* bono bézef,
Mon quatrième c'est chi *parce que* chistéra
Mon tout est tauromachie.

Mon premier a la maladie de la pierre,
Mon second a la maladie de la pierre,
Mon tout avait la maladie de la pierre.

Mon premier est hauss *parce que* hospice du gros caillou,
Mon second est mann *parce que* manitou (mann itou)
Et mon tout est Haussmann, *préfet de la Seine, grand destructeur du vieux Paris et constructeur des principales voies de notre capitale.*

☘ L'exemple suivant est une preuve de la qualité intellectuelle et de la probité morale que l'on rencontre dans les milieux de la charade à tiroirs :

Mon premier n'admet pas qu'il est britannique,
Mon second évacue du bois par-derrière et par-devant,
Mon tout est une grande marque de pianos.

Mon premier c'est er *parce que* hernie étranglée,
Mon second c'est ar *parce que* archiépiscopaux
Mon tout c'est Erard.

Cette énigme, pourtant excellente, n'a pas été jugée digne d'être admise dans l'anthologie des charades à tiroirs classiques. Et ceci pour une simple erreur de prononciation. En effet, si on prononce *archi*prêtre ou *archi*duc, on doit dire *arki*épiscopaux. Voilà pourquoi il est recommandé de remplacer « Mon second évacue du bois par-derrière et par-devant », par cette autre définition :

Mon second expédie des matières floconneuses
made in Germany
dont la réponse est :

ar *parce que* archiduc Othon de Bavière.

Pour en terminer avec ce chapitre un peu leste sur la charade et ses tiroirs secrets, il convient de dire un mot de la *charade multiple* laquelle, comme son nom l'indique, est susceptible de recevoir plusieurs solutions.
Ainsi de celle qui suit :

Mon premier de fort près nous voit venir au monde,
Mon second sert à divers jeux,
Mon tout fut un grand général.

Première solution : Condé
Deuxième solution : La Motte-Picquet
Troisième solution : Washington - *le nom de ce général américain étant prononcé à la française : Vaginj'ton.*

Concluons ce chapitre avec Luc Étienne :
« Puissent nos lecteurs, en cultivant l'art subtil de la charade, se délecter de sentir sur eux le regard réprobateur des gens graves, et s'abandonner sans remords et sans fausse honte, en ce siècle férocement utilitaire, au délicieux plaisir d'une occupation inutile. »

CHAT

La France compte cinquante-cinq millions d'humains - sans compter les inhumains - et neuf millions de chats. Un foyer français sur deux, en moyenne, possède donc un chat. Cent vingt mille des inhumains cités plus haut abandonnent chaque année leur chat dans la nature.
Les gens qui ne peuvent pas supporter les chats sont appelés *ailurophobes* (du grec *ailuros* : chat et *phobos* : effroi.)
Le chat est réputé pour la noblesse de ses attitudes. Certains chats, pourtant, sont plus nobles que d'autres : ce sont les chats de race pure, dont les parents et les grands-parents sont connus sur cinq générations.
Les chats de race sont inscrits sur le *Livre des origines* (L.O.).
Les chats nobles - et parfois les autres aussi - sont baptisés d'un nom dont l'initiale correspond à l'année de leur naissance :

En 1981 : S	En 1989 : D	En 1997 : M
En 1982 : T	En 1990 : E	En 1998 : N
En 1983 : U	En 1991 : F	En 1999 : O
En 1984 : V	En 1992 : G	En 2000 : P
En 1985 : W	En 1993 : H	En 2001 : R
En 1986 : A	En 1994 : I	En 2002 : S
En 1987 : B	En 1995 : J	Sont interdites
En 1988 : C	En 1996 : L	les lettres : K
		Q. X. Y. Z.

Un chat vit, en moyenne, de quinze à vingt ans. Le record de longévité est de trente-six ans.
L'ancêtre de notre chat européen serait le *kaffir*, qui vivait en Égypte ancienne.
En 2200 ans avant Jésus-Christ, les Égyptiens avaient divinisé le chat : le mâle était associé au soleil et la femelle à la lune. La déesse *Bastet* était représentée sous l'aspect d'une femme à tête de chat. Lorsqu'un chat mourait on se rasait les sourcils en signe de deuil. Tuer un chat, en Égypte, revenait à offenser les dieux et était puni de la peine de mort.
En revanche, dans d'autres pays, le chat n'était pas en odeur de sainteté : on lui reprochait son caractère énigmatique et son regard mystérieux. Les Juifs interdisaient à leurs enfants de toucher sa fourrure. Aux Indes, il était le symbole de l'hypocrisie.

C'est au Moyen Age et en Europe que le chat a été le plus maltraité. On l'accusait d'être l'animal du diable. Les chats noirs, incarnation de Belzébuth, étaient pourchassés, lapidés, brûlés vifs. Certaines recettes de sorcellerie exigeaient que des chats fussent dépecés vivants.
Heureusement pour lui, le chat est un chasseur de rats : afin de lutter contre l'engeance maudite qui mangeait les récoltes et véhiculait la peste, il fallait des chats. Colbert demanda à Louis XIV de signer un décret royal protégeant les chats.
Lentement le chat retrouva sa faveur.
Louis XV ne se séparait jamais de son angora préféré.
D'animal utile à la campagne le chat devint animal de compagnie en ville. Les races les plus recherchées sont le *birman* qui est actuellement l'objet d'une véritable passion. Viennent ensuite le *siamois*, le *chartreux* et l'*abyssin*. On connaît également le *persan*, l'*angora* (dont le nom vient de la ville d'Ankara), le *bleu russe*, le *burmese*, le *brun de Havane*, le *chinchilla*, le *ragdoll*, l'*himalayen*, le *rex devon*... et l'*européen*. Au Mexique, on trouve des chats sans poils nommés *sphinx*. Sur l'île de Man, dans la Manche, existe une race de chats anoures, c'est-à-dire sans queue.

♣ Les écrivains et les poètes sont les amis des chats. Ils ont composé de belles phrases et des poèmes inoubliables à la gloire de leurs compagnons félins. Nous dédions cette petite anthologie à tous les amoureux des chats :
Voici Charles Baudelaire :

De sa fourrure blonde et brune
Sort un parfum si doux, qu'un soir
J'en fus embaumé, pour l'avoir
Caressé une fois, rien qu'une.

C'est l'esprit familier du lieu;
Il juge, il préside, il inspire
Toutes choses dans son empire;
Peut-être est-il fée, est-il dieu?

Quand mes yeux vers ce chat que j'aime
Tirés comme par un aimant
Se retournent docilement
Et que je regarde en moi-même,

Je vois avec étonnement
Le feu de ses prunelles pâles,
Clairs fanaux, vivants opales,
Qui me contemplent fixement.

Du même Baudelaire, tout le monde connaît ce quatrain, le premier d'un sonnet intitulé tout simplement *Les Chats* :

Les amoureux fervents et les savants austères
Aiment également, dans leur mûre saison,
Les chats puissants et doux, orgueil de la maison,
Qui comme eux sont frileux, et comme eux sédentaires.

« Donner sa langue au chat »... quelle drôle d'expression! Ne faudrait-il pas parler plutôt de tous les poètes qui ont donné leur chat à la langue française? Connaissiez-vous ce sonnet de Verlaine où l'on voit deux chattes s'amuser... deux chattes dont l'une est une femme?

Elle jouait avec sa chatte
Et c'était merveille de voir
La main blanche et la blanche patte
S'ébattre dans l'ombre du soir.

Elle cachait - la scélérate! -
Sous des mitaines de fil noir
Ses meurtriers ongles d'agate,
Coupants et clairs comme un rasoir

L'autre aussi faisait la sucrée,
Et rentrait sa griffe acérée,
Mais le diable n'y perdait rien.

Et dans le boudoir où, sonore,
Tintait son rire aérien,
Brillaient quatre points de phosphore.

☘ On connaît trop peu l'œuvre de Charles Cros, inventeur génial et délicat poète qui ne s'est pas contenté d'écrire une seule œuvre à la gloire du hareng saur. Le chat aussi l'a inspiré :

Chatte blanche, chatte sans tache,
Je te demande dans ces vers,
Quel secret dort dans tes yeux verts,
Quel sarcasme sous ta moustache.

Tu nous lorgnes, pensant tout bas
Que nos fronts pâles, que nos lèvres
Déteintes en de folles fièvres,
Que nos yeux creux ne valent pas

Ton museau que ton nez termine
Rose comme un bouton de sein,
Tes oreilles dont le dessin
Couronne fièrement ta mine.

Pourquoi cette sérénité?
Aurais-tu la clé des problèmes
Qui nous font, frissonnants et blêmes
Passer le printemps et l'été?

Devant la mort qui nous menace,
Chats et gens, ton flair, plus subtil
Que notre savoir, te dit-il
Où va la beauté qui s'efface,

Où va la pensée, où s'en vont
Les défuntes splendeurs charnelles?
Chatte détourne tes prunelles,
J'y trouve trop de noir au fond!

☘ Guillaume Apollinaire, le « Mal-Aimé », avait-il trouvé davantage de fidélité et d'affection chez son chat qu'auprès de ses muses successives?

Je souhaite dans ma maison
Une femme ayant sa raison
Un chat passant parmi les livres
Des amis en toute saison.

☘ Et puis ce quatrain signé Edmond Rostand *(Les Musardises)* :

C'est un petit chat noir effronté comme un page,
Je le laisse jouer sur ma table souvent,
Quelquefois il s'assied sans faire de tapage :
On dirait un joli presse-papiers vivant.

☘ Avant de terminer sur un court poème de Maurice Carême :

Le Chat et le soleil :

Le chat ouvrit les yeux
Le soleil y entra
Le chat ferma les yeux
Le soleil y resta

Voilà pourquoi le soir
Quand le chat se réveille

J'aperçois dans le noir
Deux morceaux de soleil.

Voici maintenant quelques jolies phrases que le chat inspira :

« L'idée du calme est dans un chat assis. » JULES RENARD

« Dieu a inventé le chat pour que l'homme ait un tigre à caresser chez lui. » VICTOR HUGO

« C'est plus fort que moi, il m'est difficile de me confier entièrement à quelqu'un qui n'aime pas les chats. » EDMOND JALOUX

« L'homme est civilisé dans la mesure où il comprend le chat. » GEORGE BERNARD SHAW

« Le chat ne nous caresse pas, il se caresse à nous. » RIVAROL

« On a remarqué que, de tous les animaux, les chats, les mouches et les femmes sont ceux qui perdent le plus de temps à leur toilette. » CHARLES NODIER

« Si je préfère les chats aux chiens c'est qu'il n'y a pas de chats policiers. » JEAN COCTEAU

Le chat est associé à un grand nombre d'expressions françaises :

- Avoir un chat dans la gorge
- Donner sa langue au chat
- Il n'y a pas de quoi fouetter un chat
- Avoir d'autres chats à fouetter
- Le chat à neuf queues
- La nuit tous les chats sont gris
- Il n'y a pas un chat
- Il ne faut pas réveiller le chat qui dort
- Se lever dès potron-minet
- Chat échaudé craint l'eau froide
- S'entendre comme chien et chat
- A bon chat, bon rat
- Retomber comme le chat, toujours sur ses pattes
- Acheter chat en poche
- Appeler un chat un chat
- Quand le chat n'est pas là, les souris dansent...

Le chat est entré dans la bande dessinée :
Félix le Chat, l'ancêtre, a été rejoint par l'affreux Garfield et par « le Chat », pontifiant et péremptoire, imaginé par Philippe Geluck. Le chat est au cœur de la publicité qui l'emploie pour faire vendre, non seulement les boîtes de nourriture pour animaux de compagnie, mais

aussi d'autres produits apparemment sans aucun rapport. Mais il faut se souvenir que le chat est synonyme de propreté (savon Le Chat) ou de douceur (la laine du Chat Botté).
Dans le bestiaire de la « réclame », le chat de Dubonnet est une célébrité déjà ancienne : on y voit un chat devant une bouteille sur l'étiquette de laquelle se trouve un chat, devant une bouteille sur l'étiquette de laquelle...

♣ S'il existait un annuaire des chats célèbres (le Chat Bottin?), on y trouverait les noms de quelques stars d'hier et d'aujourd'hui qui ont acquis leur renommée grâce au compagnon - écrivain, homme politique, vedette - qu'elles se sont choisi.

- *Belaud* fut le chat très aimé de Joachim du Bellay.
- *Minette* : c'est de ce nom tout simple que La Fontaine et Jean-Jacques Rousseau avaient baptisé leur chatte.
- *William* était le nom du chat de Charles Dickens.
- *Micetto* était le chat de René de Chateaubriand.
- *Hamilcar*, celui d'Anatole France.
- *Neige*, la chatte de Stéphane Mallarmé.
- *Kiki-la-doucette* et *Saha* sont entrées en littérature grâce à leur maîtresse Colette, qui fut aussi la patronne de la *Noire, Chatte grise, Jeune bleue, Beau Garçon, Fanfare, Moune, Framaral Zaman, Pati, Nonoche, Pitiriki, Bijou, Musette, Noire du voisin, Babar, la Bergère, Prrrou, Lola, Poucette, Fossette, la Toutouque, Moulouk, Gertrude, Domino, Panesson, Finaud, Souci, Belle Aude, Lisette, Muscat, Grignoulet,* et... *la Chatte dernière.*
- *Bébert* : le nom du chat Bébert est inséparable de celui de Céline.
- *Monsieur Souris* dit *« la Suprématie »* fut la première passion féline de Pierre Loti. Il y eut après, *Madame Moumoutte blanche* « 1re chatte chez Pierre Loti » et *Madame Moumoutte chinoise* « 2e chatte chez Pierre Loti », sans parler de leurs descendants : *Kedi Bey, Tu-Duc, Balkis* et *Mahmoud*.
- *Pipe* appartenait à Guillaume Apollinaire.
- *Minos* à Marcel Jouhandeau.
- *Boule*, en compagnie d'une bonne douzaine d'autres, vivait chez Paul Léautaud, ce sacré misanthrope qui disait : « Chaque fois qu'une maîtresse me quitte, j'adopte un chat de gouttière. Une bête s'en va, une bête arrive ! »
- *Fourrure* était le chat d'André Malraux.
- *Lester*, celui de Louis Bromfield.
- *Charlie Chaplin*, le chat de Katherine Mansfield.
- *Tybalt* aujourd'hui est entré dans l'œuvre d'Yves Navarre, tout comme :

~ *Finette* est l'héroïne d'un roman de Remo Forlani.
~ *Souki* (dont le nom signifie « chéri » en serbo-croate, la langue maternelle du prince Malko) est, bien sûr, la chatte de Gérard de Villiers.

♣ Dans la catégorie « hommes politiques », nous mentionnerons que :

~ *Richelieu* avait quatorze chats - dont l'un portait le joli nom de *Rubis-sur-l'ongle*. Le cardinal payait en permanence deux domestiques chargés de leur faire cuire à point des blancs de poulet.
~ *Nelson* était le chat (borgne?) de Churchill.
~ *Mary*, la chatte de Benjamin Disraeli.
~ *Prudence* était le nom de la chatte de Clemenceau.
~ *Gris-Gris*, celui du chat de Poincaré.

Lorsque le général de Gaulle se retira du pouvoir en 1969, il eut pour compagnon à La Boisserie un chartreux au nom noble de *Ringo de Balmalon* qu'il appela, lui aussi, *Gris-Gris*, tout simplement.
Aujourd'hui que toutes les célébrités ont un chat, un énorme volume ne suffirait pas à les présenter. Nous nous contenterons de signaler que Jean Le Poulain adorait son chat *Nabab*, que Pierre Desproges avait baptisé sa chatte *Bokassette*, d'abord, disait-il, parce qu'elle est noire et ensuite parce qu'elle a les yeux vides.
Signalons pour terminer le nom d'un chat que bien des hommes envieront : c'est le birman *Kajou* que Valérie Kaprisky câline souvent en le pressant contre son cœur.
Après cette avalanche de noms, nous tenons à mentionner le fait qu'il n'existe aucune loi civile ou religieuse rendant obligatoire le baptême d'un chat.
Un jour, Henry de Montherlant demanda à une jeune fille s'il y avait une raison pour laquelle elle n'avait pas donné de nom à tous les chats qui peuplaient sa maison.
« Comment donc faites-vous pour les appeler?
- Je ne les appelle pas, répondit-elle, ils viennent quand ils le souhaitent. »
N'est-ce pas ainsi qu'il convient de traiter ses vrais amis?

En conclusion de ce chat-pitre idolâtre nous citerons une définition iconoclaste d'Ambrose Bierce qui ne fera sourire que ceux – encore nombreux – à qui l'amour du chat n'a pas fait perdre tout sens de l'humour :

« *Chat* : automate moelleux fourni par la nature pour recevoir des coups de pied quand les choses se gâtent dans le cercle de famille. »

CHIFFRES

De nos jours, n'importe quel obscur élève du cours moyen pourrait donner des leçons de calcul à un philosophe du XVIe siècle atterri par magie dans notre monde. Le croirait-on? Montaigne, cet archétype de l'homme de savoir, s'avouait incapable d'effectuer la moindre opération. « *Or, je ne sçay compter ny a get ni a plume* » (*Les Essais*, livre II), c'est-à-dire : pas plus avec des jetons *(get)* que par écrit.

Pendant la préhistoire, l'homme n'a eu aucune notion du nombre. Ses possibilités d'évaluation se limitaient à « 1 », « 2 »... et « beaucoup ». Chaque civilisation mit au point, au cours de millénaires, ses propres méthodes de calcul. Tout naturellement l'homme commença à compter sur ses doigts, puis perfectionna le système avec des petits cailloux, des nœuds à des ficelles ou des entailles à des bâtons. Autant de représentations concrètes imaginées par des peuples de bergers ou de paysans afin de compter des animaux ou des mesures de grain.

Les signes chiffrés inventés par les Romains – et qu'ils remplacèrent peu à peu par des lettres – ne pouvaient servir qu'à la notation et, en aucun cas, ne permettaient d'évoluer vers le calcul abstrait. Pour les opérations simples, les Romains utilisaient des *abaques* à jetons, sortes de tables ou de planchettes sur lesquelles on avait gravé des traits verticaux parallèles pour matérialiser les colonnes des unités, des dizaines, des centaines... On y déposait des jetons ou des petits cailloux (c'est le nom latin du caillou, *calculus*, qui a donné naissance à notre mot « calcul »). Est-ce à cause de leur orgueil de conquérants que les Romains, nation civilisée s'il en fut, ignorèrent superbement les recherches mathématiques et les découvertes d'autres peuples par eux considérés comme barbares, et se contentèrent de leur système rudimentaire de calcul?

Deux inventions ont marqué un progrès décisif de l'humanité et, curieusement, elles ont une forme semblable, ce sont *la roue* puis *le zéro*.

Concevoir le *zéro* suppose pour un homme la capacité de se représenter le « rien », le « vide ». C'est l'invention géniale qui permet au calcul de devenir abstrait. Nous en sommes redevables aux Indiens qui en eurent l'idée vers le Ve siècle de notre ère. Tout naturellement, ils le baptisèrent *sunya*, le vide.

Les Arabes, lorsqu'ils connurent ces nouvelles méthodes de calcul, comprirent très vite les avantages qu'elles représentaient et les adoptèrent aussitôt. Le zéro fut par eux baptisé d'un mot équivalent, *sifr* qui signifie également le vide.

Vers les années 800, alors que Charlemagne régnait sur l'Europe, vivait à Bagdad un remarquable mathématicien, le Samanide *Mohammed ibn Mussa al-Khowarizmi*. C'est lui qui écrivit le premier traité d'arithmétique destiné à vulgariser les méthodes nouvelles du calcul indien. Ce livre – à ne confondre en aucun cas avec les comptes des Mille et une nuits ! – lui valut une incroyable renommée. Son nom, latinisé en Alchoarismi, puis Algorismi, devint *Algorithme,* mot qui servit longtemps en Europe à désigner le calcul inventé par les Indiens.

Au début du XIIIe siècle, un grand savant italien, *Léonard de Pise,* qui avait adopté le nom de *Fibonacci,* visita le Proche-Orient où il se fit expliquer par les maîtres des mathématiques de l'époque le système numérique arabe et le calcul algébrique. En 1202, à son retour, il rédigea le *Liber Abaci*, « le traité des abaques ». Il donna au zéro le nom latin de *zephirum*, toujours « le vide », mot qui sera utilisé jusqu'au XVe siècle. En Italie, le mot deviendra *zefiro*, puis *zero* en 1491.

Mais, parallèlement, du mot arabe *sifr* va dériver le français *chiffre*, le *ziffer* allemand, le *cipher* anglais et le *cifra* des Espagnols et des Portugais.

Il existe donc, pendant cette période en Europe, deux sortes de procédés de calcul :

- la méthode traditionnelle et archaïque héritée des Romains avec l'encombrante table à calcul et les jetons ;
- la méthode moderne de calcul au moyen des chiffres arabes qui permet d'effectuer, fût-ce sur le sable, n'importe quelle opération.

Pourtant, pendant des siècles, cette méthode révolutionnaire restera réservée à quelques très rares esprits éclairés. Pourquoi ?

Tout simplement parce que l'Église, inquiète d'assister à la renaissance du savoir en Europe, s'empressa de contrôler le développement dangereux de la philosophie et de la science pour les soumettre au dogme. Autoriser la démocratisation du nouveau mode de calcul aurait représenté pour l'Église la perte de son monopole d'enseignement et, par là même, de son pouvoir. Alors, les autorités ecclésias-

tiques mirent un veto à l'utilisation des chiffres arabes. Elles firent courir le bruit que ce calcul moderne inventé par les hérétiques arabes, pour être si facile, devait être inspiré par le démon : l'utiliser, c'était donc risquer l'Enfer et y perdre son âme.
La bataille entre les *Abacistes* (les tenants de la méthode romaine et de la table à calcul) et les *Algoristes* (les partisans du calcul écrit avec des chiffres arabes) durera des siècles.
Pour tourner le veto de l'Église, de plus en plus de gens utilisèrent en cachette les chiffres arabes. Entre tous ceux qui savaient les manier, c'était une sorte de code secret. Le calcul écrit se répandit parmi les couches populaires qui, se rendant compte que la notion de zéro était la base de ce nouveau système, prirent l'habitude de le désigner sous ce nom, c'est-à-dire « chiffre ».
Ainsi le mot chiffre avait-il deux sens tout à fait distincts :
- pour les érudits, il voulait dire : « signe de numération » ;
- selon le sens populaire, il désignait « rien », le « vide ».
Pour éviter des confusions dangereuses, les savants finirent par s'incliner et donnèrent le nom italien de *zéro* à la notion de vide, de nullité. Les commerçants, les banquiers, les fonctionnaires eurent du mal à se passer de l'abaque. Il fallut un décret de la Révolution pour interdire l'usage de l'abaque dans les écoles et les administrations. Le calcul moderne, sans lequel aucune science n'aurait pu progresser, venait de triompher de la tradition.

Les chiffres maudits... et les autres

Il existe des chiffres qui font bonne « figure », comme diraient les Anglais, alors que d'autres sont de sacrés numéros ! ou plutôt, des numéros sacrés... Car les chiffres ont une origine mystique.
« Tout est arrangé d'après le nombre », a révélé Pythagore, l'inventeur de la table de multiplication, « le hasard n'existe pas ».
Entre les lettres et les nombres existent des correspondances occultes, des affinités mystérieuses. L'alphabet hébreu se compose de 22 sons dont chaque signe est en même temps lettre, chiffre et arcane. Lors de la construction du Temple de Jérusalem, Salomon aurait défini les statuts de la géométrie et de la maçonnerie. Ces secrets sur les pouvoirs mystérieux des chiffres ont été rapportés en Europe par les Templiers au retour des croisades et se sont transmis entre grands initiés.
« Le nom annonce les événements qui reposent encore dans le silence de l'avenir et les décrets divins sont prédits par les nombres », écrivit Cagliostro.
Le nombre est le verbe originel... et il n'est pas de différence fondamentale entre *compter* et *conter*, les deux mots ayant une même origine. Les poètes, les mystiques, les kabbalistes, les amateurs de sur-

naturel ont de tout temps cherché à établir des correspondances entre les chiffres et les lettres.
Dans L'Apocalypse (XII-11), l'apôtre Jean décrit un monstre qui, avant la fin des temps, viendra semer la terreur parmi les hommes et qui sera anéanti par le retour du Christ sur la terre. « Que celui qui a de l'intelligence calcule le nombre de la Bête. Car c'est un nombre d'homme et son nombre est 666. »
Il restait à démontrer en traduisant les lettres en chiffres, que « la Bête de l'Apocalypse » ou « l'Antéchrist » était tel persécuteur ou tel hérétique. Tour à tour furent désignés Néron, Dioclétien Auguste qui avait persécuté les chrétiens, ou même le peuple romain dans son ensemble.
Ainsi, en donnant une correspondance chiffrée aux lettres de :

D I O C L E S A V G V S T V S
500 1 100 50 5 5 5
obtient-on le total abhorré de 666 !

Plus tard, le même procédé fut utilisé pour démontrer, « chiffres à l'appui », que le moine Luther était l'Antéchrist. Mais les partisans de celui-ci répliquèrent avec des arguments identiques pour démontrer que le régime des papes était maudit par les chiffres : la preuve est contenue dans la phrase latine : « Vicaire du fils de Dieu » !

V I C A R I V S F I L I I D E I
5 1 100 1 5 1 50 1 1 500 1 = 666

C.Q.F.D. !

Dix-sept

Chaque peuple a ses propres superstitions basées sur les chiffres. Ainsi les Italiens craignent-ils comme la peste le chiffre : *17*. En Italie, les buildings n'ont pas de 17e étage, les hôtels pas de chambre 17 et vous chercheriez en vain dans un avion d'Alitalia le siège 17 ! Lorsque Renault a commercialisé sa R 17 et qu'il a été question de l'exporter au-delà des Alpes, il fallut la rebaptiser « Renault 177 ». Cette superstition remonte à l'époque romaine. Le chiffre 17 s'écrivait XVII en caractères romains, ce qui est l'exacte anagramme du mot VIXI qui signifiait « j'ai vécu », c'est-à-dire « je suis mort ». Ce nombre est donc frappé d'une malédiction dont l'Histoire porte la trace. Personne n'aura été surpris que le pauvre Louis XVII connût un destin tragique avec un pareil numéro d'ordre ! Quant à Napoléon Bonaparte, plus italien que français dans son éducation, il se

refusa à donner le signal de son coup d'État le vendredi 17 brumaire et il l'ajourna au lendemain. A qui lui en faisait la remarque il répliqua : « Je n'aime pas les esprits forts. Il n'y a que les sots qui défient l'inconnu ! »
Le duc de Reichstadt, plus connu sous le surnom de l'Aiglon, le fils que Napoléon eut avec Marie-Louise, ne pouvait connaître qu'un destin dramatique : « Napoléon, roi de Rome » a 17 lettres !

Treize

En France, c'est le chiffre *13* qui jouit d'une réputation détestable et la malédiction qui lui est attachée remonte à l'aube de l'humanité : Aux fêtes religieuses de Babylone, le 13ᵉ dieu convié à la cérémonie était sacrifié. Mais c'est surtout la Cène, le dernier repas du Christ, qui sert de référence néfaste à ce chiffre : ce soir-là, il y avait 13 convives et le 13ᵉ était le traître. La mort de Jésus intervenant après ce repas symbolique est à l'origine de la superstition interdisant d'être 13 à table.
Pourtant, d'un mot drôle, Grimod de La Reynière a fait justice de cette crainte : « Le nombre treize n'est à craindre qu'autant qu'il n'y aurait à manger que pour douze ! »
Il y a pourtant des événements tragiques auxquels le chiffre 13 est associé.

- Paul Doumer fut le 13ᵉ président de la République à être élu... et son élection intervint le 13 mai 1931 (à noter que « 31 » est le « 13 » renversé). En se dirigeant en voiture vers l'Élysée avec un de ses collaborateurs, le nouveau président plaisanta :
« Avec des chiffres pareils, je ne peux qu'être assassiné ! »
Il le sera, moins d'un an plus tard, le vendredi 6 mai 1932 à 15 h 15. Venu inaugurer la vente des Écrivains Anciens Combattants à l'hôtel Salomon de Rothschild, le président tombera sous les balles de Paul Gorguloff (13 lettres) alors que Claude Farrère (13 lettres) était en train de lui dédicacer son dernier livre, *La Bataille*.
- En France, en Allemagne, aux États-Unis, les grands bâtiments n'ont pas de 13ᵉ étage, les hôtels pas de chambre 13 et Air France n'a pas de rangée 13 dans ses avions.
Dans certaines villes (c'est le cas dans quelques rues de Paris), il n'existe pas de nº 13 dans les rues. Parfois, avec un rien d'hypocrisie, les maisons nº 13 sont rebaptisées 11 *bis*... et c'est le mauvais œil qui est couillonné !
- Pourtant, le « 13 » n'a pas que des côtés négatifs : ce jour-là, on vend davantage de billets de loterie et de loto.

☘ Dans les revues à grand spectacle des Folies-Bergère (13 lettres) et du Casino de Paris (13 lettres), le chiffre *13* est considéré comme une promesse de succès. *Toutes* les revues des Folies-Bergère doivent avoir un titre de *13 lettres* comportant le mot *Folie*. Un admirateur avait fait cadeau à Paul Derval, directeur historique de ce temple du nu emplumé, d'un carnet proposant un choix de mille titres composés selon ces critères : *Folies d'un jour, La Grande Folie, C'est de la Folie, Folies en têtes, L'Amour en Folie, Folie sur Folie, De la Folie pure, Un vent de Folie, Un coup de Folie, En pleine Folie, Un soir de Folie, La Folie du jour, Femmes en Folie...* (ça faisait treize!)

☘ Claude Lelouch - dont le nom comporte 13 lettres - a baptisé sa société de films « Compagnie treize » et il ne commence ses tournages que le 13, de même que Michel Lafon, l'éditeur du show-business, ne signe ses contrats que le 13 ou le 31 du mois à 13 heures. Ce luxe de superstition n'a empêché ni l'un ni l'autre de connaître de cuisants échecs parmi quelques succès.

La superstition aurait-elle frappé dans nos écoles? Comment expliquer autrement qu'on ne demande jamais à nos chères têtes blondes d'étudier la table de multiplication au-delà du chiffre 12?

Sept

Le chiffre 7 est associé à de nombreuses superstitions.

Dieu a créé le monde en 7 jours. On a connu les 7 Sages de la Grèce, les 7 piliers de la Sagesse, les 7 péchés capitaux, les 7 branches du chandelier d'or, la danse des 7 voiles, les 7 merveilles du monde, les 7 collines de Rome, les 7 jours de la semaine, etc.

Pour les kabbalistes, le 7 avait la vertu d'invoquer les génies planétaires et de les contraindre à opérer des prodiges.

On dit que la personnalité d'un individu subit tous les 7 ans une transformation radicale : à 7 ans, l'enfant entre dans l'âge de raison, à 14 ans dans l'adolescence, à 21 ans dans l'âge adulte...

Le 7 est un chiffre mystique, symbole de la perfection. C'est pour cela sans doute qu'à Seattle (7 lettres), les spécialistes de Boeing ont hésité longuement avant de baptiser leurs avions. La série des « 7 » leur a porté bonheur : 707, 727, 737, 747...

Huit

Le *8* passe pour un symbole de bonheur. On dit que les mariages célébrés le 8 sont des unions heureuses : est-ce parce que le chiffre 8 évoque deux alliances entrelacées?

On a fait la queue dans les mairies et les églises pour se marier le 8 août 1988 (8.8.88). Dans la petite ville anglaise de Eighty Eight (quatre-vingt-huit en français) un couple a réussi à faire célébrer ses noces le 8 août 1988 à 8 heures et 8 minutes !
La fille de la princesse Sarah Ferguson et du prince Andrew est née le 8 août 1988. Cette date semble la promettre à une destinée heureuse.

∾ Le *3* peut aussi être bénéfique – à cause de la Trinité – que maléfique – saint Pierre a renié le Christ par trois fois.

∾ Le *4,* en Extrême-Orient, est un sinistre présage qui annonce la mort.

∾ Le *5* est un chiffre magique.

∾ Le *6* a une réputation d'ambiguïté et les personnes nées ce jour-là ont le don de prophétie !

∾ Le *9* passe pour un chiffre porte-bonheur : le milliardaire saoudien Adnan Kashoggi est très sensible à son influence. Il est vrai qu'un chiffre associé à des puits de pétrole a davantage de chances de se montrer bénéfique.
Pourtant, au Japon, le chiffre 9 a mauvaise réputation : il résonne, paraît-il, de la même manière que le mot « Souffrance ». La plupart des hôtels... et, bien sûr, des hôpitaux japonais n'ont pas de chambre portant le n° 9.

∾ Le *11* est le chiffre de l'excès – un de trop ! – et se révèle le plus souvent malchanceux.

De très anciennes superstitions affirment que les chiffres ont un genre : les nombres pairs étant féminins et les impairs masculins *.
La science et les mathématiques se veulent rationnelles. Pourtant les mathématiques et la numérologie ont le même père : Pythagore qui avait acquis ses connaissances auprès des prêtres égyptiens.
La Bible est un document chiffré marqué à tout moment par la symbolique des nombres. Saint Augustin a été très clair : « L'intelligence des nombres empêche d'entendre beaucoup de passages figurés et mystiques des Écritures. »
Nos scientifiques qui se réclament du cartésianisme devraient se souvenir que Descartes s'inspira de la science numérique pythagorienne pour écrire son traité de géométrie.
Mais, on ne saurait tout avoir : c'est parce que les nombres ont perdu leur symbolique au profit des mathématiques pures que les grandes découvertes techniques ont été possibles. Aujourd'hui, les nombres s'additionnent, se multiplient, se divisent, mais ils ne « signifient » plus rien.

** Il est bien connu que ce sont surtout les hommes qui commettent les impairs.*

LES (FAUSSES) CITATIONS

Rien n'est plus chic, au début d'une œuvre ou en tête d'un chapitre, qu'une citation bien choisie. Un auteur peut toujours espérer que la phrase et la personnalité ainsi appelées en référence communiqueront à son œuvre, par quelque heureuse contagion, un supplément d'âme et de renommée.

Ces calculs mesquins ne sauraient concerner le présent chapitre où l'auteur a choisi de ne s'intéresser aux citations historiques et littéraires que dans la mesure où elles sont authentiquement et indiscutablement fausses.

☘ Le champion toutes catégories de la phrase historique bidon fut Alexandre Breffort, père spirituel trop vite oublié de deux filles littéraires célèbres, *Irma la douce,* devenue opérette par la magie de la musique de Marguerite Monnot, puis film grâce à la caméra de Billy Wilder, et *Rididine,* charmant diminutif dont il signait ses articles du *Canard enchaîné.*

On doit à Breffort un nombre considérable de calembours et d'à-peu-près.

Il s'était d'ailleurs surnommé avec beaucoup d'ironie et de modestie : l'Aigle des mots. Dans son livre des *Contes du grand-père Zig,* chaque chapitre porte, en épigraphe, une citation aussi fausse qu'irrésistible. Nous remarquerons que l'Histoire ainsi maltraitée – Elle Clio viol! - acquiert une dimension cosmique.

Partons à la pêche :

- Ça commence bien! (Dieu).
- Sors dehors si t'es pas un homme! (Corydon).
- Fais-moi un cygne! (Léda).
- Je suis du bois dont on fait les flûtes (Pan).
- Ne forçons point notre talon! (Achille).
- A nous deux, Pâris! (la Belle Hélène).
- Et je signe : un lecteur à ciguë (Socrate).
- L'opium est la religion du peuple (Confucius).
- Un vent de fronde a soufflé ce matin (Goliath).
- Et un berger, un! (Virgile).
- N'y touchez pas, il est brisé! (Clovis).
- Soyez bref! (Pépin).
- Ne coupez pas! (Abélard).
- J'avais pourtant quelque chose dans le buffet (Henri II).
- J'avais pourtant quelque chose dans le buffet (Henri III).

- Satyre, mais nippé! (Henri IV).
- L'ai-je bien descendu? (Ravaillac).
- Manque de pot! (Bernard Palissy).
- Je suis paré! (Ambroise).
- Souvent femme avarie (François Ier).
- Minute, j'arrive! (Malherbe).
- Zut! J'ai loupé ma correspondance (Madame de Sévigné).
- Touchons du bois (le Masque de fer).
- Dernier de Corday (Marat).
- Le bain, la plaie, la liberté (Charlotte Corday).
- Mange! (Madame Cambronne à son petit garçon).
- Tout le monde descend! (Darwin).
- Ça traîne! (Monseigneur Dupanloup).
- Enfin! Saule! (Alfred de Musset).
- Attention! Y a une marche! (Chopin).
- Mon cor est à moi (Alfred de Vigny).
- Tell père, Tell fils (Proverbe suisse).
- C'est plus de l'amour, c'est de la rage (Pasteur).
- La place d'une femme est au foyer (Landru).

Un dernier mot de ce grand métaphysicien que fut Breffort : « Lorsqu'il créa le monde, Dieu fit une énorme boulette! »

☘ Ce jeu de fausses phrases historiques avait eu un précurseur. Personne ne s'étonnera de retrouver, une fois encore, Alphonse Allais. C'est à lui qu'on doit :

- Enchanté! (Merlin).
- Les Montagnards sont là (Robespierre).
- On est prié de ne pas claquer l'apôtre (saint Pierre).

En tête de certaines de ses nouvelles, on trouve des citations qui témoignent d'une grande érudition internationale :

- What? (Shakespeare).
- If it's not true, it's well found (Sir Cordon Sonnett).

☘ Pierre Dac a repris ce procédé avec un certain bonheur :

- Un livre doit toujours être à la page (Gutenberg).
- L'amour de soi développe le sens de l'individu et encourage le travail manuel (Narcisse).

☘ Pierre Desproges a beaucoup cité également dans son livre *Vivons heureux en attendant la mort* (nous sommes nombreux à regretter qu'elle n'ait pas voulu l'attendre davantage!). En tête des chapitres, nous trouvons des phrases provocatrices, explosives, burlesques comme celles-ci :

- Fais gaffe au vase de Soissons, il est consigné (Josette Clovis).
- Froid de novembre, cache ton membre (Teilhard de Chardin).
- A Passy, les gens sont de saillie (Saint-John Perse).
- La littérature est à la civilisation ce que la queue est à la casserole : quand il n'y en a pas, l'homme a l'air con (Joséphine Maria Téfal, *Résistance*).

☘ Il serait temps de redécouvrir Alexandre Vialatte, écrivain considérable et ignoré, qui, dans ses chroniques de *Paris-Match* ou de *La Montagne,* inventa pour le bonheur de ses lecteurs, de savoureux proverbes bantous :

- Quand le marigot zigzague, le caïman doit zigzaguer aussi.
- Mieux vaut vivre riche et considéré en mangeant la soupe de python que d'écouter la veuve crier dans la clairière.
- Si tu ne digères pas la soutane, évite de manger le missionnaire.
- Il n'y a pas de bas morceaux dans le gros ethnographe.

Toujours de Vialatte, voici un proverbe katangais. On remarquera une très nette différence de civilisation avec les proverbes précédents :

- Qui sème le casque bleu, récolte la tempête.

Nous terminerons par un poème historique d'Alphonse Allais, dont l'envolée tragique n'est pas sans rappeler les œuvres majeures de *La Légende des siècles* :

Tamerlan, conquérant farouche
Dans un combat fit vingt captifs
Il les fit empaler tout vifs
On n' dit pas si c'est par la bouche...
Malheur aux vaincus!

COCTEAU (Jean)
1889-1963

Un demi-siècle durant, de 1910 à 1960, le nom de Jean Cocteau n'a cessé de briller au premier plan de l'actualité artistique et mondaine. Sorte de funambule, volubile et omniprésent, son personnage a, tour

aspéré ses contemporains. Toute sa vie
éternel adolescent perpétuellement en
mât l'opium ou qu'il revendiquât son
ane et qui dérange. Il accomplit le pro-
arts et dans toutes les formes de spec-
et l'apparente improvisation de qui se

illet 1889 à Maisons-Laffitte dans une
le change, se suicida lorsqu'il avait dix

ourgeoisie sur laquelle flottait alors un
l était de bon ton de se frotter aux
ux acteurs.

aissance, le petit Jean avait reçu en don
ne degré, l'art de plaire et l'ambition
cratie, celle que donne la noblesse ou

ragédien De Max organisa au théâtre
e à laquelle était convié le Tout-Paris.
onsacrée à l'audition des œuvres d'un
c'était, bien sûr, Jean Cocteau dont le
lendemain.

enfant gâté du siècle » accompagnait sa
ne étoile. A l'âge où les autres adoles-
se frayer un chemin, il lui suffit de
monde de la frivolité et de l'argent.
faubourg Saint-Germain et les gloires

na de Noailles, Marcel Proust, Lucien
Reynaldo Hahn.

omosexuelles, Cocteau a toujours vécu
Noailles, Misia Sert, Valentine Hugo,
vait-il mieux leur faire l'amitié que
ne grande passion avec Nathalie Paley,
à qui il fit un enfant. Mal conseillée par
rter à Saint-Moritz, ce que le poète ne

u tourna le dos (!) à toutes les gloires
our rejoindre des individus désargentés
ontmartre ou Montparnasse et dont les
ourgeois. Ils s'appelaient Picasso, Max
int leur ami et se fit le propagandiste
inventaient.

« Lorsqu'une œuvre semble en avance sur son époque, c'est simplement que son époque est en retard sur elle [...].
L'artiste, c'est le vrai riche. Il roule en automobile. Le public suit en omnibus. Comment s'étonnerait-on qu'il suive à distance? »

(Le Coq et l'Arlequin)

Après avoir participé au lancement des Ballets russes avec Diaghilev et Nijinski, il deviendra le meneur de jeu d'un mouvement musical dont il rédigera le manifeste (1918) : le *Groupe des Six* dont le père spirituel était Erik Satie et qui comprenait Georges Auric, Louis Durey, Arthur Honegger, Darius Milhaud, Francis Poulenc et Germaine Tailleferre. Ces musiciens se proposaient de retrouver les qualités spécifiques de la musique française – clarté, sobriété, concision – que menaçaient les grandes ombres de Wagner et du romantisme, de Debussy et de l'impressionnisme.

Cocteau était un prodigieux faire-valoir, un bateleur, un « public-relations », dirait-on aujourd'hui. Il révélera au public les œuvres d'un enfant surdoué, Raymond Radiguet, dont il fera publier *Le Diable au corps* et *Le Bal du comte d'Orgel* et qui mourra à vingt ans, le laissant inconsolable.

« Radiguet trompait le monde parce que son génie avait l'air d'être du talent. » « Le style de Radiguet, c'est la mise de Brummel ; aucun tic, aucune patine, mais cette chance : communiquer au neuf un air déjà vu. »

☘ En dépit d'une santé précaire, l'activité de Cocteau est hallucinante. Tour à tour romancier, poète, dramaturge, scénariste, acteur, metteur en scène de théâtre puis de cinéma, critique, essayiste, auteur d'arguments de ballets, créateur de décors et de costumes de théâtre, dessinateur d'affiches, de portraits, lithographe, céramiste, potier, il crée des modèles pour les verriers de Murano, pour les vitraux d'église.

« Je voudrais être le Paganini du violon d'Ingres », dit-il à ceux qui craignaient de le voir se disperser entre tant de talents.

Où trouve-t-il l'énergie et l'intuition qui lui permettent d'être toujours, partout le premier, de capter les idées qui rôdent, de sentir les talents? A peine croit-on le saisir, le cerner, l'immobiliser qu'il est déjà ailleurs. S'il avait vécu plus longtemps, Cocteau aurait été ce qu'on nomme aujourd'hui un phénomène médiatique.

Sa silhouette filiforme (« J'ai une santé de fil de fer », disait-il), ses mains incroyablement fines et voletant comme des oiseaux, ses cheveux en brosse et sa voix haut perchée sont connus du public de la télévision débutante. Il donne à tous ceux qui l'écoutent l'impression d'être intelligents.

Il possède à l'extrême le sens de la publicité, du slogan. Ses phrases étonnent aujourd'hui encore, comme le faisaient les messages personnels transmis par la B.B.C. sous l'Occupation allemande.

- « Les miroirs feraient bien de réfléchir un peu avant de renvoyer les images. »
- « Le tact dans l'audace, c'est de savoir jusqu'où on peut aller trop loin. »
- « Les poètes trouvent d'abord et ne cherchent qu'après. »
- « Le poète est un mensonge qui dit toujours la vérité. »
- « Puisque ces mystères nous dépassent, feignons d'en être l'organisateur. »
- « Nous sommes les rêves d'un dormeur endormi si profondément qu'il ne sait même pas qu'il nous rêve. »
- « J'ai vécu très au-dessus des moyens de mon époque. »
- « La mode meurt jeune. C'est ce qui fait sa légèreté si grave. »
- « Ce que le public te reproche, cultive-le : c'est toi. »

Jean Cocteau est l'un des hommes clés de la première moitié de notre siècle. En obéissant au mot de Diaghilev « Étonne-moi ! », il a exprimé mieux qu'un autre l'âme inquiète de l'entre-deux-guerres. A cet homme de scandales et de provocations les honneurs officiels n'ont pas manqué : en 1949, il est fait chevalier de la Légion d'honneur. En 1955, le 10 janvier, il succède à Colette à l'Académie royale de langue et de littérature française de Belgique et le 3 mars il entre à l'Académie française. En 1956, il est fait docteur Honoris Causa de l'université d'Oxford et, en 1957, membre honoraire du National Institute of Arts and Letters. En 1960, il est élu Prince des poètes. En 1961, il est commandeur de la Légion d'honneur.
Une phrase de son discours de réception à l'Académie française (20 octobre 1955) mérite d'être citée : « Qui donc avez-vous laissé s'asseoir à votre table? Un homme sans cadre, sans papiers, sans halte. C'est-à-dire qu'à un apatride vous procurez des papiers d'identité, à un vagabond une halte, à un fantôme un contour, à un inculte le paravent du dictionnaire, un fauteuil à une fatigue, à une main que tout désarme, une épée. »

Cocteau peintre de Dieu

Cet homme si mondain aimait pourtant la solitude, cet infatigable bavard savait se taire, ce provocateur avait rencontré Dieu.
Dans des chapelles, il aimait Lui parler, en peignant d'étonnantes fresques comme autant de prières à Sa gloire.
Voici où l'on peut admirer les décorations murales de Jean Cocteau :

- Villefranche-sur-Mer (06) – Chapelle Saint-Pierre (1956).
- Milly-la-Forêt (91) - Chapelle Saint-Blaise des Simples (1959).
- Londres - Église Notre-Dame de France (1959).

∾ Metz (57) – Vitraux de l'église Saint-Maximim (1962).
∾ Fréjus (83) – Chapelle Notre-Dame de Jérusalem à la tour de Mare (1962-inachevée).
On lui doit aussi beaucoup de décorations profanes :
∾ Saint-Jean Cap-Ferrat (06) - Il avait décoré la « villa Santo Sospir » de son amie Francine Weisweiller (1950). Il allait souvent se reposer dans cet endroit paradisiaque auquel il avait consacré un film d'amateur.
∾ Menton (06) – Les tout jeunes couples qui pénètrent dans la salle des mariages de l'hôtel de ville sont accueillis par des fresques que Jean Cocteau peignit en 1957.
∾ Megève (74) – A l'hôtel du Mont-Blanc, le bar-restaurant « Les Enfants Terribles » a été baptisé sur la suggestion de Cocteau qui tournait alors ce film. Il offrit à ses amis Boisson et Bernaud, propriétaires du lieu, de leur peindre un plafond (Chagall peignait alors celui de l'Opéra) représentant la bataille de boules de neige sur laquelle s'ouvre le film.
∾ Cap d'Ail (06) – Cocteau a signé les mosaïques qui décorent le théâtre de plein air (1960).
La mort approchait, elle qui avait inspiré à Cocteau des pensées et des vers d'une étrange splendeur.

> Vivre est une chute horizontale
> J'étais aussi mort avant de naître que je le serai après avoir vécu. J'ai donc de l'abolition de la personnalité une interminable habitude.
> La vie est la première partie de la mort
> A force de vivre au-dessus
> Des moyens de mon époque
> Elle m'a fort mal reçu
> C'était faute d'avoir su
> D'où vient ma fortune équivoque.
> Ses portes je m'étais fermées
> Suspect jusques à moi-même
> Et pourquoi voudrais-je qu'on m'aime
> Quand je ne me suis pas aimé.
>
> *(Requiem)*

Cocteau est mort d'une attaque cardiaque le 11 octobre 1963, deux heures après sa grande amie Édith Piaf qui avait créé en 1940 son *Bel Indifférent.*
François Mauriac écrivit : « Je suis étonné qu'il ait pu faire quelque chose d'aussi naturel, d'aussi simple, d'aussi peu recherché que mourir. »

Jean Cocteau repose - enfin! - dans le chœur de la chapelle Saint-Blaise-des-Simples à Milly-la-Forêt.
Sur sa tombe on peut lire cette phrase de sa main : « Je reste avec vous. »

COCU

Un homme aime une femme. Ils se marient – une vie de bonheur à deux les attend. Est-ce bien sûr?

« Le bonheur à deux ça dure le temps de compter jusqu'à trois. »
SACHA GUITRY

« Les chaînes du mariage sont si lourdes qu'il faut être deux pour les porter. Quelquefois trois! » ALEXANDRE DUMAS Fils

Avec l'entrée en scène du « troisième homme », vient de se former l'éternel triangle : un homme, une femme, un amant.

☘ L'homme trompé – ou qui croit l'être –, c'est un sujet vieux comme le monde. Le théâtre existerait-il si l'adultère n'avait pas été inventé? Sera-t-elle une comédie ou une tragédie la pièce à trois personnages qui va se jouer? Tout dépend du talent de l'auteur ou de l'humeur du cocu. Avec Molière, elle sera drôle, avec Shakespeare, terrible. Mais ce sont là des situations extrêmes :

« Je trouve qu'il y a une jolie place à prendre entre Georges Dandin et Othello. » MAURICE DONNAY

☘ Dans les temps antiques, la femme était considérée comme l'un des éléments de la fortune du mari. Par son infidélité, elle portait atteinte au patrimoine familial en introduisant dans la tribu un sang d'origine étrangère. C'est pourquoi le châtiment qu'elle encourait était terrible :

« Chez les Saxons, on pendait la femme adultère et on la brûlait. Chez les Égyptiens, on lui coupait le nez. Chez les Romains, par la loi Julia, on lui coupait la tête. Aujourd'hui, en France, quand une femme est surprise en adultère, on se moque de son mari. »
ALPHONSE KARR

Apprenez qu'à Paris, ce n'est pas comme à Rome,
Le cocu qui s'afflige y passe pour un sot
Et le cocu qui rit pour un fort honnête homme.

L'auteur de ces vers, le bon La Fontaine, savait de quoi il parlait et il ramenait « la chose » à ses justes proportions :

> Quand on l'ignore, ce n'est rien
> Quand on le sait, c'est peu de chose!

Mieux vaut prendre son infortune avec philosophie en pensant à tous ceux, illustres, qui l'ont été bien avant soi... et ne s'en sont pas trop mal portés : Socrate, César, Molière, Louis XVI, Napoléon, Victor Hugo... Que de grands hommes!
Et pas une seule femme dans la liste? Bizarre!

« Cocu, chose étrange que ce petit mot n'ait pas de féminin! »

JULES RENARD

S'il faut en croire le seigneur de Brantôme l'état de cocu aurait été au XVIe siècle la situation la plus normale du monde. D'où son idée de ronde autour de la terre que reprendra trois siècles plus tard le poète Paul Fort.

« Si tous les cocus et leurs femmes qui les font se tenaient par la main et qu'il s'en put faire un cerne (une ronde), je crois qu'il serait suffisant pour entourer et ceindre la moitié de la terre. »

Mais alors, si l'adultère est si répandu à la surface de la terre, comment mieux s'en protéger qu'en adressant à Dieu la prière inventée par Fontenelle :

> Ô mon Dieu, faites-moi la grâce de ne jamais me marier!
> Ô mon Dieu, si je me marie, faites-moi la grâce de n'être pas cocu!
> Ô mon Dieu, si je suis cocu, faites-moi la grâce de ne pas en être informé!
> Ô mon Dieu, si j'en suis informé, faites-moi la grâce de ne pas le croire!
> Ô mon Dieu, si je le crois, faites-moi la grâce de m'en moquer!

« On aime si bien les yeux fermés, à quoi bon les ouvrir! »

ADOLPHE D'HOUDETOT

Et puis, après tout, rien ne vaut la santé!

« Il vaut mieux être cocu que veuf : il y a moins de formalités. »

ALPHONSE ALLAIS

« Il vaut même mieux être cocu que ministre. Ça dure plus longtemps et l'on n'est pas obligé d'assister aux séances. »

LÉO CAMPION

Dans un ménage à trois – ou à davantage – qui donc porte la plus lourde responsabilité : celui qui trompe ou celui qui est trompé ?
Alphonse Allais et Sacha Guitry expriment sur la question des opinions très voisines :

« J'ai souvent remarqué, pour ma part, que les cocus épousaient de préférence des femmes adultères. » ALPHONSE ALLAIS

« Je connaissais une jeune femme très vertueuse. Elle a eu le malheur d'épouser un cocu : depuis, elle couche avec tout le monde. » SACHA GUITRY

♣ Tout mari trompé peut se faire une raison en se disant que n'est pas cocu qui veut ! Seuls les possesseurs de jolies femmes auront le privilège de se les voir disputer.
Sous l'Ancien Régime, les rois donnaient aux maris dont ils convoitaient la femme des compensations honorifiques ou pécuniaires – titres ou terres – de la même façon qu'on récompensait les inventeurs ou les explorateurs. C'était leur reconnaître le mérite d'avoir su découvrir la beauté.

« Ma femme ? Je ne saurais mieux la comparer qu'à une invention française. C'est moi qui l'ai trouvée... et ce sont les autres qui en profitent. » HENRI DUVERNOIS

« Certains maris admirent davantage leur femme à mesure qu'ils sont plus trompés. A côté des cocus honteux, il y a les cocus émerveillés. » ÉTIENNE REY

De toute façon, et c'est une réflexion de pur bon sens :

« Il vaut mieux être plusieurs sur une bonne affaire que seul sur une mauvaise. » TRISTAN BERNARD

Mais alors, s'il faut en croire ces bons auteurs, la fidélité dans le mariage ne serait-elle qu'une promesse jamais tenue ?

« Il y a deux sortes de femmes : celles qui trompent leur mari... et celles qui disent que ce n'est pas vrai ! » MAURICE DONNAY

« Il y a des femmes dont l'infidélité est le seul lien qui les attache encore à leur mari. » SACHA GUITRY

« J'ai fini par m'apercevoir que je n'étais plus le seul à partager la fidélité de mon épouse. » EUGÈNE LABICHE

Puisque le mot de « fidélité » existe, est-il possible au moins d'en donner une définition ?

« La fidélité, une vive démangeaison avec défense de se gratter. » AURÉLIEN SCHOLL

« La fidélité est l'art de pratiquer l'adultère seulement par la pensée. » DECOULY

« Les femmes fidèles sont toutes les mêmes : elles ne pensent qu'à leur fidélité, jamais à leur mari. » JEAN GIRAUDOUX

☘ Les plus philosophes des maris ont tendance à considérer que l'état de cocu est supportable à condition que cela ne se sache pas. Un sage du XVIe siècle en fit même un alexandrin :

Le coup fait le cocu et le bruit fait les cornes.

Un jour qu'il recevait un mari cocu qui clamait très haut sa disgrâce, l'évêque Jean-Pierre Camus (1582-1653) lui donna ce conseil :

« Mais, taisez-vous donc! Mieux vaut être *Cornelius Tacitus* que *Publius Cornelius.* »

Excellente plaisanterie en latin de cuisine sur le nom de Tacite qui portait les deux prénoms de Publius Cornelius.
Sacha Guitry avait pourtant imaginé un cocu bien ennuyé :

« Ce qui m'exaspère, c'est de penser que ce Monsieur sait maintenant de quoi je me contentais. »

Il y a là effectivement de quoi rire... jaune!

Histoires de cornes

☘ Le plus turbulent et le moins complaisant des cocus de l'histoire fut, à coup sûr, le marquis de Montespan.
Louvois, pour permettre à Louis XIV de séduire la marquise, avait confié au mari un commandement dans le Roussillon. Un jour qu'il revint à la cour, le marquis comprit son infortune. Fou de colère, il se précipita chez sa femme dans l'intention de la battre. Puis, changeant d'idée, il voulut attraper une mauvaise maladie afin de la transmettre au roi par l'intermédiaire de la marquise. Mais, faute d'avoir pu coucher avec sa femme, ce plan machiavélique échoua. Alors, il fit orner les armoiries de son carrosse d'une paire de cornes démesurées. Il s'habilla de noir et alla prendre congé du roi. Louis XIV s'étonna :

« De qui êtes-vous en deuil, monsieur de Montespan?
- De ma femme, sire! »

C'en était trop! Le roi, un peu gêné malgré tout, le fit enfermer huit jours à la prison de Fort-l'Évêque. Rentré sur ses terres, le marquis réunit ses parents, ses amis, ses serviteurs pour qu'ils assistent aux obsèques de sa femme. Derrière un cercueil vide

drapé de noir, M. de Montespan marchait entre ses deux enfants. Dans la chapelle on chantait le *De profundis*. Le marquis fit ouvrir à deux battants la grande porte :
« Mes cornes sont trop grandes pour passer par la petite porte », expliqua-t-il. Et l'on mit en terre le cercueil avant de placer sur la tombe une dalle gravée au nom de la marquise.
Sans doute M. de Montespan ne connaissait-il pas les vers de La Fontaine :

Un partage avec Jupiter
N'a rien du tout qui déshonore
Et sans doute il ne peut être que glorieux
De se voir le rival du souverain des dieux.

☘ Le prince de Ligne rencontrant un matin l'amant de sa femme, se précipita vers lui et lui raconta en riant le bon tour qu'il venait de lui jouer : « Mon cher, cette nuit, je t'ai fait cocu ! »

☘ Ancelot avait fait mieux encore. Quittant une assemblée, il s'écria d'une voix de stentor : « Bonsoir ! Cette nuit, je vais faire trente cocus d'un seul coup, je vais coucher avec ma femme ! »

☘ Une dernière anecdote, charmante celle-ci :
Les obsèques de Félix Faure furent grandioses. De Notre-Dame, le convoi traversa Paris jusqu'au Père-Lachaise au milieu d'une foule immense. Dans le cortège, tous les corps constitués étaient représentés. Lorsque ces « Messieurs de la Sorbonne » passèrent revêtus de leur toge jaune, on entendit la voix d'un titi lancer dans le silence recueilli :
« Tiens, voilà les cocus ! »
A quoi le recteur Gérard répondit avec modestie :
« Non, mon jeune ami, ce n'est qu'une délégation. »

COÏNCIDENCES

Le hasard, en se manifestant de façon tragique ou amusante, nous amène à nous demander si, parfois là-haut, un *deus ex machina* malin ne s'est pas amusé à mettre en scène chacun des détails de ce drame ou de cette farce. La Providence a le sens du coup de théâtre : le croyant y voit le doigt de Dieu, le superstitieux un signe du destin, le scientifique calcule le nombre de probabilités qu'il a fallu pour que cet événement s'accomplisse. Notre existence est ainsi tissée de ces coïncidences et de ces hasards qu'André Breton appelait de « véritables fanaux dans la nuit du sens ». Quelle explication donneriez-vous aux quatre anecdotes ci-dessous?

Près de Saint-Germain

Catherine de Médicis, épouse du roi Henri II et mère de trois futurs rois de France, vivait entourée d'astrologues et de mages. Les sciences occultes passionnaient cette Florentine qui n'entreprenait jamais rien d'important qu'elle n'eût au préalable consulté son horoscope. Elle avait une confiance aveugle en Nostradamus qui avait prédit avec des détails stupéfiants la mort de son mari (voir le chapitre « Avenir »). Elle avait fait, pour le consulter, le voyage jusqu'à Salon-de-Provence : il lui avait annoncé que trois de ses fils régneraient, qu'Henri de Navarre, le Bourbon, succéderait à la lignée éteinte des Valois, autant de visions qui s'étaient avérées par la suite. Le prophète lui avait aussi révélé qu'elle mourrait près de Saint-Germain. Bien des années plus tard, le 5 janvier 1589 (il y a juste quatre siècles de cela!) la reine était alitée au château de Blois. Le temps était sinistre. Douze jours plus tôt, la veille de Noël, son fils Henri III avait fait assassiner les Guise, le duc puis son frère le cardinal. Dans les rues de la ville les partisans des deux clans s'entr'égorgeaient et la Loire était rouge de sang.

Poursuivie par le remords, à bout de forces, la vieille reine sentait sa dernière heure approcher. Pourtant, elle gardait encore confiance lorsque le roi lui proposa de recevoir les derniers sacrements. Nostradamus ne pouvait se tromper : n'avait-il pas prédit qu'elle mourrait près de Saint-Germain, c'est-à-dire à des dizaines de lieues de Blois? Allons! ce n'était pas encore pour aujourd'hui!

La porte s'ouvrit. La reine, soulevée sur un coude, vit entrer un jeune prêtre qu'elle n'avait jamais vu au château.

« Je ne vous connais pas. Comment vous appelez-vous?

– Julien de Saint-Germain, Majesté!

– Je suis morte! » s'écria la reine en retombant en arrière.

Nostradamus, une fois encore, avait vu juste. Auprès de Saint-Germain qui l'assistait, Catherine de Médicis rendit l'âme quelques minutes plus tard.

Fluctuat mergiturque

Au matin du 8 avril 1912, tiré par quatre remorqueurs, le *Titanic* quitte majestueusement le port de Liverpool pour sa première traversée de l'Atlantique. Jamais le génie de l'homme n'avait conçu un paquebot aussi gigantesque, aussi luxueux, aussi rapide et aussi sûr. Fous d'orgueil, les architectes de la White Star Line à laquelle appartenait le bateau n'avaient pas craint de braver le destin en déclarant : « Le *Titanic* est insubmersible. » Qui pourrait, qui oserait défier Dieu?

Deux cent soixante-huit mètres de long – soit la longueur de la rue Royale à Paris, de la Concorde à la Madeleine – vingt-huit mètres de large... et la hauteur d'un immeuble de dix étages.

Deux mille trois cent cinquante-huit personnes avaient pris place à bord, pour la plupart des privilégiés qui devaient à leur fortune, à leur nom, à leur talent de pouvoir participer au voyage inaugural de cette nouvelle merveille du monde que Joseph Conrad avait surnommée « le Ritz des mers ». Il y avait à bord, entre autres célébrités, Benjamin Guggenheim (cuivre, fonderies, raffineries), Henry Sleeper Harper (éditeur), John Jacob Astor (petit-fils du fondateur de la dynastie hôtelière : Waldorf Astoria), Harry Widener (collectionneur de tableaux), John Bruce Isway (président de la White Star Line), etc.

Après six jours d'une traversée de rêve, un bal était donné pour fêter la dernière nuit à bord. Demain soir on arriverait à New York. La station radio de Terre-Neuve signale la présence d'icebergs dans les parages : on prévient discrètement le commandant qui se borne à faire allumer les projecteurs et doubler les vigies. Soudain, dans la lumière, apparaît un énorme iceberg de la hauteur de la tour Eiffel. Trop tard! C'est la collision : l'étrave est brisée, les cloisons étanches éventrées, la coque arrachée sur plusieurs dizaines de mètres. Il est 23 h 45. Moins de trois heures plus tard, à 2 h 40, le 15 avril 1912, le *Titanic* disparaît dans les flots. On s'est rué pour embarquer dans les rares canots, on s'est battu comme des sauvages. Mille six cent cinquante-trois hommes, femmes et enfants mourront noyés. Sept cent cinq seulement seront sauvés, au nombre desquels Bruce Isway, le président de la compagnie qui n'a laissé sa place à personne. Ce fut l'une des plus grandes tragédies maritimes de tous les temps et le nom du *Titanic*, symbole de la présomption humaine, est aujourd'hui encore dans toutes les mémoires.

Quatorze ans avant cette date funeste, en 1898, avait été édité en Angleterre un roman intitulé *Futility*, qui eut une carrière rapide et sans gloire. Son auteur, Morgan Robertson, avait imaginé l'aventure d'un paquebot géant, orgueil de la flotte britannique, merveille de luxe et de technologie. Lors de sa traversée inaugurale de l'Atlantique, ce navire abordait un iceberg et faisait naufrage avec ses trois mille passagers et les trésors qu'il transportait. Cette coïncidence a de quoi troubler!

Attendez! un mot encore, simplement pour vous dire le nom que

Robertson avait donné à son bateau de roman : il l'avait appelé le *Titan*... tout simplement !

Morts au champ d'honneur

On aurait pu croire que les balles allemandes avaient le pouvoir de choisir leurs victimes et qu'elles étaient attirées par l'intelligence et le talent. Dès les premiers jours de la Grande Guerre et à deux semaines d'intervalle, un grand poète chrétien et un jeune romancier d'avenir allaient tomber, la tête trouée.

Charles Péguy

Il était né à Orléans le 7 janvier 1873 dans une famille pauvre qui allait connaître la misère. Le petit Charles n'avait que dix mois lorsque son père, menuisier, mourut des suites d'une maladie contractée pendant la guerre. Afin de pouvoir l'élever, sa mère se fit rempailleuse de chaises. En dépit de ce dénuement, Charles réussit à pousser ses études classiques jusqu'à l'École normale, qu'il quittera pourtant sans avoir obtenu son agrégation. Il s'engage dans le socialisme, voie qu'il ne reniera pas malgré son évolution vers un patriotisme de nuance mystique. Sa foi catholique lui inspirera de beaux poèmes à la gloire de la patrie française qu'il voit « comme une figure privilégiée de la cité de Dieu ».
Dans ses derniers poèmes, on lit ces vers prémonitoires :

> Heureux ceux qui sont morts dans de grandes batailles
> Couchés dessus le sol à la face de Dieu.

Lorsque la guerre éclata, Péguy s'engagea avec enthousiasme. Il avait quarante et un ans. Il tomba d'une balle en plein front le 5 septembre 1914 à la tête de sa compagnie à la bataille de Villeroy. On retrouva son corps deux mois plus tard lorsque la contre-offensive victorieuse de la Marne permit de reconquérir le terrain perdu.
Dans l'entre-deux-guerres, la municipalité d'Orléans commanda au sculpteur Niclausse un buste de Charles Péguy. On l'érigea à l'entrée du faubourg de Bourgogne, à quelques pas de sa pauvre maison natale. En juin 1940, lorsque l'armée allemande envahit la France, un éclat d'obus vint transpercer la figure de bronze, juste au-dessus de l'œil gauche, à l'endroit précis où le poète avait été frappé par une balle.
Cette coïncidence stupéfia les Orléanais qui, superstitieux, se gardèrent bien de faire restaurer la statue.

Alain-Fournier

Rien de plus sage, de plus banal, dirait-on, que la courte existence d'Henri-Alban Fournier, dit Alain-Fournier. Il naît à La Chapelle-d'Anguillon, le 30 octobre 1886, de parents instituteurs qui changeront plusieurs fois d'école, mais jamais de région : le Cher, le Berry, voilà leur frontière. Le petit village d'Épineul-le-Fleuriel, situé au centre géographique de la France, servira de décor au roman qui fera sa gloire, *Le Grand Meaulnes*. Il n'a pas eu à aller loin pour trouver le nom de son héros : Meaulne est un hameau à six kilomètres d'Épineul.

Deux enseignants ne peuvent rêver pour leur fils de voie plus glorieuse que celle de l'École normale supérieure. Après trois années de khâgne, ce sera l'échec. Mais Alain-Fournier aura connu là une amitié sincère : celle de Jacques Rivière qui deviendra son beau-frère en épousant en 1909 sa sœur Isabelle. C'est lui qui sera également, après sa mort, le dépositaire de sa mémoire et le défenseur de son œuvre.

Pour gagner sa vie Alain-Fournier devint le secrétaire de Claude Casimir-Perier, fils de l'ancien président de la République. Son métier ne l'empêchait pas d'écrire *Le Grand Meaulnes*, le roman que lui avait inspiré son amour pour Yvonne de Galais (en réalité Yvonne de Quiévrecourt). L'épouse de Claude Casimir-Perier était l'une des plus belles et des plus célèbres femmes de l'époque, la comédienne Madame Simone.

Entre le jeune auteur de vingt-cinq ans et la quadragénaire triomphante ce fut aussitôt le coup de foudre d'un amour profond et réciproque. Simone découvrira le roman chapitre par chapitre; elle se battra pour le faire éditer; elle se battra aussi – mais en vain cette fois – pour lui faire obtenir le prix Goncourt. Simone l'appelle « mon enfant de chœur ». Il lui écrit « ce bonheur m'étouffe ». Hélas! il sera bref le temps de leurs amours.

Le 12 août 1914, Alain-Fournier rejoint son unité en première ligne. Il se bat courageusement. Simone ne cesse de lui écrire et de penser à lui. Soudain, le 22 septembre 1914, elle ressent au milieu du front « une douleur violente et soudaine comme due à un coup porté du dehors ». Elle apprendra avec stupeur que ce jour-là, à cette minute précise, Alain-Fournier était tombé aux Éparges d'une balle en plein front.

S'il fallait en croire ces exemples, les coïncidences seraient toujours liées à des événements dramatiques. Sans doute la petite histoire retient-elle moins volontiers les concours de circonstances heureux.

Pour terminer sur une note optimiste, il nous a semblé indispensable de verser au dossier « coïncidences » les pensées de quelques humoristes qui ont tiré d'observations répétées sur les rapports entre les choses, de bien intéressantes remarques :

« Il s'étonnait que les chats eussent la peau percée de deux trous, précisément à la place des yeux. »

GEORG-CHRISTOPH LICHTENBERG (*Aphorismes*)

« C'est une remarque bien digne d'attention que les grands fleuves, passent généralement au pied des grandes villes. »

Cette coïncidence n'a pas échappé à l'esprit aigu d'Henri Monnier, pas plus qu'à celui de Franc Nohain qui mit la chose en vers :

La nature a fait preuve
D'un bon sens très profond
En faisant passer les fleuves
Juste au-dessous des ponts.

Autre lumineuse pensée d'Henri Monnier, en conclusion de ce chapitre : « Que la nature est prévoyante ! Elle fait pousser les pommes en Normandie sachant que les indigènes de cette province ne boivent que du cidre. »

COLLECTIONS

Entre autres manies infiniment plus dangereuses, notre société de consommation et de records est atteinte de *collectionnite aiguë*. Tout est prétexte à collection, même – et surtout ! – les objets les plus prosaïques et les plus quotidiens comme les étiquettes de melons et les couvercles de boîtes de camembert. Chacun des éléments étant sans valeur individuelle, le prix de la collection tient au nombre des unités rassemblées. « Les collectionneurs sont des gens heureux », a dit Goethe. Comme tous ceux qui ne poursuivent dans la vie qu'un seul but, ils brûlent d'une passion dévorante pour le prochain objet de leur collection, car le propre d'une collection est de n'être jamais complète. Le collectionneur vit dans l'excitation permanente du chasseur de trésor. Une fois trouvé l'objet convoité, vient le plaisir du rangement. Sacha Guitry divisait les collectionneurs en deux catégories bien distinctes : les « *collectionneurs vitrines* », fiers de faire admirer leur petit musée personnel, et les « *collectionneurs placards* », qui enferment leurs richesses à l'abri des regards et des convoitises. Collectionner, c'est refuser de vieillir, c'est nier la mort. Étonnons-nous donc qu'il y ait tant de collectionneurs !

Le dictionnaire a du mal à suivre cette multiplication des collections. Alors, pour assurer une sorte d'existence officielle à chaque type de collection, les associations s'ingénient – avec plus ou moins de bonheur – à inventer le mot qui la désignera.

Le plus ancien de ces mots est, bien sûr, *philatélie* ; il est né en 1864, année où dans *Le Collectionneur de timbres-poste* il a remplacé l'affreux *Timbrologie* utilisé jusque-là. Le mot est donc presque contemporain du timbre-poste lui-même qui fut institué par Arago à partir du 1er janvier 1849. Le mot *philatélie* a été forgé d'après deux mots grecs : *philos*, ami, désinence que l'on retrouvera dans la plupart des noms de collection, et *ateleia,* qui signifiait « exemption d'impôt » d'où « affranchissement ».

Quant au mot *copocléphile*, qui désigne le collectionneur de porte-clés (manie qui fit fureur dans les années 1960), il est entré dans le Larousse. Malgré son allure pompeuse, le mot ne vient pas du grec. C'est un acronyme constitué tout bonnement par l'addition des premières lettres des mots : *co*llection de *po*rte-*clé*s et le suffixe *phile*.

Voici une liste alphabétique des noms des différents collectionneurs avec, en regard, l'objet de leur passion :

~ *Aquariophile*	Collectionneur de poissons d'aquarium
~ *Avrilopiscicophile*	Collectionneur de poissons d'avril(!)
~ *Bibliophile*	Livres
~ *Canivettiste*	Images pieuses
~ *Capillabélophile*	Étiquettes de fond de chapeau
~ *Cartophile*	Cartes postales
~ *Cervalobélophile*	Sous-bocks de bière (voir aussi Tégestologue)
~ *Conchyophile*	Coquillages
~ *Copocléphile*	Porte-clés
~ *Cucurbitaciste*	Étiquettes de melons
~ *Don Juan*	Femmes
~ *Échéphile*	Jeux d'échecs
~ *Érinnophile*	Vignettes sans valeur postale
~ *Éthylabélophile*	Étiquettes de bouteilles de vin (voir Œnosémiophiliste)
~ *Fabophile*	Fèves (de gâteaux des Rois)
~ *Ferrovipathe*	Trains miniatures
~ *Fibulanomiste*	Boutons

~ *Fiscophiliste*	Timbres fiscaux
~ *Glacophile*	Pots de yaourt
~ *Glycophile*	Emballage de morceaux de sucre
~ *Héraldiste*	Blasons
~ *Lithophiliste*	Pierres
~ *Ludophile*	Jeux
~ *Malacologiste*	Mollusques
~ *Marbétophile*	Étiquettes d'hôtel
~ *Marcophiliste*	Flammes postales
~ *Microtyrosémiophile*	Étiquettes de crème de gruyère
~ *Minéralophile*	Minéraux
~ *Nicophiliste*	Paquets de cigarettes
~ *Notaphile*	Factures
~ *Numismate*	Pièces de monnaie
~ *Œnosémiophiliste*	Étiquettes de bouteilles de vin (voir Éthylabélophile)
~ *Oologiste*	Œufs d'oiseaux
~ *Ornithologiste*	Oiseaux
~ *Philatéliste*	Timbres-poste
~ *Philuméniste*	Boîtes d'allumettes
~ *Pressophile*	Fers à repasser anciens
~ *Schoïnopentaxophile*	Cordes de pendus
~ *Scripophile*	Actions et titres anciens
~ *Scutelliphile*	Écussons
~ *Sidérophile*	Fers à repasser *en fer* (voir : Pressophile)
~ *Sigillophiliste*	Sceaux
~ *Tégestologue*	Sous-bocks de bière (voir : Cervalobélophile)
~ *Tyrosémiophile*	Étiquettes de fromage
~ *Ufologiste*	Documents sur les O.V.N.I. (U.F.O. : initiales de Unidentified Flying Objects)
~ *Vexillologiste*	Drapeaux et étendards
~ *Vitolphiliste*	Bagues de cigares
~ *Xylophile*	Gravures sur bois

Cette liste n'a surtout pas la prétention d'être limitative : le temps mis à l'établir aura suffi à une nouvelle association de collectionneurs pour voir le jour et pour se donner un nom. La question que l'on peut légitimement se poser est la suivante : « Existe-t-il des collectionneurs de collections ? »

Au cas où vous connaîtriez des collectionneurs d'anecdotes, voici une pièce susceptible de les intéresser :

L'historien Georges Lenôtre (1857-1935) possédait une riche collection d'objets historiques. Il avait acquis, au cours d'enchères disputées, le pot de chambre de Marie-Antoinette : « Vous rendez-vous compte, disait-on à Alphonse Allais, qu'il l'a payé cent francs! - Plein? »

COMBLES

A la fin du siècle dernier, un jeu faisait fureur, celui des *combles*. Dans toute bonne réunion, un moment venait inévitablement où l'on se racontait les derniers *combles* en vogue en s'esclaffant.
Le jeu est simple : A la question : « *quel est le comble de... ?* », il convient de trouver une réponse amusante à base de calembour, d'à-peu-près, d'absurde ou de grivoiserie. Il n'était pas un almanach populaire qui ne présentât une rubrique *combles* à côté des devinettes, rébus, ou autres inévitables énigmes.
Alphonse Allais s'empara de cette mode à laquelle il donna ses lettres de noblesse. Les deux tiers au moins des « combles » connus sont de lui :
Quel est le comble de l'inattention?
Se perdre dans la foule et aller chez le commissaire de police donner son signalement.
Quel est le comble de la politesse?
S'asseoir sur son derrière et lui demander pardon.
Quel est le comble de la bonté d'âme?
Refuser qu'on frappe les carafes, qu'on pende la crémaillère ou qu'on crève le riz...
Quel est le comble du cynisme?
Assassiner nuitamment un boutiquier et coller sur la devanture : « Fermé pour cause de décès. »
Quel est le comble du snobisme?
Ne pas sortir de chez soi et sonner sur son piano toutes les heures et toutes les demies pour faire croire aux voisins qu'on a une pendule.
Quel est le comble de l'économie?
Coucher sur la paille qu'on voit dans l'œil de son voisin et se chauffer avec la poutre qu'on a dans le sien.
Quel est le comble de l'optimisme?
Entrer dans un grand restaurant et compter sur la perle qu'on trouvera dans une huître pour payer la note.

~ Quel est le comble de l'erreur géographique?
Croire que les Suicidés sont les habitants de la Suisse.
~ Quel est le comble de la ressemblance?
Pouvoir se faire la barbe devant son portrait.
~ Quel est le comble de la prudence?
Marcher sur les mains de peur de recevoir des tuiles sur la tête.
~ Quel est le comble de la distraction?
Avoir perdu ses lunettes et les mettre pour les chercher.
☘ Pour changer, voici un « comble » signé Raymond Queneau :
~ Le comble de l'inattention, c'est de prendre l'Édit de Nantes pour une Anglaise.
☘ C'est Jules Renard qui a inventé celui-ci :
« Le comble, pour un journaliste, est d'être à l'article de sa mort. »
Dans son dernier livre *Parlons de moi, y a que ça qui m'intéresse !*, José Artur trouve que le comble pour un couple d'homosexuels est de faire l'acquisition d'un landau.
☘ Les combles ne sont pas toujours d'un goût exquis. On leur pardonnera leur vulgarité s'ils savent être drôles. Ce qui est, à coup sûr, le cas des deux qui suivent :
~ Quel est le comble pour un mathématicien?
Passer toute la nuit sur une inconnue sans parvenir à lui appliquer son système.
Voilà qui est bien innocent et qui ne justifie pas une plainte contre X!
Le second, pour être goûté, demande que l'on connaisse la propriété ophtalmologique de l'atropine qui est de dilater la pupille. D'où la question :
~ Quel est le comble pour un tuteur?
C'est de dilater sa pupille en l'atropinant.
Fermons les yeux... et glissons jusqu'au dernier comble de ce chapitre.
~ Quel est, selon Tristan Bernard, le comble de l'adresse?
Mais, le Bottin, voyons!
Merci! nous voilà comblés.

CONJUGAISON

« Excusez-moi », dit le petit garçon en tendant à l'instituteur une feuille blanche à la place du verbe qu'il avait à conjuguer. « J'étais fatigué hier soir et je n'ai pas pu faire mon devoir conjugal! »

Sans doute la formule peut-elle paraître déplacée dans la bouche d'un jeune élève du cours moyen; elle est pourtant étymologiquement irréprochable, le mot *conjugaison* et l'adjectif *conjugal* ayant un seul et même mot pour origine : le joug, cette pièce de bois qui permet d'atteler des bœufs de façon à ce qu'ils... conjuguent leurs efforts pour une traction plus efficace.

Cum jugo, c'est avec un joug imaginaire que deux époux sont unis pour la vie. *Cum jugo*, le radical d'un verbe est assemblé à ses différentes terminaisons comme par un joug.

Aurons-nous le front d'ajouter que c'est peut-être le joug qui communique aux jeunes écoliers des classes de grammaire le doux regard bovin de ceux qu'un sort injuste accable.

Quelle corvée inutile, se disent nos enfants, que de conjuguer un verbe selon des modes ou des temps que personne n'emploie! Pour eux qui ne pratiquent spontanément que les temps usuels, toutes les autres formes que peut revêtir un verbe semblent provenir d'une langue étrangère, ou pire, d'une langue morte.

Le passé simple aujourd'hui est passé... de mode. Qui donc pourrait, sans rire ou sans faire rire, parler ainsi : « Lorsque nous eûmes déjeuné, nous jouâmes aux barres, puis nous nous rendîmes au cours de musique où nous chantâmes en chœur... »

Pourtant personne ne songera à contester l'harmonie et la grâce des alexandrins de Racine : sur une scène de théâtre, dans la bouche de rois ou de reines de tragédie, les verbes au passé simple ont une étrange beauté. Notre mémoire aime à s'en souvenir :

> Ariane, ma sœur, de quel amour blessée
> Vous mourûtes aux bords où vous fûtes laissée...

☘ C'est paradoxalement pour sa complexité que le *passé* dit « *simple* » se trouve aujourd'hui relégué au rang des vieilles lunes et des accessoires périmés. En outre, la conjugaison au passé simple de certains verbes se révèle d'un emploi périlleux. Ces exemples, choisis à dessein, nous prouvent que le ridicule est souvent au bout de l'entreprise :

> Lorsque nous nous vîmes, nous nous plûmes,
> Mais quand vous me parlâtes, vous m'épatâtes!...

☘ Plus dangereusement encore à l'usage est *l'imparfait du subjonctif* qui se doit d'être employé dans la conversation courante à doses exclusivement homéopathiques. Lorsqu'il est utilisé comme signe extérieur de richesse culturelle, il est très vite ressenti comme une marque de prétention intellectuelle.

Léon Zitrone, l'ordonnateur télévisuel de nos pompes princières, avait fait de l'imparfait du subjonctif et de la jaquette les deux plus beaux ornements de sa panoplie de reporter mondain. Ses épithalames comme ses dithyrambes funèbres y gagnaient en emphase ce qu'ils perdaient en émotion vraie.
Alphonse Allais, lui, ne se prend jamais au sérieux, même lorsqu'il compose une *Complainte amoureuse*.
L'érotisme torride des vers ci-dessous aurait-il été capable d'émouvoir une agrégée de grammaire?

Oui, dès l'instant où je vous vis,
Beauté féroce, vous me plûtes;
De l'amour qu'en vos yeux je pris,
Sur-le-champ vous vous aperçûtes.
Mais de quel air froid vous reçûtes
Tous les soins que pour vous je pris!
Combien de soupirs je rendis!
De quelle cruauté vous fûtes!
Et quel profond dédain vous eûtes
Pour les vœux que je vous offris!
En vain, je priai, je gémis,
Dans votre dureté vous sûtes
Mépriser tout ce que je fis;
Même un jour je vous écrivis
Un billet tendre que vous lûtes
Et je ne sais comment vous pûtes,
De sang-froid voir ce que je mis.
Ah! fallait-il que je vous visse,
Fallait-il que vous me plussiez,
Qu'ingénument je vous le dise
Qu'avec orgueil vous vous tussiez;
Fallait-il que je vous aimasse
Que vous me désespérassiez
Et qu'en vain je m'opiniâtrasse
Et que je vous idolâtrasse
Pour que vous m'assassinassiez!

Il est amusant de taquiner un brin le pompeux imparfait du subjonctif en le plaçant dans des phrases à double sens :
~ Il serait dommage qu'à trop manger de gâteaux, un jour vous en pâtissiez!
~ Plus de huit jours au lit, je douterais que vous pussiez!
~ Le sirop fait des taches : il faudrait qu'une bonne fois pour toutes vous le sussiez!

~ Ce que vous écrivîtes dans la marge, encore eût-il fallu que nous l'observassions !
~ Docteur, ma femme est clouée au lit, je souhaiterais que vous la vissiez.
L'imparfait du subjonctif se trouve être le véritable héros de l'aventure qui survint à un illustre (!) grammairien, membre de l'Académie française de surcroît, Nicolas Beauzée (1717-1780). Ce fort honnête homme ne connaissait d'autres lois que celles de la grammaire et d'autres péchés que ceux contre la langue française. « Il passe sa vie entre le supin et le gérondif », disait plaisamment de lui Rivarol.
Mme Beauzée était infidèle. Un jour, au sortir de l'Académie, son mari la surprit au lit avec un professeur allemand.
« Quand je vous disais, madame, qu'il était temps que je m'en aille », dit l'Allemand confus à Mme Beauzée.
Cocu mais puriste avant tout, Beauzée tint à rectifier simplement avant de refermer la porte :
« Que je m'en allasse, monsieur ! »

☘ Fernand Vanderem dans son livre de souvenirs *Gens de qualité* raconte une savoureuse anecdote qui eut pour cadre le salon littéraire de Mme Aubernon de Nerville (1825-1899).
« Un soir, entre autres, Mme Aubernon nous avait soumis ce problème, vraisemblablement inspiré du sonnet d'Arvers : " Une femme peut-elle être aimée d'un homme sans soupçonner son amour ? " Sujet piteux au possible qui avait accompli le plus brillant tour de table quand, revenant à Mme Aubernon, il obtint d'elle cette formule de conclusion : " Eh bien, moi, quand j'étais toute petite fille, un vieux général m'a aimée deux ans sans que je le susse ! "
« Toutes les têtes s'inclinaient d'un coup sous l'effroi du fou rire, lorsque, par bonheur, Mme Aubernon ajouta : " N'est-ce pas que c'est drôle ? " »

Dans son livre *Mémoires de madame la langue française*, Jean Duché rapporte la phrase que Jacques de Lacretelle dit un jour à un confrère au sortir d'une séance sous la Coupole : « J'eusse été fâché que vous m'imputassiez cette connerie ! »
La juxtaposition au sein d'une même phrase d'un mot rude et d'une tournure recherchée et désuète parvient à conférer à l'ensemble un ton malicieux et inimitable.
Prononcée par le plus délicat et le plus distingué des académiciens, une telle réplique pourrait à elle seule justifier que l'on continuât à employer, de temps à autre, le subjonctif imparfait.

Comme l'avait écrit Léon Bloy dans son *Journal* : « On peut être un imbécile et pratiquer tout de même l'imparfait du subjonctif, cela s'est vu. Mais la haine de l'imparfait du subjonctif ne peut exister que dans le cœur d'un imbécile. »
On ne saurait mieux démontrer que rien n'est parfait en ce bas monde... et surtout pas le subjonctif.

CONTREPÈTERIES

Pour peu que nous soyons émus ou surexcités, pour peu que la langue vienne à nous fourcher et que nous commettions en parlant ce que les pédants appellent un *lapsus linguae* – une glissade de la langue – nous serons alors devenus l'auteur involontaire d'une *contrepèterie*. La cuisinière qui annonce : « J'ai mis au four une tapisserie ! » (au lieu d'une « pâtisserie ») – l'amoureux timide qui déclare en tombant aux genoux de sa belle : « Je donnerais ma vie pour un *m*ou de *v*eau ! » (au lieu de : « pour un mot de vous » !) – ou le comédien qui entre en scène et ordonne, superbe : « Tromp*ez*, sonn*ettes* ! » (à la place de : « Sonnez, trompettes ! ») ont inconsciemment fabriqué la *contrepèterie* qui provoquera un éclat de rire à leurs dépens.
Empressons-nous d'affirmer qu'il n'est de véritable contrepèterie que *volontaire*, car la parfaite réussite en ce domaine nécessite, pour devenir un art, la maîtrise que seul un long entraînement procure.
Nous définirons sommairement la *contrepèterie* comme l'interversion, au sein d'une phrase d'apparence volontairement anodine, de deux lettres, de deux syllabes ou même de deux mots, de manière à obtenir une autre phrase, gaillarde et drôle, celle-là !
Ce jeu – car c'en est un – est aujourd'hui d'une étonnante jeunesse et d'une incontestable actualité en dépit de ses bientôt cinq siècles d'âge. Eût-on songé à démanteler la Bastille il y a deux cents ans de cela, si l'on ne s'était d'abord fait la main sur les mots ?
C'est, en effet, le bon maître et docteur François Rabelais (1494-1553) qui passe pour avoir été l'inventeur de ce procédé qu'il nommait *antistrophe* :
« [Panurge] disoit qu'il n'y avoit qu'un antistrophe entre femme folle à la messe et femme molle à la fesse. » (*Pantagruel*, XVI.)
On trouve, dans l'œuvre de Rabelais, de nombreuses illustrations de ce procédé :

« Goûtez-moi cette farce ! » (pour foutez-moi cette garce !)
« Cette femme est une lieuse de chardons »
« A Beaumont-le Vicomte »
« La noire me fuyt »

(A l'attention de ceux – et de celles – qui ne seraient pas des familiers de cette technique, nous nous bornerons désormais à indiquer en caractères gras les lettres à intervertir.)

☘ Quelques docteurs de l'Église n'ont pas hésité à attribuer la première contrepèterie connue à Bernard de Clairvaux (1090-1153), plus connu sous le nom de saint Bernard :

O Beata Solitudo
O Sola beatitudo !

Personne, pourtant, n'osa prétendre qu'il pût y avoir un rapport entre ce croisement de deux syllabes et la deuxième croisade qu'il prêcha et qui lui valut d'être canonisé.
Citons ici, pour en terminer avec les contrepets en latin, celui-ci, qui a sûrement été imaginé longtemps après l'événement auquel il se réfère. Selon la légende, une Anglaise vivant à Rome sous un habit d'homme aurait été élue pape à la mort de Léon IV (855) sous le nom de « la papesse Jeanne ». On décida, pour éviter le retour d'un pareil scandale, qu'un cardinal s'assurerait désormais que le futur pape était bien muni des indispensables attributs masculins ; il devait déclarer ensuite : « Duos habet et bene pendentes. » Ce qui, pour quelques pontifes à bout de course, se transformait en : « Duos habet et pene bandantes. »

☘ Estienne Tabourot (1547-1590), dans son livre *Bigarrures et touches du seigneur des accords*, se fait l'historien de ce jeu de lettres.
« Nos pères ont trouvé une ingénieuse et subtile invention, que les courtisans anciennement appelaient des *Équivoques*, ne voulant pas user du mot et “ jargon de bons compagnons ” qui les appelaient des *Contrepèteries* (à l'époque, le verbe « contre-petter » avait le sens de « contrefaire »).
« Ç'a esté le gentil scavant et gracieux Rabelais qui les a le premier baptisé de ce propre nom grec [d'*Antistrophes*]. »)
Trois noms pour un seul divertissement ! Comment s'étonner alors qu'il ait aussi gaillardement traversé les siècles.
A Tabourot on doit ces classiques du genre que sont :

« Vous avez vendu votre terre pour avoir trop tendu votre verre! »
« A un malade en sa saison, il faut salade en sa maison. »
« Toutes les jeunes filles doutent de leur foy. »

☘ Aux XVIIe et XVIIIe siècles, le contrepet connut une éclipse totale, ce qui lui permit sans doute de prendre des forces pour effectuer au XIXe siècle une réapparition fracassante.
En cette période souriante entre toutes pour la profusion d'humoristes et de gens d'esprit qui l'illustrèrent, la contrepèterie retrouva une jeunesse et un brio qu'elle a conservés jusqu'à nos jours.
Voici quelques classiques signés de noms fort connus qu'il serait dommage de ne pas citer une fois de plus :

~ D'*Henri Monnier* : « On connaît le boulevard des Filles-du-Calvaire; mais on ne connaît pas assez le calvaire des filles du boulevard. »
~ *De Victor Hugo* : « J'ai fait le bossu cocu. J'ai fait le beau cul cossu! »
~ D'*Alphonse Allais* : saint Rémi ayant ordonné à Clovis, avant de le baptiser : « Courbe-toi fier Sicambre! », Clovis lui répondit : « Cambre-toi vieux si courbe! »
~ De *Léon-Paul Fargue* : ce doux poète avait porté l'art du contrepet à un tel degré de perfection que la technique lui en était devenue spontanée. Lorsqu'il écrivait à ses amis fraîchement décorés, il les félicitait d'avoir reçu « la roseur de la Légion d'honnête ». Quant à ceux promus au rang supérieur de l'ordre, il les apostrophait ainsi : « Vous voilà donc Crâneur de la commansavate! »
C'est lui aussi qui avait rebaptisé poétiquement la station de métro « Sèvres-Lecourbe » qui lui rappelait d'anciens rendez-vous galants : La station « Lèvres se courbent ».
~ *De Robert Desnos* :
« Plus fait violeur que doux sens. »
« Les lois de nos désirs sont des dés sans loisir » (*Corps et biens*).
« Dites les transes de la confusion et non les contusions de la France. »
« Aimable souvent est sable mouvant. »
~ De *Benjamin Péret*, ce titre d'une œuvre de 1928 : *Les Rouilles encagées*.
~ De *Jean-Gabriel Domergue*, peu enthousiasmé par les céramiques que décorait Picasso à Vallauris :
« Je préférerais subir des assauts de pique-assiettes plutôt que les assiettes de Picasso. »
~ De *Jean Cocteau* :
« Peindre à la fresque. Feindre à la presque » (*Critique indirecte*).

De *Jacques Prévert* parodiant le vers célèbre d'Haraucourt « Partir, c'est mourir un peu » :
« Martyr, c'est pourrir un peu. »
On connaît moins de lui cette pensée futuriste :
« Cybernétique : Cythère? bernique! »

De *Boris Vian* :
« Le peintre émet son avis sur les nus. »

De *Michel Leiris* (*Bagatelles végétales*), ce petit poème qui mélange olorime et contrepet :

Alerte de Laerte

Ophélie
Est folie
Et faux lys :
Aime-la
Hamlet!

D'*Alexandre Breffort* parodiant le titre de la pièce d'Erskine Caldwell, *Le Petit Arpent du Bon Dieu* : « Le petit ardent du bon pieu. »

De *Serge Gainsbourg*, ce contrepet autobiographique : « Quand Gainsbarre se bourre, Gainsbourg se barre! »

C'est en 1934 que parut l'ouvrage qui, de nos jours, fait encore autorité en la matière, *La Redoute des contrepèteries*, dû à l'imagination de Louis Perceau (avez-vous lu Perceau?).
C'est une véritable somme où sont répertoriés tous les grands classiques actuels du contrepet. Avant de vous livrer un bouquet des plus réussis, il est utile de rappeler, à l'usage des néophytes, un certain nombre de règles qu'on pourrait appeler...

Du bon usage du contrepet

1. *La contrepèterie est un art essentiellement oral.*
Bien qu'il soit recommandé pour élargir son répertoire de consulter les recueils spécialisés, le véritable plaisir est d'échanger des contrepets avec un ami. Pour atteindre à une plus grande efficacité, la contrepèterie demande même le concours de trois personnes : celle qui dit le contrepet, celle qui le comprend et celle à qui la signification cachée échappe complètement, le plaisir des deux premières étant décuplé par l'incompréhension de la troisième.

2. *La contrepèterie est-elle un divertissement masculin?*
De même qu'il existe en physique deux sortes de forces, l'une *centri-*

pète qui tend à ramener un corps vers le centre, l'autre *centrifuge* qui l'incite à s'en éloigner, de même l'intelligence humaine semble se répartir selon deux structures opposées : le cerveau *contrapétique*, irrésistiblement attiré par la dislocation des mots, et l'inaptitude *contrafugique* de ceux qui, hermétiques à cette gymnastique, choisissent de s'enfuir. Bien que le patronage du contrepet soit dévolu à une femme – comtesse de surcroît * – l'observation courante permet, sans recours aux sondages d'IPSOS ou de la SOFRES de constater que l'art du contrepet attire les hommes de préférence aux femmes.

* *Voir plus loin.*

3. *La contrepèterie est le langage codé d'une société secrète.*
Sous un masque convenable et on ne peut plus décent, une phrase gaillarde se dissimule. Dans une société guindée, l'impression délicieuse d'un encanaillement contrôlé n'est pas le moindre des charmes de l'exercice.
Un interlocuteur à l'oreille attentive peut, sans trop de difficulté, reconnaître qu'il y a du contrepet dans l'air. D'abord, ses soupçons seront mis en alerte par le sens, teinté d'un vague hermétisme, d'une phrase entendue. Ils pourront se trouver confirmés par l'instant de silence souriant et légèrement interrogatif qui la suit – à peine le temps de fermer des guillemets. C'est ainsi qu'un contrepéteur habile parvient à tâter le degré d'initiation de son auditoire et à s'y découvrir des complices.

4. *La contrepèterie ne doit jamais être traduite.*
La contrepèterie est drôle en ce qu'elle recèle, derrière le masque de la bienséance, un phrase triviale à l'état virtuel. Aussi longtemps que celle-ci reste inexprimée, elle provoque une intense jubilation chez les initiés. Traduite, elle n'est plus qu'une phrase grossière parmi d'autres.

Les grands classiques

Foin de la théorie! Comme le mouvement, le contrepet se prouve en marchant :
Voici, choisies dans, *La Redoute des contrepèteries,* quelques-unes des plus belles trouvaillles de Louis Perceau :
A l'usage des néophytes, nous les avons choisies parmi les plus faciles, nous contentant de renvoyer aux ouvrages cités plus loin ceux qui voudraient approfondir la question.
Un astérisque signale les phrases contenant deux contrepets.

- Les nouilles cuisent au jus de cane*
- C'est ici qu'on a pendu le fuselage de l'aviatrice.
- La jeune fille contemple un plant qui vient de la Guinée.

- Les laborieuses populations du Cap.
- Le vieil artisan tisse en plusieurs passes.
- Il faut être peu pour bien dîner.
- Les physiciens voient le monde conique.
- La cuvette est pleine de bouillon.
- Votre père à l'air mutin.
- Elle m'a menti la sotte!
- L'usage d'inoculer du pus de génisse s'est répandu rapidement.
- Le clerc du notaire ne peut atteindre son but.
- La fermière sait que sa poule mue, aussi vit-elle aux champs*.
- Les écoliers jouent dans les pièces du fond.
- Que de gîtes la pauvre femme habita!
- Je crains l'avidité des concierges!
- L'épicurien recherche les sources du bonheur.
- Les professeurs admiraient le factum du recteur.
- Le Pont-Neuf fait soixante pieds.
- Tacite se promène en babouches.
- C'est long comme lacune.
- Le jardinier a des pieds de choux.
- J'ai la liasse, mon chou!
- Le tailleur est submergé sous les amas de patentes.
- Ma belle-mère admire les rossignols du caroubier.
- Dès qu'on touche à son petit banc, cet enfant boude!

Le contrepet, disait le grand Luc Étienne, est « une école d'irrespect ». On y apprend à ne pas respecter grand-chose, c'est vrai. Mais c'est également une université où tous les sujets sont abordés :

L'histoire :

- L'affreux Brutus est entré dans les Annales.
- Sous l'Occupation on traduisait *Métropolitain* par « Pétain mollit trop ».
- La Belle Ferronnière à Chambord :
  Aux sites de Bologne, je préfère les mines de Pompéi *.
- Louis VI fit brancher Monthléry.

La géographie :

- Non! Le Var ne se déverse pas dans l'Oder!
- Le général est arrivé à pied par la Chine.
- Les Lacédémoniennes raffolaient des thermes de Sparte.

La politique :

- A la douche ce gros Barre!
- Balladur devient « bas d'allure ».

- Quant aux deux sous-ministres du général de Gaulle : Maziol et Marette, ils formaient le couple inséparable de « Mariolle et Mazette ».

La littérature :

- Paul et Virginie : Virginie prend les bols.
- Claudel, voilà une chose qui me fait bien prier!
- Horace tâtait avec inquiétude le pouls de Sabine.

L'album de la comtesse

Chaque semaine, *Le Canard enchaîné* publie une rubrique de contrepèteries intitulée « Sur l'album de la comtesse Maxime de La Falaise ». Depuis un bon quart de siècle qu'existe la rubrique, les lecteurs s'interrogent sur l'identité de cette fameuse comtesse qui contrepète à ravir. Nous sommes en mesure de révéler qu'il s'agissait à l'origine d'une comtesse authentique, une Irlandaise superbe qui avait épousé en légitimes noces le comte Maxime de La Falaise. Histoire d'enquiquiner son hobereau de mari de qui elle était en train de divorcer, elle avait autorisé Yvan Audouard à baptiser de son nom la rubrique de contrepèteries dont il était responsable. Il est utile d'ajouter que la comtesse ignorait jusqu'au terme même de contrepet.

La rubrique, après Yvan Audouard, fut tenue par le dessinateur Henri Monier, puis par le mathématicien et humoriste Luc Étienne. Celui-ci fut assisté dans cette lourde tâche par les envois des lecteurs du *Canard* et plus particulièrement par ceux de deux d'entre eux qui devinrent les disciples du Maître : Jacques Antel, d'abord, qui publia en 1975 un recueil intitulé, bien sûr : *Le Tout de mon cru* (comprenne qui voudra!), et par Joël Martin, physicien de haut niveau au Commissariat à l'énergie atomique, qui, en 1984, à la mort de Luc Étienne, a repris le flambeau. Il est également l'auteur de *L'Art de décaler les sons*, un livre dans lequel il enseigne, grâce à une méthode inspirée du Rubick's cube, les recettes permettant de réussir de savoureux contrepets.

En 1988, il a repris dans un nouveau tome de *Sur l'album de la comtesse* les 2800 contrepèteries – dont 500 inédites – parues dans *Le Canard enchaîné* de 1979 à 1987 (Albin Michel éditeur).

Décidément, il s'en est fallu de peu qu'on en dise de belles dans ce chapitre qui, hermétique aux yeux innocents, n'aura pu offenser la pudeur ni la morale.

Comme l'aurait dit le philosophe s'il avait su l'art de contrepéter : Il faut savoir prendre les choses en riant!
Quant aux esprits chagrins, nous nous bornons à les renvoyer à cette contrepèterie belge qui les rassurera : « Il faut beau et chaud... »

COURTELINE (Georges)
1858-1929

Plus tourangeau que lui, tu meurs!
C'est à Tours, ville qui avait vu naître ses parents, ses grands-parents paternels et toute la lignée des Moinaux, que le petit Georges Courteline vint au monde. Le grand-père Moineau était un ébéniste réputé dont le musée de la ville conserve encore quelques meubles signés. A cause d'une étonnante ressemblance avec le Premier consul, on le connaissait sous le surnom de « Bonaparte ».
Le père, Jules Moinaux (1815-1895) – qui mit, Dieu sait pourquoi, son nom de famille au pluriel –, tint la chronique judiciaire au *Charivari* et acquit une certaine célébrité grâce à trois livres inspirés de ses souvenirs professionnels : *Les Tribunaux comiques*.
Georges Moinaux – qui deviendra plus tard Georges Courteline – naquit donc à Tours, rue de La Riche, le 25 juin 1858. Quelque temps après sa naissance, ses parents abandonnèrent leur province pour s'installer à Paris. Chaque été, au moment des vacances, toute la famille émigrait sur la butte Montmartre – à la campagne! – dans un charmant cottage fleuri, au 40 de la rue des Rosiers – aujourd'hui rue du Chevalier de La Barre. C'est en cet endroit paisible que l'Histoire faillit bien les rattraper : le 18 mars 1871, en pleine Commune, les généraux Clément Thomas et Lecomte seront fusillés par les insurgés, contre le mur de leur maison. Prudents, les Moinaux n'avaient pas attendu que la situation se gâte : dès les premiers soubresauts, toute la famille était partie se réfugier à Iverny, près de Meaux.
Le calme revenu, les parents regagnèrent Paris, laissant Georges en pension dans un couvent sinistre reconverti en collège. Indifférent et amorphe, il y passa quelques années résignées. « Apre époque, écrira-t-il, dont ma lèvre a gardé l'amertume. »

Après son échec au baccalauréat, son père le fait entrer par recommandation au siège des « Bouillons Duval », rue Saint-Fiacre. Il y est affecté au service de vérification des additions provenant de toutes les succursales de cette chaîne de restaurants. On lui explique : « Si l'une de nos caissières s'est trompée au préjudice du client, elle doit lui rembourser la somme indûment perçue. Dans le cas contraire, elle nous paie la différence.
- Mais alors, si j'ai bien compris, c'est toujours la pauvre femme qui paie »! s'indigna le futur Courteline.
Pour toute réponse, on lui indiqua sobrement le chemin de la sortie.

Les Gaietés de l'escadron

Mécontent des débuts professionnels de son fils, Jules Moinaux l'obligea à s'engager. A l'époque « on en prenait pour cinq ans! » : Georges se retrouva au 13ᵉ chasseurs à cheval à Bar-le-Duc.
Le major, un Alsacien aussi grand que bête, prend en grippe cet « avorton » qui déshonore l'armée. Ses cheveux trop longs, raides comme des baguettes de tambour, lui valent le surnom du « Frisé » qu'il conservera toute sa vie. Avant de parvenir à se faire réformer, il lui faudra pendant quatorze mois jouer les débiles.
Mais il n'y a pas de situation tout à fait inutile : servi par un don prodigieux d'observation, il aura le temps de connaître toute une galerie de polichinelles militaires et de s'imprégner du vocabulaire, des expressions, des coutumes de ce singulier primate qu'est l'homme des casernes. C'est ainsi que le désormais légendaire adjudant Flick, qui rêve de fourrer tout le monde au « gnouf » avec des motifs de punition d'une bêtise exemplaire, est sorti tout armé des souvenirs du cavalier Moinaux :

- « Deux jours de police au brigadier La Guillaumette pour avoir pris le soleil dans une glace et l'avoir violemment jeté à la figure de son sous-officier. »
- « Huit jours au cavalier Gueswiller pour avoir, sur le passage du brigadier Cannart, imité le cri de cet animal. » Etc.

Messieurs les ronds-de-cuir

Georges à peine démobilisé, son père le fait entrer au ministère des Cultes qu'il immortalisera plus tard sous le nom de ministère des Dons et Legs.
On le verra très rarement au bureau jusqu'au jour où il ne viendra plus du tout : il avait imaginé de verser la moitié de son salaire à un

collègue qu'il avait chargé de faire le travail à sa place. La situation durera quatorze ans à la satisfaction générale.

Devenu célèbre alors sous le nom de Georges Courteline, il jugera plus décent de faire valoir ses droits à la retraite. Il s'était fait connaître dans les gazettes parisiennes par des articles où l'on trouvait déjà le style et le ton du dramaturge comique qu'il allait être. A l'âge de vingt-six ans, la chance lui avait souri le jour où le rédacteur en chef des *Petites Nouvelles littéraires* lui avait demandé, pour boucher un trou de dernière minute, s'il n'avait pas un article tout prêt. Il tira de ses cartons une petite scène militaire intitulée *La Soupe*. Le lendemain, il était convoqué de toute urgence. Très inquiet, il se présenta pour s'entendre dire : « Ton article me plaît beaucoup. Tu m'en donneras un toutes les semaines sur la vie de caserne. Tu vois ? Du vrai, mais traité gaiement ! »

Courteline venait par hasard de découvrir sa voie et son style. Jean Dutourd a écrit : « Il ne connaissait que trois sujets : l'armée, les bureaux et les femmes ! mais il les connaissait à fond ! »

Et il est vrai que, de ces trois corps dans lesquels successivement ou ensemble il a servi, il va tirer la matière de toute son œuvre. Personne ne sait parler comme lui de la bêtise des militaires, des tracasseries administratives, des injustices de la justice, de la légèreté des femmes et de la mesquinerie des bourgeois. La caricature de son trait qui va de la bouffonnerie à l'humour noir est restée moderne à bien des égards.

Avec son cynisme habituel, Courteline a écrit : « Il vaut mieux gâcher sa jeunesse que de n'en rien faire du tout. » Mais il ajoutait modestement : « J'ai traversé successivement le collège, le régiment et le bureau, laissant ici comme là le souvenir d'un crétin, d'un cancre et d'un idiot. »

La Paix chez soi

Par son éducation, par son mode de vie hérité de ses parents, Georges Courteline était un bourgeois, un de ces petits-bourgeois dont il moquait l'égoïsme et la lourdeur. Il se sentait sûrement beaucoup plus proche du sang pur de ses grands-parents artisans. Toute sa vie, il sera déchiré entre la classe à laquelle il appartient et son attirance naturelle pour les héros modestes et quotidiens.

Georges Courteline n'était pas fait pour le malheur : il s'est marié deux fois et a connu les deux fois le parfait bonheur familial. Il épousa d'abord une artiste de l'Odéon, Suzanne Berty qui devait créer à la Potinière sa pièce *La Peur des coups*. La pauvre femme mourut d'une hémoptysie. En 1907, âgé de quarante-neuf ans, il se remaria avec Judith Bernheim, connue comme actrice sous le nom de

Judith Brécourt et qu'il appelait – lui seul savait pourquoi ! – Marie-Jeanne. Il eut deux enfants, puis des petits-enfants qui avaient reçu en recommandation de ne l'appeler « Grand-père » en aucun cas, mais « Tonton, mon vieux » !

Vers l'âge de quarante-cinq ans, Courteline, qui avait sûrement tout dit, cessa pratiquement d'écrire. Au cours du quart de siècle qui lui restait à vivre, il continua de revoir ses textes, de polir ses phrases, d'élaguer, de resserrer, avec le souci de laisser derrière lui une œuvre aussi parfaite que possible.

Les anecdotes que nous connaissons de lui nous permettent d'imaginer un brave homme, un peu misanthrope, un tantinet misogyne, bougon, tatillon, râleur-né, je-m'en-foutiste, jouant les blasés et les gens revenus de tout, mais, au fond de lui, sensible et naïf.

☘ Une nuit, il rencontra par hasard Verlaine qui sortait d'un café en titubant. Ému par le spectacle du poète déchu, il entreprit de le reconduire chez lui. Il arrêta un fiacre :

« Cocher,... rue... Au fait, mon cher maître, où faut-il vous conduire ?

- Chez moi.

- Sans doute. Mais où demeurez-vous ? »

Hélas, Verlaine est ivre mort. Il regarde Courteline d'un œil terne.

« Rue... rue... Non ! C'est un faubourg !

- Faubourg Montmartre ?

- Non !

- Faubourg Poissonnière ?

- Non... Faubourg... Saint-Antoine.

- Quel numéro ?

- Je... je ne me rappelle pas.

- Voyons ; mon cher maître... tâchez de vous souvenir ! insiste Courteline anxieusement. Numéro un ?

- Non !

- Numéro deux ?

- Non ! »

Et ainsi de suite : Verlaine habitait au 195 !

☘ Courteline adorait faire des farces. A ses amis, bien sûr, qui étaient son auditoire privilégié, mais aussi à des inconnus.

Il avait remarqué, dans un café qu'il fréquentait, le manège d'un petit rigolo qui, chaque jour, à l'heure de l'apéritif, mangeait un œuf dur qu'il se brisait sur la tête. Il ne put s'empêcher un jour de remplacer dans la soucoupe tous les œufs durs par des frais, juste pour découvrir l'air ahuri du « comique » dégoulinant de blanc d'œuf.

☘ Comme n'importe quel hobereau de bonne noblesse, il tint à posséder son blason. Voici, déchiffrées par Cadet de Gassicourt, secré-

taire de la Bibliothèque nationale, quelles étaient les armes de Courteline :
« Écartelé de gueule et de sable à deux lions affrontés brochant : celui de dextre, coupé de sable et d'or, la tête couverte d'une toque de juge de sable, tenant un sabre d'argent, nu, la pointe basse; celui de senestre, coupé d'or et de sable, la tête couverte d'un képi d'adjudant, tenant une plume d'oie d'or, la pointe basse; et, en pointe, à la harpe d'or; au chef de gueule, chargé de trois tours d'argent crénelées, maçonnées de sable, surmontées chacune d'un moineau essorant d'argent, celui du milieu portant le fléau d'une balance dont les plateaux descendent de chaque côté de la tour; le chef soutenu d'un comble parti d'azur semé de fleurs de lys d'or et d'azur semé d'abeilles d'or; sur le tout, tranché d'argent au pot de colle d'ébéniste d'or, et d'or à la carotte de marchand de tabac de gueule, mis en bande, à la cotice en bande d'azur brochant. Devise : *" Et après ? "* »

Le jour des obsèques de sa mère, il compte machinalement les cierges allumés dans l'église. Il en a compté neuf... et, sur la facture qu'il reçoit, le curé en mentionne douze. Ça ne va pas se passer comme ça! Le voici engagé avec l'archevêché de Paris dans une interminable correspondance procédurière. Les choses s'envenimèrent au point qu'il menaça d'en référer au pape!

Les œuvres de Courteline sont adaptées pour la scène sans que le traitement qu'elles subissent reçoive toujours l'approbation de leur auteur. Après avoir vu sur la scène son *Train de 8 h 47*, il est effondré : « C'est affreux! Ce n'est pas moi tout de même qui ai écrit cette m... ? »
La pièce aura quand même 155 représentations.
Lorsque *Les Gaietés de l'escadron* furent jouées au théâtre de l'Ambigu, Courteline avait tenu à inviter, pour la générale, son ancien chef, Moranchon, qui lui avait servi de modèle pour le capitaine Hurluret. « Si tu te fous de moi dans la pièce, je te botterai le derrière! » avait-il dit à l'auteur. Courteline ne risquait rien : lorsqu'il regarda dans la salle au moment où se baissait le rideau, le vieux militaire était en larmes!

Courteline devient une personnalité bien parisienne que les journalistes viennent interviewer à tout propos et surtout hors de propos. Pour se débarrasser des importuns, il a fait imprimer une circulaire :

> **CABINET DE GEORGES COURTELINE**
> **CENTRALISATION DES INTERVIEWS**
>
> Monsieur et cher Confrère,
> En réponse à votre lettre du... par laquelle vous voulez bien me demander mon avis à propos de...
> j'ai l'honneur de vous informer que je m'en fous complètement.
> Dans l'espoir que la présente vous trouvera de même, je vous prie d'agréer, Monsieur et cher Confrère, l'assurance de mes sentiments les plus dévoués.
>
> Pour M. Georges Courteline
> Le Centralisateur général

En 1926, les académiciens Goncourt l'élisent au sein de leur assemblée en remplacement de Gustave Geffroy.
Courteline est très fier de cette distinction. Aux journalistes, il déclare : « Me voilà dans un fauteuil, mais j'y suis cloué car la joie ne me rendra pas ma jambe. » En effet, l'année précédente, il a subi une grave opération. On lui a d'abord coupé l'orteil avant de l'amputer de la jambe droite. « Quel toubib! dit-il de son chirurgien. Il faut en plus qu'il ait la parole tranchante! »
Trois années plus tard, il entre à l'hôpital Péan pour être amputé de la jambe gauche. Le lundi 24 juin, Raphaël Duflos, un de ses amis, vient le voir après l'opération.
« Je t'apporte le baiser de Porto-Riche que je quitte à l'instant et qui souhaite te voir guérir.
- Merci Raph...! »
Courteline glisse alors dans le coma. Le lendemain 25 juin 1929 - jour de son soixante et onzième anniversaire - il meurt à 12 h 50.

Pendant l'Occupation, les Allemands s'emparent de toutes les statues de bronze pour les transformer en canons. Mme Courteline, à qui on a imposé le port de l'étoile jaune, s'efforce, en vain, d'empêcher que le buste de son mari, qui avait été placé dans le square de l'avenue de Saint-Mandé, ne connaisse ce triste sort. Des amis, prévenus à temps, parvinrent à le déboulonner et à le cacher jusqu'à la Libération où il retrouva sa place.
♣ Courteline avait rassemblé dans un recueil toutes les pensées et les maximes qui constituaient le sourire de sa philosophie personnelle. On croirait vraiment l'entendre bougonner :

S'il fallait tolérer aux autres tout ce qu'on se permet à soi-même, la vie ne serait plus tenable!

Je ne sais pas de spectacle plus sain, d'un comique plus réconfortant, que celui d'un monsieur recevant de main de maître une beigne qu'il avait cherchée.

On ne saurait mieux comparer l'absurdité des demi-mesures qu'à celle des mesures absolues.

L'alcool tue lentement. Nous, on s'en fout, on n'est pas pressés!

La femme ne voit jamais ce que l'on fait pour elle, elle ne voit que ce qu'on ne fait pas.

Il est évidemment bien dur de ne plus être aimé quand on aime, mais cela n'est pas comparable à l'être encore quand on n'aime plus.

L'homme est le seul mâle qui batte sa femelle. Il est donc le plus brutal des mâles, à moins que, de toutes les femelles, la femme ne soit la plus insupportable - hypothèse très soutenable en somme.

Passer pour un idiot aux yeux d'un imbécile est une volupté de fin gourmet.

CULTURE

La *culture* est de nos jours la plus tangible des vertus puisque, semblable en cela à la Justice, elle a son ministre et que, telle la Tolérance, elle possède des maisons. Physique, elle sert à gonfler les muscles des culturistes, en principe peu cultivés. Générale, elle développe le cerveau d'intellectuels généralement peu musclés.

La culture est partout, dans les champs et dans les villes. Tout le monde cultive quelque chose, son apparence, ses contradictions, ses tendances, sa voix, sa mémoire, ses relations, le paradoxe ou ses connaissances, son jardin ou des microbes. De quoi se flinguer! D'ailleurs, le nazi *Goebbels* * disait : « Quand j'entends le mot de culture, je sors mon revolver. » Mais il était plus qualifié pour parler de l'un que de l'autre. Mot que Jean Yanne paraphrasait en disant que, lorsqu'il entendait parler de culture, il sortait son transistor.

La plus célèbre définition de la culture est celle d'un pédagogue japonais que cita *(Notes et maximes)* Édouard Herriot :

« La culture, c'est ce qui demeure dans l'homme une fois qu'il a tout oublié. »

Le maréchal Foch prétendait : « Il n'y a pas d'homme cultivé, il n'y a que des hommes qui se cultivent. »

** En réalité, la phrase : « Quand j'entends le mot culture je charge mon revolver » est du dramaturge nazi Hanns Johst. Le mot fut repris par Baldur Von Schirach, chef des Jeunesses hitlériennes... puis attribué à Goebbels.*

La comtesse Diane est sévère lorsqu'elle prétend : « On appelle cultivé un esprit dans lequel on a semé l'esprit des autres. » L'éditeur Robert Laffont a résumé dans une courte formule la différence qui existe entre l'homme cultivé du temps jadis et celui d'aujourd'hui : « L'homme cultivé (de nos jours) n'est plus celui qui connaît les réponses, mais celui qui sait où trouver les réponses. »

On pourrait dresser une liste appréciable de mots contenant le radical *culture* (qu'il ne faut pas confondre avec la culture des radis !). Sauriez-vous définir sans erreur à quoi se rapportent les cultures qui suivent ?

Agrumiculture	Culture des agrumes
Apiculture	Art d'élever les abeilles
Aquaculture (ou *aquiculture*)	Art d'élever les animaux ou plantes aquatiques
Arboriculture	Culture des arbres
Astaciculture	Élevage des écrevisses
Aviculture	Élevage des oiseaux ou volailles
Capilliculture	Soins de la chevelure
Céréaliculture	Culture des céréales
Conchyliculture	Élevage industriel des huîtres, moules et coquillages
Coturniculture	Élevage des cailles
Cressiculture	Culture du cresson
Cuniculiculture	Élevage du lapin
Echiniculture	Élevage des oursins
Floriculture	Partie de l'horticulture qui s'occupe spécialement des fleurs
Héliciculture	Élevage des escargots
Hémoculture	Recherche de bactéries dans le sang
Horticulture	Art de cultiver les jardins
Monoculture	Système de production agricole où la terre est consacrée à une seule culture
Motoculture	Utilisation du moteur dans l'agriculture
Myciculture	Culture des champignons
Mytiliculture	Élevage des moules
Oléiculture	Culture de l'olivier et des plantes oléagineuses
Osiériculture	Culture de l'osier
Ostréiculture	Élevage des huîtres
Pisciculture	Art d'élever et de multiplier les poissons

Polyculture	Système consistant à pratiquer des cultures différentes dans une même exploitation
Puériculture	Ensemble des connaissances et techniques nécessaires aux soins des tout-petits
Riziculture	Culture du riz
Saliculture	Exploitation d'un marais salant
Salmoniculture	Élevage du saumon
Séricicultre	Industrie ayant pour objet la production de la soie
Spongiculture	Culture de l'éponge en parcs
Sylviculture	Entretien et exploitation des forêts
Trufficulture	Production de truffes
Trutticulture	Élevage des truites
Viniculture	Ensemble des activités relatives au vin
Viticulture	Culture de la vigne

« Cela est bien dit, répondit Candide, mais il faut cultiver notre jardin ! »
Agriculture ? Vous avez dit agriculture ?

CYRANO DE BERGERAC

Trois siècles de théâtre en France, voilà qui représente un nombre impressionnant de succès et, plus encore, d'échecs. En ce domaine,les véritables événements sont rares, rarissimes même.
Pour tout dire, on en compte quatre :
1. La première du *Cid* de Pierre Corneille en janvier 1637.
2. La première du *Mariage de Figaro* de Beaumarchais le 27 avril 1784.
3. La première d'*Antony* d'Alexandre Dumas Père en 1831, dont la dernière réplique est fameuse : « Elle me résistait... je l'ai assassinée ! »
4. La première de *Cyrano de Bergerac* d'Edmond Rostand.

Cette représentation historique s'est déroulée le 28 décembre 1897 au théâtre de la Porte-Saint-Martin.
Rostand, âgé de vingt-huit ans, a écrit cette pièce pour Constant

Coquelin, un acteur d'un prestige considérable, qui a trente ans de plus que lui. Mais Rostand pense aussi pour le rôle de Roxane à sa grande amie Sarah Bernhardt, qui finalement ne pourra pas le jouer.
L'atmosphère des répétitions avait été glaciale et la troupe, résignée, sentait que l'on allait au-devant d'un four noir.
Edmond Rostand ne croit plus à sa pièce ; il se précipite en pleurs dans les bras de Coquelin :
- Pardon, mon ami, de vous avoir entraîné dans cette entreprise désastreuse ! Je me rends compte à présent que cette pièce sera un échec. Je veux la retirer !
- Vous êtes fou ! Vous m'avez offert un chef-d'œuvre ! C'est le rôle de ma vie !
L'actrice qui doit jouer Roxane, Maria Legault, souffrait de la gorge et, la veille, pour la générale, c'est Rosemonde Gérard, la jeune femme de l'auteur, qui joue le rôle au pied levé - merveilleusement d'ailleurs. Bref, tout va mal !
Quelques minutes avant le lever du rideau, Floury, l'un des administrateurs du théâtre, supplie Rostand :
- Il faut supprimer cette « tirade des nez ». Je viens encore de l'écouter. Elle va faire crouler la pièce sous le ridicule.
Et le rideau se lève.
Dès la « tirade des nez », la salle éclate en bravos pour saluer la performance de l'auteur et de l'interprète.
A la fin du premier acte, le succès est déjà assuré. Au deuxième acte, on parle de triomphe. Au troisième acte, le public délire.
Pendant l'entracte précédant le quatrième acte, Louis Cochery, le ministre des Finances, qui représentait le président de la République Félix Faure, surgit dans les coulisses. Dégrafant la décoration qui ornait le revers de son habit et « en vertu des pouvoirs à lui conférés », il l'épingla à celui de l'auteur médusé, le faisant ainsi, sur le front de sa troupe, chevalier de la Légion d'honneur.
Pour le quatrième acte, Rostand costumé s'est mêlé à la foule des cadets de Gascogne.
Puis ce sont les derniers vers :

> ♣ [...] Mais il est quelque chose
> Que j'emporte et, ce soir, quand j'entrerai chez Dieu,
> Mon salut balaiera largement le seuil bleu
> Quelque chose que, sans un pli, sans une tache,
> J'emporte malgré vous, et c'est...
> ♣ - C'est ?
> ♣ - ... Mon panache !

Le rideau à peine retombé, c'est le déchaînement, la tempête. On compte quarante rappels, après quoi le régisseur épuisé laisse le rideau ouvert. A deux heures du matin, tous les spectateurs étaient encore dans la salle et sur la scène envahie, criant leur joie et leur bonheur.
« Si Rostand le voulait, il pourrait marcher ce soir sur l'Élysée », écrit Paul Morand.

Depuis cette première mémorable, *Cyrano de Bergerac* a connu plus de 14 000 représentations - ce qui fait une moyenne de 160 représentations par an ! La pièce a été traduite dans toutes les langues et les théâtres du monde entier l'ont mise à leur répertoire.
Les plus grands comédiens se sont disputé ce rôle écrasant de 1400 vers, le plus long de tout le répertoire français. Voici la liste des principaux d'entre eux : Constant Coquelin (jusqu'en 1910) ; Le Bargy ; Jean d'Aragon ; Candé ; Lucien Rozenberg ; Pierre Magnier ; Chabert ; Jacques Grétillat ; Pierre Fresnay (1928) ; Victor Francen ; Gabriel Signoret ; Romuald Joubé ; Charpin ; Jean Wéber ; Denis d'Inès ; André Brunot ; Pierre Dux (1938) ; Maurice Escande ; Jean Martinelli ; Maurice Donnaud ; Paul-Émile Deiber ; Jean-Paul Coquelin ; Bernard Noël ; Jean Piat (1964) ; Jean Marais ; Jacques Toja (1976) ; Jacques Destoop ; Alain Pralon ; Jacques Weber (1983) ; Denis Manuel...
A la télévision, en 1960, Daniel Sorano fut un Cyrano très convaincant. Au cinéma, Coquelin reprit son rôle dans une version muette. Après lui, Claude Dauphin et José Ferrer furent des Cyrano cent pour cent parlants. En 1990, Gérard Depardieu se prépare à être au cinéma un très grand Cyrano cependant que Jean-Paul Belmondo va reprendre le rôle à la scène.

Le vrai Cyrano

Cyrano a existé et on peut affirmer qu'Edmond Rostand a respecté dans sa pièce les principaux faits qui jalonnèrent l'existence de son modèle. Savinien de Cyrano de Bergerac naquit en 1619. Il fut aussi galant dans la vie que brave au combat. Tous ceux qui se risquèrent à moquer son nez eurent à tâter de son épée. Il participa comme officier au siège d'Arras dans les cadets de la compagnie de Carbon de Casteljaloux et il y récolta une blessure.
L'épisode de la fameuse bagarre de la porte de Nesle où il se battit seul contre cent pour défendre son ami Lignières est également attesté par la chronique.
Il écrivit une comédie, *Le Pédant joué*, dont Molière s'inspira dans ses *Fourberies de Scapin*, et une tragédie, *La Mort d'Agrippine*, à

laquelle Corneille fit de nombreux emprunts. C'est surtout avec ses *Histoire comique des États et Empires de la Lune* et *Histoire comique des États et Empires du Soleil* qu'il fait figure de véritable précurseur. Vers la fin de sa vie, Cyrano rencontra sa cousine Madeleine Robineau qui vivait retirée du monde depuis la mort de son mari, le baron de Neuvillette. Ce polémiste à la dent dure et aux traits acérés avait l'art de se faire des ennemis. Ce qui permet de penser que la bûche qu'il reçut sur la tête était un attentat plutôt qu'un accident. Il en mourut en 1655, âgé seulement de trente-six ans.

Seule différence notable entre le héros et son modèle, le vrai Savinien de Cyrano ne doit pas son nom à la ville de Bergerac en Périgord. Il est né à Paris d'un père, avocat au Parlement, qui possède les fiefs de Mauvières et de Bergerac dans la vallée de Chevreuse.

Cyrano n'est pas mort le jour où il reçut une poutre sur la tête, mais seulement l'année d'après, en 1655, chez son cousin à Sannois. Le curé du lieu a déclaré qu'il était mort en bon chrétien.

Un héros bien français

Il n'est pas de grand succès qui ne réponde à une attente secrète du public. Les grandes pièces romantiques de la première moitié du XIXe siècle - *Antony, Hernani, Ruy Blas,* etc. - avaient laissé la place à un théâtre naturaliste qui s'appliquait à décrire les drames du quotidien. Les spectateurs firent fête à un héros qui leur rendait le goût oublié du panache et du rêve.

Courageux jusqu'à la témérité, beau parleur jusqu'au lyrisme, frondeur, rouspéteur, irrespectueux et querelleur, mauvais caractère et cœur d'or, passionné, spirituel et galant, ainsi pourrait se définir le héros de Rostand.

« Cyrano, c'est Don Juan emprisonné dans la peau de Quasimodo », écrit Marc Andry dans la biographie qu'il a consacrée à Rostand. Avec quelques années d'avance, le panache de *Cyrano,* c'est le cocorico de *Chantecler*.

DAC (Pierre)
1898-1975

En vertu du principe qu'il faut bien naître un jour quelque part, le futur Pierre Dac - André Isaac pour l'état civil - vint au monde à Châlons-sur-Marne dans les dernières années d'un siècle exténué. « J'ai vu le jour dans la nuit du 15 août de l'année de ma naissance à Châlons-sur-Marne (36 850 habitants approximativement, à 160 kilomètres de Paris exactement), non loin du camp militaire de Mourmelon-le-Grand. Près de là fut battu Attila, en 451, dans les champs Catalauniques, par Aetius, Mérovée et Théoric réunis, poil au président des États-Unis. C'est dire de quoi et de qui j'ai tenu ! »
Après des études sans histoires au cours desquelles il s'employa surtout à faire rire ses condisciples, il se retrouva vêtu de bleu horizon, dans un emploi à plein temps de glorieux défenseur de la patrie. Une balle dans le bras lui ôta à tout jamais une vague vocation de violoniste. La musique venait de l'échapper belle !
Rendu à la vie civile il s'essaie à des emplois prestigieux : tour à tour homme-sandwich, chauffeur de taxi, vendeur de savonnettes à la sauvette, représentant de commerce et... chômeur. C'est en 1926

qu'il décide de devenir chansonnier. Résolution héroïque pour quelqu'un d'aussi timide que lui.

Il est remarquable que, du premier coup, sans hésitation, sans expérience, il ait su trouver son style. Dans l'un de ses premiers sketches il écrivait : « Te rappelles-tu, Mamour, le soir tombait... il tombait bien d'ailleurs et juste à pic pour remplacer le jour qui, c'était visible, ne passerait pas la nuit... »

Le public de la « Lune Rousse », des « Deux-Ânes » ou du « Coucou » écoutait, médusé, ce débutant imperturbable lui débiter des maximes absurdes qui sonnaient comme du La Rochefoucauld et qui n'étaient pas du La Rochefoucauld :

« Parler pour ne rien dire ou ne rien dire pour parler sont les deux principes majeurs de tous ceux qui feraient mieux de la fermer avant de l'ouvrir. » Peu à peu le public s'habitue... il en redemande... c'est le succès. En 1937, sur les ondes de Radio Cité, Pierre Dac crée le *Club des loufoques*. Un peu plus tard, sur celles du Poste Parisien, il lance son inoubliable « Course au trésor » : les participants devaient, pour gagner, arriver les premiers à la station, munis d'une invraisemblable liste d'objets plus inattendus les uns que les autres : une puce sauteuse, une épingle de nourrice, un dromadaire, une pomme de terre frite, une machine à coudre, un ticket de métro de la station Glacière, un œuf dur, une table à dissection, un casque de pompier, une note de gaz... A ces inventaires loufoques, il ne manquait plus que le raton laveur cher à Jacques Prévert. Les jours de « course au trésor », les Champs-Élysées étaient embouteillés de l'Étoile à la Concorde.

☘ Tous ces loufoques réunis en club et dont le nombre ne cessait de croître constituaient la clientèle toute trouvée pour un journal qui en serait l'organe officiel. Ainsi naquit *L'Os à moelle* dont Pierre Dac était le rédacteur en chef :

« Pourquoi *L'Os à moelle*?

- Pourquoi pas *L'Os à moelle*! »

La date est historique : c'était le vendredi 13 mai 1938. En apparence, *L'Os* ressemblait à n'importe quel journal sérieux. Mais, à y regarder de plus près, c'était une vraie révolution qu'il apportait. Voici qu'au pays de Descartes, on assistait au débarquement en force d'un humour irrationnel et absurde.

« Le premier ministère loufoque vient d'être constitué », précise M. Pierre Dac, président du Conseil. Parmi les heureux élus (au poker-dice), on remarque les noms de Roger Salardenne (ministère du Bœuf en daube), de Robert Rocca (ministère des Vieux Dentiers et Jaunes d'œuf) et de Fernand Rauzena (ministère des Moules à gaufre et Sinapismes).

Hélas! Tout a un terme dans ce monde (à part le loyer qui en a quatre, disait Charles Monselet) et *L'Os à moelle* ne dépassa pas le numéro 108. Le vendredi 31 mai 1940, il cessa de paraître. L'heure n'était plus à la rigolade!

Pierre Dac se retrouvera en Angleterre après un séjour dans les prisons espagnoles. A Londres, « neuf mois dupont - pardon - neuf mois durant, veux-je dire », il participa à l'émission de la B.B.C. « Les Français parlent aux Français ».

Les auditeurs de la France occupée ne manquent pas d'écouter la voix gouailleuse de Pierre Dac leur narrer les déboires de l'armée allemande. Quelques éclats de rire font paraître plus courts les jours qui séparent encore de la Libération.

En août 1944, le revoici entrant en uniforme de correspondant de guerre dans Paris libéré. Dès le 11 octobre 1945, *L'Os libre* remplace *L'Os à moelle*, sans que ce nouveau journal parvienne jamais à retrouver la folie joyeuse et insouciante de son aîné. La guerre était passée par là.

☘ Une rencontre décisive sera celle de Pierre Dac et de Francis Blanche : elle donnera naissance en 1951 au plus incroyable, au plus drôle, au plus délirant des feuilletons radiophoniques, « Signé Furax ». Chaque jour, vers midi, la France entière suit avec passion les aventures de l'ignoble aventurier à qui Jean-Marie Amato prêtait sa voix. Le générique de l'émission est à lui seul un petit chef-d'œuvre. Commencé sur une musique sautillante à la clarinette, il se termine invariablement par ces mots : « Et de qui est la mise en ondes? - Mais de Pierre-Arnaud de Chassy-Poulet, voyons! »

Malgré le succès, Pierre Dac était resté un homme timide et modeste, presque effacé. Lui qui faisait crouler de rire des salles entières tente de se suicider avant de mourir, quelques années plus tard, dans la plus grande discrétion. « La mort, avait-il dit, c'est un manque de savoir-vivre. »

Cette mort qui est, pour beaucoup de chansonniers et d'amuseurs, le début de l'oubli, semble marquer au contraire pour Pierre Dac le début de la consécration. Les intellectuels qui l'avaient longtemps considéré avec un rien de commisération s'aperçoivent qu'il restera comme un des prophètes du *nonsense*. Espérons toutefois qu'on ne lui fera pas l'injure posthume d'étudier ses œuvres pour le baccalauréat. Il n'avait qu'une prétention : *faire rire* et il y est toujours parvenu. Saluons en lui le prestigieux inventeur de la houille dormante, de la peinture au râteau, de la confiture de nouilles, du biglotron, du slip à percussion centrale et de la sauce aux câpres sans câpres.

Il n'est plus possible de lire les petites annonces des journaux sans penser à celles qu'il avait inventées pour *L'Os à moelle* :

Petites annonces

- Dame cherche nourrice aveugle pour enfant qui braille.
- Armée du salut recherche individu louche pour servir la soupe populaire.
- Scieur de long s'associerait avec scieur de large pour fabrication pavés de bois rectangulaires.
- Monsieur à qui on ne la fait pas cherche dame à qui on ne l'a pas fait.
- On demande des personnes sachant compter jusqu'à dix pour vérification des doigts dans une fabrique de gants.
- On demande cheval sérieux connaissant bien Paris pour faire livraisons seul.
- Écureuil édenté échangerait panache contre casse-noisettes.
- Plongeur de restaurant polyglotte demande place traducteur pour assiette anglaise et salade russe.
- Jugez vous-même : Cours d'assises par correspondance.
- Professeur bègue donne répétitions.
- Concierge demande loge au 7e étage pour descendre le courrier au lieu de le monter.
- Trous pour planter des arbres. Le tombereau 16,50 francs.
- Monsieur atteint strabisme divergent cherche monsieur strabisme convergent pour pouvoir ensemble regarder les choses en face.
- Vous qui partez pour la Croisade, faites-vous habiller chez Godefroy de Bouillon, le spécialiste du veston « croisé ».
- Mère-grand remplacerait bobinette et chevillette par solide verrou dernier cri. Faire offres.
- Pièces de rechange pour animaux divers. Œil-de-bœuf : 7 F - Queue-de-rat : 3 F - Pied-de-biche : 9 F - Tête-de-loup : 10 F - Bec-de-cane : 11 F.
- Monsieur descendant et montant escaliers 4 à 4, cherche appartement dans maison ayant 16, 20 ou 24 marches par étage.

Pensées et maximes

Parmi un choix considérable, nous avons retenu quelques-unes de ses *Pensées et Maximes* qui nous semblent dignes de passer à la postérité :

- Si tous ceux qui croient avoir raison n'avaient pas tort, la vérité ne serait pas loin.
- Quand on ne travaillera plus le lendemain des jours de repos, la fatigue sera vaincue.
- Le carré, c'est une circonférence qui a mal tourné.

- Rien ne sert de penser, il faut réfléchir avant.
- L'avenir, c'est du passé en préparation.
- Tous pour un, un pour tous et 25 pour 100.
- Une erreur peut devenir exacte selon que celui qui l'a commise s'est trompé ou non.
- Un sens interdit, en somme, ce n'est qu'un sens autorisé, mais pris à l'envers.
- Ceux qui ne savent rien en savent toujours autant que ceux qui n'en savent pas plus qu'eux.
- Donner avec ostentation ce n'est pas très joli, mais ne rien donner avec discrétion ça ne vaut guère mieux.
- Sans l'invention de la roue, les coureurs du Tour de France seraient condamnés à porter leur bicyclette sur le dos.

Pierre Dac a également ridiculisé à jamais les discours creux, les formules vides, les péroraisons ridicules de certains professionnels de la rhétorique inutile, tous ceux qui feraient mieux, comme il l'a si bien dit, de la fermer avant de l'ouvrir. Écoutez :

« Gloire à ceux qui ont forgé silencieusement mais efficacement le fier levain qui, demain ou après-demain au plus tard, fera germer le grain fécond du ciment victorieux, au sein duquel, enfin, sera ficelée, entre les deux mamelles de l'harmonie universelle, la prestigieuse clé de voûte qui ouvrira à deux battants la porte cochère d'un avenir meilleur sur le péristyle d'un monde nouveau. »

D'accord? Dac, of course!

Et... remettez-nous ça!

DEVINETTES

Il faut avoir gardé une grande fraîcheur d'âme pour sourire aux devinettes qui, jadis, dans les chaumières faisaient la joie des veillées en famille et le succès des almanachs. C'est dommage! Elles étaient charmantes les devinettes du bon vieux temps et certaines étaient même de jolies trouvailles poétiques :

- Quatre demoiselles sont dans un pré. Jamais elles ne se mouillent, même quand il pleut très fort. Qui sont-elles?

Réponse : *les quatre pis de la vache.*

Trente-deux demoiselles, toutes de blanc vêtues, assises sur des bancs rouges, avec une bavarde au milieu. De qui s'agit-il?
Réponse : *les dents, les gencives et la langue.*

Je fais le tour du bois sans y entrer jamais. Qui suis-je?
Réponse : *l'écorce.*

Qu'est-ce qui est blanc lorsqu'on le lance en l'air et jaune lorsqu'il retombe?
Réponse : *l'œuf.*

Qu'est-ce qui est plein le jour et vide pendant la nuit?
Réponse : *la chaussure.*

Qu'est-ce qui est noir le jour et blanc la nuit?
Réponse : *le curé.*

Les devinettes étaient un excellent moyen d'enseignement : elles permettaient de mettre à l'épreuve la sagacité des enfants, d'affûter leur esprit ou d'exercer leur capacité de raisonnement. Lequel de nous, au temps des culottes courtes, n'a jamais été affronté à l'un de ces terrifiants problèmes?

Qu'est-ce qui pèse le plus lourd : un kilo de plumes ou un kilo de plomb?

Vingt cent mille ânes dans un pré et cent vingt dans l'autre. Combien cela fait-il de pattes et d'oreilles?

Dix moineaux sur une branche. Le chasseur en tue un. Combien en reste-t-il?

Et l'on riait du nigaud qui se laissait prendre au piège, qui trouvait le kilo de plomb plus lourd, qui ne parvenait pas à découvrir le nombre de pattes et d'oreilles (pourtant : « Vincent mit l'âne dans un pré et s'en vint dans l'autre, ça ne fait qu'un seul âne! ») ou qui croyait qu'après la mort de leur camarade les neuf autres moineaux avaient attendu!

On n'échappait pas non plus à la litanie des villes à deviner : la ville la plus vieille était Milan, bien sûr... Mais la plus légère? (Tulle), la plus haute? (Tours), la plus pesante? (Lourdes), la plus instruite? (Calais), la plus féroce? (Lyon), la plus bruyante? (Tonnerre), la plus affamée? (Avallon), la plus profonde? (Le Puy)...

Après les villes, les animaux...

Quel est l'animal le plus rapporteur?
Réponse : le *cheval,* parce que « cheval le dire à ma mère »!

Quel est l'animal le plus serviable?
Réponse : le *poney,* parce que « poney la peine de vous asseoir »!

Il y avait aussi le jeu des ressemblances et des différences :

Quelle différence y a-t-il entre la ville de Florence et la ville de Bordeaux ?

Réponse : *À Bordeaux, il y a des filles qui s'appellent Florence, mais à Florence on ne trouve pas de filles qui s'appellent Bordeaux.*

Quelle différence y a-t-il entre une hermine et un petit ramoneur ?

Réponse : *L'hermine est toute blanche avec une petite queue noire et le ramoneur est tout noir avec une petite... avec une petite échelle sur le dos.*

Ce petit jeu des différences peut aussi se compliquer grâce à l'introduction de calembours et d'à-peu-près :

Quelle différence y a-t-il entre un propriétaire et un chiffonnier ?

Réponse : *il n'y en a pas car tous les deux cherchent des locataires* (ou des loques à terre).

Quelle différence y a-t-il entre le champ du cultivateur et la pipe de grand-père ?

Réponse : *la pipe, on la bourre avant de la fumer alors que le champ, on le fume avant de labourer.*

Quelle différence y a-t-il entre un Anglais et une couturière ?

Réponse : *l'Anglais speak English... et la couturière s'pique le doigt !*

Quelle différence existe-t-il entre la lettre « A » et le clocher de l'église ?

Réponse : *la lettre* « A », c'est la voyelle et le clocher, c'est là qu'on sonne !

Quelle différence existe-t-il entre Paris, l'ours blanc et Virginie ?

Réponse : aucune, *Paris est métropole, l'ours blanc est maître au pôle et Virginie aimait trop Paul.*

Quelle différence y a-t-il entre une poire, une panthère et ma belle-mère ?

Réponse : aucune, bien sûr ! *La poire est achetée au marché, la panthère est tachetée par la nature... et ma belle-mère est à jeter par la fenêtre !*

Il existe aussi des devinettes permettant de mystifier un interlocuteur trop naïf :

Quelle différence y a-t-il entre un écureuil et une brosse à habits ?

Réponse : *mets-les tous les deux au pied d'un arbre, tu verras bien celui qui grimpe.*

Quelle différence y a-t-il entre une casserole et un pot de chambre ?

Réponse : *Tu ne sais pas ? Eh bien ! mon vieux, je ne suis pas près de venir manger chez toi !*

~ Quelle différence y a-t-il entre un bouchon, Marseille et Satan?
Réponse : *le bouchon bouche la bouteille et Marseille, Bouches-du-Rhône.*
- Et Satan?
- *Satan... bouche un coin!*
Encore une devinette, pédagogique celle-ci, grâce à laquelle un jeune écolier retiendra toute sa vie le nom des deux grands fleuves de la Mésopotamie :
~ Pourquoi les poules de Mésopotamie ne pondent-elles pas d'œufs?
Réponse : *parce que chaque fois qu'elles voient le Tigre, l'Euphrate* (l'œuf rate!).
Bien sûr, ce ne sont pas là des témoignages immortels de l'esprit français, mais la devinette n'a jamais prétendu être autre chose qu'un divertissement bon enfant et inoffensif. De nos jours, à l'heure du feuilleton télévisé du mercredi et des spectacles de Chantal Goya, nos chers petits hausseraient les épaules avec commisération en entendant de telles inepties.

La devinette n'a pourtant pas disparu. Elle s'est transformée pour s'adapter à notre monde absurde. Alphonse Allais, les surréalistes, Francis Blanche, *Charlie Hebdo* et le dessin animé ont préparé le terrain à un autre style de devinettes, bêtes, méchantes et suggérant une image burlesque ou absurde.
~ A quoi reconnaît-on un motard heureux?
Réponse : *aux moustiques qui sont collés sur ses dents de devant.*
~ Que font des Chinois écrasés au milieu de la route?
Réponse : *une ligne jaune continue.*
~ Quel est le côté où un chat a le plus de poils?
Réponse : *à l'extérieur.*
On peut même tomber en plein délire :
~ Quel âge avait Rimbaud?
~ Quelle différence y a-t-il entre un éléphant?
Réponse : *il a les quatre pattes pareilles, surtout celles de gauche.*
A propos d'éléphants connaissez-vous celles-ci?
~ Pourquoi les éléphants sont-ils gris?
Réponse : *c'est pour qu'on ne les confonde pas avec les fraises des bois.*
~ Comment font les éléphants pour descendre d'un arbre?
Réponse : *ils s'asseyent sur une feuille et attendent l'automne.*
~ Pourquoi les crocodiles sont-ils plats?
Réponse : *parce qu'ils se promènent toujours à l'automne lorsque les éléphants descendent des arbres.*

~ Comment fait-on entrer quatre éléphants dans une 2 CV?
Réponse : *on en met deux à l'avant et deux à l'arrière.*
~ Comment s'aperçoit-on qu'un éléphant est entré dans le réfrigérateur?
Réponse : *aux empreintes de ses pattes dans le beurre.*

Il arrive aussi que la devinette se montre odieuse comme un gamin mal élevé.
Lorsque se produisent sur notre planète en folie de grandes catastrophes, surgissent, venues d'on ne sait où, des devinettes horribles en rapport direct avec l'événement.
Lorsque les bonzes s'immolaient par le feu pour protester contre l'asservissement de leur pays, voici le genre de question qu'on se posait dans les cours de récréation :
~ Quelle différence y a-t-il entre un gros bonze et un petit bonze?
Réponse : *un quart d'heure de cuisson.*
Lorsqu'une famine épouvantable frappait le Biafra, faisant des morts par milliers, on vous racontait des histoires de cet acabit :
~ Que fait un Biafrais qui a trouvé un petit pois?
Réponse : *il ouvre un super-marché.*

Gardons-nous de nous en indigner : il ne faut pas prendre au sérieux ces plaisanteries d'affreux Jojo. « Je me hâte de rire de tout de peur d'être obligé d'en pleurer! » disait Figaro.
Et Boris Vian, deux siècles plus tard, ajouta : « L'humour, c'est la politesse (ou la gentillesse) du désespoir. »

DICTÉES

Pour peu qu'on voulût s'amuser à jouer sur les mots, on pourrait donner de la *dictature* et de l'*orthographe* une même définition. Ne sont-elles pas, l'une et l'autre, le résultat d'un ensemble de lois tyranniques et de décrets autoritaires auxquels doivent se plier, sous peine de sanctions, les citoyens d'un pays?
En un mot, *dictée* et *dictature*, même étymologie, même combat?
Lorsqu'il s'agit du personnage chargé de l'application de ces rigoureuses lois, la comparaison devient plus spécieuse entre le *dictateur*

qui impose ses *diktats* à tous ses sujets en s'arrogeant le droit de réprimer leurs fautes et l'instituteur qui fait subir régulièrement à ses élèves le supplice de la *dictée* afin de mieux corriger leurs erreurs.

La première dictée connue eut lieu, s'il faut en croire l'Ancien Testament, quelque treize siècles avant notre ère, à 2 228 mètres d'altitude sur le mont Sinaï. Son ardoise sous le bras, l'élève Moïse gravit les derniers mètres jusqu'au sommet, à la rencontre de l'Éternel. C'est sur cette majestueuse estrade qu'il écrivit, avec sa craie, les sacrés *Dix Commandements* que lui dicta Yahvé.
Depuis cette dictée mémorable, l'humanité commet toujours autant de fautes, mais, ce qui est nouveau, c'est le sentiment de culpabilité qu'elle a en les faisant.
Par la suite, il devait y avoir d'autres dictées, qui deviendront presque aussi célèbres.

Prosper Mérimée (1803-1870)

Il était inspecteur des Monuments historiques et on lui doit, à ce titre, d'avoir sauvé de la ruine ces « chefs-d'œuvre en péril » qu'étaient, il y a un siècle, Vézelay, Saint-Guilhem-le-Désert et Saint-Savin. Il était également écrivain et il a élevé à la gloire de l'orthographe - cet autre trésor menacé - une dictée qui est un monument du genre.
Prosper Mérimée avait connu en Espagne la comtesse de Montijo et il était devenu un ami de sa fille Eugénie. Lorsque celle-ci, en 1853, devint « Madame Napoléon III », Mérimée eut ses grandes et ses petites entrées à l'Élysée. Pourtant, c'est à Compiègne, où la cour s'ennuyait un jour de pluie, qu'il eut l'idée de composer un texte qui réunirait le plus grand nombre possible de pièges orthographiques. Le voici tel qu'il le dicta à un auditoire choisi :

> Pour parler sans ambiguïté, ce dîner à Sainte-Adresse, près du Havre, malgré les effluves embaumés de la mer, malgré les vins de très bons crus, les cuisseaux de veau et les cuissots de chevreuil prodigués par l'amphitryon, fut un vrai guêpier. Quelles que soient, quelque exiguës qu'aient pu paraître, à côté de la somme due, les arrhes qu'étaient censés avoir données à maint et maint fusilier subtil la douairière ainsi que le marguillier, bien que lui ou elle soit censée les avoir refusées et s'en soit repentie, va-t'en les réclamer pour telle ou telle bru jolie par qui tu les diras redemandées, quoiqu'il ne siée pas de dire qu'elle se les est laissé arracher par l'adresse des-

dits fusiliers et qu'on les aurait suppléées dans toute autre circonstance ou pour des motifs de toutes sortes. Il était infâme d'en vouloir pour cela à ces fusiliers jumeaux et mal bâtis et de leur infliger une raclée, alors qu'il ne songeaient qu'à prendre des rafraîchissements avec leur coreligionnaire. Quoi qu'il en soit, c'est bien à tort que la douairière, par un contresens exorbitant, s'est laissé entraîner à prendre un râteau et qu'elle s'est crue obligée de frapper l'exigeant marguillier sur son omoplate vieillie. Deux alvéoles furent brisés, une dysenterie se déclara, suivie d'une phtisie. « Par saint Martin, quelle hémorragie! » s'écria ce bélître. A cet événement, saisissant son goupillon, ridicule excédent de bagage, il la poursuivit dans l'église tout entière.

La petite histoire a retenu le nombre de fautes faites par les élèves illustres du professeur Mérimée :

- A tout seigneur, tout honneur : l'Empereur fit *75 fautes*, se conformant en cela à la tradition impériale établie par Napoléon Ier d'une ignorance encyclopédique des lois de l'orthographe.
- Bien qu'espagnole, l'Impératrice ne fit « que » *62 fautes.*
- La Princesse de Metternich, *42 fautes.*
- Alexandre Dumas fils : *24.*
- Octave Feuillet, de l'Académie française : *19.*
- Le prince de Metternich, ambassadeur d'Autriche : *3 fautes* seulement.

Certains voudront voir dans la liste des participants de ce triste palmarès la preuve que l'orthographe n'est pas indispensable à la réussite sociale.

Pierre Louÿs (1870-1925)

Il est né à Gand (Belgique) sous le nom de Pierre-Félix Louis. Ce brillant helléniste transforma tout naturellement l' « I » de son nom en un « I grec » qu'il tint à surmonter d'un tréma insolite. Écrivain de grande culture, on lui doit trois romans à succès : *Aphrodite*, esthète et libertin, *La Femme et le pantin*, sensuel et tragique, *Les Aventures du roi Pausole*, un conte ambigu et satirique. En 1894 parurent *Les Chansons de Bilitis*, une suite de poèmes en prose présentés comme la traduction des œuvres d'une poétesse de la Grèce antique dont on venait de découvrir le manuscrit. Le parfum lesbien et vaguement licencieux de ce texte monta aux narines de la censure qui flaira le véritable auteur de cette remarquable supercherie littéraire.

Pierre Louÿs, poète d'inspiration parnassienne fut un admirateur passionné des œuvres de José-Maria de Heredia, non seulement de ses œuvres poétiques, mais de ses œuvres de chair. En effet, il tomba amoureux fou de sa fille Marie de Heredia qui épousa pourtant le poète Henri de Régnier. Mais, deux ans plus tard, Pierre Louÿs retrouvera Marie pour une liaison passagère de laquelle naîtra Pierre de Régnier dit « Tigre ».

L'année suivante, poursuivant sa découverte systématique des œuvres de Heredia, Pierre Louÿs épousera Louise de Heredia, la sœur de Marie. Ce sera une union désastreuse!

Écrivain et poète de génie, Pierre Louÿs est aujourd'hui injustement méconnu. Coupable sans doute de ne pas s'être pris suffisamment au sérieux, il a laissé de nombreuses poésies érotiques *(Les Vulves légendaires !)* et d'innombrables poésies de circonstance : parodies, adresses en vers, épigrammes, fables express, calembours, acrostiches...

Il eut une fin d'existence misérable. Atteint d'un glaucome, il devint aveugle, d'abord par intermittence puis définitivement. Il mourut dans la plus grande solitude affective le 4 juin 1925. On connaît de lui cette dictée où les chausse-trapes abondent au sein d'un texte d'une obscurité de bon ton. Mais, n'est-ce pas un des signes distinctifs du genre?

Il y a quelque vingt ans, mon cher Hippolyte, nous pagayions sur ce ruisseau méditerranéen, tandis que des scarabées faisaient bruire leurs jolis élytres sur les lauriers-tins et les lauriers-sauce, d'où tombaient des pétales amarante et fanés. Une foule de dames patronnesses marmottaient et marmonnaient au débarcadère, sous le patronage d'un pâtissier caduc. Là, croissaient nos acacias, nos zinzolines fleurs de lis, nos chrysanthèmes poivrés; quatre-vingts buffles et trois cents sarigues ballaient et brinquebalaient dans le pacage où étaient aussi parqués quatre-vingt-douze chevaux rouans.
On nous offrit une omelette, quelques couples d'œufs qu'Hyacinthe nous avait procurées en mil neuf cent neuf; des entrecôtes pourris et des sandwiches arrosés de malvoisie parfumé. Enfin, nous revînmes à Chalon-sur-Saône. Nous retrouvâmes nos chambres, aux plinthes bleu de roi, nos béryls et nos agates, nos bibelots de marqueterie et de tabletterie. Il nous semblait être partis depuis l'an mille. Malgré les praticiens homéopathes ou allopathes, nous retrouvâmes, et à quel période! toi, ton entérite, et moi, mon emphysème

En notre fin de siècle, alors que s'ouvrent les frontières de l'Europe et que triomphe le mode de vie standard venu des États-Unis, les Français, se sentant confusément menacés dans leur identité culturelle, se mettent tout soudain à chérir le trésor hérité de leurs ancêtres : les musées refusent du monde, on s'attendrit devant les vieilles pierres des châteaux, on apporte son obole à la reconstruction des églises en ruine. Et la langue française, si fragile devant l'anglais omniprésent, n'est-elle pas l'une des plus belles pierres précieuses de notre patrimoine en péril?

Bernard Pivot (né en 1935)

Bernard Pivot qui a le flair aiguisé et du savoir-faire à revendre, sut intelligemment capter ce courant culturel et lui donner la forme d'un jeu populaire. C'était agir habilement car, et c'est une autre tendance de notre époque : la culture y est devenue un jeu. Tout le monde joue : il n'est pas de chaîne de télévision ou de radio, il n'est pas de magazine qui ne présente son jeu de « questions-réponses ».
Jamais le niveau culturel moyen n'a été aussi bas qu'aujourd'hui alors que jamais n'a fleuri avec une telle profusion une pseudo-culture presse-bouton. La culture, à son tour, est devenue objet de consommation. On joue en famille ou avec des amis à repasser le bac ou le certificat d'études, on se remue les méninges avec le *Trivial Pursuit* (le beau jargon international que voilà!) et on se forge à peu de frais une réputation d'intellectuel avec *Le Rouge et le Noir* (pardon Stendhal!).
En quatre ans à peine, Bernard Pivot a réussi, lui, une performance autrement étonnante. La fastidieuse dictée de papa s'est transformée grâce à lui en une manifestation conviviale à l'échelle du monde. Il a inventé, en quelque sorte, les jeux Olympiques de la Francophonie. Jamais les règles parfois obscures de l'orthographe n'avaient suscité un tel enthousiasme spontané. Était-il possible d'imaginer que les pièges dont Micheline Sommant et Bernard Pivot parsèment leurs dictées feraient l'objet dans les bureaux ou dans le métro de commentaires passionnés au lendemain de l'épreuve?
Rappelez-vous la dictée de la finale du championnat de France d'orthographe 1985 :

Pour une garden-party réussie

Hormis un maître queux eczémateux et un sommelier grippé, serveurs et cuisiniers s'étaient rassemblés pour préparer la garden-party du maître du château, un de ces traditionalistes schizophrènes en vogue.

Quoique la cuisine fût spacieuse, que l'on n'en conclue pas qu'elle pût contenir tout le personnel! S'en étant rendu compte, d'aucuns avaient obligeamment aménagé l'un des rez-de-chaussée menaçant ruine et, à cette occasion, l'avaient décoré avec des torréfacteurs vieillots, des hache-viande surannés et des coquemars bosselés. Là, tous s'étaient affairés pour honorer les invités, amateurs de bonne chère. Certains, aux fourneaux, s'étaient époumonés pour quatre dixièmes de seconde perdus par un gâte-sauce, d'autres s'étaient empressés d'aplatir des pâtes jaune pâle. D'autres encore aillaient à qui mieux mieux des gigots ou tartinaient de raisiné des tranches de pain bis.
Chacun applaudit quand les mets furent fin prêts. Le châtelain, s'étant mis sur son trente et un, se pâmait déjà, à l'affût d'éloges dithyrambiques. Mais, à son grand dam, il n'en fut pas ainsi. Les chicons ravigote, quelque excellents qu'on les trouvât, ne revigorèrent personne, pas plus que les scorsonères pourtant assaisonnées. Les ballottines, si alléchantes se fussent-elles avérées, étaient avariées; les oignonades s'étaient ratatinées en cuisant, et la montagne de poulpes aromatisés n'avait pas crû par l'ajout des crèmes, mais s'était brusquement affaissée, faisant basculer la pyramide des tartines.
La sommellerie laissait à désirer : point de ces crus gouleyants ni de ces résinés si parfumés dont tous avaient rêvé! Les fûts fuyaient; les verres, ébréchés, étaient de véritables dangers, et les serveurs, terrorisés, s'étaient enfuis!
Tant d'événements provoquèrent l'indignation des invités, qui, après s'être plu, souri, congratulés, parlé et interrogés, s'étaient hardiment saisis de butyreuses religieuses et les avaient effrontément lancées à la face de leur hôte interloqué.
C'eût été si facile de faire des œufs au plat! *

** Texte établi par Micheline Sommant et révisé par le jury national.*

En 1987, la France découvrait une nouvelle fois, avec une stupéfaction béate, le degré de complexité auquel pouvait atteindre notre belle langue. Que des amateurs aient pu déjouer autant de pièges glissés sous leurs pas par des professionnels machiavéliques, voilà qui est tout bonnement renversant et mérite autant d'enthousiasme que le record d'un sportif!

Trois fureteurs insolites

En achetant des biens à des ayants droit sans le sou, cette antiquaire s'était constitué un fonds hétéroclite hors pair. En avait-on vu défiler, à la queue leu leu, des dilettantes et des marchands de tout acabit fascinés par son bric-à-brac, voire son capharnaüm! Pêle-mêle se trouvaient rassemblés là des crédences, des bonheurs-du-jour, des maies berrichonnes, des poêlons, des coquemars, et même des astragales abîmés qu'elle s'était laissé fourguer par des maîtres chanteurs. Jusque-là s'étaient succédé des clients si extravagants qu'elle était à cent lieues de penser qu'on pût l'épater encore! Un jour, pourtant, trois m'as-tu-vu patibulaires s'étaient introduits presque en catimini dans sa boutique exiguë...

Aussitôt, le moins bizarre avait interpellé l'antiquaire, se déclarant à la recherche de ciels de lit rococo qu'il s'était représentés garnis de pampilles violacées... Pendant ce temps, ses acolytes, lorgnant des chlamydes défraîchies, s'en étaient drapés, puis s'étaient déhanchés devant des psychés sans tain. Trouvant cocasses deux mouflons borgnes empaillés et trois hiboux naturalisés qui cohabitaient, ils les avaient frénétiquement époussetés jusqu'à ce qu'une figuline en équilibre précaire s'écrasât sur les ex-voto d'un lieu saint rhodanien. Les recherches s'étant déroulées couci-couça, leur compère s'était rabattu sur deux planisphères jaunis qu'il paya comptant.

Tout ébaubie et toute soulagée, l'antiquaire regarda s'éloigner ce trio d'olibrius dans une carriole tintinnabulante! *

** Texte établi par Micheline Sommant et révisé par le jury national.*

On remarque que cette dictée se double d'une énigme policière : quel était le sexe de l'antiquaire?

En 1988, les championnats de France sont devenus « championnats du Monde » et il est particulièrement réconfortant de savoir que 150 000 personnes, réparties dans le monde entier, se sont inscrites à ce championnat, que 8 000 d'entre elles – dont 1 000 étrangers – sont parvenues en demi-finale et que 166 concurrents participaient à l'épreuve finale.

Parmi les champions, on trouvait un Polonais, un habitant de Singapour et un Américain. Voici la dictée que Pivot soi-même leur avait concoctée.

La longue balade des mots

Les mots ont la bougeotte. Seuls ou groupés, ils forcent les frontières, passent par-dessus les vallons, les vallées et les puys, s'immiscent dans nos fourre-tout, voyagent avec nos nippes et nos affûtiaux. Voudrait-on les empêcher de s'envoler tous azimuts que cela se révélerait inopérant. Car les mots sont cachés dans notre bouche, embusqués derrière nos quenottes, notre luette ou nos amygdales.

Sitôt arrivés à Montréal, à Canberra ou à Kinshasa, à peine avons-nous, les uns ou les autres, desserré les lèvres, que les mots, pressés de s'égailler dans la nature, s'échappent comme des étourneaux. Les mots sont d'infatigables globe-trotters. Ils se jouent des fouilles et des censures. Les mots sont libres comme l'air.

Mais, de tout temps, les mots se sont battus pour vivre. Que de verbes et d'adjectifs, frappés d'obsolescence, se sont retirés du trafic ! Que d'onomatopées se sont ressemblé, concurrencées, apostrophées, nui, exclues ! Que de substantifs caducs et prétentieux de petits-maîtres se sont laissé supplanter par les mots succulents des rastaquouères !

Le vocabulaire détonnant et drolatique des sans-culottes a eu l'heur de régénérer substantiellement la langue. Tes esbroufes d'hier, ô ma langue ! sont devenues prosaïsmes rabâchés d'aujourd'hui. Que de fois t'es-tu retrouvée, ma douce péronnelle, ballottée au gré des modes imprévisibles ! Maintenant tout va plus vite, et les mots, eux aussi, se sont mis au prêt-à-porter, au clonage, à l'apocope spontanée. « Je cause, tu causes, il cause... » La plus belle cause, c'est la langue. *

** Texte établi par Bernard Pivot et révisé par le jury national.*

Si l'on veut s'amuser vraiment, il faut prendre connaissance des quelques lignes qu'avait mijotées Micheline Sommant dans le but de départager d'éventuels ex aequos :

Deux savants libyens qui n'ignoraient rien des syzygies s'étaient installés sur un banc en polystyrène dans un musée après avoir signé un bail emphytéotique. Ils observaient un polyptyque représentant un hiéronymite qui avait souffert le martyre à cause d'une bilharziose.

S'il fallait une preuve que la dictée est devenue un jeu, nous la trouverions dans un livre de Victor Sorin publié par Hatier sous le titre : *Le Jeu de la dictée,* qui réunit cinquante textes de dictées connues ou inédites.
Jean Dutourd y a concocté quelques lignes particulièrement vicieuses à l'usage de ceux qui croient connaître l'orthographe. Ces présomptueux ne devraient pas se tirer impunément de l'épreuve qui suit :

A la suite d'une névralgie du grand trochanter, que j'avais presque oubliée, encore qu'elle eût été assez aiguë, et qu'elle exigeât quelque repos, je me réfugiai dans une abbaye toulonnaise désaffectée dont on avait baillé la commende à un de mes aïeux et que ma mère possédait dans ses biens paraphernaux. Je comptais vivre là un mois en bayant aux corneilles et en bâillant à m'en décrocher la mâchoire.
Le bâtiment avait été restauré, mais il était déshonoré par des graffiti et des hiéroglyphes obscènes qui grimpaient le long des colonnes jusqu'aux abaques. On avait adjoint un terre-plain où garer les carrioles et autres véhicules. Hélas! on ne pouvait y atteindre, car c'était le théâtre de rixes récurrentes. De même, il était impossible de s'immiscer dans les préaux et le cloître, vu que la porte dite cochère était exiguë comme un chas. A l'intérieur, le confort était si rudimentaire qu'on dormait sur des bat-flanc (...).
J'étais néanmoins suffisamment requinqué lorsque je rentrai à Paris, ayant un tant soit peu inhalé la senteur balsamique des eucalyptus et de cytises méditerranéens.

Alors? Combien de fois avons-nous péché contre l'orthographe? N'ayons crainte de confesser nos fautes... Il nous sera beaucoup pardonné.

DOMAINE PUBLIC

Le principe qui régit de nos jours la patrimonialité des œuvres de l'esprit est le suivant : toute création littéraire ou artistique, de même que toute invention industrielle est la propriété de son créateur. A la mort de celui-ci, ce droit appartient à ses descendants pendant un délai fixé par la loi. Après quoi, l'œuvre d'art tombe dans le domaine public, c'est-à-dire qu'elle peut être librement publiée, représentée ou reproduite.

☘ Pendant longtemps, l'auteur n'eut aucun droit sur son œuvre que chacun pouvait, à son gré, copier, déformer ou même reprendre à son compte. Écrivains, dramaturges ou musiciens ne pouvaient donc survivre que grâce à une fortune personnelle ou à la faveur d'un mécène - grand seigneur ou roi - qui les admettait au nombre de ses serviteurs. Molière ou Racine durent ainsi recourir à la protection de Louis XIV pour pouvoir être joués. Corneille, lui, subsistait tant bien que mal, grâce à une charge d'avocat.

☘ La notion de propriété artistique commence à se faire jour vers la fin du XVIIIe siècle. Les auteurs dramatiques réclament justice contre les comédiens qui s'arrogent la majeure partie des bénéfices des représentations et ne leur laissent qu'un maigre forfait.
Pierre Caron de Beaumarchais, dont on jouait depuis deux ans *Le Barbier de Séville* avec un immense succès, brandit l'étendard de la révolte et exigea qu'on lui fournît le décompte exact des bénéfices de son « Figaro ». Le 3 juillet 1777, avec trois de ses collègues dramaturges - Barthe, Sedaine et Marmontel -, il fonda un « bureau dramatique » chargé de défendre les droits des auteurs. C'était l'ancêtre de l'actuelle Société des auteurs et compositeurs dramatiques.
~ Une loi des 13 et 19 janvier 1791 « relative au théâtre et au droit de représentation et d'exécution des œuvres dramatiques et musicales » accordait aux auteurs un droit exclusif sur leurs œuvres, leur vie durant, et cinq ans après leur mort.
~ En 1793, le délai de reproduction au bénéfice de l'auteur fut prolongé jusqu'à dix ans après son décès. La durée de cette propriété des auteurs sera ensuite portée à vingt ans (1810), puis à trente ans (1844) et enfin à cinquante ans (1866).
~ La loi qui règle aujourd'hui les principes de la propriété littéraire et artistique date du 11 mai 1957. Elle reconnaît à l'auteur :

- Un *droit moral,* inaliénable, imprescriptible et perpétuel. L'auteur a seul le droit de divulguer son œuvre; nul ne peut la modifier sans son accord; il peut exiger que son nom ou pseudonyme figure sur l'œuvre, ou au contraire le refuser; il peut même faire arrêter l'exploitation d'une œuvre déjà publiée et procéder à son remaniement.
- L'auteur bénéficie aussi d'un *droit patrimonial* qui lui permet d'autoriser ou d'interdire la reproduction ou la représentation de son œuvre ainsi que son adaptation, sa traduction ou son arrangement. En principe, l'auteur cède à un éditeur le droit d'exploiter son œuvre « de façon permanente et suivie », moyennant un pourcentage sur le prix de vente public des livres : c'est *le droit d'auteur.* Ce pourcentage varie de façon considérable en fonction de la nature de l'œuvre, de son tirage et surtout... de la notoriété de l'auteur.

Au délai de protection de l'œuvre, cinquante ans après la mort de son auteur, la loi de 1957 a ajouté diverses prolongations destinées à compenser le manque à gagner pendant les années de guerre.
Aux cinquante années, il faut rajouter :
6 ans et 152 jours au titre de la guerre de 14-18;
8 ans et 122 jours pour la dernière guerre.
Ce calcul a été illustré récemment par un événement très attendu dans le monde de l'édition : le 1er octobre 1987, l'ensemble d'*A la recherche du temps perdu,* l'œuvre monumentale de Marcel Proust, tombait dans le domaine public. Proust était mort le 18 novembre 1922, mais une partie de ses livres avait été écrite avant et pendant la guerre.
On a donc calculé, à partir du 1er janvier 1923, *14 ans et 274 jours* ce qui donnait très exactement la date du 1er octobre 1987.
A la fin de l'année 1988, l'œuvre de Pierre Loti est tombée à son tour dans le domaine et, en 1989, celle d'Anatole France. En revanche, l'œuvre de Péguy ou d'Alain-Fournier (morts en 1914), celle de Louis Pergaud (mort en 1915) ou celle de Guillaume Apollinaire (mort en 1918) ne sont pas près de tomber dans le domaine public. Le point commun entre ces quatre auteurs est d'être « morts pour la France » et, en pareil cas, la loi apporte à leur œuvre une protection supplémentaire de *trente années.*

Les pays étrangers ont un système de propriété littéraire voisin de celui de la France, un peu moins favorable pourtant :
- En Angleterre, les œuvres d'un auteur sont protégées pendant cinquante ans, comptés à partir du début de l'année qui suit l'année de la mort de l'auteur.
- Aux États-Unis, toutes les œuvres déposées entre le 19 septembre 1906 et le 31 décembre 1949 sont tombées dans le domaine public

le 1er janvier 1981; toutes les œuvres déposées entre le 1er janvier 1950 et le 31 décembre 1977, tomberont dans le domaine public le 1er janvier 2026.

Le boléro pas à pas...

Ce chapitre quelque peu sévère et technique consacré à la propriété littéraire mériterait une conclusion souriante. Faute de mieux, l'anecdote de la succession de *Maurice Ravel,* avec ses péripéties rocambolesques, apportera aux dispositions sur la transmission du droit moral d'un auteur à ses héritiers, une étonnante illustration.

Au palmarès de la SACEM (Société des Auteurs, Compositeurs et Éditeurs de Musique), l'œuvre qui, chaque année, rapporte le plus de droits est sans conteste celle de Maurice Ravel, le compositeur le plus joué sur la planète. A lui seul, le *Boléro* - qui est interprété tous les quarts d'heure quelque part dans le monde - fait tomber annuellement dans la poche des héritiers une fortune estimée à huit millions de francs lourds. Ce qui est amusant, c'est précisément de savoir qui sont ces héritiers.

Maurice Ravel est mort à soixante-deux ans le 28 décembre 1937, sans que de toute sa vie on lui ait jamais connu la moindre liaison féminine, ni masculine d'ailleurs. Pas de femme ni d'enfant, une seule passion : la musique. Faute d'héritier en ligne directe, c'est Édouard, le frère aîné de Maurice, qui devint le légataire de toute sa fortune et de ses droits d'auteur.

En 1954, sur la route de Lourdes, Édouard et sa femme sont victimes d'un accident de la route qui entraînera pour eux plusieurs années de soins de rééducation. Le couple va engager une masseuse, Jeanne Taverne, qui s'installera à demeure dans la belle villa de Saint-Jean-de-Luz qui fut celle de Maurice Ravel. Son mari, Alexandre Taverne, anciennement cafetier et coiffeur, viendra l'y rejoindre.

Lorsque Mme Ravel meurt en 1956, Édouard décide de faire de Jeanne Taverne sa légataire universelle. Alexandre, mari complaisant, accepte de divorcer, afin que Jeanne puisse épouser Édouard.

Hélas! Huit jours avant de convoler, Édouard meurt, âgé de quatre-vingt-deux ans. La « fiancée », redevenue libre, va épouser à nouveau son ex-mari, en apportant dans la corbeille un contrat stipulant que tous les biens iront à l'époux survivant.

Voici les Taverne, riches à millions.

« J'ai toujours eu de la chance, déclarait Alexandre. C'est normal je suis le treizième d'une famille de treize enfants! »

De lointains cousins suisses tentèrent un procès afin de récupérer l'héritage. Mais, bien que défendus par Me Maurice Garçon, ils seront déboutés. Quatre ans après ce... mariage d'amour, Jeanne meurt et Alexandre devient l'unique héritier des droits de Maurice Ravel.

Il se remarie en 1970 avec Georgette, une jeune femme divorcée, coiffeuse elle aussi (*Boléro* n'en finit pas de rimer avec *Figaro*). Trois ans plus tard, Alexandre disparaît à son tour et Georgette Taverne, âgée de soixante-six ans et vivant en Suisse, devient alors l'héritière officielle et unique des droits d'un compositeur qu'elle n'a jamais vu et avec lequel elle n'a pas le moindre lien de parenté.

D'OÙ VIENT CE NOM?

Les exemples servant d'illustration à ce chapitre auraient pu tout aussi bien être ajoutés à la rubrique *étymologie* puisque c'est également d'origine de noms qu'il est question ici. Pourtant cette séparation en deux chapitres peut se justifier aisément : à la différence de l'autre rubrique qui ne traite que de la provenance de noms communs français, les termes étudiés ci-dessous sont des mots étrangers passés dans notre langage quotidien ou des noms de marques devenus d'un usage courant :

♣ GADGET : La statue de la Liberté que la France offrit en 1884 à la jeune République américaine pour son centième anniversaire est l'œuvre de Frédéric-Auguste Bartholdi. Cette statue colossale a été fabriquée et assemblée dans les ateliers Gaget et Gauthier, 21, rue de Chazelles à Paris, XVIIe. Des photos de l'époque montrent la géante de métal sortant à mi-corps des hangars et dominant le parc Monceau. Émile Gaget, originaire de Colmar et ami de Bartholdi, n'était pas seulement un fondeur habile, c'était aussi un commerçant avisé - un homme de marketing dirait-on aujourd'hui - qui eut l'idée d'utiliser les moules successifs et de plus en plus grands ayant servi à l'étude du projet, pour y couler des reproductions de Miss Liberté en modèle réduit. Les Américains se les arrachèrent. On baptisa ces petites statues des *Gagets,* du nom de leur fabricant qui, l'accent yankee aidant, devinrent des *gadgets*. Le mot finit par désigner des objets un peu inutiles mais nouveaux et amusants.

♣ G.I. (prononcez Dji-Aïe). Ces deux initiales étaient le sobriquet affectueux sous lequel on désignait les soldats de l'armée américaine. En effet, sur toutes les pièces de leur uniforme et de leur paquetage figuraient les deux initiales G.I. pour « Government Issue » (Fourniture du Gouvernement).

☘ JEEP : Nom d'un véhicule léger tout terrain créé par une société américaine de Toledo (Ohio). Le premier modèle Ford fut désigné sous le nom militaire de *General Purpose Vehicle*, c'est-à-dire « Véhicule tous usages », dont les initiales G.P. se prononcent « Jee Pee » en américain. De là viendrait son surnom amical de Jeep.
La Jeep a été adoptée en 1942 par l'armée américaine. Le type « M.A. » devint, après mise au point, le fameux type « M.B. » dont plus de 640 000 exemplaires furent construits. La Jeep a pris une part décisive à la victoire des forces alliées.

☘ JEANS : ou blue-jeans. En 1850, au temps de la ruée vers l'or, Levi-Strauss conçoit, à l'usage des cow-boys et des mineurs, un pantalon solide en toile de bâche aux coutures renforcées par des rivets. Dix ans après, il remplace la bâche par une étoffe plus résistante en tissu de coton teint avec de l'indigo naturel. Ce tissu était fabriqué en France, à Nîmes, depuis 1567. Pour être expédié aux États-Unis, il transitait par la ville de Gênes. Le tissu fut appelé *Denim* et le pantalon *Jeans* - prononciation américaine pour « de Gênes »!
Le jeans était le pantalon des G.I's en permission. James Dean en portait un dans *La Fureur de vivre* et Marilyn Monroe dans *La Rivière sans retour*.

☘ DUFFLE-COAT : Il est aussi anglais que le jeans est américain. Le général Montgomery l'a immortalisé à la bataille d'El-Alamein.
Des Flamands émigrés en Angleterre avaient emporté avec eux un drap de laine chaud et imperméable qu'on fabriquait dans leur pays. Comme ils étaient originaires de la ville de Duffel, les Anglais rebaptisèrent *Duffle* ce tissu si séduisant. La Royal Navy fit fabriquer en série des *Duffle-coats* en s'inspirant des manteaux esquimaux que des marins avaient rapportés de leurs expéditions de pêche dans le Grand Nord. Les boucles de corde et les attaches de bois ajoutèrent encore à l'attrait de ce vêtement qui eut toujours la faveur des intellectuels.

☘ NYLON : La firme Dupont de Nemours annonce, le 27 octobre 1938, qu'un de ses employés, Wallace Hume Carothers, a découvert, dans le laboratoire de Wilmington (Delaware), le premier fil polyamide qui porte le nom de *polyhexaméthylène-adipamide* et qu'on surnomme « Fibre 66 ». Cette fibre textile synthétique recevra le nom de *nylon*.
L'origine de ce nom est controversée :
~ Les lettres de *nylon* sont-elles les initiales des épouses des chercheurs de l'équipe de Wilmington : Nancy, Yvonne, Louella, Olivia et Nina?
~ Le nom de *nylon* est-il la traduction phonétique approximative de *no run* (ne file pas)?

Ou bien encore les cinq lettres du nouveau textile correspondent-elles aux initiales d'une phrase de M. Dupont à l'adresse des Japonais, inquiets de la concurrence que la fibre polyamide allait faire à leur soie : « Now You Lousy Old Nippons! » (Bien fait pour vous, vieux Japs!).
Choisissez parmi ces trois hypothèses celle qui correspond le mieux à votre attente.

RADAR : C'est un dispositif permettant de mesurer la position et la distance d'un objet en mouvement grâce à la réflexion contre celui-ci d'ondes radio-électriques.
Le nom de *radar* a été formé d'après les initiales de RA*dio* D*etection* A*nd* R*anging* (« Détection et positionnement par radio »).
Ce procédé, connu expérimentalement dès 1920, fut réellement inventé par l'Écossais sir Robert Watson-Watt qui, de 1935 à 1939, équipa les côtes anglaises d'une ceinture de stations de détection par radar.
Ajoutons que ce nom est un acronyme et un palindrome (*acronyme,* c'est-à-dire un sigle dont les initiales ne s'épellent pas, mais se prononcent comme un mot normal; *palindrome,* car *radar* est l'un des très rares noms ou mots de cinq lettres pouvant se lire à l'endroit comme à l'envers : *kayak-Noyon*).

SONAR : Dans son principe comme dans son nom, le *sonar* est le frère du *radar.* C'est un appareil de détection sous-marine basé sur la réflexion des ultra-sons et permettant de localiser des obstacles ou des bâtiments ennemis. Le mot est formé d'après les initiales de SO*und* NA*vigation* R*anging.*

TRANSISTOR : Le transistor n'est pas seulement le petit poste de radio portatif qui vous suit d'une pièce à l'autre. Le transistor est un dispositif à semi-conducteur capable d'amplifier des courants électriques, d'engendrer des oscillations électriques ou de remplir des fonctions de modulation et de détection.
Le transistor a permis une véritable révolution technique, celle de la miniaturisation. Sait-on que la première machine à calculer électronique, MARK 1, construite aux États-Unis en 1944, pesait trente tonnes et contenait dix-huit mille lampes radio? Le transistor a ouvert l'ère de l'ordinateur pour tous.
Il fut inventé aux États-Unis dans les laboratoires de la Bell-Telephone par trois hommes, John Bardeen, Walter Brattain et William Shockley - le 23 décembre 1947 - qui ont reçu en 1956 le prix Nobel de physique pour cette découverte géniale. Le nom vient de la contraction de deux mots anglais TRANS*fer* *re*SISTOR, c'est-à-dire « résistance de transfert ».

LASER : Le mot a été formé en partant des initiales de la phrase anglaise L*ight* A*mplification by* S*timulated* E*mission of* R*adiations* (« Amplification de la lumière par émission stimulée de radiations »).

L'appareil *laser* engendre un faisceau de rayonnement spatialement et temporairement cohérent utilisé dans des domaines aussi divers que l'armement, les télécommunications, la chirurgie ou l'industrie.

☘ OZALID : Avant de procéder à l'impression définitive d'un document, on soumet au client comme « bon à graver » une épreuve sur papier *ozalid* de couleur bleue (bleus d'architecte).

En dépit de son apparence arabe, *ozalid* est l'anagramme des lettres de *diazol,* qui est le nom technique du procédé.

☘ TERGAL : Fibre synthétique de polyester de fabrication française. Le nom de *tergal* est construit avec la dernière syllabe de *polyes*TER et la première de GAL*licus,* mot latin signifiant gaulois et, par extension, français.

☘ VELCRO : Nom d'un système breveté de procédé d'attache rapide des vêtements. L'inventeur a eu l'idée de ce système en examinant les poils de ces boutons de fleurs sauvages qui s'accrochent aux cheveux ou aux tissus. Le nom est formé de la contraction des deux mots VEL*ours*-CRO*chet.*

☘ FANZINE : Dans le vocabulaire des amateurs de bandes dessinées, le *fanzine* est une petite revue d'amateur, plus souvent ronéotée qu'imprimée, qui permet de révéler de réels talents d'écrivain ou de dessinateur. Le nom a été forgé par la contraction des deux mots américains FAN*atic Maga*ZINE.

☘ GARDÉNAL : La firme pharmaceutique qui mit au moint ce somnifère avait, au cours des années précédentes, commercialisé avec beaucoup de succès toute une gamme d'autres remèdes dont la désinence commune était *nal* (Véronal, par exemple).

Le directeur de la firme recommanda aux gens de marketing chargés de trouver un nom à ce nouveau produit :

« Surtout, *gardez " Nal "*! »

On n'alla pas plus loin : le nom était trouvé!

☘ HOOLIGAN : Tout le monde pense que ce terme, qui sert à désigner les voyous qui font régner la terreur sur les stades, est d'origine russe. C'est sûrement parce que Beria, l'exécuteur des basses œuvres de Staline, l'utilisait à tout bout de champ pour en flétrir les « ennemis de la Révolution ». En fait, le mot provient d'Angleterre où, au XIXe siècle, un certain Hooley faisait, avec sa bande *(Hooley's gang),* régner la terreur dans la campagne irlandaise.

☘ LES NOTES DE LA GAMME : Vers l'an 500, un nommé Boèce eut l'idée de baptiser chacun des degrés de l'échelle diatonique de la gamme du nom d'une lettre de l'alphabet romain. A = La, B = Si,

C = Do, etc. Ce système est toujours en vigueur dans les pays anglo-saxons et en Allemagne.
Cinq siècles plus tard, le moine Gui d'Arrezzo donnait à chacune des sept notes de la gamme le nom de la syllabe initiale des premiers vers de l'hymne pour la fête de saint Jean-Baptiste, dont chacun constituait un degré musical ascendant :

UTqueant laxis
REsonare fibris,
MIra gestorum
FAmuli tuorum
SOLve polluti
LAbii reatum
Sancte Johannes!

(En joignant le S et le J [ancien I] des deux derniers mots, on obtient le SI.)
Au XVIIIe siècle, on remplaça *ut* par *do*.

E

ÉCHO (vers à)

Lorsque parfois, dans la montagne, nous nous évertuons à dialoguer avec un écho à la conversation forcément limitée, nous devrions avoir une pensée amicale pour la petite nymphe bavarde qui, jadis, porta ce joli nom d'Écho. Voici sa triste histoire :
Dans les temps mythologiques où Zeus régnait sur l'Olympe, il occupait son éternité à séduire les déesses ou les mortelles qui passaient à portée de son coup de foudre. Jalouse comme une tigresse, son épouse Héra ne le quittait pas des yeux.
Afin d'échapper à la surveillance conjugale, Zeus avait demandé à Écho, la belle nymphette, d'accaparer l'attention de sa moitié en lui faisant la conversation tout le temps que durait sa fugue. Lorsque Madame Zeus éventa le stratagème, sa vengeance fut terrible. Elle convoqua la pauvre Écho qui, en larmes, écouta la sentence :
- Désormais, tu ne parleras plus la première et tu auras toujours le dernier mot!
Un jour, le cœur de la petite nymphe s'émut lorsqu'elle aperçut le beau Narcisse triste et solitaire. Narcisse appela Écho et lui déclara son amour, mais la pauvrette fut tout juste capable de répéter mécaniquement le dernier mot de chacune des phrases enflammées que lui adressait son soupirant. Devant ce qu'il prenait pour une preuve

de stupidité, Narcisse abandonna Écho au comble du désespoir. Son chagrin d'amour la fit dépérir... elle maigrit tellement que, bientôt, il ne demeura d'elle qu'une voix, une voix tragique dans la montagne, qui, depuis, répète tout ce qu'elle entend.
Ce drame mythologique pourrait recevoir le titre de l'une des plus célèbres pièces de Jean Anouilh : *La Répétition ou l'Amour puni !*
Pourtant Écho eut l'occasion de revenir en grâce. Elle fit la connaissance d'habiles poètes qui vinrent lui déclamer des vers. Lorsqu'à son habitude elle en répéta la rime, on s'aperçut qu'Écho avait apporté à quelques beaux poèmes une contribution essentielle. La nymphe méritait bien qu'en mémoire d'elle ils fussent appelés des « vers à écho ».

Ça, dit-il, que t'en semble?
Écoute, Écho, faisons une chanson ensemble!

VICTOR HUGO

☘ Voici quelques vers de *Joachim du Bellay* qui riment en écho :

- Qui est l'auteur de ces mots avenus?
- Vénus!
- Qu'étais-je avant d'entrer en ce passage?
- Sage!
- Qu'est-ce qu'aimer et se plaindre souvent?
- Vent!

☘ *Charles-François Panard* (1691-1765) n'avait pas un très joli nom pour un poète - composerait-on des alexandrins de douze panards? -, mais il s'en moquait. Modeste bureaucrate, il rimait pendant ses heures de loisirs. On lui doit des *Chansons en forme de bouteille* et *en forme de verre*, où les vers savamment alignés et dégradés composent les dessins d'une carafe et d'un verre. Ce sont les ancêtres des *Calligrammes* d'Apollinaire.
Dans d'autres chansons, Panard a utilisé fort habilement le procédé des vers à écho :

Mettez-vous bien cela
Là,
Jeunes fillettes
Songez que tout amant
Ment
Dans ses fleurettes [...]

Nous voyons des commis
Mis
Comme des princes
Qui, jadis sont venus
Nus,
De leur province.

☘ *Amédée Pommier* (1804-1877)
Ce Lyonnais était un érudit qui composa des vers habiles auxquels ne manquait qu'une vertu - mais essentielle - l'inspiration.
Son poème géographique *Le Voyageur*, dont nous extrayons le passage consacré aux rivières, est loin d'être maladroit :

J'aime de mon pays tous les fleuves en somme :
Somme,
Charente, Meurthe, Allier, Rhône qui n'est pas doux,
Doubs.
J'aime l'Eure, l'Escaut, la Sarthe, la Villaine,
L'Aisne,
Le Furens, fils des monts qui sont ton boulevard,
Var!

☘ Et puis voici *Hugo* dont le génie sait transformer un amusant procédé en chef-d'œuvre.
D'abord, un extrait de *La Chasse du Burgrave* où l'on peut suivre le drame du cerf pendant la chasse à courre :

Le cerf, s'échappant de plus belle
Bêle;
Un bois, à sa course, est ouvert,
Vert.
Il entend venir sur ses traces
Races
De chiens dont vous seriez jaloux,
Loups.
Piqueurs, ardentes haquenées,
Nées
De ces étalons aux longs crins
Craints,
Leurs flancs, que de blancs harnais ceignent,
Saignent
Des coups fréquents des éperons
Prompts
[...]

Tout ce long poème serait à citer s'il ne fallait laisser la place à un extrait de *La Blanche Aminte*, composé suivant le même procédé et peut-être, s'il est possible, plus réussi encore :

Sitôt qu'Aminte fut venue
  Nue,
Devant le dey qui lui semblait
  Laid,
Plus blanche qu'un bloc de Carrare
  Rare,
Elle défit ses cheveux blonds
  Longs.
Alors, ô tête de l'eunuque,
  Nuque
Du Bostangi, tu te courbas
  Bas.
Le bassa, dont l'amour enflamme
  L'âme,
A ses pieds laissa son mouchoir
  Choir
En disant : - Ne sois pas rebelle,
  Belle,
Tes pieds blancs et tes longs cheveux
  Veux.
Donc, à sa parole exigeante,
  Gente
Aminte ne dit au vaurien
  Rien.
Elle inclina son cou de cygne,
  Signe
Qu'elle trouvait le vieux corbeau
  Beau.
Quand ses femmes virent Aminte,
  Mainte
Jalouse idée à plus de vingt
  Vint.
Longtemps, le sérail infidèle
  D'elle
Parla, puis de ses cheveux blonds
  Longs,

Les blanches qu'à Chypre on rencontre
Contre,
Et les noires de Visapour
Pour.

Le bon père Hugo était un sacré gaillard qui ne se faisait guère prier pour jouer avec les demoiselles à la bête à deux dos. En revanche, il faut reconnaître que ses poèmes sont d'une grande tenue morale et peuvent être lus dans toutes les écoles, fussent-elles libres.
On n'en dira pas autant de ce polisson de *Pierre Louÿs* dont les poèmes érotiques racontent avec le vocabulaire le plus cru les détails de ses audaces amoureuses.
Voici le début - le début seulement - d'une pièce composée de vers à écho dédiée à Curnonsky dans laquelle Louÿs imagine qu'après avoir conduit au cimetière la dépouille de son ami Cur, il s'empressera, charmante attention, d'aller le remplacer auprès de sa maîtresse devenue disponible. (Précisons pour les âmes sensibles que Curnonsky mourra trente ans après Pierre Louÿs!)

Consolation à Curnonsky

Quand tu ne seras plus, grand Curne,
Qu'urne
Sous la palme et les noirs velours
Lourds,
Quand nous te verrons descendre,
Cendre
Entre divers troncs maladifs
D'ifs, [...]
Quand tout heureux de te survivre
Ivre
J'irai bambouler le cancan;
Quand
J'aurai fui le Père-Lachaise
Aise
De fumer sur le boulevard
Vert *(!)*
Ne crois pas que l'oubli m'invite
Vite,
Loin de ta mémoire, ô Curnon
Non!
Tamponnant mon bel œil qui pleure
L'heure

Où j'aurai perdu tous remords
Morts,
J'irai voir comment ta maîtresse
Tresse
Ses cheveux fins, épais, lourds, blonds,
Longs
Elle attendra devant sa glace
Lasse
Les seins poudrés et les tétins
Teints [...]
Ma main faisant le tour des blanches
Hanches
Prendra son petit messidor
D'or.
Je te chercherai sous la croupe
Houppe
Que je veux soie et que je crains
Crins
J'entendrai si j'ose l'écrire
Rire
Ses dents sur ma langue : « Ah ! Chéri ! »
Hi !
Puis foulant de son corps de blonde
L'onde
Des cheveux fins, épais, lourds, blonds,
Longs,
Se croisant les pieds sur le ventre
« Entre ! »
Me priera-t-elle à demi-voix
« Vois... »

Il faut bien s'arrêter un jour puisque, avec l'écho, il serait vain d'espérer avoir le dernier mot ! Voici donc notre modeste écot à ce chapitre :

Quelle joie pour celui qui, lisant un poème
L'aime
Car il le laissera parmi ses souvenirs
Venir !

ÉCRIRE À DEUX

A chacun des bouts de cette aventure collective qu'est la vie d'un livre, on rencontre une solitude, celle de l'auteur et celle du lecteur. A la lecture, vice solitaire et impuni correspond l'écriture, tourment secret et solitaire.

Pourtant, il est dans l'histoire littéraire quelques exemples d'œuvres écrites à deux : deux frères ou - variante - un frère et une sœur, ce qui ne sort pas de la famille et ne constitue, après tout, ni un Grimm ni un Delly et relève tout au plus d'un Goncourt de circonstances ou d'un jeu de Tharaud! *

** Cette succession remarquable de calembours n'est pas, comme on pourrait le croire, une œuvre collective : elle n'a qu'un seul coupable qui implore votre pardon, lecteur !*

D'autres fois, l'œuvre naît d'une rencontre essentielle entre un auteur et son double. C'est le hasard qui a rapproché ces deux écrivains, les a fait se reconnaître et leur a permis d'accorder leurs talents dans la création de l'œuvre commune.

Nous ne retiendrons pas dans ce chapitre les frères ou sœurs qui ont écrit, sous leur même nom de famille, des œuvres différentes. La liste n'en est d'ailleurs pas très longue :

- Pierre Corneille (1606-1684) et son frère Thomas (1625-1709)
- Joseph, comte de Maistre (1753-1821) et son frère Xavier (1763-1852)
- André Chénier (1762-1794) et son frère Marie-Joseph (1764-1811)
- Eugénie de Guérin (1805-1848) et son frère Maurice (1810-1839)
- Alfred de Musset (1810-1857) et son frère Paul (1804-1880)
- Sans oublier, en Angleterre, les quatre Brontë : le frère, Branwell (1815-1846), et ses trois sœurs, Charlotte (1816-1855), Emily (1818-1848) et Anne (1820-1849).

Nous avons choisi de vous raconter, aussi différentes que possible, neuf aventures littéraires vécues à deux. Ce seront, par ordre d'entrée en scène, celles des frères Grimm des Goncourt, d'Erckmann-Chatrian, des Margueritte, de Delly, des Tharaud, de Souvestre et Allain, de Boileau-Narcejac et de Lagarde et Michard.

Jacob et Wilhelm Grimm ou *les frères de légende*

La bonté, la modestie, le désintéressement de ces deux frères tient du miracle, tout comme leur talent, d'ailleurs. Des six enfants d'une famille de pasteurs et de fonctionnaires du comté d'Hanau, dans la Hesse, ils sont les deux aînés.

Jacob est né le premier (4 janvier 1785) précédant Wilhelm d'à peine plus d'un an (24 février 1786). Les deux garçons ne se quitteront pratiquement jamais de toute leur existence, Jacob veillant sur la santé fragile de son jeune frère. Ils partageront le même lit, le même bureau, la même chambre d'étudiant, les mêmes rêves et les mêmes enthousiasmes et surtout la tâche écrasante à laquelle ils ont consacré leurs deux vies : Établir le recensement du passé littéraire de l'Allemagne, sauvegarder la fraîcheur de la poésie populaire, en recueillant fidèlement ces récits que des générations se sont transmis oralement et qui sont l'âme d'un peuple et son unique culture. Des deux, c'est Jacob l'âme de l'entreprise. Il est le plus brillant, le plus érudit, le plus enthousiaste. D'une rigueur toute monastique, il ne cesse de travailler, sans aucun répit, sans aucune ambition personnelle.

Wilhelm est plus expansif, moins solitaire que son frère et surtout plus littéraire. C'est lui qui aura la charge de rédiger *Les Contes de l'enfance et du foyer*.

Jacob se voit confier des postes importants. Le roi Jérôme le nomme conservateur de la bibliothèque de Wilhelmshohe. Puis, en 1813, le voici secrétaire de l'ambassadeur de Hesse auprès des puissances alliées au congrès de Vienne. Le gouvernement prussien l'envoie ensuite à Paris récupérer les manuscrits volés par les armées napoléoniennes aux bibliothèques d'Allemagne.

Mais cette carrière diplomatique déplaît à Jacob : il n'a de cesse que ces emplois honorifiques lui soient retirés et qu'il puisse revenir auprès de son frère, fût-ce avec un emploi très modeste. Il refuse même une chaire de professeur à Berlin pour devenir bibliothécaire en second à Cassel où son frère est secrétaire.

C'est leur période la plus féconde. Ils transcrivent mot pour mot les histoires que leur raconte une vieille paysanne des environs de Cassel surnommée « Wiehmannin », qui leur répète les phrases mêmes qu'elle tient de ses ancêtres. C'est ainsi que nous connaissons *Cendrillon* ou *Blanche-Neige*.

A quarante ans, Wilhelm se marie avec une amie d'enfance sans que l'intimité des deux frères en soit troublée le moins du monde. Avec humour, Mme Grimm veille au ménage commun de ceux qu'elle appelle « ses deux maris ».

En 1840, le roi Frédéric Guillaume IV les comble d'honneurs. Il les appelle à Berlin et les nomme membres de l'Académie des sciences. Mais les deux frères se sentent malheureux loin de leur petite patrie. Ils se consolent avec une autre de leurs passions communes : les fleurs. Jacob cultive les giroflées et les héliotropes, Wilhelm les primevères. Wilhelm mourra le premier, le 16 décembre 1859. Jacob le rejoindra le 20 septembre 1863. Ses derniers mots sont pour s'assurer que les chers livres, tous annotés de leur main, de leur bibliothèque bien-aimée ne seront pas dispersés et seront conservés avec soin.

Les Goncourt ou *cherchez la femme !*

Sans l'académie et le prix qui portent leur nom, qui se souviendrait aujourd'hui des frères Goncourt?
Edmond Louis Antoine (26 mai 1822-16 juillet 1896) et Jules Alfred (17 décembre 1830-20 juin 1870) Huot de Goncourt avaient hérité de leur père une fortune suffisante pour leur permettre d'ignorer les préoccupations financières. Ils furent l'archétype de l'homme de lettres pour qui il n'existe pas d'événement si ce n'est littéraire. Tous deux dessinent, voyagent, notent, rédigent un *Journal*. Leur double personnalité se fond en une seule écriture qui est un cas assez rare de gémellité littéraire.
Ils sont les vrais fondateurs de l'école naturaliste par le souci qu'ils ont du détail précis, de la documentation exacte, de l'observation de sujets vrais. Ils ont, pour l'étude des « parties honteuses de la société », la même curiosité qu'un entomologiste peut avoir pour des insectes. Quelle époque méprisante que celle où on pouvait écrire sans honte :
« Nous avons commencé, nous par la canaille, parce que la femme et l'homme du peuple, plus rapprochés de la nature et de la sauvagerie, sont des créatures simples et peu compliquées... »
Mais pour décrire « l'exotisme » des mœurs des « basses classes », ils prônent « l'écriture artiste ».
Les deux frères ont voué à leur mère un amour exclusif qu'aucune femme ne viendra troubler. Mais, s'ils ne furent jamais amoureux, ils furent obsédés par l'espèce féminine.
« Il y a des hommes, il n'y a qu'*une* femme ! »
Ils éprouvent pour cet être mystérieux et névrotique, tout de nerfs, d'instinct et de passion, une fascination à laquelle ils s'arrachent par une fuite panique, en raison du danger que la femme fait courir à l'homme et à l'artiste.
La plupart de leurs romans portent d'ailleurs un nom de femme comme titre et chacune de leurs héroïnes représente un cas de

névrose : *Renée Mauperin, Sœur Philomène, Manette Salomon, Madame Gervaisais, La Fille Élisa* et surtout *Germinie Lacerteux*, le moins méconnu de leurs romans. La vraie Germinie, qui se nommait en réalité Rosalie Malingre, était leur domestique honnête et dévouée. Ce n'est que le jour de sa mort que les frères s'aperçurent que cette bonne exemplaire buvait, volait ses maîtres afin d'entretenir les jeunes amants dont elle faisait grande consommation.
L'œuvre des Goncourt a beaucoup vieilli. Edmond de Goncourt, devenu « veuf » de son frère, continua l'œuvre commune. A partir de 1885, il aménagea le second étage de sa maison d'Auteuil afin de pouvoir organiser dans ce « grenier » des dimanches littéraires auxquels assistaient ceux qu'il considérait comme ses disciples : Émile Zola, Léon Hennique, etc. Le bon Daudet était l'ami le plus proche. Ce fut là l'ébauche de la future académie Goncourt.

Erckmann-Chatrian ou *« Vous n'aurez pas l'Alsace et la Lorraine »!*

Frères siamois de la littérature, leurs deux noms sont aussi inséparables que l'Alsace l'est de la Lorraine.
Émile Erckmann (20 mai 1822-14 mars 1899) est né à Phalsbourg dans la Moselle. Obligé par la maladie d'interrompre les études de droit qu'il avait commencées à Paris, il revient au pays où il rencontre en 1847 Alexandre Chatrian (18 décembre 1826-3 septembre 1890) né à Grand-Soldat, dans la Meurthe, qui se console, en taquinant la muse, d'un poste peu lucratif de pion au collège. Ils décident d'unir leur inspiration, leur talent et leurs relations.
Erckmann est lorrain, Chatrian plus attiré par l'Alsace. Erckmann écrit, Chatrian critique, corrige, reprend et se rend à Paris afin de dénicher un éditeur et une revue pour leurs contes.
Ils rencontreront Hetzel, célèbre pour avoir eu l'idée de diffuser *Les Misérables* en édition populaire *in octavo* en fascicules à 10 centimes. Dans la même présentation, les *Romans nationaux* d'Erckmann-Chatrian se vendront à plus d'un million et demi d'exemplaires en seize mois : *Le Conscrit de 1813, Waterloo, Madame Thérèse...*
Les critiques et les intellectuels ne sont pas tendres avec ces duettistes régionalistes et populaires :
Sainte-Beuve : « En somme, vos romans, c'est L'*Iliade* de la frousse! »
Flaubert : « Je viens de lire *Matheus*, est-ce assez pignouf! Ces deux cocos-là ont l'âme bien plébéienne! »
Il faut croire pourtant qu'il n'y avait pas que de l'eau de rose et des bons sentiments dans l'œuvre des deux cocos en question! L'antimilitarisme, l'anticléricalisme et les sentiments républicains affichés

par les auteurs leur valent les foudres de la censure impériale. A la veille de la guerre de 1870, ils avaient fini par être frappés d'une interdiction totale de publier.

Avec *L'Ami Fritz*, Erckmann-Chatrian donnèrent à l'Alsace son chef-d'œuvre. Après la perte de l'Alsace-Lorraine, il deviendra le livre symbole, celui qu'on lit et qu'on relit passionnément pour patienter jusqu'au grand jour de la réunification.

Malgré ce succès - ou à cause de lui? -, les deux amis se sépareront fâchés après quarante années de collaboration, chacun d'eux estimant avoir joué le rôle principal dans leur œuvre commune.

La postérité s'est refusée à les séparer dans son souvenir.

Paul et Victor Margueritte ou *« Un peu, beaucoup, à la folie »!*

Mortellement blessé en 1870 lors de la charge du plateau d'Illy à Sedan, le général Margueritte laissait deux fils.

L'aîné, Paul (1860-1918), commença des études au Prytanée militaire avant de bifurquer vers l'Instruction publique. Fervent admirateur de Zola, ses premiers romans témoignent de son attirance pour l'école naturaliste. Peu à peu ensuite, sous l'influence des Goncourt, il adoptera l' « écriture artiste ».

Victor, son jeune frère (1866-1942), fit une carrière d'officier avant de quitter l'armée à trente ans pour entreprendre, avec son frère Paul, l'écriture d'une fresque en quatre volumes, *Une époque*, consacrée à la guerre de 1870. Ensemble, ils sont également les auteurs de deux des plus charmants livres de la littérature enfantine : en 1897, *Poum, aventures d'un petit garçon* et, en 1903, *Zette*.

Ensuite les deux frères écrivirent, chacun de son côté.

Après la mort de son frère en 1918, Victor se lança dans l'écriture de romans moins faits pour séduire que pour provoquer en exposant des thèses audacieuses.

En 1922, Victor Margueritte écrivit le roman de cette époque d'émancipation féminine : *La Garçonne*. Les quelques pages érotiques et amorales du livre causèrent un scandale considérable. Ce fut un succès majeur de librairie, mais les ligues de vertu exigèrent et obtinrent que l'auteur fût radié de l'ordre de la Légion d'honneur.

Victor Margueritte avait abordé un autre thème aussi provocateur, celui du pacifisme. La guerre était trop proche encore pour qu'un titre comme *Le Bétail humain* ne mobilisât pas contre lui toutes les associations d'anciens combattants.

Tout cela nous semble aujourd'hui bien anodin, mais il ne faut pas oublier que le XIXe siècle, avec sa morale et ses préjugés, n'avait vraiment pris fin qu'après l'armistice de la Grande Guerre.

Delly ou *la rosière à rosier*

Sous un pseudonyme qu'on jurerait féminin se cache en réalité un couple d'écrivains - la sœur et le frère : Marie (1875-1947) et Frédéric (1876-1949) Petitjean de La Rosière. Ensemble, ils ont conçu une centaine de romans dont cinq éditeurs se sont partagé la publication : Plon, Taillandier, Gautier-Languereau, Flammarion et la Maison de la Bonne Presse. Leurs tirages additionnés dépassent le fabuleux total de 30 millions d'exemplaires. C'est dire qu'au palmarès de la lecture, Delly suit la Bible de près.

Un aussi vaste public ne se conquiert pas au hasard; Delly a le secret de surprendre ses lecteurs - ses lectrices plutôt - avec ce qu'ils attendent : une même histoire racontée de cent façons différentes. Les amateurs d'imprévu peuvent passer au large. Dans le monde de Delly on est noir ou blanc mais la conclusion est rose inévitablement. Tantôt exotique, tantôt gothique, tantôt folklorique, le décor change; l'état civil des héros change; le titre change - et certains atteignent au sublime! -) le scénario reste le même.

Que le roman s'intitule *Esclave ou reine, Anita, Entre deux âmes, laquelle?* ou *Fleur du foyer, fleur du cloître*, vous pouvez entrer sans crainte : il y sera question de l'amour impossible entre une pure jeune fille - pauvre si possible - et un jeune homme intelligent et riche - son cousin de préférence!

Comme dans le monde des auteurs, les héros portent un nom à particule et exercent un métier, noble également. S'il arrive que les hommes travaillent de leurs mains, ils sont volontiers peintre, sculpteur ou écrivain, jamais garagiste ni plombier et ils ignorent les fins de mois difficiles. Deux cents pages plus loin, après d'effarantes péripéties, des coups de théâtre sublimes, des rebondissements inespérés, les difficultés sont aplanies, les méchants punis et l'amour triomphe.

Pour ahurissants qu'ils soient, ces romans sont moins surprenants que la vie de leurs auteurs : Frédéric Petitjean de La Rosière était né infirme. C'est pour apporter un peu de distraction dans la vie immobile de son frère que Marie imagina tant d'existences romanesques. Elle choisit de demeurer vieille fille et lui sacrifia sa vie. Ensemble, ils vécurent cloîtrés à Versailles. Elle mourut en 1947. Il lui survécut deux ans.

La critique avait méprisé Delly. Celle-ci, sans rancune et sans héritiers, légua aux écrivains malades ou âgés la fortune immense que représentaient ses droits d'auteur.

Sa vie, comme ses romans, aura connu une fin morale et heureuse.

Les Tharaud ou *Monsieur Jéroméjean*

Sans doute les deux frères Tharaud n'aimaient-ils pas le prénom que leur père, notaire à Saint-Junien (Haute-Vienne), leur avait donné. Ernest signa Jérôme Tharaud (18 mars 1874-28 janvier 1953) et Charles devint Jean Tharaud (9 mai 1877-8 avril 1952).

Ernest-Jérôme entre à Normale Sup' où il a Péguy pour condisciple. Il sera ensuite quelque temps lecteur à l'université de Budapest. Charles-Jean devient le secrétaire de Maurice Barrès. Les deux frères se retrouvent pour voyager à travers l'Europe, puis au Maroc sur les pas de Lyautey.

Leur premier roman, *Dingley, l'illustre écrivain*, inspiré par la vie de Rudyard Kipling, parut en 1902 dans *Les Cahiers de la quinzaine* et obtint le prix Goncourt en 1906.

Paul Léautaud grince : « Ce sont les frères Tharaud qui l'ont emporté. Six voix au 3e tour ! Encore deux nouveaux frères en littérature ! Décidément, l'exemple des Goncourt devient de plus en plus regrettable ! »

Le Goncourt les rend célèbres. Ils se partagent le travail : Jean est chargé du premier jet, Jérôme polit la phrase et peaufine le style. Les deux frères vont trouver leur voie dans le reportage littéraire. Avec eux, le lecteur voyage sans risque en Afrique du Nord, en Palestine. Des descriptions pittoresques, des détails notés sur le vif lui apportent le dépaysement cependant qu'à tout moment, on le rassure sur la supériorité de la civilisation occidentale moderne. Qu'on n'aille pas compter sur les Tharaud pour remettre en question nos valeurs les plus traditionnelles ! Au nom du nationalisme et du patriotisme le plus chauvin, ils vont jusqu'à blâmer les autorités françaises d'avoir aboli l'esclavage en Afrique du Nord :

« Oh ! Je les plains d'avance, ces malheureux auxquels nous offrons en cadeau la liberté ! Est-ce sur les chantiers de nos chemins de fer, sur nos routes, qu'ils retrouveront jamais l'existence patriarcale dont avaient joui leurs pères ? »

Les deux frères, que les critiques s'amusent parfois à réunir sous le même prénom de « Jéroméjean », vont se trouver brutalement séparés par l'élection de l'un d'eux à l'Académie française. Un seul fauteuil de libre pour les deux paires de fesses de Jéroméjean ! Faute de mieux, on accueillera Jérôme l'aîné en 1938... et Jean devra impatiemment arpenter le trottoir du Quai Conti jusqu'à ce qu'en 1946 - tous les prioritaires ayant été élus entre-temps - une nouvelle élection lui permît enfin de rejoindre son frère.

« Encore un Tharaud de casé ! » beugla sur l'air de *V'la l'vitrier qui passe!* l'incorrigible Antoine Blondin en levant son verre à la gloire de l'événement.

Souvestre et Allain ou *les forçats du feuilleton*

Le génie du Crime, l'empereur du Mal, le roi de l'Épouvante, le maître de l'Effroi ne pouvait pas avoir eu une mère. En revanche, il eut deux pères!

Lorsque Pierre Souvestre (1874-1914), fils d'un préfet breton et journaliste à *L'Auto*, le quotidien d'Henri Desgrange, engagea comme secrétaire et rédacteur le jeune Marcel Allain (1885-1969), il n'imaginait pas que de cette rencontre capitale allait naître la plus effroyable succession de forfaits, d'assassinats, d'exactions de toute la littérature criminelle.

Marcel Allain était pourtant un charmant garçon qui lisait le grec ancien dans le texte et ne rêvait que de navigation. Son père, avocat, l'ayant mis en demeure de faire son droit, il quitta le foyer paternel avec dix-sept francs en poche plus quatre faux cols.

Pour son premier article, il réussit à pénétrer, déguisé en avocat, dans la cellule où Casque d'or, l'égérie des Apaches, était gardée au secret. Le directeur du *Petit Parisien* ne voulut jamais croire à l'authenticité de l'interview et il refusa de publier l'article.

Allain et Souvestre se mirent à placer dans les journaux des feuilletons d'une imagination si débridée et d'un rythme tel qu'ils remportèrent un succès immédiat. L'éditeur, Arthème Fayard, flairant la bonne affaire, leur signa un contrat pour une série de cinq romans à suivre. Cinq volumes en cinq mois! Cinq centimes par exemplaire vendu avec un minimum garanti de 1 500 francs par volume.

Dans le métro, ils trouvèrent le nom de leur héros, « Fantômus », qu'ils griffonnèrent sur une feuille de papier. Fayard se trompa en relisant : « Fantômas! Bravo! Quel nom épatant! »

En 1910, ce fut le lancement du feuilleton au moyen d'une campagne d'affiches. On y voyait un homme immense, masqué et en habit, un pied dans la Seine, l'autre sur les toits de la Conciergerie.

Allongeant son ombre immense
Sur le monde et sur Paris
Quel est ce spectre aux yeux gris
Qui surgit dans le silence?
Fantômas, serait-ce toi
Qui te dresses sur les toits?

Cette *Complainte de Fantômas* fut écrite vingt-trois ans plus tard par Robert Desnos.
La première édition de *Fantômas* fut épuisée en quelques jours et Souvestre et Allain encaissèrent à la fin du mois leur premier chèque de 150 000 F! Trente-deux *Fantômas* parurent en quatre ans, écrits à un rythme hallucinant par les deux compères. Ou plutôt dictés dans le cornet d'un engin révolutionnaire à l'époque, le dictaphone à rouleaux de cire. Une dactylo tapait aussitôt et ils corrigeaient l'épreuve. Un *Fantômas* était ainsi expédié en quatre ou cinq jours.
Voici le début du premier roman :
« *Fantômas !*
- Vous dites?
- Je dis... Fantômas.
- Cela signifie quoi?
- Rien... et tout!
- Pourtant qu'est-ce que c'est?
- Personne... mais cependant quelqu'un.
- Enfin, que fait-il, ce quelqu'un?
- Il fait peur! »
Hélas! Pierre Souvestre mourut de la grippe espagnole dès le début de la guerre.
En 1921, le premier *Fantômas* avait atteint le tirage jamais vu d'un million sept cent mille exemplaires! Marcel Allain se remit à l'ouvrage seul. Il pondit encore douze *Fantômas*... et des tas d'autres feuilletons dans la veine la plus populaire qui soit. C'était devenu un charmant vieux monsieur souriant qui ne se prenait pas du tout au sérieux et qui avait la passion de l'automobile. Il avait eu le permis de conduire n° 7, daté de 1904. A quatre-vingts ans passés, il faisait encore cent mille kilomètres par an. Lorsqu'il mourut à l'âge de quatre-vingt-quatre ans, il en était à sa cent vingtième voiture de course et à son cinq cent quatre-vingt-dix-septième volume!
On doit à ces deux hommes « la seule épopée des temps modernes, *L'Iliade* de notre époque » (Blaise Cendrars).

Boileau-Narcejac ou *l'assassinat par correspondance*

En ont-ils tué des gens en trente-six romans écrits au cours d'une collaboration de quarante ans! Et pourtant, jamais l'ombre d'une brouille ne les a séparés. Le secret de cette amitié tenait en un mot : la distance.
Pierre Boileau, le petit chauve, habitait Paris pendant que Thomas Narcejac professait la philo à Nantes. Leur méthode de travail n'a jamais varié : Boileau imagine l'intrigue et Narcejac tire de son scé-

nario un texte écrit. Chaque jour, Boileau reçoit par la poste quelques feuilles de cahier d'écolier couvertes des pattes de mouche de Narcejac. Il les déchiffre, les tape à la machine et, au passage, effectue les ultimes retouches.

Ces deux-là avaient inventé le polar par correspondance. Chez eux, le facteur ne sonnait peut-être pas toujours deux fois, mais il passait chaque jour. Tout se déroulait au rythme de la poste. Avec le recul et la réflexion qu'impose la correspondance, les désaccords avaient le temps de s'émousser et l'agressivité de s'atténuer.

Cette association bénéfique remontait à l'année 1948. Sur une proposition de Narcejac, ils s'étaient mis à écrire ensemble un roman qu'ils avaient signé du pseudonyme d'Alain Bouccarèje, l'anagramme de leurs deux noms. Peu satisfaits du résultat, ils s'étaient remis au travail pour écrire, sous le nom de Boileau-Narcejac cette fois, *Celle qui n'était plus*. Seul, Denoël accepta le manuscrit qui avait été envoyé à tous les éditeurs. Lorsque le livre parut, Véra, la femme du cinéaste Henri-Georges Clouzot, était grippée et occupait ses loisirs forcés à lire des polars. Elle s'enthousiama pour *Celle qui n'était plus*, en parla à son mari qui, quinze jours plus tard, en acquit les droits. Il se contenta d'y faire deux modifications. D'abord, il changea le sexe de la victime afin de donner le rôle à sa femme. Ensuite, il changea le titre qui devint *Les Diaboliques*. La qualité de la mise en scène et de la distribution (Simone Signoret, Paul Meurisse et Véra Clouzot) valut au film de connaître un triomphe... et au roman de s'envoler à sa suite.

Pendant de nombreuses années, au rythme d'un roman par an, le duo Boileau-Narcejac remporta un succès qui ne s'est jamais démenti. *Les Louves, Maléfices, Les Magiciennes, A cœur perdu, L'Âge vermeil, Le Contrat* (leur dernier roman écrit à deux), et bien d'autres. Alfred Hitchcock avait tourné *D'entre les morts* dont il fit, sous le nom de *Sueurs froides (Vertigo)*, l'un des classiques du film à suspense.

Lorsque Narcejac prit sa retraite de prof, les deux compères élurent domicile sur la Côte d'Azur, mais, fidèles à leur principe, ils choisirent des résidences séparées. Dix kilomètres séparaient Boileau, qui vivait à Beaulieu-sur-Mer, de Narcejac qui habitait Nice. A quatre-vingt-deux et quatre-vingts ans, ils débordaient de projets et d'idées. Hélas! la vie, à la différence de leurs scénarios, ne fit guère preuve d'imagination : un jour de janvier 1989, à la suite d'une mort parfaitement naturelle, l'un des deux compères mit fin à une exemplaire association de malfaiteurs qui durait depuis quarante ans. C'est Boileau, parti le premier, qui fume désormais la bruyère par la racine!

Lagarde et Michard ou *deux auteurs de première !*

C'est deux-là ne sont pas à proprement parler des auteurs, mais des pédagogues. Plusieurs générations de potaches, nourries au « Lagarde et Michard », leur doivent le peu qu'elles savent des grandes œuvres de notre patrimoine. Appelons-les donc des bienfaiteurs, en toute simplicité.

Leurs deux noms sont inséparables au point qu'il est difficile d'imaginer qu'ils aient pu vivre une partie de leur existence avant de se connaître. C'est Lagarde, professeur de lettres au lycée de Saint-Germain-en-Laye qui eut l'idée, en 1947, d'un livre scolaire où se trouveraient mêlés l'histoire de la littérature française et les morceaux choisis correspondants.

Les frères Bordas, éditeurs d'ouvrages d'art, s'enthousiasmèrent pour le projet et demandèrent à Lagarde de s'entourer, pour le réaliser, d'une équipe de professeurs spécialisés. Il préféra choisir un seul partenaire qui deviendrait le coauteur de la collection, Laurent Michard, rencontré brièvement au lycée de Toulouse.

De 1948 à 1962 sortirent les six volumes de la collection, du Moyen Âge au XXe siècle.

Tout le travail s'élaborait en commun au cours de séances de travail passionnées mais fraternelles entre les deux hommes, de la sélection des auteurs au choix des textes.

Avant de mourir en 1984, Michard avait défini avec son alter ego les lignes de la nouvelle édition.

Aujourd'hui Lagarde et Michard sont devenus à leur tour des classiques. Il est un signe qui ne trompe pas : depuis quelques années, dans les lycées, leur nom a été fondu - par apocope - en une seule marque de fabrique : le *Lag'mich'*.

Quelques autres duos célèbres

- Anne et Serge Golon, les parents de la belle Angélique, marquise des Anges...
- Myriam et Gaston de Béarn qui ont ressuscité leur ancêtre Gaston Phébus...
- Lapierre et Collins, les faiseurs de best-sellers...
- Mallet et Isaac qui furent à l'Histoire ce que Lagarde et Michard sont à la Littérature...
- André Castelot et Alain Decaux qui firent aimer l'Histoire aux Français.
- Benoîte Groult et sa sœur Flora : à l'heure du féminisme, elles nous jouèrent un très beau *Journal à quatre mains*.

~ Et puis, né d'hier, le couple Dan Franck-Jean Vautrin qui a créé le personnage de Boro, le reporter-photographe des années 30.

Comme disait la chanson : « Quand on est deux, ça n'est pas la même chose ! » Exact ! On partage les droits d'auteur !

ÉNIGMES

Dans l'Antiquité, un Sphinx, monstre fabuleux à tête humaine sur un corps de lion, terrorisait les habitants de Thèbes. Installé aux portes de la cité, il dévorait les passants incapables de résoudre l'énigme qu'il leur posait.
Si nous en croyons Sophocle et son *Œdipe-roi*, ainsi parlait le Sphinx : « Il y a sur la terre un être à deux pattes et à quatre pattes et à trois pattes et qui n'a qu'une voix. Lui seul change de forme entre tous les animaux qui se meuvent sur la terre, au ciel et dans la mer. Mais quand il marche en s'appuyant sur le plus grand nombre de ses pattes, alors la vélocité de ses membres est plus faible que jamais. »
Depuis, nous avons pris l'habitude de résumer ainsi cette... énigme attique :
« Quel est l'animal qui marche sur quatre pattes le matin, sur deux pattes à midi et sur trois pattes le soir ? »
Contrairement à nous qui avons étudié la mythologie et qui connaissons la réponse, les pauvres Grecs ne trouvaient pas, et le Sphinx était grassement nourri. Jusqu'au jour où, sans complexe - bien sûr ! - Œdipe passa dans le coin, écouta l'énigme, réfléchit un moment et répondit : « Entends, même si tu ne le veux pas, ô muse des morts aux ailes maléfiques, entends ma voix t'annoncer la fin de ton horreur. C'est l'*homme* que tu as dit, lequel quand il marche sur la terre, d'abord naît à l'enfance sur quatre pattes loin du flanc maternel et, devenu vieux, s'appuie sur un bâton comme sur un troisième pied, soutenant ainsi son échine pliée par la vieillesse. »
Mauvais joueur, le Sphinx se précipita vers des rochers contre lesquels il se fracassa la tête, tandis qu'Œdipe entrait dans Thèbes dont il allait devenir roi, ainsi que l'oracle l'avait prédit.
Avec un tel précédent légendaire, l'énigme ne pouvait que devenir

un jeu à succès : les Grecs en étaient friands et ils avaient pris l'habitude d'assortir leurs questions de gages que devaient effectuer ceux qui ne parvenaient pas à trouver la réponse.
Le mot *Énigme* provient en droite ligne du grec *Ainigma* qui signifie « parole obscure ». On peut définir l'énigme comme un petit poème dans lequel on cherche à faire deviner une chose en la décrivant en termes voilés ou ambigus.
La plupart des énigmes connues sont anonymes. Pourtant, en voici quatre que l'on doit à d'illustres auteurs :

☘ Qui ne connaît celle-ci que Voltaire dut un jour improviser à titre de gage?

Cinq voyelles, une consonne,
En français composent mon nom
Et je porte sur ma personne
De quoi l'écrire sans crayon.

La réponse est, bien sûr, l'*oiseau.*

☘ Fallait-il que Boileau se fût piqué au jeu pour avoir composé l'énigme ci-dessous!

Du repos des humains, implacable ennemie
J'ai rendu mille amants envieux de mon sort
Je me repais de sang et je trouve ma vie
Dans les bras de celui qui recherche ma mort.

Réponse : *la puce.*

☘ Au tour de Jean-Jacques Rousseau maintenant :

Enfant de l'art, enfant de la nature,
Sans prolonger les jours, j'empêche de mourir;
Plus je suis vrai, plus je fais d'imposture,
Et je deviens trop jeune à force de vieillir.

Réponse : *le portrait.*

☘ Fontenelle peut se vanter d'avoir composé la plus courte des énigmes. Une ligne, six mots et tout est dit :

Je fus demain, je serai hier.

Réponse : *Aujourd'hui.*

☘ Les énigmes citées ci-dessous ne sont pas nées de pères illustres. Elles n'en sont ni plus mauvaises, ni meilleures pour autant.

Vous connaissez Paris
Eh bien! mes bons amis
Sans moi, ce beau pays
A coup sûr serait pris!

Réponse : *la lettre « a »*.

Rien n'empêche de mettre tout l'alphabet en énigmes. La preuve :

Je suis, ami lecteur, tout au bout de ta main
Je commence la nuit et je finis demain.

Réponse : *la lettre « n »*.

Dans la même veine, nous pouvons poursuivre en élargissant le sujet :

Tout paraît renversé chez moi :
Le laquais précède le maître;
Le manant passe avant le roi,
Le simple clerc avant le prêtre,
Le printemps vient après l'été
Noël avant la Trinité
C'en est assez pour me connaître.

Réponse : *le dictionnaire.*

☘ Si vous n'êtes pas encore lassé par ce divertissement, au demeurant bien innocent, restez encore avec nous un moment au pays des énigmes :

Même si je n'ai pas le bonheur de vous plaire,
Je n'en serai pourtant pas autrement surpris
Car vous auriez, lecteur, et beau dire et beau faire,
Jamais je ne serai un jour de votre avis;
Même en me renversant, je vous en avertis,
Vous ne me feriez pas changer de caractère.

La réponse est : *non.*

Devine-moi car j'en suis digne :
Je me cache lorsque je sers;
C'est presque toujours dans les vers,
Et l'on me trouve à chaque ligne.

La réponse est : *hameçon* (astucieux, non?).

D'un anonyme du XIXe siècle :

Je viens sans qu'on y pense
Je meurs en ma naissance,
Et celui qui me suit
Ne vient jamais sans bruit.

Réponse : *l'éclair.*

☘ L'énigme que nous vous proposons ci-dessous, ami lecteur, n'est pas d'un goût exquis. Pourtant, comme elle nous vient d'un signataire illustre, il aurait été dommage de l'ignorer. Ce quatrain est à inclure, en effet, au nombre des œuvres complètes de Victor Hugo. Soyons juste, il s'agit d'un « Totor » de quatorze ans, ce qui explique, peut-être, la nuance un tantinet scatologique du « poème » :

Je me remplis quand on se vide
Car c'est fort rarement qu'on se passe de moi!
Je renferme en mon sein le dur et le liquide,
Je sers au riche, au pauvre, au duc et même au roi!

Vous l'auriez parié : la réponse est : *le pot de chambre*!

Est-elle vraiment une énigme la colle ci-dessous? Ou doit-elle être à ranger parmi les devinettes? Qu'importe!

Quatre pattes sur quatre pattes.
Quatre pattes voit quatre pattes.
Quatre pattes s'en va.
Que reste-t-il?

La réponse est : *une chaise.*

Explication : un chat est sur une chaise. Le chat voit une souris et saute de sa chaise pour l'attraper. Il ne reste plus alors que la chaise.

☘ Une pointe d'absurde pour épicer la fin de ce menu nous permettra de relever la fadeur de l'ensemble. Cette énigme nous vient d'Arménie :

~ Qu'est-ce qui est vert, pendu au milieu du salon et qui chante?
La réponse est : *un hareng.*

- Un hareng? Mais pourquoi vert?
- Parce que je l'ai peint en vert.
- Mais alors... pourquoi pendu au milieu du salon?
- Et pourquoi pas?
- Mais un hareng ne chante pas!
- Ça, je l'ai ajouté pour que ce ne soit pas trop facile à deviner.

Devant un tel hareng, Charles Cros, lui-même, aurait sûrement jugé qu'il n'y avait plus qu'à tirer l'échelle!

Nous avons tout juste le temps, pour conclure ce chapitre énigmatique, de citer une dernière énigme dont la réponse est précisément... *le temps.* Étonnante coïncidence!

Je suis, je ne suis plus, j'étais et je vais être;
Veut-on me retenir, je suis mort pour jamais,
Mais pour jamais aussi je suis prêt à renaître;
Je meurs toujours, toujours je nais.

ÉPIGRAMME

Comment choisiriez-vous de savourer l'*épigramme*? Le préférez-vous grillé à point et pas trop gras si possible? ou bien l'aimez-vous mieux relevée et piquante à souhait?
Convient-il de dire *un* ou *une* épigramme? C'est à vous de choisir : du genre masculin, l'épigramme préparé par le boucher est un haut de côtelette d'agneau destiné à être grillé; au féminin, l'épigramme, nourriture uniquement spirituelle, est affaire de poète satirique : c'est une courte pièce de vers qui se termine sur un trait piquant et drôle.

L'épigramme blesse, la pointe tue...

Chez les Grecs anciens, l'épigramme (*epigramma* signifie « inscription ») était un court poème destiné à être gravé sur un monument. En France, on réserve, de préférence, à l'épigramme des sujets satiriques ou charmants, mais toujours spirituels.
C'est aux XVIIe et XVIIIe siècles que l'épigramme connut son âge d'or :

dans les salons littéraires, les rivalités entre auteurs s'exprimaient sous forme de quatre vers dont le dernier - appelé la *pointe* - était destiné à égratigner l'adversaire ou même à le blesser dans son amour-propre. Parfois, il arrivait que l'un des deux adversaires succombât à l'attaque, tué par le ridicule.
Devenue la botte très peu secrète des polémiques littéraires, l'épigramme gagna en férocité ce qu'elle perdait en grâce.

☘ Boileau, dans son *Art poétique,* regrettait la dégénérescence du genre :

L'épigramme, plus libre en son tour plus borné
N'est souvent qu'un bon mot de deux rimes orné.

Le trait final n'est plus qu'un prétexte auquel on a sacrifié trop souvent la composition de l'ensemble. Regrettons-le... avant de nous consoler en passant en revue cette anthologie de la poésie méchante et drôle.

☘ Clément Marot n'est guère tendre avec un confrère poète :

Sans fin, pauvre sot, tu t'amuses
A vouloir complaire aux neuf Muses;
Mais, tu es si lourd et si neuf
Que tu en fâches plus de neuf.

☘ Théophile de Viau, trouvant une épigramme dans son assiette, y répliqua sur-le-champ par celle que voici :

Cette épigramme est magnifique
Mais défectueuse en cela
Que pour la bien mettre en musique,
Il faut dire un SOL LA MI LA. (Un sot l'a mis là.)

☘ Souvent, de jeunes et belles personnes étaient la cible d'épigrammes perfides qui s'en prenaient à leur absence de grâce, à leur manque d'esprit, à moins que ce ne fût à la légèreté de leur conduite. Les mauvaises langues ne manquent pas de prétendre que ces pamphlets sont l'œuvre de soupirants éconduits.

Quand elle danse avec le pas lourd des chameaux,
On pense que parler ferait mieux son affaire.
Hélas! A peine a-t-elle dit trois mots :
C'est la danseuse qu'on préfère!

ANONYME

Nature, en formant votre corps,
Lui donna tant d'avantages
Que celui qui forma l'esprit
En fut jaloux et, de dépit,
Refusa d'achever l'ouvrage.

SAINT-PAVIN, 1600-1670

Tout lycéen connaît les quelques mots par lesquels Boileau exécuta le vieux Corneille dont les deux dernières tragédies avaient été des échecs.

J'ai vu l'*Agésilas,*
Hélas!
Mais, après l'*Attila,*
Holà!

Il arriva à Boileau, qui se voulait critique impartial, de se tromper lourdement. Ce fut le cas lorsqu'il adressa à Charles Perrault, l'auteur des *Contes,* une épigramme sur son frère Claude qui était non seulement un remarquable médecin, mais aussi l'architecte auquel on doit la colonnade du Louvre :

Ton frère, dis-tu, l'assassin
M'a guéri d'une maladie;
La preuve qu'il ne fut jamais mon médecin
C'est que je suis encore en vie!

C'est encore Boileau qui composa le quatrain vengeur ci-dessous « *pour mettre au bas d'une méchante gravure qu'on avait faite de lui* » :

Du célèbre Boileau tu vois ici l'image.
Quoi? c'est là, diras-tu, ce critique achevé?
D'où vient le noir chagrin qu'on lit sur son visage?
C'est de se voir si mal gravé!

S'il est une épigramme célèbre entre toutes, c'est celle par laquelle Voltaire assassina le critique Fréron qui avait eu la malencontreuse idée de s'attaquer à lui :

L'autre jour, au fond d'un vallon,
Un serpent mordit Jean Fréron :

Que pensez-vous qu'il arriva?...
Ce fut le serpent qui creva!

A quoi tient l'immortalité, tout de même! Sans ce quatrain méchant, qui de nos jours connaîtrait encore Fréron?

L'éditeur Legeay, qui avait illustré la couverture d'un livre de Voltaire en encadrant le portrait de celui-ci par celui de deux de ses ennemis - dont, une fois de plus, l'ineffable Fréron! - s'attira cette épigramme :

Legeay vient de mettre Voltaire
Entre La Baumelle et Fréron.
Ce serait vraiment un calvaire
S'il y avait un bon larron!

Autre ennemi célèbre de Voltaire, Le Franc de Pompignan eut à essuyer le feu roulant de ses épigrammes. En voici une, prise au hasard, car il n'en est pas de moins méchantes que d'autres :

César n'a point d'asile où sa cendre repose
Et l'ami Pompignan pense être quelque chose!

Le spécialiste incontesté de l'épigramme se nommait Ponce Denis Écouchard Lebrun (1729-1807). Pour l'honorer on l'avait baptisé Lebrun-Pindare, du nom du brillant poète grec.

- On vient de me voler...
- Que je plains ton malheur!
- Tous mes vers manuscrits!
- Que je plains le voleur!

Voici un distique destiné à égratigner une jeune beauté trop fardée qui avait des prétentions injustifiées à la poésie :

Clio, belle et poète, a deux petits travers
Elle fait son visage et ne fait pas ses vers.

Lebrun-Pindare, en tout cas, ne fardait pas ses sentiments.

Maret, ami de jeunesse de Bonaparte, avait dû à cette haute protection d'entrer à l'Académie française en 1803, sans que personne ait pu prétendre avoir jamais lu une seule ligne de lui. Cette épigramme vengea tous les mécontents :

- Maret, de l'Institut? - Oui! La chose est sûre!
- Que connaît-on de lui? - De lui? Sa signature!

☘ M. de La Chaise, général à la retraite, avait été nommé préfet du Pas-de-Calais. En 1803, il eut l'honneur de recevoir le Premier consul dans son département, et de prononcer devant lui un discours qui se terminait ainsi :
« Tranquilles sur nos destinées, nous savons tous que, pour assurer le bonheur et la gloire de la France, pour rendre à tous les peuples la liberté du commerce et des mers et fixer enfin la paix sur la terre, Dieu créa Bonaparte et se reposa. »
On ne saurait être plus flagorneur. Une épigramme vint lui donner une réponse :

Dieu n'en resta pas là,
Il fit encore La Chaise;
Puis, il se reposa,
Beaucoup plus à son aise.

☘ La comtesse de Genlis (1746-1830), après avoir été dame d'honneur de la duchesse de Chartres, se vit confier l'éducation des enfants de la famille d'Orléans, dont le futur roi Louis-Philippe. Amie des philosophes, elle mena une existence assez libre. Sur le tard, elle publia ses *Mémoires*. Ce qui lui valut cette méchante épigramme :

Genlis à six francs le volume!
Disait un jour un amateur,
Dans le temps, que son poil valait mieux que sa plume,
Pour un écu, j'avais l'auteur!

C'est à un poète anonyme qu'on doit le distique suivant inspiré par George Sand qui avait épousé en 1822 le baron Dudevant dont elle eut deux enfants :

Elle est Dudevant, par-devant
Et George Sand, par-derrière.

☘ Les vieilles coquettes constituent un inépuisable sujet d'épigrammes. En voici deux, adressées l'une à une édentée, l'autre à une boutonneuse :

Chloé, vieille sempiternelle
Me garde, dit-on, une dent;
Ce trait est beau, mais imprudent
Elle n'en aura plus pour elle!

PIERRE CAPELLE

A Flore, elle a fait un larcin
C'est un printemps miniature
Elle a des roses sur la main
Et des boutons sur la figure!

ALFRED DE MUSSET

Sous le second Empire, l'opposition républicaine déchaînait ses traits. Le jour du mariage de Napoléon III avec Eugénie de Montijo (1853), cette épigramme anonyme fit rire tout Paris :

Montijo, plus belle que sage
De l'Empereur comble les vœux.
Ce soir, s'il trouve un pucelage
C'est que la belle en avait deux!

Victor Hugo s'était écrié : « L'aigle épouse une cocotte », ce qui était moins drôle.
D'ailleurs, Hugo a trop de talent, trop de génie pour posséder la grâce que requiert l'épigramme. Voici comment il traite Mlle Georges, la comédienne aux formes rebondies :

Par la superbe Georges
L'éléphant fut vaincu
On croyait voir sa gorge
Ce n'était quc son cul.

Les acteurs, on le sait, n'aiment guère les critiques. Le comédien Sylvain (1851-1930) prit un jour la plume pour se venger en quatre vers d'un critique qui l'avait malmené :

Ce monsieur qui toujours bougonne
Mériterait des coups de pied
Dans un endroit de sa personne
Qui le représente en entier.

Edmond Rostand, après avoir obtenu des triomphes insurpassables avec *Cyrano de Bergerac* et *L'Aiglon,* fit attendre longtemps sa pièce suivante, *Chantecler* dont il avait situé l'action dans une basse-cour.

Les comédiens déguisés en volatiles furent trouvés assez peu convaincants... et pour tout dire, ennuyeux. Bref! Ce fut un échec éclatant... que résume fort bien l'épigramme ci-dessous :

Nous sommes fort admirateurs,
Chantecler, de ta voix sonore :
Elle fait s'éveiller l'aurore
Et s'endormir les spectateurs.

☘ L'absinthe faisait des ravages au début du siècle : « elle perd nos fils et perd nos pères », disait-on. Aussi, lorsque le fils Pernod provoqua sur la Nationale 7 un accident mortel, un anonyme proposa-t-il ces vers acerbes :

Cette famille dégénère :
Le fils ne sait qu'écrabouiller
Un piéton à la fois. Le père
Empoisonnait un peuple entier.

Un médecin célèbre et très riche dont les malades mettaient vraiment peu d'empressement à guérir fut mis très spirituellement en accusation :

Depuis que le docteur Gistal
Soigne des familles entières,
On a démoli l'hôpital...
Et l'on a fait deux cimetières.

☘ En 1925, François Porché fit représenter à Rouen sa *Vierge au grand cœur,* une pièce qu'il avait écrite en hommage à Jeanne d'Arc. Jean Giraudoux l'exécuta en deux vers :

Rouen, prépare tes bûchers!
Après Cauchon, voici Porché!

☘ Lorsqu'on s'appelle Henry Bordeaux, on se doit d'être un grand cru. Hélas! Cet écrivain bourgeois et conventionnel ne vendangeait qu'une piquette insignifiante. Comment s'étonner que son nom ait inspiré quelques méchants épigrammatistes?

Ne dites pas d'Henry Bordeaux qu'il « fait sous lui »
Lorsqu'il fabrique de la prose,
Dites plus décemment pour masquer votre ennui :
« Ce Bordeaux vieillit, il dépose! »

En lisant du Bordeaux, l'un dit : « Dieu qu'il est sot! »
Mais l'autre en bâillant s'écrie : « Dieu qu'il est terne! »
On peut facilement les accorder d'un mot :
Un Bordeaux n'est-il pas très souvent... un Sauternes?

♣ Sous l'Occupation, dans la presse clandestine, la satire retrouve tout son mordant. Voici l'épigramme que Jean Paulhan avait écrite sur les deux Abel, Abel Hermant et Abel Bonnard, deux auteurs qui avaient choisi la collaboration avec les Allemands :

Tandis qu'Abel Bonnard lèche notre vainqueur
Abel Hermant l'évente et pose quelques fleurs
Sur son ventre ou ses pieds. On se demande enfin
Voyant de tels Abels, ce que font les Caïns.

ÉPITAPHES

« Muet comme la tombe », dit-on parfois; jusqu'au jour où une épitaphe, déchiffrée sur un monument, nous délivre son message de pierre. Cimetière nous était conté...!
Entre toutes les épitaphes, la plus célèbre est, sans aucun doute, celle que Musset avait souhaité que l'on gravât sur son tombeau au Père-Lachaise :

Mes chers amis, quand je mourrai
Plantez un saule au cimetière.
J'aime son feuillage éploré
La pâleur m'en est douce et chère
Et son ombre sera légère
A la terre où je dormirai.

Un arbre désolé qui pleure toutes les feuilles de ses branches sur la tombe d'un poète, il n'en fallait pas davantage au bel Alfred pour s'assurer la plus flatteuse des publicités *post mortem*. Quelle amoureuse romantique supporterait de se recueillir sur sa tombe dépourvue d'arbre? C'est pourquoi, régulièrement, les jardiniers du cimetière s'activent à remplacer le saule souffreteux qui dépérit dans une terre raréfiée.

☘ Infiniment moins romantique qu'Alfred de Musset, l'écrivain et gastronome Charles Monselet paraphrasa les vers célèbres en exigeant, lui aussi, des « soles » sur sa tombe, mais pas n'importe lesquelles :

Versez sur ma mémoire chère
Quelques larmes de Chambertin
Et sur ma tombe solitaire,
Plantez des soles... au gratin!

☘ Autre cimetière, autre poète! Au cimetière Montparnasse, la stèle de Théophile Gautier porte ces quatre vers :

L'oiseau s'en va, la feuille tombe
L'amour s'éteint, car c'est l'hiver
Petit oiseau viens sur ma tombe
Chanter quand l'arbre sera vert.

Le poète n'a pas précisé quelle espèce d'arbre il désirait, mais sa mise en scène prévoit en revanche l'intervention d'un oiseau!

☘ Au cimetière de Bourg-la-Reine, le poète et romancier André Theuriet est enterré aux côtés de sa femme Hélène, le grand amour de toute sa vie. Tous deux, « côte à côte étendus comme sur les bruyères », reposent sous une dalle où est gravé un beau poème dont voici les derniers vers :

... Et puissent, dans le ciel, nos âmes voyager
Comme les sons jumeaux de ces cloches paisibles
Qui s'en vont, deux à deux, avec le vent léger
Vers les étoiles invisibles.

☘ A l'origine, une épitaphe était destinée à célébrer - en une phrase ou en quelques vers - les vertus d'un défunt. Par la suite, la disparition d'un personnage ne fut bien souvent qu'un prétexte à la composition d'un poème qui, gravé dans le marbre, défierait le temps. « Passant, va dire à Sparte que nous sommes morts ici pour obéir à ses lois », écrivit Simonide sur le rocher des Thermopyles.

Faites vous-mêmes votre épitaphe

Jugeant qu'on n'est jamais si bien servi que par soi-même, beaucoup d'auteurs tinrent à composer leur propre épitaphe.

Jean Passerat (1534-1602), un des auteurs de la *Satire Ménippée* et qui écrivit la poésie merveilleuse qui a pour titre « le Coucou ou la Métamorphose d'un homme en oiseau », n'avait guère confiance dans le talent de ses amis. Aussi écrivit-il lui-même son épitaphe. C'était plus sûr!

Amis, de mauvais vers ne chargez point ma tombe!

Voici Mathurin Régnier (1573-1613) qui pensait naïvement qu'il suffisait, pour ne jamais mourir, de ne pas se faire remarquer :

J'ai vécu sans nul pensement
Me laissant aller doucement
A la bonne loi naturelle;
Et je m'étonne fort pourquoi
La mort pensa jamais à moi
Qui ne pensai jamais à elle.

Le poète Scarron (1610-1660) - premier mari de Mme de Maintenon - qu'une terrible infirmité priva de sommeil sa vie durant, rima pour lui-même ce quatrain touchant :

Passant, ne fais ici de bruict
Garde que ton pas ne l'éveille
Car voici la première nuict
Que le pauvre Scarron sommeille!

En une épitaphe devenue classique, le poète Piron (1689-1773) s'est moqué autant de lui que de l'Académie française en dressant en trois vers le bilan de sa vie :

Ci-gît Piron
Qui ne fut rien,
Pas même un académicien!

♣ Rivarol (1753-1801) n'a guère été plus indulgent envers lui-même :

Ci-gît Antoine, comte de Rivarol
La paresse nous l'avait ravi
Avant la mort.

♣ Le chansonnier Marc-Antoine Desaugiers (1742-1793), à la veille de subir l'opération de la pierre - dont il ne se releva pas -, composa quatre vers pour son tombeau :

Ci-gît, hélas! sous cette pierre
Un bon vivant, mort de la pierre
Passant, que tu sois Paul ou Pierre,
Ne va pas lui jeter la pierre.

♣ Georges Fourest (1867-1945), l'auteur de ce chef-d'œuvre trop méconnu qu'est *La Négresse blonde,* montra, jusque dans son épitaphe, à quel point il était incapable de conformisme :

Ci-gît Georges Fourest, il portait la royale
Tel autrefois Armand Duplessis-Richelieu
Sa moustache était fine et son âme loyale
Oncques il ne craignit la vérole ni Dieu.

♣ Quant à ce vieux misanthrope de Paul Léautaud (1872-1956), qui signait ses terribles critiques théâtrales du pseudonyme de Maurice Boissard, il ne put s'empêcher de grincer encore une fois... la dernière :

Ci-gît Paul Léautaud
Plus connu : Maurice Boissard
Quand on l'enterra : " C'est bien tôt! "
Dirent quelques-uns, mais à part,
Beaucoup pensèrent : " C'est bien tard! "

♣ Marcel Pagnol (1895-1974) résuma sa vie en quatre mots latins :

Fontes, amicos, uxorem delixit.
(Il aima les sources, ses amis et sa femme.)

Épitaphes anonymes

Les épitaphes ne sont pas réservées aux seuls auteurs célèbres. Dans les cimetières, sur des tombes inconnues, on peut en relever de poétiques, de drôles ou de tragiques :

Sur la tombe d'une jeune danseuse :

Ô terre, sois-lui légère
Elle a si peu pesé sur toi.

Étonnantes ces deux inscriptions qui se trouvent sur une même tombe du cimetière Montmartre !

Ma femme, je t'attends...
5 janvier 1843
X, capitaine de gendarmerie en retraite

Et, juste au-dessous, la réponse :

Mon ami, me voici !
5 décembre 1877
Z... Veuve X.

Pauvre capitaine, il avait failli attendre !

Une inscription anonyme, aussi drôle que bouleversante, continue d'accuser par-delà la mort :

Je vous l'avais bien dit que j'étais malade !

On affirme que, sur une tombe du cimetière de Rennes, on pouvait autrefois lire ce quatrain vengeur :

Ci-gît, dessous ce marbre blanc,
Le plus avare homme de Rennes.
S'il est mort le jour de l'an
C'est pour ne pas donner d'étrennes.

L'auteur était-il un parent déshérité ?

Une épitaphe connue est celle que fit composer Jacques de Lorens pour son épouse acariâtre :

Ci-gît ma femme : Oh! qu'elle est bien,
Pour son repos et pour le mien!

Oh! Les méchantes épitaphes

Toutes les épitaphes ne sont pas destinées à être gravées sur des tombeaux et à glorifier des disparus. Certaines, qui circulent avant ou après la mort de quelques personnages célèbres, s'apparentent par leur méchanceté davantage à l'épigramme ou à la satire.

Jugez plutôt d'après cette épitaphe proposée pour Richelieu :

Ci-gît un fameux cardinal
Qui fit plus de mal que de bien.
Le bien qu'il fit, il le fit mal
Le mal qu'il fit, il le fit bien.

A la mort de Catherine de Médicis, cette épitaphe anonyme courut les rues de Paris :

La reine qui ci-gît fut un diable et un ange
Toute pleine de blâmes et pleine de louanges
Elle soutint l'État et l'État mit à bas
Elle fit maints accords et pas moins de débats
Elle enfanta trois rois et cinq guerres civiles
Fit bâtir des châteaux et ruiner des villes
Fit bien de bonnes lois et de mauvais édits
Souhaite-lui, passant, enfer et paradis.

A Louis XIV, les épitaphes n'auront pas manqué. En voici un bouquet, plus riche d'épines que de fleurs :

Ci-gît Louis le Petit,
Ce dont tout le peuple est ravi!
S'il eût vécu moins de vingt ans
Il eût été nommé le Grand.

Ci-gît, au milieu de l'église
Celui qui nous mit en chemise
Et s'il eût plus longtemps vécu
Il nous eût fait montrer le cul.

A Saint-Denis comme à Versailles,
Il est sans cœur et sans entrailles.

Ci-gît le roi Louis le Grand
Il avait le cœur d'Alexandre.
La mort n'a pris ce conquérant
Que quand il n'eut plus rien à prendre.

Ci-gît le grand Bourbon
Qui ne fut, hélas, que trop bon
Préservez-le, Seigneur, de l'éternelle flamme
Comme il a pris nos biens, daignez prendre son âme.

Pas plus que le roi, son Premier ministre n'était épargné. On reprochait à Colbert d'avoir trop tiré sur le contribuable... Déjà!

Ci-gît l'auteur de tous impôts
Dont à présent la France abonde.
Ne priez point pour son repos
Puisqu'il l'ôtait à tout le monde.

Madame la marquise de Pompadour, favorite de Louis XV, en prenait aussi pour son grade :

Ci-gît qui fut vingt ans pucelle,
Quinze ans catin et sept maquerelle.

Robespierre inspira ce distique :

Passant, ne pleure pas ma mort :
Si je vivais, tu serais mort!

Un anonyme talentueux du XVIIIe siècle composa ce charmant quatrain à la mémoire d'un certain de Coudres qui, pas plus que le fil du même nom, n'avait inventé celui à couper le beurre :

Ci-gît le bon Monsieur de Coudres
Renommé pour sa pesanteur,
S'il eût un emploi dans les Poudres
Ce ne fut pas comme inventeur.

Épitaphes collectives

Nous pourrions ainsi en citer bien d'autres, toutes aussi méchantes, si nous ne craignions, ce faisant, de nous éloigner de la vocation initiale de l'épitaphe qui est de célébrer les qualités d'un mort tout en obligeant les vivants à prendre conscience de leur condition de mortels.

☘ Ainsi peut-on lire, à l'entrée de certains cimetières, quelques épitaphes collectives, toutes porteuses de cette même mise en garde :

> Sur la terre autrefois, nous étions comme vous,
> Mortels, pensez-y bien et priez Dieu pour nous.

☘ A l'entrée du petit cimetière des Salles-du-Gardon (Gard) on peut lire :

> Nous avons été ce que vous êtes
> Vous deviendrez ce que nous sommes.

☘ Autrefois, sur la porte du cimetière Saint-Séverin à Paris, le marguillier de l'église, l'imprimeur Vitré, avait écrit ce distique :

> Tous ces morts ont vécu ! Toi qui vis tu mourras !
> L'instant fatal approche et tu n'y penses pas !

Nous devons à la courtoisie d'un lecteur de Clermont-de-l'Oise, M. Michel Dupont, de pouvoir citer, pour terminer, cette épitaphe latine qu'il a relevée dans l'église de sa ville et dont le sens est rigoureusement identique à celui des inscriptions ci-dessus :

> Quisquis ades
> Tu morte cades
> Ita, respice, plora
> Sum quod eris
> Modicum ceneris
> Pro me precor ora.

S'il ne reste plus rien de l'homme après sa mort, que va-t-il demeurer des mots gravés sur sa tombe ?
Que dalle !

ÉTYMOLOGIE

D'où viennent-ils ces mots que nous employons à chaque instant de notre vie? Mots savants, populaires ou triviaux, ils ont traversé les siècles, se sont usés ou déformés à passer par des millions de bouches et parfois ont changé de sens.

Quelle passionnante enquête que celle qui permet, partant d'un mot d'aujourd'hui, de remonter jusqu'à ses origines connues, latines, grecques, arabes ou sanscrites! Ainsi le policier, de témoignage en témoignage, remonte-t-il la filière qui le conduira au coupable. Ainsi le géologue, sous la gangue dont elle est recouverte, trouve-t-il la pépite de pur métal.

Une langue porte témoignage de ses origines; chaque mot nous raconte une histoire, celle du long chemin qui l'a conduit jusqu'à nous. Il témoigne d'une civilisation qui était religieuse, maritime ou pastorale. La civilisation est morte, mais le mot, lui, se souvient. Car il existe une mémoire des mots. Chacun d'eux ne demande qu'à raconter son aventure... Il suffit simplement de l'interroger.

Voici quelques mots qui s'apprêtent à nous révéler leur origine :

Acrobate, du grec *akrobatos,* qui marche sur la pointe des pieds.

Agonie, du grec *agônia,* lutte.

Album, du latin *albus,* blanc.

Alerte, de l'italien *all'erte,* sur la hauteur.

Alopécie (calvitie), du grec *alôpêx,* renard. La chute des cheveux étant comparée à la chute annuelle des poils du renard.

Amadou, du provençal *amadou,* amoureux, appliqué à l'agaric amadouvier à cause de la facilité qu'a ce champignon à s'enflammer.

Amiral, de l'arabe *'amir al-bahr,* prince de la mer.

Ammoniac, du grec *ammôniakon,* ce gaz doit son nom à un temple élevé dans le désert de Libye à la gloire du dieu égyptien Ammon. C'est là qu'on obtint pour la première fois des sels ammoniacaux par sublimation de la suie provenant de la combustion des excréments de chameaux.

Anachorète (ermite), du grec *anakhôrein,* se mettre à l'écart.

Angoisse, du latin *angustia,* lieu resserré. L'angoisse serre la gorge.

Anthologie, du grec *anthos,* fleur et *legein,* choisir : « choix de fleurs ».

Aristoloche, du grec *aristos,* meilleur et *lokhos,* accouchement. Cette plante avait la réputation de faciliter les accouchements.

Assassin, de l'arabe *hachchàchi,* buveur de haschisch.
Atome, du grec *a,* privatif et *temnein,* couper : qu'on ne peut pas couper.
Autodafé (acte de brûler les livres), du portugais *auto da fê,* acte de foi.
Azur, du persan *lâdjourd,* lapis-lazuli.
Baccalauréat, du latin *bacca laurea,* baie du laurier dont on couronnait le vainqueur.
Blackbouler, de l'anglais *black,* noir et *ball,* boule. Rappelle les votes où l'on approuve avec une boule blanche et où l'on rejette au moyen d'une boule noire.
Bock, abréviation de l'allemand *Bockbier,* déformation de *Einbeckbier,* « bière d'Einbeck » et compris : *ein Bockbier,* « une bière au bouc ».
Boucher, de *bouc,* celui qui vendait de la viande de bouc.
Boulimie, du grec *bous,* bœuf et *limos,* faim. Une faim de bœuf!
Box-calf, de l'anglais *box,* boîte et *calf,* veau. Cuir américain dont le logo représentait un veau à l'intérieur d'une boîte.
Cahin-caha, du latin *qua hinc, qua hac* : par-ci, par-là.
Calcul, du latin *calculus,* caillou, rappelle le temps où l'on utilisait de petits cailloux pour compter.
Caméléon, du grec *khamaileon,* lion qui se traîne à terre.
Canapé, du grec *kônôpeîon,* tiré de *kônôps,* moustique. Lit égyptien entouré d'une moustiquaire.
Candidat, du latin *candidus,* blanc. Les candidats aux fonctions publiques à Rome s'habillaient de blanc.
Canicule, du latin *canicula,* petite chienne, nom de l'étoile de Sirius dont le lever coïncide avec le solstice d'été.
Carabin (étudiant en médecine), du vieux français *escarrabin,* ensevelisseur de pestiférés.
Carotide, du grec *karôtis,* de *karoûn,* assoupir. On attribuait à ces artères la cause du sommeil.
Casemate, de l'italien *casa matta,* maison folle.
Catimini, du grec byzantin *katamênia,* menstrues.
Charcutier, du vieux français *chaircuitier,* vendeur de chair cuite.
Charivari, du grec *karêbaria,* mal de tête.
Chélidoine, du grec *khelidôn,* hirondelle. Les anciens croyaient que l'hirondelle se servait du suc de cette plante pour rendre la vue à ses petits qui naissent aveugles.
Coccyx, du grec *kokkux,* coucou. Cet os faisant penser au bec du coucou.
Cuillère, du latin *cochlearium,* petite cuillère pour manger les escargots (*cochlea*).

Délirer, du latin *delirare,* sortir du sillon.
Désopiler, du latin *oppilare,* obstruer. Désopiler la rate, c'est dégorger la rate engorgée par les humeurs noires.
Diapason, de la locution grecque *dia pasôn khordôn,* par toutes les cordes (de l'octave).
Dinosaure, du grec *dînos,* toupie et *saura,* lézard, car cet animal avait la tête en forme de toupie.
Doryphore, du grec *doruphoros,* porte-lance.
Enthousiasme, du grec *enthusiasmos,* de *theos,* dieu : « transport divin ».
Escarcelle, de l'italien *scarso,* avare, *scarcella* signifiant petite avare.
Étonner, du latin populaire *extonare,* de *tonus,* tonnerre : comme frappé par le tonnerre.
Examen, du latin *exigere,* peser.
Freluquet, diminutif de *freluque,* ancien français, menue monnaie. Dérivé de *frelin,* monnaie valant le quart d'un denier (du XIIe au XVIe siècle).
Gamme, du nom de la lettre grecque *gamma* pour désigner d'abord la première note de la gamme, puis la gamme tout entière.
Gémonies (vouer aux gémonies), même racine que « gémir », *gemoniae* (*scalae*), escalier où l'on exposait à Rome le corps des suppliciés.
Géranium, du grec *geranos,* grue. Le fruit de la plante rappelant le bec de la grue.
Haltère, du grec *haltêr,* balancier pour la danse.
Handicap, de l'anglais *hand in cap,* main dans le chapeau. A l'origine jeu de hasard.
Hécatombe, du latin *hecatombê,* emprunté au grec *hekaton,* cent, et *boûs,* bœuf. Heureux temps où une hécatombe n'était que la mort d'un troupeau !
Hiérarchie, du latin d'Eglise *hierarchia* venant du grec *hieros,* sacré, *arkhia,* commandement.
Horripiler, du latin *horrere,* se hérisser et *pilus,* poil : qui fait dresser les poils.
Hypocrite, du grec *hupokritês,* acteur.
Ignoble, du latin *in,* privatif et *nobilis,* noble : non noble.
Ingénu, du latin *ingenuus,* né libre.
Jovial, de l'italien *giovale,* né sous le signe de Jupiter, présage d'une heureuse destinée.
Jusquiame, du latin *jusquiamus,* tiré du grec *huos, kuamos,* fève de porc.
Kaki, de l'hindî *khâkhi,* couleur de poussière.
Kyrielle, des mots grecs *kyrie,* seigneur, et *éleison,* aie pitié : dans le sens de litanie interminable.

Labyrinthe, du grec *laburinthos,* palais des haches.
Laconique, du grec *lakonikos,* à la manière des Laconiens (Lacédémoniens) : c'est-à-dire de façon concise.
Laïus, argot scolaire (le premier sujet de composition française donné à l'École polytechnique portait sur le discours de Laïus, père d'Œdipe).
Larve, du latin *larva,* masque, la larve étant le masque de l'insecte parfait.
Lauréat, du latin *laureatus,* couronné de laurier.
Lieutenant (fin du XIIIe), littéralement *tenant lieu de.*
Lustre, du latin *lustrum,* sacrifice expiatoire qui avait lieu tous les cinq ans.
Malotru, du latin populaire *male astrucus,* né sous une mauvaise étoile.
Manifeste, du latin *manifestus*; vient de *manus,* main, que l'on peut saisir par la main.
Méduser, du nom de *Méduse,* l'une des trois Gorgones (mythologie) qui changeait en pierre celui qui la regardait.
Mélancolie, du grec *melagkholia,* de *kholê,* bile, et *melas,* noire. L'une des quatre humeurs cardinales (les autres étant la bile jaune, le sang et la pituite) qui passait pour être la cause de l'hypocondrie.
Mélisse, abrégé du latin *melissophyllon,* du grec *melissa,* abeille et *phullon,* feuille. Cette plante est aimée des abeilles.
Ménisque, du grec *mêniskos,* petite lune.
Métastase, du grec *metastasis,* changement de place.
Monnaie, du latin *moneta,* littéralement la « Conseillère », surnom de Junon, et, par extension, monnaie (la monnaie était fabriquée dans le temple de Junon).
Musique, du grec *mousikê,* littéralement art des Muses.
Myosotis, du latin *myosotis,* tiré du grec *muosôtis,* de *mus, muos,* souris et *oûs, ôtos,* oreille (les feuilles de la plante ont la forme d'oreilles de souris).
Niais, du latin populaire *nidax, nidacis,* tiré de *nidus,* nid, qui a été pris au nid, qui ne sait pas encore voler (en parlant d'un faucon).
Obélisque, du grec *obeliskos,* broche à rôtir.
Obscène, du latin *obscenus,* mauvais présage.
Orchidée, du grec *orkhis,* testicule, d'après la forme des racines tuberculeuses de l'orchidée.
Ostracisme, du latin *ostracismus,* tiré du grec *ostrakon,* coquille d'huître; par extension, terre cuite sur laquelle on écrivait à Athènes le nom de celui qu'on voulait bannir et qu'on jetait à la mer.
Pétrole, du latin médiéval *petroleum,* de *petra,* pierre et *oleum,* huile.
Pinacle, du latin ecclésiastique *pinaculum,* faîte du temple de Jérusalem.

Pléiade, du grec *pleias, pleiados,* constellation de sept étoiles.
Porcelaine, de l'italien *porcellana,* coquillage ; vient de *porcella,* truie, par comparaison à la vulve de la truie.
Préambule, du bas latin *praeambulus,* qui marche devant.
Précoce, du latin *praecos, de praecoquere,* cuire en premier.
Prémices, du latin *primitiae,* les premiers fruits de l'année.
Presbyte, du grec *presbutês,* vieillard.
Prétexte, du latin *praetextus,* tissé ou brodé par-devant - voir « toge prétexte », toge brodée sur le devant. Par métaphore : motif mis en avant.
Prêtre, du latin ecclésiastique *presbyter,* vieillard.
Profane, du latin *profanus,* de *fanum,* temple, hors du temple.
Prostate, du grec *prostatês,* qui se tient en avant.
Pull-over, de l'anglais (to) *pull over,* tirer par-dessus (la tête).
Pupille, du latin *pupilla,* petite fille, à cause de la petite image reflétée dans la pupille.
Pylore, du grec *pulôros,* portier.
Quintal, du latin médiéval *quintale* ; venu de l'arabe *quintar,* poids de cent livres, issu du bas latin *centenarium.*
Quiproquo, du latin scolastique *quid pro quod,* ceci à la place de cela : faute d'interprétation, bévue.
Quolibet, du latin scolastique *disputationes de quolibet,* débats à propos de n'importe quoi (*quo libet,* ablatif de *quod libet,* ce qu'on veut).
Ratafia, du latin *rata fiat,* que le marché soit conclu : d'où « à votre santé ».
Redingote, de l'anglais *riding coat,* habit *(coat)* pour monter à cheval *(to ride).*
Requin, du latin *requiem,* repos ; requiem : prière pour les morts. On peut chanter le requiem pour la personne attaquée par un requin !
Rétine, du latin médiéval *retina,* de *retis,* filet, réseau, à cause du réseau de vaisseaux sanguins qu'on y aperçoit.
Rhum, de l'anglais *rum,* abréviation de *rumbullion,* mot dialectal de l'île de Barbade signifiant « grand tumulte » et désignant une liqueur forte de fabrication locale.
Rubrique, du latin *rubrica,* terre rouge d'où « titre en lettres rouges des missels ».
Salaire, du latin *salarium,* de *sal,* sel : argent pour acheter du sel, puis solde militaire.
Sanglier, du latin *singularis (porcus),* c'est-à-dire (porc) solitaire.
Sarcasme, du grec *sarkasmos,* de *sarkaseîn,* arracher la chair ; et au figuré : déchirer par des railleries.
Satellite, du latin *satelles, satellitis,* garde du corps ; et, par extension : « acolyte ».

Saxifrage, du latin *saxum,* pierre ; et *frangere,* briser : herbe qui brise les rochers.

Scrupule, du latin *scrupulus,* petit caillou : d'où, au figuré, inquiétude de la conscience.

Sieste, de l'espagnol *siesta,* tiré du latin *sexta (hora),* la sixième heure ; c'est-à-dire : midi pour les Romains.

Sinistre, du latin *sinister,* qui est à gauche, d'où défavorable.

Slogan, cri de guerre écossais.

Solfège, de l'italien *solfeggio,* de *solfa,* gamme (formé de sol + fa).

Spleen, de l'anglais *spleen,* rate. La rate étant considérée comme le siège de l'hypocondrie ou humeur noire.

Svastika, nom de la « croix gammée ». A l'origine, symbole de la religion hindoue. Nom venu du sanscrit : *svastika,* de bon augure (!).

Sycophante, du grec *sukophantês,* de *sûkon,* figue : « celui qui dénonce les voleurs de figues ».

Trivial, du latin *trivium,* carrefour à trois voies, d'où commun, vulgaire, de carrefour.

Unanime, du latin *unanimus,* qui a une même âme.

Vacarme, de l'interjection néerlandaise *wach-arme,* « hélas ! pauvre que je suis ! »

Vasistas, de la locution allemande *was ist das ?,* « qu'est-ce ? » Nom amusant de cette petite fenêtre par laquelle on peut s'adresser à quelqu'un.

Vermeil, du latin *vermiculus,* vermisseau, désigne la cochenille, puis la couleur écarlate produite par la cochenille.

Viande, du latin populaire *vivanda* (de *vivere,* vivre), ce qui est nécessaire à la vie.

Vrac, du néerlandais *wrac,* mal salé, mauvais, en parlant des harengs non rangés dans la caque.

Zéro, de l'italien *zero,* contraction de *zefiro* emprunté à l'arabe *sifr* (même étymologie que chiffre).

Zizanie, du grec *zizania,* ivraie. Puis a pris un sens figuré d'après la parabole de l'ivraie (Matthieu, XIII, 25).

EUROPE

La voyante qui voudrait prédire l'avenir de notre continent à partir de son thème astral devra se souvenir que l'Europe est née sous le signe de la Vierge avec un fort ascendant Taureau. Tout ceci remonte aux temps mythologiques :
Zeus, roi des dieux grecs, ne pouvait se défendre d'un appétit prononcé pour les jeunes nymphes à chair fraîche, mais il craignait comme la peste les scènes que lui faisait Héra, sa jalouse moitié, à chacune de ses incartades. Dans l'espoir de passer inaperçu, le dieu des dieux utilisait ses pouvoirs divins à se métamorphoser en animal.

☘ Ce jour-là, au cours d'une excursion lointaine, Zeus aperçut, jouant sur la plage avec ses compagnes, la belle Europe, fille d'Agénor, roi de Phénicie, et il en tomba aussitôt amoureux.
Il se transforma, pour pouvoir l'approcher, en un superbe taureau blanc aux cornes dorées en forme de croissant de lune. La jeune vierge, émerveillée par ce bel animal, s'enhardit jusqu'à le caresser puis elle grimpa sur son échine. Le taureau, qui n'attendait que cela, s'élança dans les flots et disparut au large. Il transporta Europe jusqu'à l'île de Crète qui est située dans cette partie du monde à laquelle, en souvenir de son aventure, on donnera son nom. Sur la côte où les amants abordèrent se mirent à pousser des platanes au feuillage toujours vert.
De cette union naquirent trois garçons qui reçurent les noms de Minos, Rhadamante et Sarpédon. Une fois obtenues les faveurs de la belle, Zeus regagna au galop son Olympe conjugal. Ému par une telle infortune, Astérios, roi de Crète, épousa Europe et adopta ses bâtards.
Rappelons au passage que, l'insémination artificielle n'ayant pas encore été inventée, c'est bien sous le signe de l'amour vache que se trouva placé, dès l'origine, notre continent. Dès lors, comment s'étonner si, de nos jours, l'union entre les différents États tourne parfois à la corrida et si notre Europe broute un peu au démarrage. Pour en finir avec les symboles, nous pouvons nous demander si l'histoire de cette jolie fille délaissée par son amant - dont nous aurons noté au passage que c'est lui qui portait les cornes - était vraiment le parrainage idéal pour une union qui se veut de longue durée et en haute fidélité.

☘ C'est à la Révolution française que l'on doit d'avoir lancé pour la première fois l'idée d'une Europe unie. Napoléon, qui reprit le projet, échoua dans sa tentative. Victor Hugo prophétisera en 1850 : « Un jour viendra où l'on verra ces deux groupes immenses, les États-Unis d'Amérique et les États-Unis d'Europe, se tendre la main par-dessus les mers. »

~ En 1923, l'Autrichien Coudenhove-Kalergi lance l'idée d'un mouvement paneuropéen. Peu à peu s'affirme la volonté d'une union qui dépasserait les nationalismes égoïstes. La guerre ruinera la fragile identité européenne qui commençait à se manifester.

~ Le 19 septembre 1946, Winston Churchill à Zurich prononce la phrase fameuse : « Il faut que la famille européenne renoue ses liens de telle manière qu'elle puisse se développer dans la paix, dans la sécurité et dans la liberté. *Il nous faut ériger quelque chose comme les États-Unis d'Europe.* »

~ En mai 1948, le Congrès européen de La Haye, auquel participent huit cents des plus hautes personnalités politiques européennes, décide de la création du Conseil de l'Europe qui regroupera des parlementaires issus des divers pays membres.

~ Le 19 avril 1951 est signé le texte du traité instituant la Communauté européenne du charbon et de l'acier. C'est la première institution européenne supranationale. Proposée par le ministre démocrate chrétien Robert Schuman, elle avait été inspirée par Jean Monnet ; ce grand esprit pragmatique avait compris que la solidarité européenne devait se fonder avant tout pour avancer sur des réalisations concrètes.

~ Si la Communauté européenne de défense (C.E.D.) échoue en 1954, en revanche la Communauté économique européenne voit le jour le 25 mars 1957 à Rome.

Et depuis, d'Euratom (1957) en Eurêka (1985), d'Eurovision en Europe verte, l'Europe bafouille, cafouille, mais elle avance. Parvenir à concilier les particularismes nationaux, à mettre en veilleuse les souverainetés, à gommer les oppositions, à harmoniser les contrastes et rendre les différences complémentaires et enrichissantes... Quel programme ! Trente-trois États - de l'U.R.S.S. à la principauté de Monaco - 10 500 000 kilomètres carrés, 660 millions d'habitants. « Quand l'Europe ouvre la bouche, c'est pour bâiller ! » écrivait François Mitterrand il y a dix ans. S'imagine-t-on la puissance que représentera notre continent le jour où il sera en mesure d'ouvrir la bouche mais pour s'exprimer d'une seule voix !

Afin de donner une idée de la tâche qui reste encore à accomplir nous avons réuni ci-après quelques pensées, aphorismes ou proverbes qui mettent en relief les différences fondamentales de langues, de pensées, de comportement, de civilisation existant entre des nations appelées à s'épouser bientôt pour un peu de pire sans doute, mais pour tellement de meilleur!

« L'Europe est un État composé de plusieurs provinces. »

MONTESQUIEU

« L'Europe est trop grande pour être unie. Mais elle est trop petite pour être divisée. Son double destin est là. » DANIEL FAUCHER

« L'Angleterre est un empire. L'Allemagne une race et la France, une personne. » JULES MICHELET

« L'Europe deviendra-t-elle ce qu'elle est en réalité, c'est-à-dire un petit cap du continent asiatique? Ou bien l'Europe restera-t-elle ce qu'elle paraît, c'est-à-dire la partie précieuse de l'Univers terrestre, la perle de la sphère, le cerveau d'un vaste corps? »

PAUL VALÉRY, *La Crise de l'esprit,* 1919

« L'Europe serait presque faite si les Français restaient chaque jour une heure de moins au bistrot et les Allemands une heure de plus au lit. » JEAN MISTLER

Les langues européennes

L'espagnol est la langue des amants,
L'italien est celle des chanteurs,
Le français, celle des diplomates
L'allemand, celle des chevaux. Proverbe espagnol

L'italien se parle aux dames
Le français aux savants
L'espagnol à Dieu. Autre proverbe espagnol

J'ai appris l'italien pour parler au pape
L'espagnol pour parler à ma mère
L'anglais pour parler à ma tante,
L'allemand pour parler à mes amis
Et le français pour me parler à moi-même.

CHARLES QUINT

La boisson et la nourriture

« Un bon Allemand ne peut souffrir les Français, mais il boit volontiers les vins de France. » GOETHE

« L'Italien noie ses soucis dans la nonchalance, le Français dans les chansons et l'Allemand dans la boisson. » G. CAHIER

« Mangez en Pologne, buvez en Hongrie, dormez en Allemagne et faites l'amour en Italie. » Proverbe polonais

« L'Anglais rassasié, l'Écossais affamé et l'Irlandais enivré sont au mieux de leur condition. » Proverbe irlandais

Le travail

« Le Français est un paresseux qui travaille beaucoup. L'Anglais un paresseux qui ne fait rien. L'Allemand un travailleur qui se donne du mal. L'Américain un travailleur qui sait s'arranger pour ne pas faire grand-chose. » AUGUSTE DETŒUF

« En Allemagne, les médiocrités s'additionnent. En France, les supériorités se neutralisent. » PAUL CLAUDEL

« L'Anglais pense assis, le Français debout, l'Américain en marchant, l'Irlandais à retardement. » Proverbe irlandais

En Allemagne, tout est interdif *sauf* ce qui est expressément autorisé. En Angleterre tout est permis *sauf* ce qui est expressément interdit. En France, tout est permis, *même* ce qui est interdit. En Russie, tout est interdit, *même* ce qui est autorisé.

« Les Français sont plus sages qu'ils ne paraissent et les Espagnols paraissent plus sages qu'ils ne sont. » FRANCIS BACON

Le Français chante faux et pense juste
L'Allemand chante juste et pense faux
L'Italien ne pense pas, mais il chante.

HENRI DE RÉGNIER

« L'enfer est un endroit où le cuisinier serait anglais, le policier allemand, le garagiste arabe et l'amant suisse. »

Les femmes

Les Français séduisent les femmes
Les Anglais les épousent
Les Russes les violent
Les Américains les achètent.

L'Italienne est une créature qui aime
La Russe est une créature qui s'aime
La Française est une créature qui plaît
L'Italienne cède à l'amour par amour
La Russe par besoin
La Française par reconnaissance.

STANISLAS D'ARPENTIGNY

« L'Italienne ne croit être aimée de son amant que quand il est capable de commettre un crime pour elle. L'Anglaise, une folie. La Française, une sottise. »

NICOLAS CHAMFORT

L'Allemande à l'étable
La Tchèque à la cuisine
La Française au lit. Proverbe tchèque

L'Italienne aime par tempérament,
L'Espagnole par plaisir
L'Allemande par sensualisme
La Russe par corruption
L'Orientale par habitude
L'Autrichienne par virtuosité
La Polonaise par essence
La Flamande par devoir
L'Anglaise par hygiène
La Créole par instinct
L'Américaine par calcul
La Parisienne par curiosité
La Lyonnaise par ennui. »

Le Carillon lyonnais, 6 octobre 1907.

Dans la mesure où chacun des peuples d'Europe possède son caractère propre, mélange subtil de qualités et de défauts, ne serait-il pas possible au moyen d'une rigoureuse sélection d'isoler les dons qui constituent le génie particulier de chaque nation de manière à obtenir, en les réunissant, un homme idéal, l'*homo europeaneus*? Rigoureux comme l'Allemand, débrouillard comme le Français, économe comme l'Écossais, gai comme l'Italien, ayant le sens civique de l'Anglais et la tolérance du Suisse? Excellente idée... à moins qu'on ne réussisse qu'à additionner les défauts de chacun!
Hypothèse très soutenable que défend Wolinsky :

Qui est lent comme le Suisse
Borné comme le Belge
Sournois comme le Hollandais
Lourd comme l'Allemand
Insignifiant comme le Luxembourgeois
Dédaigneux comme l'Anglais

Bidon comme l'Italien
Et exaspérant comme le Français?
L'Européen, l'homme de demain!

On est bien loin encore d'apercevoir le bout du long et difficile chemin qui conduit aux États-Unis d'Europe! Enfouis dans la mémoire collective de chaque peuple et provisoirement assoupis, les vieux réflexes de haine de l'étranger et de peur de l'« autre » ne demandent qu'à se réveiller, faisant craquer le fragile vernis des amitiés récentes. Il suffit la plupart du temps d'un incident ridicule :

♣ Une chanson de Renaud met-elle en doute la féminité du Premier ministre britannique Margaret Thatcher et voici qu'une certaine presse anglaise ressort l'imbécile litanie des griefs historiques - de Waterloo à 1940 - contre les « mangeurs de grenouilles » que nous sommes. Déjà, le *Sun,* lors de « la guerre du mouton » en 1984, avait conseillé de balancer dans la Tamise nos camemberts pourris!

♣ Au cours du Tour de France 1988, l'Espagnol Pedro Delgado, porteur du maillot jaune, est convaincu de dopage. Il suffit que la Commission de contrôle envisage de le déclasser, comme le prévoit le règlement, pour que *Ya*, un journal madrilène, parte en guerre contre les *gabachos* et compare le « martyre » de Pedro Delgado à celui de Juan Martin « el Empecinado », le héros du soulèvement du 2 mai 1808 contre l'armée de Napoléon... Rien que ça!

♣ A la moindre occasion, les Allemands - qui se sont bien rattrapés depuis - se souviennent que nos troupes ont jadis incendié le Palatinat. Le *Stern* nous traite volontiers de peuple sournoisement impérialiste et colonialiste. Quant au *Spiegel,* avec dérision, il nous désigne comme « La Grande Nation » (en français dans le texte)!

Du temps que la France était une des premières puissances du monde, Alexis de Tocqueville écrivait : « La France est la nation la plus brillante et la plus dangereuse de l'Europe, tour à tour un objet d'admiration, de haine, de pitié, de terreur, mais jamais d'indifférence. »

Il y a belle lurette aujourd'hui que la France ne fait plus peur. En revanche, elle irrite, elle horripile ses partenaires par ses propos volontiers moralisateurs et sa tendance à vouloir délivrer des messages à l'Univers.

♣ Un jour viendra pourtant... un jour où toutes ces régions si différentes, toutes ces mentalités si indifférentes, ces intérêts opposés, parviendront à s'harmoniser en dépit - ou peut-être à cause - de leurs divergences mêmes. Et alors, on verra marcher d'un même pas, vers

un destin commun l'Europe des océans et celle des montagnes. L'Europe du vin et l'Europe de la bière. L'Europe du beurre et l'Europe de l'huile, l'Europe gothique, l'Europe romane et l'Europe baroque. L'Europe du Sud, aux ruelles pittoresques et crasseuses où le linge s'exhibe aux fenêtres en drapeaux inattendus, et l'Europe du Nord, si propre qu'on y lave la façade de sa maison et qu'on y laverait l'eau si cela se pouvait faire.
« Ils sont si propres ces Hollandais, disait Courteline, que, lorsqu'ils ont envie de cracher, ils prennent le train pour aller cracher à l'étranger ! »
D'Alembert écrivait, il y a deux siècles :

L'Allemagne est faite pour y voyager,
L'Italie pour y séjourner,
L'Angleterre pour y penser,
La France pour y vivre.

Quel beau programme ce sera pour les habitants de la future Europe que de pouvoir y choisir librement entre ces quatre possibilités offertes !

EXPRESSIONS OU MOTS INVENTÉS

Une grande partie des expressions que nous employons quotidiennement sont nées de père inconnu. Pourtant il arrive que l'histoire - la petite - retienne le nom de celui qui forgea un mot inédit ou une expression nouvelle. Sans enrichir son créateur, le mot, lui, fit fortune et passa tout naturellement dans le langage courant.
Mais qui donc a parlé pour la première fois de :
☘ Antibiotique. C'est un Ukrainien naturalisé Américain en 1916, *Selman Waksman*, qui, après avoir découvert la Streptomycine, inventa ce mot en 1941.
☘ Bla-bla-bla ou blabla. Le journaliste *Paul Gordeaux* inventa ce terme qu'il utilisait fréquemment dans les histoires qu'il racontait à ses amis. Au nombre de ceux-ci, Pierre Bénard, directeur du *Canard enchaîné,* reprit le terme dans ses articles. Le mot plut aux journalistes anglo-saxons qui l'utilisèrent à leur tour. Le Premier ministre indien, le Pandit Nehru, l'employa à la tribune de l'O.N.U. - « Tout ça, c'est du bla-bla-bla, comme dit *le Canard enchaîné* » !

En 1978, le mot fit son entrée dans le dictionnaire de l'Académie française et le Larousse ne tarda pas à le consacrer officiellement.

☘ (La) Chaleur communicative des banquets. Le mot est du petit père *Émile Combes* (1835-1921) alors qu'il était président du Conseil. Son ministre de la Marine Camille Pelletan, évoquant, à la fin d'un repas, sans doute bien arrosé, les travaux d'armement du port de Bastia, avait eu cette parole malheureuse : « La côte orientale [de la Corse] vise l'Italie en plein cœur. » Protestation officielle de l'Italie qui obligea le président à intervenir pour excuser cette phrase excessive « prononcée dans la chaleur communicative des banquets ».

☘ (Un) Chiffon de papier. L'expression fut utilisée pour la première fois le 4 août 1914 par *Bethmann Hollweg*, chancelier du Reich, dans une conversation avec l'ambassadeur de Grande-Bretagne, sir E. Goschen. Le *chiffon de papier* dont il était question n'était autre que le traité international de 1839 garantissant la neutralité de la Belgique dont le territoire était violé par les armées allemandes.

☘ Ciné-club. Deux cinéastes, *Louis Delluc* et *Léon Moussinac,* avaient écrit : « Il nous faut un *Ciné-club* comme il y a un Touring-club. »

☘ Cinquième colonne. L'expression est due au général franquiste *Emilio Mola* qui la prononça en 1936, au cours de la guerre civile espagnole. Il faisait converger sur Madrid quatre colonnes de troupes. Plus, disait-il, une *cinquième colonne* constituée des sympathisants franquistes qui se livraient à l'intérieur des lignes républicaines à des activités subversives d'espionnage et de sabotage.

☘ (La) Côte d'Azur. Le poète et sous-préfet de la Côte-d'Or *Stéphen Liégeard* avait servi de modèle à Alphonse Daudet pour son « Sous-préfet aux champs ». Un jour de 1887 qu'il arrivait à Hyères en calèche, Stéphen Liégeard, ébloui par le bleu du ciel et de l'eau, devint lyrique : « Si mon département est la Côte-d'Or, ici c'est la *Côte d'Azur*! » Cette expression désigne la côte méditerranéenne entre Cassis et Menton.

☘ Cubisme. En voyant un paysage de Braque dans un Salon en 1908, le peintre *Henri Matisse* parla de « petits cubes ». Le critique d'art *Louis Vauxcelles* qui accompagnait Matisse se souvint de la comparaison dont il se servit dans son article du lendemain en forgeant le mot *cubisme*.

☘ Drôle de guerre. *Roland Dorgelès* (de son vrai nom Roland Lecavelé), l'auteur des *Croix de bois,* avait employé cette expression dans les chroniques qu'il donnait au journal *Gringoire* en 1939. Il publia en 1957 un ouvrage intitulé *La Drôle de guerre* qui, rétrospectivement, servit à baptiser la guerre de 1940. Pour les Allemands, c'est *la guerre assise*. Les Anglais l'appellent *the phoney war.*

☘ Espéranto. L'ophtalmologiste et linguiste russe *Lazare Zamenhof* avait inventé un langage international qui devait, selon lui, contribuer à établir un esprit pacifique entre les peuples. En 1887, il publia sa découverte dans un livre intitulé *Une langue internationale* par le *docteur Espéranto.* Le pseudonyme eut un tel succès qu'il servit désormais à désigner la langue.

☘ Français moyen. C'est *Édouard Herriot,* maire de Lyon (1905) et président du Conseil à partir de 1924, qui employa pour la première fois cette expression, le 19 août 1924, au cours d'un discours à Boulogne-sur-Mer.

☘ Franglais. L'écrivain et universitaire *René Étiemble* publia en 1964 un ouvrage intitulé *Parlez-vous franglais ?* pour protester contre l'envahissement progressif de notre langue par les termes anglo-saxons.

☘ Francophonie. Ce terme fut inventé en 1887 par le géologue français *Onésime Reclus* (1837-1916). Les cinq frères Reclus : Élisée, Élie, Onésime, Armand et Paul ont été célèbres à des titres divers.

☘ Gastronomie. Mot inventé par le joyeux poète *Berchoux* comme titre d'une œuvre en quatre chants sur l'art de bien manger. On y trouve ce vers célèbre :

> Rien ne doit déranger l'honnête homme qui dîne.

☘ Guerre froide. Cette expression a été utilisée pour la première fois par le journaliste américain *H.B. Swope.*

☘ Impressionnisme. En 1872, Claude Monet avait peint d'une fenêtre du Havre son tableau intitulé depuis *Impression, soleil levant.* Cette œuvre fut présentée à la première exposition organisée en avril 1874 par la « Société anonyme des peintres, sculpteurs et graveurs » fondée par Renoir, Monet, Pissarro et leurs amis. On demanda à Monet sous quel nom inscrire le tableau au catalogue. Il répondit : « Mettez : " Impression " ! » *Louis Leroy,* critique du *Charivari* intitula ironiquement sa chronique : « L'exposition des Impressionnistes ». Jules Castagnary parla dans *Le Siècle* de l'*impressionnisme* pour s'en moquer. Puis vint *Élie Faure* qui employa sérieusement le mot nouveau.

☘ Informatique. Le mot a été forgé en 1962 par un électronicien, *Philippe Dreyfus,* par contraction des mots *information* et *automatique* pour désigner les techniques du traitement logique et automatique de l'information.

☘ Ligne bleue des Vosges. L'expression est de *Jules Ferry* (1832-1893) qui l'employa dans son testament : « Je désire reposer [...] en face de cette *ligne bleue des Vosges* d'où monte jusqu'à mon cœur fidèle la plainte des vaincus. »

☘ Métro-boulot-dodo. Cette expression a été extraite d'un poème de Pierre Béarn, « Couleurs d'usine » :

Au déboulé garçon pointe ton numéro
pour gagner ainsi le salaire
d'un morne jour utilitaire.
Métro boulot bistrots mégots *dodo* zéro.

☘ Monstre sacré. Titre d'une pièce que *Jean Cocteau* écrivit en 1940 : *Les Monstres sacrés.*

☘ Nouveau roman. C'est *Émile Henriot,* le feuilletoniste du *Monde* qui est, sans l'avoir voulu, le père de cette appellation. En 1957, il avait critiqué *Tropisme* de Nathalie Sarraute et *La Jalousie* d'Alain Robbe-Grillet. L'aspect obscur et incohérent de ces deux livres le rebuta ; aussi, titra-t-il son article, dans une intention de dérision, « le nouveau roman ». Jérôme Lindon, P.-D.G. des Éditions de Minuit et Robbe-Grillet n'eurent plus qu'à ajouter des majuscules.

☘ Nouvelle vague. *Françoise Giroud* employa cette expression pour la première fois dans un article de *L'Express.*

☘ Ordinateur. En 1954, la compagnie I.B.M. France, ne voulant pas utiliser le mot « calculateur », demanda au professeur *J. Perret* de la faculté des lettres de Paris de trouver un terme de remplacement. Celui-ci proposa *ordinateur,* mot du vocabulaire théologique (« Dieu était le grand Ordinateur du Monde ») tombé en désuétude depuis six siècles. Grâce à lui, la France est le seul pays au monde où ne s'emploie pas le mot américain *Computer.*

☘ Oscar. En 1928, quelques gros bonnets du cinéma américain demandent à un sculpteur de fabriquer un emblème destiné à récompenser les meilleurs acteurs et réalisateurs. En voyant la statuette, la secrétaire de Louis B. Mayer s'écria : « C'est fou ce qu'il ressemble à mon oncle Oscar ! » Le nom fut aussitôt adopté.

☘ Ces princes qui nous gouvernent. L'expression est due à l'emphase polémique dont savait faire preuve *Michel Debré,* surnommé « L'Amer Michel » ou « Michou la Colère ».

☘ Prolétaire. En 1761, c'est *Jean-Jacques Rousseau* qui lui a donné son sens actuel en partant du mot latin *proletarius* qui vient de *proles,* descendance.

☘ Quand le bâtiment va... *Martin Nadaud,* député de la Creuse et ancien maçon, prononça le 5 mai 1850 à la tribune de la Chambre des députés la phrase suivante : « Lorsque le bâtiment va, tout profite de son activité. » Un journaliste qui avait le sens de la formule la transforma en : « *Quand le bâtiment va, tout va !* »

☘ Remue-méninges. Ce calembour a été inventé en 1965 par *Louis Armand* (1905-1972), autrefois président de la S.N.C.F. puis académicien français, pour remplacer par une expression française l'envahissant *brain storming.*

☘ Rideau de fer. Officiellement, l'expression fut prononcée par *Winston Churchill* le 5 mars 1946, à Westminster College, Fulton (Missouri) aux États-Unis : « Un *rideau de fer* est descendu sur l'Europe. » Elle aurait été employée auparavant par von Krosigh, le ministre des Finances de Hitler. Et Goebbels lui-même l'aurait utilisée.

☘ Surréalisme. Le mot fut inventé en 1917 par le poète *Guillaume Apollinaire.*

☘ Tiers monde. L'expression date de 1956. Elle fut inventée par l'économiste *Alfred Sauvy.*

☘ Tube. C'est *Boris Vian* qui, en 1955, s'est servi de cette expression pour désigner un succès de la chanson. Jusque-là, on disait « un saucisson ». A cette époque, Boris Vian était directeur artistique des disques Philips.

☘ Vandalisme. Substantif dérivé du nom des Vandales, cette peuplade germanique qui, après avoir envahi et pillé la France en 407, se répandit en Espagne et sur les côtes de la Méditerranée. Le mot de vandalisme a été créé par l'évêque *Grégoire,* le 14 fructidor an II, dans un discours à la Convention au sujet de l'indispensable protection des inscriptions gallo-romaines.

FABLES-EXPRESS

Les traités de littérature qui consacrent volontiers quelques-unes de leurs pages à la *fable* et aux fabulistes ne semblent guère s'intéresser en revanche à la *fable-express*, sans doute considérée comme un genre mineur, digne à peine d'un sourire condescendant...

Ne devraient-ils pas plutôt nous révéler le nom de l'homme d'esprit qui, le premier, eut l'idée de réduire la fable classique - souvent longuette - à sa plus simple expression, tout en l'agrémentant au passage, en guise de chute, d'une *moralité* délibérément amorale et volontiers calembouresque?

C'est au temps des carrosses que la fable connut son âge d'or. Mais alors, la fable-express, apparue à la fin du XIXe siècle, serait-elle l'une des conséquences de l'invention du chemin de fer? Hypothèse ferroviaire qui suffit à nous transporter d'aise!

Quoi qu'il en soit, l'effacement dans lequel est tenue la fable-express est une injustice qu'il importe de réparer d'urgence. Il est à souhaiter qu'elle ait, au même titre que sa grande sœur la fable, droit de cité... et d'être citée. De même, les noms des humoristes qui sont les « La Fontaine » et les « Florian » de la fable-express méritent d'être hautement célébrés : Chavette, Willy, Tristan Bernard et, bien sûr, Alphonse Allais. Voici, au sein d'une brève anthologie, quelques-unes de ces petites pièces de vers qui nous semblent les plus « fabuleuses » du genre, ce qui nous autorise à vous les recommander « expressément ».

En guise de lever de rideau, voici une œuvre anonyme et très connue :

Brutus, Gaulois des plus sévères
Était père de vingt garçons;
Il fouettait leur petit derrière
Quand ils ne savaient pas leur leçon.
Moralité :
Malheur aux vaincus.

Parmi plusieurs fables traitant du même sujet et se recommandant de la même moralité, celle d'Alexandre Pothey est la plus aboutie :

Un mari quelque peu volage
Le lendemain de son mariage
Tua sa femme à son réveil.
Moralité :
La nuit souvent porte conseil.

Eugène Chavette fit ses débuts en littérature grâce à un contrepet qui lui permit de se fabriquer un pseudonyme à partir de son véritable nom d'Eugène Vachette. Voici la plus « brève » des fables-express que nous lui devons :

Pépin le Bref est mort depuis bientôt mille ans.
Moralité :
Quand on est mort, c'est pour longtemps!

Willy, l'un des princes du calembour, a composé des centaines de fables-express. La phrase de Desaugiers qui sert de moralité à celle de Chavette l'a curieusement inspiré lui aussi :

Un jour, un passant débonnaire
Ayant rencontré Georges Ohnet *
Fut mordu, soudain, au poignet
Par ce romancier sanguinaire :
Il conserva huit mois la trace de ses dents.
Moralité :
Quand Ohnet mord, c'est pour longtemps!

* *Georges Ohnet : romancier français (1848-1918), auteur de deux succès considérables :* Le Maître de forges *et* La Grande Marnière.

Voici quelques joyeux échantillons de la production de Willy :

Prêtre chinois au teint de bronze,
La conteuse dont il s'éprit
Entassait récit sur récit.
Moralité :
Les bons contes font le bonze ami.

Une mine est béante, un champ qui la domine
Glisse et, soudain, s'engouffre avec un long fracas.
Moralité :
Garde-toi tant que tu vivras
De jucher les champs sur la mine.

Willy fut un très remarquable et très avisé critique musical. Mais ce n'est pas à ce titre qu'il s'amuse ci-après aux dépens du grand compositeur Giuseppe Verdi.

« Que nul n'entre chez moi ! » dit l'auteur du Trouvère
Et pour faire observer la consigne sévère,
Il compte sur sa bonne, un monstre aux traits hideux.
Moralité :
La bonne à Verdi en vaut deux.

Si le nom de Willy est encore connu de nos jours, c'est surtout en tant que premier mari de la toute jeune Colette. Colette, un prénom qui pourrait facilement remplacer celui de la Suzette de la fable ci-dessous :

Bien que charmante, Suzette
M'inspire de la frayeur
Elle a quinze ans, elle est bête !
Moralité :
L'âge oie fait peur.

Willy, que rien jamais n'arrête, s'est amusé à écrire quelques fables-express - dont certaines d'un goût douteux - à partir de phrases latines tirées des pages roses du dictionnaire. On voudra bien nous pardonner de ne pas traduire la première :

Six lignards lâchent treize bruits
(Qu'on m'apporte un flacon d'éther !)

Je vous le dis, ô gens instruits.
Moralité :
Saepe, Cives, Similiter.

Il ne pleut pas depuis la semaine dernière,
Le ciel est chaud comme un poème de Mendès *
Ne sors pas, chère enfant, sans ton cache-poussière.
Moralité :
Mets manteau, quia pulvis es
(*memento quia pulvis es :* souviens-toi que tu es poussière...)

** Catulle Mendès : Poète et romancier français (1841-1909). Disciple de Théophile Gautier dont il épousera la fille Judith. Écrivain brillant et parisien plus habile que profond. Il publie sans relâche contes et romans, spirituels, légers et même très lestes. Critique musical, il se fait l'apôtre de la musique de Wagner.*

Willy collabora au journal *Bonsoir*. Sa chronique « À bâtons rompus » voisinait avec la page théâtrale où Henri Jeanson écorchait joyeusement le Tout-Paris du spectacle. Un jour c'est lui qui, à son tour, fut mis en boîte par Willy :

Quand Jeanson descend à l'Hôtel de Sens
Il va voir, avant toute autre personne,
La grosse servante aux appas puissants.
Moralité :
Sa première idée est toujours... la bonne.

La fable-express qui suit, due au talent de Maurice Donnay, est sans doute une des réussites du genre :

Un jour, un grand serpent trouvant un cor de chasse
Pénétra dans le pavillon ;
Et, comme il n'avait pas beaucoup de place,
Dans l'instrument le reptile se tasse.
Mais, terrible punition !
Quand il voulut revoir le grand air et l'espace,
Et la vierge forêt au magique décor,
Il eut beau tenter maints efforts
Il ne pouvait sortir du cor,
Le pauvre boa constrictor,
Et, pâle il attendit la mort.
Moralité :
Dieu ! Comme le boa est triste au fond du cor !

Tristan Bernard, en choisissant deux vers tirés des « Deux Pigeons » de La Fontaine et en les rapprochant de façon inattendue, est parvenu à réaliser un chef-d'œuvre insurpassable qui réconcilie du même coup la fable et la fable-express :

Deux pigeons s'aimaient d'amour tendre.
Moralité :
L'un d'eux s'ennuyait au logis.

☘ Place maintenant à Alphonse Allais pour un récital express.

Lorsque tu vois un chat de sa patte légère
Laver son nez rosé, lisser son poil si fin,
Bien fraternellement embrasse ce félin.
Moralité :
S'il se nettoie, c'est donc ton frère.

Train manqué

Dans Aire-sur-la-Lys, il advint une fois
Qu'un voyageur manquât son train.
C'est une affaire
Qui n'a rien d'extraordinaire.
Il s'était attardé : tant pis pour lui ma foi!
Moralité :
Si tu ne vas pas à la gare d'Aire
La gare d'Aire n'ira pas à toi.

C'est sous la présidence d'Émile Loubet que l'affaire Dreyfus déchira l'opinion française en deux clans ennemis et en apparence irréconciliables. Alphonse Allais se débrouille pour sourire quand même :

De l'Ourcq, un beau matin, un pêcheur un pli retira
Qu'à l'Élysée aussitôt il porta
Et qui, chose bizarre, fort extraordinaire
Était un document relatif à l' « Affaire ».
Moralité :
Loubet lit ce qui de l'Ourcq sort.

En dépit de son apparence de gentleman, Allais était très anglophobe et il ne laissait jamais passer une occasion de railler nos voisins d'outre-Channel. Que lui avait donc fait le premier magistrat de Londres pour qu'il lui consacrât une fable?

Lorsque, pour s'amuser, de tout petits enfants
Dérobent au Lord-Maire un de ses éléphants
Le pauvre homme en ressent une douleur amère.
Moralité :
Laissez les éléphants au Lord-Maire.

D'habitude, faire rire ne demande pas plus de deux ou quatre vers à Alphonse Allais. C'est exceptionnel qu'il s'attarde à des œuvres plus longues comme cette fable - un peu moins express que les autres - que nous dédions aux édiles de la mairie de Paris.

Par(tur)ition

Madame, dont la taille augmente chaque jour
Et dont toute la joie
Est de coudre et tailler pour le futur amour
Que le ciel lui envoie
Dans le madapolam, le coton ou la soie,
Couches, langes, layettes
Et tabliers avec bavettes,
Madame, dans sa glace, un jour, se regardant
Se mit à rire effrontément.
Moralité :
La mère rit de son arrondissement.

☘ Que s'est-il passé après la Grande Guerre? La technique de la fable-express n'aurait-elle pas survécu à la Belle Époque? Le genre serait-il encore jugé trop long pour notre époque pressée? Nous saluerons donc, avec d'autant plus d'enthousiasme qu'elle est unique, cette tentative due à la plume aiguë de Boris Vian :

Un seul être vous manque et tout est dépeuplé.
Moralité :
Concentrique!

Nous voulions terminer ce chapitre ainsi que nous l'avions commencé sur une œuvre « anonyme », histoire de prouver que ce monsieur avait beaucoup de talent. Or voici que son auteur vient de se faire connaître. Nous rendons volontiers à Robert Boudet ce qui n'appartient plus à ANONYME :

Un jeune enfant, sur son pot, s'efforçait.
Moralité :
Le petit poussait.

FACTEUR

Quel beau métier que celui de facteur, chaque jour espéré, attendu, guetté par tant d'amoureux, de solitaires, de malades ou de vieillards! Être facteur, c'est mieux qu'un métier, c'est une vocation... ou plutôt un apostolat qu'il convient de saluer, puisque le mot y invite, d'un calembour bien timbré : « La Poste, holà! »
De nos jours, hélas! l'efficacité des P.T.T. l'a emporté sur le pittoresque de la profession; le téléphone remplace, chaque jour un peu plus, le courrier; le code postal a dépoétisé l'adresse et nos facteurs, devenus des « préposés », ne glissent plus guère dans les boîtes que des catalogues et des imprimés.
Elle était pourtant jolie la poste de la Belle Époque : on n'avait pas encore inventé l'impatience, le temps ne valait pas très cher et l'on prenait la peine de calligraphier le nom et l'adresse du destinataire.

☘ Un jour, examinant une enveloppe, le poète Stéphane Mallarmé s'avisa - déformation professionnelle! - qu'il existait « un rapport évident entre le format de cette enveloppe et la disposition d'un quatrain ». A partir de cette constatation, il entreprit de rédiger sur les enveloppes des lettres qu'il écrivait à ses amis de petites pièces de vers. On connaît de lui 131 de ces charmants quatrains réunis sous le titre *Les Loisirs de la Poste*. N'était-ce pas rendre ainsi un hommage aux facteurs qu'il faisait complices de ses exercices intellectuels? Il faut savoir que jamais un de ces poulets ne s'égara.

> Je te lance mon pied vers l'aine
> Facteur, si tu ne vas pas où c'est
> Que rêve mon ami *Verlaine*
> Ru'Didot, hôpital Broussais.

Voici l'enveloppe rimée qu'il adressa à Léon Vanier qui était à la fois l'éditeur de Verlaine et son ami :

> A toutes jambes, Facteur, chez l'
> Éditeur de la décadence,
> *Léon Vanier,* Quai Saint-Michel
> Dix-neuf, gambade, cours et danse!

A Téodor de Wyzewa, écrivain et critique d'art :

Rue, et 2, des Dames. Aucune
A son five o'clock ne rêva
Esprit si neuf et sans lacune
Que *Téodor de Wyzewa*.

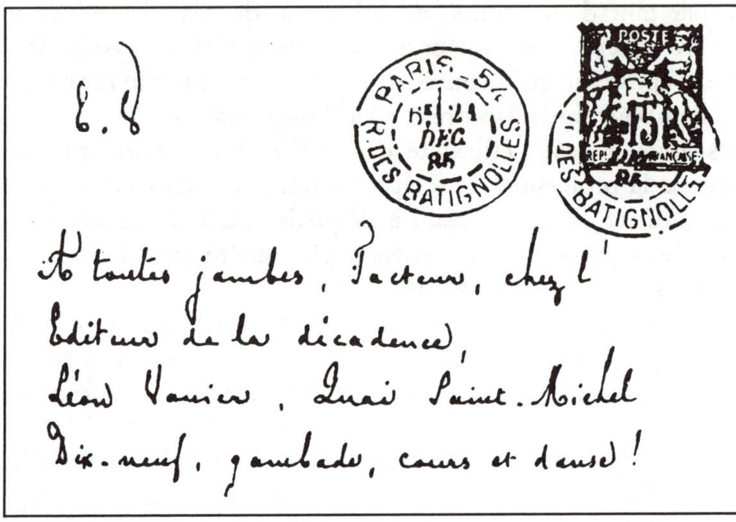

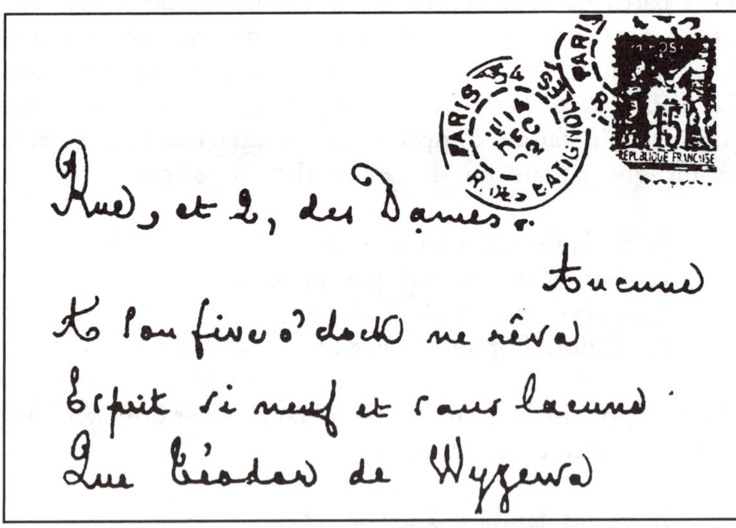

Les amis de Mallarmé étaient des gens célèbres : Villiers de L'Isle-Adam, François Coppée, Henry Becque, etc.

Monsieur le comte de *Villiers*
De L'Isle-Adam, qu'on serait aise
De voir parmi mes familiers
A Paris, place Clichy, seize.

Dans sa douillette d'astrakan
Sans qu'un vent coulis le jalouse
Monsieur *François Coppée* à Caen
Rue, or c'est des Chanoines, douze.

Au charmeur des Muses, becque-
té, plus prompt à l'estocade
L'étincelant *Henry Becque*
Rue, et 17, de l'Arcade.

On ne se lasserait pas de citer ces petits chefs-d'œuvre. Une dernière enveloppe encore, de Mallarmé :

Va-t'en, Messager, il n'importe
Par le tram, le coche ou le bac,
Rue, et 2, Gounod à la porte
De notre ami *Georges Rodenbach.*

Pierre Louÿs, brillant versificateur, toujours attiré par les facéties poétiques, se devait d'exceller dans ce genre d'exercices de virtuosité gratuite. Voici deux poulets qu'il adressa à son ami Paul Valéry : on remarquera qu'entre les deux le destinataire avait changé d'adresse! (Aujourd'hui qu'il a sa propre rue, ce ne serait plus possible!)

Au seigneur *Valéry*, poète et maestro
Veuillez offrir ce bleu gravé d'encre amarante
Courez - Sa rue a nom Villejust, numéro
Quarante.

Facteur charmant, petit chéri,
Porte vite ce poulet jaune
A *Paul-Ambroise Valéry,*
Trois, via, rue ou street, de Beaune.

En voilà des façons de parler à son facteur! Sans doute Pierre Louÿs s'est-il fait rappeler à l'ordre car le pli ci-dessous adressé à Franc Nohain - le père de Jean Nohain et de Claude Dauphin - est nettement plus cérémonieux!

Noble employé des Postes et des Télégraphes
Ne va pas chez la belle enfant que tu dégrafes,
Mais plutôt, revêtu d'un uniforme neuf,
Chez *Franc Nohain,* faubourg Saint-Honoré, dix-neuf...

☘ Le poète Georges Fourest, cet affreux Jojo surdoué et méconnu qui rima si joliment à la gloire de *La Négresse blonde,* a composé un poème en forme d'adresse sur l'enveloppe d'un envoi destiné à son ami Halary. Difficulté supplémentaire, ce poème est aussi un acrostiche :

Haïssant la tourbe incongrue
Au numéro 9 de la rue
Lecourbe, *Halary* dans Paris
A fixé, facteur, sa demeure :
Rapide et léger, va sur l'heure
Y porter ces vers manuscrits.

☘ Les facteurs, qui avaient la responsabilité de porter à domicile ces messages charmants, méritaient doublement l'appellation de « gens de lettres ».
Victor Hugo reçut un jour une enveloppe qui portait comme unique suscription :

« AU PLUS GRAND POÈTE DE L'ÉPOQUE »

Sans l'ouvrir, il l'adressa à Lamartine, rue de l'Université. Celui-ci, à son tour, la renvoya à Victor Hugo, place Royale. L'histoire s'arrête là et ne dit pas - c'est dommage ! - lequel des deux poètes se décida à la décacheter le premier.
Nos actuels facteurs ont sûrement autant d'intelligence et de gentillesse que leurs ancêtres. Ils ont, malheureusement, moins d'occasions d'exercer l'une ou l'autre. Il arrive parfois au *Canard enchaîné* de recevoir une enveloppe sur laquelle, en lieu et place d'adresse, figure le dessin du célèbre volatile en rupture de chaîne.
Le président Pinay, autrefois maire de Saint-Chamond, avait reçu en provenance d'Algérie une magnifique lettre dont l'enveloppe portait sobrement, ainsi que l'exigeait l'adresse :

Monsieur Pinay
Cinq chameaux

☘ Il y a trois ou quatre ans, Michel Laclos s'était amusé, pour sa rubrique du *Figaro,* « Lettres et l'esprit », à organiser un concours d'adresses en vers qui remporta un énorme succès auprès des lecteurs et lui valut de recevoir quelques jolis quatrains :
Voici l'envoi de M. Flesselles de Saint-Germain-en-Laye :

Préposé, ce pli porte-le clos
Au 37, rue du Louvre
Qu'au *Figaro* personne ne l'ouvre
Si ce n'est *Michel Laclos.*

Jean Dutourd s'est aussi beaucoup amusé à ce jeu littéraire et postal. Voici l'enveloppe qu'il adressa au même Michel Laclos, subtil auteur de mots croisés :

Tandis qu'en vache Io s'incarne,
Râ bronze de face et de dos
Le bon Monsieur *Michel Laclos*
A Rebais dans la Seine-et-Marne.

☘ Il est pourtant à craindre que ce genre de divertissement inutile ne soit condamné aujourd'hui par l'automatisation des centres de tri, par les nécessités du code postal et par la dure loi du Cedex (*Dura lex... Cedex !*).
Imagine-t-on demain un amoureux écrivant ainsi à sa belle (que la Poste pardonne à l'auteur cette improvisation) :

Préposé, je t'en prie, cours, car c'est capital
Pour prévenir Annie, la plus belle des blondes
75100 est son code postal
Mais le Cedex 105 se trouve à Paris... Brune

Remercions pourtant la toute-puissante administration des P.T.T. d'avoir autorisé une charmante exception à ses sacro-saints impératifs de rentabilité et de rendement : le **courrier du père Noël.**
Toutes les enveloppes, qu'elles lui soient adressées « au ciel », « au pôle Nord », « sur la lune » ou ailleurs, aboutissent au Centre de recherches de Libourne où une vingtaine de préposés en blouse bleue les ouvrent et les trient. Les 300 000 jeunes expéditeurs annuels reçoivent en retour un portrait dédicacé du gentil barbu.

Libourne, à côté de Saint-Émilion, expliquerait le nez rouge du personnage. Mais, puisqu'il fallait un centre, un autre nom eût peut-être été plus évocateur des transports de Noël : celui de Rennes !

FAIRE-PART

Il est arrivé que la rencontre de deux corps chimiques innocents engendre un explosif ou un poison redoutable. Ainsi peut-il en être du plus banal des prénoms associé à un nom d'apparence anodine : la simple juxtaposition des deux suffit à provoquer des explosions de rires et à empoisonner l'existence de celui qui les porte.
Nous avons tous rencontré, que ce soit à l'école, au régiment ou au bureau, un **Jean Bonnot,** un **Jean Aymar** ou un **Laurent Barre,** pour ne citer que les espèces les plus innocentes et les plus répandues. Victimes résignées de parents inconscients ou de parrains facétieux, ils sont condamnés à supporter, toute une vie durant, les sourires réprimés ou les quolibets mille fois ressassés que suscite leur patronyme.
Même si l'intention est charmante - comme c'est le cas pour cette petite fille née le 25 décembre au foyer de M. et Mme **Joyeux** et qui fut tout naturellement prénommée **Noëlle !** - il nous paraît qu'un nom est affaire trop sérieuse pour que quiconque puisse s'arroger le droit d'en faire un sujet de plaisanterie.

☘ L'incompatibilité ne se manifeste pas seulement entre nom et prénom. Elle peut exister aussi entre un nom et une fonction ou entre un nom et une adresse : le gendre d'un de nos plus célèbres historiens, après avoir passé tous ses diplômes de droit, hésite maintenant, en raison de son nom, à s'inscrire au barreau et à faire graver sa plaque professionnelle ; il craint, avec quelques raisons, que **Maître Chanteur** n'inspire pas suffisamment confiance à la clientèle !
En France, deux petites villes confèrent à leur premier magistrat le redoutable honneur d'être respectivement le **maire d'Eu** (Seine-Maritime) et le **maire de Seiches** (Maine-et-Loire). Doit-on croire ceux qui affirment que les maires de ces deux communes furent, le temps d'un mandat, M. **Troude** pour la première et M. **Chiron** pour la seconde. Ce serait trop beau et pour tout dire inespéré qu'il eût existé un M. **Troude maire d'Eu** et un M. **Chiron maire de Seiches !**

En revanche, ce qui est indiscutable et dont peuvent témoigner les nombreux habitués du métro Saint-Placide à Paris c'est qu'à la sortie de la station se trouvait une charcuterie dont l'enseigne proclamait fièrement : « A NOTRE-DAME - MAISON A. DOREMUS. »

☙ La réalité, on le sait, dépasse bien souvent la fiction. Mais il n'est pas interdit pourtant de donner quelques légers coups de pouce à la vraisemblance afin de multiplier les occasions de rire. On n'en a jamais trop.

Certains auteurs - et personne ne s'étonnera de trouver Alphonse Allais au premier rang d'entre eux - se sont amusés à donner à leurs personnages des noms, des prénoms ou des fonctions très précisément choisis parmi ceux qui n'auraient jamais dû coexister.

Voici quelques-unes des glorieuses individualités qu'on peut rencontrer au hasard d'une promenade dans les contes d'Alphonse Allais :

~ Parmi les simples pékins, nous vous présentons Madame **Q. Hyer (à Pau)**, MM. **Élie Coïdal, Cosmeau (Polyte), Tony Truand, Azutat (Laure), Crauck (Odile)** et **N. Hervé (de Jumièges).**

~ Un peu de tenue, s'il vous plaît, nous entrons dans la bonne société : M. **Jean Rougy de Ontt,** le **baron Lecoup de L'Estrier, Hector Leroy-Datout,** le **marquis de Lachaise-Perçay,** le **vicomte O. d'Éon-Clichy,** le **lieutenant de vaisseau Becque-Danlot** et (pour les latinistes seulement) **Mme veuve Cornélie Huss, née Pausse.**

~ Découvrez-vous devant les ecclésiastiques : l'**abbé Chamel, l'abbé Lothaireau, l'abbé Tumaine,** à la **cure de Hétu (près Monvieux)** et l'**abbé Trave,** futur cardinal (comme l'indique son nom).

~ Au passage, voici quelques firmes célèbres : les **sociétés Jean Passe et Desmeilleurs, Lepère et Ternel** ainsi que **Hondiret-Duveau et Compagnie.**

~ Les étrangers ont beaucoup inspiré Allais.

Il y a les citoyens britanniques : sir **Cordon Sonnett, sir A. Kashtey, Mac Larinett, Henry Katt, Sarah Vigott** et **Miss Toufle.**

Les Belges et Néerlandais : **Ousquémont-Hyatt à Gand** et **Van Deyck-Lister,** pharmacien hollandais.

Un très beau couple gréco-espagnol : **Timéo Danaos** et **Doña Ferentes** suivi par deux Russes : **Nini Novgorod** et **Ivan Delabibine.**

A propos de ce citoyen soviétique, il est à signaler que Charles Muller et Paul Reboux dans leur pastiche de Tolstoï (« A la manière de ») ont considérablement enrichi son état civil : il se nomme en réalité **Ivan Labibine-Ossouzof,** il est le fils de **Dimitri Boufnarine** et a vu le jour dans le village de **Tienswlapopol!**

Dans l'un des contes allaisiens, un personnage au langage plutôt populaire prodigue quelques excellents conseils à tous ceux qui auraient tendance à ne pas réfléchir avant de baptiser leurs enfants :
« Tenez, si vous vous appelleriez **Filmasseur,** prénommez jamais votre chiare **Jean** surtout, non plus que si votre nom est **Barasse** ou **Névudautre.** J'ai connu un certain monsieur **Térieur** qui a eu deux jumeaux : il les a appelés **Alex** et **Alain,** ça fait pas sérieux! C'est comme le dénommé **Dupanier** qui avait prénommé son fils **Hans** ou comme mon copain **Dondecourse** que son vieux avait baptisé **Guy.** »

☘ Nous sommes loin des timides audaces du marquis de Bièvre - 1747-1789 (voir le chapitre CALEMBOUR) – qui baptisait ses personnages l'**ange Lure,** la **comtesse Tation** ou l'**abbé Quille.**
Tous ceux - et ils sont nombreux - qui ont appris à lire dans *La Famille Fenouillard* ou *Le Savant Cosinus* de Christophe, se souviennent du docteur **Guy Mauve,** de **Max Hilaire** le dentiste et du commandant **Asdrubal Mac Haron.**
☘ **Willy,** pour qui le calembour était une seconde nature, ne pouvait pas donner à ses personnages des noms tout bonnement chrétiens. Avec lui, on peut s'attendre à tout... moyennant quoi on n'est pas déçus. Voici donc **Suzanne Aubin, Nini Seffini,** Mme **d'Amourédo (Claire), Andrée des Hartisses,** le **marquis de Vlaksastir,** le peintre **Raphaël Le Moidon** et le **baron d'Éthelred...**
☘ **Pierre Dac,** qui ne recula devant aucun des moyens légaux de faire rire son semblable, a parsemé son œuvre complète de noms dignes d'une anthologie; les policiers l'ont inspiré :
L'inspecteur **Poileau (Luc)** ou les commissaires **Guillaume (d'Orange)** et **Hégésippe Hippoura** côtoient le professeur **Hardy-Petit, Théo Courant** ou **Quentin Vicomte.** La liste est inépuisable mais il faut réserver une place d'honneur au professeur **Jean-Marie Keszké Lavoulvoule,** titulaire de la chaire de physique expérimentale à la Faculté de-se-mouvoir-sans-lumière-dans-l'obscurité de Tel-Aviv.
☘ **Francis Blanche,** son complice, préférait jouer sur les mots que sur les noms. Nous n'aurons garde d'oublier pourtant, extrait d'un de ses plus célèbres sketches téléphoniques, la fameuse institution privée, le **cours Sautrot à Vincennes!**

Le jeu du faire-part

Ces références littéraires illustres sont sans doute à l'origine du « Jeu du faire-part » qui connut des heures de gloire et qui retrouve, de temps à autre, un regain de faveur. La règle en est simple : il s'agit d'inventer un prénom, qui associé à un nom de famille forme un calembour et de présenter l'ensemble sous la forme d'un faire-part qu'on donne à deviner à l'assistance. Un exemple facile pour commencer :

~ M. et Mme **de Lune** ont une fille. Comment l'ont-ils prénommée? La réponse est claire, c'est **Claire,** bien sûr!
Poursuivons en augmentant la difficulté (!) :

~ Comment M. et Mme **Remord** ont-ils baptisé leur fils? **Yves,** voyons.

~ Et M. et Mme **Javel** leur fille? **Aude!**

~ La fille de M. et Mme **Zétofré** (des pieds-noirs) s'appellera **Mélanie** et celle de M. et Mme **Draté** sera prénommé **Daisy.**

~ M. et Mme **Enfaillite,** industriels, ont une fille. Comment l'ont-ils appelée? **Mélusine,** bien sûr!

~ Les **Cussé du Poulet,** vieille noblesse de basse-cour, ont prénommé leur fils **Edmond.**

- M. et Mme **Hossecourt** ont une fille nommée **Isabelle.** Leurs voisins, les **Danlebrouillard,** un fils **Alphonse.**
- M. et Mme **Durine** ont donné à leur fille un nom composé : **Anna-Lise.** Elle fera ses études de pharmacie, ça va de soi!

~ Le fils de M. et Mme **Sontour** s'appelle **Jonathan.**

~ Sean **Connery** et Madame n'ont pas eu de fille. C'est dommage, car ils auraient pu l'appeler **Aretha!**

~ M. et Mme **Mavallée** ont eu des jumelles. Comment les ont-ils prénommées? **Colette et Berthe.** Cherchez voyons : « Colette et Berthe Mavallée »... ça ne vous rappelle pas un très joli film de John Ford?

Comme nous sommes en France, personne ne s'étonnera de ce que ce jeu, innocent entre tous, finisse à la longue par dégénérer. Au dessert, lorsque les enfants sont partis jouer dans le jardin, voici que la galerie s'augmente de personnages peu recommandables :

~ M. et Mme **Ergébel** n'ont pas hésité à prénommer leur petit garçon **Octave.**

~ M. et Mme **Lamy,** admirateurs de Rudyard Kipling, ont appelé leur fils **Kim.**

~ Quant à M. et Mme **Theuze-Many,** ils n'ont pu résister au plaisir de baptiser leur fils **Gédéon...**

Et puis, il est possible d'aller encore plus loin dans l'à-peu-près, si l'on peut dire! Dans les deux faire-part suivants qui mettront fin à ce chapitre, nous nous situerons aux frontières du surréalisme!

~ M. et Mme **Onétro - Grand - Ompouratou Jourvoule Reprendre** ont eu un fils qu'ils ont prénommé **Sylvestre** (« Si le veston est trop grand on pourra toujours vous le reprendre »).

~ M. et Mme **Saint-Malo Alanage Cépa de Latarte** ont eu un fils qu'ils ont appelé **Ferdinand,** parce que « Faire Dinan-Saint-Malo à la nage, c'est pas de la tarte! ».

De grâce... arrêtez :

- M. et Mme Ralbol n'ont pas eu d'enfant et ils n'auront personne à baptiser. Ils ont droit pour cette raison à toutes nos félicitations!

FAUX... TOUT FAUX

Qu'il s'agisse de mineurs ou d'avions, le détournement est considéré comme une entreprise hautement répréhensible. En revanche, au délit de détournement d'expression il n'est pas de sanction prévue. Sur l'autoroute, un contresens ne pardonne guère alors qu'en matière littéraire, il est assuré de l'impunité.

Si, au regard du Code, nul n'est censé ignorer la loi, combien sont-ils, en matière de langage, à prétendre connaître le sens des termes qu'ils emploient? Allons! l'inculture a encore de bien beaux jours devant elle car c'est elle, toujours, qui aura, si l'on peut dire, le dernier mot : l'usage vicieux d'une expression a tendance, en se multipliant, à devenir la règle correcte et, en matière de langage comme de stratégie militaire, la victoire finale apppartient toujours aux plus gros bataillons.

En voulez-vous quelques exemples?

Les marrons du feu

S'il est une expression très en faveur auprès des princes qui nous informent, c'est bien celle-ci! A croire que, dans les salles de rédaction, autour d'un bon feu de bois, on se nourrit volontiers de châtaignes rôties. Avec une unanimité touchante, les journalistes, qu'ils soient de radio ou de télévision, emploient cette locution dans le sens suivant :

Tirer les marrons du feu, c'est faire une bonne affaire au détriment d'un autre. Exemple : « Pendant que la majorité s'efforce de rétablir l'ordre, l'opposition, adroitement, en profite pour tirer les marrons du feu. »

Faux... tout faux !

C'est exactement le contraire ! *Tirer les marrons du feu* signifie prendre des risques, et notamment celui de se brûler, dont un autre - c'est lui le malin ! - va profiter. Il convient, comme toujours en pareil cas, de remonter à la source de cette expression qui est tirée d'une fable de La Fontaine, « Le singe et le chat ». On notera dans l'extrait ci-dessous que le benêt est bien le chat Raton qui se brûle en retirant les marrons dont se régale le singe Bertrand.

> ...Raton avec sa patte
> D'une manière délicate
> Écarte un peu la cendre, et retire les doigts
> Puis, les reporte à plusieurs fois :
> Tire un marron, puis deux et puis trois en escroque
> Et cependant Bertrand les croque.

Le premier journaliste qui se décidera à employer cette expression dans son sens correct sera décoré : on lui épinglera une citation à l'ordre de La Fontaine et on lui offrira quelques marrons... glacés.

Comme mars en carême

Lorsque quelqu'un arrive fort à propos, lorsqu'un événement se produit de façon opportune, on ne manque pas de comparer cette surprise heureuse à l'arrivée du mois de mars en plein carême.

Faux... tout faux !

Le Carême, période de pénitence de quarante jours, qui va du mercredi des Cendres au Samedi Saint tombe *toujours* en partie au mois de mars. On comprend mal dans ces conditions en quoi l'arrivée tout à fait habituelle du mois de mars peut être assimilée à un événement inattendu et heureux !

En revanche l'expression correcte, tomber comme *marée en Carême*, se justifie parfaitement : l'arrivage de poissons frais dans une période où l'Église interdisait autrefois la consommation de viande ne pouvait être qu'une surprise très agréable. Il n'en demeure pas moins que, pour qualifier un événement qui se répète chaque année et dont l'arrivée est inéluctable, l'expression « comme mars en carême » est tout à fait appropriée.

Noir comme un geai

Les cheveux des Andalouses ou les yeux des Gitanes sont souvent décrits comme de la couleur du geai. Cela part d'un bon sentiment, car toute comparaison entre une jolie fille et un bel oiseau ne peut qu'être agréable à celle qui en est l'objet. Encore faudrait-il qu'elle fût justifiée!
Faux... tout faux!
Si l'on tient absolument à une référence ornithologique pour le noir, le corbeau et le merle feront l'affaire. Mais que vient faire ici le geai, ce charmant petit oiseau au ventre fauve et aux ailes tachées de bleu? Sans doute est-il la victime de son homonymie avec le *jais* qui est une variété de lignite d'un noir brillant. La question du choix entre *geai* et *jais* ne se pose qu'à l'écrit et sa solution est laissée au choix du scripteur.

Tomber en quenouille

Pour qualifier un projet qui a échoué, bien des gens vous expliqueront qu'il est « tombé en quenouille ». Ce disant, ils ne pourront s'empêcher de penser que, s'ils avaient été moins polis, ils eussent employé un autre mot rimant précisément avec quenouille!
Faux... tout faux!
Au Moyen Âge, la quenouille était l'emblème de la femme, et l'expression « tomber en quenouille » avait le sens très précis de « tomber entre les mains d'une femme ».
Exemple : « A cause de l'interdiction qu'en faisait la loi Salique, le royaume de France ne pouvait tomber en quenouille. » Ce qui signifiait clairement qu'une femme ne pouvait pas hériter du royaume de France. Il est curieux de constater qu'on utilise aujourd'hui - selon la société en laquelle on se trouve - le nom de ce qui fut l'apanage de la femme de préférence à un autre mot qui, lui, est toujours l'emblème de l'homme!

Un remède de bonne femme

Quelle est donc cette bonne femme que ses remèdes ont rendue célèbre : est-elle une pharmacienne ou une émule de Rika Zaraï?
Faux... Tout faux!
Lorsqu'un mot cesse progressivement d'être usité, il lui arrive, parfois, à l'intérieur des expressions où il figure, d'être remplacé par un

mot de consonance approximative et dont l'usage se satisfait. Le latin employait l'expression *bona fama*, qui signifie « de bonne renommée ». Sa traduction en vieux français - « un remède de bonne fâme » - est devenue « un remède de bonne femme » lorsque l'usage du mot « fâme » s'est perdu (seuls nous restent encore l'adjectif « fameux » et l'expression « mal famé »).
« Il n'existe pas de remède de bonne femme contre les mauvaises », disait Jules Renard.

Tomber dans les pommes

Lorsqu'on s'évanouit, on tombe où l'on peut. Peut-être en Normandie a-t-on plus de chances qu'ailleurs de tomber dans les pommes?
Faux... Tout faux !
L'évolution de cette expression est en tous points identique à la précédente. L'expression ancienne était « tomber en pamoison » ou « *tomber dans les pâmes* » ou encore « se pâmer ».
Le mot « pâmes » devenant de moins en moins usité, le parler populaire l'a remplacé par le mot voisin de « pommes » qui n'avait rien à faire là, mais dont on s'est accommodé (à partir de 1889).

Mou comme une chique

Une chique est un morceau de tabac qu'on mâchouille longuement en le transférant d'une joue à l'autre et que l'on recrache sous la forme peu ragoûtante d'un jus noirâtre. On comprend mal que cette soupe de salive et de tabac puisse servir dans le langage quotidien à désigner quelqu'un de mou, d'inconsistant, de velléitaire. Où est le rapport?
Faux... tout faux !
L'expression d'origine était « *mou comme une chiffe* », c'est-à-dire sans consistance, comme une étoffe de piètre qualité. A la fin du XVIIIe siècle, le mot « chiffe » étant moins employé d'une part et la « chique » devenue une pratique courante d'autre part, on a assisté au remplacement d'un mot par un autre de consonance équivalente.

Faire feu de tout bois

Le sens de cette locution est : « Employer tous les moyens pour réussir. »
Comme il est de pratique courante d'employer toutes sortes de bois pour faire du feu, on voit mal le rapport qui existe entre cette locution et un désir de réussite à tout prix.
Faux... tout faux !

Encore une expression qui s'est pervertie : Le « feu », qui intervient dans une bonne dizaine d'expressions usuelles, a fini par se glisser dans celle-ci et par en chasser le mot correct qui est « flèche ». « *Faire flèche de tout bois* » : utiliser tous les morceaux de bois dont on peut disposer pour les tirer avec un arc en direction de l'objectif à atteindre.

Couper les cheveux en quatre

Cette locution s'emploie pour désigner quelqu'un qui discute sans fin, qui ratiocine, qui emploie les arguments les plus subtils afin de permettre à son point de vue de triompher, bref... un pinailleur. Or, rien n'est plus facile et plus rapide que de couper un cheveu en quatre : trois coups de ciseaux y suffisent.
Faux... tout faux !
L'expression d'origine est « fendre les cheveux en quatre », c'est-à-dire dans le sens de la longueur, ce qui, on en conviendra, demande de l'adresse et de la minutie. C'est encore une expression qui s'est affadie à l'usage.

Haricot de mouton

Ce plat est succulent, surtout lorsqu'il y a beaucoup de haricots!
Faux... tout faux !
Pour faire un bon haricot de mouton, il faut du lard, des oignons, du persil, de la sauge et, bien sûr, du mouton coupé en morceaux. Mais de haricots, point!
Haricot, ici, ne désigne pas le légume sec. C'est une déformation par approximation du verbe « *harigoter* » qui, en vieux français, signifiait « découper en petits morceaux ». Le harigot est donc un ragoût de mouton. Mais, à partir du XVIIe siècle, on commença à introduire des fèves dans ce plat. Alors... de la fève au haricot...!

Décimer

« A la suite d'une terrible catastrophe, cette famille a été entièrement décimée. On ne compte plus de survivants »... peut-on lire dans les journaux.
Faux... tout faux !
Comme le nom l'indique, *décimer*, c'est faire périr une personne sur dix. C'était une terrible sanction en usage dans l'armée romaine : dans les cas de rébellion, on faisait sortir des rangs un soldat sur dix

et on le mettait à mort. C'était déjà un châtiment exceptionnel! Sans doute a-t-on jugé que ce n'était pas suffisant... et l'on emploie maintenant le verbe dans le sens d'« exterminer ».

Quarteron

« Un *quarteron* de généraux en retraite a pris le pouvoir », a dit dans un discours le général de Gaulle pour flétrir le putsch des généraux Challe, Salan, Jouhaud et Zeller, le 23 avril 1961, à Alger.
Faux... vous aviez *tout faux*, mon Général! Un quarteron ce n'est pas quatre, comme vous sembliez le croire, mais *vingt-cinq,* c'est-à-dire le quart de cent.

Gâchette

« Lorsqu'il appuya sur la gâchette, le coup partit. »
Faux... tout faux!
Pour faire partir un coup de fusil, il faut appuyer le doigt sur la « queue de détente » ou « détente », ce qui déplace la gâchette - laquelle se trouve à l'intérieur de l'arme, donc parfaitement inaccessible - et libère le percuteur.

Un cachet d'aspirine

« Si tu as mal au crâne, prends donc un cachet d'aspirine! »
Faux... tout faux!
L'aspirine se présente sous forme de comprimés qui se dissolvent dans l'eau, alors que le *cachet* désigne un médicament en poudre enfermé dans une enveloppe de pain azyme qui se délite dans l'estomac. Mais ne vous donnez pas de migraine pour autant : votre pharmacien traduira!

Un magasin achalandé

« Ce magasin est bien achalandé... vous y trouverez tout ce que vous cherchez! », entendez-vous dire souvent.
Faux... tout faux!
Si ce magasin est aussi achalandé qu'on le dit, on y rencontrera surtout des clients! Car un « *chaland* » est un « acheteur » et un magasin achalandé est tout simplement un magasin très fréquenté.
Maintenant, et comme toujours, le sens erroné tend à entrer dans la légalité du dictionnaire.

Un avatar

Les Bidochon reviennent de vacances : « Si vous saviez tout ce que nous avons eu comme *avatars* pendant notre voyage : panne, crevaison, pas de chambre d'hôtel... et en plus ma femme s'est fait voler son sac! »

Faux... tout faux !

Le mot sanscrit *avatara* signifie « *descente du ciel sur la terre* » - il est employé pour désigner les dix *incarnations* du dieu Vichnou. On pourrait même, sans se montrer le moins du monde iconoclaste, prétendre que Jésus-Christ est un *avatar.*

Dans ces conditions, comment diable (oh! pardon) a-t-on pu utiliser un même mot pour une métamorphose divine et de petits ennuis quotidiens? Le mot avatar a perdu peu à peu toute signification religieuse et a été employé pour désigner une « transformation », une « modification radicale ». Exemple : « Le projet gouvernemental qui a connu toute une série d'*avatars* ne ressemble plus à sa version initiale. »

Et puis, le mot *avatar* avait tort de ressembler à des mots comme *avanie* ou *aventure*. Peu à peu, il y perdit son âme au point que même les Bidochon n'hésitent plus aujourd'hui à se comparer à la principale divinité hindoue!

Deux mots encore sur la religion hindoue pour rappeler l'éblouissant raccourci qu'en fit le grand mage Francis Blanche :

« Brahma, la guerre et Vichnou la paix! »

Cent fois sur le métier

Lorsque le projet que vous avez préparé n'est pas tout à fait au point, lorsque la leçon apprise n'est pas sue par cœur, lorsque le compte rendu pèche encore par quelque imperfection, vous trouverez toujours quelqu'un pour énoncer d'un ton sentencieux : « Cent fois sur le métier remettez votre ouvrage! »

Faux... tout faux !

Boileau - que prétend citer, sans le savoir, votre examinateur - était certes un perfectionniste redoutable. Pourtant, il n'aurait jamais osé recommander de s'y prendre à *100 fois* avant d'obtenir une œuvre achevée. Il se contentait de *20 fois...* ce qui est déjà suffisant pour qu'on n'en rajoute pas. Il disait très exactement :

> Vingt fois sur le métier remettez votre ouvrage,
> Polissez-le sans cesse et le repolissez.

Conseillez donc à votre censeur de relire vingt fois l'*Art poétique* de Boileau pour lui apprendre à citer juste!

FIN (MOTS DE LA)

Si la petite histoire retient de préférence les derniers mots prononcés par les grands personnages au moment où ils s'apprêtent à quitter pour toujours notre planète, c'est sûrement parce que les premières paroles articulées par ces mêmes célébrités étaient d'une banalité affligeante. « Areuh areuh... maman... papa... lolo. »
Et puis, comme l'a dit quelqu'un, on a choisi d'annoncer la mort des personnages illustres et jamais leur naissance.
Lorsqu'il sent approcher l'ultime seconde, lorsqu'il entrevoit l'envers du miroir, un grand homme pourrait avoir le désir d'adresser aux vivants un dernier message qui soit le résumé, la philosophie de toute son existence. Hélas! Si c'est ce qu'espère le lecteur, gageons qu'il risque d'éprouver une cruelle déception. Celle-ci surmontée, il aura la ressource de se dire, pour s'en consoler, que la plupart des « mots de la fin » sont apocryphes, souvent inventés par un entourage désireux de parfaire jusqu'au sublime la statue du héros.
Afin de ne pas prendre au tragique un chapitre qui n'est que mélancolique, nous répéterons avec Commerson qu'« à son lit de mort, l'homme songe plutôt à élever son âme vers Dieu que des lapins ».
Histoire de mettre un peu d'ordre au sein de cette foule de grands hommes et afin de pouvoir comparer certains « mots de la fin » entre eux, nous avons regroupé nos mourants en plusieurs rubriques : les puissants de ce monde, les morts de mort violente, les écrivains, les peintres, les musiciens et les comédiens.
A l'intérieur de chaque rubrique, le classement s'établit par ordre chronologique de sortie de scène.

Les puissants

Ils ont régné sur les vivants... ils ont eu l'habitude d'être craints, d'être obéis. Les voici maintenant affrontés à un pouvoir supérieur au leur, aussi misérables et démunis que le plus humble des sujets qu'ils commandaient.

Charles Quint - 1558. (58 ans.) Tendant la main vers un crucifix : « C'est le moment! Jésus! »

~ *Louis XIV* - 1715. (77 ans.) S'adressant à Mme de Maintenon : « Madame, j'espère vous revoir bientôt dans l'éternité. »

~ *La marquise de Pompadour* - 1764. (43 ans.) Le curé allait partir. Elle le retint par la manche : « Un moment, monsieur le curé, nous partirons ensemble ! »

~ *Louis XV* - 1774. (64 ans.) Énervé par les ordres de ses médecins : « Il faut !... il faut !... il faut !... il faut ! »

~ *Edward Thurlow*, homme d'État anglais - 1806. « Que je sois pendu si je ne suis pas en train de mourir ! »

~ *Napoléon* - 1821. (52 ans.) « Mon fils !... Tête !... Armée ! »

~ *Edme Patrice comte de Mac-Mahon* - 1898. (90 ans.) A Château-la-Forêt. « A moi les Turcaillots ! En avant ! » - Sans doute se revoyait-il pendant la guerre de Crimée, lors de la prise de la tour de Malakoff.

~ *Maréchal Foch* - 1929. (78 ans.) Un docteur vient de lui dire : « Il faut se coucher ! » Il s'allonge en disant : « Allons ! » et meurt.

~ *Georges Clemenceau* - 1929. (88 ans.) Il dit à son médecin :
- Pour mon enterrement, je veux le strict nécessaire, n'est-ce pas ?
- Qu'entendez-vous par le strict nécessaire ?
Alors Clemenceau, superbe :
- Moi !
Puis voyant arriver un prêtre avec l'extrême-onction : « Enlevez-moi ça ! »

~ *Maréchal Pétain* - 1951. (95 ans.) « J'ai faim ! »

Les personnages morts de mort violente

Tous ceux-là, qu'ils aient été assassinés, qu'ils aient mis fin à leurs jours ou qu'ils aient été exécutés, ont affronté la mort debout, sans que la maladie ait affaibli leurs facultés. Certains d'entre eux auraient même eu le temps, s'ils l'avaient voulu, de préparer leur dernière tirade. En ont-ils prononcé pour autant des phrases plus profondes, plus riches, plus édifiantes ? Jugez-en :

~ *Archimède* - 212 av. J.-C. (75 ans.) Après trois ans de siège, les Romains entraient dans Syracuse. Le savant, absorbé dans ses calculs, dessinait sur le sol. Un soldat armé courut vers lui. « Ne dérangez pas mes cercles ! » Archimède fut abattu d'un coup d'épée.

~ *L'empereur Néron* - 68 après J.-C. (31 ans.) Selon Suétone, il aurait dit au moment de mourir du coup de poignard dans la gorge que lui avait donné, sur son ordre, Épaphrodite, son esclave affranchi : « Quel artiste périt avec moi ! » (*Qualis artifex pereo !* en v.o.)

~ *Henri IV* - 1610. (57 ans.) « Je suis blessé ! »

~ *Robert Damiens*, 1757. (42 ans.) Le domestique qui avait frappé

Louis XV d'un coup de canif, fut condamné à subir la roue et l'écartèlement. « Allons! La journée sera rude! » et il se mura dans le silence.

~ *Louis XVI* - 1793. (39 ans.) « Je meurs innocent! »

~ *Marie-Antoinette* - 1793. (38 ans.) Alors que quelqu'un lui criait dans la foule : « Voilà le moment de demander pardon à Dieu! », elle répondit « De mes fautes, peut-être, mais de mes crimes, je n'en ai point commis! » Puis, comme elle avait marché sur le pied du bourreau : « Pardon, monsieur, je ne l'ai pas fait exprès! »

~ *Charlotte Corday* - 1793. (25 ans.) Sanson, le bourreau, cherchait à lui cacher la guillotine en se plaçant devant elle. Elle l'écarta : « Hé, laissez! J'ai bien le droit d'être curieuse. J'en ai jamais vu! »

~ *André Chénier* - 1794. (32 ans.) Se touchant la tête du doigt : « Pourtant, j'avais quelque chose là! »

~ *Georges Danton* - 1794. (35 ans.) Désignant sa tête au bourreau : « Tu la montreras au peuple! N'oublie pas! Elle en vaut la peine! »

~ *Le duc d'Enghien*, 1804. (32 ans.) Avant de mourir fusillé dans les fossés du fort de Vincennes. « Qu'il est affreux de mourir ainsi de la main des Français! »

~ *Le général Michel Ney* - 1815. (46 ans.) Commandant lui-même le peloton d'exécution : « Soldats! Droit au cœur! »

~ *Henri Landru* - 1922. (53 ans.) Crânant une dernière fois face à la guillotine : « Eh bien, quoi! ça n'est qu'un mauvais moment à passer! »

Écrivains

~ *François Rabelais* - 1553. (70 ans.) « Tirez le rideau. La farce est terminée. »

~ *Michel de Montaigne* - 1593. (59 ans.) Ne craignait pas d'avouer : « Ce n'est pas la mort que je crains, mais de mourir. » Il est mort en silence pendant qu'on disait une messe dans sa chambre.

~ *Philippe Desportes* - 1606. (60 ans.) « J'ai 30 000 livres de rente... et je meurs! »

~ *Lope de Vega* - 1635. (73 ans.) « Je peux vous le confier, Dante m'a toujours ennuyé! »

~ *Blaise Pascal* - 1662. (39 ans.) « Dieu ne m'abandonne jamais. »

~ *Le père Dominique Bouhours* - jésuite et grammairien – 1702. (74 ans.) « Je m'en vais ou je m'en vas, car l'un ou l'autre se dit ou l'un et l'autre se disent. »

A signaler que cette phrase ultime a été attribuée également à Piron.

~ *Bernard de Fontenelle* - 1757. (100 ans.) « Il est temps que je m'en aille! Je commençais à voir les choses telles qu'elles sont! »

~ *Alexis Piron* - 1773. (84 ans.) Comme son ami La Place lui

demandait : « Alors? Cela va-t-il? », il répondit : « Non cela s'en va ! »
Ce mot a été également attribué à Fontenelle.

~ *Voltaire* - 1778. (84 ans.) « Je m'arrêterais de mourir s'il me venait un bon mot ou une bonne idée ! »

~ *Sébastien Chamfort* - 1794. (53 ans.) « Ah ! mon ami, je m'en vais de ce monde où il faut que le cœur se brise ou se bronze. » Et, un moment plus tard, refusant l'extrême-onction : « Je vais faire semblant de ne pas mourir ! »

~ *Jacques Bernardin de Saint-Pierre* - 1814. (77 ans.) « Je sens que je quitte la terre et non la vie ! »

~ *Anthelme Brillat-Savarin*, 1826. (71 ans.) Écrivain et gastronome mourant à la veille du réveillon de Noël. « Je vais avoir un *Dies Irae* aux truffes ! »

~ *Johann von Goethe* - 1832. (83 ans.) « Ouvrez donc les volets. De la lumière (*Mehr Licht !*). Plus de lumière ! »

~ *Honoré de Balzac* - 1850. (51 ans.) « Huit jours avec de la fièvre ! J'aurais encore eu le temps d'écrire un livre. » Et dans son agonie : « Bianchon ! Appelez Bianchon ! Lui seul me sauvera ! » (Horace Bianchon était dans *La Comédie Humaine* le personnage du médecin célèbre.)

~ *Alfred de Musset* - 1857. (47 ans.) « Dormir... enfin ! Je vais dormir ! »

~ *Charles Baudelaire* - 1867. (46 ans.) « Non ! Crénom ! »

~ *Charles Sainte-Beuve* - 1869. (65 ans.) « Rien dessus, rien dessous ! »

~ *Henri Monnier* - 1877. (78 ans), créateur du personnage de Monsieur Prudhomme « Il va falloir être sérieux là-haut ! »

~ *Victor Hugo* - 1885. (83 ans.) S'exprimant en un dernier alexandrin : « C'est ici le combat du jour et de la nuit ! » Puis : « Allons ! il est bien temps que je désemplisse le monde ! »

~ *Jean-Marie Villiers de L'Isle-Adam* - 1889. (51 ans.) Mourant à l'hôpital dans le plus grand dénuement : « Eh bien ! Je m'en souviendrai de cette planète ! »

~ *Oscar Wilde* - 1900. (44 ans.) « J'ai rêvé, mes amis, que je soupais parmi les morts ! » Peu de temps auparavant, recevant la note de son médecin, il avait raillé : « Je meurs vraiment au-dessus de mes moyens ! »

~ *Jules Verne* - 1904. (76 ans.) « Soyez bons ! »

~ *Jules Renard* - 1910. (46 ans.) « Marinette ! pour la première fois, je vais te faire une grosse, une très grosse peine ! »

~ *Frédéric Mistral* - 1914. (84 ans.) « Quel jour est-on? - Mer

credi. - Alors, il sera mercredi toute la journée. *Qué sien ben!* »
~ *Guillaume Apollinaire* - 1918. (38 ans.) « Je veux vivre! J'ai tout à faire! »
~ *Marcel Proust* - 1922. (51 ans.) « Vous savez, elle est venue! Elle est très grosse et très noire! Elle est toute noire, elle est affreuse! Elle me fait peur! Nul ne peut la toucher! Elle est implacable et devient de plus en plus horrible! Maman! »
~ *Anatole France* - 1924. (80 ans.) « Eh bien! C'est donc cela mourir! C'est bien long! » puis : « Maman! »
~ *Franz Kafka* - 1924. (41 ans.) Le médecin vient de lui dire : « Ne craignez rien, je ne m'en vais pas! » Il lui dit : « Moi, si! Je m'en vais! » et il rend le dernier soupir.
~ *Francis de Croisset* - 1937. (60 ans.) « Je m'ennuie déjà! »
~ *Georges Bernanos* - 1948. (60 ans.) « A nous deux! » Puis, pendant l'extrême-onction : « Que c'est bouleversant! Que c'est admirable! Jeanne [prénom de sa femme]! »
~ *André Gide* - 1951. (82 ans.) « Tout est bien. »
~ *Charles Maurras* - 1952. (84 ans.) « Mon chapelet! » Lui qui était complètement sourd, il s'écrie : « Pour la première fois, j'entends quelqu'un venir! »
~ *Paul Claudel* - 1955. (87 ans.) « Qu'on me laisse tranquille! Je n'ai pas peur! »
~ *Pierre Teilhard de Chardin* - 1955. (74 ans.) « Cette fois je sens que c'est terrible! »
~ *Louis-Ferdinand Céline* - 1961. (67 ans.) « Pas de médecin! Pas de piqûre! Pas d'hôpital! »
~ *Louis Aragon* - 1982. (85 ans.) « Je fais ce que je peux! »

Les peintres

~ *Antoine Watteau* - 1721. (37 ans.) Au moment où un prêtre lui présente la croix. « Ôtez-moi ce crucifix! Comment un artiste a-t-il pu rendre aussi mal les traits de Dieu! »
~ *Jean-Baptiste Corot* - 1876. (80 ans.) Après avoir été longtemps immobile, il se réveilla le visage extasié : « Je n'ai jamais vu d'aussi admirables paysages. J'espère de tout mon cœur qu'on peut peindre au ciel! »
~ *Henri de Toulouse-Lautrec* - 1901. (37 ans.) « Maman! rien que toi! » Puis, regardant son père, le comte Adolphe qui arrachait des fils élastiques à ses bottines pour s'exercer à tuer des mouches qui se posaient sur le drap : « Lc vicux con! »
~ *Auguste Rodin* - 1917. (77 ans.) « Et on prétend que Puvis de Chavannes ça n'est pas beau! »
~ *Auguste Renoir* - 1919. (78 ans.) « Donnez-moi ma palette!

Changez de place ces bécasses. Vite des couleurs. Rendez-moi ma palette! »

~ *Raoul Dufy* - 1953. (76 ans.) Il est mort à midi à Forcalquier alors que le soleil inondait la chambre : « Pourquoi a-t-on éteint la lumière? »

~ *Maurice Utrillo* - 1955. (72 ans.) Piquant une colère et montrant les tuyaux de perfusion qu'il avait dans les bras : « Qu'on me retire tous ces trucs! Vous m'emmerdez tous! »

Ainsi qu'on peut le constater, ce sont les peintres qui témoignent le plus profondément de l'amour de leur art. Quatre meurent sur une considération picturale, pour deux sur une dernière injure.

Les musiciens

~ *Jean-Philippe Rameau* - 1764. (81 ans.) L'ultime réaction du musicien surpassa celle du croyant : « Que diable me chantez-vous là, monsieur le curé, vous avez la voix fausse! » Puis : « Laissez-moi mourir tranquille! »

~ *Ludwig Van Beethoven* - 1827. (57 ans.) S'adressant à l'un de ses amis : « N'est-ce pas, Humel, que j'avais du talent? »

~ *Frédéric Chopin* - 1849. (39 ans.) « Maintenant, je suis à la source du bonheur! »

~ *Robert Schuman* - 1856. (46 ans.) « Je reconnais. »

~ *Hector Berlioz* - 1869. (66 ans.) Avec une tristesse infinie : « Ah! Quel talent je vais avoir demain! » Un moment plus tard : « Enfin! on va maintenant jouer ma musique! »

~ *Franz Liszt* - 1886. (75 ans.) Alors que son domestique qu'il venait d'appeler lui disait : « Souffrez-vous? - Plus! » lui répondit-il dans un dernier souffle.

Les comédiens

Il leur est arrivé d'avoir à jouer la mort d'un personnage. Tous ne peuvent pas mourir en scène, comme le fit Molière sur un dernier « *Juro!* ». Comment se présentent-ils, sans maquillage devant la mort, pour dire la dernière réplique de leur texte?

~ *Mounet-Sully* - 1916. (75 ans.) « Mourir, c'est difficile quand il n'y a pas de public! »

~ *Sarah Bernhardt* - 1923. (79 ans.) Posant sa main sur la tête de Jean Yonnel : « Aime! »

Pour la fin - et ce mot prend ici toute sa signification -, nous avons gardé trois phrases. La première est souriante, les deux dernières nous semblent particulièrement touchantes dans leur naïveté spontanée.

~ *L'abbé Bossut* (1814), mathématicien célèbre, se trouvait depuis plusieurs heures dans le coma lorsqu'un de ses amis lui souffla à l'oreille : « Quel est le carré de 12? - 144 », répondit le savant en rendant l'âme.

~ *La comtesse d'Houdetot* se mourait de tuberculose : « Je me regrette ! » soupira-t-elle en expirant.

~ *Le grand industriel Rizzoli* était sincèrement indigné : « Mais je ne peux pas mourir! Je suis l'homme le plus riche d'Europe! »

« La mort pour certains hommes n'est pas seulement la mort : elle est la fin du propriétaire », ont écrit les Goncourt.

Qu'ajouter à toutes ces phrases si banales qui n'auraient pas mérité de passer à la postérité si elles n'avaient été les dernières? Un simple dernier mot :

- FIN -

(LA) FRANCE ET LES FRANÇAIS

Les Allemands ont une expression pour qualifier le parfait bonheur : « Heureux comme Dieu en France. » Et c'est vrai qu'à l'étranger on adore la France, ses sites, ses monuments, sa culture, sa cuisine et... bien d'autres choses encore! Tout le monde est d'accord pour reconnaître que la France serait sûrement le paradis sur terre... s'il n'y avait pas *le Français*!

Mais voilà, il existe le Français!

Raisonneur, frondeur, rouspéteur, rouscailleur, râleur-né, imbu de sa supériorité, chauvin. Il est indiscipliné mais travailleur, individualiste et pourtant moutonnier, passionné d'égalité en même temps que de privilèges, insupportable, égoïste mais prêt à s'émouvoir pour une cause généreuse. Les Français ne sont d'accord sur rien sinon pour critiquer leurs dirigeants.

« Si j'étais eux, je sais bien ce que je ferais! Une bande d'incapables, de fainéants! Sortez-moi tout ça! »

Voltaire le disait déjà... et rien n'a changé depuis :

« Il n'y a, je crois, nul pays au monde où l'on trouve tant de contradictions qu'en France. »

« Comment définir ces gens qui passent leur dimanche à se proclamer républicains et leur semaine à adorer la reine d'Angleterre, qui se disent modestes mais parlent toujours de détenir le flambeau de la civilisation [...], qui placent la France dans leur cœur mais leur fortune à l'étranger [...], qui détestent que l'on critique leurs travers, mais qui ne cessent de les dénigrer eux-mêmes. »

PIERRE DANINOS, *Les carnets du major Thompson*

« Les Français se perçoivent comme des gens légers, frivoles et bons vivants, alors qu'il sont anxieux, tendus, fragiles, travailleurs. »

EMMANUEL TODD

« Le roi de France est le plus puissant prince de l'Europe. Il n'a point de mines d'or comme le roi d'Espagne, son voisin ; mais il a plus de richesses que lui, parce qu'il les tire de la vanité de ses sujets plus inépuisable que les mines. » MONTESQUIEU, *Lettres persanes*

« La France contient, dit l'*Almanach impérial*, trente-six millions de sujets, sans compter les sujets de mécontentement. »

HENRI ROCHEFORT, *La Lanterne*

« La France est divisée en quarante-trois millions de Français. La France est le seul pays du monde où, si vous ajoutez dix citoyens à dix autres, vous ne faites pas une addition, mais vingt divisions. »

PIERRE DANINOS

« Il n'y a rien de mieux que ce que les Français font bien et rien de pis que ce qu'ils font mal. » BENOÎT XIV

« Un homme d'esprit me disait un jour que le gouvernement de la France était une monarchie absolue, tempérée par des chansons. »

CHAMFORT

« Les Français sont des jeunes gens toute leur vie. »

JOUBERT, *Pensées*

« Si les Français perdent une bataille, une épigramme les console. Si un nouvel impôt les charge, un vaudeville les dédommage. Si une affaire sérieuse les occupe, une chansonnette les égaie et le style le plus simple et le plus naïf est toujours relevé par des traits malins et par des pointes piquantes. » CARLO GOLDONI

« L'Europe ne peut être tranquille tant que la France n'est pas contente. » VICTOR HUGO

« C'est embêtant, dit Dieu, quand il n'y aura plus ces Français ; il y a des choses que je fais, il n'y aura plus personne pour les comprendre. » CHARLES PÉGUY

« C'est une vérité incontestable qu'il y a en France sept millions d'hommes qui demandent l'aumône, et douze millions hors d'état de la leur faire. » CHAMFORT

« En France, le premier jour est pour l'engouement, le second pour la critique et le troisième pour l'indifférence. »

JEAN-FRANÇOIS DE LA HARPE

« Pour avoir rangé l'intelligence parmi les vertus et la bêtise parmi les vices, la France a élargi le domaine de la morale. De là son avantage sur les autres nations, sa vaporeuse suprématie. »

E.M. CIORAN

« L'athéisme en France est une religion et l'anticléricalisme une Église. » EMMANUEL BERL

« Les Français ne sont pas faits pour la liberté : ils en abuseraient. »

VOLTAIRE

« Les Français vont indistinctement au pouvoir ; ils n'aiment point la liberté, l'égalité seule est leur idole. » CHATEAUBRIAND

« Les Français sont satisfaits à peu de frais, un peu de familiarité dans les manières leur semble de l'égalité. » ALFRED DE VIGNY

« Les Français adorent les révolutions, mais ils ont horreur du changement. » ANATOLE DE MONZIE

« En France, on laisse en repos ceux qui mettent le feu et on persécute ceux qui sonnent le tocsin. » CHAMFORT

« Le désir du privilège et le goût de l'égalité, passions dominantes et contradictoires des Français de toute époque. »

CHARLES DE GAULLE, *La France et son armée*

« La France a toujours cru que l'égalité consiste à trancher ce qui dépasse. » JEAN COCTEAU,

Discours de réception à l'Académie française

« On dit que l'homme est un animal sociable. Sur ce pied-là, il me paraît qu'un Français est plus homme qu'un autre : c'est l'homme par excellence, car il semble être fait uniquement pour la société. »

MONTESQUIEU

« Une promotion de Saint-Cyr porte le nom de Diên Biên Phu. En France, tout revers a sa médaille. » ANDRÉ FROSSARD

« Le Français a le cœur à gauche, mais le portefeuille à droite. »

ANDRÉ SIEGFRIED

« Un Français est un Italien de mauvaise humeur. » JEAN COCTEAU

Français, mes frères, vous êtes-vous reconnus dans ce portrait, un peu sévère peut-être, qu'ont tracé de nous et de nos travers quelques écrivains qui connaissaient d'autant mieux leur sujet qu'ils étaient eux-mêmes Français ? Après cette volée de bois vert, nous avons bien mérité de lire, en prose ou en vers, les mots qui nous consoleront.

« Pour tout homme, le premier pays est sa patrie, et le second, c'est la France. »

THOMAS JEFFERSON,
président des États-Unis

France, mère des arts, des armes et des lois,
Tu m'as nourri longtemps du lait de ta mamelle,
Ores, comme un agneau qui sa nourrice appelle,
Je remplis de ton nom les antres et les bois.

JOACHIM DU BELLAY

Ma patrie est partout où rayonne la France
Où son génie éclate aux regards éblouis!
Chacun est un climat de son intelligence,
Je suis concitoyen de toute âme qui pense :
La vérité, c'est mon pays.

ALPHONSE DE LAMARTINE,
La Marseillaise de la paix

France, ô belle contrée, ô terre généreuse,
Que les dieux complaisants formaient pour être heureuse,
Tu ne sens point du Nord les glaçantes horreurs,
Le Midi de ses feux t'épargne les fureurs.
Tes arbres innocents n'ont point d'ombres mortelles
Ni des poisons épars dans tes herbes nouvelles
Ne trompent une main crédule, ni tes bois
Des tigres frémissants ne redoutent la voix
Ni de vastes serpents ne traînent sur tes plantes
En longs cercles hideux leurs écailles sonnantes.

ANDRÉ CHÉNIER

Combien j'ai douce souvenance
Du joli lieu de ma naissance!
Ma sœur, qu'ils étaient beaux les jours
De France!
Ô mon pays, sois mes amours
Toujours!

CHATEAUBRIAND

Point d'esclaves chez nous; on ne respire en France
Que les plaisirs, la liberté, l'aisance
Tout citoyen est roi sous un roi citoyen.

CHARLES FAVART,
Les Trois Sultanes

Gloire à notre France éternelle!
Gloire à ceux qui sont morts pour elle!
Aux martyrs! Aux vaillants! Aux forts!

VICTOR HUGO

Je vous salue ma France aux yeux de tourterelle
Jamais trop mon tourment mon amour jamais trop
Ma France mon ancienne et nouvelle querelle
Sol semé de héros ciel plein de passereaux

Je vous salue ma France où les vents se calmèrent
Ma France de toujours que la géographie
Ouvre comme une paume aux souffles de la mer
Pour que l'oiseau du large y vienne et se confie.

LOUIS ARAGON

Il faut, dit Dieu, qu'il y ait une accointance,
Qu'il se soit passé quelque chose
Entre ce royaume de France et cette petite Espérance
Il y a là un secret. Ils y réussissent trop bien.

CHARLES PÉGUY

Mais c'est toujours la France, ou petite ou plus grande
Le pays des beaux blés et des encadrements
Le pays de la grappe et des ruissellements
Le pays de genêts, de bruyère, de lande.

CHARLES PÉGUY

Marianne, charmant symbole de notre République, doit être une muse sacrément efficace pour savoir inspirer à ceux qui parlent de la France - que ce soit en vers ou en prose - des mots aussi sincères et passionnés. Elle réussit l'exploit de donner du talent aux militaires eux-mêmes. Dans le monde, connaissez-vous beaucoup de culottes de peau capables d'écrire sur leur pays des pages aussi belles que celles que Charles de Gaulle consacra à la France?

« Toute ma vie, je me suis fait une certaine idée de la France. Le sentiment me l'inspire aussi bien que la raison. Ce qu'il y a en moi d'affectif imagine naturellement la France, telle la Princesse des contes ou la Madone aux fresques des murs, comme vouée à une destinée éminente et exceptionnelle. J'ai, d'instinct, l'impression que la Providence l'a créée pour des succès achevés ou des malheurs exemplaires. »

CHARLES DE GAULLE, *L'Appel*

« Vieille terre, rongée par les âges, rabotée de pluies et de tempêtes, épuisée de végétations mais prête, indéfiniment, à produire ce qu'il faut pour que se succèdent les vivants! Vieille France, accablée d'Histoire, meurtrie de guerres et de révolutions, allant et venant sans relâche de la grandeur au déclin, mais redressée, de siècle en siècle, par le génie du renouveau! »

CHARLES DE GAULLE, *Le Salut*

FRANCOPHONIE

Emporté par son sujet, l'orateur à la tribune martelait son discours : « Je vous le répète, messieurs, la décadence de la langue française a commencé en 1789...
- Je demande pardon à l'honorable parlementaire, l'interrompit Victor Hugo, pourrait-il nous préciser quel jour et à quelle heure?... »

☘ Les discours alarmistes sur l'inexorable déclin du français ne datent pas d'aujourd'hui ainsi qu'en témoigne le quatrain ci-dessous extrait d'un poème vengeur dû à la plume d'un certain Alexandre de La Ville de Mirmont (1783-1845). Cet auteur s'inquiétait de l'intrusion de mots anglais dans notre langue, il y a plus d'un siècle et demi de cela. Déjà!

> ... En tout on singe l'Angleterre,
> Un bal est un « raout », une place est un « square »,
> Un ministre demande un « bill » d'indemnité
> Et nous portons un « toast » au lieu d'une santé!

☘ L'histoire d'une langue est une aventure sans fin, une guerre incessante que se livrent des armées dont les soldats sont des mots, une succession d'affrontements quotidiens entre des dialectes. Il faut attendre des siècles avant de connaître la langue qui parviendra à s'imposer au détriment des autres. Encore cette victoire ne sera-t-elle que provisoire... Le langage est une longue patience.

« Nos ancêtres les Gaulois » n'étaient guère portés sur l'écriture et leur parler n'a laissé que peu de traces dans notre langue; en revanche, les troupes romaines d'occupation en Gaule ont imposé peu à peu aux populations le méchant latin dont elles se servaient et qui n'avait qu'un rapport très lointain avec la noble langue que parlaient Cicéron ou Tite-Live.

C'est ce « latin de caserne », vulgaire et abâtardi, déformé au cours des siècles, qu'on retrouvera comme fond de sauce dans la composition du patois de nos régions, mélangé au dialecte des Francs, des Wisigoths, des Burgondes, des Alamans qui envahirent notre pays au cours du ve siècle. C'est ainsi qu'émergea lentement, au cours des siècles, un idiome roman. Au temps de Charlemagne, comme l'écrit Henriette Walter (*Le Français dans tous les sens* *), les gens « croyaient parler latin... et c'était déjà du gallo-roman ».

* *Éditions Robert Laffont, 1988.*

Le clergé, pour être compris de la masse des fidèles, dut abandonner l'usage du latin pour prêcher en *rustica romana lingua*.

Les rapports entre le latin et le roman finirent même par devenir si lointains qu'il fallut, à un moment donné, fabriquer des dictionnaires permettant à ceux qui ne se comprenaient pas de traduire une langue dans l'autre. L'un de ces premiers lexiques porte le nom de *Glossaire de Reichenau* et il date des VIIIe et IXe siècles.

Henriette Walter cite quelques exemples de la différence entre mots latins et romans. En voici deux significatifs :

- La *brebis* (ancien français « berbis ») se disait *oves* en latin et *berbices* en roman.
- Les *chauves-souris*, *vespertiliones* en latin et *calvas sorices* en roman.

Un patois qui a réussi...

La France commença par n'être qu'un minuscule territoire dont Paris était la capitale. On la surnommait même l '« Ile-de-France » pour la raison qu'elle était entourée d'eau de tous côtés... ou presque : eau de la Seine à l'ouest, de l'Oise au nord et, au sud, de la Marne. On y parlait un dialecte appelé le « francien » qui allait connaître un destin prodigieux.

Le 3 juillet 987 - il vient d'y avoir mille ans -, le duc Hugues Capet, qui régnait sur l'Ile-de-France, fut élu roi par les grands du royaume pour succéder à Louis V, le dernier des descendants directs de Charlemagne. L'Église, en le sacrant roi de cette France en miniature baptisée Francie occidentale, lui conférera la légitimité avec l'onction divine.

Au cours des années, le francien qu'on parlait à la cour allait s'étendre progressivement à d'autres régions, grâce, notamment, aux échanges commerciaux, aux chansons des troubadours ambulants, et au prestige dont est toujours entouré le parler d'une capitale. L'influence du francien s'étendra également en même temps que s'agrandira le domaine royal.

Le français actuel – *notre* français – n'est dans le fond qu'un patois parmi tant d'autres, mais un patois qui a réussi.

Dans la deuxième moitié du XIe siècle, le français devint même un produit d'exportation grâce à Guillaume le Conquérant, duc de Normandie et vassal du roi de France, qui conquit l'Angleterre en 1066, apportant son parler dans ses bagages et l'imposant à sa cour. C'est ainsi que le français devint le langage aristocratique de l'Angleterre et qu'il le resta pendant des siècles *. La devise de l'Angleterre est écrite en français : « *Dieu et mon droit* », ainsi que celle de l'ordre de la Jarretière, institué par Édouard III en 1347 – trois siècles plus tard ! - « *Honni soit qui mal y pense* ».

Le français sur ordonnance

En France, jusqu'au début du XVIe siècle, le latin demeura la langue savante, celle dans laquelle on instruisait les procès et on rendait la justice, celle qu'on enseignait à l'université. Mais, de moins en moins de personnes étaient capables de le comprendre.

C'est pour mettre fin à ce divorce intellectuel entre une infime minorité de Français cultivés et la France populaire que fut proclamée, le 7 août 1539, à la demande de François Ier, l'*ordonnance de Villers-Cotterêts*. Comme le chancelier Guillaume Poyet avait présidé à l'élaboration de ce long texte de 192 articles concernant plusieurs sujets importants, on l'avait surnommé, en son honneur, « **la Guillelmine** ». Il y était décrété que, désormais, le latin ne serait plus utilisé dans la rédaction des actes officiels - les jugements, les actes notariés ou les actes de procédure. Dorénavant, ces actes seraient obligatoirement rédigés « en langage maternel français et non autrement [...] afin qu'ils soient en un langage clair et qu'il n'y ait, ni puisse avoir aucune ambiguïté ou incertitude ». Outre le latin, se trouvaient condamnés par cette ordonnance tous « les parlers maternels », cette multitude de patois et de dialectes locaux dont l'importance ne commencera à décliner réellement que deux siècles et demi plus tard, c'est-à-dire à partir de la Révolution.

** Si l'on ne craignait de faire de la peine aux admirateurs de Jeanne d'Arc – ce qu'à Dieu ne plaise ! – on pourrait soutenir le paradoxe suivant : sans l'intervention de la Pucelle, le roi d'Angleterre serait devenu également roi de France. On aurait donc continué à parler le français dans les deux pays... et notre langue régnerait aujourd'hui sur la moitié du monde !*

L'âge d'or du français

Le latin avait été, au cours du Moyen Âge, le langage commun des gens de culture de toute l'Europe. Il sera peu à peu remplacé dans cette fonction par le français qui permettra aux savants, philosophes, médecins ou banquiers de différentes nationalités de se comprendre.

C'est en français que *Marco Polo* (1254-1324), illustrissime citoyen de la Sérénissime République de Venise, avait dicté son *Livre des merveilles*, dans lequel il décrivait les fabuleux trésors de l'Extrême-Orient.

C'est en français que *Leibniz* (1646-1716), ce mathématicien et métaphysicien allemand à la culture encyclopédique, rédigea une partie de ses œuvres.

C'est également en français que *Casanova* (1725-1798), aventurier et courtisan, rédigeait ses *Mémoires*, encore qu'on pût prétendre que l'amour, son sujet de prédilection, fût revendiqué comme spécialité française.

Au cours des XVIIe et XVIIIe siècles, notre langue s'imposera définitivement comme le langage universel des gens cultivés et intelligents. Sait-on que, jusqu'en 1914, le français allait être la langue diplomatique de l'Europe?

Pendant ces siècles d'or, les souverains d'Europe invitaient à leur cour les esprits français les plus brillants. Christine de Suède offrait à Descartes de venir s'installer dans son palais de Stockholm, et Frédéric de Prusse invitait Voltaire à séjourner en son château de Sans-Souci.

Merveilleuse époque où la langue et la culture française étaient à leur apogée et régnaient sans partage dans les cours européennes!

Dans les régions françaises, la situation était moins brillante. A peine un Parisien avait-il quitté la capitale qu'il rencontrait les plus grandes dificultés à se faire entendre et servir dans des provinces où patois et dialectes reprenaient leurs droits.

Dans une lettre datée de 1661, Racine raconte ses mésaventures à son ami La Fontaine : « J'avais commencé dès Lyon à ne plus guère entendre le langage du pays et à n'être plus intelligible moi-même. Ce malheur s'accrut à Valence, et Dieu voulut qu'ayant demandé à une servante un pot de chambre, elle mît un réchaud sous mon lit. Vous pouvez imaginer les suites de cette maudite aventure, et ce qui peut arriver à un homme endormi qui se sert d'un réchaud dans ses nécessités de nuit. » Une fois arrivé à Uzès, chez son oncle l'archiprêtre, le jeune Racine ne comprend plus un mot de ce qu'on lui dit.

A peine parvient-il à discerner dans le langage des gens de la région un mélange d'italien et d'espagnol!

L'Académie de Berlin, voulant connaître les raisons de la prééminence du français sur les autres langues, proposa aux intellectuels d'Europe un concours sur le sujet suivant : « Qu'est-ce qui fait de la langue française la langue universelle de l'Europe? Par où mérite-t-elle cette prérogative? Peut-on présumer qu'elle la conserve? » Rivarol, âgé de trente ans à peine, remporta le prix avec son *Discours sur l'universalité de la langue française* (1784) :

« C'est un concours de circonstances géographiques, politiques, physiques, linguistiques, littéraires, psychologiques et sociales qui a assuré à la langue française la prééminence que chacun lui reconnaît. Ni l'allemand, ni l'espagnol, ni l'italien, malgré leurs qualités propres n'ont bénéficié des mêmes chances. Seul l'anglais aurait pu disputer la primauté au français. Dans la mesure cependant où il existe une corrélation entre le génie d'une langue et le caractère, l'histoire et les institutions du peuple qui la parle, la supériorité du français s'explique aisément - il a fallu mille ans au français pour arriver à la perfection. Sa maturité est aussi celle d'une société et l'ordre imposé à la nation par la monarchie est le même qui règne dans la langue [...]. Toutes les langues sont mortelles, mais quand elles ont atteint leur perfection, elles gagnent une certaine immortalité grâce aux chefs-d'œuvre qu'elles ont produits. Le français ne deviendra langue morte que lorsqu'il cessera d'avoir de grands écrivains. »

La Francophonie dans tous ses états...

Même au cours de son époque triomphante, le français ne cessa jamais d'accueillir des mots empruntés à d'autres langues :
L'allemand (boulevard, espiègle, halte, trinquer...).
L'italien (citadin, brigand, canon, congédier, moustache, loterie...).
L'espagnol (mascarade, bizarre, baroque, casque, camarade...).
L'arabe (alcali, alcool, coton, algèbre, alchimie...).
Et surtout *l'anglais*.

Grâce au génie français de l'assimilation, ces mots étrangers se trouvaient aussitôt digérés, naturalisés et venaient enrichir notre langue. Qui reconnaîtrait aujourd'hui une origine anglaise en ces mots si français que sont « redingote » (*riding-coat*), « handicap » (*hand in cap*), « paquebot » (*packet-boat*) ou « boulingrin » (*bowling-green*)? Pourtant, à la fin du XIXe siècle, la situation change : les mots anglais pénètrent en Europe et en France de plus en plus nombreux, mais désormais ils conservent leur forme et leur prononciation anglaises : *week-end, baby-sitter, hold-up...*

Après la Grande Guerre, l'affaiblissement économique de la France se doublera d'un déclin culturel. Avec l'émergence du continent nord-américain comme grande puissance industrielle, l'anglais devient la première langue parlée dans le monde, loin, très loin devant le français.

La révolution informatique des années 70 précipite encore cette évolution : aujourd'hui, tous les ordinateurs de la planète parlent anglais !

C'est au géographe français Onésime Reclus que l'on doit d'avoir inventé en 1887 le terme de *Francophonie*.

Du temps où Rivarol démontrait l'universalité de la langue française (1784), cette triomphante francophonie avant la lettre se composait au maximum de *20 millions* de personnes. Deux siècles plus tard, on évalue aujourd'hui le nombre de personnes parlant français dans le monde à *120 millions*. Selon que l'on est optimiste ou pessimiste, selon que l'on se montre plus ou moins exigeant sur la qualité de ce qu'on nomme le « français », les chiffres varient entre 100 et 200 millions.

Aujourd'hui, on entend parler français dans les cinq continents, ce qui permettrait de dire avec une emphase toute royale que le soleil ne se couche jamais sur la Francophonie.

Il est très difficile de recenser à travers le monde ceux qui parlent réellement notre langue. Il faut également faire la distinction entre les pays où le français est langue maternelle, ceux où il est langue officielle et ceux qui ont choisi le français comme langue d'enseignement.

Le français est la *langue maternelle* de 63 millions d'Européens. Aux 56 millions de Français eux-mêmes, il convient d'ajouter les Wallons, les Suisses romands, les Andorrans, les Monégasques, les habitants de Sarrebruck et des îles britanniques de Jersey et Guernesey, sans oublier les francophones des vallées italiennes du Piémont et du Val d'Aoste.

Au Canada, on compte 6 millions de francophones dont 5 millions dans la seule province du Québec. Sans oublier, bien sûr, les habitants des petites îles de Saint-Pierre-et-Miquelon.

En Louisiane - qui n'est restée française que quatre-vingts ans, avant d'être vendue par Bonaparte pour 15 millions de dollars -, on continue de parler un des trois dialectes dérivés du français, soit le vieux français créole, soit le cajun, soit le gombo-french.

On parle français aux Antilles, en Haïti, en Guyane française, à l'île Maurice et aux Seychelles, à Mayotte, à Madagascar, en Nouvelle-Calédonie et en Polynésie. Dans les trois pays du Maghreb – Algérie,

Maroc et Tunisie –, le français n'est pas langue officielle, mais une grande partie de la population le comprend et le parle.
En Asie, dans ces régions bouleversées par la guerre que sont le Laos, le Kampuchéa (ancien Cambodge) et le Viêt-nam, le français a bien du mal à survivre. De même au Liban et au Moyen-Orient où notre langue demeure pourtant synonyme de culture.

☘ Dans trente et un pays, du Bénin au Vanuatu, le français est *langue officielle* (ce qui ne signifie pas pour autant que toute la population le comprenne et le parle), dont dix-huit États d'Afrique représentant une moitié du continent africain : Bénin - Burkina Faso - Burundi - Cameroun - Centrafrique - Congo - Côte-d'Ivoire - Djibouti - Gabon - Guinée - Mali - Mauritanie - Niger - Ruanda - Sénégal - Tchad - Togo - Zaïre.
Quarante-cinq États, répartis dans cinq continents, utilisent le français dans leurs communications internationales et leur enseignement interne.

☘ Car le français est *langue d'enseignement* dans de nombreux pays : A travers le monde, 250 000 professeurs de français s'efforcent de communiquer l'amour de notre langue à ceux qui, demain, seront l'élite politique ou économique de leur nation.

Aujourd'hui et demain : le français

En dépit de son recul face à l'omniprésence et la toute-puissance de l'anglais, le français reste l'une des langues officielles des organismes internationaux : O.N.U., O.T.A.N., U.N.E.S.C.O.
Sur cent cinquante-neuf pays représentés à l'O.N.U., un tiers des délégués s'expriment en français à la tribune.
N'oublions pas que le français partage avec l'anglais et l'arabe le privilège d'être l'une des langues de la Conférence islamique et de la Ligue arabe.
En hommage au baron Pierre de Coubertin qui a lancé l'idée des jeux Olympiques modernes, le français a été décrété langue officielle des jeux. Enfin, il faut savoir qu'avec le latin, le français demeure la langue diplomatique du Vatican.
Ces titres de gloire de la langue française ne doivent pas nous faire oublier l'importance de l'enjeu actuel; dans le match en vue de la suprématie mondiale, l'anglais ne cesse de marquer des points :

~ Le français est une langue simple et claire, une langue d'intellectuels, faite pour les confrontations d'idées et les débats philosophiques. N'ayons pas peur de prononcer le mot : le français est une langue noble de dilettante et d'aristocrate paresseux.

~ En revanche, l'anglais se fait remarquer par son côté rigide et tatillon. C'est un parler d'ingénieur, précis et inventif.

Or, de nos jours, le langage suit la technologie. A l'image du monde anglo-saxon qui, par son agressivité, par sa créativité, submerge le monde de ses produits, de sa technique, de ses ordinateurs et de sa culture, la langue anglaise ne cesse d'étendre son influence à tous les pays du globe.

Pourtant, tout n'est pas encore définitivement perdu pour le français qui dispose aujourd'hui d'un atout précieux dans sa résistance à l'anglais : l'existence de la *Francophonie*.

« C'est la première fois dans l'histoire, dit Alain Decaux, ministre enthousiaste de la Francophonie, qu'une communauté de pays, de régions, se forme autour d'une langue. »

Le français, de nos jours, n'appartient plus seulement au peuple de France : il est devenu - ce qu'il n'avait jamais été dans le passé - une langue internationale.

Notre beau parler de France qui se trouvait figé et un peu à l'étroit dans son vieil Hexagone reçoit l'apport d'une sève nouvelle : la langue de Racine et de Voltaire est utilisée par des Africains ou des Musulmans pour traduire des pensées qui ne sont pas les nôtres, des états d'âme inattendus, des chansons, des rythmes, des coutumes exotiques. Et notre langue en sort rajeunie, pleine de santé et de vie. L'Académie française accueille le Sénégalais Léopold Senghor; l'académie Goncourt couronne l'Arabe Tahar Ben Jelloun, celui qui a écrit : « Cette diversité pourrait devenir une chance pour la France. Une francophonie vivante et intelligente n'est possible que si elle respecte et met en valeur les autres langues nationales. La francophonie ne peut avoir de sens que dans une rupture définitive avec ses origines historiques et politiques - colonialisme et paternalisme. »

La France seule n'aurait pas aujourd'hui le même poids dans la Communauté européenne si elle n'avait avec elle cette « communauté solidaire francophone ».

En 1993, la France, loin de s'éloigner des pays de la Francophonie pourra, au sein du grand marché européen, leur servir de porte-parole. Tous ceux qui aiment passionnément notre langue préféreront sûrement un français vivant et parlé partout dans le monde, même s'il doit être un peu bousculé et écorché dans l'aventure, à une langue orgueilleuse, figée dans sa culture et son isolement, prête à devenir la langue morte de demain.

Le français en Belgique

Les Belges, dont nous rions volontiers, parlent un français souvent plus pur que le nôtre : une langue semble d'autant plus précieuse qu'elle est menacée et ce n'est pas un hasard si des linguistes comme Grevisse ou Hanse sont nés en Belgique. Au lieu de les moquer, nous devrions remercier nos amis belges d'être, aux avant-postes du combat contre le flamand, les soldats quotidiens de la francophonie. Voici, à l'usage du Français qui découvrira la Belgique, quelques particularismes qui pourraient le surprendre :

~ Un calepin	un cartable
~ Un drap	une serviette de toilette
~ Un torchon ou une loque à reloqueter	une serpillière
~ La drache	la pluie
~ Un feu ouvert	une cheminée
~ Une farde	un dossier, une chemise
~ Une femme à journée	une femme de ménage
~ Une femme qui attend famille	une femme enceinte
~ Un enfant jouette	un enfant joueur
~ Une buse	un tuyau de poêle
~ Il fait cru	il fait froid et humide
~ Avoir des doses	avoir une éruption de boutons
~ Tomber faible	s'évanouir
~ Blinquer	reluire
~ Une drêve	une allée bordée d'arbres
~ Un légumier	un marchand de légumes
~ L'aubette	l'abri ou le kiosque à journaux (dans l'Ouest de la France, c'est le même mot)
~ La lichette	chaînette ou cordon pour suspendre les vêtements
~ La vidange	les bouteilles consignées
~ La dringuelle	le pourboire
~ Une carte-vue	une carte postale
~ Le pli (des cheveux)	la raie
~ L'avant-midi	la matinée
~ La tête pressée	le fromage de tête
~ Le filet américain	le steak tartare
~ Un bonbon	un biscuit sec
~ Une fricassée	une omelette au lard
~ Un pâté	un gâteau à la crème
~ La pape	la bouillie
~ Un papin	un cataplasme
~ De la grenaille errante	des gravillons

Et, d'une manière générale, le verbe « savoir » employé à la place de « pouvoir ».

Le français en Suisse

La Suisse, qui a les moyens, se paye le luxe de posséder trois langues officielles : l'allemand, le français et l'italien.

Le français est parlé à l'ouest d'une ligne verticale reliant Bâle à Sion, dans les cantons de Genève, de Vaud, de Neuchâtel, dans la moitié occidentale du Valais et du canton de Fribourg ainsi que dans le Jura bernois, récemment séparé du canton de Berne.

Il n'y a guère de différence entre le français parlé en Suisse et celui parlé en France dans les régions frontalières de Savoie, de Bourgogne et de Franche-Comté : la frontière politique n'est pas une frontière linguistique. Les élites de Suisse alémanique mettent un point d'honneur à parler le français qui est considéré comme une langue de culture.

Voici quelques mots et expressions typiquement suisses :

- Je péclote.............. je ne vais pas très bien
- Une cuissette.......... une culotte de sport
- Une panosse........... une serpillière
- Relaver................ faire la vaisselle
- Poutser................ faire le ménage
- Se mettre à la chotte.... se mettre à l'abri
- Une bonne-main........ un pourboire
- Un foehn.............. un sèche-cheveux
- Le cheni.............. le désordre
- Le livret.............. la table de multiplication
- Huitante............... quatre-vingts
- Une verge .... une baguette

Jean-Paul Lacroix, dans son recueil *S comme Sottise* (Grancher éditeur), cite cet article de *La Tribune de Lausanne* : « Chacun connaissant les soucis des agents de police pour assurer le trafic dans les rues lausannoises, le père Noël s'est arrêté samedi place de la gare et il a réglé la circulation à l'aide de sa verge. »

Le français du Canada

C'est grâce au miracle d'une fidélité de quatre siècles qu'aujourd'hui notre langue est parlée par près de 6 millions de Canadiens : une extraordinaire histoire d'amour dont nous, Français de métropole, avons rarement été conscients !

♣ Sous Henri IV, les premiers colons français vinrent s'établir dans la vallée du Saint-Laurent qu'ils baptisèrent Nouvelle-France. Là, Samuel de Champlain fonda Québec en 1608. Colbert y établit en

1663 un gouvernement royal qui devait administrer le pays comme une province française. Un siècle plus tard, l'Angleterre et la Prusse sortent victorieuses de la guerre de Sept Ans, et la France doit signer, en 1763, le traité de Paris qui consacre la cession de la Nouvelle-France à l'Angleterre.

Loin de se laisser assimiler et digérer par leurs vainqueurs, les francophones résistèrent et se multiplièrent :

- En 1760, ils étaient 65 000 à peine.
- En 1880, ils étaient 680 000, dix fois plus.
- Un siècle plus tard, ils ne sont pas loin d'être cent fois plus nombreux qu'à l'origine.

Dans un monde que domine la langue anglaise, que dirige l'administration anglaise, que menace la civilisation américaine, la lutte incessante des Canadiens français pour conserver leur langue et leur culture relève d'une sorte d'héroïsme quotidien.

Il n'y a pas si longtemps, être francophone constituait dans ce pays un handicap insurmontable, l'impossibilité de s'élever si peu que ce soit dans la hiérarchie sociale, la certitude de n'obtenir jamais aucun privilège ni aucun emploi de commandement. Il n'était pas rare de lire, à la porte de quelques magasins anglais, cet avertissement : *Speak white!* - littéralement : « Parlez blanc! -, ce qui rabaissait la langue française au rang de dialecte d'une tribu indigène.

On ne rendra jamais assez hommage à l'action d'hommes comme le chanteur **Félix Leclerc** qui surent faire prendre conscience au public français de l'existence d'une culture québécoise. Aujourd'hui, les chanteurs, les romanciers, les cinéastes, les acteurs du Canada font une partie de leur carrière en France sans rien renier de leur accent ni de leur vocabulaire.

Dès 1871, Montréal avait cessé d'être une ville à majorité anglophone. Aujourd'hui, Montréal est - ex aequo avec Bruxelles - la deuxième ville francophone du monde, juste après Paris.

La langue québécoise est particulièrement savoureuse et le Français qui débarque au Canada a besoin de consulter son lexique s'il veut éviter quelques quiproquos gênants :

- Le postillon . . . . le facteur
- Une catin . . . . une poupée
- Une tabagie . . . . un bureau de tabac
- Une chaussette . . . . une pantoufle
- Une débarbouillette . . . . . un gant de toilette
- Les bleuets . . . . des myrtilles

- Les cocottes . . . . des pommes de pin
- On n'épluche pas des pommes de terre, mais on plume des patates.
- Un petit moment se traduit par une petite secousse.
- Un handicapé se dit une personne exceptionnelle.

Fernandel, lorsqu'il vint au Québec pour la première fois, crut rêver en lisant en lettres énormes sur la vitrine d'un magasin : « Écoulement de blanc à la verge. » Renseignements pris, cette inscription n'avait rien qui put offenser les bonnes mœurs : « L'écoulement de blanc » est tout simplement l'équivalent de notre grande « quinzaine de blanc ». Quant à la verge, c'est une ancienne mesure française de longueur (0,91 m!) toujours en usage au Québec.
Une dame québécoise en visite à Paris voulait acheter du ruban au mètre. Sans malice aucune, elle s'enquit auprès du vendeur : « Avez-vous du ruban à la verge? » Celui-ci, après avoir avalé sa salive, eut la présence d'esprit de répondre : « Non, madame, je ne pousse pas la coquetterie jusque-là! »
Se non è vero...

Un Québécois, voulant complimenter son hôte français sur le confort et la suspension de sa voiture, lui dira le plus naturellement du monde : « On se branle bien dans ton char! »
Un de nos amis français, récemment installé à Montréal, s'excusa auprès d'amis canadiens qui l'invitaient à une partie : « Je ne peux pas ce soir. Je dois m'occuper de mes gosses! » Il obtint un triomphe! Entre deux fous rires on lui expliqua qu'au Québec, « gosses » était le nom familier pour « testicules ».
Un jour d'hiver, Jean-Louis Curtis, prix Goncourt 1947, fut reçu à dîner par des amis québécois. Il prenait congé de ses hôtes et s'apprêtait à regagner son hôtel voisin lorsque le maître de maison lui dit brusquement : « Attendez que je vous donne une paire de claques! » L'écrivain sursauta et comprit lorsqu'on lui tendit une paire de galoches en caoutchouc pour protéger ses chaussures.
Comme ne dit pas l'Évangile canadien : « Si on te donne une claque au pied droit, tends le pied gauche! »

Allons! ne soyons pas pessimistes à l'excès! la francophonie dans le monde ne se porte pas trop mal, même si l'anglais et l'espagnol lui livrent une rude concurrence. Aucune autre langue au monde - si ce n'est l'anglais - ne connaît aujourd'hui une implantation aussi diversifiée que le français.

Mais c'est en France que doit se livrer le combat en faveur de la francophonie. Il nous appartient de nous interroger sur le français que nous parlons et qui est notre produit d'exportation.
Que constate-t-on? Le vocabulaire français s'appauvrit, s'étiole. La grammaire est malmenée. Le langage officiel manque de souffle et d'imagination; la langue de bois fait des ravages dans tous les milieux et principalement à la radio et à la télévision qui sont, pour l'étranger, les voix de la France. Or :
« La France, c'est d'abord la langue française. » FERNAND BRAUDEL
« Les mots ont une valeur et la dévaluation linguistique n'est pas moins néfaste que l'instabilité monétaire. »

PHILIPPE DE SAINT-ROBERT

Avant de nous précipiter, tête baissée, sur tous les mots venus d'outre-Atlantique et de les utiliser à la place de bons vieux mots de chez nous, nous devrions avoir en mémoire que le français a été la langue de la première grande encyclopédie du monde.

GUITRY (Sacha)
1885-1957

La célébration en 1985 du centième anniversaire de Sacha Guitry est passée presque inaperçue. Le « père Hugo », de la mort duquel on commémorait cette même année le centième anniversaire, monopolisa l'attention du public et des médias. La postérité est injuste : Sacha, qui fut l'un des premiers auteurs dramatiques de notre siècle, aurait pourtant mérité un hommage moins discret.

Paul Léautaud lui avait dit : « Vous êtes notre Molière ! » et pourtant il n'était pas seulement auteur et comédien, il était aussi cinéaste, journaliste, romancier, moraliste et, à l'occasion, dessinateur, sculpteur et publicitaire. Comme Cocteau il était un « touche-à-tout de génie ».

⁓ Sculpteur ? « Je n'ai sculpté que trois bustes dans ma vie, disait-il : le premier était un buste de Jules Renard, le deuxième était un buste de Jules Renard et le troisième aussi. »

⁓ Publicitaire ? On ne sait généralement pas que c'est Sacha qui baptisa et trouva le slogan d'un déjeuner soluble au chocolat qui fit fureur dans les années trente : « ELESKA. LE K.K.O. L.S.K. C.S.KI. »

⁓ Dessinateur ? A dix-huit ans, pour se faire un peu d'argent de poche, il avait publié un recueil de caricatures où l'on trouvait, croquées d'un trait de professionnel, des personnalités comme Tristan Bernard, Jules Renard bien sûr, Anatole France, Monet, Marguerite Moréno ou son inséparable Pauline Carton qui jouera les bonnes dans toutes ses pièces.

~ Cinéaste? Le cinématographe était encore balbutiant lorsque Sacha eut l'idée géniale, en 1915, de filmer dans leur vie de tous les jours les gloires de l'époque. Sans lui, on n'aurait aucune idée des gestes de Sarah Bernhardt, d'Edmond Rostand, de Degas, de Monet en train de peindre, de Rodin sculptant, de Saint-Saëns, d'Octave Mirbeau et de bien d'autres. Il réunit ces témoignages, inestimables parce que uniques, dans un film intitulé *Ceux de chez nous.*
Sacha Guitry tourna en tout trente-huit films. La critique leur réservait généralement un accueil assez tiède car elle ne voyait en eux que du théâtre filmé. Heureusement, des cinéastes de talent comme Truffaut, Resnais, Godard ou même Orson Welles rendirent hommage à ses trouvailles ainsi qu'au modernisme de son écriture cinématographique. Ils ne manquèrent jamais de le saluer comme un grand précurseur et de lui témoigner leur reconnaissance. Mais Guitry fut, avant tout, un incomparable auteur dramatique et un prodigieux comédien. Toute son existence - vaudeville ou tragédie - se déroulera sous le signe du théâtre.

« *Mon nom était fait : je me suis fait un prénom* » *(Sacha Guitry).*

Guitry, Alexandre, Pierre, Georges est né à Saint-Pétersbourg, le 21 février 1885, au nº 12 de la Perspective Newski.
En ce temps-là, l'aristocratie du monde entier parlait le français et nos comédiens se faisaient acclamer dans les grandes capitales. C'est ainsi que Lucien Guitry, qui allait devenir l'un des monstres sacrés de l'époque, avait été engagé au Théâtre impérial Michel pour assurer la saison d'hiver. Il avait signé pour neuf années consécutives. Sa jeune épouse, Renée de Pont-Jest, faisait partie de la troupe, mais elle n'eut guère l'occasion d'y montrer ses talents. En effet, l'année précédente, elle avait déjà accouché d'un fils prénommé Jean, qui fut suivi, onze mois plus tard, d'Alexandre. Le bébé était si laid que Lucien Guitry crut devoir consoler sa jeune femme : « C'est un monstre! Mais ça ne fait rien, nous l'aimerons bien tout de même! »
La nourrice - sa « mamka » - était russe et n'appelait le petit Alexandre que *Sacha :* Le surnom lui resta. Pendant cinq ans, les frères Guitry passèrent leurs hivers en Russie et leurs étés en France. Existence de rêve pour des gosses dont le père, au lieu de travailler comme tous les pères, passait son temps à jouer et à se déguiser.

Hélas ! Lucien Guitry, comédien modèle, était un mari déplorable. Sa femme demanda le divorce et, en attendant le jugement, garda les enfants avec elle. Chaque dimanche, le père venait les embrasser.
Il arriva un jour, vêtu d'une ample cape, et proposa à Sacha de venir avec lui acheter des gâteaux. Le fiacre, au lieu de s'arrêter devant une pâtisserie, continua jusqu'à la gare de l'Est. Le père, dissimulant l'enfant sous sa cape, rejoignit la cabine qui lui était réservée dans le train de Saint-Pétersbourg. Lucien Guitry venait de kidnapper son fils.

♣ Six mois plus tard, la saison d'hiver terminée, Sacha retrouva sa mère et son frère à Paris. Le temps des jeux était révolu, le moment venu d'entrer à l'école. Sacha s'y laissa traîner en faisant preuve d'une incoercible mauvaise volonté. Dans la poursuite de ses études, il parvint à établir une sorte de record du genre, se faisant renvoyer, à la suite, de douze écoles et en se révélant incapable de dépasser le niveau de la classe de sixième.
Le premier établissement qui eut le privilège de l'accueillir quelques mois fut le lycée Janson-de-Sailly. Il cessa d'y aller lorsqu'un professeur lui eut intimé l'ordre de ne revenir en classe qu'après avoir fait cent lignes.
Bien des années plus tard, en 1934, Janson-de-Sailly fêta son cinquantième anniversaire. Sacha Guitry, qui était devenu entre-temps une personnalité de premier plan, fut invité à présider les cérémonies. Il avait préparé un petit discours qui faisait juste cent lignes :
« Les voici ! dit-il, avec quarante ans de retard ! »
Un mot le vengea de ses tourments de lycéen :
« Les écoles sont des établissements où l'on enseigne à des enfants ce qu'il leur est indispensable de savoir pour devenir des professeurs. »
Dans la vie de Sacha Guitry adolescent, seul compta son père et, bien entendu, les amis de son père. Ils étaient cinq inséparables qui s'étaient baptisés les « Quatre Mousquetaires ». Plusieurs fois par semaine, Lucien Guitry recevait à dîner dans son appartement du 26, place Vendôme, Tristan Bernard, Alfred Capus, Jules Renard et Alphonse Allais. Sacha ne pouvait rêver meilleure école d'intelligence et d'esprit.

♣ Lorsqu'il déclara à son père qu'il souhaitait faire du théâtre, Lucien Guitry lui réserva un accueil assez tiède. Pourtant, un jour, il lui proposa un petit rôle dans une pièce en costumes qu'il avait montée : *La Bonne Hélène*. Sacha, qui jouait le rôle du beau Pâris, sous le pseudonyme - imposé par son père - de Lorcey, arriva un soir avec un retard de vingt minutes. Les spectateurs s'impatientaient. Il se précipita sur la scène, en oubliant de coiffer sa perruque, avec un casque qui lui descendait jusqu'aux yeux. Le fou rire s'empara des acteurs

qui eurent du mal à terminer la pièce. Lucien Guitry, furieux, lui infligea 100 francs d'amende. Sacha, qui ne gagnait que 10 francs par soirée, trouva la punition excessive. Le père et le fils se fâchèrent.
Lucien : « C'est à prendre ou à laisser ! »
Sacha : « Je laisse ! »
On était le 29 janvier 1905. Ils ne devaient se revoir que treize ans plus tard.

« N'ayant pas eu d'enfant, je suis resté un fils » (Sacha Guitry).

Sacha connut son premier grand succès d'auteur avec *Nono* le 6 décembre 1905.
Jules Renard note dans son *Journal* : « Sacha - Hier aux Mathurins, Nono, trois actes qui sont une révélation - C'est du Guitry accouchant lui-même d'un auteur dramatique. »
Depuis quelque temps déjà, Sacha vit avec Charlotte Lysès, une comédienne plus âgée que lui et avec laquelle son père avait couché une fois ou deux. Leur mariage, le 14 août 1907, prit l'allure d'une farce : le marié, grimé en blanc, était au lit comme un mourant. « On a dit, écrivit Sacha, que j'étais en pyjama vert et rose. Quelle folie ! J'étais tout simplement en pyjama bleu et blanc. »
Ce sera le divorce en 1918 et, l'année suivante, le 10 avril, le deuxième mariage de Sacha, avec Yvonne Printemps.
Il vivait sa vie privée comme une pièce de théâtre et, sur la scène, il poursuivait le dialogue avec son épouse du moment. De ses histoires de cœur, il faisait des pièces de théâtre et vivait ses amours successives comme les différents actes d'une même pièce. Le personnage qu'il s'était fabriqué pour la scène se prolongeait à la ville. Lorsqu'il aura, un jour, un théâtre à lui, il fera transporter sur la scène des tableaux ou des meubles lui appartenant.
Il imposait au théâtre un ton neuf, un style nonchalant et spirituel, où les bons mots font oublier dans un éclat de rire les situations les plus scabreuses.

Un après-midi de 1918, alors qu'il se préparait à jouer sa pièce, *Deburau,* il apprit que son père avait retenu une loge. Lucien Guitry repartit aussitôt le rideau tombé, mais il chargea le bon Tristan Bernard d'apporter une lettre à Sacha : « Je vous attends à déjeuner demain. » Ce fut la réconciliation après une si longue brouille.
« Et maintenant, fais-moi vite une pièce ! » demanda-t-il à son fils. Sacha se mit aussitôt au travail et écrivit *Pasteur* où Lucien Guitry trouva l'un de ses meilleurs rôles. La fille de Louis Pasteur vint voir le grand acteur dans sa loge :

« Papa ! s'écria-t-elle très émue en découvrant Lucien Guitry qui achevait de se grimer.
- Non ! Papa ! » répondit Sacha en souriant.
Dès lors, on ne vit plus le père sans le fils. Les noms de Lucien Guitry, de Sacha Guitry et d'Yvonne Printemps ne quittèrent plus les affiches de théâtre. Sacha écrivit encore pour célébrer leur réconciliation : *Mon père avait raison.* Le père et le fils connaîtront sept années de bonheur entre leurs retrouvailles passionnées et la mort de Lucien. Celui-ci eut une phlébite alors qu'il jouait depuis cinquante-trois jours la nouvelle pièce de Sacha : *On ne joue pas pour s'amuser.* Il mourut quelques jours plus tard. Ses derniers mots furent : « Et Sacha ? »

☘ Sacha hérita de la maison du 18, avenue Élisée-Reclus. C'était en 1911, au lendemain d'une tournée triomphale en Amérique du Sud que Lucien Guitry, qui n'avait jusque-là pas économisé un sou, acheta un terrain sur le Champ-de-Mars et y fit construire cet hôtel particulier dont Sacha allait faire un musée.
Depuis l'âge de vingt ans, il avait la passion des collections. Au lieu de payer les impôts faramineux que lui réclamait le fisc (« Louis XIV n'a jamais demandé à Molière de payer des impôts », déclara-t-il, superbe, un jour à Edgar Faure), il acheta des tableaux de maître, des éditions originales, des manuscrits, des autographes et des objets ayant appartenu aux grands personnages de France.
Voici quelles étaient les plus belles pièces de ce musée :

- Le gilet de Marat.
- Le jabot de dentelle encore taché de sang de Robespierre.
- La baguette de Toscanini.
- La canne de Courteline.
- Le pinceau de Monet.
- L'encrier dont se servit Hugo pour écrire *L'Année terrible.*
- La robe de chambre et la bague de Flaubert.
- L'original d'*Athalie* avec dédicace autographe de Racine.
- Un exemplaire de *L'École des femmes* où, à la page 52, on peut lire en marge, de la main de Molière, le mot « esprit » substitué au mot « amour ».

Et puis des tableaux : de Tiepolo à Utrillo, de Fragonard à Bonnard, de Goya à Seurat, de Greuze et Delacroix à Dunoyer de Segonzac :

> [...] Qu'un Utrillo, c'est comme une fenêtre
> En plus, qu'on a chez soi
> Et devant laquelle on s'assoit,

rimait-il sans façon. Et il ajoutait : « Décorer sa maison, c'est encore la plus jolie façon d'embellir son horizon. » En 1932, Yvonne Prin-

temps le quitte pour suivre Pierre Fresnay qui abandonne lui-même Berthe Bovy.
« Il ne faut jamais épouser que de très jolies femmes si nous voulons qu'un jour on nous en délivre. »
Puis, Jacqueline Delubac fait son entrée dans la vie de Sacha Guitry.
« Il n'y a rien entre Jacqueline Delubac et moi... pas même une chemise ! » feint-il de démentir avant de l'épouser, le 21 février 1935, jour de son cinquantième anniversaire.
« J'ai le double de son âge - dit Sacha en rajeunissant de trois ans la mariée, - il est donc juste qu'elle soit ma moitié. »
Il était maintenant l'un des rois de Paris. Les imitateurs copiaient sa voix. Les chansonniers moquaient sa suffisance et son égoïsme.
« Pauvres sots qui me reprochez ma façon de dire " Moi ". Si vous étiez de mes intimes, vous sauriez comment je dis " Toi ". »
« Si ceux qui disent du mal de moi savaient exactement ce que je pense d'eux, ils en diraient bien davantage. »
En 1939, Jacqueline Delubac cède à son tour la place à Geneviève de Séréville qui sera la première et la seule autorisée à porter le nom de Guitry. Sacha est élu à l'académie Goncourt.

Viennent alors les années de la guerre et de l'Occupation. Sacha faisait partie du paysage parisien à un tel point que l'idée de vivre ailleurs que dans la capitale lui était tout bonnement insupportable. Et vivre, pour lui, c'était continuer d'écrire des pièces et de les jouer. Lorsque Paris fut libéré, cinq jeunes F.F.I. en armes vinrent l'arrêter. En chemise à fleurs, pantalon jaune, babouches de crododile vert jade et coiffé d'un large panama, il fut conduit à pied jusqu'à la mairie du VIIe : c'était le 23 août 1944. Lorsqu'on lui demanda plus tard :
« Quel jour avez-vous été arrêté?
- Le jour de la Libération ! »
On put mesurer la haine dont il était l'objet. En France, on pardonne difficilement la réussite et le succès : tous lui tournèrent le dos. On l'insulta, on le frappa, on lui cracha au visage et on cria « à mort » sur son passage. Un juge, plus mal à l'aise que lui, l'inculpa « d'intelligences avec l'ennemi », faute de trouver le moindre fait matériel à lui reprocher. Il resta enfermé soixante jours à Fresnes.
« Non, non ! N'être jamais parmi ceux qui haïssent. Tâcher d'être plutôt parmi ceux que l'on hait. On y est en meilleure compagnie. »
Malgré le non-lieu qui le blanchissait définitivement de tout soupçon, il vécut des jours terribles, abandonné de tous - sauf de quelques fidèles courageux -, écarté du théâtre, reclus comme un pestiféré dans son hôtel de l'avenue Reclus. Chaque soir, à 21 heures, il frappait pour lui seul les trois coups, sur sa table, avec son crayon.

~ Une nouvelle épouse, Lana Marconi, sera la compagne de ses dernières années. Il écrivit un livre de souvenirs, *Quatre ans d'occupations,* un titre dont le pluriel fit enrager ses ennemis. On lui enleva les trois quarts de l'estomac.
« Ah! docteur! J'ai bien failli vous perdre! » dit-il, en se réveillant, au professeur Godard d'Allaines. Malgré la maladie, il se remit au travail. Il avait un dur combat à mener pour reconquérir les faveurs du public. Ses sources d'inspiration étaient toujours les mêmes : la femme et la France... et il parlait des deux comme personne.
Son cœur était en mauvais état, sa circulation donnait des inquiétudes. Un soir, ses pieds étaient si enflés qu'il fallut découper ses escarpins à coups de ciseaux avant qu'il entre en scène. Cela lui rappela la mort de son père. Lorsqu'il fut incapable de jouer, il continua à faire des films qu'il dirigeait, assis sur un fauteuil roulant. Il souffrait terriblement : « La morphine a été inventée pour que les médecins puissent dormir tranquilles. »
Ses difficultés financières sont telles qu'il lui faut, de temps à autre, se dessaisir d'un tableau, d'une pièce rare.
A la première de gala à l'Opéra de son film *Si Paris m'était conté,* il fut porté jusqu'à sa loge par des laquais en habit à la française. On l'acclamait, il saluait, on aurait dit un roi.
Paul Léautaud meurt dans la misère. Sacha Guitry se chargea de sa sépulture. Un dernier film encore, *Assassins et voleurs...* et ce sera terminé.
Cinquante années de spectacle, un demi-siècle de vie parisienne, meurent avec l'homme qui a personnifié, mieux que quiconque, l'esprit français.
L'une de ses dernières paroles s'adressait à sa femme : « Ne me regarde pas, chérie, je ne suis plus un spectacle. » Il mourut le 24 juillet 1957 à 4 heures du matin.
On a dispersé ses trésors, l'hôtel qui les renfermait est tombé sous la pioche des démolisseurs. Seuls, les mots de Sacha, son esprit continuent de nous accompagner :

~ « Ce qui, probablement, fausse tout dans la vie, c'est qu'on est convaincu qu'on dit la vérité parce qu'on dit ce qu'on pense. »

~ « Cet homme vous ennuie? Rendez-lui donc service et vous en serez débarrassé. »

~ « Il y a des gens qui augmentent votre solitude en venant la troubler. »

~ « On entend, sans doute, par demi-mondaine une femme qui se donne à un homme sur deux. »

~ « C'est entre trente et trente et un ans que les femmes vivent les dix meilleures années de leur vie. »

~ « Si les femmes savaient combien on les regrette, elles s'en iraient plus vite. »

~ « Elles croient que tous les hommes sont pareils parce qu'elles se conduisent de la même manière avec tous les hommes. »

~ « Il y a des femmes qui se jettent à votre cou comme elles se lanceraient à la tête d'un cheval... pour vous faire croire que vous êtes emballé ! »

☘ Le 24 juillet 1987, à 10 heures, en l'église de la Madeleine, les amis et les fidèles de Sacha Guitry se sont réunis pour commémorer le trentième anniversaire de sa mort.

Le théâtre Édouard-VII porte le nom de Sacha Guitry depuis 1985.

Régulièrement, l'Association des amis de Sacha Guitry demande à la mairie de Paris de donner son nom à une artère de la capitale.

De 1977 à 1987, vingt de ses pièces ont été mises à l'affiche avec un grand succès.

Peu à peu, les clichés s'effacent, les légendes s'oublient et Sacha Guitry est en train de devenir un auteur classique :

Je n'ai qu'une passion : le travail
Je n'ai qu'un seul amour : aimer
Et je n'ai qu'un amour : la France.

INITIALES

Les lettres placées au début des noms propres s'écrivent en caractères majuscules, ce qui leur confère évidemment une importance... capitale. Dès la naissance, les humains sont répertoriés, classés, triés d'après l'initiale de leur nom de famille. De l'annuaire téléphonique au monument aux morts, chacun d'eux occupe une place alphabétiquement définie. Au lycée, au régiment, les appels s'effectuent, de A à Z, suivant un ordre immuable.

Parfois, l'initiale de notre prénom vient s'ajouter à celle de notre nom pour orner une chevalière, un porte-clés ou pour distinguer une valise.

Hélas! Le nombre de combinaisons possibles entre deux lettres de l'alphabet étant mathématiquement limité à 676, nous devons - bon gré, mal gré - partager nos initiales avec quelques centaines de milliers de nos contemporains.

La véritable célébrité est d'être nationalement - ou mondialement - reconnu à l'énoncé de ses seules initiales. En deux lettres, il n'existe qu'une seule B.B. et qu'un seul (heureusement!) J.R. Mais, en trois ou quatre lettres, il est plus facile d'identifier quelques rares personnalités. Essayons :

- J.B.D., c'était Jean-Baptiste Doumeng, « Le milliardaire rouge »
- J.F.K., c'est plutôt John Fitzgerald Kennedy que Jean-François Kahn
- D.D.T., le polémiste Delfeil de Ton, cher aux lecteurs du *Nouvel Obs*
- P.M.F., c'est Pierre Mendès France
- V.G.E., Valéry Giscard d'Estaing
- P.L.S., Paul-Loup Sulitzer
- P.E.V., Paul-Émile Victor
- Y.S.L., le couturier Yves Saint-Laurent
- J.J.S.S., Jean-Jacques Servan-Schreiber
- P.P.D.A., c'est Patrick Poivre d'Arvor, bien sûr! initiales que l'imitateur Yves Lecoq traduit injustement par « Plus Payé Des Animateurs », mais auxquelles l'intéressé lui-même a trouvé une autre signification depuis qu'il produit sur T.F.1 l'émission littéraire « Ex Libris » : « Par Passion Des Auteurs ».

Bernard Pivot qui ne dispose, comme vous et moi, que de deux initiales, se surnomme depuis : B.P.D.A. - Traduisez : Bernard Pivot d'Apostrophes!
Dans les allées du VIe arrondissement de Paris, il serait du dernier mauvais goût de confondre B.H.L. (Bernard-Henri Lévy) avec le B.H.V. (Bazar de l'Hôtel de Ville).

Mais la notoriété est chose fugitive : au siècle dernier, les initiales V.H. ne pouvaient désigner que Victor Hugo, ce monument national. Un quidam racontait à Tristan Bernard que le grand poète était, de son vivant, l'objet d'une telle vénération qu'il lui arrivait souvent, lorsqu'il entrait dans une église, de voir ses initiales gravées sur les murs.
« Oui, toujours à la seconde visite! » précisa l'humoriste.
De nos jours, lorsque nous voyons sur une table deux flacons gravés V et H, nos pensons simplement qu'ils contiennent du vinaigre et de l'huile au lieu d'imaginer qu'il s'agit d'objets ayant appartenu à Victor Hugo!

Dans le domaine littéraire, il est de nombreux exemples d'auteurs qui font précéder leur nom de plume des deux ou trois initiales de leurs prénoms, semblables en cela aux voyageurs qui se seraient débarrassés de bagages encombrants et ne se promèneraient qu'avec les tickets de consigne permettant de les identifier.
Voudriez-vous connaître les prénoms que des écrivains célèbres ont dissimulés derrière leurs mystérieuses initiales?

- A.D.G., l'auteur de la Série noire s'appelle en réalité Alain Camille. Son pseudonyme est Alain Fournier (oui! comme l'autre!), mais, pour signer ses polars, il s'est souvenu qu'il avait publié jadis à compte d'auteur sous le nom d'Alain Dreux-Galloux (d'où A.D.G.).

- H.F. AMIEL (Henri-Frédéric)
- BRUSS B.R. Cet auteur de science-fiction, qui signe aussi Roger Blondel, se nomme René Bonnefay
- C.W. CERAM (Curt Wilhem). Il a retourné son nom de Marek pour se fabriquer un pseudonyme
- G.K. CHESTERTON (Gilbert Keith)
- E.M. CIORAN (Emil Michel)
- A.J. CRONIN (Archibald Joseph)
- T.S. ELIOTT (Thomas Stearns)
- J.H. FABRE, l'entomologiste (Jean Henri)
- W.C. FIELDS, cet acteur-écrivain dont Pierre Desproges prétendait qu'il a « un prénom de chiottes », se nommait en réalité « William Claude Dunkinfield »
- E.M. FORSTER (Edward Morgan)
- E.T.A. HOFFMANN (Ernest Theodor Amadeus)
- J.K. HUYSMANS (Joris Karl)
- P.D. JAMES, la nouvelle Agatha Christie (Phyllis Dorothy).
- JEROME K. JEROME (Klapka)
- J.M.G. LE CLÉZIO (Jean-Marie Gustave)
- G.W. LEIBNIZ (Gottfried Wilhelm)
- H.P. LOVECRAFT (Howard Philips)
- O.V. DE L. MILOSZ (Oscar Vladislas de Lubicz)
- V.S. NAIPAUL (Vidiadhar Surajprasad)
- J.H. ROSNY Aîné (nom de plume de Joseph Henri Boex)
- J.H. ROSNY Jeune (nom de plume de Séraphin Justin Boex, frère du précédent)
- J.D. SALINGER (Jerome David)
- P.B. SHELLEY (Percy Bysshe)
- P.J. STAHL (Paul Jules), nom de plume de l'éditeur Jules Hetzel
- W.M. THACKERAY, l'auteur de *Barry Lindon* (William Makepeace)
- J.R.R. TOLKIEN, l'auteur du *Seigneur des anneaux* (John Revel Ronald)
- P.J. TOULET (Paul Jean)
- H.G. WELLS (Herbert George)
- P.G. WODEHOUSE, le père littéraire de Jeeves, le valet génial (sir Pelham Grenville)
- W.B. YEATS (William Buttler)

♣ Dans le cinéma où tout est superstition, on considère comme un gage assuré de succès le choix d'une même lettre comme double ini-

tiale. Pourtant, on pourrait remplir plusieurs gros volumes avec les noms de tous les inconnus, tombés au champ d'honneur du spectacle, qui avaient adopté un nom de scène à initiales identiques. En revanche, cette particularité a porté, sinon bonheur du moins succès, aux stars de la liste ci-dessous :
Anouk Aimée (Nicole Aimée Dreyfus). Bernard Blier. Brigitte Bardot. Blanchette Brunoy (Blanchette Bilhaud). Claudia Cardinale (Claude Joséphine Cardinale). Caroline Cellier. Charles Chaplin. Cyd Charisse (Tulla Ellice Finklea). Claudette Colbert (Claudette Chauchoin). Danielle Darrieux. Doris Day (Doris Kappelhoff). Danièle Delorme (Danièle Girard). Dora Doll (Dorothée Feinberg). Diana Dors (Diane Mary Fluck). Françoise Fabian (Michele Cortes de Leone y Fabianera). Farrah Fawcett. Greta Garbo (Greta Gustafsson). Ginette Garcin. Georges Géret. Kay Kendall (Justine Mac Carthy). Klaus Kinski (Claus Gunther Nakszynski). Marcello Mastroianni. Maria Mauban (Marie Versini). Marthe Mercadier. Michèle Mercier. Melina Mercouri. Macha Méril (Marie-Madeleine Gagarine). Miou-Miou (Sylvette Herry). Marilyn Monroe (Norma Jean Baker Mortenson). Michèle Morgan (Simone Roussel). Pascale Petit. Paul Préboist. Ronald Reagan. Robert Redford. Raymond Rouleau. Simone Signoret (Simone Kaminker). Simone Simon. Sissy Spacek. Sylvester Stallone...

☘ Il fut un temps pas si lointain où, sur le tronc des arbres ou les colonnes des monuments, on déchiffrait souvent quatre initiales jointes deux par deux à l'intérieur d'un cœur percé d'une flèche. Comme ils étaient charmants ces « À Y.X pour la vie ! » - Pour la vie ! qui donc oserait aujourd'hui s'engager pour aussi longtemps ? Il est regrettable que ce doux vandalisme sentimental ait aujourd'hui cédé la place à des slogans imbéciles. Les initiales qui salissent les murs de nos villes sont le plus souvent celles de groupes extrémistes ou racistes.
En revanche, elles portent encore témoignage vingt siècles après, ces quatre initiales I.N.R.I (*J*ésus de *N*azareth *R*oi des *J*uifs) inscrites en haut d'un instrument de supplice dressé sur le Golgotha. La face du monde allait en être changée.
Spirituels à leur façon, les cruciverbistes ne manquent jamais de les revendiquer comme le tout premier de leurs « mots en croix ».

INTERNATIONALE (L')

L'Internationale, cette *Marseillaise* du prolétaire, n'est pas née, comme notre hymne national, dans la fièvre d'une nuit inspirée. « C'est la lutte finale... », les strophes fameuses qu'écrivit Eugène Pottier en 1871, durent attendre vingt-cinq ans avant que la musique de Pierre Degeyter ne vînt les faire chanter.
De même que *La Marseillaise* est fille de la Révolution, *L'Internationale* est née de la Commune. Près de cent ans séparent ces deux chants martiaux, vedettes au palmarès des défilés. Chacun a sa saison, chacun son quartier d'élection : si le premier se joue de préférence en juillet sur les Champs-Élysées, le second se chante plutôt au début du mois de mai, du côté de la République ou de la Bastille.
A chaque refrain sa couleur et sa province natale : Si le « tricolore » est venu au monde à Strasbourg, le « rouge » est de Lille, bien sûr! L'histoire de *L'Internationale* - comme celle de *La Marseillaise* un peu plus loin - valant d'être contée, nous n'aurions garde de nous... défiler!

☘ C'est dans la modeste famille d'un artisan-emballeur parisien que vint au monde Eugène Edme Pottier en l'an de grâce 1816.
Malingre et de santé fragile, il n'avait pas l'aspect farouche qu'on se plaît à imaginer aux révolutionnaires. Pourtant, il fit preuve tout au long de sa vie d'une énergie étonnante : il mena de front sa carrière de dessinateur sur tissus, allant même jusqu'à créer sa propre entreprise, tout en s'enthousiasmant pour ses deux passions, la chanson et le combat politique.
A quinze ans, il apprend tout seul la prosodie et publie un premier recueil de poèmes, *La Jeune Muse*, qu'il dédiera à Béranger, l'homme que les classes populaires vénéraient à l'égal d'un dieu.
Pottier n'hésite pas, lorsque éclate la révolution de 1848, à se ranger aux côtés des insurgés. Puis il s'oppose à l'Empire en devenant l'un des promoteurs du syndicalisme ouvrier, complètement illégal à cette époque.
Vint ensuite la Commune dont il fut l'un des chefs. Après la semaine sanglante - 22-28 mai 1871 -, il jugea préférable de se cacher et c'est au mois de juin de cette même année qu'il écrivit, en pleine clandestinité, les strophes de *L'Internationale* :

Debout! Les damnés de la terre!
Debout! Les forçats de la faim!
La raison tonne en son cratère,
C'est l'éruption de la fin.
Du passé, faisons table rase
Foule esclave, debout! debout!
Le monde va changer de base,
Nous ne sommes rien! Soyons tout!

Il quitta ensuite la France en suivant le chemin classique de l'exilé : la Belgique, puis Jersey, Guernesey et les États-Unis où il vivra dix ans. Comme les tribunaux français l'avaient condamné à mort par contumace en 1873, il devra attendre pour retourner dans son pays que soit votée la loi d'amnistie en 1881.
Dès lors, malade, misérable, il vivra d'expédients et acceptera les travaux les plus sordides afin de gagner les quelques sous qui lui permettront de ne pas mourir de faim. Les élèves des Beaux-Arts le connaissaient bien car il lui arrivait souvent de poser nu pour eux en échange d'un salaire de misère.

Lorsqu'il mourut, en 1887, ses amis parvinrent à rassembler ses œuvres qui avaient été éditées en feuilles volantes et ils les publièrent en souscription sous le titre de *Chants révolutionnaires*.
Au nombre de ces amis se trouvait Gustave Delory, le maire de Lille, qui était en même temps secrétaire de la Fédération du Nord du Parti ouvrier français - une sorte de Pierre Mauroy de l'époque. Delory avait créé une chorale, la « Lyre des travailleurs » qui, chaque semaine, se réunissait à l'« Estaminet de la Liberté », rue de la Vignette à Lille.
Un des membres de cette chorale, Pierre Degeyter, se piquait de composition. Delory lui confia l'album des *Chants révolutionnaires* en lui suggérant d'en mettre quelques-uns en musique, et surtout ces strophes intitulées *L'Internationale* qui lui semblaient particulièrement inspirées.

Pierre de Geyter était né à Gand en 1848. Comme dans sa profession de tourneur sur bois, la particule ne lui était d'aucune utilité, il se faisait appeler Degeyter tout simplement. Lorsqu'il vint travailler aux usines Fives-Lille, il s'inscrivit en même temps au conservatoire de musique pour s'exercer à la composition.
C'est un dimanche, jour du Seigneur, et sur un paisible harmonium d'église que naquit, en 1887, la musique de *L'Internationale*, cet

hymne dont les accents allaient changer le monde. La « Lyre » l'interpréta pour la première fois en public en 1888 pour la fête du Syndicat des marchands de journaux à Lille.
Mais il faudra attendre encore quelques années pour qu'en 1896, au XIVᵉ congrès du Parti ouvrier français, cet hymne rencontre un succès si éclatant que les travailleurs l'adopteront comme chant de ralliement :

C'est la lutte finale!
Groupons-nous, et demain
L'Internationale
Sera le genre humain!

☘ Soudain, en 1901, coup de théâtre : Adolphe Degeyter, le frère de Pierre, révéla que c'était lui le véritable auteur de *L'Internationale*. Ainsi, cet hymne, expression pure et dure de la révolte du monde du travail contre sa condition misérable, changeait-il de registre pour se retrouver dans la rubrique sordide des déchirements familiaux et des querelles judiciaires.
L'affaire fut instruite pendant de longues années : la justice devait désigner, entre les deux frères qui en réclamaient la paternité, celui qui avait composé la musique de *L'Internationale*. Était-ce Adolphe Degeyter, devenu maire de Lille, ou bien Pierre Degeyter qui, depuis 1902, était venu habiter à Saint-Denis, qui toucherait les droits d'auteur accumulés?
Après treize ans d'enquêtes, d'expertises et de réflexions, le tribunal, vraisemblablement influencé par les protections politiques dont bénéficiait le maire de Lille, trancha en faveur d'Adolphe.
Que se rassurent les bonnes âmes, l'affaire connaîtra une fin morale : en 1915, poursuivi par le remords, Adolphe Degeyter se pendra après avoir confessé son mensonge et reconnu dans une lettre à ses amis que son frère était bien le seul auteur de la musique de *L'Internationale*.
Pierre put alors faire casser le jugement. Lorsqu'il mourut, en 1932, on lui réserva des funérailles grandioses. A Moscou, une rue porte aujourd'hui son nom. A quoi bon rappeler que Pierre Degeyter est aussi l'auteur de chansonnettes qui n'ajoutent rien à sa gloire : « Reine des fleurs », « L'Inconsolée », et ce chef-d'œuvre : « L'Aéroplane »!

☘ En 1988, dans le sud-ouest de la France, à L'Isle-sur-Tarn, vit toujours Marguerite Eckert, née en 1903, qui est la petite-fille d'Eugène Pottier. Cette alerte et charmante octogénaire ne décolère pas.

Elle en veut d'abord aux dirigeants, passés et présents de l'U.R.S.S. qui ont utilisé la chanson de son grand-père comme hymne national pendant un quart de siècle - de 1917 à la Seconde Guerre mondiale - sans jamais lui verser un centime de droits d'auteur, en dépit de ses demandes réitérées.

Elle en veut aussi aux socialistes français qui ne chantent plus *L'Internationale* dans leurs réunions parce qu'ils lui préfèrent maintenant la chanson *Vivre libre* de Mikis Theodorakis.

Elle en veut à toutes ces firmes de disques qui ont enregistré *L'Internationale*, l'ont inscrite à leur catalogue et ne se préoccupent pas de la vendre. Même Jean-Marie Le Pen, l'éditeur des disques S.E.R.P., l'a fait enregistrer par la chorale de la C.G.T.! Mais lui a peut-être quelques raisons de ne pas la promouvoir.

La vérité c'est qu'aujourd'hui, *L'Internationale* ne fait plus recette. La chanson qui fut peut-être la plus jouée au monde rapporte moins qu'un petit refrain à la mode. Et, dans quelques années, elle tombera dans le domaine public.

Voilà pourquoi Marguerite Eckert n'est pas contente!

Toute sa tendresse, elle la réserve à Don Camillo... ou plutôt à l'ennemi intime de celui-ci, Peppone qui, dans chacun des quatre films racontant les démêlés homériques du représentant de Jésus avec le suppôt de Staline, ne cessait d'entonner *L'Internationale*, pour un « Si » ou pour un « Niet ». C'est grâce à lui qu'elle a pu s'acheter la bibliothèque et le cosy-corner qui sont l'orgueil de son salon.

IO

De tous les noms de la mythologie grecque, le plus célèbre est, sans doute aucun, celui d'Io, cette nymphette de rien du tout, sans laquelle il n'est pas de bonne grille de mots croisés.

Oyez, oyez, cruciverbistes mes frères, la tragique histoire de la pauvre Io.

♣ C'était, pour son malheur, une jeune prêtresse d'une grande beauté lorsque Zeus, le roi des dieux, la remarqua. Afin de pouvoir s'unir à elle sans encourir les foudres d'Héra, sa divine et jalouse moitié, il eut l'idée de la transformer en génisse. Héra ne fut pas longtemps dupe de la métamorphose et, fine mouche, elle demanda à Zeus de lui consacrer l'animal. Le roi des dieux, pris au piège, fut contraint d'obéir. On confia alors Io à la garde d'Argos, le géant aux

cent yeux qui ne dormait jamais que d'un œil... pardon de cinquante. Zeus, compatissant, demanda à Hermès d'arracher la pauvre vachette à son terrible gardien. Mais Héra, rancunière, lui envoya alors un taon qui, à force de piqûres, rendit furieuse la fausse génisse qui se mit à galoper pendant des mois à travers toute la Grèce. Elle franchit le détroit qu'on nomma depuis Bosphore, c'est-à-dire « le gué de la Vache ». Sur le mont Caucase, elle rencontra Prométhée qui lui prédit un destin exemplaire.
Io se retrouva alors en Égypte où elle reprit sa forme première de belle jeune femme et enfanta Epaphos sur les bords du Nil. On l'identifie alors avec la déesse Isis et, après sa mort, avec la déesse Lune, représentée sous les traits d'une femme aux cornes d'or. Voilà!
Si Zeus avait cru que, grâce à son stratagème, sa coupable liaison passerait inaperçue, il se fourrait l'index sacré dans l'orbite céleste : des millions de cruciverbistes qui rencontrent chaque jour le nom d'Io dans leurs grilles ne sont pas près d'oublier le récit de ses turpitudes.

Les meilleurs faiseurs de mots croisés font assaut d'esprit et d'ingéniosité pour trouver des définitions originales à ce petit mot de deux lettres. « Je ne connais personne d'aussi encombrant que la vache Io, écrivait Tristan Bernard; on retrouve ce ruminant de sang royal à tous les coins de rébus. » La petite Io aurait bien mérité de devenir la patronne des cruciverbistes si ceux-ci ne s'étaient déjà donné saint Laurent comme patron, à cause de la grille sur laquelle il fut torturé. Voici quelques définitions du nom Io par les grands spécialistes du genre.

De Tristan Bernard (à tout seigneur...)

- Eut une destinée inverse de celle des grands hommes d'affaires qui sont venus à Paris en sabots.
- Augmenta brusquement d'une unité le cheptel argien.
- Bipède devenu quadrupède.
- La moitié de ses membres changea brusquement de dénomination.

De Guy Brouty

- Ne resta pas fille après avoir connu l'amour.
- Dormit sur le tard sans quitter sa culotte.
- Porta finalement une robe à queue.
- Fut tour à tour la belle et la bête.

De Pierre Dewever

- Devenue génisse à la suite d'une vacherie.
- Elle acheva bêtement une existence qui s'annonçait divine.

De Michel Laclos

- Dame de trèfle.

De Max Favalelli

- Fut, sans doute, victime de la traite.
- Changea brusquement de station.
- Quitta ses sandales pour mettre des sabots.
- On pouvait l'entendre venir avec ses gros sabots.

De Robert Scipion

- A été de mâle en pis.
- A dû ruminer sa vengeance.
- N'a pas dû apprécier sa nouvelle robe.
- S'est en partie racornie.
- Ne riait pas assez pour avoir du bon fromage.

A suivre... dans votre prochaine grille de mots croisés.

LIPOGRAMME

Le Grand Larousse définit le *lipogramme* comme une œuvre littéraire, en prose ou en vers, dans laquelle on s'astreint à ne pas faire entrer une ou plusieurs lettres de l'alphabet.
Quelle peut être l'utilité d'un semblable exercice, se demanderont les braves gens en se tapotant la tempe de l'index. Pour quelles raisons un individu ayant à sa disposition un alphabet de vingt-six lettres renonce-t-il de son plein gré à employer l'une ou l'autre? De tels excentriques n'ont-ils vraiment rien d'autre à faire?
Il faut croire que cette espèce d'écrivains bizarres n'est pas une invention récente. Pour le plus grand bonheur de leurs contemporains, chaque époque et chaque pays ont vu naître des poètes, amoureux fous de leur langue, qui travaillent les mots comme autant de pierres précieuses, qui les taillent, les sculptent, les assemblent et s'inventent des contraintes seulement pour le plaisir de les surmonter.
Georges Perec - un sacré alchimiste du verbe - affirme que l'ancêtre des lipogrammatistes fut un certain Laos d'Hermione qui vécut au VIe siècle avant J.-C. et qui composa deux poèmes auxquels manquait la lettre *sigma*. Si cette information est exacte, le lipogramme doit alors être considéré comme « le plus ancien artifice de la littérature occidentale ».

Après lui, Nestor de Laranda réécrivit l'*Iliade* et Tryphiodore l'*Odyssée* en éliminant successivement de chacun des chants la lettre qui portait le même rang dans l'alphabet. Ainsi ne trouvait-on pas d'*alpha* dans le premier chant, de *bêta* dans le second...
Pindare lui-même composa, dit-on, une ode dans laquelle il avait évité d'employer la lettre *epsilon*. Fulgence reprit le même procédé pour écrire une *Histoire universelle*.
Après ces lipogrammatistes grecs et latins, il y en eut d'italiens, d'espagnols, d'allemands et - ce qui nous intéresse davantage - de français. G. Peignot, dans ses *Amusements philologiques* (1842), publia une œuvre en vingt-cinq quatrains (c'est-à-dire toutes les lettres de l'alphabet, moins le W) d'où chaque voyelle et chaque consonne se trouve exclue tour à tour. Voici successivement, les quatrains privés de A, de E, de I, de O, de U :

Ton désir, ô mon prince, est de nous rendre heureux,
De tes peuples divers écoute donc les vœux :
Sur ton trône chéri, sois longtemps le modèle
Des rois dignes un jour d'une gloire immortelle.

Toi qu'on connaît partout, ô divin artisan,
Tu nous as tous soumis à la loi d'un tyran,
Tyran craint d'un chacun qu'on baptisa LA MORT.
Oui, mourir tôt ou tard, humain, voilà ton sort !

Le méchant est tremblant quand l'horloge banale,
Auprès de son grabat, sonne l'heure fatale;
Et son cœur, ulcéré par les remords rongeurs,
Sent à chaque moment redoubler ses douleurs.

Le ciel, en sa fureur, a semé sur la terre
Les peines, les chagrins, la fièvre, la misère;
Chacun en a sa part et chacun ici-bas
Ne peut en espérer le terme qu'au trépas.

De la Religion respectez les mystères;
Et dans vos ennemis ne voyez que des frères.
Donnez à l'indigent, protégez l'orphelin;
De vos bienfaits cachés ne soyez jamais vains.

Que voilà de bons conseils hautement moraux ! Et comme notre moraliste se tire habilement de son exercice de style qui, à aucun moment, ne sent l'effort. Celui qui n'est pas prévenu ne pourra pas - sauf perspicacité exceptionnelle - s'apercevoir de l'absence d'une voyelle dans chacun de ses quatrains.

☙ Enfin Perec vint ! Ce farceur inquiet, « cet homme incompréhensible venu de Pologne - c'est-à-dire de nulle part comme disait Jarry- pour se perdre dans la littérature » (Pierre Marcabru). Incomparable jongleur de mots, il réussit à établir, durant sa trop courte existence, quelques records qui seront difficiles à battre. Georges Perec est notamment l'auteur d'un roman de trois cents pages intitulé *La Disparition* (1969, Denoël) dans lequel il affecte de ne pas utiliser une seule fois la lettre E, pourtant la plus fréquemment employée en français. C'est d'ailleurs la disparition de cette voyelle qui donne son titre à l'œuvre. Si grande est la qualité littéraire de cet exploit que la plupart des critiques ne s'aperçurent pas au prime abord de la supercherie. Perec n'en resta pas là : il accorda à la lettre E la revanche qu'elle méritait. Il écrivit un autre ouvrage intitulé *Les Revenentes* (1972, Julliard) dans lequel il utilisait uniquement la voyelle E, comme l'annonce la faute d'orthographe du titre.
En 1973, Perec publia dans un numéro des *Lettres nouvelles* un texte savant et drôle intitulé « Histoire du lipogramme ».
Il se livre d'abord à l'étymologie du mot en mettant en garde ceux qui seraient tentés de croire que *lipogramme*, composé du préfixe grec *lipo*, graisse et de *gamma*, lettre, peut se traduire par « lettre graisseuse ». Affreux contresens ! Le radical *lipo* vient du grec *leipo*, « je laisse, je perds ». Un seul autre mot français utilise cette racine, c'est *lipothymie*, perte de connaissance, premier degré de la syncope.
Selon Georges Perec, le mot est apparu dans le dictionnaire de l'Académie en 1762. Il n'y figure plus depuis 1878, mais il vient de réapparaître dans le Larousse. Le mot existe en allemand, en anglais et en espagnol.
~ Afin de démontrer le génie de Perec, voici, extraite de *La Disparition,* sa version lipogrammatique du célèbre sonnet de Baudelaire intitulé « Recueillement », dans laquelle il n'utilise pas la lettre E (le titre déjà en compte 4). Tout le monde connaît l'archicélèbre :

> Sois sage, ô ma douleur, et tiens-toi plus tranquille
> Tu réclamais le Soir, il descend ; le voici :
> Une atmosphère obscure enveloppe la ville,
> Aux uns portant la paix, aux autres le souci [...]

qui se termine par le vers immortel :

> Entends, ma chère, entends la douce nuit qui marche.

Chanson, par un fils adoptif
du commandant Aupick

Sois soumis, mon chagrin, puis dans ton coin sois sourd
Tu la voulais, la Nuit ; la voilà ; la voici :
Un air tout obscurci a chu sur nos faubourgs,
Ici portant la paix, là-bas donnant souci.

Tandis qu'un vil magma d'humains, oh, trop banals,
Sous l'aiguillon Plaisir, guillotin sans amour,
Va puisant son poison aux puants carnavals,
Mon chagrin, saisis-moi la main, là, pour toujours.

Loin d'ici. Vois s'offrir sur un balcon d'oubli,
Aux habits pourrissants, nos ans qui sont partis ;
Surgir du fond marin un guignon souriant ;

Apollon moribond s'assoupir sous un arc.
Puis, ainsi qu'un drap noir traînant au clair ponant
Ouïs, Amour, ouïs la Nuit qui sourd du parc.

Quel remarquable tour de force !
Décidément, « une lettre qui manque et tout est de Perec ! », comme n'a pas dit Lamartine. Sans doute Georges Perec voulait-il se venger de cette lettre qui revient à quatre reprises dans son nom !

♣ Sans espérer jamais y parvenir aussi bien que lui, nous pouvons nous amuser à charcuter un vers célèbre afin de lui extirper une lettre ou plusieurs.
Si nous prenons justement le trop fameux « Un seul être vous manque et tout est dépeuplé », nous pouvons le transformer ainsi :

~ Sans E :

Ton amour disparu, il n'y a plus un chat !

ou

Pour un humain manquant, kif kif au Sahara !

~ Sans A.I.O.U.Y. :

Cette belle enlevée, le désert est réel !

Comment le Bescherelle - 1863 - pouvait-il prétendre à l'article Lipogrammatie : « Les ouvrages lipogrammatiques sont de vaines puérilités » ? Une seule explication à une telle erreur de jugement : Perec n'était pas né !

LIVRE

Le sort des hommes est ceci :
Beaucoup d'appelés, peu d'élus.
Le sort des livres, le voici :
Beaucoup d'épelés, peu de lus.

Sainte-Beuve

Aussi vieille que le monde, l'écriture porte le témoignage émouvant de la volonté qu'a toujours eue l'homme de se survivre en laissant après lui une trace de son existence et de sa pensée. L'homme civilisé a besoin du livre tout comme il a besoin de Dieu : pour faire échec à l'oubli et à la mort, pour se sentir immortel. Le livre, c'est le temps aboli.

Il est stupéfiant de constater que, très tôt dans l'histoire, le livre a trouvé sa forme parfaite, son apparence définitive, comme si, dans l'absolu, avait préexisté un modèle idéal et insurpassable. Il y eut la pierre gravée, les tablettes d'argile cuite, puis de cire, les rouleaux de papyrus ou de toile, la peau d'animal...

☘ C'est en Chine, dès le deuxième millénaire avant Jésus-Christ, que serait apparu le livre dans sa forme moderne. Dans notre « barbare » Occident, il faudra attendre le IIe siècle de notre ère pour voir le rouleau de papyrus - *volumen* - commencer à céder la place au *codex*, première manifestation de notre livre actuel.

De nos jours se produisent encore des miracles : l'année 1989 n'avait que quelques heures lorsque des fouilles, entreprises dans le petit cimetière copte d'al-Mudel en moyenne Égypte, révélèrent la sépulture d'une fillette de douze ans, enterrée il y a seize siècles. Ses parents avaient confié le soin de veiller sur elle à un trésor : une Bible - *byblos*, LE livre - de quatre cents pages de parchemin de format 17 centimètres sur 13, cousues entres elles en cahier au moyen de fils de métal et de lanières de cuir et solidement protégées par deux planchettes de bois recouvertes de cuir.

C'était un *codex*, cet objet parallélépipédique, qui deviendra notre livre actuel, l'objet de culture par excellence.

☘ La forme du livre étant trouvée, il ne restait plus qu'à résoudre le problème de sa duplication. Longtemps, ce fut l'affaire de moines qui passaient leur existence à recopier des manuscrits qu'ils enluminaient au passage de dessins inspirés de leur foi ou de leur vie quotidienne.

Seuls, quelques rares puissants de la terre pouvaient s'offrir ces œuvres d'art, fruits de longues années de travail.

Vers 1440 apparut l'imprimerie. On avait déjà eu l'idée de graver ou de sculpter des planches de bois d'une seule pièce, qui permettaient, après encrage et pression, de tirer plusieurs copies d'une même page, lorsque vint Johannes Gensfleisch - plus connu sous le nom de Gutenberg - qui découvrit les procédés de l'imprimerie moderne, grâce auxquels le livre ne demeurera plus un objet unique et hors de prix, mais un modèle reproductible à l'infini et accessible à tous. C'est à Mayence, où il naquit dans les dernières années du XIVe siècle, que Gutenberg inventa la presse à imprimer, les caractères typographiques en métal ainsi que l'encre permettant l'impression du papier sur ses deux côtés. Son chef-d'œuvre fut une Bible à quarante-deux lignes par page que l'on peut admirer aujourd'hui encore. Les bibliographes ont donné le nom d'*incunables* aux ouvrages datant des origines de l'imprimerie (le temps où l'imprimerie était « au berceau » : *incunabula* signifiant « berceau » en latin), c'est-à-dire des livres imprimés avant l'an 1500.

Le livre

Un livre n'est pas seulement un objet dont divers procédés techniques ont permis l'élaboration. Un livre, c'est aussi la rencontre de deux désirs décalés dans le temps : au commencement, celui d'un *auteur* qui prend le risque de confier à une feuille blanche une partie de lui-même, jusque-là demeurée secrète et ignorée :

« J'écris pour pouvoir lire ce que je ne savais pas que j'allais écrire. »

CLAUDE ROY

A l'autre bout du temps, un *lecteur* attend, sans savoir qu'il lui est destiné, ce message que l'auteur a confié au hasard :

« Un livre est une bouteille jetée en pleine mer sur laquelle il faut coller cette étiquette : *attrape qui peut.* » ALFRED DE VIGNY

Pour que puisse avoir lieu cette rencontre miraculeuse entre un auteur et son lecteur, bien des intermédiaires seront nécessaires. Il y faudra, au moins, un *éditeur*, un *maquettiste*, un *typographe*, un *metteur en pages*, un *imprimeur*, un *correcteur*, une *forêt*, des *bûcherons*, un *fabricant de papier*, un *relieur*, un *transporteur*, un *grossiste*, un autre *transporteur* et puis un *libraire* à moins que ce ne soit un *club* ou une *bibliothèque*.

« Trois choses sont nécessaires pour faire un bon livre : le talent, l'art et le métier, c'est-à-dire la nature, l'industrie et l'habitude. »

JOSEPH JOUBERT

Qui donc sera l'organisateur de la rencontre entre l'auteur et son lecteur? Sera-ce un catalogue, une revue, une émission de télévision, une vitrine, le conseil d'un ami ou d'un professionnel? A moins que ce ne soit tout bonnement le hasard.

« A vrai dire, nous ne choisissons pas nos livres, ce sont eux qui s'imposent à nous en quelque manière. Il ne faut avoir à soi que les livres qui ont excité à quelque degré notre curiosité ou notre amour. »

JOSEPH AYNARD

Voici maintenant, face à face, l'auteur et le lecteur se regardant à travers le livre. Cet objet, fait de papier et d'encre, possède paradoxalement toutes les qualités de la plaque de verre. Il dépend de celui qui lit que le verre soit transparent comme une vitre ou, au contraire, réfléchissant comme la surface d'une glace. Tel est, en effet, le double destin du livre : être *fenêtre* ouverte sur d'autres lieux, un autre temps ou d'autres vies, ou bien *miroir* qui reflétera les préoccupations ou les pensées de son lecteur. N'est-ce pas nous, bien souvent, qui nous lisons de livre en livre, qui nous projetons sur d'autres existences, sur d'autres destins?

« Qui veut se connaître, qu'il ouvre un livre. » JEAN PAULHAN

« Un livre est une fenêtre par laquelle on s'évade. »

JULIEN GREEN

« Tout livre digne de ce nom s'ouvre comme une porte ou une fenêtre. »

PHILIPPE JACCOTTET

« La lecture, une porte ouverte sur un monde enchanté. »

FRANÇOIS MAURIAC

Le livre, corpuscule vivant, né au plus secret d'un auteur qui l'a conçu et conduit jusqu'à son épanouissement, connaît ensuite, grâce à un éditeur qui l'adopte, une saison de fruits dont maint lecteur gardera peut-être à jamais le goût dans la bouche.
Semblable en cela à celui de l'homme, il est du double destin du livre de vivre une existence au grand jour - humble ou éclatante - entre deux grands mystères, celui de sa création et celui de sa survie.

L'auteur

« C'est un métier que de faire un livre comme de faire une pendule; il faut plus que de l'esprit pour être auteur. »

S'il fallait prendre au mot le bon La Bruyère, nous ne manquerions pas d'horlogers! En effet, le Ministère de la Culture et le Syndicat national de l'édition ont estimé, il y a quelques années, à 40 000 personnes le nombre des écrivains en France. Le chiffre atteindrait même 100 000 si l'on y ajoutait les autres catégories d'auteurs, ceux qui écrivent pour la radio, la télévision, le théâtre, le cinéma ou la musique.

Plus réaliste sûrement, l'I.N.S.E.E. en se basant sur des déclarations fiscales ne recense que 4 500 auteurs.

Au XIXe siècle, déjà, Alphonse Karr trouvait qu'autour de lui beaucoup trop de gens écrivaient. Que n'eût-il pas dit aujourd'hui?

« Le nombre des écrivains est déjà incalculable et ira toujours croissant parce que c'est le seul métier, avec la politique, qu'on ose faire sans l'avoir appris. »

Et *Aurélien Scholl* de surenchérir :

« Il fut un temps où les bêtes parlaient. Maintenant, elles écrivent. »

Qui pourrait prétendre qu'être écrivain soit un métier comme un autre?

« Faire l'amour comme un devoir, écrire comme un métier... des deux côtés : néant. » PAUL LÉAUTAUD

☘ Comment regrouper sous l'appellation unique d'« écrivain » les artisans solitaires, inconnus ou méconnus, qui ne parviennent pas à faire publier leurs œuvres et, tout en haut de l'échelle, les quelques poignées de vedettes médiatisées dont chaque livre, annoncé, attendu, dévoré, commenté, abondamment cité, crée l'événement? D'un côté, l'immense troupeau des auteurs anonymes, de l'autre le gratin des stars de l'écrit... et, entre les deux, un assez joli bataillon d'auteurs occasionnels à qui le livre procure des revenus non négligeables, mais qui vivent surtout de leurs cours d'universitaire ou de leur plume de journaliste. Dans une carrière d'écrivain, il est de règle d'avoir un second métier - qui est bien souvent le premier. On estime à plus de 80 p.100 les écrivains qui vivent d'un emploi plus sûr.

Au regard de la loi, la plupart des écrivains connus ne sont pas de véritables auteurs professionnels, car ils tirent de leurs droits d'auteur moins de la moitié de leurs revenus. Vivre de sa plume est une chose... vivre de ses droits d'auteur en est une autre.

Combien d'écrivains aujourd'hui en France peuvent-ils se vanter de vivre exclusivement de leurs livres? Robert Laffont estime que leur nombre ne doit pas dépasser vingt.

La plupart des autres sont médecin *et* écrivain, avocat *et* écrivain, ou bien député, diplomate, haut fonctionnaire, professeur, critique, directeur de collection dans une maison d'édition, journaliste...

« Le métier des lettres est tout de même le seul où l'on puisse, sans ridicule, ne pas gagner d'argent. » JULES RENARD

☘ Dans le passé, la situation de l'écrivain était encore plus précaire : Corneille, Racine, Molière vivaient de pensions payées par le roi et ils finirent leur vie dans la gêne. La Fontaine, d'abord pensionné par Fouquet puis par la duchesse de Bouillon, finit par vivre en aimable parasite chez Mme de La Sablière.

Les œuvres de Voltaire ne l'ont jamais enrichi et, souvent, pour gagner sa vie, il fut obligé de faire des affaires pas toujours très reluisantes.

Avant la Révolution, le droit d'auteur n'existait pas : l'auteur vendait son œuvre en toute propriété à un libraire et il perdait tout droit sur elle. Il fallut attendre la création de la Société des auteurs dramatiques, à l'initiative de Beaumarchais, puis la loi sur la propriété littéraire de 1793 pour que les écrivains fussent rémunérés par un pourcentage sur les ventes.

Émile Zola, pourtant habitué aux gros tirages, écrivait : « Le livre, à moins d'une très grande vogue, n'enrichit jamais l'auteur. Ainsi, c'est déjà une belle vente lorsqu'on vend à 3 ou 4 000 exemplaires. Cela fait donc 2 000 F en mettant le droit, par exemple, à 50 centimes. On voit donc que, si le livre a demandé un an de travail et que, s'il paraît directement en librairie, 2 000 francs est une bien modeste somme avec laquelle on peut à peine vivre de nos jours. »

Pourtant, les romanciers populaires du XIXe siècle - Alexandre Dumas, Balzac, George Sand, Hugo... - avaient le moyen de s'enrichir grâce à la presse, qui publiait leurs œuvres en feuilleton préalablement à leur sortie en livres dans le commerce.

☘ Aujourd'hui, l'écrivain est rémunéré par un « droit d'auteur » calculé sur le prix de vente hors taxes du livre. Ce droit, variable suivant la notoriété de l'auteur, est en moyenne de 10 p.100 pour les ventes au-dessus de 10 000 exemplaires. Pour la publication en livre de poche, le droit tombe à 5 p.100.

Il est permis de s'interroger sur les raisons qui poussent tant de gens à écrire alors que le livre - à moins d'être un best-seller - n'enrichit pas son auteur.

« Écrire un livre est toute une aventure. D'abord, c'est un jouet, un amusement. Puis, cela devient une maîtresse, puis un maître et, enfin, un tyran. » WINSTON CHURCHILL

François Mauriac, avec une humilité toute chrétienne, prétendait qu'à part écrire il ne savait rien faire :

« En dehors de mon métier d'écrivain, je ne suis bon à rien. En conséquence, on peut dire qu'un bon à rien peut facilement devenir écrivain. »

Pour cette feinte humilité, vous nous réciterez trois Pater, mon révérend !

L'éditeur

Un auteur et un éditeur... la voilà bien l'association miraculeuse, le voilà le couple idéal ! L'un apporte dans la corbeille son inspiration et le fruit d'un long travail ; le second lui offre les moyens de concrétiser son rêve et d'en assurer la popularité.
Et il faut reconnaître qu'il en est souvent ainsi.
Pourtant, on ne peut jamais exclure que quelques discordances ou quelques fâcheux grincements ne viendront pas gâter une aussi nécessaire harmonie : qu'un livre ne marche pas et chaque partenaire tend à rejeter sur l'autre la responsabilité de l'échec... Qu'un livre se vende trop bien et chacun s'en attribuera tout le mérite !
Voilà pourquoi Céline, qui n'en fut jamais à une invective près, s'écria un jour :

« Tous les éditeurs sont des maquereaux ! »

Voilà pourquoi René Julliard, qui fut un grand éditeur, avait ainsi défini son métier avec cynisme :

« L'édition, c'est l'art de salir avec de l'encre chère un papier coûteux pour le rendre invendable. »

Mais, ce ne sont là, bien sûr, que péripéties et vaguelettes venant rider à peine la surface lisse de la plus belle profession qui soit : l'édition ! Sans doute, trompée par le prestige et le rayonnement de l'édition française, l'opinion a-t-elle tendance à se l'imaginer plus importante qu'elle n'est.
Le chiffre d'affaires annuel de l'édition ne représente en 1987 que 13 milliards de francs, c'est-à-dire un chiffre identique à celui du commerce français de la fleur coupée et de la plante en pot !

L'édition est, par excellence, le domaine des P.M.E., ces petites et moyennes entreprises qui sont la trame de notre industrie et de notre commerce. On estime à 700 environ le nombre des maisons françaises d'édition : nombre approximatif car il suffit d'avoir publié dans l'année, fût-ce une modeste brochure, pour avoir droit à la qualité d'éditeur.

En réalité, 22 éditeurs seulement réalisent un chiffre d'affaires supérieur à 100 millions de francs et représentent 60 p.100 du chiffre d'affaires total. 34 éditeurs seulement ont publié 64 p.100 du total des titres sortis dans l'année. Un mouvement de concentration, timidement amorcé il y a une vingtaine d'années, tend à s'accélérer aujourd'hui. L'édition française, que l'on avait crue frileuse et craintive, se prépare à résister au courant d'air qui se produira lors de l'ouverture des portes du marché européen en 1993 et à affronter victorieusement ses concurrents du monde entier.

Deux groupes puissants dominent l'édition française. Ce sont, par ordre d'entrée en scène et d'importance :

- le groupe Hachette qui rassemble des maisons au nom et au passé prestigieux : Grasset, Fayard-Mazarine, Stock, Éditions 1 ou Lattès;
- le groupe de la Cité où se trouvent réunis Larousse aussi bien que Nathan plus Les Presses de la Cité composées elles-mêmes d'une glorieuse constellation : Julliard, Plon, Perrin, Bordas, Bourgois, Orban ou Solar.

Et puis, voici les grands noms, fleurons de l'édition française, qui ont eu l'honneur de découvrir et de faire connaître les écrivains célèbres et les œuvres qui marqueront notre siècle :

- Gallimard, Denoël, Mercure de France.
- Flammarion.
- Laffont, Seghers.
- Le Seuil.
- Albin Michel.
- Belfond, Les Presses de la Renaissance, Acropole, le Pré-aux-Clercs.
- Balland.
- Les Éditions de Minuit.
- Payot...

Et puis, Ramsay, Calmann-Lévy, La Table Ronde, Jean-Jacques Pauvert, Pygmalion, Grancher, Belin, Hatier, Le Cherche-Midi, Sand, La Découverte, Lieu commun...

Ces dernières années, sans doute en réaction au processus de concentration qui se développe, on voit de jeunes éditeurs, plus riches d'enthousiasme que de capitaux, se lancer dans l'aventure éditoriale et y remporter de bien sympathiques succès : Rivages, P.O.L., Odile Jacob, François Bourin, Bernard Barrault, Fixot, Compagnie 12, Quai Voltaire...

Pourquoi une petite équipe de commando, soudée autour d'un promoteur omniprésent, n'apporterait-elle pas à un auteur un appui aussi efficace que la structure professionnelle d'un grand éditeur?

Avec peut-être le bonheur en plus. En France, où la décentralisation ne fut jamais une vertu nationale, l'édition se trouve concentrée non seulement à Paris, mais dans ce cœur intellectuel qu'est le VIe arrondissement.

70 p. 100 des éditeurs - représentant près de 80 p.100 du chiffre d'affaires de la profession - ont leur siège à Paris. Une raison supplémentaire de rendre hommage aux courageux éditeurs de province qui, en dépit du double handicap de la longue distance et de la condescendance vague, ont tenté l'expérience de la décentralisation littéraire.

L'ensemble des éditeurs - célèbres ou inconnus, importants ou minuscules - ont vendu, en 1986, 365 millions de livres - un million par jour.

L'édition française a publié cette année-là 30 424 titres dont une moitié représente de nouveaux titres et l'autre la réimpression et l'édition nouvelle de titres anciens. Ce chiffre n'est important qu'en apparence : il témoigne au contraire de l'affaiblissement progressif de l'édition française au sein de l'Europe. Il faut savoir que, la même année, l'Allemagne a produit 63 679 titres, le Royaume-Uni 57 845 et l'Espagne - oui ! l'Espagne ! - 36 912... plus de 20 p.100 de plus que la France.

Il fut un temps - lointain, il est vrai - où l'édition française avait un retentissement international. Aujourd'hui, *la moitié du chiffre d'affaires de l'édition mondiale concerne des ouvrages écrits en anglais.* Quatre autres langues se partagent ensuite, à parts égales, une tranche représentant *un tiers* : le français, l'allemand, l'espagnol et le japonais.

Rien de plus facile que de calculer la part que représente l'édition française dans le monde : le quart d'un tiers, c'est-à-dire environ 8 p.100, ce qui n'est pas à proprement parler une position dominante !

Le lecteur

A intervalles réguliers, dans le but d'illustrer la crise du livre et de la lecture, un sondage est rendu public qui vient confirmer cette évidente : *un Français sur deux n'achète jamais un livre.* Vous le connaissez, nous le connaissons tous ce Français de la statistique, c'est toujours le même. Comme souvent, en présence d'une situation regrettable, chacun s'emploie à trouver d'excellentes raisons à cette désaffection pour le livre :

Les éditeurs, disent certains, *publient trop et n'importe quoi.* Nous venons d'avoir précisément la preuve du contraire, ce qui ne nous empêche pas de sourire en lisant cette phrase d'Angelo Rinaldi : « Si les éditeurs publiaient moins de livres, on les lirait; s'ils cessaient d'en publier, on irait jusqu'à en acheter! »

♣ *Le livre est trop cher*, gémissent certains autres qui ne rechignent pourtant pas à aller plusieurs fois par semaine au cinéma et à collectionner cassettes ou disques laser. Sous prétexte que le livre est un objet culturel, ceux-là s'imaginent sans doute qu'il devrait être gratuit et que l'auteur, l'imprimeur, l'éditeur et le libraire devraient travailler à titre gracieux.
Il est néanmoins exact que l'évolution actuelle ne favorise pas la baisse du prix du livre : le tirage moyen d'un livre ne cesse de diminuer : il est actuellement de 13 000 exemplaires pour une nouveauté, ce qui ne permet pas d'étaler de façon convenable la part des frais fixes.
Quant à la vie moyenne d'un livre, elle est estimée aujourd'hui à deux ou trois mois qui s'écoulent entre le départ du livre nouveau du stock de l'éditeur à destination du libraire et le retour à ce même éditeur des exemplaires invendus.

♣ *Il n'y a plus de bons libraires*, accusent quelques grincheux... on ne trouve jamais chez eux le livre qu'on recherche!
La France possède pourtant l'un des réseaux de librairies les plus denses et les plus compétents du monde. On estime généralement à 21 000 le nombre des points de vente du livre, des magasins plus ou moins spécialisés qui peuvent se répartir ainsi :
- 600 librairies générales dont 250 vrais libraires;
- 4 000 papeteries possédant un rayon de livres;
- 1 200 bibliothèques de gare;
- 15 000 points de vente présentant un choix de livres d'actualité et quelques tourniquets de poches à côté des journaux ou du tabac.

Quelques hypermarchés présentent à leurs clients un véritable rayon de livres. Ajoutons à cette énumération les 200 boutiques et relais du club France-Loisirs.
Alors que les librairies se situent dans des villes d'au moins dix mille habitants *, le catalogue de ce club et son service de vente par correspondance représentent la seule librairie présente dans les 36 000 communes de France.
Comment pourrait-on reprocher à un libraire de ne pas connaître tous les livres qu'il a en rayon lorsqu'on sait que chaque année paraissent 30 000 livres dont 7 000 titres nouveaux, c'est-à-dire 140 chaque semaine?
Supposons un lecteur boulimique qui, de sa dixième à sa quatre-vingtième année, réussisse à lire un livre chaque jour de sa vie, sans jamais se reposer. Au bout de soixante-dix ans, il aura lu 25 000 titres, soit moins de 10 p.100 des 275 000 livres représentant le fonds de l'édition française.

** Il y a en France 768 communes de 10 000 habitants et plus et 35 627 communes d'une population comprise entre moins de 50 habitants et 9 999.*

Aucune librairie, aussi importante soit-elle, ne pourrait se vanter d'avoir en stock la totalité de ces ouvrages.
On peut compter sur les doigts d'une seule main les librairies françaises possédant en rayons plus de 100 000 titres. Une excellente librairie offre de 40 à 70 000 titres. Une librairie moyenne de 10 à 30 000.

La vérité, la triste vérité, c'est que l'appétit de lecture du Français, sérieusement concurrencé par l'invasion de l'électronique, a tendance à s'émousser. Où trouver le temps de lire, la volonté de lire, lorsque plusieurs chaînes de télévision offrent chacune un film pour vous bercer, lorsque des ordinateurs de plus en plus sophistiqués vous proposent le choix entre des centaines de jeux. Magnétoscopes, disques à laser, vidéo, photo, comment résister à tant de merveilles qui, pour vous séduire, ne réclament pas de votre part le plus léger effort. Le livre, le bon vieux livre de Gutenberg sortira-t-il victorieux du combat inégal qu'il mène contre l'électronique? L'écrit contre l'image... qui donc va gagner ce combat décisif dont notre culture est l'enjeu?

« La lecture de tous les bons livres est comme une conversation avec les plus honnêtes gens des siècles passés. » RENÉ DESCARTES

« Une bibliothèque, c'est le carrefour de tous les rêves de l'humanité. » JULIEN GREEN

« Toutes les grandes lectures sont une date dans l'existence. »
ALPHONSE DE LAMARTINE

« Je n'ai jamais eu de chagrin qu'une heure de lecture n'ait dissipé. »
MONTESQUIEU

« Vous aimez les livres? Vous voici heureux pour la vie. »
JULES CLARETIE

« Quand je pense à tous les livres qu'il me reste encore à lire, j'ai la certitude d'être encore heureux. » JULES RENARD

« Il faut être seul pour lire une page que l'on aime. »
LACORDAIRE

« Le livre est l'ami de la solitude (...) Dans la lecture solitaire, l'homme qui se cherche lui-même a quelque chance de se rencontrer. » GEORGES DUHAMEL

Un livre est fait pour être choisi, pour être désiré, feuilleté, lu, en attendant d'être relu.

« Le mot lecture veut dire choix. Lire, c'est élire, c'est-à-dire choisir. La fonction du choix est primordiale entre toutes les fonctions naturelles. L'être vivant est vivant parce qu'il choisit. »
GEORGES DUHAMEL

☘ Mais le livre qu'on ne lit plus vieillit aussi, se démode, s'oublie... ses feuilles jaunissent et tombent comme celles d'un arbre :

« Les livres ont les mêmes ennemis que l'homme : le feu, l'humide, les bêtes, le temps... et leur propre contenu. » PAUL VALÉRY

☘ Il existe pourtant certains livres à l'existence bien triste : richement habillés, ils sont alignés comme à la parade sur les rayons d'une bibliothèque et semblent avoir été achetés uniquement pour servir d'alibi culturel à leur possesseur. Comme il se sent inutile le livre qu'on n'a pas lu!

« Que de gens sur la bibliothèque desquels on pourrait écrire “ usage externe ” comme sur les fioles de pharmacie! » ALPHONSE DAUDET

« Il y a des gens qui ont une bibliothèque comme les eunuques ont un harem. » VICTOR HUGO

« Les livres gagnent toujours à ne pas être lus. Regardez nos classiques! » GEORGE B. SHAW

Toutes réflexions faites, Gutenberg peut dormir tranquille. Quelle merveille électronique parviendra-t-elle jamais, comme le fait le livre, à réussir le miracle de rassembler dans le même rêve, d'unir dans le même espoir, celui qui a écrit une œuvre et celui qui la lit?

Mes livres je les fis pour vous, ô jeunes hommes,
Et j'ai laissé dedans,
Comme font les enfants qui mordent dans des pommes,
La marque de mes dents.

ANNA DE NOAILLES

Eh! depuis quand un livre est-il donc autre chose
Que le rêve d'un jour qu'on raconte un instant...
Un ami qu'on aborde, avec lequel on cause,
Moitié lui répondant, et moitié l'écoutant?

ALFRED DE MUSSET

LOCUTIONS

D'où diable viennent-elles ces locutions que nous utilisons à longueur de conversation? De quel lointain passé nous arrivent-elles, passées de bouche à oreille, cahotées, écorchées, maltraitées par de mauvaises bouches et déformées par de mauvaises oreilles? Elles nous parlent de mots inconnus, de traditions perdues, de personnages oubliés, d'animaux disparus... et pourtant, nous continuons à les répéter sans toujours en bien comprendre le sens, comme l'ont fait avant nous nos parents et les parents de nos parents.

Nous continuons à dire « entre la poire et le fromage » parce qu'on avait l'habitude de manger le fromage à la fin du repas, après les fruits.

Nous devons une fière chandelle à l'électricité et pourtant nous parlons d'« économiser des bouts de chandelles » pour ne pas ressembler à ceux qui la « brûlent par les deux bouts ». Et, un coup sur la tête nous fait toujours « voir trente-six chandelles » plutôt qu'une ampoule de cinquante bougies!

Des hordes de loups traversent nos conversations d'hommes civilisés : le « loup-garou » se trouve « à la queue leu leu » derrière le « loup blanc ».

Et nous parlons d'épées, de hallebardes, de quenouilles, de « frocs que l'on jette aux orties », de « pourpoints que l'on brûle », et nous continuons de « conter fleurette » « à la bonne franquette » et de « mettre flamberge » au vent.

De courageux linguistes, de curieux explorateurs du langage ont suivi ces expressions à la trace dans l'espoir d'en découvrir l'origine. Sous toutes réserves, voici d'où viennent quelques-unes des locutions que nous utilisons aujourd'hui... une vingtaine sur un millier!

L'âne de Buridan

Cette expression s'emploie pour désigner une personne indécise qui ne cesse de s'interroger sur le parti à prendre.

Buridan, parmi les possesseurs d'ânes, est aussi célèbre que l'est Nivelle chez les maîtres de chiens. En réalité, Jean Buridan (né à Béthune vers 1300, mort après 1366) fut un célèbre philosophe scolastique qui devint recteur de l'université de Paris. Dans ses cours, afin de démontrer à ses étudiants l'absurdité de la thèse « déterministe », il se servait du « *sophisme de l'âne* ».

Soit un âne ayant grand faim et grand soif, placé à égale distance d'une botte de foin et d'un seau d'eau. Comme cet âne ne dispose d'aucun élément déterminant qui lui ferait décider de commencer par le foin plutôt que par l'eau, il se laissera mourir de faim et de soif. Au contraire, pour les partisans du « libre arbitre », l'âne aura une liberté d'indifférence et se dirigera au hasard vers la botte ou le seau.

Ne pas être dans son assiette

C'est-à-dire ne pas se trouver dans un état normal de corps ou d'esprit. Jadis, les convives autour de la table se servaient dans le plat commun au moyen de leurs doigts. La main était plaisamment désignée comme « la fourchette du père Adam ». Il faut dire que la fourchette était apparue à la cour d'Henri III : instrument bien utile pour faire franchir à la nourriture l'obstacle de la fraise que les mignons portaient autour du cou. La fourchette jugée trop efféminée retourna dans l'ombre par la suite.
Le terme « *assiette* » désigna longtemps la place occupée par les convives à table. Puis, par extension, la manière dont ils étaient assis et, ensuite, leur disposition d'esprit, leur humeur.
Voir Boileau :

> ... Mais, lui seul, immobile,
> Garde au sein du tumulte une assiette tranquille.

Lorsqu'on prendra plus tard l'habitude de poser devant chaque convive un petit plat d'étain ou de terre cuite, le mot « assiette » désignera également cet accessoire.
Ce dernier sens finira par s'imposer : la vaisselle chassera l'humeur... mais l'expression en gardera le souvenir.

Mener une vie de bâton de chaise

Se dit pour qualifier une existence trépidante.
Quelle est donc cette chaise qui symbolise l'agitation et le mouvement? C'est, bien sûr, la chaise à porteurs dont les bâtons, secoués par les cahots de la marche, ne cessaient d'être ôtés pour que le passager pût monter ou descendre, se retrouvaient dans tous les quartiers de Paris, sortaient de jour comme de nuit... et se reposaient très peu.

Parler à bâtons rompus

C'est-à-dire d'une manière hachée, discontinue.
L'expression est tirée du vocabulaire de la musique militaire. Frapper sur la peau d'un tambour « à bâtons rompus », c'est donner deux coups successifs avec chaque main et sans effectuer de roulement à la suite.

Rentrer bredouille

Pour un chasseur ou un pêcheur, c'est revenir sans avoir rien pris. Au sens figuré, c'est avoir échoué dans son entreprise.
Au jeu de trictrac, on appelle *bredouille* le coup qui consiste à gagner la manche en une seule fois, ou à marquer consécutivement douze points sans que l'adversaire ait pu en marquer un seul. Dans ce cas, il est dit « bredouille ».

Battre la breloque

Signifie parler de façon incohérente, délirer. On disait autrefois : « battre la berloque ».
Les sapeurs-pompiers de Paris, pendant la guerre de 14-18, donnaient le signal de fin d'alerte en sonnant la berloque.
Comme pour « à bâtons rompus », l'expression vient du vocabulaire militaire : c'est frapper sur le tambour des coups rompus et saccadés. D'où parler de façon incohérente et saccadée.

Renvoyer aux calendes (grecques)

Pour les Romains, les calendes étaient un jour très important : c'était le premier jour du mois, le jour où les débiteurs devaient régler leurs dettes.
Comme les Grecs n'avaient pas de calendes à leur... calendrier, « remettre aux calendes grecques » signifie ajourner indéfiniment un règlement ou un problème, sans volonté de le voir aboutir.
Ce qui revient à se moquer de quelqu'un. Voir La Fontaine, « Le Lièvre et la tortue » :

> Notre lièvre n'avait que quatre pas à faire
> J'entends de ceux qu'il fait lorsque, près d'être atteint,
> Il s'éloigne des chiens, *les renvoie aux calendes*
> Et leur fait arpenter les landes.

Battre la chamade

Se dit en parlant d'un cœur qui s'affole et qui est bien près de se rendre, de succomber.
Du latin *clamare* : crier.
C'est un signe que les assiégés d'une ville donnaient avec la trompette, le tambour ou un drapeau blanc pour demander à parlementer (Bescherelle).
Les bateleurs avaient donné ce nom aux batteries de tambour avec lesquelles ils attiraient les curieux au pied de leurs tréteaux.

Monter sur ses grands chevaux

Le croirait-on? La personne qui se met en colère et monte sur ses grands chevaux est prête à partir en guerre.
Au Moyen Âge, les seigneurs avaient des chevaux pour la parade - appelés « palefrois » - et des chevaux de plus grande taille pour la guerre ou pour le tournoi qu'on nommait « destriers », parce que l'écuyer les menait de la main droite. Lorsque les chevaliers montaient sur leurs grands chevaux, c'est qu'il y avait de la bataille dans l'air.

Courir comme un dératé

C'est-à-dire courir très vite.
Existe-t-il un rapport entre la rate et la course? On l'a cru dans l'Antiquité. Les médecins pensaient que le « point de côté » ressenti après une longue course était causé par un gonflement de la rate. Maurice Rat (!) cite un passage de Pline l'Ancien (*Histoire naturelle*, XXVI, 13) où figure une recette destinée à prévenir le gonflement de la rate à l'aide d'une décoction de prêle.
Du traitement de la rate à son ablation, il n'y a qu'un pas... que franchirent les chirurgiens du XVIIe siècle, ces ânes bâtés. Heureusement, ils se firent la main sur des chiens qu'ils « dérataient » pour leur permettre de courir plus vite. Comme les chiens mouraient quelque temps après, l'expérience fut abandonnée, mais pas l'expression.

Mi-figue mi-raisin

Qualifie quelque chose qui est à la fois à moitié bien et à moitié mal... ou bien un air ambigu.
L'expression perpétue le souvenir d'une véritable escroquerie commerciale commise par les Grecs de Corinthe au détriment des

importateurs de Venise. Aux raisins de Corinthe très rares que les Vénitiens gourmands faisaient venir à des prix fous, les Grecs mélangeaient pour moitié des morceaux de figues sèches qui poussent à l'état sauvage dans leur pays. Ainsi doublaient-ils leur bénéfice.

Être marié de la main gauche

C'est-à-dire vivre en concubinage.
Lorsqu'un seigneur ou un prince épousait une femme de condition inférieure, il lui donnait sa main gauche pendant la cérémonie nuptiale.
Ce geste signifiait qu'il ne désirait pas que son titre nobiliaire fût transmis à la femme qu'il épousait non plus qu'aux enfants qui naîtraient de cette union.

Croquer le marmot

Cette expression qui signifie « se morfondre à attendre » ne s'emploie plus guère aujourd'hui.
Il semble qu'elle soit le rappel d'une coutume féodale. Les heurtoirs mis aux portes des châteaux représentaient souvent de petites figures grotesques qu'on appelait *marmots*. Le vassal, venu rendre visite à son suzerain et ne le trouvant pas chez lui, devait réciter devant le heurtoir la formule de l'hommage avant d'embrasser le marmot.
Maurice Rat rappelle que les Italiens ont une formule analogue : *mangiare i catenacci* : manger le cadenas.

Payer en monnaie de singe

Soit payer quelqu'un en grimaces, c'est-à-dire se moquer de lui au lieu de le payer.
Dans le *Livre des mestiers* (XIIe siècle) figure la mention d'un règlement édicté par saint Louis : les montreurs de singes ou « joculateurs » qui voulaient traverser la Seine pour aller de l'île Notre-Dame au quartier Saint-Jacques en passant par le Petit Pont, étaient dispensés de payer le péage s'ils faisaient gambader leur animal devant les préposés.

Tenir le haut du pavé

Avoir une position honorable dans la société.
Avant que les trottoirs ne soient inventés - ce qui intervint à la fin du XIXe siècle -, les rues étaient formées de deux moitiés en légère pente qui se rejoignaient au centre en un ruisseau par lequel s'évacuaient les

eaux usées. La politesse voulait qu'on laissât aux personnes de qualité la partie la plus élevée, c'est-à-dire celle située le long des façades des immeubles quitte à patauger dans le ruisseau.

Une peur bleue

Quelle est la couleur de la peur?
Si, pour des générations, elle fut bleue, c'est en souvenir du choléra dont les cadavres par milliers avaient la face de cette couleur.

Fier comme un pou

Le pou, symbole de laideur absolue - laid comme un pou - aurait-il la moindre raison de fierté? Absolument aucune.
A l'origine de cette expression se trouve un autre animal dont la fierté est proverbiale : le coq, notre coq national, qui se nommait en latin *gallus* (d'où le jeu de mots entre *gallus*, le coq, et *Gallus*, le Gaulois qui explique que ce volatile soit devenu notre emblème) et en vieux français *gal* et *poul*.
C'est logique : *poul,* le mâle - *poule,* la femelle - *poulet,* le petit. L'expression « *fier comme un poul* » est devenue « fier comme un pou », lorsque le mot de « poul » est tombé en désuétude. Il est à remarquer qu'au Moyen Âge, notre actuel pou se nommait *pouil*, ce qui donna l'adjectif *pouilleux* et le substantif *pouillerie.*

Avoir la quille

Dans l'argot des casernes, la quille représente le jour attendu de la fin du service militaire. D'où vient cette quille?
Les bateaux naguère étaient construits à terre sur un rail en pente, calés par des poutres de bois. Le jour du lancement, ces quilles devaient être abattues à la hache pour que le bateau puisse glisser à la mer. On utilisait pour faire ce travail des bagnards condamnés à perpétuité.
Les dernières quilles étaient les plus dangereuses : les bagnards n'avaient qu'une fraction de seconde pour éviter d'être écrasés par l'énorme masse du bateau en mouvement. Mais ils étaient tous volontaires pour risquer leur peau en échange de la liberté.

Le quart d'heure de Rabelais

C'est le moment douloureux de la... douloureuse, celui où il faut payer. Par extension, c'est tout moment désagréable.
L'expression vient d'une anecdote entièrement imaginée. De retour

de Rome et passant par Lyon, Rabelais se trouva retenu par le propriétaire d'une auberge qui exigeait le paiement de sa note avant de le libérer. L'écrivain aurait alors déposé dans sa chambre, bien en évidence, des petits paquets sur lesquels il avait écrit : « poison pour le roi », « poison pour la reine ». L'aubergiste, affolé, prévint les gendarmes qui conduisirent sous bonne escorte Rabelais jusqu'à Paris. L'histoire amusa le roi qui le retint à souper.
Se non è vero...

Payer rubis sur l'ongle

Payer immédiatement sans demander de crédit ni de remise.
Autrefois, celui qui vidait complètement un verre de vin rouge en renversait la dernière petite goutte sur son ongle. On disait qu'il « faisait rubis sur l'ongle » ou qu' « il buvait goutte sur l'ongle ». Voir Regnard.

> Je sirote mon vin quel qu'il soit, vieux, nouveau
> Je fais rubis sur l'ongle et n'y mets jamais d'eau.

De l'idée de boire jusqu'à la dernière goutte, on est passé à la notion de payer jusqu'au dernier franc.

Boire à tire-larigot

Boire jusqu'à plus soif... et au-delà.
A cette locution, les explications ne manquent pas. Il y en a trop pour que l'une d'elles soit la bonne. Chacun choisira :

- Pour les Normands, il conviendrait d'écrire « *boire à tire-la-Rigaud* ». Le chanoine lyonnais Odon Rigaud, nommé archevêque de Rouen, fit don à la cathédrale d'une énorme cloche fondue en 1282, la *Rigaud.* Il acheta une vigne dont le produit était destiné à abreuver les sonneurs qui la mettaient en branle.
- Pour les habitants de Saint-Julien-sous-Montmelas, dans le Beaujolais, l'expression serait née dans leur commune. Rigot, chanoine de l'évêché de Lyon, avait une propriété à Saint-Julien, *la Rigodière.* Tous les ans, pour remercier les sonneurs de cloche, il leur offrait quelques pièces de son vin. Les sonneurs, afin de lui témoigner leur reconnaissance, sonnaient à tour de bras en buvant le vin qu'on tire aux tonneaux de Rigot.
- Pour d'autres, il faudrait écrire « *tire-larigaud* », larigaud étant un vieux mot français signifiant « gosier ».
- Autre explication : *Larigot* aurait le sens de flûte, de flageolet.

Boire à tire-larigot serait boire à la façon d'un qui « tire larigot », c'est-à-dire qui joue de la flûte.

Tonnerre de Brest

Qualifie un bruit retentissant.
Jadis, le bagne était installé sur la rive gauche de la Penfeld, le petit fleuve côtier dont l'embouchure abrite le port de Brest. Toutes les fois qu'un bagnard se faisait la belle, on signalait son évasion en tirant un coup de canon destiné à alerter les forces de gendarmerie et à mettre en garde la population. Le canon réservé à cet emploi était baptisé « le Tonnerre de Brest ».

Semer la zizanie

Répandre la discorde.
La zizanie - du grec *zizanion* - est le nom de l'ivraie, le mauvais grain qui doit être séparé du bon (Matthieu, XIII, 24-30). Le mot n'est guère plus employé que dans cette locution.

Voici cet article « au bout de son rouleau ». Si vous trouvez, ami lecteur, qu'il « finit en queue de poisson » n'allez pas pour autant « jeter la pierre » à l'auteur qui prend congé « sans tambour ni trompette ».

LOGOGRIPHE

En dépit d'un nom à faire peur aux enfants, le *logogriphe* n'est pas un monstre, mais un aimable et très ancien divertissement de l'esprit. Il est peut-être, avec l'énigme à laquelle il ressemble, l'un des plus vieux jeux de lettres au monde.
Formé de deux mots grecs *logos,* discours et *gryphos,* filet, le logogriphe est donc une énigme, le plus souvent en vers, « dans laquelle on compose, avec les lettres d'un mot, divers autres mots qu'il faut deviner aussi bien que le mot principal » (Grand Dictionnaire encyclopédique Larousse).
Étymologiquement, c'est un mot pris au piège dans un filet à travers

les mailles duquel d'autres mots plus petits parviennent à s'échapper et qu'il faut identifier afin de pouvoir découvrir le mot principal.

☘ Le logogriphe était déjà en faveur chez les Grecs et les Romains. Apulée, l'écrivain latin, avait écrit un *Liber ludicorum et gryphorum.* Cicéron composait des logogriphes. Les lycéens ne se doutent pas, lorsqu'ils transpirent sur un texte de lui, que ce grand homme pouvait être aussi un petit rigolo. Dans une lettre à un ami il avait un jour déguisé ainsi la formule de politesse : *Legendo metulas imitabere cancros,* ce qui peut se traduire par : « En lisant *metulas,* imite les écrevisses. » Comme ces petites bêtes sont réputées marcher à reculons, *metulas,* lu à l'envers, donne *salutem.*

Cette plaisanterie cicéronienne est, en fait, davantage une anagramme qu'un logogriphe : pour l'anagramme, on doit retrouver, dans le mot nouveau, toutes les lettres du mot d'origine, alors que, pour le logogriphe, on peut détailler le mot principal en autant de mots de longueur inégale que l'on veut. Par exemple :

Corsage, cor, sage, âge, cage, gare, gros, gars, garce, gré, etc.

Au XVIIIe siècle, le logogriphe, après une longue période d'oubli, connut une faveur nouvelle grâce au journal *Le Mercure de France* qui, à partir de l'année 1727, en publia régulièrement pour amuser ses lecteurs.

☘ Avant de soumettre à votre sagacité, ami lecteur, quelques échantillons représentatifs de ce jeu familial garanti inoffensif, il est nécessaire de vous en livrer la terminologie.

Le logogriphe peut être assimilé à un animal qui possède une *tête,* une *queue,* un *cœur* et des *pieds.* Pour désigner la première lettre - ou la première syllabe - du mot à trouver, on dit « avec ma tête » ou « sans ma tête » (variante : « avec chef » ou « sans chef »). Bien entendu, pour la dernière lettre ou syllabe, on dira « avec ma queue » ou « sans ma queue ». La lettre centrale est appelée « cœur » et chaque autre lettre du mot mystérieux sera nommée « pied ».

~ Voici un très joli exemple que nous donne le Bescherelle (Dictionnaire universel de la langue française, 1863) :

Vous pouvez, sans fatigue extrême,
Chers lecteurs, me décomposer
Car je n'ai que six pieds. Sans y rien transposer,
Ôtez-moi le dernier, je suis toujours le même.
Ôtez-m'en deux encor, et surtout sachez bien
Qu'à ma nature ainsi vous n'aurez changé rien.

Solution : *Rocher* - roche - roc.

~ L'histoire a retenu le nom du marquis de La Guesnerie d'Anjou comme l'auteur du premier logogriphe publié par *Le Mercure de France* en décembre 1727. Pourtant, un certain Dufresni prétendit l'avoir devancé en composant le logogriphe ci-dessous. Voici cette œuvre immortelle :

Sans user de pouvoir magique
Mon corps, entier en France, a deux tiers en Afrique
Ma tête n'a jamais rien entrepris en vain.
Sans elle en moi tout est divin.
Je suis assez propre au rustique
Quand on me veut ôter le cœur
Qu'a vu plus d'une fois renaître le lecteur.
Mon nom bouleversé, dangereux voisinage,
Du Gascon imprudent peut causer le naufrage.

Solution : la ville d'*Orange*.
Oran, or, ange, orge, an
Garone (orthographe ancienne de Garonne).

~ Vous étiez prévenu, ami lecteur, qu'il n'y avait vraiment pas dans ces divertissements anodins matière à fouetter le moindre chat :

Certain oiseau de basse-cour
S'étant laissé faire la cour
Vit son cœur fuir, Mademoiselle!
Qu'arriva-t-il, mon doux Jésus?
Son corps, dès lors, ne forma plus
Qu'un séjour de glace éternelle

Solution : *Poule,* pôle.

~ Pourtant, c'est peut-être leur apparence désuète qui donne aux logogriphes le charme suranné des bibelots découverts dans un grenier.

Je suis aux champs avec ma tête,
Dans la basse-cour sans ma tête;
Si l'on me mange avec ma tête,
On me mange aussi sans ma tête;
Je suis très gros avec ma tête,
Je suis fort petit sans ma tête;
Couvert de poils avec ma tête,
Je suis lisse et uni sans ma tête;
Roux, gris, blanc, noir, avec ma tête
Et toujours très blanc sans ma tête.

Vous aviez deviné, bien sûr, cette énigme agricole :
Bœuf, œuf.

Trouverez-vous l'exemple très court que donne le Grand Dictionnaire Larousse?

Par quatre pieds j'entends
Et par trois je réponds :

Solution : *Ouïe,* oui.

Êtes-vous de l'avis de Bescherelle qui prétend que les logogriphes ne valent pas la peine qu'on prend à les deviner? L'exemple ci-dessous vous fera peut-être changer d'opinion :

Le plaisant animal! Comment se peut-il faire
Qu'en lui coupant la queue il devienne sa mère
Et qu'entier il ait moins de pieds
Qu'une seule de ses moitiés?
Entier, nous le mangeons; mais, ô prodige étrange!
Réduit à sa moitié, ce coquin-là nous mange!

Solution : *Poulet,* poule, pou.

A l'intention des lecteurs ayant répondu oui à la question cidessus, nous risquons encore deux logogriphes qui auront, au moins pour les autres, le mérite de la brièveté :

Mes quatre pieds font tout mon bien
Mon dernier vaut mon tout et mon tout ne vaut rien.

Solution : *Zéro,* 0.

Lecteur, mon nom se donne à ta femme, à ta mère
Ôte-moi tête et queue et je deviens ton père.

Solution : *Madame,* Adam.

Une allusion historique parviendra-t-elle à donner, sur la fin, à ce chapitre la dimension que - soyons juste! - il n'avait pas jusqu'ici? Dans les cas désespérés, on peut toujours appeler Napoléon à la rescousse.
La fabuleuse existence de Napoléon a intrigué les magiciens et les

sorciers qui n'ont pas manqué - après coup - de chercher dans les astres les signes qui établissaient sa prédestination. D'autres ont cherché ce secret dans les lettres de son nom.
Le nom de Napoléon est composé de deux mots grecs signifiant « le lion du désert ». Voilà qui annonçait la campagne d'Égypte, mais pas au-delà! Et c'est ici qu'intervient le logogriphe :

NAPOLÉON
APOLÉON
POLÉON
OLÉON
LÉON
ÉON
ON

Ces sept mots permettent de construire une phrase grecque au sens prémonitoire :
Napoléon, ôn oleôn leôn eon, apoleôn poleon : « Napoléon, étant le lion des peuples, allait détruisant les cités. »

Étonnant, non? aurait pu dire Desproges.

M

Mariage

S'il est une institution qui sut de tout temps exciter la verve des philosophes, des romanciers et des humoristes, c'est bien celle, sacrée, du mariage. On pourrait composer sur ce « t'aime » unique un dictionnaire de citations d'un format respectable. Toutes ces pensées et ces maximes ne sont peut-être pas pétries de l'esprit le plus délicat, mais elles dénotent de la part de leurs auteurs un commun désenchantement, une semblable méfiance à l'égard du mariage. Ce qui prouve à l'évidence qu'on peut faire profession d'expliquer l'âme humaine ainsi que les subtils rouages qui commandent aux passions et se révéler incapable, dans son propre ménage, de passer de la théorie à la pratique. Il est à remarquer que les pensées désabusées ou vengeresses prenant le mariage pour cible sont dues, la plupart du temps, à des auteurs de sexe masculin. Les femmes s'accommoderaient-elles mieux des contraintes inhérentes à l'institution? Seraient-elles plus indulgentes que les hommes? Ou les hommes seraient-ils de si parfaits partenaires que jamais femme n'aurait eu à prendre la plume pour se plaindre d'eux?

Bornons-nous à poser des questions avant d'énumérer quelques-unes des phrases les plus drôles ou les plus percutantes que le mariage inspira à des hommes d'esprit qui n'en furent pas moins malheureux en ménage.

Nous commencerons par énumérer quelques définitions du mariage :

Mathématique ?

« Le mariage est une communauté composée d'un maître, d'une maîtresse et de deux esclaves, ce qui fait en tout deux personnes. »

AMBROSE BIERCE

« Le mariage c'est une femme de plus et un homme de moins. »

FRANCIS DE CROISSET

Chimique ?

« Le mariage est une expérience chimique dans laquelle deux corps inoffensifs peuvent, en se combinant, produire un poison. »

ÉDOUARD PAILLERON

« L'amour c'est de la physique. Le mariage c'est de la chimie. »

ALEXANDRE DUMAS FILS

Horticole ?

« Le mariage est une greffe : cela prend bien ou mal. »

VICTOR HUGO

Théâtrale ?

« Le mariage est une pièce à deux personnages dont chacun n'étudie qu'un rôle, celui de l'autre. » OCTAVE FEUILLET

Poétique ?

« Le mariage est la traduction en prose du poème de l'amour. »

ALFRED BOUGEARD

Métaphysique ?

« Le mariage est une religion : il promet le salut, mais il faut la grâce. » JACQUES CHARDONNE

Sociologique ?

« Le mariage est une cérémonie où un anneau est passé au doigt de l'épouse et un autre au nez de l'époux. » HERBERT SPENCER

Gastronomique ?

« Le mariage est un dîner qui commence par le dessert. »

JULES SANDEAU

« Le mariage est comme le restaurant : à peine est-on servi qu'on regarde ce qu'il y a dans l'assiette du voisin. »

SACHA GUITRY

Récapitulons : la condition strictement nécessaire et amplement suffisante pour réaliser un mariage est de disposer d'un homme et d'une femme :

« Ce fut un mariage mixte, moitié fille et moitié garçon... »

ROLAND BACRI

Question essentielle : Pourquoi un homme et une femme décident-ils de se marier? Et qu'attend du mariage chacun d'eux?

« On se marie comme on va au danger, par manque d'imagination. »

« Les femmes sont faites pour être mariées et les hommes célibataires. De là vient tout le mal. » SACHA GUITRY

« Les hommes se marient parce qu'ils sont fatigués, les femmes parce qu'elles sont curieuses. Les uns comme les autres sont forcément déçus. » OSCAR WILDE

« Une femme s'inquiète de l'avenir jusqu'à ce qu'elle ait trouvé un mari, tandis qu'un homme ne s'inquiète de l'avenir que lorsqu'il a trouvé une femme. » GEORGE BERNARD SHAW

« Les femmes ont inventé l'amour et les hommes le mariage et la fidélité. » PAUL GÉRALDY

Dans ces conditions, doit-on se marier? Il y a d'abord ceux qui hésitent, ceux qui se posent des questions :

« Le mariage est une si belle chose qu'il faut y penser toute sa vie. »

TALLEYRAND

« De nos jours, le plus grand problème du mariage est la difficulté de subvenir avec un seul salaire aux besoins de sa femme et à ceux de l'État. » MARK TWAIN

« J'épouserais plus volontiers une petite femme qu'une grande pour cette raison que, de deux maux, il vaut mieux choisir le moindre. »

COMMERSON

« Pourquoi faut-il que les noces ne durent qu'un jour et le mariage toute la vie? » HENRI JEANSON

Oh! Faire son voyage de noces tout seul! » JULES RENARD

« ♣ La chose est décidée : vous avez trouvé la femme de votre vie, celle qui vous était destinée :

« *A chaque toupin va sa cabucelle* », dit un proverbe occitan, ce qui signifie que chaque pot finit par trouver un couvercle à sa taille. Existe-t-il des recettes de bonheur conjugal?

« Un bon mariage serait celui où l'on oublierait le jour qu'on est amant, la nuit qu'on est époux. » JEAN ROSTAND

« Le mariage, depuis le moment où il est conclu et scellé, est une chose à faire, non une chose faite. » ALAIN

« Quand un homme et une femme sont mariés, ils ne font plus qu'un. La première difficulté est de décider lequel. »

GEORGE BERNARD SHAW

« Se marier à l'église et à la mairie, c'est ficeler un paquet avec un double nœud : on a tellement peur que ça ne tienne pas ! »

ANDRÉ BIRABEAU

« Le mariage simplifie la vie et complique la journée. »

JEAN ROSTAND

« Deux personnes mariées peuvent fort bien s'aimer... à condition de ne pas être mariées ensemble. » SACHA GUITRY

« Il est de bons mariages, mais il n'en est pas de délicieux. »

LA ROCHEFOUCAULD

♣ Heureusement, à cette réflexion désabusée fait écho le témoignage de bonheur d'un homme que le mariage a comblé :

« Il n'est pas de bons mariages, mais il en est de délicieux. »

JACQUES DE BOURBON-BUSSET

♣ Hélas! il arrive souvent qu'après un moment de bonheur les choses se gâtent :

« On s'étudie trois semaines, on s'aime trois mois, on se dispute trois ans, on se tolère trente ans... et les enfants recommencent. »

HIPPOLYTE TAINE

« Ce qui est grave dans un ménage, c'est que l'un des deux époux aime et que l'autre n'aime pas. Mais, s'ils ne s'aiment ni l'un ni l'autre, ils peuvent être heureux. » ALFRED CAPUS

« Le mariage vaut plus par ce qu'il nous épargne que par ce qu'il nous procure. » JACQUES DEVAL

« Il y a deux sortes de mariages, le mariage blanc et le mariage multicolore. Ce dernier est ainsi appelé parce que chacun des deux conjoints en voit de toutes les couleurs. »

GEORGES COURTELINE

« Je veux bien être embêté par les femmes, mais pas tout le temps par la même. »

ALFRED CAPUS

« Un ménage n'est plus un ménage lorsque c'est le chien qui apporte les pantoufles et la femme qui aboie. »

HENRY BERNSTEIN

Laissons à ANTON TCHEKHOV le dernier mot de l'accusation, avant de donner la parole à SOCRATE pour la défense :

« Si vous craignez la solitude, ne vous mariez pas ! »

« Dans tous les cas, mariez-vous : si vous tombez sur une bonne épouse, vous serez heureux. Si vous tombez sur une mauvaise, vous deviendrez philosophe, ce qui est excellent pour l'homme ! »

Si nous avons bien compris, c'est à l'épouvantable caractère de Xanthippe, son épouse, que Socrate dut de devenir l'un des plus grands sages de l'Antiquité. Où donc est-il le temps où l'on rêvait au mariage, inévitable conclusion heureuse des contes de fées ?

« De nos jours, le mariage ne fait plus rêver grand monde si ce n'est quelques prêtres. »

LOUISE DE VILMORIN

Deux curés s'interrogent :
- Croyez-vous que nous verrons un jour le mariage des prêtres ?
- Non, pas nous, répond l'autre, mais nos enfants, peut-être !

Émile Bergerat, jeune poète, vint demander à Théophile Gautier la main de sa fille Judith et, très gêné, lui fit cette confession : « Je dois vous avouer que ma mère vit maritalement avec un prêtre.
- Mais avec qui de plus honorable voudriez-vous qu'elle vécût ? » lui répondit le bon Théo.

Face au mariage, plusieurs attitudes sont possibles.
Certains couples s'y épanouissent et y trouvent le bonheur. D'autres s'en accommodent ;
Si, par malheur, l'union s'est révélée être un échec, il y a ceux qui se gardent bien d'insister, guéris à jamais, alors que d'autres, incurables optimistes, effectuent une ou deux tentatives encore, dans l'espoir de trouver, un jour, le bonheur à deux.

« On ne se marie jamais très bien du premier coup. Il faut s'y reprendre. »

ALFRED CAPUS

« Le remariage est le triomphe de l'espérance sur l'expérience. »

SAMUEL JOHNSON

« Quand une femme se remarie, c'est qu'elle détestait son premier mari. Quand un homme se remarie, c'est qu'il adorait sa première femme. » OSCAR WILDE

Les collectionneurs

Enfin, il existe les collectionneurs ; ceux qui, incapables de constance envers un partenaire, conservent toute leur fidélité au mariage lui-même. L'opinion publique est régulièrement informée par les magazines spécialisés des figures libres de cet étonnant quadrille conjugal que dansent les personnalités du spectacle, sorte de danse du balai où l'on change très officiellement de partenaire à chaque claquement de mains.

Avant la guerre, Sacha Guitry fit la fortune des chansonniers et le bonheur des gazettes en ne se mariant pourtant que cinq fois. Mais ce gentil Barbe-Bleue avait, entre autres génies, celui de ne pas savoir passer inaperçu.
1er mariage : 14 août 1907 à Honfleur avec Charlotte Lysès. Une farce ! Le marié était en pyjama.
2e mariage : 10 avril 1919 à la mairie du XVIe avec Yvonne Printemps... qui épousera plus tard Pierre Fresnay, lui-même divorcé de Berthe Bovy.
3e mariage : 21 février 1935 à la mairie du VIIe avec Jacqueline Basset (dite Delubac). Le mariage a lieu le jour où Sacha a cinquante ans : « J'ai le double de son âge, il est donc juste qu'elle soit ma moitié. »
4e mariage : 5 juillet 1939 à Fontenay-le-Fleury avec Geneviève de Séréville (née en 1914), premier mariage catholique.
5e mariage : 25 novembre 1949 à l'église orthodoxe roumaine avec Lana Marcovici (dite Marconi). « Les autres femmes furent mes épouses. Vous, vous serez ma veuve. »

Depuis, on a fait beaucoup mieux. Malgré la défaveur actuelle du mariage, la chanteuse espagnole Gloria Lasso a pu, comme son nom l'indique, ficeler successivement, puis relâcher neuf maris. Le neuvième, épousé le 1er décembre 1987, avait trente-sept ans de moins qu'elle ! Cette union de rêve aura duré à peu près cent jours !
Élizabeth Taylor n'en est encore qu'à huit, mais le record ne tardera pas à tomber.

Aujourd'hui, le seul véritable professionnel du mariage c'est, sans aucun doute, Eddie Barclay qui a su faire de chacun de ses huit mariages une fête et une opération publicitaire.
Nous lui dédions cette pensée de Cesare Pavese : « Aucune femme ne fait un mariage d'intérêt ; elles ont toutes l'habileté, avant d'épouser un millionnaire, de s'éprendre de lui. »
Cela dit, voici le palmarès à jour d'Édouard Ruault dit Eddie Barclay :
Né le 26 janvier 1921. Profession avouée : « Roi du disque » ou « Empereur du microsillon ».
1er mariage : 9 juillet 1945 avec Michelle Barraud.
2e mariage : 2 août 1949 avec Nicole Vandenbussche.
3e mariage : 30 juin 1965 avec Marie-Christine Steinberg.
Liaison avec Bianca Perez Monreno de Macias qui le quitta pour épouser Mick Jagger.
4e mariage : 5 juin 1970 avec Béatrice Chartelier (dix-neuf ans) actuellement Mme Guy Marchand.
5e mariage : 21 juin 1973 avec Michèle Desmazures, divorcée de l'amiral de Scitivaux.
6e mariage : 1er juin 1982 avec Danièle Atar (trente-trois ans).
7e mariage : 21 juin 1984 avec Cathy Esposito.
8e mariage : juin 1988 avec Caroline Giganti (dix-huit ans, soit près d'un demi-siècle de différence).
Le chef d'orchestre Herbert von Karajan, invité à ces « noces d'or », avait télégraphié pour s'excuser de ne pas pouvoir assister à ce huitième mariage : « A ton âge, Beethoven en était déjà à la neuvième ! »
Sacha Guitry, pour son cinquième mariage, avait reçu, lui, ce simple télégramme : « Félicitations. Stop ! »
Il est à remarquer que tous les mariages d'Eddie Barclay eurent lieu à la belle saison, avec une nette préférence pour le mois de juin : est-ce parce que les jours y sont plus longs, ou parce que les lunes (de miel) y sont plus courtes ?

Terminons sur un quatrain charmant, celui que **Xanrof** - l'auteur du *Fiacre* - dédia à son épouse, beaucoup plus jeune que lui :

Je suis plus vieux que toi. Cela fait un ménage
Qui passe du bonheur aux scènes pour un rien.
Quand je me sens aimé, je crois que j'ai ton âge
Quand je me crois trahi, je sais que j'ai le mien.

SURNOMS DANS LA MARINE

Chaque bâtiment de notre flotte de guerre est une société en miniature - un microcosme, dirait l'homme de « barre » - sur laquelle règne un commandant omnipotent. La cohabitation prolongée et obligée des gens de mer dans un espace restreint pourrait se révéler étouffante si la stricte obéissance et les signes extérieurs de respect n'étaient contrebalancés par l'ironie souterraine et permanente qui s'exerce dans les carrés et qui fait du *pacha* une tête de Turc de premier choix. On se défoule en colportant ses mots, en passant ses moindres tics au miroir déformant, en le caricaturant. Mais il faut avant tout l'affubler d'un surnom. Comme la marine est considérée dans certaines familles comme la carrière aristocratique par excellence, on y trouve beaucoup de noms à tiroirs qui constituent une cible idéale pour la verve iconoclaste des jeunes officiers.
Voici une liste historique de leurs plus savoureuses trouvailles :

Les noms à rallonge

N'allez pas vous y tromper : les véritables patronymes sont à gauche... et les surnoms correspondants sont à droite :

de Peyter de Montcabrier . .	Louffe de ma bique
de la Forest Divonne	Du bois d'Henriette
de Sanssac de Traversay . . .	Le voyageur sans bagage
Roumain de la Touche	Le Bulgare de la mêlée
Mollat du Jourdain	Crachat du Nil
de Lesquen du Plessis Casso	Claquesin du Pernod Cassis
Burin des Roziers	Bédane des Églantines
de Gayardon de Fenoyl. . . .	Phénergan du gaz-oil
de Vieillechèze de la Mardière	Vieille merde de la chaisière
Turquet de Beauregard	Dindonneau du bel œil

(À l'intention de ceux qui ne parlent pas anglais : *turkey* signifie dindon.)

~ Thierry d'Argenlieu	Tient lieu d'Argenterie ou Carme naval
~ Sombresson de Saint-Aubin.	Le voleur de cédille
~ Durand de Saint-Front	Un franc de cinq ronds ou le dévalué
~ Le Coniac de la Longrays..	Brandy de la Belle Fente

et

~ Charles Athanase de Pechepéroux de Comminges de Guitaud dit : « Ces Messieurs »

Les surnoms coquins

Honneur d'abord au trio célèbre dit « des trois dards fatigués » :

~ Darlan	Slow zob
~ D'Harcourt.............	Short zob
~ D'Arvieux..............	Old zob

Mais le thème est inépuisable :

~ Dard..................	Tout court
~ Villecourt	Le petit chose ou zob le bref
~ Villevieille	Pine l'Ancien ou zob l'antique
~ Tutenuit	Ôte ta main de ta poche!
~ Montrelay..............	Fais les voir! ou Chiche!
~ Gempp................	Je peux pas!
~ Decoux................	Pan Pan!
~ Lestapis................	Ne te b... pas!
~ Pinelli..................	Tout un programme.
~ Serbource-Goguel	Pince-couilles.

Les surnoms simples

~ Amiral Adam...........	Le premier venu
~ Daumalin	Vu de face
~ Rossillion	Rentroistours
~ Roteleur	L'Horloge parlante
~ Scitivaux...............	Cinq gros bœufs
~ Fauchier	Y a pas, y a pas!

Les surnoms tirés par les cheveux

~ Beaufort	dit Nini (ni beau, ni fort)

~ Duval (Marcel)	dit « Les deux malheurs de la France » qui sont : 1. Mars el-Kébir 2. Marcel Duval
~ Collet	dit « Le régicide » (il avait tué le roi des cons pour prendre sa place)
~ Daumain	dit « Les mains sales » (à cause de sa mère, la mère Daumain!)
~ Ménage...........	dit « Le mari de la femme de ménage »
~ Chaumeil	dit « Le Tché » (parce que la mouche tché-tché cha donne chaumeil!)

Les surnoms à contrepets

~ Descottes - Genon (1897)	Genotte des Cons
~ Savin d'Orfond....	Savon d'or fin
~ Hiéronimus	Zéro minus
~ Cherrière..........	Que dit ce gros Cherrière?
~ Galleret	Galeries Lafayette (parce que Galleret la Faillite)
~ Vatelot	Matelot de Valeur
~ Dagrin	Chamour (parce que *cha*grin d'amour)
~ De Geffrier	Le timonier (parce que « j'ai crié le fond »
~ De Testoris	de Cliticule
~ Roquebert	Camemfort

C'est aux hasards de l'amitié que nous devons la découverte d'une liste dactylographiée où sont récapitulés les surnoms attribués aux officiers supérieurs de la Royale.
Les commandants - qui se souviennent d'avoir été de jeunes officiers irrespectueux - sont gens d'esprit. Faute de pouvoir interdire cette tradition, ils la tolèrent et font même semblant de s'en amuser. C'est sans doute pourquoi il n'existe pas de S.P.A. dans la marine française. S.P.A.? La Société protectrice des amiraux, voyons!

La MARSEILLAISE

Épinal est à l'histoire ce que Saint-Sulpice est à l'église catholique, une fabrique de clichés naïfs où s'alimente la légende dorée de nos grands personnages. Touchantes et populaires, ces images n'ont, le plus souvent, qu'un lointain rapport avec la vérité historique, mais leur pouvoir de conviction est tel que c'est la version légendaire qui finit par triompher.

L'obscur Isidore Pils, en peignant en 1849 un tableau intitulé *Rouget de Lisle chantant la Marseillaise,* a imposé à jamais l'image idéale, mais fausse, de la naissance de notre hymne national.

Cliché confirmé par Lamartine qui cautionna la légende en rédigeant, de la fiévreuse nuit du 25 au 26 avril 1792, au cours de laquelle un capitaine en garnison à Strasbourg allait accoucher, dans un élan génial, de la musique et des six couplets de notre *Marseillaise*, un reportage halluciné et affabulatoire. A croire que Lamartine, caché dans un placard, avait assisté à la scène. Hélas! il n'avait que deux ans lorsque l'événement se produisit :

« Il chercha lentement (l'inspiration), tantôt *sur le clavier de son instrument*, tantôt dans les palpitations de son âme de citoyen, composant l'air avant les paroles, tantôt les paroles avant l'air et les associant tellement dans sa pensée qu'il ne pouvait savoir lui-même lequel, de la note ou du vers, était né le premier et qu'il était impossible de séparer la poésie de la musique et le sentiment de l'expression. Il chantait et n'écrivait rien. Accablé de cette inspiration sublime, *il s'endormit la tête sur son instrument* et ne se réveilla qu'au jour. Les chants de la nuit lui remontèrent avec peine dans la mémoire comme les expressions d'un rêve... »

Comme tout cela est beau! Comme on voudrait croire à cette rencontre miraculeuse d'un génie jusque-là méconnu et de sa muse patriotique! Un détail, pourtant, suffit à jeter la suspicion sur l'ensemble du récit. Rouget de Lisle ne possédait pas un piano dans son logis de militaire et, d'ailleurs, il ne savait pas en jouer. Il ne possédait qu'un violon. Comment Lamartine a-t-il pu imaginer notre capitaine composer sur le « clavier » d'un violon? Et s'endormir ensuite sur ce malcommode oreiller?

Edgar Quinet et Michelet à leur tour ont recueilli pieusement la légende et, sans la contester, l'ont retransmise afin de mieux l'accréditer, prouvant ainsi qu'il existe une foi républicaine qui peut, elle aussi, s'accommoder de miracles.

Doit-on contester la légende et raconter ce qu'on connaît d'une vérité forcément plus prosaïque?

Rien ne pourra empêcher *La Marseillaise* d'être le plus bel hymne national du monde et le plus chargé d'histoire et de gloire.

Petit Rouget deviendra grand

Joseph, fils de Claude-Ignace Rouget, avocat du roi au parlement de Lons-le-Saunier et de Jeanne Gaillande, son épouse, naquit le 10 mai 1760, sous une étoile bien peu influente. La malchance commença pour lui dès la première seconde de sa vie puisque sa mère, prise de douleurs au moment où elle faisait son marché, le mit au monde sur le trottoir.

Dans la famille, tout le monde était plus ou moins bossu et rouquin (d'où peut-être le nom de Rouget?). Le jeune Joseph - qui plus tard se fera prénommer Claude-Joseph -, ayant hérité de ces gènes, s'obstinera, sa vie durant, à porter une épaule plus haut que l'autre. Il ne fut pas un Adonis, pas un génie non plus : rêveur, paresseux, d'une intelligence tout juste moyenne, il n'obtint durant sa scolarité que des notes médiocres.

La nature, en revanche, lui avait donné un caractère aimable et insouciant. Son bonheur était de composer de petites pièces de vers que le lecteur indulgent qualifiera d'insignifiantes.

Afin d'en juger, voici un échantillon du poème qu'il écrivit à la gloire de Montaigu, modeste village du vignoble franc-comtois où il passa son enfance :

Ici, ma douce et tendre mère
Épia mes premiers accents.
Ici, l'œil inquiet d'un père
Surveillait mes défauts naissants.
Aux jeunes accords de ma lyre
Ici, plein d'un trouble enchanteur,
Je vis la beauté me sourire
Et sentis palpiter mon cœur...

Rimailler et composer d'aussi pauvres vers n'est pas un métier susceptible d'enrichir son homme. Monsieur Rouget père, doté par la nature d'une famille nombreuse, se soucia de caser le poète et de le faire entrer à l'École militaire. Comme les portes de cet établissement ne s'ouvraient qu'aux élèves de famille noble, il fallut trouver une solution à l'absence de particule des Rouget. La famille possédait, à quelques lieues de là, une terre appelée « *l'Isle* » dont le nom ferait merveille.

Claude-Joseph devint donc Rouget de l'Isle, en attendant de se séparer d'une apostrophe considérée comme gênante.

☘ Molière, plus d'un siècle auparavant, avait eu la prescience de cette situation. Voici ce qu'il fait dire à Chrysale au début de *L'École des femmes* (1662) :

> Je sais un paysan qu'on appelait Gros-Pierre
> Qui, n'ayant pour tout bien qu'un seul arpent de terre,
> Y fit tout alentour faire un fossé bourbeux
> Et de Monsieur de l'Isle en prit le nom pompeux!

Rouget de l'Isle fut un piètre militaire qui passait son temps à écrire de fades pastorales dans le goût de l'époque. A tant célébrer d'amours imaginaires, il s'enflamma tout de bon pour une jolie Camille qui habitait Courbevoie. Après son cœur, il voulut faire parler la poudre : il tira en l'honneur de la belle un feu d'artifice dont la première fusée retomba juste sur la tête de la malheureuse fiancée qui en mourut sur le coup. L'amoureux, qui ne sortait pas de « pyrotechnique », faillit y perdre la raison!

Comme il n'avait guère de talent... on le fit entrer dans le génie, c'est-à-dire à l'École d'Application du Génie de Mézières. Deux ans plus tard, il en sortit avec le grade de sous-lieutenant.

De garnison en garnison, de Grenoble à Mont-Dauphin, du château de Joux à La Rochelle, partout il réussit à exaspérer ses supérieurs par son obstination à couvrir de vers galants chacune des jeunes filles qu'il rencontrait.

Le duc d'Aumale lui consacre cette appréciation peu flatteuse : « Le mérite du lieutenant Rouget est très mince. Il est sans conduite. J'aimerais qu'il fût employé dans une autre brigade. »

Lorsque, en 1789, la Révolution commence à ébranler les fondements de la nation, on pourrait penser que le futur auteur de *La Marseillaise* va s'enflammer pour les idées nouvelles.

Effectivement, il se fait mettre en congé pour deux ans afin de se rendre à Paris. Mais il n'emporte dans ses bagages que les pièces qu'il a composées pendant sa vie de garnison : une féerie, *Almanzor et Féline*, ainsi que deux pièces en un acte, *Henri de Navarre* et *Bayard dans Bresse*. Seule, cette dernière connaîtra deux maigres représentations.

De 1790 à 1791, Rouget de Lisle ne poursuivra qu'un seul objectif : parvenir, à force d'intrigues, à se faire admettre au nombre des proches du compositeur Grétry et à collaborer avec lui. Il finira par écrire les paroles d'une comédie assez niaise : *Les Deux Couvents ou Cécile et Ermance*.

Mais il n'est pas de congé qui ne prenne fin : Rouget de Lisle doit rejoindre l'armée. Il reçoit son affectation pour Strasbourg où sa petite réputation d'auteur parisien lui ouvre les salons de la ville et notamment celui du maire, le baron Frédéric de Dietrich. On y fait de la musique, on y applaudit les romances pourtant bien mièvres du lieutenant Rouget et on y apprécie son mince talent de violoniste amateur. Voici l'une de ses compositions, la dernière romance qu'il écrivit avant *La Marseillaise*. On peut mesurer la différence qui sépare les deux œuvres :

Parler sans art	Femmes discrètes
Penser sans fard	Et joliettes
C'est ma devise!	Mais pas coquettes
Aller, venir	C'est mon désir!
Rester, courir,	Pour la patrie,
Veiller, dormir	Donner ma vie,
Tout à ma guise,	C'est mon espoir!
C'est mon plaisir!	etc.

Le jour de gloire est arrivé

Le 23 février 1792, voici Rouget de Lisle nommé capitaine (beaucoup de nobles ayant émigré, on manquait d'officiers) qui reçoit l'ordre de se rendre à son poste à Neuf-Brisach, dès le 1er mai. A la fois pour fêter cette promotion et pour marquer le départ du poète, le baron de Dietrich organise une soirée pour le 25 avril.
Coïncidence! le matin de ce même jour parvient à Strasbourg une nouvelle de taille : Louis XVI, sur la pression de l'Assemblée, a déclaré la guerre à l'Autriche, pays natal de la reine sa femme. Sur tous les murs est placardée une affiche signée par la Société des amis de la Constitution, dont voici le texte :

> Aux armes, citoyens!
> L'étendard de la guerre est déployé :
> Le signal est donné. Aux armes!
> Il faut combattre, vaincre ou mourir.
> Aux armes, citoyens!
> Si nous persistons à être libres, toutes les puissances d'Europe verront échouer leurs sinistres complots.
> Qu'ils tremblent donc, ces despotes couronnés!
> L'éclat de la liberté luira pour tous les hommes.
> Vous vous montrerez dignes enfants de la liberté.
> Courez à la victoire, dissipez les armées des despotes!
> Immolez sans remords les traîtres, les rebelles qui armés contre la patrie, ne veulent y entrer que pour faire couler le sang de nos compatriotes.
> Marchons! Soyons libres jusqu'au dernier soupir et que nos vœux soient constamment pour la félicité de la patrie et le bonheur de tout le genre humain.

La tête pleine encore du texte de cette proclamation, Rouget se rend à l'invitation du maire de Strasbourg. Le dîner commence à peine que parviennent par les fenêtres ouvertes les échos du *Ça ira !* braillé par une foule que les bruits de guerre excitent.
« Mais ils ne connaissent donc que ce chant! explose de Dietrich. Ce qu'il faudrait à nos soldats, c'est un véritable chant de guerre pour enflammer leur courage en allant au combat! Dès demain, j'ouvre un concours pour un *Chant de guerre pour l'armée du Rhin*! »
Un silence, puis : « Monsieur de Lisle, vous qui êtes poète à la fois et musicien, pourquoi ne tenteriez-vous pas votre chance? »
Le capitaine se récrie : sa spécialité à lui ce sont plutôt les pastorales, les ballades sentimentales. Jamais il ne sera capable de composer un hymne guerrier.
Et chacun des participants de lui rappeler cet *Hymne à la Liberté* dont il écrivit les paroles sur une musique de son ami Ignace Pleyel et qui fut chanté le 14 juillet 1791.
La soirée est animée et joyeuse : le vin de Champagne, les liqueurs, les fumées de la gloire embrument la tête du capitaine Rouget. Il rentre chez lui, rue de la Mésange, en proie à une étrange excitation. Il est une heure du matin. Son ceinturon dégrafé, l'officier s'installe devant une feuille de papier. L'affiche qu'il vient de relire au passage lui fournit le premier vers du refrain :

Aux armes, citoyens!

☘ Lorsque l'inspiration vient à lui manquer, Rouget ouvre une anthologie de poèmes où se trouve une ode de Boileau, *Sur un bruit qui courut en 1656 que Cromwell et les Anglais alloient faire la guerre à la France*. Il y trouve des images, des rimes et surtout les derniers vers de son refrain :

Et leurs corps pourris dans nos plaines
N'ont fait qu'engraisser nos sillons...

☘ Dans une chanson protestante sur la conjuration des princes du sang à Amboise (1560), il trouvera une strophe dans laquelle il est question des « féroces étrangers qui ravissent d'entre nos bras nos femmes et nos pauvres enfants ».

☘ Le génial « Allons, enfants de la patrie! » qui est le début du premier couplet lui est venu tout naturellement sous la plume car,

à cette époque où chaque bataillon portait un nom... de guerre, celui de Rouget s'appelait « Les Enfants de la patrie ».
En même temps que les paroles, une mélodie lui vient, qu'il joue au violon puis qu'il note sur le papier.
S'il faut en croire la légende, au matin Rouget de Lisle avait écrit la musique et les six couplets que nous connaissons aujourd'hui (le septième a été écrit plus tard, en octobre 1792, par Dubois, un ami du poète qui fut journaliste avant de devenir préfet sous l'Empire).
Rouget sort de chez lui, se rend chez son ami le lieutenant Masclet qui juge l'ébauche excellente et lui conseille d'aller la montrer à de Dietrich. Le maire de Strasbourg travaille dans son potager lorsque arrive Rouget passablement excité. Il déchiffre le papier : « Ou c'est excellent, ou cela ne vaut rien. Allons au salon ! » Il appelle sa femme et ses nièces. L'une des jeunes filles déchiffre la ligne de chant doublée au violon et la joue au clavecin. De Dietrich demande à sa femme d'envoyer un message à tous les invités de la veille en les priant de revenir le soir même pour une communication importante.
Lorsque tout le monde est réuni, verre de Champagne en main, le maire de Strasbourg, qui possède une belle voix de ténor, entonne le premier le chant héroïque accompagné par Rouget au violon. Au refrain, incapables de maîtriser leur émotion, les convives tombent dans les bras les uns des autres, convaincus qu'ils viennent d'assister à un moment historique.

☙ Ce *Chant de guerre pour l'armée du Rhin* fut exécuté le dimanche suivant par la musique de la Garde nationale de Strasbourg qui accompagnait le défilé d'un bataillon de huit cents volontaires en route pour le front.
C'est alors qu'un vieux soldat prononcera cette parole devenue célèbre : « Mais qu'est-ce donc que ce diable d'air ? Voilà un chant qui a des moustaches ! »
Des copies de ce chant de guerre furent exécutées et proposées par les colporteurs à travers la France. Un exemplaire parvint à Marseille où le chant connut un vif succès.

☙ Un bataillon de Marseillais entra dans Paris en chantant l'hymne de Rouget de Lisle qu'on baptisa désormais en leurhonneur du nom de *Marseillaise*. Ignorant tout cela, Rouget se promenait dans une forêt d'Alsace lorsqu'il entendit un jeune garçon chanter : « Allons, enfants de la patrie / Le jour de gloire est arrivé... »

« Que chantes-tu là, mon petit?
- Mais *La Marseillaise*, monsieur.
- Tu dois te tromper car cet air a été composé à Strasbourg et il ne s'appelle pas ainsi.
- Oh, non! monsieur. Cet air arrive de Paris où il a été chanté pour la première fois par des Marseillais. »

Un roman policier

L'édition originale de *La Marseillaise* imprimée à Strasbourg chez l'éditeur Dannbach, de mai à août 1792, ne porte aucun nom d'auteur. Or, Rouget de Lisle avait pour habitude de signer chacune de ses moindres chansons. Pourquoi donc pas celle-ci qui a obtenu un tel succès et qui est dédiée au maréchal Lückner, le chef suprême des armées du Rhin? Ne serait-ce pas pour la raison que Rouget de Lisle en a fait écrire la musique par l'un de ses amis?

On a souvent prononcé le nom du compositeur *Ignace Pleyel.* Mais, dans ce cas, pourquoi Pleyel n'aurait-il pas revendiqué la paternité de *La Marseillaise*? Tout simplement, répondent les tenants de cette thèse, parce que Pleyel était autrichien et royaliste et qu'il ne se souciait pas de lier son nom à un hymne révolutionnaire.
A ce moment-là, Ignace Pleyel était maître de chapelle à la cathédrale de Strasbourg et il aurait fort bien pu participer à la fameuse soirée chez les de Dietrich avant de raccompagner son ami Rouget et mettre en musique les paroles au fur et à mesure qu'il les composait.

Autre hypothèse : la musique de *La Marseillaise* est le plagiat, note pour note, de la *Marche d'Assuérus* extrait de l' *Oratorio d'Esther* qu'un certain *Lucien Grisons,* maître de chapelle à la cathédrale de Saint-Omer, avait écrit avant 1784, date à laquelle il avait résigné ses fonctions dans cette paroisse.
Quoi qu'il en soit, il est peu probable qu'un musicien amateur comme Rouget de Lisle ait pu, même sous l'inspiration du génie, composer un air aussi difficile et aussi savant que celui de *La Marseillaise.*
Nous sommes en présence d'un roman policier fort complexe où les arguments des uns et des autres se retournent et s'annulent. Peut-on faire confiance à quelqu'un d'aussi peu sûr que Rouget de

Lisle lorsqu'il prétend être le seul auteur de *La Marseillaise*? That is the question!

Les jours de dèche sont arrivés...

Carnot fait casser Rouget de Lisle de son grade de capitaine. Arrêté comme suspect, il se retrouve en prison, peu rassuré. Il y a de quoi : le baron Dietrich, l'inspirateur de *La Marseillaise*, a été guillotiné. Le maréchal Lückner, le dédicataire de *La Marseillaise*, vient d'être guillotiné... On tremblerait à moins!
Heureusement vint le 9 Thermidor qui permit à Rouget de Lisle de recouvrer la liberté. Il s'essaya à composer des chansons qui n'eurent aucun succès, il donna des leçons de violon, proposa à Bonaparte - qui ne daigna pas répondre - de l'engager comme barde officiel. Après la chute de l'Empire, il écrivit un hymne intitulé *Vive le Roi* qu'il proposa en vain à Louis XVIII, puis à Louis-Philippe.

Malgré une maigre pension qui lui fut allouée, Rouget finit sa vie dans une grande pauvreté. Des amis lui prêtèrent la maison de campagne qu'ils avaient à Choisy-le-Roi et c'est là qu'il vécut ses derniers jours.
On l'appelle « le père Rouget » ou « l'Émigré ». Il écrit à Berlioz, l'auteur d'une éblouissante orchestration de *La Marseillaise*, pour l'inviter à déjeuner. Le compositeur se défile. « Votre tête, lui écrivait Rouget, paraît un volcan en éruption. Dans la mienne, il n'y eut jamais qu'un feu de paille qui s'éteint doucement, en fumant encore un peu... »
Pauvre Rouget de Lisle dont la vie tout entière ne parvint jamais à être à la hauteur de l'œuvre qu'un éclair de génie lui inspira. Une seule nuit héroïque dans une vie médiocre!

Le 26 juin 1835, au moment où Rouget de Lisle agonisait, des conscrits en goguette passèrent sous sa fenêtre en chantant *La Marseillaise*. Alors, le mourant, en reconnaissant l'œuvre de sa vie, lança les pieds hors du lit, comme s'il avait voulu rejoindre ces « enfants de la patrie » qui n'en finissent pas de marcher, de marcher...
Les enfants des écoles de Choisy-le-Roi vinrent chanter *La Marseillaise* lors de son enterrement. Hélas! On leur avait fait apprendre le seul couplet que Rouget n'avait pas composé :

> Amour sacré de la Patrie
> Conduis, soutiens nos bras vengeurs!
> Liberté, Liberté chérie

Combats avec tes défenseurs!
Sous nos drapeaux que la victoire
Accoure à tes mâles accents!
Que tes ennemis expirants
Voient ton triomphe et notre gloire!

La gloire, semblable en cela à la vengeance, est un plat qui souvent ne se mange que froid et Rouget de Lisle, un jour, connaîtra la consécration de la postérité... avec trente-cinq ans de retard.
On n'entendit point chanter *La Marseillaise* sous le second Empire. Mais elle resurgit en 1870 quand les soldats partirent à la bataille, entraînés par ses accents. C'est en 1879 que Léon Gambetta fit voter par la Chambre des députés la motion selon laquelle *La Marseillaise* serait désormais le chant officiel de la République française.
Au mois de juillet 1915, le gouvernement, sentant la nécessité de faire vibrer la fibre patriotique de la nation, décida que les cendres du pauvre Rouget seraient transférées du cimetière de Choisy jusque sous le dôme des Invalides.
Le capitaine Rouget de Lisle partage désormais l'éternité de gloire de Napoléon.

MASCULIN-FÉMININ

Le genre - comme dirait ma grammaire - c'est en quelque sorte le sexe d'un mot.
Rien n'est plus impoli, lorsqu'on rencontre un mot, que d'avoir l'air d'hésiter sur son appartenance au genre masculin ou féminin. Une erreur de sexe vexe les mots et, si nous les associons à un article ou à un adjectif qui ne leur convient pas, les mots nous font la gueule. Nous voulons bien faire preuve de compréhension à leur égard et les traiter selon leur personnalité, mais existe-t-il un moyen infaillible de déterminer leur sexe?
Non, hélas! A côté des mots - les plus nombreux et de loin! - dont le genre se reconnaît sans confusion possible, il existe quelques mots qui ont un drôle de genre : on en sait d'hypocrites, de bisexués, d'indécis, on se montre du doigt quelques travelos ou transexuels. Ce sont, heureusement, des cas exceptionnels - fichés par la police du vocabulaire - qu'il vaut mieux surveiller de près afin d'éviter de tomber dans les pièges qu'ils se plaisent à nous tendre :

Les mots de genre masculin

un acrostiche
un albâtre
un alvéole
(Le Larousse a entériné l'erreur populaire qui employait ce mot au féminin)
un ambre
un amiante
un anthracite
un antidote
un antipode
un antre
un aphte
un *apogée*
un apologue
un appendice
un arcane
un arpège
un asphodèle
un astérisque
un astragale
des auspices
un autographe
un automne
un *balustre*
un camée
un campanile
un capuce
un chrysanthème
un colchique
un coryphée
des *décombres*
des effluves
un élastique
un ellébore
un *élytre*
un en-tête
un *équinoxe*
un érysipèle
un esclandre
un exergue
un *globule*
un *haltère*
un héliotrope
un *hyménée*
un iris
un isthme
un ivoire
un jade
un jaspe
un jujube
un jute
un lignite
un naphte
un obélisque
un opprobre
un orbe
un orgue
un ovule
un pamplemousse
un périple
un pétale
un planisphère
un poulpe
un sépale
un tentacule
un termite
un *trille*
un tubercule
un viscère

Les mots du genre féminin

une *acné*
une acoustique
une acre
une alcôve
une algèbre
des *alluvions*
une amibe
une *anagramme*
une anicroche
une argile
une atmosphère
une autoroute
une azalée
une campanule
une câpre
une catapulte
une caténaire
une clepsydre
une clovisse
une *dartre*
une ébonite
une écarlate
une *échappatoire*
une écritoire
une encaustique
une entrecôte
(pour le Larousse)
une *enzyme*
(le fameux « enzyme glouton » de la publicité était une faute)
une épitaxis
une épigraphe
une *épithète*
une équivoque
une escarre
une gemme
des immondices
une imposte
une interview
une mandibule

une météorite
une molécule
une moufle
une nacre
une oasis
des obsèques
une ocre
une *octave*
une omoplate
une opale
une *orbite*
une *orge*
une *oriflamme*
une palabre
une pulpe
une réglisse
une *scolopendre*
une scorsonère
une spore
une stalactite
une stalagmite
une topaze
une tranchefile
une urticaire
une vicomté
une volute

Dans ces deux listes sont en italiques les mots les plus surprenants, ceux dont le genre, tel qu'il est officiellement défini par le dictionnaire, ne correspond pas à l'usage quotidien.
Vous pouvez presque à coup sûr engager des paris sur le genre de mots comme haltère, scolopendre ou oriflamme... et les gagner.

Les mots bisexués

Aigle

Un aigle est un oiseau rapace

Une aigle est la femme de ce même oiseau, mais également toute représentation héraldique d'un aigle. Pour les enseignes militaires représentant un aigle (armées romaines ou napoléoniennes) on écrit aigles (féminin pluriel) impériales.

Cartouche

Une cartouche désigne la munition d'une arme à feu ou une boîte regroupant plusieurs paquets, de cigarettes, par exemple.

Un cartouche est la boucle ovale qui entoure le nom du pharaon écrit en hiéroglyphes. C'est aussi, dans un dessin, l'encadrement réservé au titre.

Glucose

Mot *masculin* pour le Larousse et *féminin* pour l'Académie française.

Hymne

Au *masculin*, c'est une composition musicale patriotique : *un* hymne national.

Au *féminin*, c'est une composition poétique et musicale religieuse : *une* hymne religieuse.

Mille-feuille

Un mille-feuille est une pâtisserie.

Une mille-feuille est une plante de la famille des composées dont la plus connue est l'achillée (d'après la mythologie, Achille s'était servi de cette plante pour guérir les blessures qu'il avait infligées à son ami Télèphe).

☘ Œuvre
Le mot est *féminin* sauf lorsqu'il désigne l'ensemble des ouvrages d'un artiste dans une discipline particulière (*Tout* l'œuvre *peint* de Delacroix). *Masculin* aussi dans les expressions : Grand œuvre, gros œuvre, second œuvre.

☘ Office
~ *Un* office désigne la charge exercée par quelqu'un (autrefois, un officier) ou un ensemble de prières et de cérémonies liturgiques.
~ *Une* office est une pièce jouxtant la cuisine.

☘ Orge
Cette céréale est ordinairement du genre *féminin* sauf dans les expressions « orge perlé » ou « orge mondé ».

☘ Palabre
Pour désigner une discussion interminable et vaine on dit indifférement *un* ou *une* palabre.

☘ Parallèle
~ Au *féminin*, les parallèles sont des droites situées dans un même plan et qui ne se rencontrent jamais :
« Deux parallèles s'aimaient... Hélas ! » (André Frédérique).
~ *Un* parallèle est un cercle imaginaire situé sur la terre parallèlement à l'équateur et servant à déterminer la latitude. Un parallèle est aussi une comparaison.

☘ Pendule
~ *Un* pendule est l'outil du radiesthésiste : c'est un corps suspendu à un point fixe et oscillant sous l'effet de la pesanteur.
~ *Une* pendule est une horloge.
Ex : « Même *une* pendule arrêtée a raison deux fois par jour. »

☘ Platine
~ *Le* platine est un métal précieux
~ *La* platine est la partie d'une chaîne hi-fi sur laquelle tourne le disque.

☘ Poêle
~ *Un* poêle est, au choix, un appareil de chauffage ou un drap noir et violet qu'on étend sur le cercueil d'une personne à jamais refroidie.
~ *Une* poêle est, bien sûr, un ustensile de cuisine.

Le sexe des mots ne dépend pas, comme celui des êtres vivants, d'une réalité objective. C'est une simple question de convention. Lorsque le soleil et la lune franchissent le Rhin pour venir briller audessus de la France, ils perdent le genre que la langue allemande leur assigne : *LA* Soleil (*die Sonne*) et *LE* Lune (*der Mond*).
Quant aux chats qui traversent la Manche, ils acquièrent automatiquement dès leur arrivée en Angleterre le genre féminin,

fussent-ils d'affreux matous aux attributs agressifs. Il en est de même des bateaux anglais : le porte-avions ou le cuirassé est du même genre féminin que la gracieuse goélette.
Quelle chose bizarre que le genre des mots : deux mots commençant par la lettre « V » désignent en français le sexe de l'homme et celui de la femme. Pourquoi donc avoir choisi de dire, au mépris de toute logique, *le* vagin et *la* verge?

Un jour qu'Henri IV avait dit « un cuiller d'argent », tous ses courtisans s'entre-regardèrent. Le roi, voyant leur surprise, consulta alors Malherbe qui se trouvait là et lui demanda si *cuiller* était du masculin.
« Ce mot, répondit le poète, sera toujours féminin jusqu'à ce que Votre Majesté ait fait un édit qui ordonne sous peine de la vie qu'il devienne masculin! »

A quoi tient le sexe d'un mot tout de même!

MÉTAPHORES

Après avoir toussé pour s'éclaircir la plume et frappé les trois coups de son introduction, l'auteur définira, en lever de rideau, ce qu'est la métaphore.
MÉTAPHORE vient d'un mot grec voulant dire « transporter » : c'est une figure de rhétorique par laquelle on « transporte » la signification propre d'un mot à une autre signification qui ne peut lui convenir qu'à la suite d'une association d'idées :
- l'or du champ de blé;
- la pluie s'avançait sur ses mille petits pieds d'eau;
- les dragées de la grêle (Colette).

La métaphore serait-elle donc tout bonnement une comparaison ou une image? Pas tout à fait.
- Pour établir une *comparaison*, on utilise des petits mots qui servent de passerelle : « comme », « tel », « ainsi que », « ressembler à » : « Sa tête avait blanchi *comme* s'il avait neigé sur sa chevelure. »
- La *métaphore*, elle, emprunte un chemin plus direct, un raccourci de la pensée :

« La neige du temps était passée sur ses cheveux », ce qui lui impose d'être naturelle, sensible au lecteur moyen, évidente au plus grand nombre.

La littérature française s'est toujours nourrie de métaphores et le procédé s'est parfaitement adapté aux exigences de tous les genres, tragique, comique, symbolique et surtout poétique...
Au style tragique, la métaphore confère de la noblesse et de la pompe :
« Votre hymen est le nœud qui joindra les deux mondes », écrit Voltaire dans *Alzire* (ce « nœud » si noble à l'époque ferait aujourd'hui crouler de rire un théâtre). Rien de plus beau, de plus élevé que de parler de la « lumière de l'esprit », de « l'ivresse du plaisir », des « feux de l'amour » ou de « la tempête sous un crâne »!
Les Précieuses du XVIIe siècle - celles à qui Molière accola pour l'éternité le qualificatif de « ridicules » - faisaient une forte consommation de métaphores :
« Vite, venez nous tendre ici-dedans *le conseiller des grâces* » (scène 6).
« Voiturez-nous ici les *commodités de la conversation* » (scène 9).
Les laquais, gens sensés peu experts en afféterie, ne comprenaient pas qu'on attendait d'eux qu'ils apportassent le miroir dans un cas et un fauteuil dans l'autre.
Comme toute chose, la métaphore doit être utilisée avec modération.
C'est l'avis de ce brave homme de Boileau :

> Faudra-t-il de sang-froid et sans être amoureux
> Pour quelque Iris en l'air faire le langoureux,
> Lui prodiguer les noms de Soleil et d'Aurore
> Et, toujours bien mangeant, mourir par métaphore?

☘ Un écrivain surréaliste et volontiers baroque comme Saint-Pol Roux (1861-1940) poussait très loin ses inventions métaphoriques, si loin que, parfois, elles ne peuvent être comprises sans l'aide de sous-titres. Remy de Gourmont s'est amusé, dans son *Livre des masques,* à dresser un catalogue des plus belles du genre. Essayez, pour vous amuser, de faire deviner à vos amis le mot qui se cache derrière ces images :

- Sage-femme de la lumière (le coq)
- Coquelicot sonore (le chant du coq)
- Quenouille vivante (le mouton)
- Lendemain de chenille en tenue de bal (le papillon)
- Les bavardes vertes ou les feuilles de salade vivantes (les grenouilles)
- Un cimetière qui a des ailes (un vol de corbeaux)
- Lettre de faire-part (la pie) :
  « La pie ouvre et referme sa lettre de faire-part. »
- Hargneuse breloque du portail (le chien de garde)

- Péché qui tète (un enfant naturel)
- La nageoire des charrues (le soc)
- La guêpe au dard de fouet (la diligence)
- Romance pour narine (le parfum des fleurs)
- Le cognac du père Adam (l'air pur)
- L'imagerie qui se lit les yeux clos (les rêves)
- Psalmodier l'alexandrin de bronze (sonner minuit)

Et cette dernière qui atteint au sublime :

- Apprivoiser la mâchoire cariée de bémols d'une tarasque moderne (jouer du piano).

En toute simplicité !

☘ Avec Jules Renard, c'est une tout autre musique ! Dans son *Journal* et ses *Histoires naturelles*, le grand Jules s'est complu à trouver des métaphores atteignant à une sorte de perfection. Il les a ciselées comme un peintre à la recherche du détail qui fait mouche ou comme un poète japonais composant un haïku. Sa prose précise et serrée a plutôt bien traversé les années, surtout lorsqu'il l'a agrémentée d'un trait d'humour. Jugez-en :

- Papillon : ce billet doux, plié en deux, cherche une adresse de fleur.
- Ver luisant : cette goutte de lune dans l'herbe.
- Coccinelle : une petite tortue qui, tout à coup, s'envole.
- Une mouche qui se frotte les mains.
- L'escargot : vigneron avec sa hotte sur le dos, la tête traversée d'aiguilles à tricoter.
- Araignée : petite main noire et poilue crispée sur des cheveux.
- Le chien d'aveugle avec sa sébile comme une théière avec sa passoire.
- La pie : corbeau qui passe en demi-deuil.
- Corbeau : l'accent grave sur le sillon.
- La puce, un grain de tabac à ressort.
- Grenouilles : elles se posent, presse-papiers de bronze, sur les larges feuilles du nénuphar.
- Le serpent : la dix-millionième partie du quart du méridien terrestre.
- Les taupinières : la chair de poule des prés.
- Boutons-d'or : du soleil semé ; monnaie de soleil.
- Les crabes : galets marchant.
- Les cygnes et la vaniteuse plomberie de leur col.
- Arc-en-ciel : l'écharpe du tonnerre ; l'arc de triomphe du paysan.
- Les champignons sortent avec leur petit parapluie, trop tard !
- Étoiles : Tout ce feu d'artifice qui reste en l'air.

~ Cloche : jupe sonore.
~ Première communion : les petits sont tous blessés au bras gauche.

Charmant, n'est-ce pas?

☘ C'est dans l'argot et le parler populaire que se trouvent toujours les métaphores les plus hardies. Ce langage en perpétuelle évolution est le véritable laboratoire où se fabrique « in vivo » le français de demain. Pour que notre langue soit toujours jeune et vivante, la langue verte est indispensable : verte comme la tenue des académiciens! Voici quelques trouvailles que nous devons au génie spontané de la rue :

~ Avoir fait l'exode sur une citerne : avoir les jambes en cerceau.
~ Les étagères à mégot : les oreilles.
~ Avoir les yeux en lettre de faire-part : les yeux cernés.
~ Déchirer la toile : péter.
~ Aller aux asperges : faire le trottoir.
~ Avoir des oursins dans la poche : être avare.
~ Avoir les miches qui font bravo : avoir peur.
~ Être vacciné avec une aiguille de phono : être bavard.
~ Rouler une pelle : embrasser.
~ Se ravaler la façade : se maquiller.
~ Le redresseur de torts : le soutien-gorge.
~ Les ramasse-miettes : les cils.
~ Avoir une perruque en peau de fesse : être chauve, etc.

Sans doute ce langage n'est-il pas le comble de l'élégance, mais on ne saurait lui dénier un inégalable pouvoir d'évocation. Entre le franglais qui menace notre langue et l'argot qui l'enrichit en la popularisant, l'hésitation n'est pas permise.

☘ Parmi les spécialistes de la métaphore, il serait dommage de ne pas citer les syndicats d'initiative de province. Il n'est pas donné à chaque municipalité de compter le château de Versailles dans sa commune - ce qui est de la dernière injustice! Alors, afin de rétablir un peu d'équité à leur profit, certaines se sont demandé pourquoi, avec un peu d'imagination, n'existeraient pas des Versailles de sous-préfecture ou des Chambord de chef-lieu de canton. De même que quelques canaux traversant un bourg pourraient évoquer Venise et un paysage verdoyant suggérer la Suisse.
Chacun a le droit d'employer les grands moyens pour attirer à lui le vacancier. Dans certains cas, la métaphore peut tenir lieu d'assurance-tourisme. N'importe quel guide vous le prouvera :

Ô saisons... ô châteaux :

- *Valognes* (Manche) s'est baptisé le « Versailles normand ».
- *Bignan* (Morbihan), avec le château de Kerguéhennec, *Saint-Vougay* (Finistère) avec celui de Kerjean et *Bécherel* (Ille-et-Vilaine) avec le château de Caradeuc se disputent le titre de « Versailles breton ».
- Il existe à *Saverne* (Bas-Rhin) un « Versailles alsacien ».
- Et, dans les grottes de *Niaux* (Ariège), le Salon noir a été baptisé « le Versailles de la Préhistoire », de cette même préhistoire dont *Les Eyzies* (Dorgogne) se veulent « la chapelle Sixtine ».
- *Challain-la-Potherie* (Loire-Atlantique) est « le Chambord angevin ».
- *Villegongis* (Indre), « le Chambord berrichon ».
- *A Mane* (Alpes-de-Haute-Provence), le château de Sauvan s'intitule « le Petit Trianon provençal ».
- *Menou* (Nièvre) possède « les Tuileries nivernaises ».
- *Sully* (Saône-et-Loire) prétend être le « Fontainebleau de la Bourgogne ».
- *Saint-Hymer* (Calvados) est « le Port-Royal de Normandie ».
- *Barjols* (Var), « le Tivoli de la Provence ».
- *Larresingle* a été baptisé « le Carcassonne du Gers », cependant qu'à *Duilhac-sous-Peyrepertuse* (Pyrénées-Orientales) se dresse un « Carcassonne dans le ciel » et qu'à *Ainay-le-Viel* (Cher) on trouve le « Carcassonne du Berry ».

Le carnaval des Venises...

- *Goudargues* (Gard) se veut « la Venise gardoise ».
- *Martigues* (Bouches-du-Rhône), c'est bien connu, est la « Venise provençale ».
- *Redon* (Ille-et-Vilaine), « la Venise bretonne »
- *Montargis* (Loiret), la ville aux cent vingt-six ponts, « la Venise du Gâtinais ».
- Quant à *Coulon-Sansais*, capitale du Marais poitevin (Deux-Sèvres), elle n'a pas volé son surnom de « Venise verte ».
- On trouve même des Venise en Afrique puisque Saint-Louis-du-Sénégal se prétend la « Venise noire ».

L'Helvétie pour une lanterne...

Pour vous rendre en Suisse, il est inutile de franchir les Alpes puisque sept régions françaises prétendent chacune avoir leur petite Suisse bien à elle.

- *Seyne* (Alpes de Haute-Provence), « la Suisse provençale ».
- *La Thiérache*, cette région du Nord s'est baptisée « la petite Suisse du Nord ».
- *Clécy* (Calvados) ainsi que *Mortain* sont chacune au centre de deux « Suisse normande ».
- *Saint-Martin-Vésubie* (Alpes-Maritimes) est « la Suisse niçoise ».
- *Wangenbourg-Engenthal* (Bas-Rhin), « la Suisse d'Alsace ».
- *Revest-les-Eaux*, « la Suisse varoise ».
- Et *Lassalle* (Gard), tout simplement « la Petite Suisse ».

Si l'on ajoute à ce total deux « petite Genève », l'une dans le Gers à *Mauzevin*, l'autre à *Anduze* dans le Gard, on réalise sans peine que la France est un vrai petit paradis verdoyant à défaut d'être fiscal.

Dans les journaux et les médias, on peut faire quotidiennement une appréciable récolte de formules imagées. On n'en finirait pas de les citer tant l'époque est à la métaphore. Parmi les plus connues, nous trouvons « le diamant noir » (la truffe), « l'asperge du pauvre » (le poireau), « le vaisseau du désert » (le chameau), « l'or noir » (le pétrole), « la houille blanche » (l'énergie électrique produite par les chutes d'eau), « la houille verte » (l'énergie des marées), « le pétrole vert » (les exportations agro-alimentaires), « le piano du pauvre » (l'accordéon), « la Ville lumière » (Paris), etc.
Méfions-nous des comparaisons : elles s'usent vite et tournent à la banalité. *Métaphore* : l'étymologie du mot est là pour nous rappeler qu'elle doit être originale et neuve pour ne pas virer au « transport » en commun.

MILITAIRE

Le Français, qui se déclare volontiers antimilitariste, ne manquerait pas pour un pétard le défilé du 14 Juillet...
Le Français, qui déteste le service militaire et cherche par n'importe quel moyen à y échapper, n'en finit pas, sa vie durant, de ressasser à son entourage le récit des riches heures de sa vie de soldat...
Le Français, qui exècre les uniformes, a le culte des décorations et des médailles...
Suivant les circonstances, les sentiments du Français envers son armée oscillent entre l'affectueux attachement et l'irrespect subversif.
Mais qu'importe, après tout, le manque de logique de ces attitudes successives. Réjouissons-nous seulement de ce que, chez nous, l'armée ne soit pas au pouvoir et de ce que nous puissions, en toute impunité, rire des militaires en général et des généraux en particulier.

☘ Nous commencerons ces quelques citations... à l'ordre de l'armée par des phrases que prononcèrent des officiers très étoilés :

« Il est vrai que, parfois, les militaires s'exagérant l'impuissance relative de l'intelligence, négligent de s'en servir. »

GÉNÉRAL CHARLES DE GAULLE

« Quand les talons claquent, l'esprit se vide. »

MARÉCHAL LYAUTEY

« En matière de tactique, il y a toujours deux solutions : la bonne... et celle de l'École de guerre. » GÉNÉRAL PAUL VANUXEN

Un académicien, dont la tête a été pourtant façonnée par le bicorne - il s'agit de Maurice Druon, le « perpétuel » - ne pense pas grand bien de la coiffure militaire :

« Le képi déforme la tête. »

☘ Voici maintenant quelques pensées de civils :

« Une certaine dose de stupidité est nécessaire pour faire un bon soldat. » FLORENCE NIGHTINGALE

« Les militaires sont comme les enfants, on peut toujours espérer qu'ils deviendront un jour adultes. » JOSÉ-LUIS DE VILLALONGA

« Quand mes soldats commenceront à réfléchir, aucun d'eux ne voudra rester dans les rangs. » FRÉDÉRIC II

« Le propre du militaire, c'est le sale du civil. » BORIS VIAN

« Un bon soldat ne doit penser qu'à trois choses : 1° : au Roi - 2° : A Dieu - 3° : A rien. » PROVERBE ALLEMAND

« Il suffit d'ajouter " militaire " à un mot pour lui faire perdre sa signification. Ainsi, la justice militaire n'est pas la justice, la musique militaire n'est pas la musique. » GEORGES CLEMENCEAU

Tiens ! Puisque la musique militaire est évoquée, ne cherchons pas à nous défiler !

« Je méprise profondément ceux qui aiment marcher en rangs sur une musique : ce ne peut être que par erreur qu'ils ont reçu un cerveau, une moelle épinière leur suffirait amplement. » ALBERT EINSTEIN

« Il est presque impossible de penser contre un bataillon de chasseurs à pied qui défile. » ALAIN

Marcher au pas, se faire mettre au pas, pas cadencé, pas redoublé, pas de charge, pas de tir, pas de blague ! Que de pas ! C'est sans doute ce qu'on nomme la discipline :

« La discipline faisant la force principale des armées, il importe que tout supérieur obtienne de ses subordonnés une obéissance entière et une soumission de tous les instants. » *Le Manuel d'infanterie.*

« L'indiscipline aveugle et de tous les instants fait la force principale des hommes libres. » ALFRED JARRY (*Ubu enchaîné*)

« La discipline consiste en ce qu'un imbécile se fasse obéir de ceux qui sont plus intelligents. » JACINTO BENAVENTE

« Les officiers sont de pauvres créatures : chacun d'eux envie son égal, tyrannise son subordonné et craint son supérieur, et plus il est haut gradé lui-même, plus il a peur. L'idée d'avoir sur mon col une évaluation de mes mérites comme si j'étais un échantillon de quelque marchandise, me fait horreur. » SIGMUND FREUD

« Le métier d'officier consiste surtout à punir ceux qui sont au-dessous de soi et à être puni par ceux qui sont au-dessus. » ALPHONSE ALLAIS

Situé au sommet de la hiérarchie, au-dessus du colonel, pourtant père du régiment, trône le général, la tête dans les étoiles.

« Le courage du soldat dépend de la prudence du général. » PUBLIUS SYRUS (Ier siècle après J.-C.)

« Braves devant l'ennemi, lâches devant la guerre, c'est la devise des vrais généraux. » JEAN GIRAUDOUX

« La pire calamité, après un général bête, c'est un général intelligent. » CHARLES DE GAULLE

« Un brave général ne se rend jamais... même à l'évidence. »
JEAN COCTEAU

« A mon avis, les généraux qui meurent à la guerre commettent une faute professionnelle. » HENRI JEANSON (*Fanfan la Tulipe*)

☘ La justification de l'armée - un demi-siècle sans conflit sur notre sol aurait pu nous le faire oublier -, c'est de faire la guerre à défaut d'avoir su préserver la paix. Il est peu probable que l'humanité soit devenue intelligente, mais il semble pourtant que les grandes nations aient compris cette vérité première que toute guerre est une défaite :

« Dans une guerre, quel que soit le camp qui puisse se déclarer vainqueur, il n'y a pas de gagnant, il n'y a que des perdants. »
NEVILLE CHAMBERLAIN

« Il y a des guerres justes, mais il n'y a pas d'armées justes. »
ANDRÉ MALRAUX

« Toutes les guerres sont civiles, car c'est toujours l'homme contre l'homme qui répand son propre sang, qui déchire ses propres entrailles. » FÉNELON

« Deux armées qui se battent, c'est une grande armée qui se suicide. » HENRI BARBUSSE

« La guerre, c'est l'art de tuer en grand et de faire avec gloire ce qui, fait en petit, conduit à la potence. » JEAN-HENRI FABRE

~ La conclusion de Clemenceau est fort célèbre :
« La guerre ! c'est une chose trop grave pour la confier à des militaires. »

~ « Ce qui signifie que " l'armée ne doit être que le bras de la nation, jamais sa tête ". » PIO BAROJA

~ Cicéron l'avait déjà dit en trois mots :
Cedant arma togae (« Les armes doivent céder devant la toge »).

☘ Il manquera toujours à celui qui n'a pas connu ce riche parcours initiatique qu'est le service militaire d'avoir côtoyé pendant un an de sa vie la bêtise à l'état pur. Là, tout n'est qu'ordre et vulgarité, paresse et absurdité.
Sans doute, le soldat d'aujourd'hui à l'uniforme bien coupé n'a plus aucun rapport avec son homologue de la première moitié du siècle, empêtré dans une capote informe, la boule à zéro, encombré d'un barda bringuebalant... Les casernes sont devenues presque confor-

tables sans jamais parvenir à être accueillantes, mais le temps qu'on y passe est bien souvent du temps perdu.
Aujourd'hui comme hier, le pauvre appelé du contingent se sent bien peu à l'aise dans sa nouvelle existence : coupé de sa famille, de ses amis, de ses amours, aujourd'hui comme hier, c'est toujours le même spleen... Ledit spleen faisant, bien entendu, la force principale des armées !
A l'armée comme ailleurs, la tradition et le folklore ont tendance à disparaître. Sont-elles à jamais vouées à l'oubli ces phrases célèbres du *Manuel du soldat en campagne*? Qui aujourd'hui est capable de répondre correctement au questionnaire en forme de catéchisme que posaient les adjudants à leurs jeunes recrues :

~ *De quoi sont les pieds du fantassin?*
Ils sont l'objet de soins constants.
~ *Dans quoi sont creusées les feuillées*? (Ainsi appelait-on les latrines des armées de campagne.)
Dans le premier quart d'heure qui suit l'arrivée au camp.
~ *Que met-on dans son fusil?*
Une confiance inébranlable.
~ *Sur quoi tire-t-on?*
Sur l'ordre du chef de section.
~ *Que suit la balle en sortant du fusil?*
Elle suit les lois de la balistique.
~ *Combien de temps met le fût du canon à se refroidir?*
Il met un certain temps.
~ *Quand doivent avoir lieu les défilés?*
L'après-midi s'il pleut le matin et le matin s'il pleut l'après-midi.
~ *Jusqu'à qui doit se faire tuer le soldat?*
Jusqu'au dernier.
~ *En quoi consiste la stratégie?*
Elle consiste à continuer de tirer pour faire croire à l'ennemi qu'on a encore des munitions, etc.

On se racontait aussi les motifs de punition que Courteline avait rendus célèbres : « Est sorti à reculons pour faire croire qu'il entrait. » - « Étant de faction à la porte du quartier, a présenté les armes à l'évêque en imitant le cri du corbeau. » - « Arborait une tenue ridicule pour ressembler à un officier. » - « A été surpris en ville avec son lit pas fait. » - « Ayant mis sa main en accent circonflexe sur son sexe, a dit à son caporal : fume, c'est du belge. »
Il arrive parfois qu'à force de sottise on atteigne au sublime de la poésie. C'était un grand poète méconnu le soldat qui fit cette réponse

à celui qui lui demandait la signification des trois couleurs du drapeau français :

> Le blanc, c'est la pureté de nos intentions,
> Le rouge, c'est le sang que nous pourrions verser,
> Le bleu... Le bleu s'il était vert, ce serait l'espérance!

MNÉMOTECHNIE

Il est de tradition, parmi les beaux esprits, d'opposer de manière radicale l'intelligence, faculté créatrice et noble, à la mémoire, considérée, elle, comme le coffre-fort un peu méprisable d'un savoir accumulé. D'un côté, la subtilité du plus léger que l'air ; de l'autre, la pesanteur des nourritures mal assimilées.

« Savoir par cœur n'est pas savoir, écrivait Montaigne, c'est tenir ce qu'on a donné en garde à sa mémoire. »

Et Chateaubriand - qui avait peut-être, en deçà de la tombe, moins de mémoire que lorsqu'il fut passé « outre » - surenchérissait :

« La mémoire est souvent la qualité de la sottise. Elle appartient généralement aux esprits lourds qu'elle rend plus pesants par les bagages dont elle les surcharge. »

Ne vous en déplaise, messieurs, une bonne mémoire est un outil bien pratique, une bibliothèque toujours prête à servir qu'on trimbale avec soi ! Et les livres, à ce qu'on dit, n'ont jamais empêché quiconque de devenir intelligent !

Quoi de « neuf » ? les muses !

La Grèce vers laquelle on revient toujours - surtout l'été, avez-vous remarqué ? - célébrait la déesse Mémoire - appelée aussi « Mnémosyne » -, personnage important de sa mythologie.

Cette Titanide, fille d'Ouranos et de Gaia, était généralement représentée sous les traits d'une femme plus très jeune qui se pince le lobe de l'oreille entre pouce et index de la main droite. Du temps de sa jeunesse, Mnémosyne avait reçu, au cours de neuf nuits consécutives, la visite de Zeus, qui avait entrepris alors, avec une constance dont on ne le savait pas capable, de combler ce qu'il faut bien nommer... un trou de mémoire !

Le résultat ne se fit guère attendre et Mnémosyne accoucha - en chapelet - de neuf belles filles qu'on appela les Muses. Cette légende venue du fond des âges tendrait à prouver, non seulement que la mémoire peut accomplir des miracles, mais aussi que les Arts, représentés chacun par une muse, sont les fruits de l'union du roi des dieux et de la mémoire.

Simonidé... est bonne !

Au cours de notre vie scolaire, universitaire ou professionnelle, nous avons été en contact avec une somme impressionnante de connaissances de tous ordres, que sont encore venues compléter nos lectures, nos voyages, nos expériences. Chacun de nous devrait être un petit Pic de La Mirandole... Et pourtant, qu'est-il resté de tout ce savoir dans notre mémoire ? Peu, trop peu de chose, hélas ! car « se souvenir, c'est savoir oublier ».

Depuis fort longtemps, des hommes ont essayé de développer en eux cette faculté de retenir un maximum de ce qu'ils apprenaient et certains se sont ingéniés à exercer leur mémoire comme d'autres entretiennent leurs muscles.

La légende veut que l'inventeur de la science mnémotechnique soit un poète grec du nom de *Simonide de Céos.* Il participait à un banquet lorsque, soudain, le plafond de la salle du festin s'écroula sur les convives. Par un hasard extraordinaire, lui seul survécut. Alors que les sauveteurs se demandaient, sous l'amas de décombres qui les avaient rendus méconnaissables, comment identifier les corps découverts, Simonide imagina de reconstituer dans sa mémoire le plan de la table. Ainsi parvint-il, par recoupements successifs, à retrouver la place de chaque participant. Grâce à lui, les familles purent alors rendre les honneurs funèbres aux dépouilles de leurs parents retrouvés.

Spontanément, le poète avait inventé ce que la science mnémotechnique nomme « la méthode des lieux ». C'est un procédé simple qui consiste à transformer en images la liste des éléments à se rappeler et à les situer à une place déterminée à l'intérieur d'une pièce imaginaire. Ce jeu connut une grande vogue sous l'Ancien Régime.

Développer sa mémoire de façon rationnelle et systématique afin de l'utiliser à plein rendement est le but ambitieux que se fixe la *mnémotechnie.*

Beaucoup plus modestes, mais plus amusants aussi, sont les procédés qui ont été inventés par des enseignants organisés ou des étudiants astucieux pour s'enfoncer dans le crâne quelques règles de base ou les éléments d'une liste fastidieuse à réciter dans l'ordre.

Ce sont des trucs faciles, des recettes simplettes qui évitent bien des erreurs et font parfois gagner beaucoup de temps. Il en existe dans

chaque spécialité. Beaucoup sont connus comme le loup blanc, d'autres moins répandus.
Voici la liste - hélas, non exhaustive! - de ceux que nous avons pu répertorier et qui concernent des domaines bien différents : les mathématiques, le vocabulaire, la médecine, l'astronomie... ou tout bêtement, la vie quotidienne :

Les mathématiques

N'est-ce pas un paradoxe que la poésie soit utilisée pour secourir la mémoire défaillante des mathématiciens?

Le théorème de Pythagore

Le carré de l'hypoténuse
Est égal, si je ne m'abuse,
A la somme des carrés
Des deux autres côtés.

Le volume de la sphère

Le volume de la sphère
Est égal, quoi qu'on puiss' faire
A $\frac{4}{3}$ de $\pi . R^3$
Qu'elle soit en fer
Qu'elle soit en bois!

Les décimales de π

Tout un chapitre de ce dictionnaire est consacré à la littérature poétique qu'inspirèrent les décimales de π. Nous ne donnerons ici que l'alexandrin fameux :

« Que j'aime à faire apprendre un nombre utile aux sages »,
3 1 4 1 5 9 2 6 5 3 5

qui permet de retenir sans effort les dix premières décimales de π.

La littérature

Les six plus grands écrivains du XVIIe siècle :
« Perchée sur la **racine** de la **bruyère**, la **corneille boit l'eau** de la **fontaine Molière.** »

Orthographe et grammaire

Les conjonctions de coordination

En présence d'un tel problème, il n'est pas un écolier qui ne se demande :
« **Mais où** (ou) **est** (et) **donc or ni car**? »

L'accent circonflexe

Sacré accent qu'on ne sait jamais où placer! Chacun a tendance à orner le mot **Cime** d'un accent circonflexe, celui-là même qu'il refuse à **Abîme**... jusqu'au jour où il retient cette phrase idiote :
« Le chapeau de la cime est tombé dans l'abîme. »

Les mots commençant pas « ap »

En principe, ils redoublent le « p », mais, comme toujours, il y a des exceptions dont la plus glorieuse est le verbe **apercevoir**.
Répétez donc avec conviction :
« Je n'aperçois qu'un " p " à apercevoir. »

Les mots en **ou** faisant leur pluriel en **oux**

Ils sont sept qui composent une très jolie litanie :
« Choux hiboux cailloux genoux bijoux joujoux et poux. »

Cuisseau ou cuissot

Entre la cuisse d'un animal de boucherie et celle d'un animal sauvage, il existe une différence de goût, mais aussi d'orthographe. Pour le savoir à jamais, on retient :
« Cuiss**eau** de v**eau** », ce qui permet de réserver au sanglier son cuissot.

Amour, délice et orgue

Ces trois mots, qui suffiraient à imaginer le plus beau - mais aussi le plus banal - des romans, cachent un secret redoutable : ils sont les transexuels de la grammaire. De sexe masculin au singulier, ils virent au féminin au pluriel.
« Nos belles amours aux nombreuses délices se sont achevées au son des grandes orgues. »
Courteline, râleur-né, disait :
« Je ne me vois pas en train d'écrire :
J'ai vu un orgue magnifique... c'est le plus beau des plus belles! »

La cosmographie

Pour retenir la position des planètes par rapport au soleil, apprenez la phrase suivante :
« **M**onsieur, **V**ous **T**irez **M**al - **J**e **S**uis **U**n **N**ovice ». C'est-à-dire : Mercure, Vénus, Terre, Mars, Jupiter, Saturne, Uranus, Neptune.

Comme, en 1930, à l'observatoire de Lowell (Arizona), Tombaugh a découvert la planète Pluton, il nous oblige à rallonger la phrase ainsi : **J**e **S**uis **U**n **N**ovice **P**itoyable.
Il vous est permis de préférer la version balnéaire :
« **M**e **V**oici **T**out **M**ouillé : **J**e **S**uivais **U**n **N**ageur **P**ressé. »

♣ *La médecine*

∾ Les os de la main et du pied :
Si l'on sait que les uns se nomment les os du **carpe** et les autres les os du **tarse**, on hésite à les attribuer, jusqu'au jour où l'on réalise que la **carpe** s'attrape à la **main**.

∾ Les nerfs crâniens :
Comment retenir dans l'ordre le nom des douze paires de nerfs crâniens si ce n'est au moyen d'une petite phrase :
« **O**h! **O**scar, **M**a **P**etite **T**hérèse **M**e **F**ait **A** **G**rand-**P**eine **S**ix **G**osses ! », ce qui donne : **O**lfactif, **O**ptique, **M**oteur oculaire commun, **P**athétique, **T**rijumeau, **M**oteur oculaire Externe, **F**acial, **A**uditif, **G**losso-pharyngien, **P**neumogastrique, **S**pinal, **G**rand-hypoglosse.
Il a même été prévu, à l'usage des personnes prudes, une variante plus convenable : « **O**h! **O**scar! **M**a **P**etite **T**héière **M**e **F**ait **À** **G**rand **P**eine **S**ix **G**rogs. » Mais, ce qui est encore moins convenable, après tout, c'est d'utiliser une théière pour confectionner des grogs!

∾ Les branches de l'artère axillaire : cette artère reçoit dans l'ordre : 1. La **TH**oracique supérieure. 2. L'**A**cromiothoracique. 3. La **M**ammaire interne. 4. La **S**capulaire. 5. et 6. Les deux **C**irconflexes. Fastidieuse énumération que le carabin pas bégueule retiendra grâce à la phrase :
THéodore **A** **M**angé **S**on **C**a**C**a.
L'artère axillaire se situe, comme l'indique l'étymologie de son nom, dans la région de l'aisselle (et non « les selles » comme on aurait pu croire de ce qui précède!)

♣ *La géologie*

∾ Les stalag**m**ites **m**ontent alors que les stalac**t**ites **t**ombent.

∾ Les périodes géologiques de l'ère primaire n'auront plus de secret pour ceux qui retiendront cette phrase un brin surréaliste :
« **Cambr**onne, l'**ordur**ier, **s'il** eût été **dévo**t, n'eût point **carboni**sé son **pèr**e. »
C'est-à-dire dans l'ordre :
Cambrien, **ord**ovicien, **sil**urien, **dévo**nien, **carboni**fère et **per**mien.

☘ *La gymnastique*

Entre les deux guerres, l'hébertisme connut une grande faveur : inventée par Georges Hébert, c'est une méthode naturelle d'éducation physique qui se démarquait nettement de la gymnastique suédoise. Les exercices devaient s'enchaîner ainsi :
Marcher, grimper, sauter, porter, courir, lever, attaquer, se défendre.
Programme facilement retenu grâce à la phrase un rien équivoque :
« **M**a **G**rande **S**œur **P**eut **C**ontenter **L**es **A**mis **D**ifficiles. »

☘ *La géographie*

~ Loir ou Loire?

En France coulent deux cours d'eau homonymes, le Loir et la Loire. Six de nos départements ont un nom composé qui inclut le nom de l'un ou de l'autre sans que l'on puisse immédiatement savoir si c'est la rivière ou le fleuve qui est concerné.
Un tuyau permet de se retrouver dans toute cette eau.
- Il s'agit de la *Loire* (5 lettres) quand l'autre partie du nom comporte aussi 5 lettres :
Haute-Loire, Indre-et-Loire, Saône-et-Loire, Maine-et-Loire.
- Il s'agit du *Loir* (4 lettres) lorsque le nom qui lui est associé ne comprend, lui aussi, que 4 lettres :
Loir-et-Cher, Eure-et-Loir.

~ Chalon-sur-Saône et Châlons-sur-Marne

Ces deux villes se sont réparti équitablement *un* accent circonflexe et *2* « s ».
Chalon-sur-Saône, dont on entend siffler les deux « s » de « Sur Saône », n'a pas droit à un troisième « s » à la fin de Chalon et, comme Saône a déjà un accent circonflexe, le « a » de Chalon n'en aura pas.

☘ *Le théâtre*

Au théâtre, les indications de *côté droit* et *côté gauche* sont remplacées par *côté jardin* et *côté cour*. Comment ne pas se tromper?
Ces indications sont définies par rapport à un spectateur se trouvant dans la salle : Le « Jardin » est à sa gauche, la « Cour » à sa droite.
Retenir « Jésus-Christ » où le « J » se trouve à gauche et le « C » à droite.

☘ *La navigation*

Sur l'eau, comme au théâtre, on ignore la droite et la gauche. On ne parle que de bâbord et de tribord. **BÂ**bord est à gauche et **TRI**bord à droite.

C'est simple : retenez « **BA-TRI** » (batterie).
Les navigateurs débutants qui entrent dans un port doivent avoir en mémoire ces quatre mots indispensables : Bacille rouge et Tricot vert. Ils leur rappelleront :
1. d'avoir à laisser à **BÂ**bord les bouées **CYL**indriques **ROUGES** ;
2. d'avoir au contraire à laisser à **TRI**bord les bouées **CO**niques **VERT**es.

Les transmissions

Les transmissions ont fait de tels progrès que le télégraphe électrique à base de points et de traits inventé en 1832 par Samuel Morse n'est plus guère pratiqué de nos jours.
Les procédés mnémotechniques pour apprendre le morse ne manquaient pas. Parmi les plus connus, il y a celui qui donne comme correspondance à chaque lettre un mot dont les consonnes représentent les traits et les voyelles les points.

A : as : ·-	F : ouf(e) : ··-·	N : nu : -·
B : beau : -···	G : glu : --·	P : apte : ·--·
C : coco : -·-·	K : coq : -·-	R : ère : ·-·
D : duo : -··	L : éloi : ·-··	U : out : ··-

D'autres lettres peuvent être retenues grâce aux deux tableaux ci-dessous :

eish	et t.moch (T'es moche !)
E : ·	T : -
I : ··	M : --
S : ···	O : ---
H : ····	CH : ----

L'histoire

~ Pour être capable de réciter dans l'ordre la liste des empereurs romains, il suffit d'apprendre par cœur la formule cabalistique suivante :
CÉS.O.TI.CA.CLAU.NÉ GALB.O.VI.VÉ.TI.DO
grâce à laquelle on peut retrouver aussitôt :
César - **Octave** (devenu Auguste) - **Tibère** - **Caligula** - **Claude** - **Néron** puis **Galba** - **Othon** - **Vitellius** - **Vespasien** - **Titus** - **Domitien**

~ La liste des traités signés par Napoléon est rarement au centre des conversations lors des dîners en ville. Pourtant, si le sujet un jour devenait à la mode, Jacques Duquesne, le souriant directeur du *Point*, étonnerait l'auditoire grâce à la formule magique qu'il apprit dans sa jeunesse et qu'il n'a jamais oubliée depuis :

BACALU APRESTI VIPAPA

Ce qu'on peut traduire ainsi :

Bâle (1795) - **Campoformio** (1797) - **Lunéville** (1801) - **Amiens** (1802) - **Presbourg** (1805) - **Tilsitt** (1807) - **Vienne** (1809) - **Paris** (1814) - **Paris** (1815).

La chimie

En 1869, Dimitri Mendeleïev établit le classement des éléments selon leur poids atomique. Voici la formule qui permit à des générations d'étudiants de retenir cette liste dans l'ordre :

1°) Hydrogène (H) - Hélium (He)
Hâche Hachez...

2°) Lithium (Li) - Béryllium (Bé) - Bore (B)
Lili baisa Bien

Carbone (C) - Azote (N) - Oxygène (O) - Fluor (F) - Néon (N)
chez son oncle Ferdi nand

3°) Sodium (Na) - Magnésium (Mg) - Aluminium (Al) - Silicium (Si)
Napoléon mangea allégrement six

Phosphore (P) - Soufre (S) - Chlore (Cl) - Argon (Ar)
perdrix sans claquer d'argent

4°) Potassium (K) - Calcium (Ca) - Scandium (Sc)
Karl causa scandale !

Titane (Ti) - Vanadium (V) - Chrome (Cr) - Manganèse (Mn) - Fer (Fe)
Tiens voilà carrément Monsieur Fé

Cobalt (Co) - Nickel (Ni) - Cuivre (Cu) - Zinc (Zn) - Gallium (Ga)
Co - ni cultivant zon gardin!

Germanium (Ge) - Arsenic (As) - Sélénium - (Se) Brome (Br) - Krypton (Kr)
Germaine, assise, se brosse le krâne!

La minéralogie

La nature nous offre des minéraux plus ou moins durs. Ils ont été classés, du plus tendre au plus dur, selon l'échelle de Mohs (de 1 à 10) :

1. Talc 2. Gypse 3. Calcite 4. Fluorite 5. Apatite 6. Orthose 7. Quartz 8. Topaze 9. Corindon 10. Diamant

Plutôt que de vous fatiguer à apprendre cette liste par cœur, retenez cette phrase sublime :

TA Grosse Concierge Folle d'Amour Ose Quémander Tes Caresses Divines.

L'éducation religieuse

Il y a fort longtemps de cela, du temps que l'Église parlait latin, on utilisait, pour retenir la liste des péchés mortels, un moyen mnémotechnique. Les fidèles devaient se rappeler le mot *SALIGIA*, composé des initiales des sept mots latins désignant les péchés capitaux : Superbia (orgueil) Avaritia (avarice) Luxuria (luxure) Ira (colère) Gula (gourmandise) Invidia (envie) Acedia (paresse)
Un vieil adage a gardé la trace de ce mot :

Pour ne pas aller à quia
Garde-toi de saligia.

C'est-à-dire pour ne pas aller d'où on ne revient pas (pour ne pas mourir), garde-toi de commettre les péchés capitaux.
Le Paradis en échange d'un moyen mnémotechnique!

La vie quotidienne

La longueur des mois

La main fut le premier outil permettant à l'homme de réaliser des calculs élémentaires. Le jeune écolier qui fait une opération mobilise tous ses doigts au service du résultat (si l'on ne peut pas compter sur ses doigts, sur qui d'autre pourrait-on compter?).
Les mois sont de longueur variable, et la nature, prévoyante, nous a dotés d'une main parfaitement adaptée à ce calcul. Sur le dessus du poing fermé se dessine une sorte de parcours accidenté où alternent les bosses (mois longs de 31 jours) et les creux (mois de 30 jours ou mois de février de 28 ou 29 jours). La nature en est à ce point de perfection que, lorsque la première main se termine sur une bosse correspondant aux 31 jours de juillet, il faut repartir sur la bosse qui commence l'autre main et qui indique les 31 jours d'août. N'est-ce « poing » génial?
Les manchots... ou les poètes préféreront peut-être ce gentil quatrain :

Trente jours ont novembre,
Avril, juin et septembre.
De vingt-huit, il y en a un
Tous les autres ont trente et un.

~ La disposition du couvert
Les enfants qui mettent la table (mais si ! ça existe !) ne savent jamais de quel côté de l'assiette disposer la fourchette, la cuillère et le couteau.
C'est pourtant simple :
Les deux ustensiles commençant par un **C** (cuillère et couteau) sont à **D**roite
La fourchette dont l'initiale est **F** se trouve à **G**auche.
Donc, il faut retenir C.D. et F.G.
~ Les huîtres
Lorsque les transports et la réfrigération n'étaient pas aussi au point qu'aujourd'hui, il ne fallait manger des huîtres que pendant les mois en « r ».
Les initiales de ces mois forment le nom de **J.F. Masond** dont la profession ne peut être qu'ostréiculteur.
~ La lune
Pour s'y retrouver dans les phases de la lune, il faut savoir que « la lune est une menteuse : lorsqu'elle dit qu'elle **C**roît (c'est-à-dire lorsqu'elle forme un " C "), c'est qu'elle décroît. Et lorsqu'elle dit qu'elle **d**écroît (c'est-à-dire qu'elle forme un " D "), c'est qu'elle croît ».
~ Le mile anglais
Aussi longtemps que les Anglais et les Américains emploieront le « mile » au lieu du kilomètre comme mesure itinéraire, nous nous interrogerons sur la valeur du « mile ». A moins que nous ne connaissions la formule miracle : « un ciseau neuf ».
Le mile vaut 1,609 km (un-six-o-neuf).
Attention, n'allez pas confondre ce « mile » terrestre avec le « mille » marin qui vaut, lui, 1,852 km.

« Mon beau navire, ô ma mémoire, avons-nous assez navigué... ? »

MONOSYLLABIQUES (VERS)

Le sacré rimeur qu'était Théodore de Banville affirmait dans son *Petit Traité de versification française* : « La rime est tout le vers. » Il est vrai que bien des vers ont été écrits seulement pour aboutir à cette apothéose qu'est la rime et qu'on est tenté de se demander pourquoi perdre son temps à composer des alexandrins munis des

douze pieds réglementaires si les onze premiers ne sont là que pour mettre le douzième en valeur?
En écrivant des vers d'un seul pied - ce pied qui supporte, qui *est* la rime -, on devrait donc obtenir une quintessence de poème. Sans compter qu'avec un seul pied, on évite... les chevilles et les vers boiteux. Par définition même, un poème unijambiste ne peut être que sautillant. Est-ce pour se divertir ou pour affirmer leur virtuosité que de grands poètes - et d'autres moins célèbres - se sont plu à composer des poèmes MO.NO.SYL.LA.BI.QUES? Applaudissons pourtant « des deux mains » à ces exercices de style dont certains sont de vrais chefs-d'œuvre en miniature en nous disant que, s'il existe des poèmes qui ne riment à rien, ce ne sont, à coup sûr, pas ceux-ci :
Baudelaire, dont on ne veut connaître que *Les Fleurs du mal,* est l'auteur de ce surprenant « Pauvre Diable » :

Pauvre diable

Père
Las!
Mère
Pas.

Songe
Vain...
Ronge
Frein.

Chaque
Vent
Claque
Dents.

Erre
Sur
Terre...
Dur!

Rude
Jeu...
Plus de
Feu!

Maigre
Flanc,
Nègre
Blanc,

Blême!
Pas
Même
Gras.

Couche
Froid...
Mouche
Doigts;

Rêve
Pain
Crève
Faim...

Au même jeu, Rimbaud se contentera d'un sonnet... de quatorze syllabes.

Cocher ivre

Pouacre
Boit :
Nacre
Voit :

Âcre
Loi,
Fiacre
Choit!

Femme
Tombe :
Lombe

Saigne :
Geigne,
Clame!

Les deux sonnets ci-dessous sont souvent attribués à Charles Cros. On les doit, en fait, à son ami Léon Valade :

Suicide
du soupeur blasé

Titres
Lus !
Pitres
Vus !

Litres
Bus !
Plus
D'huîtres...

Mort,
Ange
Fort,

Change
Mes
Mets !

Monologue
de l'amour maternel

Qu'on
Change
Son
Lange !

Mange
Mon
Bon
Ange.

Trois
Mois
D'âge !

Sois
Sage :
Bois !

Citons au passage quelques syllabes d'un poème écrit par un obscur Amédée Pommier :

Sparte en style laconique

Dure
Loi
Sûre
Foi

Chastes
Mœurs,
Vastes
Cœurs

Mâles
Gars ;
...

Riches
Faits,
Chiches
Mets

Le plus réussi, le plus touchant de ces mini-poèmes est un sonnet intitulé « A une jeune morte » dû à la plume du comte Jules de Rességuier (1789-1869), aristocrate et soldat, mais poète aussi qui, pour la grâce avec laquelle il sut assembler ces quelques syllabes, mérite de passer à la postérité.

A une jeune morte

Fort	Sort	Rose	Brise
Belle,	Frêle,	Close,	L'a
Elle	Quelle	La	Prise.
Dort.	Mort!		

MORTS BIZARRES

« Bizarre! Bizarre! J'ai dit bizarre? Comme c'est bizarre! »
Tout le monde connaît la célèbre réplique imaginée par Jacques Prévert pour le film de Marcel Carné, *Drôle de drame*. Elle est une excellente introduction à ce chapitre consacré à quelques morts peu conventionnelles. Mourir est la chose du monde la mieux partagée et la plus banale qui soit. Depuis qu'il existe des hommes et qu'ils ont pris l'habitude de mourir, on peut considérer que toutes les façons de quitter notre bas monde ont été essayées avec succès et qu'il ne reste plus grande surprise à attendre de ce côté-là.
Pourtant, quelques personnalités - on parle moins des inconnus - sont parvenues à étonner une dernière fois leurs contemporains par l'étrangeté de leur mort, leur chant du cygne noir, en quelque sorte.
☘ Commençons par Héraclite (540-480 av. J.-C.), ce philosophe grec de l'école ionienne qui naquit à Éphèse. Atteint d'hydropisie, il imagina pour faire sortir l'eau de son corps un remède de sa façon : il demanda à ses esclaves de lui enduire le corps de fumier, puis il alla s'exposer à la chaleur. Sous la carapace d'excréments qui le recouvrait, une meute de chiens sauvages ne reconnut pas qu'il était un homme et le dévora. Cette histoire nous est contée par Néanthe de Cyzique.
☘ Eschyle (525-456 av. J.-C.), le créateur de la tragédie grecque, mourut de très brutale façon en Sicile : il reçut sur le crâne une tortue qu'un épervier qui l'emportait dans ses serres venait de lâcher.
☘ Agathocle (361-289 av. J.-C.), tyran de Syracuse, fut empoisonné par un cure-dents. Il ordonna qu'on le place sur un bûcher afin de mettre un terme à ses souffrances affreuses.
☘ Le roi Henri IV perdit ses parents de façon peu banale. Sa mère Jeanne d'Albret mourut empoisonnée par des gants. Son père, Antoine de Navarre, mourut, en 1562, au siège de Rouen, tué par une balle, alors qu'il était en train d'uriner. On lui dédia cette épitaphe :

Ami François, le prince ici gisant
Vécut sans gloire et mourut en pissant.

☘ Ceux qui seraient amenés à croire que pisser peut être dangereux doivent lire ce qui suit avant de se faire une opinion :
Tycho Brahé, fameux astronome danois, fut, par ses observations sur la planète Mars, à l'origine des découvertes de Kepler. En 1601, il se trouvait dans le carrosse de l'empereur Rodolphe II de Habsbourg et, n'osant pas avouer le besoin pressant qui le tenaillait, il mourut d'une rétention d'urine. Il n'avait que cinquante-cinq ans. On lui composa cette épitaphe :

Ci-gît qui, possédant les plus hautes sciences,
Fut victime des bienséances
Et dont le vrai portrait se fait en un seul mot :
Il vécut comme un sage et mourut comme un sot.

Alors? To piss or not to piss?

☘ La musique adoucit les mœurs, dit-on.
Le compositeur Jean-Baptiste Lully (1632-1687) se moquait de l'adage et affichait un caractère épouvantable.
Le 8 janvier 1687, alors qu'il dirigeait son *Te Deum* en l'église des Feuillants, il se mit en rage contre ses musiciens et voulut cogner violemment le sol avec la longue canne qui, à cette époque, servait à battre la mesure. Au lieu du sol, il se heurta le gros orteil du pied droit. La gangrène s'y mit et il mourut deux jours plus tard.
☘ Autre compositeur, mais très sensible celui-ci, Arcangelo Corelli (1653-1713) mourut de douleur, son concurrent Scarlatti l'ayant convaincu qu'il avait fait une fausse note.
☘ L'abbé Prévost (1697-1763), l'auteur de *Manon Lescaut*, fut découvert par des paysans alors qu'il gisait inanimé dans la campagne. Un chirurgien appelé au secours décida, un peu rapidement, de pratiquer l'autopsie. Lorsque le bistouri s'enfonça, le prêtre se mit à hurler... mais il était trop tard.
☘ L'homme, dit un proverbe, creuse sa tombe avec ses dents. Il arrive, c'est vrai, que manger tue.
~ Le pape Clément XIV (1705-1774) mourut empoisonné par une pastèque.
~ Le melon, absorbé en trop grosses quantités, a beaucoup tué dans l'histoire : Le 28 juillet 1471, à la suite d'un abus de melon, le pape Paul II mourut d'une crise d'apoplexie. En 1641, le médecin

personnel de Louis XIII, Guy de La Brosse, succomba également à une indigestion de melon. La reine Marie Leszcynska qui était fort gourmande de ce fruit faillit en mourir. Et, le 16 juillet 1840, l'auteur dramatique Michel Bolisson, baron de Rougemont, en mourut, lui, pour de bon.

Le jeudi 21 août 1806, il faisait très chaud. Jean-Honoré Fragonard, âgé de soixante-quatorze ans, était en train de déguster une glace chez Véry - les meilleures de Paris - en regardant passer les jolies filles du Palais-Royal. En souriant, il suçait une cuillerée de glace, lorsqu'il mourut, frappé de congestion.

Alphonse Daudet, le 16 décembre 1897, était à table, en famille dans son appartement de la rue de l'Université. On ne parlait que de *Cyrano de Bergerac* dont la répétition générale avait lieu le lendemain. Soudain, le romancier, qui mangeait sa soupe, tomba le nez dans son assiette, mort.

Le 5 février 1766, au château de Malgrange, près de Nancy, l'ancien roi de Pologne, Stanislas Leszcynski, devenu duc de Lorraine après avoir été chassé de son pays, était en prières, à genoux. Lorsqu'il voulut se relever, un étourdissement lui prit et il tomba dans la cheminée où brûlait un feu de bois. Sa robe de chambre s'enflamma et il mourut de ses brûlures.

Deux siècles plus tard, en 1966, Julien Carette, un des plus populaires acteurs de second rôle du cinéma français de l'entre-deux-guerres, mourut de la même atroce manière. Paralysé depuis quelques années, il vivait dans un fauteuil. Pendant une absence de sa femme, il alluma une cigarette. Il s'assoupit et le feu prit à sa robe de chambre qui se consuma peu à peu. Incapable de bouger, l'acteur mourut brûlé vif.

Sur le quai Malaquais, à l'emplacement actuel du 1, quai Voltaire, s'élevait avant 1765 un hôtel qui fut habité, entre autres, par le marquis de Bacqueville.

Cet excentrique compte parmi les précurseurs de l'aviation. Au printemps 1742, il se mit en tête de traverser la Seine en volant grâce à des ailes de son invention. Parti du toit de son immeuble, il atterrit tout de même de l'autre côté du fleuve, mais il se cassa la jambe sur un bateau-lavoir. Quelques années plus tard, son hôtel ayant pris feu, le marquis de Bacqueville voulut le défendre contre d'éventuels pillards. Il attendit au milieu des flammes, un pistolet dans chaque main. Paix à ses cendres!

Le président de la République Félix Faure (1841-1899) mourut d'apoplexie le 16 février dans les bras de la belle Marguerite Steinheil. Le maître d'hôtel Clerc trouva par hasard un prêtre dans la rue, l'abbé Renault. Avant d'être introduit, celui-ci aurait demandé :

« A-t-il toujours sa connaissance? » et on lui aurait répondu : « Non, elle est partie par la petite porte. »
Les chansonniers s'en donnèrent à cœur joie. Ils chantèrent « la Connaissance du président », « la Connaissance est dans l'escalier »... et ils composèrent cette épitaphe cruelle :
« Il voulut être César, mais il ne fut que Pompée. »
Bien sûr, Meg Steinheil fut surnommée « la Pompe funèbre ».
Une épitaphe anonyme du XVIIe siècle convenait parfaitement à la situation :

> Je suis mort d'avoir entrepris
> Entre les jambes d'une dame.
> Bienheureux d'avoir rendu l'âme
> Au même endroit où je l'ai pris.

☘ Isadora Duncan était venue d'Amérique pour danser en France. Elle finit par y trouver la célébrité. Le 23 avril 1913, la voiture qui transportait ses deux enfants, Deirdre, huit ans, et Patrick, trois ans, accompagnés de leur gouvernante, tomba en panne le long des berges de la Seine. Le chauffeur descendit pour tenter de la faire repartir à la manivelle. Le frein était mal serré et la voiture glissa dans la Seine. On repêcha trois cadavres.
Quatorze ans plus tard, le 14 septembre 1927, le nom d'Isadora Duncan est à nouveau mêlé à un drame. La danseuse s'est retirée à Juan-les-Pins pour y rédiger ses mémoires. Un jeune garagiste qui désire lui vendre une Bugatti grand sport décapotable vient la lui faire essayer. Dès le démarrage, les franges de la longue écharpe de soie rouge peinte à la main que portait Isadora viennent se prendre dans la roue arrière. La danseuse meurt aussiôt, les vertèbres cervicales brisées.
☘ Maurice-Edmond Sailland, plus connu sous le nom de Curnonsky, prince des gastronomes, a quatre-vingt-quatre ans lorsque le 22 juillet 1956 à 10 heures du matin, il tombe de sa fenêtre du troisième étage du square Henri-Bergson. Trop lourd pour un vol-au-vent!
☘ Vera Jayne Palmer, plus connue à l'écran sous le nom de Jayne Mansfield, s'était rendue célèbre à Hollywood davantage par ses impressionnantes mensurations mammaires que par son talent d'actrice (101 centimètres de tour de poitrine, mais, ce qui est plus surprenant : 164 de Q.I.). Elle avait épousé un Hongrois, Mickey Hargitay, élu à l'époque « Monsieur Univers ». Tout était rose dans sa vie de star. Les magazines étaient pleins de photos de sa villa rose de Los Angeles où chaque objet était rose et en forme de cœur : le lit,

la salle de bains... et même la piscine. Le 29 juin 1967, sur la route de La Nouvelle-Orléans, elle heurta, dans sa décapotable rose, un camion chargé de plaques de tôle. L'une d'elles se détacha et vint très proprement lui séparer la tête du corps.
Dix ans auparavant, elle avait été couronnée « Miss Autoroute »!

« Je connais quelqu'un qui est mort après avoir fait un trou à son pantalon, dit un jour Toulouse-Lautrec.
- Voyons! ça n'est pas sérieux! On ne meurt pas d'un trou à son pantalon!
- Si! Le type dont je parle était scaphandrier! »

MOTS CROISÉS

Au Moyen Age, les chevaliers se croisaient pour aller combattre l'Infidèle. Sous Louis XIII, ils croisaient le fer à tout bout de pré pour défendre leur honneur. Mais c'étaient là de bien dangereux croisements!
A notre époque de divertissements pacifiques, on se contente de croiser les mots, histoire de ne pas rester les bras croisés. Dans le train, le métro, à la plage en bronzant, à la maison dans un bon fauteuil, assis ou horizontalement, n'importe où, n'importe quand, nous sommes des millions à sucer notre crayon en attendant de découvrir le mot idoine répondant à la définition proposée.
♣ Les mots croisés sont un loisir, un exercice intellectuel, un divertissement, un sport, parfois même un vice... mais, en tout cas, un phénomène de société.
C'est à un Anglais qu'est attribuée la paternité des *crossed words*. Ce respectable gentleman (en trois lettres : *SIR* et en quatre : *LORD*) vivait au XIXe siècle et se nommait Arthur Wynne. Il s'était fait une spécialité dans les *mots en carré*. Un jour qu'il se heurtait à une difficulté insurmontable, il eut l'idée géniale de glisser une case noire entre deux mots. Cette case noire fut aux mots croisés ce que l'invention du zéro avait été aux mathématiques : un point de départ vers l'infini.
♣ En 1913, les mots croisés accompagnèrent les émigrants partis d'Angleterre à la conquête du Nouveau Monde.
Le 21 décembre 1913 - date historique -, le *New York World* publie

la première grille dans son supplément du dimanche. Le nouveau jeu fait fureur. Après ce détour par les États-Unis, les Anglais redécouvrirent les mots croisés investis de la consécration yankee et bientôt l'Europe tout entière se passionna pour les *crossed words*.

☘ En France, ils apparurent en 1925 dans le journal *Le Gaulois* sous le nom de mots en croix. D'emblée, ce fut le succès, un succès qui, d'année en année, ne fit que s'amplifier.

Dans les années 30, on appelait « ŒDIPES » ceux qui cherchaient à résoudre des problèmes de mots croisés et « SPHINX » ceux qui en étaient les auteurs. Aujourd'hui, les adeptes des mots croisés se nomment « CRUCIVERBISTES », mot inventé par Léon Abric qui le trouvait, à juste titre, plus élégant que l'affreux « mots-croisistes ». Il a été question de nommer « VERBICRUCISTES » ceux qui composent les grilles et imaginent les définitions, mais le Larousse n'a pas encore tranché.

Les « CRUCIVERBISTES » appartiennent à une même planète et possèdent en commun un incontestable bagage culturel.

Pas un d'entre eux n'ignore que le *Nil* coule en Égypte sous un soleil qui se nomme *Râ*. Lorsqu'ils descendent des fleuves impassibles ce sont plus volontiers le *Pô*, l'*Ob* ou l'*Uélé*, à moins que, restant en France, ils n'abordent aux rives familières de l'*Aa* ou de la *Têt*. Il serait criminel de leur part de ne pas savoir que l'*Ers* est une légumineuse de la famille des lentilles pour qui *Ésaü* vendit son droit d'aînesse (phonétiquement : NS). Attention! pour d'autres lentilles, voir *Iéna*!

La vie est simple au cruciverbiste : dans son monde, l'architecte ne se déplace jamais sans son *té*, le golfeur sans son *tee*, le poète - appelé aussi *aède* - ne saurait composer autre chose qu'une *ode* ou un *lai*, tandis que le joueur d'échecs met toujours son adversaire *pat* ou *mat*.

Le cruciverbiste n'est pas monothéiste : son ciel est peuplé de dieux, de déesses (DS) et de nymphes : *Râ* ou *Ré, Gè, Éole, Ésus, Isis, Iris, Éros, Ino* et *Io* surtout lui font à travers la *nue* un cortège charmant.

Ses amis et connaissances ne se comptent plus : *Ader, Sue, Say, Huc, Batz, Daru, Auer* (régulièrement tombé sur un *bec*), *Nau* (le premier prix Goncourt!), *Sem, Rip*... et tant d'autres.

Le cruciverbiste aime l'argent et il est près de ses *sous* : il compte indifféremment en *as* romain, en *écu*, en *sol*, en *yen* ou en *sen* japonais et en *leu* roumain (lorsqu'il y en a plusieurs, on parle de *lei*) ou en *ore*. Son époque préférée c'est l'*été* qu'il passe en *Eire*, et sa période favorite, c'est une *ère*. Pour ne pas se mettre en *ire* il fait partir ses amis en leur disant : *Ite*.

Bien heureusement, les grilles de mots croisés ne se limitent pas à la manipulation forcenée des dictionnaires. Si l'on devait s'en tenir à découvrir le mot correspondant à la définition proposée, ce ne serait pas des mots croisés, mais un passe-temps tout juste bon pour les soirs où la télé est en grève. D'ailleurs, on a vu apparaître dans les années 70 les « mots fléchés » qui sont aux mots croisés ce que le certif' est au bac.

Le premier homme - gloire à son nom! - qui eut l'idée de remplacer les simples définitions du dictionnaire par des énigmes de son cru fut Tristan Bernard. Ce faisant, il venait de donner aux mots croisés ses lettres de noblesse : c'est, en effet, l'humour des définitions qui fait des mots croisés le roi des jeux d'esprit.

Semblable au détective qui, tout au long du roman policier, va remonter la piste qui le conduira jusqu'au coupable, le cruciverbiste astucieux devra résoudre l'un après l'autre les pièges que l'auteur a semés sur sa route. Il devra découvrir le mot exact - *the right word* - sous les allusions à double ou triple sens et décoder les indications sibyllines.

Quel bonheur lorsqu'il y parvient enfin! Comment s'étonner dès lors qu'une véritable complicité d'esprit s'établisse entre un auteur de mots croisés et ses lecteurs familiers. Pour beaucoup de lecteurs du *Nouvel Observateur* ou de *Match*, le personnage essentiel du magazine n'est autre que Robert Scipion ou Max Favalelli.

Tristan Bernard a, d'une phrase, expliqué la vogue des mots croisés : « Le mots croisés est une thérapeutique de l'anxiété contemporaine : si les grands problèmes nationaux et internationaux causent tant d'effroi, c'est qu'il n'est pas certain qu'il y ait une solution. Tandis qu'aux mots croisés, il y en a une! »

La définition célèbre entre toutes, attribuée à Tristan Bernard (on ne prête qu'aux riches), alors qu'elle est de Renée David, créatrice du *Journal des mots croisés*, est celle du mot *Entracte* : vide les baignoires et remplit les lavabos.

Si Tristan n'est pas l'auteur de celle-là on peut en mettre beaucoup d'autres à son crédit * :

* *Voir solution page suivante.*

- Évitait d'emprunter l'escalier - 5 lettres (1)
- Suit le cours des rivières - 11 lettres (2)
- Unit des idées ou des localités - 3 lettres (3)
- Lève son drapeau en signe de liberté - 4 lettres (4)
- Moins cher quand il est droit - 5 lettres (5)
- Ne reste pas longtemps ingrat - 3 lettres (6)
- Arrive souvent au dernier acte - 7 lettres (7)

Les mots croisés conservent : chaque semaine ou presque, le bientôt nonagénaire Max Favalelli adresse à ses fidèles un spirituel bulletin de santé en forme de grille. Voici quelques-unes de ses trouvailles :

- Illustre l'académie - 8 lettres (8)
- Ne s'abaisse jamais devant quelqu'un d'important - 10 lettres (9)
- Cochons, nous en aurons au moins une - 8 lettres (10)
- A sa réception, il y a souvent un chef - 8 lettres (11)
- Avec lui, la lune est dans l'eau - 11 lettres (12)

Et voici, de Robert Scipion :

- Du vieux avec du neuf - 11 lettres (13)
- Demi-sommeil - 2 lettres (14)
- Crevasse - 8 lettres (15)
- Tube de rouge - 14 lettres (16)
- Feu rouge - 7 lettres (17)
- Couche sur le dos, histoire de voir - 4 lettres (18)
- Héroïne pure - 12 lettres (19)

Les autres grandes signatures de mots croisés sont celles de Michel Laclos à qui l'on doit par exemple :

- Devient inquiétante à partir de 39-40 - 6 lettres (20)
- Bonne en dessins - 9 lettres (21)

Ou encore de Roger La Ferté, Guy Brouty, Jacques Bens, Ferdinand Exbrayat, Yves Gibaud, Robert Mallat, sans oublier Georges Perec, le génie trop tôt disparu.

Une belle histoire pour terminer :
Max Favalelli, ce parfait honnête homme, cultivé et souriant, prouva pendant l'Occupation qu'une grille de mots croisés pouvait être le théâtre d'un acte de résistance. Sa définition « A mérité le bâton » en quatorze lettres ne fut pas caviardée par la censure vichyste. La réponse était pourtant subversive : *Maréchal Pétain*!

Solutions : 1 ROMÉO - 2 DIAMANTAIRE - 3 CAR - 4 TAXI - 5 PIANO - 6 ÂGE - 7 NOTAIRE - 8 TATOUEUR - 9 STRAPONTIN - 10 ENTAILLE - 11 MATRAQUE - 12 BAIN DE SIÈGE - 13 NONAGÉNAIRE - 14 DO - 15 MOURUSSE - 16 INTERNATIONALE - 17 STALINE - 18 TAIN - 19 BLANCHE-NEIGE - 20 FIÈVRE - 21 BÉCASSINE.

MYTHOLOGIQUE (LA SALADE)

Offenbach, au siècle dernier, avait sérieusement malmené la mythologie grecque dans son opéra *La Belle Hélène* et il n'avait épargné aux dieux de l'Olympe ni les jeux de mots osés, ni les situations grotesques. Ce n'étaient là pourtant que hors-d'œuvre bénins comparés à la « salade » que voici.

Cette œuvre anonyme, d'inspiration collective sans doute, est née au siècle dernier dans l'ambiance stimulante des salles de garde. Pieusement transmise de génération en génération par tradition orale, elle est sans doute l'un des monuments les plus achevés du folklore carabin. Derrière la paillardise du récit, par-delà la profusion des pires calembours qui soient, se devine la vraie culture classique dont étaient nourris les apprentis-toubibs de la Belle Époque. Est-ce qu'Ulape eût aimé les audaces de ce jeune Grec venu rendre visite à sa tante et cherchant à lui témoigner son affection de toutes les façons possibles?

Que les amateurs de mauvais jeux de mots se précipitent : ils seront comblés! Mais que les intellectuels méprisants passent au large, cette salade n'est pas pour eux : riche en sel, généreuse en poivre, largement épicée, elle ne peut donner d'aigreurs qu'aux pisse-vinaigre. En revanche, les digestions innocentes ne risquent pas d'en être troublées car les regards purs n'y verront qu'une barbare accumulation de mots sans suite.

Comme les premiers chants sont d'une absolue correction, nous nous permettrons de proposer au lecteur non helléniste l'assistance d'une traduction simultanée; lorsque le texte deviendra scabreux, le traducteur pudique s'éloignera sur la pointe des pieds.

Chant premier

Pénélope énée d'oreste héra sis
Que je vous archonte ulysse troie.
Nous phéniciens de déjanire,
Il n'était pas tartare,
Encore était titan que cela phénix!
Je m'étais borée d'homère encelade,
Et peu s'en phallus que je n'eurotas
Tant je sentais l'éros
Se rebellérophon de mon estomac.
Somme toute, j'étais achéron...

Traduction : Prenez la peine de rester assis que je vous raconte une histoire. Nous finissions de déjeuner, il n'était pas tard tard, encore était-il temps que cela finisse! Je m'étais bourré de homard en salade, et peu s'en fallut que je ne rotasse tant je sentais les rots se rebeller au fond de mon estomac. Somme toute, j'étais assez rond!

Chant second

J'étais vénus à Pâris pour faire la fête.
Fallait voir comme j'ai thémis!
J'avais ma casquette à hellespont,
Un nœud gordien, un colchique,
Et je tenais mon styx à pomone d'hécate,
J'avais pluton l'air d'un aristote
Que d'un pelée!

Traduction : J'étais venu à Paris pour faire la fête. Fallait voir comme j'étais mis! J'avais ma casquette à pont, un nœud gordien, un col chic et je tenais mon stick à pommeau d'agate. J'avais plutôt l'air d'un aristo que d'un pelé!

Chant troisième

J'allais rendre visite amathonte
Je frappe à sa cambyse... Pan!... Pan!...
Atrée! dit-elle.
J'atrée... Égérie, car j'arrivais fort atropos.
Elle était anchise persée en train d'uranie.
Elle se leva et gynécée comment elle cypris,
Mais après un paphos sur dédale numide,
Alphée le grand icare et je lui ai vulcain.
Il n'est pas aphrodite,
Il est pollux et apollon
Et je crois même qu'elle circé poils
Afin qu'ils narcisse.
Ce n'est pas vraiment la toison d'or!

Traduction : J'allais rendre visite à ma tante. Je frappe à sa cambuse : Pan, pan... Entrez! dit-elle. J'entrai... Et j'ai ri, car j'arrivais fort à propos. Elle était en chaise percée en train d'uriner. Elle se leva et je ne sais comment elle s'y prit, mais après un faux pas sur les dalles humides, elle fait le grand écart et je lui ai vu...

Chant quatrième

La voyant cybèle, je tombe à ses junon,
Je commence par des pattes d'arachnée
Puis j'illysus lycaon
Hélène énée qu'elle a vénus
Car j'avais mis ses jupiter.

Chant cinquième

Alors, je tityre mon dardannus
Qui satyre d'une bellone sans qu'on léda.
Dès qu'elle le voit elle s'écrie :
« Qu'il érèbe ! Phédon ! »
On se met thalie, je l'euterpe à bras-le-corps
Et d'un seul coup, je la chloé.
Je pousse, il faut cassandre ou calchas.
Télémaque ! L'atrée, oreste, n'était pas thésée
Bien que tout le monde hymette.
Médée qu'elle laocoon,
Voilà castor et qu'elle en radamanthe !

Chant sixième

Elle crie : « Odyssée bon !... Iliade quoi mourir ! »
Ça prométhée !... J'en tircis !... C'est baucis !
Mais, je ne puis alexis
Car cela n'arrange pallas antée.
Que cérès si j'avais proserpine !
Ménélas je n'en neptune !
Alors, on nessus pas ? demandai-je.
Quand céphée, elle soupire :
« Qu'est-ce que ça minerve !... Fais moi donc minos. »
« Hébé, que je fais, ç'atlas pas »
« Au contraire... surtout si tu me caresses aussi les thétis. »
Après, elle saturne vivement
Et je l'hercule par troie fois sans qu'elle m'en priape.

Chant septième

Au plus fort de l'ixion, voilà qu'elle fait un pégase ;
Elle vesta si vous aimez mieux.
Ce doux zéphyr, bien qu'éphémère,
N'était pas parfumé osiris !

Cela sentait pluton le chloris dryade d'amon eaque,
Elle amphion. Elle en fit zeus. Elle amphitrite!
Faudrait bien ganymède un python
Dans la ligne mais diane d'éphèse
Pour forcer l'uranus à cythère!
Mais tout a une fin :
Je retire mon eupolis car je crains que son péluse.
Elle supplie : « Oreste encore... Est-ce que je thessalie? »
« Bah! que je lydie, ce n'est qu'un peu de mède! »

Chant huitième

Hécate jour après mon nestor...
Je me mets à psyché des lames de rasoir.
Hellas! Que m'avait-elle danaé là!
Que phaéton en pareil cas?
On centaure lapithe de harpie,
On se fait des ajax io, mais ce n'est pas des sisyphe
Cela ne sert presque ariane.
Et je daphné chaque jour plus malade.
Après simoïs ou un andromède au mercure
Le mal avait empyrée
Fallait-il qu'on me la cupidon?
Agamemnon! J'aimerais mieux qu'on me la pinde
L'armide épire que le mal!

Passant, silène te démange,
Némésis itaque de corynthe calchas
Ou callipyge la éole!

NÈGRES

Aux yeux de l'ancien colonial nostalgique, le Nègre n'est plus ce qu'il était : une face noire épanouie sur une boîte de Banania. De nos jours, peau blanche et âme pure, l'oncle Tom se case dans l'édition et, comme l'ami Pierrot, prête sa plume à ceux qui ne sont pas habiles à écrire des mots. Sous le nom provocateur de *nègre* se dissimule en effet un personnage clé de la création littéraire : un auteur professionnel qui rédige, contre rétribution, l'œuvre qu'un autre signera.

L'obscurité sied au nègre, condamné à demeurer à l'écart de la gloire, comme une ombre d'écrivain que le soleil évite. Ce « mercenaire des lettres », désigné en français d'un terme évocateur de noirceur, porte, au contraire, en Angleterre le nom transparent et immatériel de *ghostwriter* (écrivain fantôme). Après tout, les fantômes sont bien les créatures de l'obscurité !

Le nègre est né à la vie littéraire au XIXe siècle et a proliféré au XXe. Il est le sous-produit de l'explosion de la littérature populaire. La presse connut dès 1830 une immense faveur, et tous les grands journaux, afin d'accroître leur tirage et de s'attacher une clientèle conquise sur leurs concurrents, s'arrachèrent la collaboration de feuilletonistes chargés, d'un numéro à l'autre, de tenir en haleine un public captivé. La France entière vivait à l'heure de « la suite au prochain numéro », formule lancée en 1829 par le docteur Véron, directeur de *La Revue de Paris*. La loi de l'offre et de la demande obligea certains auteurs à succès, sollicités par plusieurs journaux, à sous-traiter leurs romans-feuilletons afin d'atteindre à une productivité maximale. La littérature, à son tour, venait d'entrer dans l'ère industrielle.

Nègres illustres

Ironie de l'histoire! *Alexandre Dumas,* le plus célèbre négrier de la littérature, était un mulâtre.

Même en y consacrant chacune des heures de sa vie, un homme normal aurait été incapable d'écrire une œuvre aussi monumentale que la sienne. On connaît de Dumas quelque trois cents romans, une cinquantaine de pièces et une quantité d'ouvrages sur les sujets les plus divers.

Personne ne saurait dire comment aurait pu écrire Dumas seul puisque, dès le début, il s'entoura de collaborateurs. Adolphe de Leuven l'assista dans ses premières pièces.

Un jour, Félix Harel, le directeur du Théâtre de la porte Saint-Martin, lui apporta un manuscrit qu'il venait de refuser. C'était une pièce injouable écrite par un jeune homme débarqué de Tonnerre (Yonne) qui portait le nom de Gaillardet. Le critique Jules Janin avait essayé de réécrire la pièce, puis l'avait retournée avec la mention « sans espoir ». En quelques semaines, Dumas fit de cette pièce « sans espoir » le chef-d'œuvre du mélodrame : c'était *La Tour de Nesle.*

Gérard de Nerval lui recommanda alors un petit professeur au lycée Charlemagne qui venait d'échouer à son doctorat : Auguste Maquet. Ensemble, ils écrivirent d'abord *Le Chevalier d'Harmental.* Girardin, le patron du grand journal *La Presse,* refusa que le roman parût en feuilleton sous la signature commune « Dumas-Maquet ». Dumas signa donc seul, mais Maquet n'eut pas à regretter d'être demeuré dans l'ombre lorsqu'il reçut la somme énorme de 8 000 francs. Il est des anonymats royalement payés! Maquet finit par s'offrir, grâce à cet esclavage doré, le château de Saint-Mesme, sa bibliothèque et ses chasses.

Maquet arriva un jour avec un petit essai de quelques pages sur un personnage nommé d'Artagnan dont Dumas tira la série des *Trois Mousquetaires.* L'usine à romans tournait à plein régime : les deux hommes travaillaient dans une fièvre perpétuelle car il fallait écrire chaque jour les feuilles du lendemain; Maquet faisait les recherches et le plan des chapitres, il relisait et courait porter à l'imprimerie la copie encore humide d'encre. Dumas, lui, écrivait, debout, assis et surtout couché : le coude gauche sur un oreiller et sa plume courant à toute allure sur de grandes feuilles de couleur.

Parmi les nègres de Dumas, il faut citer aussi Mallefille, Bocage, Meurice, Vacquerie et même Gérard de Nerval.

En février 1845, un certain Eugène de Mirecourt attaque Alexandre Dumas dans un pamphlet au titre non équivoque *Fabrique de romans. Maison Alexandre Dumas et Cie.*

Dumas se défend avec esprit contre les calomnies. A quelqu'un qui lui demande : « Votre dernier roman est-il donc bien de vous? - Hélas, oui ! répond-il. J'employais jusqu'ici mon valet de chambre à cette besogne, mais le drôle, étourdi par ses succès, m'a demandé de tels gages que je me suis vu forcé de travailler pour lui ! »

Il a écrit ailleurs : « On s'est toujours fort inquiété de savoir comment étaient faits mes livres et, surtout, qui les avait faits. Il était si simple de penser que c'était moi que l'on n'en a pas eu l'idée ! »

Faut-il donc se scandaliser de ce que Dumas ait exploité des auteurs inconnus ou convient-il, tout au contraire, de se réjouir de ce qu'il les ait fait profiter de sa notoriété et de ses largesses?

Dumas avait du génie : d'une pièce médiocre il tirait un chef-d'œuvre et, en partant de quelques lignes sans éclat, il écrivait un roman immortel. Tout ce qu'il touchait se trouvait métamorphosé en or.

Reproche-t-on à un grand fleuve d'avoir des affluents?

✤ S'il est arrivé parfois à *Honoré de Balzac,* sous la pression de dettes énormes, d'employer des nègres pour l'aider à ficeler à la hâte quelques piètres mélodrames, ce n'était qu'une revanche sur des débuts littéraires difficiles consacrés à une carrière obscure de scribe au service des autres.

Le jeune Honoré venait de subir quelques échecs cinglants lorsqu'il fit la rencontre d'un curieux personnage. Auguste Le Poitevin de L'Égreville n'était pas un individu bien recommandable. Il avait essayé avec beaucoup de peine de fabriquer un roman, mais il possédait - ce dont Balzac était dépourvu - des relations. Les deux hommes vont s'associer en se répartissant la tâche comme suit : Balzac écrira et de L'Égreville trouvera des éditeurs. C'est ainsi que, sous le nom collectif de *A. de Villerglé* (anagramme d'Égreville) et de *lord R'hoone* (anagramme d'Honoré), paraîtront à un rythme de mitrailleuse plusieurs dizaines de romans par an. Même les biographes de Balzac sont incapables de citer le nombre, aussi bien que les titres de cette « véritable cochonnerie littéraire * ». Ce sont là des travaux bassement alimentaires qui méritent l'oubli.

* *L'expression est de Balzac lui-même.*

✤ Avec un nom comme le sien, *Eugène Labiche* (1815-1888) aurait difficilement pu écrire des tragédies ! En un demi-siècle d'une vie calme et bourgeoise - de cette bourgeoisie dont il a su mieux que personne caricaturer les mœurs, les goûts et les ridicules -, il a écrit cent quatre-vingts pièces dont quelques-unes figurent au nombre des chefs-d'œuvre du théâtre français.

Labiche n'écrivait pas seul : au cours de sa carrière, il utilisa les services ou les talents de quarante-six - comment dit-on? - collaborateurs, coauteurs ou tout simplement nègres. Avant de s'en étonner, il faut savoir que le « tandem littéraire » était la règle dans le théâtre du XIXe siècle où l'on trouve rarement des pièces qui ne soient pas signées par au moins deux auteurs. Comment Labiche aurait-il pu soutenir seul l'infernale cadence d'écriture que le succès lui imposait? Certaines bonnes années, il lui arriva d'écrire six vaudevilles!

A un spectateur qui lui demandait quelle est la fonction de coauteur, Labiche répondit : « Mais... c'est lui qui fait la pièce, voyons! - Et vous alors? - Moi? Je biffe! »

Aucun des collaborateurs de Labiche n'a jamais eu l'impression d'être exploité. C'étaient, pour la plupart, des auteurs mineurs qui, grâce à lui, connaîtront fortune et gloire.

Seuls trois collaborateurs de Labiche se sont fait un nom par eux-mêmes, ce sont Émile Augier, Anicet Bourgeois et Eugène Scribe. Qui a jamais entendu parler des autres? Alfred Delacour, Adolphe Cholet, Édouard Martin, Louis-François Clairville, Edmond Gondinet? Qui sait que son oncle Paul Jesse signa avec lui *Le Major Cravachon*?

Le plus fidèle nègre de Labiche avait pour nom Marc Michel : il écrivit avec lui une cinquantaine de pièces.

Dans les années 1840, furent représentés un certain nombre de vaudevilles signés *Paul Dandré*; sous ce pseudonyme se cachaient Labiche et deux de ses nègres favoris, Marc Michel et Auguste Lefranc.

La répartition du travail entre Labiche et ses collaborateurs était simple. Philippe Soupault, qui fut un de ses meilleurs biographes, l'explique : « Les collaborateurs de Labiche furent surtout des critiques. Labiche était le créateur. » Émile Augier, qui travailla avec lui à l'élaboration du *Prix Martin,* apporte son témoignage : « Je servais plutôt à l'exciter par la contradiction qu'à lui donner des idées. » Et Labiche, avec la modestie des gens de talent, d'avouer : « Je suis comme les vieilles poules : je ne ponds que quand on me chatouille! »

Mais chacun des œufs qu'il pondit pour la plus grande joie des spectateurs que nous sommes aujourd'hui encore porte la marque indiscutable de son esprit et de son génie comique.

Deux mots de lui pour terminer :

- « Ça n'est pas pour me vanter, mais il fait joliment chaud aujourd'hui ! » *(29 degrés à l'ombre).*
- « Moi, j'aime les gens riches, d'abord parce qu'ils sont riches, ensuite parce qu'ils ont de l'argent » *(Un garçon de chez Véry).*

♣ Il n'est pas de conversation sur les nègres en littérature où ne soit prononcé le nom de *Willy,* le plus glorieux négrier de la Belle Époque.

Willy - Henri Gauthier-Villars de son vrai nom - est surtout connu pour avoir épousé à trente-quatre ans un tendron venu de sa province, Sidonie Gabrielle Colette. Un an après son mariage, la jeune femme s'ennuyant à Paris, son mari, par déformation professionnelle de journaliste, lui suggéra d'écrire ses souvenirs d'école : « N'ayez pas peur des détails piquants, ajoute-t-il; je pourrai peut-être en tirer quelque chose. »

Lorsque Colette lui remet sa copie - 656 pages sur des cahiers d'écolier - Willy, déçu, laisse tomber le manuscrit au fond d'un tiroir. Ce n'est que quatre ans plus tard, en rangeant son bureau, qu'il relira les cahiers écrits par sa femme. « " C'est gentil ! " dit-il après le premier. Puis, au quatrième : " Nom de Dieu, grommelle-t-il. Je ne suis qu'un c... ! " Il rafla en désordre les cahiers, sauta sur son chapeau à bords plats, courut chez un éditeur... Et voilà, conclut Colette dans *Mes apprentissages,* comment je suis devenue écrivain ! »

Claudine à l'école paraît en 1900 sous la signature de Willy. *Claudine à Paris, Claudine en ménage* suivent rapidement. C'est un joli succès de scandale et de vente. On s'arrache 40 000 *Claudine* par mois dans les librairies. Willy est très doué pour le commerce, c'est un homme de marketing avant la lettre : on vend des séries de cartes postales Claudine, des cols Claudine, un parfum Claudine, une lotion, des cigarettes, un chapeau... Claudine, partout Claudine! Quelques années plus tard, les romans de la série Claudine seront signés *Colette Willy* puis, lorsque les époux se seront brouillés définitivement, *Colette,* tout court.

Puisqu'il arrive parfois que les nègres se rebiffent, on peut donner aux négriers ce conseil de bon sens : surtout, n'épousez jamais votre nègre !

Willy était un bon bougre et généreux. C'est très rarement qu'il eut des problèmes avec ses autres nègres. Et pourtant, Dieu sait si l'usine Willy en employa... et des célèbres. On en connaît une bonne cinquantaine, sans parler des nègres inconnus qui, jamais, n'eurent leur tombeau sous aucun Panthéon. On pourrait citer alphabétiquement : Tristan Bernard, Francis Carco, Curnonsky, Roland Dorgelès, Gyp, Lugné-Poe, Yves Mirande, Rip, Jean de Tinan, Paul-Jean Toulet, Émile Vuillermoz, etc.

Le plus fidèle entre tous ses « collabos » (c'est ainsi que Willy appelait ses nègres) fut Curnonsky. Une amitié affectueuse et confiante liait les deux hommes. « Si j'avais écrit un livre sous mon nom, dira Cur, on l'aurait vendu à 3 000 exemplaires. Sous la signature de Willy, on vendit 210 000 exemplaires de *Maugis en ménage.* Et Willy était très correct : moitié des droits pour lui et moitié pour le nègre ! »

Les « ateliers Willy » tournaient à plein régime. Chacun y avait son rôle : Paul-Jean Toulet était chargé des paysages, Fernand Mazade et Rip étaient préposés aux gazettes rimées, Yves Mirande aux dialogues de théâtre... Willy n'accordait aucune importance à ce qu'il publiait sous son nom. L'essentiel était de faire de l'argent et de donner à un public le plus large possible, sous une marque commune, les histoires piquantes, coquines, drôles et sans prétention qu'il réclamait.

« Après tout, dit un personnage de Willy, il arrivait à Breughel de Velours de recourir à la collaboration discrète de Rubens... et à Dumas père... »

« *Messieurs* Willy *ont* bien du talent », note perfidement Jules Renard dans son *Journal.*

C'est Colette, pourtant devenue ennemie de l'homme qu'elle avait aimé, qui écrira sur cet homme injustement calomnié : « Le " cas Willy " présente une singularité unique : l'homme qui n'écrivait pas avait plus de talent que ceux qui écrivaient en son lieu et place. »

Qui se souvient aujourd'hui de Willy, de son talent, de sa joie de vivre, de ses perpétuels à-peu-près, de ses disputes et de son génie ? Qui sait qu'il fut l'un des auteurs les plus vendus du début du siècle ?

François Caradec a rendu justice à ce personnage attachant dans la passionnante biographie, *Feu Willy,* qu'il lui a consacrée.

Des nègres par milliers

Une étude sur le nègre à travers la littérature suffirait à remplir une bibliothèque. Encore serait-elle incomplète puisque les meilleurs nègres - à l'instar des auteurs de crimes parfaits - sont ceux qu'on ne découvre jamais. Quelques noms au hasard :

♣ Nous craignons de décevoir les admirateurs inconditionnels d'Alphonse Daudet en révélant que cet archétype de l'écrivain provençal passa moins d'un an de sa vie à Fontvieille (même en additionnant la durée de tous ses séjours), qu'il n'habita jamais le moulin que visitent les touristes... et qu'il eut recours parfois à l'assistance de nègres.

Certaines des *Lettres de mon moulin* parmi les plus connues - « La

Chèvre de M. Seguin », « Les Vieux », « Le Curé de Cucugnan »... - ont été écrites par son ami Paul Arène. Quant à « Tartarin sur les Alpes », il est de la plume d'Hugues Le Roux.

On sait aujourd'hui qu'André Maurois s'est fait aider pour les recherches et l'écriture de certaines de ses biographies historiques.

Même au siège du Parti communiste, personne ne dément plus que *Fils du peuple,* le best-seller historique de Maurice Thorez, ait été rédigé par un universitaire communiste nommé Jean Fréville.
A la suite de ce nègre rouge, il convient d'évoquer les nègres jaunes qui ont permis à Alain Peyrefitte d'écrire *Quand la Chine s'éveillera,* un ouvrage définitif sur ce continent, qu'il rédigea après un séjour de deux semaines!

Maurice Druon n'a jamais caché que sa série *Les Rois maudits* avait été le résultat d'un travail d'atelier. Au nombre des collaborateurs qu'il remercie dans sa préface, on relève le nom de personnes de qualité comme Gilbert Sigaux, José-André Lacour et Edmonde Charles-Roux parmi quelques négrillons de moindre envergure qui se trouvent ainsi récompensés de leur obscur travail par le sentiment vague d'appartenir un peu - et par procuration - à l'Académie française.

Des nègres au quotidien

Aujourd'hui, personne n'est vraiment célèbre qui n'ait écrit *son* livre. C'est une question de standing. En partant du principe que toute personne qui a une vie a des histoires à raconter, on voit toutes les personnalités du spectacle, de la télévision, de l'aventure, du sport, de la politique ou du Tout-Paris se mettre en quête de l'éditeur qui les publiera. A moins qu'ils n'acceptent, au contraire, de céder aux affectueuses pressions d'un éditeur.
Tout le monde, même un inconnu, a quelque chose à dire : le malade guéri, l'incurable, le gros qui a maigri, le pauvre devenu riche comme le milliardaire ruiné (rare!), le prolo qui a gagné le gros lot ou le berger des Cévennes... Le problème commence au moment où il faut l'écrire. L'éditeur joue alors le rôle d'une agence matrimoniale qui unira pour le meilleur ou pour le pire - en tout cas, pour un livre - celui qui a quelque chose à dire mais ne sait pas l'écrire à celui qui lui prêtera sa plume.

1er acte : La première rencontre entre le héros et son nègre est idyllique. Le nègre a besoin d'argent et le héros voit s'approcher le moment où son rêve va prendre forme. Les protagonistes sont enchantés l'un de l'autre.

2e acte : Peu à peu, l'histoire s'élabore. C'est le nègre qui devient, page après page, le véritable héros parce que c'est maintenant lui qui agit en écrivant. Le héros, qui a fini de raconter son histoire, se sent inutile et désœuvré. Il commence à trouver ce nègre bien envahissant.

~ *3e acte :* Le manuscrit est terminé. Le héros, qui s'était senti dépossédé de sa vie et frustré de son aventure, va chercher à se réapproprier l'une et l'autre. Par une incroyable volte-face psychologique, le héros se persuade que c'est lui qui est vraiment l'auteur du livre. L'existence du nègre devient floue, incertaine.

~ *4e acte :* Interrogé par les médias, le héros parle avec la plus grande sincérité de « son » livre et même de « son » style. Devant son écran de télévision, le nègre voit l'auteur discourir avec complaisance de « son » œuvre. De part et d'autre s'installe la haine, une haine éternelle : on ne peut pas être deux à avoir vécu la même histoire ; l'un des deux est de trop... l'autre !

Seul, le véritable nègre professionnel reste impassible et contemple d'un œil blasé les gesticulations médiatiques du héros qui s'est approprié son livre. Il en a vu d'autres. Écrire sans signer est un métier d'où sont bannis les états d'âme.

Sur cent livres paraissant actuellement en France, vingt sont écrits ou réécrits par des nègres. C'est dire l'ampleur prise par le phénomène. L'intervention d'un écrivain mercenaire peut être plus ou moins importante dans l'élaboration d'un livre. Comme le métissage, la « négritude » littéraire comporte des degrés.

~ *1er degré :* On appelle « peignage » l'opération consistant à relire attentivement un manuscrit, à en corriger les impropriétés, à donner du tonus au style en éliminant les scories de la phrase et en resserrant les boulons de l'histoire. Simple intervention payée de 5 000 à 10 000 francs.

~ *2e degré :* Le nègre doit réécrire entièrement un manuscrit impubliable. Il touchera de 20 000 à 40 000 francs et pourra éventuellement bénéficier d'un pourcentage sur les ventes.

~ *3e degré :* Le nègre est, dans cette hypothèse, un véritable auteur qui fabrique un livre, de la première à la dernière ligne, à partir d'une idée, d'un récit fait au magnétophone ou d'un scénario de quelques lignes. Son travail sera rémunéré par un droit sur les ventes et par une somme allant de 50 000 à 150 000 francs.

Il arrive parfois à certains nègres d'avoir des bleus à l'âme ! C'est le cas de l'excellent auteur qui fut chargé d'écrire, pour la somme forfaitaire de 30 000 francs, le livre de Rika Zaraï *Ma médecine naturelle* : cet ouvrage, vendu à 2 millions d'exemplaires en librairie, plus 1 million d'exemplaires en poche, aurait rapporté à la chanteuse environ 25 millions de francs de droits !

« Quand j'ai négocié avec l'éditeur, explique le nègre dans une interview, j'ai demandé 1 p. 100 sur les droits d'auteur. Le type a refusé par principe. Si j'avais insisté, il les lâchait. »
On aurait le blues pour moins que ça, avouez !

La loi ne reconnaît pas une existence juridique au nègre littéraire. L'accord conclu entre le héros d'une histoire et l'écrivain payé pour la rédiger est un contrat qui ne concerne que les deux parties. Même la « clause de silence » inscrite habituellement dans ce genre d'accord n'a aucun fondement légal. La loi de 1957 sur la propriété littéraire réserve le droit de paternité d'un ouvrage à celui sous la signature duquel il a été publié. En d'autres termes, le signataire d'un livre est présumé en être l'auteur.
Voilà pourquoi il convient de faire preuve d'une extrême prudence en citant des noms de nègres. La liste ci-dessous, même si elle doit étonner plus d'un lecteur, a été établie uniquement à partir d'informations parues dans la presse et n'ayant pas fait l'objet de démentis ou de saisies.

- Tout le monde sait aujourd'hui que Max Gallo a écrit *Au nom de tous les miens,* la bouleversante histoire vécue que lui a racontée Martin Gray.
- C'est Patrick Cauvin - alias Claude Klotz - qui a prêté son style au récit de Joseph Joffo *Le Sac de billes.*
- Guillemette de Sairigné a aidé la baronne Nadine de Rothschild à accoucher de son œuvre *La Baronne rentre à cinq heures* et *Heureuse et pas fâchée de l'être.*
- Autre aristocrate de fraîche date, la duchesse de Bedford a demandé à Marie Cardinal de rédiger ses mémoires parues sous le titre de *Nicole Nobody.*
- Étienne de Montpezat a écrit le livre de Patrick Segal, *L'Homme qui marchait dans sa tête.*
- Hervé Prudhon a eu le plus grand mal à rédiger la biographie d'un présentateur de télévision au sourire plein de dents, tant la vie du personnage était lisse et banale. Pour se venger de son modèle, il a écrit ensuite, et sous son nom, *Plumes de nègres,* un amusant roman sur son métier.
- Marcelle Routier est une grande dame de la littérature stipendiée. On lui doit l'écriture d'une bonne trentaine d'ouvrages qui vont des mémoires de Simone Bertaux, la sœur de Piaf, à ceux de Michèle Morgan, *Avec ces yeux-là,* de la comtesse de Paris, *Tout m'est bonheur,* en passant par les anecdotes de Jacques Chazot et les recettes de Maurice Mességué.
- Le prince Michel de Grèce vient d'être condamné par les tribu-

naux à faire figurer sur les prochaines éditions de son roman, *La Nuit du sérail,* le nom d'Anne Bragance à côté du sien. Cette jeune personne avait été payée pour écrire le texte du roman à partir de vingt-huit cassettes enregistrées par le prince.

♣ Au royaume des nègres, Dan Frank est le grand sorcier de la tribu. Il a à son palmarès une soixantaine d'ouvrages les plus divers écrits en dix ans, dont de considérables succès de vente. Il n'en est pas plus riche pour autant.

♣ Au moment où sort sur les écrans le film *Le Palanquin des larmes,* on s'est souvenu que c'est la plume de Georges Walter qui a donné vie aux souvenirs de la pianiste Chow-Ching-Lie.

On pourrait continuer pendant longtemps si l'on ne craignait de lasser le lecteur. Voici quelques noms de nègres parmi lesquels on sera étonné de rencontrer quelques signatures connues. Ceux-là furent des nègres d'occasion, blanchis depuis :

Franz-André Burguet, Bernard Chapuis, Jean-Noël Gurgand, Alain Lacombe, Jean Lacouture, Alain Laville, François Landon, Jean Noli, Pierre-Jean Rémy, Yves Stavrides...

♣ Cet article ne saurait prétendre être complet puisque le nom de Paul-Loup Sulitzer n'y a pas été évoqué, non plus que celui de Loup Durand, l'écrivain soupçonné de lui servir de nègre.

Coïncidence : les deux hommes se prénomment Loup.

C'est Albert Blanchard, ci-devant directeur des éditions Denoël, qui les présenta l'un à l'autre il y a une quinzaine d'années de cela. L'un des deux avait en tête un roman dont l'argent serait le héros, une sorte de western financier. L'autre écrivait de bons livres qui ne dépassaient jamais la barre des 3 000 exemplaires. Leur rencontre donna ces trois best-sellers que furent *Money, Cash* et *Fortune*... et beaucoup d'autres par la suite.

Souvent interrogés par les médias, les deux « Loup » se sont à plusieurs reprises expliqués sur leurs méthodes de collaboration. Le nom de Paul-Loup Sulitzer est celui d'un auteur, mais aussi une marque de fabrique. Ses romans sont l'œuvre d'une équipe de documentalistes, de journalistes et d'historiens qui travaillent sous sa direction sur le scénario de départ qu'il a imaginé. A l'autre bout de la chaîne, Loup Durand intervient sur l'écriture, taille, rajoute, corrige, raccorde, de façon à donner à l'ensemble du mouvement, une unité et un style.

Le résultat de ce travail collectif ne semble pas déplaire au public qui permet à chacun des livres de l'entreprise P.-L.S. de figurer au palmarès des meilleures ventes. D'ailleurs, en vertu de quelle exigence élitaire refuserait-on au livre ce qu'on accepte au cinéma? Pourquoi une certaine catégorie de romans ne seraient-ils pas le résultat d'un

travail de groupe comme c'est le cas pour un film dont le générique nous détaille complaisamment les noms de ceux - même les plus modestes - ayant participé à son élaboration?
Ne vaut-il pas mieux réussir un livre à plusieurs que de le rater tout seul?
Aussi longtemps que les coulisses de l'édition seront, comme aujourd'hui, encombrées de personnages en quête d'auteurs, les nègres auront de beaux jours devant eux.

NOMS DE PLUME

~ Raymond Abellio...	Georges Soulès (1907-1986)
~ Marcel Achard.....	Augustin Ferréol (1899-1974)
~ Alain............	Émile Chartier (1868-1951)
~ d'Alembert........	Jean Le Rond (1717-1783)
~ Guillaume Apollinaire........	Wilhelm Apollinaris de Kostrowitsky (1880-1918)
~ Louis Aragon......	Louis Andrieux (1897-1982)
~ Georges Arnaud....	Henri Girard (1918-1987)
~ Gaston Bonheur....	Gaston Teysseyre (1913-1980)
~ Alain Bosquet.....	Anatole Bisk (1919)
~ René Boylesve.....	René Tardiveau (1867-1926)
~ Jacques Brenner....	Jacques Ménard (1922)
~ Buffon...........	Georges Louis Leclerc comte de (1707-1788)
~ Francis Carco......	François Carcopino-Tusoli (1886-1958)
~ Lewis Carroll......	Charles Lutnidge Dodgson (1832-1898)
~ André Castelot.....	André Storms (1911)
~ Patrick Cauvin.....	Claude Klotz (1932)
~ Louis-Ferdinand Céline............	Docteur L.F. Destouches (1894-1961)
~ Blaise Cendrars....	Frédéric Sauser (1887-1961)
~ Chamfort.........	Sébastien Roch Nicolas de (1741-1794)

~ Jacques Chardonne..	Georges, Jean-Jacques Boutelleau (1884-1968)
~ Eugène Chavette ...	Eugène Vachette (1827-1902)
~ Agatha Christie	Agatha, Mary, Clarissa Miller (1891-1976)
~ Christophe	Georges Colomb (1856-1945)
~ Condillac	Étienne Bonnot, de (1715-1780)
~ Condorcet	Marie Jean Antoine de Caritat, marquis de (1743-1794)
~ Joseph Conrad	Théodor Joseph Konrad Nalecz Korzeniowski (1857-1924)
~ Benjamin Constant..	Henri Benjamin de Constant de Rebecque (1767-1830)
~ Henri Coulonges ...	Marc-Antoine de Dampierre (1936)
~ Georges Courteline..	Georges Moinaux (1858-1929)
~ Francis de Croisset..	Franz Wiener (1877-1937)
~ Jean-Louis Curtis ...	Louis Laffitte (1917)
~ Daniel-Rops	Henri Petiot (1901-1965)
~ Delly	Marie (1875-1947) et Frédéric (1876-1949) Petitjean de la Rosière
~ Destouches	Philippe Néricault (1680-1754)
~ Roland Dorgelès ...	Roland Lecavelé (1886-1973)
~ Marguerite Duras...	Marguerite Donnadieu (1914)
~ George Eliot.......	Mary Ann Evans (1819-1880)
~ Paul Eluard	Eugène Émile Paul Grindel (1895-1952)
~ Pierre Emmanuel ...	Noël Mathieu (1916-1984)
~ Erckmann-Chatrian..	Émile Erckmann (1822-1899) Alexandre Chatrian (1826-1890)
~ Luc Estang........	Lucien Bastard (1911)
~ Claude Farrère	Frédéric-Charles Bargone (1876-1957)
~ William Faulkner ..	William Falkner (1897-1962)
~ Fénelon...........	François de Pons de Salignac de La Mothe (1651-1715)
~ Robert de Flers	Robert Pellevé de La Motte Ango (1872-1927)
~ Florian	Jean-Pierre Claris, de (1755-1794)
~ Anatole France.....	François Anatole Thibault (1844-1924)
~ Jean Freustié	Pierre Teurlay (1914-1983)
~ Romain Gary......	Romain Kacew (1914-1980)
~ Pierre Gascar	Pierre Fournier (1916)
~ Paul Géraldy	Paul Le Fèvre (1885-1983)

~ Michel de Ghelderode	Adémar Adolphe Louis Martens (1898-1962)
~ Françoise Giroud	Françoise Gourdji (1916)
~ Maxime Gorki	Alexis Maximovitch Pechkov (1868-1936)
~ Julien Gracq	Louis Poirier (1910)
~ Gyp	Sybille Gabrielle Marie-Antoinette de Riqueti de Mirabeau, comtesse de Martel de Janville (1850-1932)
~ Philippe Hériat	Raymond Gérard Payelle (1898-1971)
~ Sébastien Japrisot	Jean-Baptiste Rossi (1931)
~ Alphonse de Lamartine	Alphonse de Prat (1790-1869)
~ Lanza del Vasto	Joseph Jean Lanza di Trabia-Branciforte (1901-1981)
~ Jean Lartéguy	Lucien Osty (1920)
~ Lautréamont	Isidore Ducasse, comte de (1846-1870)
~ La Varende	Jean Balthazar Marie Mallard, comte de... (1887-1959)
~ Auguste Le Breton	Auguste Montfort (1913)
~ Georges Lenôtre	Théodore Gosselin (1857-1935)
~ Jean Lorrain	Paul Duval (1855-1906)
~ Pierre Loti	Julien Viaud (1850-1923)
~ Pierre Louÿs	Pierre Félix Louis (1870-1925)
~ Pierre Mac Orlan	Pierrc Dumarchey (1882-1970)
~ Curzio Malaparte	Kurt Suckert (1898-1957)
~ Félicien Marceau	Louis Carette (1913)
~ Marivaux	Pierre Carlet de Chamblain (1688-1763)
~ Thierry Maulnier	Jacques Louis Talagrand (1909-1988)
~ André Maurois	Émile Herzog (1885-1967)
~ Francis de Miomandre	François Durand (1880-1959)
~ Molière	Jean-Baptiste Poquelin (1622-1673)
~ Montalembert	Charles Forbes de Tryon (1810-1880)
~ Montesquieu	Charles Louis de Secondat, baron de La Brède (1689-1755)
~ Montherlant	Henri Millon de (1896-1972)
~ Jean Moréas	Ioannis Papadiamantopoulos (1856-1910)
~ Hégésippe Moreau	Pierre Jacques Roulliot (1810-1838)
~ Pablo Neruda	Ricardo Neftali Reyes (1904-1973)

~ Gérard de Nerval ..	Gérard Labrunie (1808-1855)
~ Roger Nimier......	Roger de la Perrière (1925-1962)
~ Marie Noël	Marie Rouget (1883-1967)
~ O'Henry..........	William Sydney Porter (1862-1910)
~ Erik Orsenna	Erik Arnoult (1947)
~ George Orwell.....	Eric Arthur Blair (1903-1950)
~ Steve Passeur	Étienne Morin (1899-1966)
~ Catherine Paysan ...	Annie Roulette (1926)
~ Gilles Perrault	Jacques Peyroles (1931)
~ Paul Reboux	André Amillet (1877-1963)
~ Pierre-Jean Rémy...	Jean-Pierre Angrémy (1937)
~ Jehan Rictus	Gabriel Randon de Saint-Amand (1867-1933)
~ Jules Romains	Louis Farigoule (1885-1972)
~ Claude Roy	Claude Orland (1915)
~ Maurice Sachs	Jean Maurice Ettinghausen (1906-1944)
~ Françoise Sagan	Françoise Quoirez (1935)
~ Saint-John Perse....	Alexis Saint-Léger Léger (1887-1975)
~ Cécil Saint-Laurent..	Jacques Laurent (1919)
~ Saint-Pol Roux.....	Paul Pierre Roux (1861-1940)
~ San Antonio.......	Frédéric Dard (1921)
~ George Sand	Aurore Dupin, baronne Dudevant (1804-1876)
~ Jean Sarment......	Jean Bellemère (1897-1976)
~ Marcelle Segal	Marcelle Schreschwsky
~ Ignazio Silone	Secondo Tranquilli (1900-1978)
~ Philippe Sollers	Philippe Joyaux (1936)
~ Stendhal..........	Henri Beyle (1783-1842)
~ Daniel Stern.......	Marie Catherine Sophie de Flavigny, comtesse d'Agoult (1805-1876)
~ Robert Stevenson ...	Robert Louis Balfour (1850-1894)
~ Sully-Prudhomme...	René François Armand Prudhomme (1839-1907)
~ Elsa Triolet	Elsa Kagan (1896-1970)
~ Frédéric Tristan	Jean-Paul Baron (1931)
~ Henri Troyat	Lev Tarassov (1911)
~ Mark Twain.......	Samuel Langhorne-Clemens (1835-1910)
~ Tristan Tzara	Samuel Rosenstock (1896-1963)
~ Vauvenargues	Luc de Clapiers (1715-1747)
~ Roger Vercel	Roger Crétin (1894-1957)
~ Vercors...........	Jean Bruller (1902)

~ Louis Verneuil	Louis Colin du Bocage (1893-1952)
~ Charles Vildrac	Charles Messager (1882-1971)
~ François Villon.	François de Montcorbier (1431-1463)
~ Voltaire.	François Marie Arouet (1694-1778)
~ Tennessee Williams .	Thomas Lanier (1914)
~ Willy	Henri Gauthier-Villars (1859-1931)
~ Marguerite Yourcenar	Marguerite de Crayencour (1903-1988)

NOMS PROPRES devenus NOMS COMMUNS

Si le sort ne vous a pas fait naître roi d'un grand pays, si vous avez mené une existence pacifique, si vous n'avez pas été le conquérant responsable de morts par millions, si vous n'avez pas été savant génial, écrivain prodige, artiste reconnu ou politicien retors, vos chances sont bien minces de survivre dans la mémoire des générations futures.

Pourtant, si votre nom a été associé à une invention, même la plus futile, à la culture d'une fleur nouvelle, à une mode, à un vêtement, voire à une recette culinaire, peut-être le vocabulaire conservera-t-il une trace durable de votre fugitif passage sur la terre. De nom propre que vous fûtes, vous serez devenu nom commun et, perdant votre majuscule, vous aurez gagné d'entrer dans le langage des hommes. Quelle incomparable façon de passer à la postérité! L'ennui, c'est que personne ne pensera à faire le rapprochement entre l'être humain que vous fûtes et le mot dans lequel vous vous serez en quelque sorte banalisé.

Quelle est la jeune accouchée délivrée par *césarienne* qui aura une pensée émue pour le grand Jules César qui vint au monde de cette façon? Quelle cuisinière, en tournant une sauce, se souvient-elle du marquis de *Béchamil* qui l'inventa? Une langue vivante est ainsi faite, comme l'est une terre fertile, de morts par milliers.

Voici une liste de mots d'usage courant qui ont été fabriqués d'après les noms d'hommes ou de personnages fictifs ou de villes et de pays.

~ Algorithme - Du nom de Mohammed Ibn Mussa al-Khowarismi, mathématicien arabe (environ 780-850) dont le nom fut latinisé en Algorismi : il est l'inventeur de l'algèbre. C'est grâce à lui que les chiffres « arabes » et la numération décimale (appelée à l'époque « algorithme ») furent introduits en Europe.

~ Angora - On parlait au XVIIIe siècle d'un « chat d'angora », c'est-à-dire un chat originaire de la ville d'Angora, aujourd'hui Ankara.

~ Baïonnette - C'est dans la ville de Bayonne que cette arme fut d'abord fabriquée. Aux XVIIe et XVIIIe siècles, les fantassins armés d'une baïonnette étaient appelés des *baïonniers*.

~ Bakélite - Résine synthétique inventée en 1906 par le chimiste belge naturalisé américain Léo Henrik Bakeland (1863-1944).

~ Barème - Du nom de François Barrême (1640-1703), mathématicien français, auteur du livre *Les Comptes faits du grand commerce*, un des premiers manuels pratiques de comptabilité.

~ Bechamel(le) - Du nom de Louis de Béchameil, marquis de Nointel (1630-1703), ancien maître d'hôtel de Louis XIV. Il amassa par ses trafics une fortune considérable qui lui permit de devenir l'un des tout premiers cuisiniers et gastronomes de son époque.

~ Bégonia - Cette plante fut baptisée en souvenir de Michel Bégon, gouverneur de Saint-Domingue au XVIIIe siècle.

~ Belote - Au risque de décevoir les millions de Français qui tapent quotidiennement le carton, il faut dire que la belote est un jeu de cartes d'origine hollandaise, le *jass*, adapté, après 1914, par le Français F. Belot.

~ Berlingot - Il signore Berlingosi, confiseur particulier de Sa Sainteté le pape Clément V en 1305, aurait donné son nom à cette friandise qu'il avait inventée. D'autres font dériver ce nom de l'italien *berlingozzo* (de *berlengo* : table en argot italien) : bonbon fait sur une table.

~ Binette - Ce fut d'abord une perruque masculine créée par Binet, le perruquier de Louis XIV. Par extension, le mot finit par désigner familièrement un visage.

~ Bougainvillée ou Bougainvillier - Du nom de Louis-Antoine, comte de Bougainville (1729-1811), navigateur français qui rapporta de ses voyages la plante grimpante qui porte son nom.

~ Bougie - Dès le XIVe siècle, on parle de « chandeles de Bougie ». Cette cire fine, qui venait de la ville de Bougie en Afrique du Nord, finit par désigner la chandelle elle-même.

~ Boycott - Ce mot anglais adopté par les Français vient du nom de Charles Boycott (1832-1897). Il fallait que ce capitaine en retraite, gérant de propriétés en Irlande, fût peu sympathique pour avoir été mis en quarantaine par ses fermiers. Ce fut le premier exemple connu de boycott.

~ Browning - Du nom de John M. Browning (1855-1926), inventeur américain d'un pistolet automatique - 1906.

Calepin - Jusqu'au XVIIe siècle, calepin avait le sens de dictionnaire. Le mot venait du nom d'Ambrogio Calepino (1435-1510), religieux et lexicographe italien auteur d'un *Dictionnaire de la langue latine* (1502). Ce n'est que plus tard que calepin prit le sens de « recueil de notes ».

Calicot - Ce fut d'abord une étoffe fabriquée à Calicut, ville de l'Inde. Puis ce mot désigna le commis d'un magasin de tissus. Le nom de *Calicot* était donné à un marchand de nouveautés qui singeait les héros de la Grande Armée dans une revue de Scribe et Dupin, *Le Combat des montagnes ou la Folie Beaujon,* représentée au théâtre des Variétés le 12 juillet 1817.

Camélia - Nom donné à cette plante originaire du Japon par Karl von Linné en l'honneur du père jésuite morave Kamel dit Camellus, missionnaire en Extrême-Orient d'où il l'avait rapportée à la fin du XVIIe. Le mot s'écrivait d'abord *camellia*. Ce fut Alexandre Dumas fils qui l'orthographia avec un seul « L » pour en fleurir sa célèbre poitrinaire.

Capharnaüm - Nom d'une ville de Galilée où Jésus prêcha. Ce nom a été rapproché du mot familier de « cafourniau » signifiant pièce obscure, débarras.

Cardan - De Gerolamo Cardano, philosophe, mathématicien et médecin italien (1501-1576) qui inventa un dispositif d'articulation destiné à rendre la boussole insensible au mouvement des bateaux.

Céladon - Nom d'un personnage de *L'Astrée* d'Honoré d'Urfé (1610). Céladon représentait l'amant sentimental et n'était vêtu que d'habits de couleur vert tendre.

Chauvin - Du nom de Nicolas Chauvin, soldat de l'Empire, personnage naïf exprimant des sentiments d'un patriotisme aveugle dans le vaudeville *La Cocarde tricolore* (1831). En 1825 avait paru un recueil de chansons : *Guirlande poétique et militaire de Chauvin.*

Clémentine - Du nom de l'abbé Clément, père blanc de l'orphelinat agricole de Mizerghine dans l'Oranais en Algérie. Il découvrit en 1902 un hybride d'oranger et de mandarinier qu'il eut l'idée de greffer sur un pied cultivé de mandarinier.

Colt - Du nom de Samuel Colt (1814-1862), ingénieur américain qui inventa le pistolet à barillet sans lequel il n'existerait pas de western réussi.

Corbillard - Au XVIe siècle, on désignait sous le nom de Corbeillard le « coche d'eau » qui faisait régulièrement le service de Corbeil à Paris. Il était peint en noir. A la fin du XVIIIe siècle, le nom fut employé pour un char mortuaire.

Cordonnier - Du vieux français *cordoanier*, artisan qui travaillait le *cordoan*, cuir de Cordoue en Espagne.

~ Cravate - Forme francisée de *croate*. Le mot désignait le ruban large que portaient au col les soldats du régiment de Royal-Croate sous Louis XIV. Le nom se transforma en Royal-Cravate.

~ Dahlia - Plante originaire du Mexique qui fut baptisée par l'abbé et botaniste espagnol Covanilles en l'honneur d'Andréas Dahl, botaniste suédois, élève de son compatriote le grand Linné. La plante fut acclimatée à Madrid en 1788 et introduite en France en 1802 par notre ambassadeur en Espagne.

~ Diesel - Du nom de l'ingénieur allemand Rudolf Diesel (1858-1913) qui publia en 1893 un mémoire : « Théorie et construction d'un moteur thermique rationnel destiné à supplanter la machine à vapeur et les autres machines à feu connues aujourd'hui ». La démonstration publique de son moteur eut lieu à Kassel en 1897.

~ Doberman - Du nom d'un employé à la fourrière d'un bourg de Thuringe qui, vers 1860, créa par croisements successifs une race de chiens de garde à partir des animaux condamnés qu'il aurait dû tuer. Le « doberman » fut présenté en France pour la première fois à Lyon.

~ Espiègle - Du nom de Till Eulenspiegel, héros d'une légende allemande, célèbre pour ses farces. Ce roman fut traduit en français en 1559.

~ Faïence - Ce mot, apparu au XVIe siècle sous la forme *fayence*, dérive de *Faenza*, ville d'Italie qui fabriquait la faïence.

~ Frangipane - Le marquis italien Frangipani inventa en 1558 un parfum pour les gants. Ce parfum fut utilisé ensuite pour les gâteaux à la frangipane.

~ Fuchsia - Ce mot fut créé par le botaniste Plumier en hommage à Lenhart Fuchs (1501-1566), botaniste bavarois auquel il dédia la plante nouvelle.

~ Gardénia - Du nom du botaniste écossais Alexander Garden (vers 1777).

~ Gibus - Chapeau haut de forme monté sur ressorts. Du nom de son inventeur (1834).

~ Godillot - Vient de l'argot militaire. Nom d'un fabricant de chaussures sans tige extrêmement résistantes, Alexis Godillot (1816-1903) qui fut fournisseur des Armées en 1870.

~ Gogo - « Monsieur Gogo » était l'un des personnages (le crédule qu'on a plaisir à exploiter) du mélodrame *Robert Macaire* de Frédérick Lemaître, Saint-Amand et Benjamin Antier joué en 1834. Ce mot a pris la signification qu'il a aujourd'hui grâce aux dessins de Daumier.

~ Guillemet - Diminutif du nom de Guillaume, imprimeur qui, au XVIIe siècle, inventa ce signe destiné, selon sa proposition, à signaler les citations.

~ Guillotine - Non! le docteur Joseph, Ignace Guillotin n'est pas l'inventeur de l'horrible machine qui porte injustement son nom. Un instrument semblable avait déjà fonctionné en Allemagne au Moyen Âge et en Italie dès le XIIe siècle. Le bon docteur Guillotin s'est contenté de recommander devant l'Assemblée nationale l'utilisation d'une machine qui abrégerait les souffrances des condamnés à mort. C'est le docteur Louis qui reçut du gouvernement la mission de mettre au point une machine à décollation - que le peuple baptisa aussitôt « la Louison » ou « la Louisette ». Le premier essai de la guillotine eut lieu le 25 avril 1792 sur un voleur nommé Nicolas-Jacques Pelletier.

~ Hortensia - C'est à la femme du célèbre horloger Lepaute qui portait le prénom d'*Hortense* que le botaniste anglais Commerson dédia cette plante qui est une variété d'hydrangea.

~ Jeans - En 1850, en Amérique, au moment de la ruée vers l'or, Levi-Strauss met au point un pantalon solide en toile de bâche. Dix ans après, il remplace la bâche par un tissu de coton teint naturellement avec de l'indigo qu'on appellera le *Denim* parce qu'il vient « de Nîmes ». Comme ce tissu transitait par la ville de Gênes, on le nomma *« de Gênes »*, ce qui donne, avec la prononciation yankee : « jean ».

~ Klaxon - Du nom d'une firme d'accessoires automobiles qui déposa en 1914 le brevet d'un avertisseur sonore.

~ Lapalissade - D'après le nom de Jacques de Chabannes, seigneur de La Palice, maréchal de France, qui était si bien bâti qu'une chanson faite sur lui se terminait ainsi : « Un quart d'heure avant sa mort il faisait encore envie. » Ce que l'usage déforma en : « Un quart d'heure avant sa mort, il était encore en vie », qui était la première de ces évidences qu'on prit l'habitude de nommer lapalissades.

~ Lavallière - Du nom de Louise, Françoise de La Baume Le Blanc, duchesse de La Vallière (1644-1710), qui fut une des maîtresses de Louis XIV et qui lança la mode des cravates à gros nœud.

~ Limoger - Du nom de la ville de Limoges où, en 1914, on prit l'habitude d'envoyer les généraux destitués.

~ Macadam - L'ingénieur écossais John London Mc Adam (1756-1836) a donné son nom à un système d'empierrement et de revêtement des routes mis au point en 1815. La célébrité est injuste : Mc Adam n'avait fait que reprendre la méthode inventée par le Français Jean-Rodolphe Péronnet (1708-1794).

~ Mac Farlane - Du nom présumé de l'inventeur de ce manteau sans manches avec des ouvertures pour les bras et une pèlerine descendant jusqu'à la ceinture.

~ Magnolia - Du nom du botaniste français, le docteur Pierre

Magnol (1638-1715) à qui Linné dédia un arbre d'Amérique, le *magnolia*.

~ Maillechort - Alliage de cuivre, zinc et nickel inventé en 1819 par deux ouvriers lyonnais Maillot et Chorier.

~ Mansarde - Du nom de l'architecte français Jules-Hardouin Mansart (1598-1666) qui imagina et généralisa l'aménagement des pièces dans les combles.

~ Maritorne - Du nom de Maritornes, fille d'auberge laide et sale dans *Don Quichotte* de Cervantes.

~ Massicot - Appareil à couper le papier en feuilles, du nom de son inventeur Guillaume Massiquot (1797-1870).

~ Mausolée - Du grec *mausôleion*, tombeau de Mausole (377-353 av. J.-C.), satrape de Carie en Asie Mineure. Ce monument qu'Artémise fit élever pour son frère et époux comptait au nombre des sept merveilles du monde.

~ Mayonnaise - Du nom de Port-Mahon, capitale de Minorque, cette sauce fut appelée la *mahonnaise* en souvenir de la prise de la ville par le duc de Richelieu (1756).

~ Micheline - Du nom de l'industriel français André Michelin (1853-1931) qui inventa la première voiture de chemin de fer automotrice, montée sur bandages pneumatiques. Elle fut mise en service pour la première fois le 10 septembre 1931 sur la ligne Paris-Deauville où elle atteignit 107 km/h.

~ Montgolfière - Du nom des frères Joseph et Étienne Montgolfier, industriels à Annonay. Ils inventèrent les premiers aérostats, ballons à air chaud avec lesquels ils effectuèrent plusieurs ascensions (1783).

~ Morse - De Samuel Finley Morse (1791-1872), physicien américain inventeur du télégraphe et de l'alphabet télégraphique à base de points et de traits.

~ Nicotine - Vient de *Nicotiana herba*, herbe à Nicot, tabac. Du nom de Jean Nicot (1530-1600), ambassadeur français au Portugal qui envoya cette plante à Catherine de Médicis en 1560.

~ Pantalon - Du nom d'un personnage de la Commedia dell'arte qui était vêtu, à la mode vénitienne, d'un habit d'une seule pièce, du col aux pieds. C'est le type du vieillard rapace et sordide toujours berné par les valets.

~ Pépin - Nom porté par un bourgeois affublé d'un parapluie vert ridicule que jouait le comique Brunet dans la pièce *Romainville ou la Promenade du dimanche* (1807). L'accessoire a pris le nom du personnage.

~ Phare - En 285 av. J.-C., Ptolémée II Philadelphe fit construire par Sostrate de Cnide sur l'île de *Pharos*, voisine d'Alexandrie, une tour de marbre blanc haute de 180 mètres, au sommet de laquelle brûlait un feu destiné à guider les bateaux. Ce premier « phare », classé au rang des merveilles du monde, fut détruit par un tremblement de terre en 1302.

~ Pipelet - Concierge en vieil argot. S'emploie aujourd'hui au féminin. Monsieur Pipelet était le nom donné à un portier par Eugène Sue dans ses *Mystères de Paris*.

~ Poubelle - Du nom d'Eugène Poubelle (1831-1907). Préfet de l'Isère en 1872-73, il essaya en vain de lutter contre la malpropreté de Grenoble. Nommé préfet de la Seine, il imposera par une ordonnance du 15 janvier 1884 l'usage des boîtes à ordures et leur ramassage quotidien.

~ Praline - Friandise composée d'une amande recouverte d'une enveloppe de sucre cuit. Du nom de Gabriel de Choiseul, duc de Plessis-Praslin (1598-1675) dont le cuisinier mit au point la recette de ce bonbon.

~ Pullman - De George Mortimer Pullman (1831-1897), industriel américain qui, en 1863 à Chicago, dessina les plans d'une voiture de chemin de fer (brevetée en 1864) possédant dans sa partie supérieure des lits dépliables pour la nuit.

~ Quinquet - Du nom du pharmacien Antoine Quinquet (1745-1803) qui perfectionna la lampe à huile inventée par Argand en lui ajoutant un verre de lampe. La lampe « à la Quinquet » date de 1789.

~ Raglan - Paletot à pèlerine dont les manches sont montées sur le col qui connut une grande vogue en 1855 après la guerre de Crimée. Du nom de lord Fitzroy James Henry Somerset, comte de Raglan, feld-maréchal britannique (1788-1855), qui mit à la mode ce manteau lorsqu'il commanda les troupes anglaises en Crimée.

~ Riflard - Du nom d'un des personnages de la comédie *La Petite Ville* de Picard (1801) qui paraissait en scène en brandissant un immense parapluie.

~ Rigodon ou Rigaudon - Danse d'origine provençale d'un rythme vif très à la mode sous Louis XV. Dans son *Dictionnaire de musique*, J.-J. Rousseau prétend que l'inventeur de cette danse est un maître à danser du nom de Rigaud.

~ Ripolin - Peinture à l'huile créée en 1888 par le Hollandais Riep, plus l'élément *ol* (du néerlandais *olie*, huile) et le suffixe *in*.

~ Rugby - En 1823, dans l'école de la ville de Rugby - comté de Warwick - on modifia les règles du football afin de les adapter aux possibilités de l'école.

~ Sandwich - Du nom de l'amiral anglais John Montagu, comte de Sandwich (1718-1792). C'était un joueur impénitent qui, pour ne pas interrompre sa partie, avait demandé à son cuisinier de lui servir son repas entre deux tranches de pain.

~ Sacripant - Ce mot vient de l'italien *sacripante*, qui était un personnage de vaurien et de fanfaron de l'*Orlando innamorato* (« Roland amoureux ») de Boiardo.

~ Sardine - Poisson de Sardaigne.

~ Sardonique - Le rire sardonique était un rictus involontaire que provoquait la *sardonia*, une renoncule de Sardaigne. Les cadavres empoisonnés par cette plante avaient l'air de rire.

~ Shrapnel - Du nom du général anglais Henry Shrapnel (1761-1842) qui inventa cet obus rempli de balles.

~ Silhouette - Du nom d'Étienne de Silhouette (1704-1767), contrôleur des finances qui voulut réaliser des économies draconiennes lorsqu'il arriva aux Affaires en 1759. Arrivé en mars, il tomba en novembre, victime de son impopularité. Son nom fut employé pour caractériser un passage rapide, puis un dessin à peine ébauché.

~ Spencer - De lord John Charles Spencer (1758-1834) qui mit ce vêtement à la mode.

~ Strass - Faux diamant du nom de son inventeur Georges-Frédéric Strass, joaillier parisien (1700-1773).

~ Syphilis - Du nom du berger légendaire Syphilus, personnage des *Métamorphoses* d'Ovide. Fracastor de Vérone, en 1530, imagina de faire frapper le berger de cette maladie par Apollon.

~ Trampoline - L'invention de ce sport serait due au Français Trampoloni. Il était pratiqué par les trapézistes de cirque à la fin du XIXe siècle. En 1953, les Américains en codifieront les règles et les figures. Cette spécialité a été inscrite pour la première fois aux jeux Olympiques de Moscou en 1980.

~ Vespasienne - Du nom de l'empereur Vespasien (9-79) qui fit installer ce genre d'édicule à Rome. Son avarice lui fit multiplier les impôts nouveaux, dont le plus inattendu fut une taxe sur l'urine, c'est-à-dire sur l'usage des urinoirs publics. C'est lui qui aurait prononcé le fameux : « L'argent n'a pas d'odeur. »

NUANCE

Noir c'est Noir et Blanc c'est Blanc!
Rien, a priori, ne serait plus incompatible que ces couleurs opposées si, entre les deux, ne se concevait la longue gamme des gris qui, du

plus-tout-à-fait-blanc jusqu'au plus-tout-à-fait-noir, parvient à les joindre en les réconciliant insensiblement. De même, entre deux couleurs vives, il existe toujours un chemin qui emprunte la palette infinie des teintes intermédiaires.

Et il en est des couleurs comme des vertus : le Vrai, le Faux, le Beau, le Laid, la Morale, le Vice. Si ces notions existent à l'état de concepts, l'expérience se charge d'enseigner aux naïfs que l'absolu n'est pas de ce monde et que, force est, pour vivre, de s'accommoder de demi-mesures, de se satisfaire de demi-teintes, de clair-obscur et de compromis. En définitive, un monde est d'autant plus harmonieux que la nuance y règne. C'est à elle qu'appartiennent les couleurs pastel, les formules de la politesse, les concessions de la diplomatie, les charmes discrets de la civilisation, les mots subtils des sentiments. Le vocabulaire y joue un rôle essentiel : les mots, choisis avec soin, qui savent exprimer l'exactitude d'une pensée, la justesse d'une théorie, la précision de sa réfutation, ou la finesse d'une conversation entre gens d'esprit, c'est cet ensemble qu'on peut appeler *la nuance*.

On nous pardonnera d'avoir délibérément choisi de ne traiter ce très sérieux sujet que sous l'angle de l'humour.

Le chansonnier René Dorin, qui fut l'un des princes de l'esprit montmartrois, avait composé en 1936 un poème précisément intitulé : « *Nuances* » dans lequel il s'amusait à jouer sur le double sens des mots :

« La Seine déborde...
C'est une *crue*!
Mon verre déborde...
C'est une *cuite*!
... Nuances!

Une décoration
Sur le revers d'un brave...
C'est un *ruban*!
Sur le veston d'un bon à rien...
C'est une *faveur*!
... Nuances!

Tino Rossi chante...
C'est un *cachet*!
Il a le premier prix...
C'est un *comprimé*!
... Nuances! (...)

A quelqu'un qui le félicitait pour son élégance, le beau Brummel, le plus célèbre des dandys anglais, fit un jour cette réponse nuancée :

« Je ne dois pas être élégant aujourd'hui, puisque vous l'avez remarqué ! »

Balzac exprimait ce même sentiment lorsqu'il disait :

« La femme vraiment distinguée est celle qu'on ne distingue pas ! »

Piron se trouvait un soir dans une loge à l'Opéra, assis au côté d'une jolie femme dont la conduite scandaleuse alimentait les conversations mondaines. S'apercevant que son voisin la fixait avec insistance, la belle se tourna vers lui :

« Allez-vous cesser, monsieur, de me considérer ainsi ?

- Sachez, madame, lui répondit le poète, que je vous *regarde*, mais ne vous *considère* pas ! »

Quel bonheur est le nôtre d'être nés dans un pays dont la langue autorise de telles subtilités !

Le célèbre lexicographe Littré avait épousé une femme très pieuse avec laquelle il ne devait pas s'amuser tous les jours. Comme il était ford laid, il n'avait guère d'autre ressource, pour satisfaire un tempérament exigeant, que de s'adonner aux amours ancillaires. Un jour, madame Littré ouvre par hasard la porte d'une chambre et découvre son mari couché avec la bonne :

« Oh ! Comme je suis *surprise* ! s'écrie-t-elle.

- Erreur, madame ! Vous êtes *étonnée*, c'est nous qui sommes surpris ! »

Ce qui prouve qu'on peut tromper sa femme sans faire pour autant d'infidélité au vocabulaire !

Les verbes et les adjectifs ne sont pas les seuls à receler de semblables pièges : les adverbes aussi ont de ces nuances !

S'il en fallait une preuve, Marcel Achard nous la donnerait avec cette anecdote qu'il racontait, un éclair de malice dans les lunettes :

Deux de ses collègues, académiciens chenus, sortent de l'Institut après une séance du dictionnaire. Voyant passer devant eux une fille superbe, le premier s'écrie :

« La belle fille ! Je la baiserais *bien* celle-là !

- Bien ? s'étonne le second... Vous voulez dire *volontiers*, mon cher collègue ! »

Et v'lan ! En toute confraternité académique !

Une dame minaudait auprès d'Alexandre Dumas :

« Dites-moi, Maître, quelle différence voyez-vous entre l'*amitié* et l'*amour* ?

- Oh ! Madame ! une différence énorme : c'est le jour et la nuit ! »

La France n'a pas le monopole de l'esprit. En Angleterre, l'humour ne se porte pas mal... Thank God !

Il faut savoir, pour apprécier l'anecdote suivante, que Benjamin Disraeli, chef du parti conservateur et William Gladstone, leader des Libéraux, se vouaient une haine cordiale et vigilante. Quelqu'un demandait un jour à Disraeli :
« Quelle différence faites-vous entre un *malheur* et une *calamité*?
- Je vais vous expliquer, c'est très simple. Supposez que Gladstone tombe dans la Tamise, c'est un malheur! Mais si quelqu'un le repêche, alors, voilà une calamité! »

☘ On trouve souvent, dans les aphorismes du siècle dernier, une nuance péjorative envers les milieux populaires, ce qui tendrait à prouver qu'à cette époque, l'esprit était avant tout un esprit de classe.

« Les animaux *se repaissent*; l'homme *mange*; l'homme d'esprit seul *sait manger*. » BRILLAT-SAVARIN

« La brute *se couvre*, le sot ou le riche *se pare*, l'homme élégant *s'habille*. »
Devinez à quelle catégorie Balzac, auteur de cette pensée, estimait appartenir.

« Un fort de la halle *sue*; un homme comme il faut *transpire*; une jolie femme *perle*. » ARMAND SILVESTRE

Ce que le proverbe suivant résume à merveille :

Un idiot riche est un riche.
Un idiot pauvre est un idiot.

Pauvres idiots! S'il faut en croire Louis Scuténaire :
« Les riches ont des *angoisses*. Les pauvres des *inquiétudes* », ce qui est une nuance infiniment réconfortante.

☘ Le général de Gaulle ne se contentait pas d'être un grand homme; il était aussi un homme grand (1,94 m) et il avait en sainte horreur qu'on osât se comparer à lui. Quelqu'un qui le dépassait de quelques centimètres lui fit remarquer :
« Mon Général! Je suis plus *grand* que vous!
- Plus grand avez-vous dit? Vous êtes simplement plus *long*! Ne pas confondre! »

« Autrefois je vous disais tout, maintenant je ne vous cache rien », écrivait Beaumarchais.

Thomas Erskine définissait ainsi la différence entre le charme et la beauté : « Une *belle* femme est celle que je remarque; une femme *charmante* est celle par qui je suis remarqué! »

Quant à Paul Valéry, parlant d'André Malraux et de Louise de Vilmorin, il disait :

« Il l'*aime* mais il ne l'*admire pas*. Elle l'*admire* mais elle ne l'*aime* pas. »

Peut-être pourrait-on employer pour apprécier les nuances le même système de mesure qui servit à Marivaux à évaluer les sentiments de ses personnages. Voltaire avait dit de lui :

« Il pèse des œufs de mouche dans une balance en toile d'araignée. »

Le mieux que nous puissions faire est de conclure ces propos nuancés en compagnie d'un poète :

Car nous voulons la Nuance encor
Pas la couleur, rien que la Nuance
Oh! La Nuance seule fiance
Le rêve au rêve et la flûte au cor.

VERLAINE,
Art poétique

ODEURS

> Avertissement liminaire : petite madame à l'odorat délicat et aux manières exquises, n'hésitez pas à sauter ce chapitre dont les senteurs fortes pourraient vous mettre le cœur au bord des lèvres. L'auteur vous donne rendez-vous au sujet suivant : l'olorime est garanti sans odeur !

« Le corps a ses odeurs que l'anosmique ignore », aurait pu dire Pascal un jour qu'il était enrhumé. Un anosmique est, en effet, un individu privé d'odorat. Sans doute n'est-il pas à plaindre comme l'est l'aveugle ou le sourd, mais il regrette, à la montagne, de ne pouvoir sentir l'odeur des pins ; il aimerait, au bord de la mer, s'emplir les poumons des senteurs du varech ; et la campagne, pour lui, n'est pas vraiment la campagne sans le parfum des foins coupés.

Pourtant être anosmique, à la sortie des bureaux, sur les quais de la station Strasbourg-Saint-Denis, serait plutôt à classer au nombre des avantages acquis !

Car le corps a ses odeurs : comme toute machine complexe, il a ses échauffements, ses remontées d'huile, ses résidus de combustion, ses gaz d'échappement et ses refoulements de tuyauterie. La littérature et la poésie s'intéressent trop aux subtiles correspondances des âmes pour se préoccuper des ratés nauséabonds du corps. A-t-on jamais imaginé une Juliette à l'haleine fétide dans les bras d'un Roméo qui pue des pieds?

Ces réalités triviales appartiennent au rude langage de la rue, au parler viril de la caserne, au vocabulaire technique du médecin et aux hypocrites métaphores de la publicité. Pouvons-nous entrer, sur la pointe des pieds, dans le domaine du mauvais goût et des odeurs fortes?

A perdre haleine...

Augustine Brohan (1824-1893) fut une comédienne aussi charmante que spirituelle dont les courtisans ne se comptaient pas. Au nombre de ceux-ci, figurait un importun à l'haleine chargée. Apercevant un jour au loin sa bien-aimée, il courut pour la rattraper et arriva tout essoufflé à sa hauteur :

« Ah! Madame! voilà un moment que je cours après vous à en perdre haleine!

- A en perdre haleine dites-vous? Et vous vous plaignez, monsieur? »

Autre histoire savoureuse que celle de ces deux amoureux qui se retrouvent après le déjeuner :

« Oh, mon chéri! devine ce que j'ai mangé comme dessert! »

Et pour l'aider à deviner, la jeune fille lui souffle amoureusement sous le nez ce qu'elle croyait être la réponse.

« Du roquefort?

- Perdu! c'était une pêche! »

Avoir l'haleine forte, avoir mauvaise haleine... le langage « convenable » est vite en panne. Le médecin parlera, lui, de *cacostomie*, ce qui est déjà plus original.

En revanche, l'argot offre une riche palette de métaphores et de verbes : puer du bec, flinguer les mouches au vol, trouilloter du tabernacle, repousser du goulot, fouetter du carafon... Voilà qui est imagé! Mais la « poésie » de la rue n'est jamais en défaut : s'être lavé les dents avec une chaussette, avoir avalé ses pieds, avoir les chiottes dans le gosier, avoir le cul derrière les dents...

Au Grand Siècle, on savait dire ces choses avec beaucoup plus de retenue et d'élégance et pourtant avec une égale méchanceté.

Lebrun-Pindare, qui était alors le roi de l'épigramme, avait dédié à une belle de sa connaissance le quatrain suivant :

A Chloris dont l'haleine était fâcheuse

Oui, vous avez, Chloris, les traits de Vénus même,
Oui, de vos yeux, Chloris, le charme est triomphant
Vos yeux ordonnent qu'on vous aime,
Mais votre bouche le défend!

Pas de baisers langoureux, pas de danse joue contre joue, pas de secrets murmurés de trop près... Comme le dit joliment Michel Chrestien dans son livre *Esprit es-tu là?* :
« Contre la mauvaise haleine, un seul remède : le téléphone! »

☘ Deux anecdotes encore :
Au cours d'un dîner, on avait placé à la droite de Forain une dame affligée de cacostomie. Craignant que l'esprit féroce du dessinateur ne s'exerçât à ses dépens, elle se garda bien pendant tout le repas d'ouvrir la bouche. Forain conversa donc seulement avec sa voisine de gauche. Vers la fin du dîner, on servit le fromage, un maroilles bien fait qui dégageait une odeur violente.
La pauvre « muette » était en train de se servir lorsque Forain, qui lui tournait le dos, renifla l'odeur. Alors, se retournant vivement vers celle qui n'avait soufflé mot :
« Vous dites? »
Un mot d'Aurélien Scholl est du même bouquet. A propos d'un journaliste à l'haleine forte il avait dit :
« C'est merveilleux d'être placé à côté de lui dans un déjeuner. Quand on mange du poulet, on croit que c'est du faisan! »

Un pied de nez...

Celui qui n'a jamais eu l'occasion de pénétrer dans l'une de ces chambrées de caserne comme il en existait encore dans les années cinquante, un de ces longs dortoirs où s'alignaient plusieurs dizaines de troufions ronflant en chœur après l'exercice, ne peut avoir l'idée des sommets auxquels l'odeur humaine peut atteindre. Les corps mal lavés, les vêtements raides de sueur rancie, les chaussures tirant la langue sur une haleine méphitique, tous ces parfums - et bien d'autres encore - entraient dans la combinaison d'un gaz rare aux propriétés mal définies. Une fois franchie la porte d'une chambrée, il fallait, pour aller plus avant, s'appuyer pour le faire céder sur un mur olfactif constitué par la puanteur devenue solide.

☘ Autrefois, avant d'être motorisés, fantassins, facteurs ruraux ou gendarmes à pied accomplissaient des marathons quotidiens. Aussi, le soir, lorsque les membres - inférieurs - de ces honorables professions se déchaussaient, dégageaient-ils une vapeur dans la composition de laquelle entrait cet acide qu'un chimiste facétieux avait baptisé du nom de « gendarmique ». Il avait même réussi à découvrir la formule développée de l' *acide gendarmique* :

$$100\ HO^7 + L.H.O. + L\ 100$$

Ce n'est sans doute que coïncidence si l'énoncé de la formule se prononce ainsi : « Sens ta chaussette : plus elle a chaud, plus elle sent »! De nos jours, grâce à l'automobile, on ne marche plus guère, cependant que l'hygiène progresse à pas de géant. Ce sujet, qui était pour nos grands-parents une source abondante de plaisanteries bon enfant, a donc tendance à se tarir.

Il ne nous reste plus guère à nous mettre sous les narines que les odeurs pathologiques auxquelles les docteurs donnent le nom savant de *Bromhydrose* dont il n'échappera à personne qu'à l'oreille - mais à l'oreille seulement - il rime avec rose (voir le chapitre ALLEMAGNE).

A une époque où le métro n'avait pas encore été inventé, non plus que les heures de pointe, la marquise de Lambert (1647-1733) écrivait déjà : « Nous vivons avec nos défauts comme les odeurs que nous portons : nous ne les sentons plus; elles n'incommodent que les autres. »

Les secrets d'État ne sont, hélas, pas les seuls à transpirer dans un monde en perpétuelle agitation. Une publicité pour produits déodorants avait qualifié d'une jolie formule cette quotidienne fragrance que dégagent, sur les lieux de leur travail, les aisselles laborieuses : « A vue de nez, il est cinq heures! »

☘ Notre odorat est, de tous nos sens, le plus vigilant. Si notre œil peut se fermer sur les spectacles qu'il refuse, si nous pouvons serrer les dents pour ne pas goûter un mets écœurant, nous boucher les oreilles pour ne pas entendre, ou mettre des gants pour ne pas toucher le gluant ou le moite, nous sommes bien obligés de respirer pour alimenter nos poumons et, ce faisant, d'inhaler la puanteur ambiante.

Ne sous-estime-t-on pas l'importance de l'odorat dans les relations humaines, qu'il s'agisse de l'attirance d'un sexe pour l'autre, ou, au contraire, de la répulsion d'un individu envers un autre?

Don Juan, archétype du séducteur, était attiré par l'*odor di femina*. Un amoureux ne cesse de respirer, comme il ferait d'une fleur, la peau de l'objet aimé.

A l'opposé, on parle de gens qui *ne peuvent pas se sentir*, qu'*on ne peut pas piffer* ou qu'*on a dans le nez*.

Ne serait-ce pas dans le nez que se trouve le siège des réactions instinctives et primaires du racisme? Certains Occidentaux se disent incommodés par l'odeur de la transpiration des gens de race noire, lesquels nous rendent la politesse en prétendant que les Blancs sentent le cadavre.

Dans les pays asiatiques, on assure que le corps des Occidentaux sent le fromage. Les Japonaises qui, après la guerre, couchaient avec des Blancs étaient insultées du terme méprisant de *bata-kusaï*, ce qui signifie littéralement « Pue-le-beurre ».

Par vent arrière...

Sujet autrefois de plaisanteries grasses, objet de l'attention du corps médical, prétexte même à spectacle, le *pet* connut au cours de l'histoire des heures de gloire.

Notre époque qui voit disparaître progressivement les tabous semble ignorer le pet. La publicité étale complaisamment sur nos murs, sur nos écrans, sur nos magazines de somptueux derrières, plus vrais que nature, si ressemblants qu'on pourrait en conclure - a posteriori - qu'il ne leur manque que la parole. Jusqu'à quand se tairont-ils? Comment donc expliquer l'actuel effacement social du pet? Sans doute par la pratique d'une alimentation moins riche en féculents, mais aussi par la disparition de ce vieux précepte médical qu'il est dangereux pour la santé de chercher à retenir ses vents.

Un temps fut que, sans grand respect
On laschoit à table le pet
Et qu'on se mouchoit à la nappe...

rime joliment Mellin de Saint-Gelais (1491-1558).

La duchesse d'Orléans prodiguait au jeune Louis XV, alors âgé de douze ans, ce sage conseil en vers :

Vous qui, dans les mésentères
Avez des vents impétueux,
Ils sont dangereux...
Et, pour vous en défaire :
Pétez!

Les lambris dorés de nos palais ont souvent résonné de bruits bien peu protocolaires. Mais, après tout, comme l'écrivait Béroalde de Verville (1558-1623) :

« Une demoiselle noble fait un pet qui est noble. »

Et le roi, sans doute, faisait-il des pets royaux!

Grimm relate cette anecdote qui date de 1778 : Le roi Louis XVI arpentait rapidement la galerie des Glaces à Versailles lorsqu'il lâcha une série impressionnante de pets. Le marquis de Bièvre, qui n'était pas à un calembour près, s'écria :
« Heureuse nouvelle ! Des bruits de paix circulent à Versailles ! »
Et un flatteur d'ajouter avec à-propos :
« Et je constate qu'ils ne sont pas sans fondement ! »
Saint-Simon, dans ses *Mémoires,* écrit cette phrase :
« La fille de Dangeau passe pour très riche, mais aussi pour ne pas retenir ses vents. »

☘ On s'efforçait pourtant de ne point faire trop de bruit. Avec pudeur, les jeunes femmes disaient qu'elles « avaient la secrète » ou « le sansonnet » (délicat jeu de mots pour qualifier un pet silencieux... « sans son » !).
Tabourot, l'impayable seigneur des Accords, nous fournit de ce mot une vivante illustration :
« Ainsi qu'elle se remuait étant pressée, elle fit un petit sansonnet qu'elle ne put toutefois si dextrement couvrir que l'éclat n'en fut ouï. »
Dans le *Livre des bizarres,* Guy Bechtel et Jean-Claude Carrière signalent au chapitre « Pet » l'existence au XVIIIe siècle à Caen d'une société dont l'objet social était « la libération et la glorification du pet ». C'était la Société des francs-péteurs. Ses membres, qui devaient s'engager à tout mettre en œuvre pour assurer le triomphe du pet, s'entraînaient à domicile, mais aussi en public pour lutter contre le préjugé qui condamne ce bruit. L'assemblée générale se tenait vers le 15 mars - saison hautement favorable - et s'ouvrait sur un pet du président auquel répondaient « d'une seule voix » tous les frères. Ce salut se répétait (pardon !) trois fois. Il y avait des discours, un banquet... Une bien belle journée pendant laquelle on applaudissait à tout rompre... mais toujours sans les mains !

☘ Au XIXe siècle, un certain Ducastel de Saint-Paul écrivit un ouvrage fondamental : *La Crépitomanie ou l'art des pets.* Cet auteur peut être considéré comme le maître à penser de Joseph Pujol, « *le pétomane* ».
Ce « phénomène de la nature » était né à Marseille le 1er juin 1857 au domicile de ses parents, 13, rue des Incurables (!).
Un jour qu'il se baignait, il eut la révélation de ses exceptionnelles possibilités : il pouvait à volonté aspirer de l'eau par le rectum et la rejeter en contractant ses muscles abdominaux. Il s'entraîna pour passer de l'eau à l'air et réussit à moduler les sons qu'il produisait, du

grave à l'aigu, du bref au plus prolongé. En 1882, Pujol monta sur la scène du Moulin-Rouge et son numéro connut un succès immédiat et colossal.
Voici, extraites de son répertoire, quelques-unes de ses imitations : le pet de la jeune fille, de la belle-mère, de la mariée le soir des noces (timide), de la même au lendemain des noces (plus affirmé)... Il imitait le déchirement d'une pièce d'étoffe (10 secondes), le son du canon, le bruit du tonnerre. Il éteignait une bougie à trente centimètres, fumait et jouait de la flûte - pas très juste ! - en n'utilisant, bien sûr, que le côté de son corps opposé à sa bouche.
Il fut l'acteur le mieux payé de son temps. Lorsque Sarah Bernhardt demandait 800 francs par engagement, Pujol touchait 2 000 francs pour une seule séance... et encore en matinée !
Le lecteur nous pardonnera peut-être d'avoir triché en consacrant un paragraphe à ce phénomène dans un chapitre intitulé « Odeurs » car les productions de Joseph Pujol étaient garanties absolument inodores.

Il est dans la nature du pet d'être double et le langage s'est attaché à tenir compte de cette dualité fondamentale.
Dans la catégorie « efficacité et discrétion », on trouve les flatulences, les flatuosités, les vents ou les gaz du langage médical, le prout enfantin et les vesses ou les loufes de l'argot.
Côté « émission publicitaire », le vocabulaire argotique est plus riche ; on découvre, suivant les circonstances et le nombre de décibels atteints, une palette où l'on trouve : la cloque, la perle, la perlouse, la pastille, la pastoche, le navet, la boule, la louise. La grande Colette les appelait ses « marrons » en roulant les « r ». Il existe plusieurs expressions fort imagées : déchirer la toile, ouvrir sa tabatière, annoncer son matricule, sans oublier le fort poétique, envoyer l'âme d'un haricot au ciel.
Cette richesse de vocabulaire ne saurait pourtant masquer la défaveur en laquelle notre époque tient actuellement le pet. Il n'est plus à la mode, il n'est plus dans le vent, il n'est plus en odeur de sainteté... À peine un bruit qui court, honteux, rasant le sol.
Le bruit de nos entrailles n'est plus béni et c'est à peine si l'on ose, de temps à autre, prononcer son nom sauf à l'occasion d'expressions usuelles : glisser comme un pet sur une toile cirée ou - variante estimable - sur une tringle à rideaux. Il nous reste aussi le pet-de-nonne (pâtisserie), la vesse-de-loup (champignon), le pet-en-l'air (robe de chambre qui ne descend qu'au bas des reins) ou le rase-pet (pardessus très court).
Il arrive qu'un vilain prétentieux cherche à péter plus haut que son cul. S'il appartient au genre gracieux, on nuance : « Il fait prout-prout

plus haut que son lanlaire. » Enfin, s'il s'agit d'un poète, on affirme qu'il veut « poëter plus haut que son luth ».

Il serait trop triste de clore ce chapitre sur ces considérations nostalgiques d'un temps révolu.

On nous autorisera sûrement ces deux anecdotes en guise de conclusion : Napoléon III disposait au Parlement d'un clan d'inconditionnels - de « godillots » dirait-on aujourd'hui - qui approuvait automatiquement toutes ses décisions, même les plus contestables. Edmond Héraud les avait ridiculisés d'une épigramme :

> Si l'Empereur faisait un pet,
> Geoffroi dirait qu'il sent la rose
> Et le Sénat aspirerait...
> A l'honneur de prouver la chose!

Jules Jouy (1855-1897) prétendait qu'il n'existe que deux odeurs naturelles, « la suavité de la rose et la mofette trouduculière ».

Nous laisserons le « mot de la fin » au comédien Claude Dauphin (dont le frère Jean Nohain consacra naguère une biographie au « Pétomane ») qui sut être drôle en des conditions gênantes :

Il dansait avec une dame au cours d'un gala chic lorsque sa cavalière, par inadvertance, lâcha un pet :

« J'espère, monsieur, que cela restera entre nous.

- Au contraire, madame,... dit Claude Dauphin en souriant, je préférerais que ça circule! »

OLORIMES (VERS)

Si le poète doit sa fortune à la richesse de ses rimes, un auteur de vers olorimes devrait, en bonne logique, devenir milliardaire. Car, en fait de rime, il est impossible de faire plus riche, puisque le vers tout entier, de la première à la dernière syllabe, n'est qu'une seule rime. Bien que l'usage soit d'écrire *olorime,* il serait plus juste de parler de vers *holorimes* ou *homophones,* ce qui signifie, étymologiquement parlant :

~ *holo* (entier) *rime :* qui rime en entier.

~ *homo* (semblable) *phone* (voix) : qui ont une sonorité identique.

☘ Mieux que ne le font des définitions, un exemple célèbre permettra d'expliquer ce que sont des vers *olorimes* :

Gall, amant de la reine, alla, tour magnanime,
Galamment de l'Arène à la tour Magne à Nîmes.

Chaque année, à l'occasion des jeux floraux de Nîmes, une reine et un seigneur étaient choisis ; ils devaient caracoler en tête du cortège qui défilait à travers les rues.
Merveilleux clin d'œil du destin : une année, l'élu se nommait Gall. Ce qui permit à un poète (certains, sans réfléchir, disent Victor Hugo, d'autres mieux renseignés parlent de Marc Monnier - 1829-1885) de composer le distique ci-dessus qui confère à l'olorime ses lettres de noblesse. Pourquoi attribuer à Victor Hugo la trouvaille d'un autre, alors qu'il a composé quelques olorimes dans la veine de celui-ci :

Ô, fragiles Hébreux! Allez, Rébecca tombe!
Offre à Gilles zèbre, œufs; à l'Érèbe hécatombe!

Au cours du siècle dernier, ce fut un genre fort prisé qui, à côté d'œuvres plutôt laborieuses, donna de vrais chefs-d'œuvre. Charles Cros, inventeur du phonographe et poète délicat, est l'auteur du quatrain ci-dessous :

A un page bleu de la reine Isabeau

Dans ces meubles laqués, rideaux et dais moroses
Où, dure, Ève d'efforts sa langue irrite (erreur!)
Ou du rêve des forts alanguis rit (terreur!)
Danse, aimc, bleu laquais, ris d'oser des mots roses.

A y regarder de près, les vers olorimes ne sont que des calembours assaisonnés à la sauce poétique. Il était donc fatal - bénie soit la fatalité! - que les humoristes s'emparassent de ce procédé et, notamment, le plus génial d'entre eux : Alphonse Allais, à qui l'on doit un véritable sautoir composé des plus belles perles du genre.
Lui qui, sans cesse, s'était efforcé d'inventer des rimes de plus en plus longues, atteignait avec le vers olorime la rime totale. Cet état de perfection absolue, insurpassable, ne pouvait que le séduire.
Foin des discours, voici le moment venu de laisser ce rig...olorimer :

Aidé, j'adhère au quai, lâche et rond, je m'ébats
Et déjà, des roquets lâchés rongent mes bas.

« Le public, écrivait Allais, est prié d'apporter sa bienveillante attention à ce curieux exercice. Ainsi que dans le cochon où tout est bon, depuis la queue jusqu'à la tête, dans mes vers, tout est rime, depuis la première syllabe jusqu'à la dernière. » Allons-y :

Alphonse Allais de l'âme erre et se f...out à l'eau
Ah ! L'fond salé de la mer ! Hé ! Ce fou ! Hallo !

EXHORTATION AU PAUVRE DANTE

Ah ! Vois au pont du Loing ! De là, vogue en mer, Dante !
Hâve oiseau, pondu loin de la vogue... ennuyeuse *

** (La rime n'est pas très riche, s'excusait Allais, mais j'aime mieux ça que la trivialité !)*

CONSEILS À UN VOYAGEUR TIMORÉ
QUI S'APPRÊTAIT À TRAVERSER UNE FORÊT HANTÉE
PAR DES ÊTRES SURNATURELS

Par le bois du Djinn où s'entasse de l'effroi
Parle ! Bois du gin !... ou cent tasses de lait froid *.

** Le lait froid, absorbé en grande quantité, est bien connu pour donner du courage aux plus pusillanimes.*

On aura remarqué au passage l'allusion ironique au long poème du père Hugo, « Les Djinns ».

UN GRAND SEIGNEUR ANGLAIS SE GUÉRIT
DU SPLEEN PAR L'EXERCICE EN PLEIN AIR

Sir * Eveill - il paraît - chasselas détraqué
Se réveille ! Il part et chasse, las d'être à quai

* (*Sir* se prononce « sœur ». Et ta sœur ?)

Les vers olorimes, pures acrobaties verbales, ne brillent pas, la plupart du temps, par leur limpidité. C'est pourquoi l'auteur les affuble d'un titre interminable qui a pour rôle de proposer un sens à un assemblage de mots plutôt disparates :

PROPOSITION FOLICHONNE D'UN PEINTRE UN PEU LOUFOC
QUI VOULAIT ENTRAÎNER UNE JEUNE FEMME DANS
SES CRYPTES, À SEULE FIN DE LUI PEINDRE LE DOS
AVEC DE LA COULEUR VERTE.

Je dis, mettons, vers mes passages souterrains
Jeudi, mes tons verts, mais pas sages, sous tes reins.

L'exemple ci-dessous est une délirante fantaisie de circonstance. Qu'avait donc fait Émile Berre à son confrère Allais pour s'attirer cette mise en boîte?

RÉSULTAT DU PARI QU'AVAIT FAIT LE GRAND ENTREPOSITAIRE SOUBEYRAN DE PORTER SUR SES ÉPAULES NOTRE SYMPATHIQUE CONFRÈRE, M. ÉMILE BERRE, DU *Figaro*.

Soubeyran, marchand de vin, pale, ale, porter *
Sous Berre, en marchant, devint pâle à le porter

* *(Pale, ale, porter,* se prononce : pâle à le porter, autrement ça ne rimerait pas!)

Un jour qu'Alphonse Allais se sentait l'âme bucolique, il composa ce délicieux dialogue entre un bœuf et une vache et lui donna la forme d'un sonnet.

Le bœuf à la vache :	Réponse de la vache :
D'où te vint	
L'air boulot?	J'ai mi-soûle
L'herbe ou l'eau?	Gémi sous le
Doute vain	Faix nouveau
O Seigneur!	
Quelle panse!	Aide! Grâce!
Qu'elle pense	Et, de grasse
Au saigneur.	Fais-nous veau.

☘ A la suite des olorimes d'Allais, on cite parfois ce distique dont l'auteur serait, paraît-il, Gabriel de Lautrec, humaniste reconnu et traducteur en français de l'œuvre de Mark Twain :

Eau, puits, masseur, raide huis, habit, table, chandelle
Oh! puis, ma sœur, réduits habitables, chants d'elle.

Parfois, les vers olorimes sont de circonstance. Ainsi de ces deux vers qui furent composés à l'occasion d'une course de bateaux qui opposa Laurent Pichat à l'auteur dramatique Adolphe Simonis dit Empis :

Laurent Pichat virant, coup hardi, bat Empis,
Lors, Empis, chavirant, couard dit : « Bah! Tant pis! »

☘ Nous vous proposons ci-dessous un sonnet olorime en alexandrins, un véritable tour de force que Jean Goudeski dédia à son ami Alphonse Allais en août 1892. Le critique Jules Lemaitre disait de ce sonnet : « C'est le seul qui existe dans la langue française et probablement dans toutes les langues. »

Invitation à venir à la campagne prendre le frais,
une nourriture saine et abondante,
des sujets de chroniques et des bitures

Je t'attends samedi, car Alphonse Allais, car
A l'ombre, à Vaux, l'on gèle. Arrive! Oh! la campagne!
Allons - bravo! - longer la rive au lac, en pagne;
Jette à temps, ça me dit, carafons à l'écart.

Laisse aussi sombrer tes déboires, et dépêche!
L'attrait : (puis, sens!) une omelette au lard nous rit,
Lait, saucisses, ombres, thé, des poires et des pêches,
Là, très puissant, un homme l'est tôt. L'art nourrit

Et, le verre à la main, - t'es-tu décidé? - Roule -
Elle verra, là mainte étude s'y déroule,
Ta muse étudiera les bêtes et les gens!

Comme aux Dieux devisant, Hébé (c'est ma compagne)...
Commode, yeux de vice hantés, baissés, m'accompagne...
Amusé, tu diras : « L'Hébé te soûle, hé! Jean! »

Du même Marc Monnier qui chanta si bien « la tour Magne à Nîmes » on connaît aussi ce quatrain :

Éprise, hélas, Ève nue
Offrit son bec à Satan
Et, prise, et lasse et venue
Au frisson, bécasse attend.

Pour Jean Cocteau, l'olorime est un poème codé qu'il se refuse à traduire, nous obligeant ainsi à le faire à sa place :

Blason-Oracle

G. touchant G sans en avoir l'R.
Selle et fait de mon âne archi-tranquille.
Jean chante. Aïssé tousse. Mon chant sera la bourrée jusqu'à la faim.
Île faux drap (et dé à dé) mollir les murs mûrs en six lances pour que la grande heure nouvelle sape roche sans fers de bruit sur lèche-mains.
Le mot ment, Ève nue!
Le rêve eunuque, jatte en dais!
Leur Ève nue,
Houle sublime, doigts, hêtre des nids aisés.

Le sens est d'une transparence de cristal! On dirait un message codé dont voici la traduction :

Blason-Oracle

J'ai tout changé sans en avoir l'air.
C'est l'effet de mon anarchie tranquille.
J'enchante. Haïssez tous. Mon champ sera labouré jusqu'à la fin.
Il faudra aider à démolir les murmures en silence pour que la grandeur nouvelle s'approche sans faire de bruit sur les chemins.
Le moment est venu!
L'heure est venue que j'attendais!
L'heure est venue
Où le sublime doit être déniaisé.

Plus près de nous, la charmante et précieuse Louise de Vilmorin s'exerça à l'olorime et les effets qu'elle en tira méritent toute notre admiration. Voici trois exemples d'une réussite parfaite :

Étonnamment monotone et lasse
Est ton âme en mon automne, hélas!

L'âme est moirée par mille émois sans torts
La mémoire est parmi les mois, Centaure.

Elle sort là-bas des menthes
La belle Ève à l'âme hantée
Et le sort l'abat démente.
L'abbé laid va lamenter.

Dans l'anthologie *Le Rire des poètes* parue aux éditions Pierre Belfond, on trouve deux remarquables quatrains dus au talent de Max Morise (1903-1973) :

Leurre du ris d'Éros, assassin des cous verts
L'heure dure, idée, rosace à seins découverts,
Et me tue comme en ses ateliers. Eau, déborde!
Aime, tu commençais à te lier, ô Desbordes.

Sous le vent, la mort descend, écho! Maint Corse erre
Soulevant l'âme hors des sangs et comme un corsaire
L'ire du poète aurait voulu tes vachers
Lyre dupe, ô étau, rêve où luttait Vaché *.

* *(Jacques Vaché, poète surréaliste qui se suicida à Nantes, en 1919, à l'âge de vingt-quatre ans en absorbant quarante grammes d'opium.)*

Il serait dommage que l'olorime tombât en désuétude. On peut espérer que les jeunes poètes ne laisseront pas s'éteindre le flambeau. Michel Laclos, dans ses *Jeux de lettres, jeux d'esprit* raconte qu'un article sur les vers olorimes, publié il y a quelques années dans *Le Figaro*, suscita une impressionnante avalanche de distiques homophones. Certains sont des chefs-d'œuvre dignes de professionnels :

Dans cet antre, lassés de gêner au Palais,
Dansaient, entrelacés, deux généraux pas laids.

Cette petite merveille d'humour et d'habileté est due à M. Lucien Reymond, ancien élève de Polytechnique et inventeur du procédé Pan-Cinor.
Le dernier distique est de David P. Massot.

A Lesbos, à Tyr, l'évangile est appris
Ah! laisse, beau satyre, l'Ève en gilet t'a pris.

« OU » OU LE SOUS-TITRE

Deux lettres anodines auxquelles vous donneriez le bon Dieu sans confession. Gardez-vous-en bien, car *ou* est une conjonction d'une étonnante duplicité : il y a *ou* et *ou* qu'il ne faut pas confondre! *Ou* c'est aussi bien le *synonyme* et l'*équivalence* que l'*alternative* et l'*opposition*.
~ Si vous écrivez, par exemple, *l'aspirine ou acide acétylsalicylique*, vous avez lancé une passerelle entre les deux termes, vous avez établi leur *équivalence*. Dans un tel cas *ou* agit comme un moyen d'acquisition de connaissance et donc - à l'instar de son homonyme « la houe » - comme un appréciable outil de culture.
~ Mais *ou* peut être, à l'inverse, le choix imposé entre les deux termes d'une alternative, entre le moindre de deux maux.
Tu veux ou tu veux pas? La bourse ou la vie? Être ou ne pas être? Du fromage ou du dessert? Autant d'interrogations douloureuses auxquelles ce petit mot impose une réponse immédiate, autant de situations épineuses - comme les feuilles de son autre homonyme « le houx » - qu'il convient de résoudre illico.

Une fois dénoncé le rôle ambigu que joue dans nos analyses grammaticales une petite conjonction de rien du tout, il est, en revanche, agréable de lui reconnaître une place éminente dans notre littérature, c'est-à-dire dans le titre d'un grand nombre de pièces ou romans. Imaginez un écrivain qui vient d'apposer le mot FIN au bas de son œuvre; il doit maintenant lui trouver un titre. Moment d'angoisse! La tentation est grande de baptiser la pièce ou le roman du nom de son héros. Mais un doute lui vient :

Le nom du personnage clé de l'œuvre sera-t-il capable à lui seul d'attirer le public? Deux précautions valant mieux qu'une, ne serait-il pas avisé de donner à la pièce ou au roman un deuxième titre plus explicite et plus racoleur?

C'est ainsi que, dans notre littérature, s'est répandue la pratique du double titre ou sous-titre. Et, entre les deux moitiés du titre, est venue se glisser tout naturellement notre conjonction *ou* comme un modeste agent de liaison, donnant la main droite au personnage et la gauche au thème de l'œuvre.

De plus, cette double appellation articulée autour de ce petit mot... d'*ou* confère bien souvent au titre un balancement agréable et une incontestable élégance.

La liste ci-dessous permet de se livrer à un double jeu littéraire : En annonçant à un auditoire la première partie du titre - la plus connue - lui proposer de découvrir la seconde. Ou, au contraire, en ne donnant que la deuxième partie du titre, défier l'assistance de retrouver la première.

~ 10 réponses exactes sur 80 titres proposés seraient un score excellent.

~ 20 réponses exactes seraient dignes d'un champion :

♣ *Alphonse Allais* (et Tristan Bernard)

Silvérie *ou* les Fonds hollandais (1895)

♣ *Jean Anouilh*

Ardèle *ou* la Marguerite (1948)
Becket *ou* l'Honneur de Dieu (1959)
Cécile *ou* l'École des pères (1954)
L'Hurluberlu *ou* le Réactionnaire amoureux (1959)
Ornifle *ou* le Courant d'air (1955)
Pauvre Bitos *ou* le Dîner de têtes (1956)
Les Poissons rouges *ou* Mon père ce héros (1970)
La Répétition *ou* l'Amour puni (1950)

Guillaume Apollinaire

Le Bestiaire *ou* Cortège d'Orphée (1911)
Mirély *ou* le Petit trou pas cher (1900)

Honoré de Balzac

Le Dernier Chouan *ou* la Bretagne en 1800 (1829) (devenu Les Chouans)

Pierre-Augustin de Beaumarchais

Le Barbier de Séville *ou* la Précaution inutile (1772)
Le Mariage de Figaro *ou* la Folle Journée (1781)

Antoine Blondin

Monsieur Jadis *ou* l'École du soir (1970)

Pierre Cami

Christophe Colomb *ou* l'Œuf à voile
Dupanloup *ou* les Prodiges de l'amour (1923)

Maurice Constantin-Weyer

La Loi du Nord *ou* Telle qu'elle était en son vivant

Pierre Corneille

Clitandre *ou* l'Innocence persécutée (1631)
Cinna *ou* la Clémence d'Auguste (1641)

Pierre Daninos

Le Major tricolore *ou* Comment peut-on être Français? (1968)
Ludovic Morateur *ou* le Plus que parfait (1970)

Fanny Deschamps

Louison *ou* l'Heure exquise (1987)

Alexandre Dumas

Kean *ou* Désordre et génie (1836)
Napoléon Bonaparte *ou* Trente ans de l'histoire de France (1831)
Le Vicomte de Bragelonne *ou* Dix ans plus tard (1848-50)

Jean Dutourd

Mascareigne *ou* le Schéma
Pluche *ou* l'Amour de l'art (1967)
Henri *ou* l'Éducation nationale (1982)

☘ *Claire Etcherelli*
Élise *ou* la Vraie Vie (1967)

☘ *André Gide*
Ainsi soit-il *ou* Les jeux sont faits (dernier tome de son *Journal*)

☘ *Benoîte et Flora Groult*
Maxime *ou* la Déchirure (1972)

☘ *Victor Hugo*
Hernani *ou* l'Honneur castillan (1830)

☘ *Eugène Ionesco*
Amédée *ou* Comment s'en débarrasser (1954)
Jacques *ou* la Soumission (1955)

☘ *Alfred Jarry*
Onésime *ou* les Tribulations de Priou (première ébauche de *Ubu cocu* - 1889)

☘ *André Maurois*
Adrienne *ou* la Vie de Madame de La Fayette (1961)
Ariel *ou* la Vie de Shelley (1923)
Lélia *ou* la Vie de George Sand (1952)
Olympio *ou* la Vie de Victor Hugo (1954)
Prométhée *ou* la Vie de Balzac (1965)

☘ *Molière*
Dom Garcie de Navarre *ou* le Prince jaloux (1661)
Dom Juan *ou* le Festin de pierre (1665)
L'Étourdi *ou* les Contretemps (1654)
Georges Dandin *ou* le Mari confondu (1668)
Sganarelle *ou* le Cocu imaginaire (1660)
Le Sicilien *ou* l'Amour peintre (1667)
Le Tartuffe *ou* l'Imposteur (1664)

☘ *Wladimir Nabokov*
Ada *ou* l'Ardeur

☘ *Charles Nodier*
Lydie *ou* la Résurrection (1839)
Paul *ou* la Ressemblance (1836)

Pierre Nougaret

Lucette *ou* les Progrès du libertinage (1766)

Nicolas Restif de La Bretonne

Adèle de Comm. *ou* Lettres d'une jeune fille à son père (1772)
L'École des Pères *ou* le Nouvel Émile (1776)
Ingénue Saxancour *ou* la Femme séparée (1790)
Lettres de lord Austin *ou* la Confidence nécessaire (1769)
Lucile *ou* les Progrès de la vertu (1768)
Le Marquis de T... *ou* l'École de la jeunesse (1771)
Les Nuits de Paris *ou* le Spectateur nocturne (1788)
Sara *ou* la Dernière Aventure d'un homme de 45 ans (1783)

Jules Romains

Knock *ou* le Triomphe de la médecine (1924)
Musse *ou* l'École de l'hypocrisie (1930) (nouveau titre de *Jean Le Maufranc*)

Jean-Jacques Rousseau

Émile *ou* de l'Éducation (1761)
Julie *ou* la Nouvelle Héloïse (1761)
Narcisse *ou* l'Amant de lui-même (1752)

Sade

Justine *ou* les Malheurs de la vertu (1791)
Oxtiern *ou* les Malheurs du libertinage (1791)

Françoise Sagan

Sarah Bernhardt *ou* le Rire incassable (1987)

Paul Scarron

Jodelet *ou* le Maître valet (1645)
Typhon *ou* la Gigantomachie (1644)

Pierre Seghers

Monsu Desiderio *ou* le Théâtre de la fin du monde (1981)

Jean Renaud de Segrais

Floridon *ou* l'Amour imprudent (1656)

☙ *Madame de Staël*

Corinne *ou* l'Italie (1807)
Sophie *ou* les Sentiments secrets (1790)

☙ *Stendhal*

Feder *ou* le Mari d'argent (1839)

☙ *Eugène Sue*

L'Aventurier *ou* la Barbe bleue (1842)
Martin, l'enfant trouvé *ou* les Mémoires d'un valet de chambre (1847)
Miss Mary *ou* l'Institutrice (1851)
Paula Monti *ou* l'Aventurier (1842)

☙ *Michel Tournier*

Pierrot *ou* les Secrets de la nuit (1979)
Vendredi *ou* les Limbes du Pacifique (1967)
Vendredi *ou* la Vie sauvage (1977)

☙ *Paul Valéry*

Eupalinos *ou* l'Architecte (1921)

☙ *Vercors*

Zoé *ou* l'Assassin philanthrope (1964) (adaptation des *Animaux dénaturés*)

☙ *Jules Verne*

Maître Zacharius *ou* l'Horloger qui a perdu son âme (1854)

☙ *Alfred de Vigny*

Éloa *ou* la Sœur des anges (1824)
Laurette *ou* le Cachet rouge

☙ *Roger Vitrac*

Victor *ou* les Enfants au pouvoir (1928)

☙ *Voltaire*

Amélie *ou* le Duc de Foix (1752)
Candide *ou* l'Optimiste (1759)
Memnon *ou* la Sagesse humaine (1747)
Nanine *ou* le Préjugé vaincu (1749)
Zadig *ou* la Destinée (1748)

Francis Walder
Saint-Germain *ou* la Négociation (Prix Goncourt)

Ne pourrait-on déclarer, au vu de cette longue liste (bien sûr non exhaustive) que la conjonction *ou* a bien mérité - et à plus d'un titre - de notre littérature?

OUI

OUI, c'est si vite dit! Tellement vite même qu'il n'est pas rassurant de penser qu'il suffit de trois lettres pour engager notre avenir.

« *Oui* et *non* sont les mots les plus courts et les plus faciles à prononcer et ceux qui demandent le plus d'examen. » TALLEYRAND

« *Oui*, ce seul mot qui cimente tous les mariages n'est peut-être si court que parce qu'on craint la réflexion. » A. DUPUIS

« Un prêtre, un *oui*, trois mots latins
A jamais fixent nos destins. » VOLTAIRE

Autrefois, l'expression « dire le grand *oui* » était synonyme de « se marier ». Ce qui voudrait dire qu'il existait un petit *oui*, réservé aux mêmes faveurs mais sans témoins, sans orgue et sans curé!

« Le premier *oui* qui sort des lèvres bien-aimées. » VERLAINE

Alfred de Musset, dans sa comédie *On ne saurait penser à tout,* introduit une nuance supplémentaire au *oui*, le « presque » :
Le marquis : « Vous avez dit *oui*! »
La comtesse : « J'ai dit *presque oui*! Entre ces deux mots-là, il y a tout un monde! »

Tristan Bernard a le mérite de mettre à leur juste place toutes ces subtilités dans une de ses formules célèbres :
« Pour une réponse affirmative, il n'existe qu'un seul mot : *oui*. Tous les autres mots ont été inventés pour dire *non.* »

Dans le langage des ambassades, comme dans celui du Tendre, ces petits mots n'ont pas toujours une signification évidente :

« Lorsqu'un diplomate dit *oui*, cela signifie *peut-être.* Lorsqu'il dit *peut-être*, cela veut dire *non*... et quand il dit *non*, cela veut dire que ce n'est pas un diplomate. » H.L. MENCKEN

♣ Cette phrase peut aussi convenir à merveille au langage de la femme du monde, pourvu qu'on lui ait fait subir au préalable la légère modification consistant à remplacer le *oui* par le *non* et inversement :

Lorsqu'une lady dit *non*, cela signifie *peut-être*. Lorsqu'elle dit *peut-être*, cela veut dire *oui*. Mais si elle dit *oui*, cela signifie... qu'elle n'est pas une lady!

Devons-nous conclure à l'ambiguïté du discours amoureux ou aux intermittences du cœur?

« Une femme vous dira *non* à dix heures du matin et *oui* à cinq heures de l'après-midi sans que rien ait changé entre-temps... sinon l'heure. » DICTIONNAIRE DES FEMMES

... Les si, les mais, les *oui*, les *non*,
Toujours à contresens, toujours hors de saison,
Échappent au hasard, à sa molle indolence. DELILLE

« Je me flatte d'avoir toujours le dernier mot dans mon ménage... Et, ce mot est généralement *oui*! » JULES RENARD

« On est jeune tant que l'on sait dire *non*. Premier *oui*, première ride! » HENRI JEANSON

Laissons la dernière citation à Woody Allen, sûrs que nous sommes de son génie à savoir élever les débats jusqu'à la métaphysique : « La réponse est *oui*. Mais quelle était la question? »

♣ Dans les années soixante sévissait sur une antenne périphérique un jeu quotidien qui obtenait un vif succès : « *Ni oui, ni non.* » Un candidat, pressé de questions par un animateur astucieux, devait, pendant une minute, lui répondre par l'affirmative ou la négative sans jamais employer *oui* ni *non*. Ne croiriez-vous pas que ce petit jeu a fait école et que les Français aujourd'hui jouent en permanence au « ni *oui*, ni *non* »?

« Venez-vous avec moi?
- Parfaitement!
- Voulez-vous que nous y allions à pied?
- Tout à fait!
- Connaissez-vous le chemin?
- Sans problème!

- Êtes-vous d'accord pour porter le sac?
- Complètement! »
... A moins que la réponse ne vous soit donnée par le yankee « O.K.! », par l'elliptique « D'ac » ou le martial « Affirmatif! ». Et si quelqu'un se hasarde encore à utiliser le *oui*, c'est sous une forme avachie où l'on a peine à le reconnaître : OUAIS, VOUAIS, VOUI, MMOUI...

☘ Pourtant *oui* est un petit mot essentiel au point que, longtemps, la France fut séparée par la façon de dire *oui*, en deux domaines bien distincts, le domaine de langue d'Oïl au Nord et de langue d'Oc au Sud. Il est amusant de constater que c'est dans le Midi, pays traditionnel de cuisine à l'huile que *oui* se disait Oc, alors qu'en pays d'Oïl, jamais olivier ne poussa!
Autant de pays, autant ou presque de façons de dire *oui* ou *non* :

- En anglais ....yes..............no
- En allemand.......ya..............nein
- En italien.........si...............no
- En espagnol.......si...............no
- En portugais.......sim.............não
- En russe..........da..............niet
- En tchèque........ano.............ne
- En hongrois.......igen.............nem
- En roumain.......da..............nu
- En hébreu........ken.............lo
- En arabe..........aiwa............lah
- En suédois........ja...............nei
- En hollandais......ja...............nee
- En slovaque.......ano.............nie
- En turc...........evet.............hayir

Et il faut bien se garder d'oublier, lorsqu'on se rend en Albanie ou en Grèce, que les autochtones disent *oui* en secouant négativement la tête et *non* en opinant vigoureusement du chef.
Vérité en deçà de l'Adriatique, erreur au-delà!

☘ Tous les lycéens ont appris que Racine avait eu l'astuce de placer ce petit mot de *oui* en tête de certains actes de ses tragédies. Ainsi, le personnage qui est en scène et parle le premier est-il plus naturel en donnant l'impression de répondre à une question qui lui aurait été posée juste avant le lever du rideau et le spectateur, de son côté, se sent-il tout de suite plongé dans l'action.
Voici la revue des *oui* raciniens :

~ *La Thébaïde* - Premier vers de l'acte IV
Étéocle :
Oui, Créon, c'est ici qu'il doit bientôt se rendre...

~ *Alexandre Le Grand* - Premier vers de l'acte II
Ephestion :
Oui, tandis que vos rois délibèrent ensemble...

~ *Andromaque* - Premier vers de l'acte I
Oreste :
Oui, puisque je retrouve un ami si fidèle...

~ *Les Plaideurs* - Premier vers de l'acte III
Chicanneau :
Oui, Monsieur, c'est ainsi qu'ils ont conduit l'affaire...

~ *Britannicus* - Premier vers de l'acte IV
Burrhus :
Oui, Madame, à loisir vous pourrez vous défendre...

~ *Britannicus* - Premier vers de l'acte V
Britannicus :
Oui, Madame, Néron - Qui l'aurait pu penser?

~ *Iphigénie* - Premier vers de l'acte I
Agamemnon :
Oui, c'est Agamemnon, c'est ton roi qui t'éveille...

~ *Iphigénie* - Premier vers de l'acte III
Clytemnestre :
Oui, Seigneur, nous partions et mon juste courroux...

~ *Athalie* - Premier vers de l'acte I
Abner :
Oui, je viens dans son temple adorer l'Éternel...

☘ Victor Hugo ne s'est pas gêné non plus pour utiliser cette syllabe sonore et fière au tout début de trente et un de ses poèmes, des plus lyriques aux plus familiers. En voici une demi-douzaine :

> **Oui,** ce front, ce sourire et cette fraîche joue...
>
> **Oui,** c'est toi que je chante et c'est toi que j'implore...
>
> **Oui,** duc, nous sommes beaux et nous avons l'amour...
>
> **Oui,** le tonnerre éclaire et gronde sous mon front...
>
> **Oui,** quand tu te mettais à pleurer comme un veau...
>
> **Oui,** vous avez raison, je suis un imbécile...

Mais non, mais non!

Oserons-nous vous demander, ami lecteur, si cet article vous a plu? Ayez soin, avant de répondre, de nuancer votre réponse car Julien Green a écrit :
« Les questions auxquelles on répond par *oui* ou par *non* sont rarement intéressantes. »
Merci d'avance!

OULIPO

Quel nom bizarre!
– Est-ce un comprimé effervescent soluble dans l'eau tiède?
– L'Oulipo est-il remboursé par la Sécurité sociale?
– Est-ce un fleuve africain né de la jonction de l'Oubangui et du Limpopo?
– Est-ce une recette culinaire du Sud-Ouest comme l'ouillade catalane ou la poule au pot du Béarn?
Ne cherchez pas plus loin : l'Oulipo ne se mange ni ne se boit, il n'allaite pas ses petits, ne grimpe pas aux arbres et ne ressemble à rien de connu. Qu'on se le dise!

L'Oulipo est né en 1960 d'une rencontre fort banale en apparence au cours de laquelle le mathématicien François Le Lionnais proposa à son ami Raymond Queneau - auteur réputé d'« anti-romans », encyclopédiste du dimanche, prince de l'humour noir et grand amateur de « sciences inexactes » - de fonder avec lui un groupe de recherches qui tenterait une approche expérimentale de la littérature.
Ainsi furent jetées les bases du S.L.E, sigle de SELITEX (SÉminaire de LITtérature EXpérimentale) qui devait se transformer peu après en OULIPO, l'illustre OUvroir de LIttérature POtentielle.
L'histoire retiendra que, le jeudi 24 novembre 1960, eut lieu dans la cave du restaurant « Au vrai Gascon », la première réunion de l'Oulipo, à laquelle participaient - outre les deux pères fondateurs - Jean Queval, Jacques Bens, Jean Lescure, Claude Berge et Jacques Duchateau.
A l'origine de la création de ce groupe il y avait ce constat que nous écrivons aujourd'hui « une langue morte enserrée dans un cocon de soie, filée par les grammairiens et poètes des XVIe et XVIIe siècles » et

« qu'il n'est plus envisageable de se contenter de faire indéfiniment sur des pensers nouveaux les mêmes vers antiques.
Toute œuvre littéraire, écrivait François Le Lionnais, se construit à partir d'une inspiration... qui est tenue à s'accommoder tant bien que mal d'une série de contraintes et de procédés. »
Toute la littérature française s'est édifiée dans le respect des mêmes contraintes : celle du vocabulaire et de la grammaire, cela va de soi, mais aussi, contrainte de la division en chapitres pour le roman ; respect de la « règle des trois unités », pour le théâtre. Et, en ce qui concerne la poésie, contrainte de la rime, des douze pieds de l'alexandrin et des quatorze vers du sonnet etc.
Ce sont ces contraintes qui, par l'obligation qu'elles ont faite à chaque écrivain de les surmonter avec grâce et naturel, se trouvent à l'origine de tous les chefs-d'œuvre connus.
Conclusion : l'Oulipo doit inventer de nouvelles « structures » (ainsi les Oulipiens nomment-ils les contraintes) qui seront pour les auteurs de demain autant d'aides à la création et leur permettront de disposer de techniques nouvelles.
La Lipo (la littérature potentielle) est chose trop sérieuse pour être confiée à de graves académiciens de profession. C'est pourquoi l'Ouvroir s'est doté par cooptation d'une quinzaine de membres de qualité et de savoir : François Caradec, « le » biographe d'Alphonse Allais ; Noël Arnaud, la vivante mémoire de Boris Vian ; Marcel Benabou qui obtint le prix de l'Humour noir pour un ouvrage indispensable : *Pourquoi je n'ai écrit aucun de mes livres* ; Jacques Bens romancier et cruciverbiste ; Paul Fournel, éditeur, vélocipédiste et écrivain ; Jacques Roubaud, poète et mathématicien (deux activités qui, selon Queneau, semblent aller de pair : « Historiquement, on peut considérer que le jour où les Carolingiens se sont mis à compter sur leurs doigts 6, 8 et 12 pour faire des vers, ils ont accompli un travail oulipien »). Et puis Paul Braffort, Jacques Jouet, Michèle Métail et quelques autres.
On y révère les noms des grands disparus comme Luc Étienne, mathématicien, musicien et pape du contrepet, ou Georges Perec, prodigieux alchimiste de la langue.
Les statuts de l'Assemblée prévoient des réunions plénières, organisées de préférence au domicile campagnard de l'un ou l'autre membre, grâce à la diligence d'un « secrétaire définitivement provisoire » et d'un « secrétaire provisoirement définitif ». « Considérant que nous ne nous réunissons pas seulement pour nous divertir (ce qui est déjà considérable, certes) que pouvons-nous attendre de nos travaux ? » écrit l'un d'eux.
Rien de tel que ces académiciens sans académie, que ces rigolos sans uniforme, ces acrobates farfelus du langage, ces fadas de littérature

pour concocter d'érudites théories aussi malaisées à déchiffrer qu'un traité de mécanique quantique.

Voici comment ils définissent l'Oulipo :
« Organisme qui se propose d'examiner en quoi et par quel moyen, étant donné une théorie scientifique concernant éventuellement le langage (donc, l'anthropologie), on peut y introduire du plaisir esthétique (affectivité et fantaisie). »
Que le lecteur ne se décourage pas à essayer de déchiffrer cette phrase absconse, mais qu'il attende plutôt de voir à l'œuvre la méthode oulipienne. Elle a déjà produit quelques purs chefs-d'œuvre en passe de devenir, à leur tour, des classiques. Comme l'a écrit de noble façon Noël Arnaud :
« La recherche de l'effet comique n'est pas notre but; quand il est là, c'est par surcroît. Nous n'avons rien à voir avec le music-hall, mais nous ne sommes pas là pour emmerder le monde! »
En 1947, Raymond Queneau avait déjà écrit *Exercices de style*, un ouvrage oulipien avant la lettre, dans lequel le lecteur comblé se voit proposer quatre-vingt-dix-neuf façons différentes de raconter une même anecdote - au demeurant de la plus parfaite insignifiance. Mais l'ouvrage-culte par excellence, celui dont la conception se trouve à la base de la création de l'Oulipo, c'est *Cent mille milliards de poèmes*, le livre des livres.

La littérature combinatoire

La passion coupable de Queneau pour les mathématiques ne se pouvait comparer qu'à l'amour fou qu'il portait à la poésie. Grâce à la littérature combinatoire, il put se livrer sans retenue à l'une et à l'autre.
En feuilletant un livre pour enfants intitulé *Têtes de rechange*, il eut l'idée de ses *Cent mille milliards de poèmes*. Chacun de nous a sûrement eu entre les mains ce genre de livre rempli de dessins de personnages de toute sorte. Les pages, divisées en bandes horizontales, permettent à l'enfant de fabriquer une kyrielle d'insolites créatures en plaçant la tête des uns sur le corps des autres.
Imaginez maintenant un livre de dix pages divisé en quatorze bandes horizontales. Un sonnet différent a été imprimé sur chaque page à raison d'un vers par volet. On a ainsi obtenu une véritable machine à fabriquer des poèmes, de quoi fournir de la lecture pendant près de deux cents millions d'années à quelqu'un qui lirait vingt-quatre heures sur vingt-quatre.
Non! Queneau ne bluffe pas le moins du monde et il en fait la démonstration :

A chaque premier vers - au nombre de dix -, on peut faire correspondre dix seconds vers différents. Il existe donc cent combinaisons différentes des deux premiers vers. En y joignant le troisième, on en obtiendra mille... et pour les dix sonnets complets de quatorze vers, on arrivera au fabuleux total de 10^{14} sonnets différents soit 100 000 000 000 000 (cent mille millards) de poèmes.
En comptant 45 secondes pour lire un sonnet et 15 secondes pour changer les volets, à raison de huit heures par jour et de deux cents jours par an, on a pour plus d'un million de siècles de lecture. Nous n'avons donc plus une minute à perdre!

Le petit abécédaire illustré

Lorsque nous faisions l'apprentissage de la lecture, l'institutrice nous apprenait à associer le son de chaque consonne à celui des cinq voyelles et nous ânonnions les paroles du fameux refrain qui commence par « ba-be-bi-bo-bu ».
Depuis que Georges Perec a inventé son « petit abécédaire », apprendre à lire selon la méthode oulipienne devient un exercice irrésistible :

1 - Bah! Beh! Bi beau : but
2 - Caquet : qui cocu?
3 - Dad est dit dodu
4 - Faf' et fifre au fût!
5 - Gag : Eh, Guy gogues hue! etc.

Et l'alphabet poursuit ainsi son bonhomme de chemin jusqu'au « Z » final. A chaque vers, Perec a donné une explication d'une aveuglante clarté :
1 - Devant les vitrines de Noël d'un grand magasin, un bambin manifeste son scepticisme - Bah! - ou son dégoût - Beh! - pour la plupart des jouets et montre que ce qu'il a l'intention de se faire offrir - but - c'est une magnifique - beau - bicyclette dont la forme rappelle curieusement celle des premiers véhicules de ce genre - Bi.
2 - Dans un salon des dames papotent au sujet de l'adultère.
3 - Un jeune enfant, élevé à la manière anglaise, remarque, non sans malice, que l'on traite souvent son père de grassouillet.
4 - Un jeune fifre de la musique du train des équipages de la Flotte a déserté et s'est réfugié chez un ami vigneron. Mais la police arrive. Vite, le vigneron ordonne au déserteur de jeter son fifre et ses papiers d'identité dans un des tonneaux de sa cave.

5 - Un jour qu'il jouait avec ses camarades, Guy dut courir de toute urgence aux cabinets. C'est devenu une plaisanterie dans sa bande que de lui rappeler cet incident etc.
Auriez-vous pensé que l'alphabet pût recéler d'aussi passionnantes histoires et qu'il fût possible de les résumer en cinq syllabes?
Que le lecteur, oulipien de cœur, imagine maintenant, en toute liberté d'esprit, l'explication qu'il souhaite donner à ces olorimes à répétition que François Le Lionnais composa sur le nom d'Oulipo :

Hou! Lippe, eau!
Où Lipp? Haut?
Houx lit : « peau ».
Houle hippo.
Où lit, pot?

La littérature semo-définitionnelle (L.S.D)

Étant donné un texte, on substitue à chaque mot signifiant - verbe, substantif, adjectif, adverbe - sa définition prise dans le dictionnaire, puis, on recommence l'opération. Ainsi, une phrase de six mots peut-elle donner un texte de cent quatre-vingts mots au troisième traitement.
Est-ce parce que ce divertissement littéraire est susceptible de devenir rapidement une drogue qu'on lui a donné les initiales L.S.D., ou est-ce exactement le contraire?

1 - Phrase de départ : *Le chat* A BU **le lait**.
2 - *Le mammifère carnivore digitigrade domestique* A AVALÉ **un liquide blanc d'une saveur douce fourni par les femelles des mammifères.**
3 - *Celui qui a des mamelles, mange de la viande, marche sur l'extrémité de ses doigts et concerne la maison* A FAIT DESCENDRE PAR LE GOSIER DANS L'ESTOMAC **un état de la matière sans forme propre, de la couleur du lait, d'une impression agréable sur l'organe du goût et procuré par les animaux du sexe féminin qui ont des mamelles.**
4 - *Celui qui a des organes glanduleux propres à la sécrétion du lait, qui mâche et avale de la viande des animaux terrestres, des oiseaux et des poissons, qui change de place en déplaçant ses pieds, l'un après l'autre, sur le bout des parties mobiles qui terminent les mains et les pieds et qui regarde la construction destinée à l'habitation humaine* A FAIT ALLER DE HAUT EN BAS PAR LA PARTIE INFÉRIEURE DU COU DANS LE

VISCÈRE MEMBRANEUX DANS LEQUEL COMMENCE LA DIGESTION DES ALIMENTS **une manière d'être de la substance étendue sans configuration extérieure lui appartenant exclusivement, de l'impression que fait sur l'œil la lumière du liquide blanc, d'une saveur douce fournie par les femelles des mammifères, d'un effet qui plaît sur la partie de l'être organisé destinée à remplir la fonction de discerner les saveurs et obtenu par les êtres organisés et doués de mouvement et de sensibilité et dont la différence physique et constitutive appartient aux femmes qui ont des organes glanduleux propres à la sécrétion du lait.**

Si cette histoire vous amuse...
Le même traitement peut être appliqué à un vers célèbre de manière à obtenir tout un poème. Voici comment Marcel Benabou et Georges Pérec ont réussi, à partir de l'un des plus célèbres alexandrins de Racine, à fabriquer un sixain d'excellente venue.

« Le *jour* n'est pas plus *pur* que le *fond* de mon *cœur*. »

Remplaçons hardiment chacun des quatre mots signifiants de ce vers par sa définition.

~ *Jour* : clarté donnée à la Terre par le Soleil.
~ *Pur* : Que rien ne vicie, n'altère ou ne corrompt.
~ *Fond* : ce qu'il y a de plus bas dans une profondeur.
La partie opposée aux glaces du devant.
Le réseau qui sert d'assiette au dessin de dentelles.
En peinture, le champ sur lequel les figures se détachent, etc.
~ *Cœur* : Organe conoïde enfermé dans la poitrine et principal agent de circulation.
Mémoire des sentiments (« vos bienfaits sont gravés dans mon cœur ») et des ressentiments (« en avoir gros sur le cœur »).

A partir de ces définitions à peine modifiées, voici le poème que l'on peut obtenir :

La clarté qu'à la Terre a donnée le Soleil
N'a rien qui la vicie, l'altère ou la corrompe
Non plus que de l'organe au creux de ma poitrine
Mémoire des sentiments et des ressentiments,
La partie opposée aux glaces du devant
Ou les champs sur lesquels s'exaltent les figures.

Nos deux auteurs ne s'arrêteront pas en si bon chemin : de la définition d'un mot à la définition de chacun des mots de la définition et ainsi de suite, ils en arrivent à composer un long poème qui plonge ses... racines au cœur de la tragédie classique et dont les branches diversifiées en d'infinis rameaux supportent de bien étranges fruits. Nous avions défini le mot *jour* par *clarté*. Il se trouve que ce dernier mot était, à l'époque, le nom que portait le *journal de l'Union des Etudiants communistes*. Ce qui dònne le vers ci-dessous :

L'organe de l'Union des étudiants Coco...

A son tour, le mot de **coco** sera défini en un superbe alexandrin :

La boisson infusée du jus de la réglisse...

Voici comment, grâce à l'involontaire collaboration d'un grand dramaturge classique, deux auteurs plus riches d'humour que de respect peuvent en arriver, de définition en définition, à composer *La Légende des siècles*!

Lipogrammes, tautogrammes et Cie

Rappelons à ceux qui n'auraient pas lu le chapitre de ce nom qu'un *lipogramme* est le procédé qui consiste à ne pas faire usage volontairement d'une ou plusieurs lettres dans l'écriture d'un texte. Raymond Queneau s'est diverti à composer toutes sortes de lipogrammes :

- Voici le début d'un lipogramme en E :

  Au son d'un ocarina qui jouait « l'Or du Rhin », Ali-Baba, un pacha nain plus lourd qu'un ours, un gros patapouf, baffrait riz, pois, macaroni gisant dans un jus suri, un jus qui aurait trop bouilli, un jus qui aurait acquis un goût ranci ou moisi. Sous son divan, son chat goûtait à son mou, etc.

- Plus difficile est ce lipogramme en A, en E, en Z :

  Ondoyons un poupon, dit Orgon, fils d'Ubu. Bouffons choux, bijoux, poux, puis du mou, du confit, buvons non point un grog : un punch. Il but du vin itou, du rhum, du whisky, du coco, puis il dormit sur un roc. Un bruit du ru couvrit son son, etc.

- Georges Perec a composé un roman de 312 pages intitulé *La*

Disparition qui est, en fait, un lipogramme en E (la disparition qui donne son titre à l'ouvrage est celle de la lettre E).
C'est un véritable tour de force d'écriture. Perec a joué la difficulté en réécrivant sans E quelques poèmes célèbres. A titre d'exemple, voici le traitement qu'il a réservé au fameux sonnet de Rimbaud « *Voyelles* » dont nous vous présentons le premier quatrain « avant » et « après » :

Voyelles

A noir, E blanc, I rouge, U vert, O bleu : voyelles,
Je dirai quelque jour vos naissances latentes :
A, noir corset velu des mouches éclatantes
Qui bombinent autour des puanteurs cruelles,

Après ablation du E, ce sonnet, intitulé « Vocalisations », est devenu :

Vocalisations

A noir (un blanc), I roux, U safran, O azur :
Nous saurons au jour dit ta vocalisation :
A, noir carcan poilu d'un scintillant morpion
Qui bombinait autour d'un nidoral impur,

Passons maintenant au ***tautogramme*** qui est une phrase, un vers ou une œuvre dont tous les mots commencent par la même lettre. Voici quelques phrases - presque - tautogrammatiques de Jean Lescure :

Z'ai nom Zénon

Au zénith un zeste de zéphyr faisait zézayer le zodiaque. Dans la zone zoologique, bon ziguc, zigzaguait l'ouvrier zingueur, zieutant les zèbres, mais zigouillant plutôt les zibelines. (...) mais ayant joué au zanzibar, un zazou m'a zesté les parties zénithales selon une méthode zététique. Aussi, c'est entre le zist et le zest que j'ose zozotter : zéro. Mais zéro zoniforme, zéro zoosporé, zéro zoophagique. Et pas de zizanie entre les zouaves à propos de zizis - hein? Zéro!

Pour ajouter bien de l'agrément à ce texte un peu « zinzin » n'« hézitez » pas à le faire lire tout haut à quelqu'un qui a un cheveu sur la langue. C'est irrézistible!

Mots croissants

Cette méthode simplissime était connue des Anciens qui lui donnaient le nom de vers « rhopaliques » (en forme de massue) ou « euryaliques ». Il s'agissait de composer des vers avec des mots qui augmentaient de syllabe en syllabe puis qui diminuaient de la même façon. Un poème, composé d'après ce procédé, avait la forme d'un losange, c'est-à-dire approximativement d'une massue.
Il s'agit ici de construire une phrase dont les mots augmentent progressivement d'une lettre : Premier mot d'une lettre, deuxième mot de deux lettres..., etc.
En voici quelques exemples :
☘ De Jacques Bens : A la mer nous avons trempé crûment quelques gentilles allemandes stupidement bouleversées.
☘ De Jean Lescure : L'os dur rêve parmi trente pierres blanches, furieuses métaphores réalisables mortellement.
☘ De Latis : A un mur bête blanc ivoire montent certains vigoureux sarmenteux : persicaires, aristoloches inimaginables, chèvrefeuilles monstrueusement indisciplinables, suremberlificotés, multidimensionnels.

La méthode de « S+7 »

Cette méthode, mise au point par Jean Lescure, consiste à remplacer, dans une phrase choisie, chaque substantif, chaque adjectif, chaque verbe par le septième de la même espèce dans un dictionnaire choisi. Voici le résultat du traitement barbare que fit subir à la fable de « La cigale et la fourmi », Raymond Queneau, cet insecticide.
Dans le *Nouveau Petit Larousse illustré* de 1952, le septième substantif féminin en partant de cigale était cimaise et le septième à partir de fourmi était fraction ; ce qui donna ceci :

La cimaise et la fraction

La cimaise ayant chaponné tout l'éternueur
Se tuba fort dépurative quand la bixacée fut verdie
Pas un sexué pétrographique morio de mouffette ou de verrat
Elle alla crocher fange
Chez la fraction sa volcanique,
La processionnant de lui primer
Quelque gramen pour succomber
Jusqu'à la salanque nucléaire.

- « Je vous peinerai, lui discorda-t-elle,
« Avant l'apanage, folâtrerie d'Annamite!
« Interlocutoire et priodonte! »
La fraction n'est pas prévisible :
C'est là son moléculaire défi.
- « Que feriez-vous au tendon cher? »
Discorda-t-elle à cette énarthose.
- « Nuncupation et joyau à tout vendeur,
« Je chaponnais, ne vous déploie. »
- « Vous chaponniez? J'en suis fort alarmante
« Eh bien! débagoulez maintenant! »

Cette « facétie de La Galissonnière » - pardon! cette fable de La Fontaine avait-elle mérité un châtiment d'une telle cruauté? Le bon fabuliste reconnaîtrait difficilement ses insectes au milieu de ce délirant vocabulaire. Force est pourtant d'avouer que ce texte, qui nous poursuit depuis l'enfance, retrouve après un tel lifting une jeunesse nouvelle et une vertu comique qu'on ne lui avait jamais soupçonnée. N'importe quel texte trop connu peut ainsi retrouver du tonus après avoir été traité au S + 7, cette cure systématique d'irrespect : un règlement administratif, un poème, un proverbe.
Amusons-nous ensemble à affubler d'un faux nez le classique : « Tous les chemins mènent à Rome. »
Munis du Petit Larousse en couleur de 1980 nous allons compter jusqu'à sept :

~ **chemin**, chemin de fer, chemineau, cheminement, cheminot, chemisage, chemisier (le commerçant), *chemisier.*
~ **mener**, mensualiser, mentionner, mentir, menuisier, mépriser, merceriser, *merder.*
~ **Rome**, Rome-de-l'Isle, Roméo et Juliette, Romer, Romilly-sur-Seine, Rommel, Romey, *Romorantin.*
Et voici comment on obtient cette vérité définitive :
Tous les *chemisiers merdent* à *Romorantin.*

Cet ouvroir où l'on tricote en s'amusant - une maille à l'endroit, une maille à partir - des barboteuses aux classiques fourbus, cet ouvroir, somme toute, est une Académie qui en vaut bien d'autres.

PALINDROMES

Celui d'entre nous qui, un jour, remarqua la propriété qu'ont certains noms ou mots de se lire indifféremment de gauche à droite et de droite à gauche et qui s'amusa ensuite à en chercher de nouveaux exemples, celui-là peut se vanter d'avoir à son tour réinventé le *palindrome*.
Les villes de Noyon, de Laval, de Sées ont une forme palindromique, de même que les prénoms Ève, Ava, Bob, Ubu, Anna et Hannah et quelques trop rares mots : non, été, ara, ici, ana, alla, rêver, radar, rotor, selles, kayak... etc., dont la construction symétrique autorise deux lectures. On a très vite fait le tour des possibilités offertes par le dictionnaire et conclu qu'une telle recherche ne peut être que temps perdu.
Autrement intéressante et riche de découvertes est la construction de véritables *palindromes* - du grec *palin*, de nouveau et *dromos*, course - littéralement : une nouvelle course, un second parcours - que l'on définit comme des phrases pouvant être lues deux fois, la première de gauche à droite, la seconde de droite à gauche, tout en conservant le même sens.
L'exemple le plus fameux est celui-ci qui émerveille les potaches lorsqu'ils atteignent l'âge de chahuter avec les mots :

Et la marine va, Papa, venir à Malte.

Le palindrome cumule la particularité occidentale de lire de gauche à droite avec l'habitude orientale de la lecture de droite à gauche. « Qui dira l'ambiVALENCE du palinDROME? » pourrait s'exclamer l'amateur de calembours départementaux.
Attention! il faut se garder de confondre le *palindrome* et le *boustrophédon* lequel - semblable au bœuf *(bous)* qui laboure son sillon et tourne *(strephein)* à tout bout de champ - est une écriture ancienne qui pouvait se lire *alternativement* de gauche à droite puis de droite à gauche.

Il y a vingt bons siècles de cela, les auteurs grecs et latins se divertissaient déjà à composer des phrases palindromiques (dites aussi « anacycliques » ou « carciniques »).

Niyon anomhmata mh monan oyin
Lave tes péchés et non seulement ton visage *

* *A Paris, cette inscription peut se lire sur un baptistère antique, Eglise Notre Dame des Victoires.*

Le nom de la capitale romaine, qui signifiait *amor* (amour) lorsqu'on le lisait à l'envers, était à lui seul une invitation au palindrome facile :

roma amor

Aux amateurs de versions latines nous livrons les phrases qui suivent :

De Quintilien :
Signa te, signa; tenere ne tangis et angis
Roma tibi subito motibus ibit amor

D'Ausone :
Sole medere pede ede perede melos

De Pline :
Si bene te tua laus taxat, sua laute tenebis

Signalons également la réussite parfaite de cette phrase dont chaque mot est un palindrome :

Odo tenet mulum, madidam mappam tenet anna

L'habitude d'écrire des phrases palindromiques ne s'est pas perdue au Moyen Age si l'on en juge par ce vers :

L'âme des uns iamais n'use de mal

A la fin du XIXe siècle, certains auteurs connus se sont exercés avec bonheur au palindrome. En voici un que signa le doux Charles Cros :

Léon, émir cornu, d'un roc rime Noël

D'autres sont anonymes :

Élu par cette crapule
Ésope reste ici et se repose

Ces deux palindromes pouvant se combiner ainsi :

Ésope reste élu par cette crapule et se repose.

Revoici nos duettistes palindromiques Léon et Noël :

Noël a trop par rapport à Léon

Toutes ces phrases sont peut-être sybillines, mais une certaine obscurité ne messied pas au palindrome.

Luc Étienne, grand maître ès contrepets (il tint longtemps la rubrique de la comtesse Maxime de la Falaise dans *Le Canard enchaîné*), s'était aussi essayé avec succès au palindrome, ainsi qu'en témoignent ces deux classiques :

Sexe vêtu, tu te vexes
Sévère mal à l'âme, rêves

La romancière Louise de Vilmorin s'y est montrée, à son habitude, fort brillante :

L'âme sûre ruse mal
Eh ! ça va la vache ?
A l'étape, épate-la !
Suce ses écus
L'ami naturel ? le rut animal

Michel Laclos, qui a consacré dans ses *Jeux de lettres, jeux d'esprit* une rubrique au palindrome, a inventé :

A Laval elle l'avala
Et Luc colporte trop l'occulte

Gardons-nous de croire que le palindrome est une spécialité française. Voici une belle phrase allemande :

Ein Neger mit Gazelle zagt im Regen nie
(Un nègre avec une gazelle n'hésite jamais sous la pluie)

Le plus impressionnant des palindromes cités est anglais. Le voici dans sa concision ; il sonne comme un slogan :

A man, a plan, a canal : Panama

Celui-ci n'est pas mal non plus :

Now stop, major general ! are negro jam pots won ?

Encore ces deux palindromes français :

Sète sonne en nos étés
Tu l'as trop écrasé, César, ce port-salut,

avant de rendre hommage à Georges Perec, champion toutes catégories du genre, qui publia en 1969 - sous le titre 9691 ! - un palindrome géant de plus de cinq mille mots.
Nous vous en donnons le début et la fin :
« Trace l'inégal palindrome. Neige. Bagatelle, dira Hercule. Le brut repentir, cet écrit né Perec. L'arc lu pèse trop, lis à vice versa. Perte. Cerise d'une vérité banale, le Malstrom, Alep, mort édulcoré, crêpe porté de ce désir brisé d'un iota... »
Rendons nous maintenant, quelques pages plus loin, à l'autre bout de ce texte palindromissime :
« ... A toi, nu désir brisé, décédé, trope percé, roc lu. Détrompe-là. Morts : l'Ame, l'Élan abêti, revenu. Désire ce trépas rêvé : Ci va ! S'il porte, sépulcral, ce repentir, cet écrit me perturbe le lucre : Haridelle, ta gabegie ne mord ni la plage ni l'écart. »

PANGRAMME

Les apprenties-secrétaires qui révisent les exercices pratiques de leur méthode de dactylo n'imaginent pas, ce faisant, qu'elles se livrent à un jeu littéraire fort prisé que l'on nomme *pangramme*.
Utiliser dans une phrase, la plus courte possible, chacune des vingt-six lettres de l'alphabet : tel est le *pangramme*. L'idéal, bien sûr, étant de composer une phrase cohérente de vingt-six lettres seulement et toutes différentes.

☘ A quel génial professeur de dactylographie sommes-nous redevables de la superbe phrase ci-dessous - un modèle du genre - que toute dactylo connaît par cœur puisqu'elle fait appel à chacune des touches du clavier de la machine à écrire?

Portez ce vieux whisky au juge blond qui fume.

Trente-sept lettres pour décrire en un alexandrin l'atmosphère feutrée d'un club anglais! Dans un fauteuil de cuir noir, un magistrat contemple la fumée de son cigare en attendant le serviteur qui posera à portée de sa main le « pur malt » commandé.

☘ La phrase suivante a la faveur des informaticiens qui l'utilisent afin de vérifier le fonctionnement de leur programme.
Dans les sous-sols où se terrent les ordinateurs, elle a le mérite d'être évocatrice de croisières au long cours sur des bateaux de rêve :

Voyez le brick géant que j'examine près du wharf.

☘ Quant à celle qui suit, on ne lui reconnaîtra ni la vertu de la concision, ni le mérite de la vraisemblance :

Voyez ce bon fakir moqueur pousser
un wagon en jouant du xylophone.

C'est sûrement de l'auteur de la phrase que se moque le bon fakir lorsque ses activités simultanées de musicien et de locomotive lui laissent quelque répit!

☘ La phrase ci-dessous remporte la palme de la brièveté avec trente-cinq lettres. Elle est, hélas ! réservée aux dactylos anglaises ou aux secrétaires bilingues :

The brown quick fox jumps over the lazy dog.

Ce spectacle d'un renard primesautier jouant à saute-mouton par-dessus l'échine d'un chien paresseux est décidément un bien joli tableau zoologique !

PARODIES

Un vers célèbre, un poème archiconnu, une phrase pompeuse et trop souvent citée, finissent par agacer comme le ferait à la longue un personnage solennel et suffisant sans cesse en train de parader sous nos yeux. Alors, prend l'envie de rire, de se moquer de l'un comme de l'autre en déformant leurs traits, en exagérant leurs défauts, en caricaturant leur allure. Ce pied de nez à la célébrité littéraire qu'on nomme *parodie* a le pouvoir de déclencher un rire libérateur :

☘ Tentons l'expérience :

L'ennui naquit un jour de l'uniformité

Cet alexandrin de Lamotte-Houdar ne méritait sûrement pas la célébrité qui est la sienne. Ressassé jusqu'à l'écœurement, il finit par donner des envies sacrilèges.
Au cours d'une soirée, Mme de Chateaubriand, que les lois de l'étiquette avaient placée entre deux pontes de l'Université et fatiguée de les entendre depuis des heures discourir d'enseignement, de lycées, de professeurs et d'élèves, ne put s'empêcher de soupirer tout haut :

L'ennui naquit un jour de l'Université...

On aurait pu imaginer une situation parallèle : deux vieilles culottes de peau à la retraite exaspèrent l'assistance par leur évocation interminable de la vie des casernes et des cantonnements. Comment se moquer d'eux plus spirituellement qu'avec cette réflexion parodique :

L'ennui naquit un jour de l'uniforme ôté...?

Pour qu'une parodie puisse être goûtée par le public, il est indispensable que le modèle soit connu de tous.
Peut-on imaginer un dessinateur caricaturiste s'obstiner à dessiner les traits d'un député inconnu ou d'un deuxième couteau de l'écran? La parodie présuppose la célébrité.

☘ Tout le monde connaît au moins le premier vers du sonnet de Joachim du Bellay :

> Heureux qui, comme Ulysse, a fait un beau voyage (...)

Aussi souvent que l'actualité nous en donne l'occasion - et elle ne s'en prive guère - en envoyant Georges Marchais à Moscou ou Henri Krasucki en Allemagne de l'Est, un commentateur spirituel peut s'écrier :

> Heureux qui, communiste, a fait un beau voyage...

Ce qui est une parodie euphoniquement parfaite.

☘ On a connu bien des exemples du pastiche à des fins politiques. Un anonyme s'était amusé à démarquer le sonnet fameux de José-Maria de Hérédia « Les Conquérants », celui qui commence par :

> Comme un vol de gerfauts hors du charnier natal
> Fatigués de porter leurs misères hautaines,
> De Palos, de Moguer, routiers et capitaines
> Partaient, ivres d'un rêve héroïque et brutal.

En voici les deux premiers vers, rudement malmenés :

> Comme un vol d'étourneaux, loin du prunier natal
> Fatigués de bobards et de calembredaines...

A partir du même modèle, Tristan Bernard a fait nettement mieux pour s'indigner du scandale de Panama et des affairistes qui avaient détourné l'épargne populaire :

Les Conquérants de l'or

Comme un troupeau docile au Maître Capital,
Du palais de Bourbon proche la Madeleine
Ceusse de la Montagne et ceusse de la Plaine
S'en venaient, attirés vers le guichet fatal.

Ils venaient pour palper l'avantageux métal
Accru depuis le temps au fond des bas de laine.
Mais leur rut obstiné vidait leur poche pleine
Aux nids luxurieux du monde horizontal.

Le vin qui ruisselait des mains des courtisanes
Leur faisait entrevoir les deux mers océanes,
Heurtant à des flots d'or des flots céruléens.

Mais voici qu'inclément l'Avenir se révèle.
Et bientôt, transportés aux frais des citoyens,
Ils verront resplendir tes étoiles, Nouvelle!

Les deux sonnets qui ont suscité le plus de parodies sont - on s'en serait douté - le sonnet que Ronsard dédia à son Hélène vieillissante et le sonnet d'Arvers.

Quand vous serez bien vieille, au soir, à la chandelle (...)

et

Mon âme a son secret, ma vie a son mystère (...)

☘ Notre hymne national a inspiré plusieurs centaines de parodies; Depuis *La Marseillaise* agricole :

Aux armes, Laboureurs!
Poussez votre aiguillon,
Marchez, Marchez
Qu'un bœuf docile
Ouvre un large sillon!...

jusqu'à cette *Marseillaise* gastronomique qui fut composée - quelle coïncidence - sous la... Restauration :

Entendez-vous dans la cuisine
Rôtir ces bœufs et ces gigots
Par ma foi nous serions bien sots
De leur faire mauvaise mine.
A table, compagnons!
Vidons tous ces flacons (...)

Il existe aussi cette version d'une même inspiration digestive :

Amour sacré de la bombance
Viens élargir notre estomac
Quand on pense à panser sa panse
Il faut qu'elle soit comme un sac (*bis*)

Avant de refermer la porte des cuisines, il serait injuste de ne pas signaler les deux premiers vers charmants de la parodie que fit le gastronome-poète Charles Monselet de l'ode de Ronsard « Mignonne, allons voir si la rose... »

Mignonne, allons voir si les huîtres
Sont ouvertes au restaurant...

Tout est prétexte à parodie, même l'archiconnu *principe d'Archimède* : « Tout corps plongé dans l'eau etc. »
En voici deux variantes, moins scientifiques - quoiqu'en y réfléchissant bien... - mais plus drôles :
« Tout corps plongé dans un liquide, s'il n'est pas réapparu à la surface au bout d'une demi-heure, peut être considéré comme perdu. »
« Tout corps plongé dans l'eau reçoit automatiquement un coup de téléphone. »

Alfred de Musset, dans son poème « La Coupe et les lèvres » affirmait avec superbe :

Mon verre n'est pas grand, mais je bois dans mon verre.

Alexandrin que Jules Renard parodie à deux reprises :

Son verre n'est pas grand, mais il boit dans celui des autres.

Journal 30 juin 1902

et

Mon verre est petit, mais je ne veux pas que vous buviez dedans.

Pauvre Musset, il suscitera également bien des parodies avec ce distique de *La Nuit de mai*.

Les chants désespérés sont les chants les plus beaux
Et j'en sais d'immortels qui sont de purs sanglots...

Un anonyme fonctionnaire du ministère des Finances le transforma ainsi :

> Les plus disciplinés sont les chefs les plus beaux
> Et j'en connais de tels qui sont de purs flambeaux.

Jacques Prévert avait fait bien plus fort avec son vers fameux :

> Les chats désespérés sont les chats du pied-bot...

qui nous introduit dans le monde de la parodie burlesque.
Prévert s'était d'ailleurs fait une célébrité du déboulonnage des statues les plus solennelles. Les millions de lecteurs de *Paroles* se souviennent de sa parodie de la fameuse exhortation de Bonaparte aux Pyramides :

> Soldats! du haut de ces pierres humides
> Vingt mille lieues sous les mers vous contemplent!

☘ La phrase archiconnue d'Edmond de Haraucourt : « Partir, c'est mourir un peu! » a connu une étonnante fortune. Elle a engendré, bien sûr, le non moins fameux : « Mourir, c'est partir beaucoup. » Mais surtout, elle a inspiré à Jacques Prévert - encore lui! - cette superbe parodie en forme de contrepet : « Martyr, c'est pourrir un peu! »

☘ Lorsque Lamartine écrivit ses *Premières Méditations*, ses lectrices répandirent des torrents de larmes. Elles s'étaient reconnues dans l'alexandrin :

> Un seul être vous manque et tout est dépeuplé...

L'iconoclaste Jean-Paul Grousset dans son recueil de calembours *Si t'es gai ris donc!* en a fait une parodie bûcheronne qui, elle, ne nous fait pas pleurer, si ce n'est de rire :

> Un seul hêtre vous manque et tout est des peupliers.

☘ La Fontaine est bien trop connu pour n'avoir pas été parodié. Sa fable « Le Corbeau et le renard » que nous ânonnons tous dès l'école primaire sans rien y comprendre a inspiré à Paul Valéry cette phrase profonde :

Maître Cerveau sur un homme perché
Tenait dans ses plis son mystère.

Il y a une quarantaine d'années de cela, Bernard Gelval avait fait de cette fable une traduction en argot que le fantaisiste Yves Deniau récitait sur scène :

Le Corbac et le Goupil

Un pignouf de corbac sur un abri planqué
S'envoyait par la fiole un coulant barraqué.
Un goupil n'ayant eu qu'un cent d' clous pour bectance,
S'en vint lui dégoiser un tantinet jactance :
Salut, dab croasseur ! Lui bonnit-il d'autor.
En disant qu' t'es l' plus beau, j'ai pas peur d'avoir tort !
Si tu pousses la gueulante aussi bien qu't'es nippé,
T'es l' mecton à la r'dresse des mectons du boicqué ! etc.

☘ Les classiques ont un étonnant pouvoir d'adaptation. De même que La Fontaine peut faire rire en argot, de même Corneille fit crouler les salles entières, grâce à la parodie en langage pataouète qu'Edmond Brua écrivit à partir de son *Cid*.
Connaissez-vous le « Cid *pied-noir* » ?
Il se nomme Roro et son père Dodièze est marchand de brochettes. Voici la scène « Rodrigue as-tu du cœur ? » version Bab-el-Oued :

Dodièze
Ô Roro, ti'as pas peur ?
Roro
Si ça s' rait pas mon père,
Qu'est-c' que j'y réponds pas !
Dodièze
Qué gentil caractère !
Ça fait plaisir de'oir comme y prend la rabbia.
Çuilà, c'est tout craché la photo à Papa.
Dès, c'est moi ou c'est toi que j'me'ois dans la glace ?
Allez, va, viens, mon fils, viens me laver la face...

Et maintenant, la scène des « Stances »... « Percé jusques au fond du cœur... »

Traversé jusqu'à l'os du cœur,
L'amour y me retient, le de'oir y m'appelle !
La querelle à papa faut que j'en fais ma querelle

Pour un p'tit coup d' soufflet qu'y s'a pris par erreur !
Atso ! c'est rigolo comm' la vie elle est triste !
Je viens antitoutiste !
Moi et Chipette on était fiancés,
Michquine et michquinette !
Allez ! Mon père y s'a fait renfoncer,
Et l'enfonceur, c'est le père à Chipette ! (...)

Les potaches adorent la parodie, et tout spécialement lorsque s'y glissent quelques allusions scatologiques. Du temps que j'étais au lycée, *Le Cid* s'y faisait assaisonner à la sauce cacaboudin. Connaît-on rien de plus fin que ce distique :

Ô rage ! Ô désespoir ! La colère m'étouffe :
Je croyais faire un pet, je n'ai fait qu'une loufe !

Don Diègue, en plus de son soufflet, n'avait pas mérité ce vent supplémentaire!
Et Cinna? Qui donc est capable de réciter deux vers de cette tragédie à part ces deux alexandrins stupides :

Prends un siège, Cinna, et assieds-toi par terre
Et si tu veux parler, commence par te taire...

Ce qui prouve que certaines parodies ont souvent une vie plus longue que celle de leur modèle.

Aurélien Scholl a arrangé à sa manière l'interminable récit de Théramène dans la *Phèdre* de Racine :

Lui ne me disait mot, je ne répondais rien...
C'est ainsi que finit ce superbe entretien.

Boileau avec son « incontournable » :

Vingt fois sur le métier remettez votre ouvrage

a inspiré cette phrase coquine :

Vingt fois sur le fessier remettez votre hommage.

Quant à Voltaire, on traite assez cavalièrement ces deux vers de sa tragédie *Mérope* :

Quand on a tout perdu, quand on n'a plus d'espoir,
La vie est un opprobre et la mort un devoir.

qui deviennent, avec une conclusion plus optimiste :

Quand on a tout perdu, quand on n'a plus d'espoir,
D'un pan de sa chemise on se fait un mouchoir.

On pourrait de la sorte continuer à parodier très longtemps, car toute littérature en devenant célèbre attire aussitôt les moqueurs. La parodie est la plus légère des rançons de la gloire.

☘ Nous devons à Yvan Audouard l'une des plus belles parodies connues. Elle porte sur les deux vers de Victor Hugo :

Ce siècle avait deux ans, Rome remplaçait Sparte,
Déjà Napoléon perçait sous Bonaparte

En le sollicitant très légèrement - et c'est là le génie -, ce distique s'applique parfaitement au parcours inattendu de l'auteur Curzio Malaparte qui avait commencé par marcher sur Rome avec les fascistes, pour finir dans « la peau » d'un communiste :

Ce siècle avait trente ans, Rome remplaçait Sparte
Déjà caméléon perçait sous Malaparte

D'ailleurs, lorsqu'on demandait à M. Kurt Suckert pourquoi il avait choisi le pseudonyme de Malaparte, il avait coutume de répondre fièrement : - Parce que Bonaparte était déjà pris !

Pour clore ce chapitre de façon un peu leste, voici un anonyme pastiche de la chanson *Au clair de la lune* :

Au clair de la lune
Ma chandelle est prête
Ouvre-moi ton feu
Prête-moi ta lune.

PATAQUÈS

La scène se passe dans une loge de l'Opéra au siècle dernier. Un homme distingué se trouve placé derrière deux dames parées comme des marquises, mais dont la conversation dénote une absence assez remarquable d'éducation. Ramassant un éventail à ses pieds, notre homme s'adresse à l'une de ses voisines :

« Pardon, madame ! Cet éventail serait-il à vous?

- Non ! Il n'est *point-z'-à moi* ! minaude-t-elle.

- Il est donc à vous, madame ! dit-il en se tournant vers l'autre.

- Non ! Il n'est *pas-t'-à moi* !

- Mais alors, s'étonne l'homme du monde, si ce n'est *point-z'-à vous* et si ce n'est *pas-t'-à vous*, ma foi, je ne sais *pas-t'-à-qui-est-ce?* »

La plaisanterie, trop belle pour être passée sous silence, courut Paris comme une traînée de poudre. Quelques jours plus tard, il n'était pas un salon où l'on ne s'esclaffât du *pas-t'-à-qui-est-ce* de nos deux femmes. Cette anecdote nous est donnée par Domergue, un très sérieux grammairien auteur du *Manuel des amateurs de langue française*, comme étant à l'origine du mot *pataquès* qui désigna d'abord une faute de liaison avant de qualifier tout discours confus rempli d'erreurs grossières.

☘ S'il n'est qu'une façon de bien parler le français, il en existe une infinité de le maltraiter, de le torturer, de l'écorcher. Pourtant avec une belle santé, notre langue a survécu à toutes les invasions, à toutes les agressions, à toutes les modes, à toutes les ignorances. Mais, si le français a conservé, comme autant de cicatrices, une telle quantité de mots ou d'expressions pour désigner les mauvais traitements qu'il eut à subir au long de son histoire, c'est bien la preuve que les blessures furent profondes et leurs origines diverses.

Charabia

Ce mot, qui vient de l'espagnol *algarabia*, signifiait à l'origine « la langue arabe » et finit par désigner tout langage incompréhensible. Lorsque les Auvergnats quittaient leur province où ils ne parlaient que leur patois, ils avaient les plus grandes difficultés à se faire comprendre des gens de la capitale. Les Parisiens, pour se moquer du

parler auvergnat, très riche en sons chuintants, le nommaient *charabia*.
On s'essayait pour rire à imiter le charabia en remplaçant les « s » par des « ch » et en terminant toutes les phrases par un farouche *fouchtra* ! On se racontait aussi des histoires de « bougnats » comme cette devinette qu'affectionne Valéry Giscard d'Estaing, le plus célèbre des Auvergnats de Paris :
« Quelle différenche egjiste-t-il entre une poule et un chapon?
- Ch'est chimple : une poule cha pond... et un chapon, cha pond pas ! »
Irrégistible !

Baragouin

Alors que le charabia venait du centre de la France, le *baragouin*, lui, arrivait plutôt de l'Ouest, si l'on se réfère à son étymologie. En breton, *bara* signifie « pain » et *guin* veut dire « vin ». Baragouiner, c'est donc ne parler qu'un français élémentaire, tout juste bon à satisfaire ces deux besoins essentiels que sont le manger et le boire.

Sabir

Le mot vient en droite ligne de l'espagnol *saber* : « savoir ». Le sabir est, en fait, une langue composite réduite à quelques règles de combinaison et à un vocabulaire très limité. Du temps où, en Algérie, coexistaient les communautés française et arabe, on distinguait le *sabir*, qui désignait le langage des musulmans, du *pataouète* qui était la langue des pieds-noirs, où des mots d'espagnol, de yiddish et d'arabe venaient agrémenter le vocabulaire français.

Parler français comme une vache espagnole

Cette plaisante locution ne vise pas, comme on pourrait le croire, à reconnaître aux ruminants ibériques une certaine disposition pour les langues étrangères. Elle qualifie, bien au contraire, un acharnement à écorcher notre langue.
Cela posé... d'où diable nous vient donc la vache en question? Les grammairiens ont avancé deux types d'explication à sa présence :
- Pour Legoarant (*Dictionnaire critique*, 1858), *vache* ne serait qu'une altération du mot *basque*, qui d'ailleurs se disait *vace* en vieux gascon. Comme le peuple basque est réparti des deux côtés de la frontière, on peut imaginer que les Basques établis en Espagne avaient plus de difficultés que les Basques français à parler notre langue. D'où cette expression qui aurait été, à l'origine : « *Parler*

français comme un Basque espagnol. » A moins que les Basques n'aient également eu du mal à parler l'espagnol et que l'expression n'ait été : « *Parler le français comme un Basque l'espagnol.* »

☘ Autre hypothèse : *vache* serait une corruption du vieux mot français *basse* ou *bassette* signifiant « servante ».

La locution originelle aurait alors été la suivante : « *Parler le français comme une servante espagnole.* » Ce dicton est d'une douloureuse actualité dans les beaux quartiers de l'Ouest parisien où les « Madames », elles ont tellement du mal à comprendre ce que peut bien leur dire leur Carmen ou leur Mercédès !

Jargon

Le mot *jargon* désigne un langage corrompu comme celui qu'on parlait jadis dans nos villages et dans nos provinces. Quelle est l'origine de ce mot ?

☘ Une première explication toute simple le fait provenir de *jars*, le mâle de l'oie. Ainsi *jargonner* signifierait : parler comme des oies. Ménage, l'écrivain précieux du XVIIe siècle, trouve une étymologie savante compliquée à ce terme qu'il fait dériver de *barbaricus* (barbare) et auquel il prête un bien curieux cheminement au cours des siècles :

Barbaricus aurait donné *baricus*, puis *varicus*, *guaricus*, *guargus*, *gargus* et ensuite *gargo* et *gargonis* pour parvenir - laborieusement - à *jargon*.

☘ Outre son sens premier de « méchant parler incompréhensible », *jargon* a servi ensuite à désigner un langage obscur de spécialiste. Chaque caste s'est attachée à se constituer un vocabulaire spécifique qui lui donne d'autant plus de mystère et de prestige que les non-initiés n'y comprennent goutte.

Molière a moqué le jargon médical, Racine, le jargon juridique. Mais, il ne faudrait pas oublier dans notre énumération ces véritables langues étrangères que sont les jargons philosophique, scientifique et - le dernier venu, mais non le moindre - informatique.

Au secours Molière !

Tout ce que vous prêchez est, je crois, bel et bon
Mais je ne saurais, moi, parler votre *jargon* !

Galimatias

L'origine de ce mot est anecdotique : il vient du mot latin *gallus*, « coq » et du prénom *Mathias*.

Un avocat, que Mathias avait chargé de réclamer en justice un coq qu'on lui avait dérobé, prononça si vite et si souvent le nom du demandeur et l'objet du délit qu'il finit par s'embrouiller dans sa plaidoirie en latin et par dire *galli Mathias* (le Mathias du coq) au lieu de *gallus Mathiae* (le coq de Mathias).

Un galimatias est donc un discours (ou un écrit) confus, obscur et parfaitement inintelligible tout en ayant l'air d'avoir un sens.

Un académicien français nommé Antoine Thomas (1732-1785) avait écrit des « éloges » de personnages célèbres et il voulut élaborer une théorie du genre sous le titre de *Essai sur les éloges*. Voltaire, pour se moquer du style et de l'argumentation de Thomas, lança contre lui : « Il ne faut pas dire du galimatias, mais du galithomas ! »

Janotisme

Le parler populaire désignait jadis sous le nom de « Janot » un pauvre niais misérable et malchanceux. Dorvigny s'empara de ce personnage qu'il mit en scène dans plusieurs vaudevilles : *Les battus paient l'amende* (1779); *Janot chez le dégraisseur*, qui connurent un prodigieux succès. L'acteur Volange jouait le rôle du benêt, long et maigre, bonnet sur la tête et lanterne à la main. Le Janot devint à la mode : les femmes se coiffèrent à la Janot, et la très sérieuse manufacture de Sèvres alla jusqu'à créer des Janots de porcelaine. Janot s'exprimait, bien sûr, de façon ridicule : en intervertissant les éléments de ses phrases, il leur communiquait un tour grotesque. Cette construction vicieuse de la phrase qui témoigne d'un esprit étroit et brouillon, a reçu le nom de **janotisme** :

- « Je viens chercher un sirop pour mon père qui est malade dans une petite bouteille. »
- « Ah ! jarni ! tout ça me rappelle ce que me disait ma pauvre mère du temps que j'allais à l'école qui est morte à présent chez M. Nicodème. »
- « C'est mon père qui en avait un beau de couteau, devant Dieu soit son âme, pendu à sa ceinture, avec lequel il découpait, dans une gaine... »

Faire des cuirs

C'est faire, entre les mots, des liaisons vicieuses qui écorchent l'oreille.
Excoriare : « écorcher », vient de *ex* et de *corium* : « peau, cuir ». « Faire un cuir » est, en somme, au discours ce que « faire un canard » est à la musique :
« Je suis-t'-allé-z'-hier chez quatre-z'-amis », « En voilà-t'-assez », « Je-n'en-reprendrai bien-z'-un peu plus ! »... « Nos deux z'héros »...
Nous rangeons sans hésitation parmi les travailleurs du cuir ces journalistes - que nous espérons débutants - qui ont parlé au micro de l'avenue George-Vé ou qui ont rebaptisé le malheureux pape Pie VII du nom de Pie Vé deux.
La palme a été décernée à l'unanimité au génie, hélas méconnu, qui nous apprit un jour que Vercingétorix, le grand chef de guerre gaulois, avait vu le jour 43, AVenue Jésus-Christ !

Barbarisme

Les Grecs, qui s'estimaient modestement le premier peuple du monde, désignaient sous le terme global et méprisant de *barbares* tous ceux qui ne parlaient pas leur langue ou qui ne la parlaient pas aussi purement qu'eux. Même les Égyptiens, chez qui les Grecs avaient pourtant puisé bien des éléments de leur propre civilisation, se voyaient englobés dans le commun mépris. Plus tard, les Romains imitèrent les Grecs et appelèrent barbares tous ceux qui n'étaient ni romains ni grecs.
Comme aurait pu le dire Sartre s'il avait vécu au siècle de Périclès : « Les barbares, c'est les autres ! »
Commettre un barbarisme, c'est employer un mot qui n'existe pas, c'est se tromper de verbe (il a *recouvert* la vue au lieu de il a *recouvré* la vue) ou d'auxiliaire (je m'en *ai* aperçu) ou faire une faute de diction (obn*i*b*u*ler). Si l'on en croit Boileau :

> D'un seul nom quelquefois le son dur et bizarre
> Rend un poème entier ou burlesque ou barbare.

Solécisme

Ce mot est directement calqué sur le mot grec *soloikismôs* qui vient de *Soloi*, une ville de Cilicie où l'on parlait, à ce qu'il paraît, un grec effroyable. Le solécisme est une faute grossière contre la syntaxe. Plutôt que de partir à la pêche aux perles d'inculture, sport d'autant plus décevant que la récolte est souvent pléthorique, nous nous amuserons à relire ce distique dans lequel le critique Émile Faguet s'est évertué à accumuler le plus grand nombre possible de fautes de français :

> Malgré qu'il pleuve, on part à Gif, nous deux mon chien :
> C'est pour sortir Azor, surtout qu'il est pas bien.

Qui dit mieux?
Ne rions pas trop toutefois, car nul n'est à l'abri d'une faute née d'un moment d'inattention. N'est-ce pas vous, monsieur Boileau, le redoutable critique, qui avez laissé passer ce méchant solécisme... et en vers, qui plus est?

> C'est *à* vous mon esprit *à* qui je veux parler.

Heureusement Molière est là qui nous dit par la bouche de Chrysale (*Femmes savantes*, acte II, scène 7) que mieux vaut à tout prendre commettre un péché contre la langue qu'une faute selon le cœur :

> ... C'est à vous que je parle, ma sœur,
> Le moindre solécisme, en parlant, vous irrite;
> Mais vous en faites, vous, d'étranges en conduite.

Cacophonie

C'est la rencontre dissonante et désagréable de syllabes : « Ciel! Si ceci se sait! » « De temps en temps, j'entends tante Antonine. » Ou encore cet exemple que l'on doit à Voltaire : « Non! Il n'est rien que Nanine n'honore! »

La *cacophonie* - involontaire et disgracieuse - est à rapprocher de l'*allitération* - procédé poétique recherché et harmonieux - C'est la preuve que, d'un même modèle, peuvent sortir le meilleur et le pire. Continuons à lire *Les Femmes savantes* où Bélise, le bas-bleu, se plaint des fautes de français que commet la gentille servante Martine :

> Il est vrai que l'on sue à souffrir ses discours
> Elle y met Vaugelas en pièces tous les jours;
> Et les moindres défauts de ce grossier génie
> Sont, ou le pléonasme ou la *cacophonie*.

A quoi Chrysale répond :

> Qu'importe qu'elle manque aux lois de Vaugelas
> Pourvu qu'à la cuisine elle ne manque pas?
> J'aime bien mieux, pour moi, qu'en épluchant ses herbes,
> Elle accommode mal les noms avec les verbes,
> Et redise cent fois un bas ou méchant mot,
> Que de brûler ma viande ou saler trop mon pot.

Pathos

On qualifiait autrefois de pathos (d'un mot grec signifiant « passion ») l'ensemble des figures qui, dans un discours, étaient destinées à toucher l'âme et le cœur des auditeurs. En rhétorique, le *pathos* était opposé à l'*ithos*, dont les arguments s'adressaient, au contraire, à la raison de l'auditoire. Aujourd'hui, le terme de pathos, devenu exclusivement péjoratif, désigne un discours aux termes grandiloquents, à l'emphase affectée et, disons-le net, au ton ridicule :

« Les larmes des princes parviendront-elles un jour à laver les campagnes teintes du sang de tant d'innocents! »

Racine et Molière se sont moqués du pathos derrière lequel ces deux corps de métier, au savoir dérisoire (à l'époque, bien sûr!), qu'étaient la justice et la médecine, dissimulaient leur ignorance.

Dans *Les Plaideurs* (acte II, scène 3), le portier Petit-Jean, déguisé en avocat d'occasion, est chargé de défendre un plaignant à qui un chien a dérobé un poulet. Instruit par l'exemple, il ne manque pas d'aller droit au but, de la plus simple façon qui soit :

> Messieurs, quand je regarde avec exactitude
> L'inconstance du monde et sa vicissitude;
> Lorsque je vois, parmi tant d'hommes différents,
> Pas une étoile fixe, et tant d'astres errants;
> Quand je vois les Césars, quand je vois leur fortune
> Quand je vois le soleil, et quand je vois la lune (...)

♣ Dans *Le Malade imaginaire* (acte II, scène 5), la demande en mariage du grotesque Thomas Diafoirus est également un modèle de pathos :

« Mademoiselle, ne plus ne moins que la statue de Memnon rendait un son harmonieux lorsqu'elle venait à être éclairée des rayons du soleil, tout de même me sens-je animé d'un doux transport à l'apparition du soleil de vos beautés ; et comme les naturalistes remarquent que la fleur nommée héliotrope tourne sans cesse vers cet astre du jour, aussi mon cœur dores-en-avant tournera-t-il toujours vers les astres resplendissants de vos yeux adorables, ainsi que vers son pôle unique... »

☘ Ne nous moquons pas trop ! Chaque époque a son pathos, vocabulaire prétentieux et mal digéré, destiné à masquer un inquiétant vide culturel. La moindre shampooineuse aujourd'hui « surestime son égo pour mieux assumer sa paranoïa » et, dans la plus minuscule équipe de V.R.P., « Tous ensemble les gars ! » se traduit par « une nécessaire synergie », tandis que « ce n'est pas notre conception de l'éthique et de la déontologie » signifie en fait : « Arrêtez vos conneries ! »

Amphigouri

Ne nous laissons pas abuser par l'approximative sonorité de ce mot qui n'a jamais servi à désigner l'erreur commise par un professeur se gourant devant un amphi d'étudiants. Composé de deux mots grecs (*amphi :* autour et *guros :* cercle), l'amphigouri désigne un langage obscur, embrouillé, inintelligible. « Autour du cercle » disaient les Grecs, comme nous disons « autour du pot ».
Par exemple : « Le char de l'État navigue sur un volcan ! » Ou bien encore :

> Ce sabre est le plus beau jour de ma vie...
> A la tête de votre phalange, messieurs, je jure de soutenir, de défendre nos institutions et, au besoin, de les combattre,

faisait dire Henri Monnier à son « Monsieur Prudhomme ».
Mais c'est Christian Fouchet tout seul, lorsqu'il était ministre de l'Éducation nationale, qui inventa le fameux : « L'instruction sera portée aux quatre coins de l'Hexagone. »

☘ Si nous voulons trouver de superbes exemples de discours amphigouriques, rendons-nous dans l'œuvre de Pierre Dac qui sut ridiculiser comme pas un les paroles creuses, les formules vides, les péroraisons burlesques des professionnels de la rhétorique inutile, « de tous ceux qui feraient mieux, comme il l'a si bien dit, de la fermer avant de l'ouvrir ». En attendant, « ouvrez le ban ! » :

« Gloire à ceux qui ont forgé silencieusement, mais efficacement le fier levain qui, demain ou après-demain au plus tard, fera germer le grain fécond du ciment victorieux, au sein duquel, enfin, sera ficelée, entre les deux mamelles de l'harmonie universelle, la prestigieuse clé de voûte qui ouvrira à deux battants, la porte cochère d'un avenir meilleur sur le péristyle d'un monde nouveau. »

PHOBIES

S'il arrivait à nos parents d'employer le terme d'*analyse*, le mot ne pouvait concerner qu'un potache ou un potard. Du domaine réservé de l'enseignement ou de la pharmacie, l'analyse était de grammaire, elle était d'urine - à moins qu'elle ne fût de l'urine de grand-mère! - ou elle n'était pas. Ou alors si peu!

Les plus instruits avaient entendu parler d'un certain Freud qui tentait, à la fin du siècle dernier, d'expliquer les rêves de ses patients, leurs obsessions et leur comportement en se livrant à l'exploration de leur inconscient - « Dr Sigmund, I presume » -, mais il s'agissait de cas isolés qui n'empêchaient pas le commun des obsédés de dormir. Les nourrissons suçaient paisiblement ce qui leur passait à portée de menotte et tartinaient généreusement leurs couches sans que leurs parents eussent l'idée de s'inquiéter de savoir s'ils en étaient au stade oral ou anal. Bref, chacun vivait gentiment avec ses petites manies, ses goûts et ses dégoûts et s'accommodait - selon son milieu social - de ses frayeurs ou de ses trouilles. Personne n'en faisait un plat et l'on ne se ruait pas pour autant chez son médecin de famille.

Or, voici qu'aujourd'hui nos petits travers sont devenus des manies et les gens à habitudes des maniaques. On n'a plus peur désormais, on a des phobies, ce qui a tout de même une autre allure.

Le pauvre Poil de carotte qui faisait dans son froc à l'idée de sortir la nuit fermer le poulailler, serait maintenant déclaré nyctalophobe... et c'est Mme Lepic, sa mère, qui serait bien emmerdée! Si tout le monde ne peut pas s'offrir une Rolls Royce, il est en revanche à la portée du premier venu d'employer des mots au-dessus de ses moyens.

Béni soit le vocabulaire! il est la baguette magique qui fait de la citrouille un carrosse de fête qui transforme les peurs de Cendrillon en phobies de princesse. Que chacun des pauvres angoissés que nous sommes parvienne à découvrir dans la liste ci-dessous le mot magique qui habillera aux séduisantes couleurs de la psychanalyse ses terreurs inavouées, c'est la grâce que je nous souhaite :

Phobies concernant la nature

Peur de l'eau : *hydrophobie*
~ du feu : *pyrophobie*
~ de la mer : *thalassophobie*
~ de la montagne : *orophobie*
~ des hauteurs : *acrophobie* (vertige)
~ des précipices : *cremnophobie*
~ des rivières : *potamophobie*
~ des orages : *cheimophobie*
~ des éclairs : *astrapéphobie*
~ des courants d'air : *aérophobie*
~ de la lumière : *photophobie*
~ de l'obscurité : *kénophobie* (ou *kénonauphobie*)
~ de la nuit : *nyctalophobie* (ou *nyctophobie*)
~ des poussières : *myxophobie* (ou *mysophobie*)

Phobies concernant le corps et la santé

Peur de la douleur : *algophobie*
~ des maladies : *nosophobie*
~ des microbes : *microbiophobie*
~ des poisons : *toxicophobie*
~ du sang : *hématophobie*
~ de la mort : *thanatophobie*
~ des médicaments : *pharmacophobie*
~ de la constipation : *apopathodiaphulatophobie* (mais le remède à côté du mal tant on se fait ch... à prononcer ce mot là !)
~ des poils : *trichophobie*
~ de l'aspect disgracieux d'une partie de son corps : *dysmorphophobie*

Phobies concernant les animaux

Peur des animaux en général : *zoophobie*
~ des oiseaux : *ornithophobie*
~ des araignées : *arachnophobie*
~ des chats : *ailourophobie* (ou *galéphobie*)
~ des chiens : *cynophobie*
~ des souris : *musophobie*

Phobies concernant les objets

Peur en avion : *aérodromophobie*
~ des ascenseurs : *ascensumophobie*
~ du chemin de fer : *sidérodromophobie*
~ des bicyclettes : *bitrochosophobie*
~ des voitures : *amaxophobie*
~ des armes blanches : *machairophobie*
~ des épingles : *bélouéphobie* (ou *bélénophobie*)
~ des pointes : *achmophobie* (ou *aichmophobie*)
~ du téléphone : *téléphonophobie*
~ de la page blanche : *leucosélophobie* (Colette écrivait toujours sur du papier bleu)
~ de sa maison : *oïcophobie*
~ des poupées : *plangonophobie*
~ de l'huile : *élainophobie*
~ des métaux : *metallophobie*
~ des fruits : *carpophobie*
~ des légumes : *lachanophobie*

Phobies concernant la vie en société

Peur des femmes : *gynéphobie*
~ des hommes : *androphobie*
~ de la foule : *ochlophobie*
~ des étrangers : *xénophobie* - *germanophobie* - *anglophobie*
~ du regard d'autrui : *blemmophobie*
~ de rougir en public : *érythrophobie*
~ des espaces clos : *claustrophobie*
~ des espaces découverts : *agoraphobie*
~ d'écrire : *graphophobie*
~ de s'habiller : *enduophobie*
~ de marcher : *basophobie*
~ de parler : *logophobie*
~ du chiffre « 13 » : *triskardekaphobie*
etc.

Un simple dictionnaire de grec ancien permettrait d'allonger cette liste à l'infini, ce qui prouve que l'usage des langues mortes est indispensable à qui se pique d'inventer un vocabulaire nouveau.

♣ Les peurs irraisonnées sont aussi vieilles que le monde. Elles ont dû s'emparer d'Adam et d'Ève lorsque le portillon du Paradis terrestre s'est refermé derrière eux. Rien ne s'est arrangé depuis.

Tous les jeunes lecteurs d'Astérix savent que les Gaulois n'avaient

qu'une crainte, c'est que le ciel ne leur tombât sur la tête. Ce qu'ils ignorent, en revanche, c'est que dans le camp adverse, le grand César Auguste avait peur du noir et tremblait dans l'obscurité.
Ambroise Paré, le médecin de quatre rois - Henri II, François II, Charles IX et Henri III -, ne put jamais se guérir lui-même de l'irrépressible terreur, allant jusqu'à l'évanouissement, qui le prenait à la vue d'un plat d'anguilles.
Henri III, Wellington et Napoléon étaient incapables de supporter la présence d'un chat. Quant à notre Sigmund Freud, en personne, il était malade à la seule perspective d'un voyage en chemin de fer.

Ce sont là des phobies, déclenchées par des causes bien précises, qu'il ne faut pas confondre avec l'anxiété qui est un état général. Notre vie moderne basée sur la vitesse, la compétition et le profit est génératrice de stress. Les petits anxieux, mal dans leur peau, irritables, insomniaques se comptent par millions aujourd'hui. Huit millions de Français marchent aux tranquillisants - ou anxiolytiques - ces petites pilules du bonheur dont ils ont consommé 88 millions de tablettes en 1986. En 1984, 49 ordonnances sur 100 contenaient une prescription de tranquillisants. Mieux vaut, peut-être, un comprimé qu'un verre d'alcool, mais, dans l'un et l'autre cas, c'est la répétition et l'abus qui sont dangereux. Pourtant l'anxiété n'est pas toujours un phénomène négatif. Bien au contraire, elle peut être créatrice, stimulante. Les grands artistes ont toujours été dévorés par l'anxiété. Si l'on avait traité à coups de comprimés les angoisses ou les obsessions des peintres et des musiciens de génie, il y aurait aujourd'hui de la place aux murs du Louvre et l'Opéra aurait été transformé en parking.
Tous les grands comédiens sont sujets au trac et leur vie se passe à tenter d'apprivoiser l'angoisse qui les ronge.
On connaît la réponse que fit la grande Sarah Bernhardt à Béatrix Dussane alors que, jeune comédienne, elle lui avouait n'avoir jamais connu le trac :
« Vous verrez, mon enfant, vous verrez, plus tard quand vous aurez du talent ! »

PHONÉTIQUE

Nos contemporains qu'obsèdent la vitesse et l'efficacité doivent-ils continuer à utiliser un vocabulaire compliqué et anachronique en grande partie hérité de l'Antiquité grecque ou latine? Comme le fait

l'explorateur avisé qui élimine impitoyablement les excédents de bagages, ne devons-nous pas traquer dans les mots les lettres inutiles pour ne retenir que celles qui se prononcent?
L'écriture de demain sera phonétique ou ne sera plus! Place à l'écriture alphabétique qui seule permet les économies d'énergie (NRJ) : Ôtez et effacez (O.T.É.F.A.C.) les lettres muettes; cessez (C.C.) de les utiliser; obéissez (O.B.I.C.) à la rigueur phonétique afin d'être moins occupés (O.Q.P.). Ça ne coûte rien d'essayer (D.C.I.É.).

☘ Bien avant que nos distingués linguistes ne se penchent sur la réforme de l'orthographe, de hardis novateurs au début du siècle n'avaient pas hésité (S.I.T.) à payer (A.P.I.É.) de leur personne en créant une œuvre entièrement phonétique.
Alphonse Allais - c'est encore de lui qu'il sera question! - « travailla nuit et jour sur un roman qui relate les aventures d'une Juive algérienne qui (le) fit bien souffrir dans le temps ». Il porte le beau titre de :

« O D.S. F.M.R. ! » (Ô, déesse éphémère!)

« En désirez-vous un vague aperçu, un bref résumé?
« D'abord, en langage actuel :
" Haydée Cahen est née au pays des hyènes et elle y a été élevée. Elle est sémite et athée.
" Élie Zédé l'a chopée occupée à chahuter avec Huot, abbé à Achères et Lucas, évêque à Sées, etc, etc. " »
« Voici maintenant ce petit roman ci-dessus résumé, transcrit d'après ma nouvelle méthode :

« A.I.D K.N N.É. O.P.I. D.I.N. É L.I.A. É.T. L.V. L S.M.I.T. A.T. L.I. Z.L.H.O.P. O.Q.P. H.A.U.T. A.V.Q.O., A.B. A H.R. L.U.K. É.V.K. C etc. »

Sans contestation possible, le roman y gagne en concision... et en mystère.

☘ Au hasard des vieux almanachs, on trouve çà et là des phrases phonétiques qui ont le défaut de ne pas s'enchaîner. L'inspiration, hélas! ne peut prendre son essor quand elle ne dispose que de vingt-cinq malheureuses syllabes.

« L.N. N.É. O P.Y. ; L.I.A.T.T. ; L.I.A. É.T. L.V. ; L.I.A. V.Q. ; L.I.É. D.C.D. »

(Hélène est née au pays grec ; elle y a tété ; elle y a été élevée ; elle y a vécu ; elle y est décédée.)

« C.T. I.R. : B.B. N.É. G.T.M.R.V.I.É É.M.U.

(C'était hier : bébé est né. J'étais émerveillé et ému)

G.H.T.É.P.I.É. : T K.K.O. B.K.C.H.I.

(J'ai acheté et payé : thé, cacao, bécasse et hachis)

C.R.O. É.T. M.É. F.É.T.. L É.A.I.. É D.T.S.T.

(Ces héros étaient aimés et fêtés. Elle est haïe et détestée)

On peut s'amuser à augmenter le nombre de possibilités en mélangeant les chiffres et les nombres à l'alphabet.

L.A. K.C. 1.9 (elle a cassé un œuf)
1. 12 M.O.A. (un doux émoi)
L.É.O. 4 I.M. C. A.C. L.V. É 13 É 3. C.A.C... J.V.+ (elle est au quatrième. C'est assez élevé et très étroit. C'est assez ! J'y vais plus !)

Ainsi la famille peut-elle s'agrandir : après la sempiternelle LN, après M.A.R.O.G. (Emma et Roger) OU L.O.A (Éloi) voici 20. 100 (Vincent) K 1000 (Camille) qui habite 5 T 1 000 000 (Saint-Émilion). Mais tout cela reste un peu limité et enfantin.

On n'en appréciera que davantage le talent de Louise de Vilmorin qui, à partir des mêmes contraintes, parvient à écrire une vraie poésie :

A.B.I. A.B.I.
G.A.C. C.D. M.É. O.B.I.
É W.Q. R.É.V. F.U.I.

O.J.V.M.O. M.I.L M.R.
A.B.I. A.B.I.
L.N. M.A.F.Y. L.H.R. L.É.T.

Gageons que celui qui lira ces lettres une fois déchiffrées et traduites en vers ne pourra pas soupçonner l'artifice qui donna naissance à ce poème :

Abbaye, abbaye !
J'ai assez cédé, aimé et obéi
Et double vécu et rêvé et fui.

Ogive et émaux et miel et mer
Abbaye, abbaye!
Hélène aima et fit grec et la chair et l'été!

☘ Bien trivial, à côté, paraît le titre du tableau iconoclaste que fit le peintre Marcel Duchamp. Après avoir orné le doux visage de la Joconde d'une superbe paire de moustaches, il baptisa son œuvre : L H O O Q, ce qui se passe de toute traduction et de tout commentaire!

☘ Il serait trop long de reproduire ici dans son intégralité le drame en trois actes que signa Simon Leroux. Les dialogues sont très courts : tout juste vingt-cinq syllabes, mais les indications scéniques justifiant les propos des personnages sont très longues.
Nous nous bornerons à indiquer que la scène se passe en Grèce, sous le règne du roi Youssouf. Son épouse Michaëla est surnommée Kaël. Le roi a un premier ministre Héeff, un favori Héno, et un grand eunuque Kuh. On rencontrera aussi un abbé, un messager et deux chevaux de race nommés Védouble et Véhi.
Voici la pièce :

Acte premier
(Youssouf, le roi, dispute à l'abbé un plat de viande froide.)
- Youssouf : Abbé, cédez!
(L'abbé tombe mort.)
- Youssouf : Héeff! J'ai hachis!
- Héeff (admiratif) : Gy!

Acte deuxième
- Le Messager : Kaël aime Héno!
(A cette nouvelle, le roi pâlit, rougit. Puis retrouvant son calme...)
- Youssouf : Paix!

Acte troisième
- Le messager : Kuh erre et se tait!
- Youssouf (qui, d'un geste, a demandé qu'on attelle ses pur-sang à son char) : Hue! Védouble, Véhi, que six Grecs aident!
- rideau -

☘ Dans un manuscrit enluminé et anonyme des années 1900, on trouve une autre exploitation du même procédé.
L'alphabet, que nous venons de voir traité sur le mode tragique, va devenir ci-après prétexte à un poème :

Abbé, cédez et F...!
J'ai haché Ijikaël
(jeune agnel)
Aime Éno
(pierrot falot)
Péqu est resté
(fort ennuyé)
U, V, X, Y, Z
Les cinq gommeux
Font un long nez
Et c'est tant mieux!

☘ Pour « O mon bel inconnu », une comédie musicale qu'il écrivit en 1933 et que Raynaldo Hahn mit en musique, Sacha Guitry composa ce petit couplet :

Monsieur, je suis très OQP
Et maintenant j'en ÉAC
Vous m'ennuyez, vous m'NRV
Vous m'assommez, vous m'emBT.

☘ Dans le fond, l'alphabet n'est pas aussi innocent qu'il y paraît à première vue :
Dans les écoles religieuses du Québec, jusque vers les années 1950, les enfants qui épelaient l'alphabet avaient l'interdiction de prononcer la lettre « Q » qu'ils devaient appeler « La vilaine lettre ».
C'est vraiment pousser bien loin l'hypocrisie! Mais, dans certaines de nos écoles primaires, avant la guerre, on aboutissait au même résultat pour des raisons pédagogiques. Les enfants apprenaient à lire en prononçant les consonnes : Beu, Queu, Deu, Feu, Gueu et on prononçait le « Q » « Queu long »!

☘ Ce qui n'empêchait pas les écoliers dans les cours de récréation de jouer sinon sur les mots, du moins sur les lettres.
Lequel d'entre nous ne s'est pas entraîné à l'algèbre en répétant cette célèbre équation tout à fait dans le genre « pipicaca » qu'adorent les enfants :

$$\frac{3\ \text{A.B. O.Q.P. H.I.É}}{3\ \pi\ R^2} = 3\ \text{Q B.C.}$$

Lequel d'entre nous, surpris par le pion dans l'accomplissement d'on ne sait quel forfait et sommé de décliner son identité, n'a pas prétendu se nommer soit Machaut, soit Glloq (origine étrangère !) :

« Voulez-vous m'épeler, s'il vous plaît »
Ce qui donnait, bien sûr, tantôt « Aime assez à chahuter », tantôt « J'ai deux ailes au cul ! »

Il peut arriver que la prononciation phonétique atteigne parfois à des sommets surréalistes.
Dans les *Œuvres complètes de Lord Charles* (édition La Découverte), on trouve l'extraordinaire et extravagant poème anglais ci-dessous qui n'est, lorsqu'on y regarde de plus près, que l'équivalent en anglais parlé des paroles françaises (!) de notre *au clair de la lune.*

Oak lair dollar loon her
Mona me peer row
Pretty'm what a bloomer
Poor ache rear urnmow
Mash an Delhi mortar
Shin ape lewder fur,
Who frame what a porter
Poor lamb oar did yer !

On admirera tout particulièrement l'audace du dernier vers où notre « pour l'amour de Dieu » reçoit comme équivalent sonore un pauvre agneau (poor lamb) suivi d'un aviron (oar).
Cette interprétation, ô combien phonétique, finit pourtant par être assez fidèle au sujet dans la mesure où elle est vraiment « comme la lune » !

Dernier exemple, sans rapport direct avec la phonétique, qui montre à quel degré de concision peut atteindre la presse américaine dans ses informations sur cinq colonnes à la une.
Comment auriez-vous traduit ce titre célèbre publié dans un journal américain ? UN OKS MC
C'est très simple :
« L'O.N.U. (U.N) donne un accord (OK devient verbe à la troisième personne grâce à l'« S » qui le suit) au général Douglas Mac Arthur (familièrement surnommé Mac... qui s'écrit Mc) »
C.Q.F.D. !

Curieuse phonétique qui ne garde des mots qu'une apparence sonore et qui entraîne le vocabulaire dans un carnaval délirant !
Faux nez-tique !

PI

La création d'un symbole exprimant le rapport qui existe entre la circonférence d'un cercle et la longueur de son diamètre représentait sans doute une urgente nécessité pour qu'on l'eût ainsi baptisé d'une syllabe évoquant la moitié d'un petit besoin !
Ce nom allègre et bref, générateur de plaisanteries attendues a sûrement contribué à l'universelle notoriété du symbole : Pas un écolier du monde occidental qui ne sache que *Pi* et 3,14, c'est du pareil au même.

☘ Le mérite revient au mathématicien anglais William Jones d'avoir tenu le petit « trois quatorze » sur les fonts baptismaux de la géométrie et d'avoir fait œuvre pie en lui attribuant le nom d'une lettre grecque, « π », celle-là même par quoi commence le mot *peripheria*, la « circonférence » des Hellènes. Cet acte de naissance est attesté dans le livre de **Jones,** *An Introduction to the mathematics* (London 1706).
Au fil des siècles, après que des générations de savants se furent efforcées de déterminer la valeur de ce rapport d'une manière de plus en plus précise, on s'apercevra que l'on se trouve en présence de l'un de ces nombres au développement décimal illimité dont la solution ne cesse de reculer en même temps qu'avancent les calculs de ses poursuivants.

☘ Le **Palais de la Découverte,** à Paris consacre à « π », seizième lettre de l'alphabet grec, une salle entière qu'il serait peut-être iconoclaste de baptiser pour autant « chapelle sixteen ».
Sur les murs se trouvent peintes les 707 décimales de π telles qu'elles résultent des calculs de William Shanks en 1873, que D.F. Ferguson corrigea en 1947, puisque seules étaient exactes les 527 premières. Ce chiffre, ahurissant à l'époque, paraît ridicule aujourd'hui que l'ordinateur a pris le relais d'un cerveau humain au cheminement trop lent. Ses possibilités de calcul nous donnent une idée de l'infini. A peine la Grande Encyclopédie Larousse nous avait-elle informés qu'un ordinateur avait réussi en 1983 à calculer π avec une précision de 2^{23}, - c'est-à-dire avec 8 388 608 décimales - que nous apprenions dans une revue scientifique spécialisée que la 10 000 001 ^{e} décimale de π était un 3. Révélation aussi bouleversante qu'inutile

puisque les calculs les plus poussés en physique n'ont jamais dépassé une précision de 10^{12} ! Le vertige nous prenant devant de tels chiffres, nous reviendrons bien vite vers le quotidien calcul qui nous permet d'utiliser des valeurs approchées de π comme 3,1416, comme $\frac{22}{7}$, ou encore comme $\pi^2 = 10$.

☘ A l'intention de ceux dont les recherches nécessitent une plus grande précision et qui répugnent à mémoriser de longues théories de chiffres, quelques mathématiciens fûtés ont conçu un moyen mnémotechnique original : composer un poème dont chaque mot, par le nombre de lettres qui le composent, représente une des décimales de π.

~ C'est ainsi que vit le jour - né de père inconnu - le très célèbre :

Que j'aime à faire apprendre un nombre utile aux sages !
3 1 4 1 5 9 2 6 5 3 5

qui permet à chacun de retrouver, après quelques secondes de réflexion, les dix premiers chiffres de π.

~ Pour ceux qui désirent poursuivre jusqu'à la trentième décimale, voici une variante :

Que j'aime à faire apprendre un nombre utile aux sages !
Immortel Archimède, artiste ingénieur
Qui de ton jugement peut priser la valeur?
Pour moi, ton problème eut de pareils avantages.

Ce qui donne à π la valeur exacte suivante :
3,141592653589793238462643383279

~ De plus en plus fort ! Nos mathématiciens ayant pris goût à la poésie, sont parvenus à composer 20 alexandrins permettant de retrouver 126 décimales.
Sans doute se sont-ils révélés de bien pi-êtres versificateurs de qui les rimes pi-teuses ne méritent pas de figurer au nombre des pages immortelles de la poésie française. Mais il leur sera beaucoup pardonné pour tant de naïve bonne volonté au service de la cause scientifique :

Que j'aime à faire apprendre un nombre utile aux sages !
Glorieux Archimède, artiste ingénieux,
Toi qui, de Syracuse aime encore la gloire,
Soit ton nom conservé par de savants grimoires !
Jadis, mystérieux, un problème bloquait

Tout l'admirable procédé, l'œuvre grandiose
Que Pythagore découvrit aux anciens Grecs.
O, quadrature ! vieux tourment du philosophe !
Insoluble rondeur, trop longtemps vous avez
Défié Pythagore et ses imitateurs.
Comment intégrer l'espace bien circulaire ?
Former un triangle auquel il équivaudra ?
Nouvelle invention : Archimède inscrira
Dedans un hexagone, appréciera son aire
Fonction du rayon. Pas trop ne s'y tiendra
Dédoublera chaque élément antérieur ;
Toujours de l'orbe calculée approchera ;
Définira limite ; enfin, l'arc, le limiteur
De cet inquiétant cercle, ennemi trop rebelle !
Professeur, enseignez son problème avec zèle !...

De temps à autre, un mot de dix lettres vient représenter le zéro dans cette énumération.

♣ Maintenant que le lecteur est averti du mode d'emploi, ce serait lui faire injure que de l'aider dans sa traduction chiffrée d'un tel texte.

♣ Les Anglais ont aussi leurs mathématiciens-poètes qui se sont essayés à ce genre d'exercice. On connaît plusieurs tentatives. La première est catégorique, mais pèche par excès :

Yes, I have a number (oui, j'ai un nombre !)
3 1 4 1 6

D'autres atteignent un nombre plus important de décimales exactes mais nous ne voudrions pas lasser l'attention du lecteur insensible aux charmes discrets de la langue anglo saxonne. Quelques points de départ suffiront à donner le ton de ces divers chefs-d'œuvre :

How I wish I could recollect of circle round
The exact relation Archimede unwound
(Comme j'aimerais pouvoir me souvenir du rapport exact de la circonférence du cercle qu'Archimède détermina)

Sir, I send a rhyme excelling
In sacred truth and rigid spelling...
(Monsieur, je dédie une chanson surpassant en sacré la vérité et l'orthographe rigoureuse...)

Now, I show a spell unfailing
An artful charm, for tasks availing
Intricate results entailing
Not in too exacting mood...
(Je dévoile maitenant un charme infaillible, un sort malin, utile aux travaux nécessitant des résultats compliqués et pas trop exacts...)

Et ce dernier couplet, attendrissant par le subtil parfum d'alcoolisme mondain qui en émane :

How I want a drink alcoholic of course
After the heavy chapters involving
Quantum mechanics !
(Comme je voudrais une boisson, alcoolisée bien sûr, après les chapitres indigestes consacrés à la mécanique quantique.)

Enfin, à titre de curiosité, voici le début d'un poème en allemand à la gloire des décimales de π :

Dir, o Held, o alter Philosoph, du Riesen-Genie !
Wie viele tausende bewundern geister
Himmlisch wie du und gottlich ! etc.
(A toi, ô Héros, ô vieux Philosophe, toi le Génie-Géant ! Combien de milliers admirent des esprits qui sont comme toi, célestes et divins !...)

N'hésitons pas, à la fin de ce sobre chapitre, à changer de genre afin de retrouver une charade dont les tiroirs pourraient bien receler une amusante conclusion.

Mon premier fait adhérer une lettre
Mon deuxième la brise
Mon troisième ne pouvait supporter un liquide insipide
Mon quatrième passe directement d'avant-hier à aujourd'hui
Mon cinquième se permet une incongruité
Mon sixième avait abusé des bains de soleil
Mon septième dévore à belles dents une boîte appartenant au souverain d'un duché
Mon tout, produit des sept éléments, s'il est allé au château de Fontainebleau, ce n'est pas pour faire des bulles avec les carpes de François Ier

La réponse du jury aux sept questions est, bien entendu *Pi* ou π
1 - parce que piccolo (pi colle o)
2 - parce que Picasso (pi casse o)
3 - parce que Pirandello (pi rendait l'eau)
4 - parce que pissotière (pi saute hier)
5 - parce que pipette (pi pète)
6 - parce que pipelet (pi pelait)
7 - parce que pichrocole (pi croque ole), or olécrane (ole est crâne) et oléoduc (ole est au duc)
Et mon tout est $\pi \times \pi \times \pi \times \pi \times \pi \times \pi \times \pi = \pi^7$

Chacun aura reconnu Pie VII, ce drôle de pontife dont le nom fait rire sous cape tous les petits historiens de France.
Entre le π mathématique - d'une valeur obligatoirement approximative - et le Pie - serviteur forcément humain de la perfection divine - lequel est-il susceptible de donner l'idée la plus voisine de l'infaillibilité ?

PLAGIAT

Disons-le tout net : depuis que le monde est monde, tout le monde copie sur tout le monde. Copie, recopie, imite, pastiche, emprunte, pique, s'inspire, vole, pille, pompe ou plagie.
Térence l'affirmait déjà, un siècle et demi avant notre ère : « Rien n'est dit qui n'ait été dit. »
Rien non plus n'autorise à croire qu'il ait pu, depuis, en être autrement. Jean Giraudoux est on ne peut plus clair : « Le plagiat est la base de toutes les littératures, excepté de la première, qui d'ailleurs est inconnue. »
Plagiat, ce mot venu de l'Antiquité serait donc, si l'on s'en réfère à son étymologie, aussi vieux que la chose.
Chez les Romains on nommait *plagiaire* celui qui était condamné au fouet pour avoir vendu ou acheté comme esclaves des personnes qu'il savait être de condition libre. D'une manière générale, le plagiaire était celui qui s'emparait des esclaves d'autrui. Le mot latin de *plagiarius* proviendrait, selon les dictionnaires, soit du mot grec *plagos* (fourbe - hypocrite), soit du radical latin *plaga* (plaie - coup).

Martial employa cette métaphore afin d'en flétrir l'auteur qui s'approprie les pensées d'un autre, s'exposant ainsi au fouet de l'opinion publique. Étonnante carrière que celle de ce mot de plagiat qui, à deux millénaires de distance, assimile le vol d'une œuvre écrite au rapt d'un esclave ! Quel autre rapport peut-il exister entre ces deux délits si ce n'est un préjudice commercial ou financier causé à la victime?

Au voleur!

Jusqu'à ce que Beaumarchais ait inventé la Société des auteurs, n'importe qui pouvait impunément s'attribuer l'œuvre d'autrui. De nos jours, le principe juridique de la protection de la propriété littéraire est le suivant :
1 - La loi ne condamne pas le plagiat en lui-même dans la mesure où les idées sont dans l'air et appartiennent à tout le monde.
2 - La propriété littéraire ne commence qu'avec la matérialisation de ces idées, c'est-à-dire la forme sous laquelle elles sont reproduites.
3 - Lorsqu'il est possible de démontrer qu'il y a similitude ou ressemblance d'écriture, on se trouve alors dans le domaine de la *contrefaçon* qui, elle, est un délit, juridiquement répréhensible.

Historiquement, le plagiat s'est toujours pratiqué et les auteurs qui, dans leurs œuvres, en flétrissent le principe avec le plus de vigueur, se trouvent rarement à l'abri eux-mêmes d'une telle accusation.
Même les plus grands écrivains se sont rendus coupables d'emprunts littéraires.
- Virgile a copié quelques vers sur l'œuvre du poète Quintus Ennius.
- Shakespeare a utilisé de vieux canevas de drames.
- Molière s'est inspiré des comédies de Plaute et de Térence et La Fontaine des Fables d'Ésope.
- Corneille et Racine ont porté sur la scène française les thèmes des tragédies grecques ou latines.

Mais il serait difficile, en pareil cas, de crier au plagiat : l'œuvre qui a servi de point de départ se trouve recomposée, magnifiée, transcendée par le génie d'un grand auteur qui l'a rendue méconnaissable.
Pour réaliser ce que La Fontaine, par exemple, a apporté à l'œuvre d'Ésope, il suffit de comparer n'importe laquelle des Fables du Français à la traduction de celle qu'avait composée le Grec sur le même thème. L'austère leçon de morale aux intentions appuyées est devenue, par la magie des vers de La Fontaine, une comédie animale,

toute de grâce et de légèreté et d'autant plus efficace sur le plan de la morale qu'elle chante plus longtemps dans nos mémoires.
Le terme de plagiat doit être réservé de préférence à la similitude de formulation. On pourrait, sur le sujet, remplir une bibliothèque dont chaque volume nous transporterait de surprise en stupéfaction. Sur les quelques échantillons ci-dessous vous pourrez avoir une idée de l'universalité du plagiat.

☙ Un certain Jean Mairet, auteur dont le nom est rarement cité aujourd'hui, eut l'honneur insigne de collaborer à une pièce de Corneille. Involontairement, cela va de soi!
Dans sa tragédie *Sophonisbe*(1634), Mairet avait placé ces deux vers :

> Rome, Rome, l'objet de mon ressentiment,
> Rome à qui vient ton bras d'immoler mon amant...

A un mot près, ces vers se retrouvent dans la bouche de Camille au 4e acte d'Horace, tragédie que Corneille écrivit en 1640.

> Rome l'unique objet de mon ressentiment
> Rome à qui vient ton bras d'immoler mon amant...

☙ Mademoiselle de Calages avait écrit une tragédie en cinq actes, *Judith*, dont on ne parlerait plus guère s'il ne s'y trouvait ces deux vers :

> Qu'un soin bien différent l'agite et le dévore
> Il se cherche lui-même et ne se trouve plus...

Ces alexandrins durent plaire au grand Racine puisqu'il ne dédaigna pas de les incorporer dans sa *Phèdre*. Mais il le fit avec habileté, c'est-à-dire en les séparant :
On trouve à l'acte II, scène 5, de Phèdre :

> Qu'un soin bien différent me trouble et me dévore...

et, au même acte, mais à la scène 2, on avait pu noter :

> Maintenant, je me cherche et ne me trouve plus.

☙ Avant d'être le héros d'une pièce d'Edmond Rostand, *Cyrano de Bergerac* avait été un écrivain aux multiples talents : philosophe, essayiste, soldat et esprit curieux, il a même écrit une tragédie et une

comédie fort drôle, *Le Pédant joué* (1645). C'est dans cette pièce qu'on trouve la scène :
« Que diable aller faire dans la galère d'un Turc? d'un Turc! »
Molière, dans *Les Fourberies de Scapin* (1671) acte II, scène 7, a repris cette phrase devenue proverbiale. Géronte répète sept fois au cours de la même scène :
« Que diable allait-il faire dans cette galère? »

☘ Voltaire eut, vis-à-vis du plagiat, une attitude équivoque. Dans le *Dictionnaire philosophique*, il le définit ainsi : « Quand un auteur vend les pensées d'un autre pour les siennes, le larcin s'appelle plagiat. » En revanche, dans ses *Lettres philosophiques*, il justifie le plagiat : « Presque tout est imitation [...]. Il en est des livres comme du feu dans nos foyers : on va prendre ce feu chez son voisin, on l'allume chez soi, on le communique à d'autres et il appartient à tous. » Sans doute, Voltaire était-il souvent démuni d'allumettes si l'on en juge par les deux exemples qui suivent :

∾ Voici d'abord un quatrain de *La Motte-Houdar* (1672-1731) :

> On meurt deux fois, je le vois bien :
> Cesser d'aimer et d'être aimable
> Est une mort insupportable.
> Cesser de vivre, ce n'est rien.

L'idée plut à Voltaire sans doute puisqu'il la reprit ainsi :

> On meurt deux fois en ce bas monde :
> La première en perdant les faveurs de Vénus.
> Peu m'importe de la seconde :
> C'est un bien quand on n'aime plus.

∾ C'est le même Voltaire qui, pour justifier ses emprunts, écrivait : « Il y a de la grâce à bien cueillir les roses. » Voire! mais que dire lorsqu'il annexe le jardin tout entier?
Pour vous permettre d'apprécier le procédé, voici un quatrain et deux tercets d'un sonnet de *François Maynard* (1582-1646) :

> Par vos humeurs, l'État est gouverné
> Vos seuls avis font le calme et l'orage,
> Et vous riez de me voir confiné
> Loin de la Cour dans mon petit village [...].
>
> Je suis heureux de vieillir sans emploi,
> De me cacher, de vivre tout à moi,
> D'avoir dompté la crainte et l'espérance.

Et si le ciel qui me traite si bien,
Avait pitié de vous et de la France
Votre bonheur serait égal au mien.

Place maintenant au talent, parfois si original, de M. de Voltaire!

Par votre humeur, le monde est gouverné
Vos volontés font le calme et l'orage;
Vous vous riez de me voir confiné
Loin de la Cour au fond de mon village

Mais, n'est-ce rien que d'être tout à soi,
D'être sans soins, de vieillir sans emploi,
D'avoir dompté la crainte et l'espérance?

Ah! Si le Ciel qui me traite si bien,
Avait pitié de vous et de la France,
Votre bonheur serait égal au mien.

Étaient-elles indispensables au génie du grand Voltaire ces misérables manœuvres de récupération?

☘ Alfred de Musset n'admettait pas, mais alors pas du tout, le plagiat. Il l'a fait savoir dans deux vers de *La Coupe et les Lèvres* :

Je hais comme la mort l'état de plagiaire :
Mon verre n'est pas grand, mais je bois dans mon verre.

Pourtant, le bel Alfred, dans certaines de ses comédies, n'a pas hésité à piller *Carmontelle* (1717-1806), auteur d'une centaine de *proverbes*, courtes pièces destinées à illustrer de plaisante et vivante façon la morale d'un proverbe connu.
Dans leur livre *Petite Fabrique de Littérature* (éditions Magnard), Alain Duchesne et Thierry Leguay mettent en parallèle les scènes II et III du *Distrait* de Carmontelle (1768) avec les scènes II et IV de *On ne saurait penser à tout* de Musset (1849).
La comparaison est cruelle. Jugez-en :
A gauche, la pièce de Carmontelle, à droite, celle de Musset.

Le marquis	*Le marquis*
- Holà! ho! Quelqu'un.	- Holà! ho! Quelqu'un.
Le Blond	*Victoire*
- Qu'est-ce que veut monsieur le marquis?	- Qu'est-ce que veut monsieur le marquis?

Le *marquis*	Le *marquis*
- Allons, donne-moi ma robe de chambre et mes pantoufles, je veux me lever.	- Donne-moi ma robe de chambre et mes pantoufles.
Le *Blond*	*Victoire*
- Vous badinez, M. le marquis.	- Vous badinez, M. le marquis.
Le *marquis*	Le *marquis*
- Ah! oui, oui...	- Hé! ah!... oui, oui.

Le dialogue est le même jusqu'à la fin de la scène.

La *comtesse*	La *comtesse*
- Le Blond, dites à Victoire de venir.	- François, dites à Victoire de venir.
Le *Blond*	*Victoire*
- La voilà, madame.	- Me voilà, madame.
La *comtesse*	La *comtesse*
- C'est bon, M. le marquis, je suis enchantée de vous voir; vous avez été hier la distraction la plus divertissante du monde, je vous aime à la folie comme cela.	- C'est bon, M. de Valberg, je suis enchantée de vous voir... vous avez été hier la distraction la plus divertissante du monde, je vous aime à la folie comme cela.
Le *marquis*	Le *marquis*
- Ce n'est pas là le moyen de m'en corriger, madame. Au contraire; cependant, comme on dit souvent, les contraires se rapprochent quelquefois.	- Ce n'est pas là le moyen de m'en corriger, madame. Au contraire; cependant, comme on dit souvent, les contraires se rapprochent quelquefois.

Comme certaines portes, il faudrait ici que des guillemets fussent ouverts et fermés.
Jules Renard l'a écrit dans son *Journal*, à propos d'un autre auteur, en parodiant précisément un vers de Musset : « Son verre n'est pas grand, mais il boit dans celui des autres! »

☘ On pourrait multiplier les exemples :
~ La *Graziella* de Lamartine n'est qu'une copie de *La Nisida* du comte Auguste de Forbin.
~ Alfred Jarry a emprunté une partie de son *Ubu roi* (1896) à un texte rédigé dix ans auparavant par des potaches de sa classe.
~ Le père Dumas a trouvé son bonheur chez Schiller et chez Walter Scott à qui il n'a pas hésité à prendre des scènes entières.
~ Edmond About - l'un de nos tout premiers écrivains... par ordre alphabétique - ne se donna que la peine de traduire de l'italien un

petit livre où étaient publiées des lettres de Vittoria Savorelli qui lui fournirent le sujet et les plus belles pages de son roman T*olla* (1855).
~ Léonard Arétin (Bruni d'Arezzo) publia sous son nom une monumentale *Histoire des Goths* en 4 volumes. On découvrit après sa mort, en 1444, qu'il n'avait fait que traduire du grec le manuscrit de l'historien Procope.

☘ Il se trouve pourtant des auteurs pour défendre le plagiat :
« Les idées sont la propriété commune de tout le monde et il n'y a plus que les auteurs de vaudeville qui réclament contre le plagiat. »

BENJAMIN CONSTANT

« Le plagiat est nécessaire, le progrès l'implique, il serre de près la phrase d'un auteur, se sert de ses expressions, efface une idée fausse, la remplace par une idée juste (...) La poésie doit être faite par tous, non par un. »

LAUTRÉAMONT

Plagiaire... et aujourd'hui

Le plagiat, de nos jours, ne se porte pas trop mal. La phrase de Chamfort est aussi actuelle à notre époque qu'elle l'était au XVIIIe siècle. « La plupart des livres d'à présent ont l'air d'avoir été faits en un jour avec des livres lus de la veille. »
Un auteur américain Wilson Mizner (1876-1933) précise avec humour : « Copier sur un, c'est du plagiat. Copier sur deux, c'est de la recherche ! »
~ Lorsque Jacques Attali publia en 1982 un essai intitulé H*istoire du temps*, quelques lecteurs perspicaces crurent reconnaître, mélangées à la prose de l'auteur et sans guillemets destinés à signaler l'emprunt, des phrases à l'aspect familier. Vérification faite, il s'agissait bien d'extraits d'œuvres d'auteurs célèbres. Comme Jacques Attali est l'un des conseillers du président de la République, le plagiat - aussitôt reconnu de bonne grâce - prit un tour politique. Le Tout-Paris s'en amusa longtemps - c'est-à-dire trois semaines !
Ce qui prouve qu'après tout, le plagiat est exclusivement une question de guillemets.
~ Il ne se passe pas d'année sans qu'une affaire de plagiat - réel ou supposé - ne vienne défrayer la chronique. Tour à tour, Bernard-Henri Lévy pour son premier roman *Le Diable en tête* et Tahar Ben Jelloun pour *La Nuit sacrée*, le roman qui lui valut le prix Goncourt, durent aller défendre en justice leur honneur attaqué et l'originalité de leur inspiration face aux accusations d'inconnues qui croyaient avoir reconnu dans ces œuvres célèbres quelques emprunts à leur manuscrit. Ce qui leur aurait assuré, du coup, une participation au pactole. Elles furent déboutées l'une et l'autre.

Blaise Cendrars, que le journal *Paris-Soir* avait envoyé en reportage à Hollywood en 1936, en rapporta de bien savoureuses anecdotes. Lorsque sortit le film à grand spectacle intitulé *Le Roi des rois* que Cecil B. De Mille avait tiré de la Bible, une illuminée, nommée Miss Suratt, assigna en justice le metteur en scène ainsi que la Paramount, sous l'accusation de plagiat. Imperturbable, le juge américain déclara que l'action serait recevable aussitôt que la plaignante aurait fait la preuve qu'elle était bien l'auteur de la Bible.

God save le roi!

Il existe un plagiat tellement énorme qu'il serait de nature à provoquer entre la France et l'Angleterre un conflit pour l'honneur... s'il n'y avait, depuis belle lurette, prescription.

L'affaire remonte à l'année 1686.
« Au plus élevé trône du monde, si ne sommes assis que sus notre cul. »
Le Roi-Soleil dut se souvenir de cette phrase de Montaigne le jour où ses médecins découvrirent qu'une fistule menaçait le... fondement-même de la monarchie.
Sa Majesté souffrait le martyre et ne pouvait plus s'asseoir. Il fallait opérer d'urgence. Néophytes en la matière, les chirurgiens royaux s'exercèrent sur quelques fistules anonymes, histoire de se faire la main, puis ils firent fabriquer par un orfèvre un bistouri de métal précieux... et ils ouvrirent. Dieu fit le reste et Louis XIV put continuer à régner assis. Afin de rendre grâce au Très-Haut d'avoir sauvé le roi, la supérieure des demoiselles de Saint-Cyr, Mme de Brinon, écrivit les paroles d'un cantique. Cette excellente personne, plus riche de bonnes intentions que de talent, accoucha des quelques vers anodins que voici :

> Grand Dieu sauve le roi !
> Longs jours à notre roi !
> Vive le roi !
> A lui victoire
> Bonheur et gloire
> Qu'il ait un règne heureux
> Et l'appui des cieux !

Lully, sollicité, mit le poème en musique.
A chacune des visites que rendait Sa Majesté à Saint-Cyr, l'école fondée par sa bien aimée Mme de Maintenon, les demoiselles y allaient de leur petit cantique : « Grand Dieu sauve le roi ! »

Haendel, compositeur allemand devenu musicien officiel à la cour de George Ier roi d'Angleterre, vint en visite au château de Versailles un jour de 1714. Il eut l'occasion d'entendre ce cantique qui le charma au point qu'il en nota aussitôt les paroles et la musique. De retour à Londres, il demanda à un ecclésiastique du nom de Carrey de traduire en anglais les paroles de Mme de Brinon. Ce que fit le clergyman sans y changer un mot :

God save our gracious King,
Long life our noble King,
God save the King !
Send him victorious
Happy and glorious,
Long to reign over us,
God save the King !

Après quoi - et sans le moindre scrupule -, Haendel signa la musique et se hâta d'aller offrir le cantique à George Ier. L'hymne remporta un grand succès. Il fut joué lors de toutes les cérémonies officielles jusqu'à ce qu'on le déclarât hymne national.
Heureusement, les Anglais ne se doutent pas que leur *God save the Queen,* expression même de leur intransigeante insularité, puise son origine dans la partie la plus profonde et la plus secrète d'un souverain français. Bien qu'ils usent autrement que nous du thermomètre médical, leur fièvre patriotique baisserait fortement à la suite de cette révélation.

S'il fallait trouver à ce chapitre une moralité, ce serait pour déplorer qu'il n'y en eût pas davantage. Mais on crée rarement à partir de rien et tant de gens sont venus avant nous qu'il faut une belle dose d'inconscience pour s'imaginer pouvoir encore faire œuvre originale. Le charmant Chevalier d'Aceilly (1667) a tout dit en six vers sur la question :

Dis-je quelque chose assez belle,
L'Antiquité, toute en cervelle,
Me dit : « Je l'ai dite avant toi ! »
C'est une plaisante donzelle;
Que ne venait-elle après moi,
J'aurais dit la chose avant elle?

PLÉONASME

Semblable en cela à l'Égypte qui en compte dix, la langue française souffre de nombreuses plaies, dont la moindre n'est pas... le pléonasme! Sous le prétexte qu'un proverbe célèbre a décrété qu'abondance de biens ne pouvait nuire, il faudrait se garder d'accumuler dans une même phrase plusieurs mots ayant même signification. Car, si le bonheur de l'homme se satisfait de trop de richesses, le bonheur de la phrase exige, lui, économie et rigueur.
D'où vient cette manie de vouloir en rajouter toujours? Aurait-on l'idée de se nouer deux cravates autour du cou afin de passer pour plus élégant? Entre deux mots, dit-on, il faut choisir le moindre, mais surtout éviter d'utiliser les deux. En technique langagière, le « trop-c'est-trop » se traduit d'un seul mot : *pléonasme.*

♣ Tiré du grec *pleonazein* signifiant « être surabondant, exister en trop grande quantité », le mot pléonasme a été créé pour montrer du doigt ces verrues de la phrase que sont la redondance et le double-emploi.
Le moment est venu d'introduire une distinction fondamentale entre le *pléonasme inconscient* appelé aussi « périssologie » qui est le véritable sujet de ce chapitre et le *pléonasme volontaire* que les plus grands auteurs ne dédaignent pas d'utiliser afin de donner de la force à une réplique ou à un raisonnement.

~ Quel lycéen n'a appris les imprécations de Camille dans *Horace* (acte IV, scène 5)?

> Puissè-je *de mes yeux* y *voir* tomber ce foudre,
> *Voir* ses maisons en cendres et tes lauriers en poudre...

~ Et qui ne se souvient de ce pléonasme célèbre dont Molière est l'auteur?

> Je l'ai *vu*, dis-je, *vu* de mes propres *yeux, vu*
> Ce qu'on appelle *vu*...

Nous ne ferons pas, à ces deux maîtres du style, l'injure de reprocher des répétitions commises en vue d'obtenir un effet, dramatique dans un cas et comique dans l'autre.

Cette profonde révérence effectuée en direction de nos grands classiques, nous voici maintenant tout à fait à l'aise pour dénoncer les pléonasmes involontaires, ceux qui résultent de l'irréflexion ou même de l'ignorance et qui s'épanouissent dans les discours de nos hommes politiques, dans les communiqués des journalistes de radio ou de télévision et, en général, dans les conversations quotidiennes. Peu de gens aujourd'hui se laissent prendre au piège grossier du « *monter en haut* » ou du « *sortir dehors* » (« Sors dehors si tu es un homme ! »).

En revanche, le « *prévoir à l'avance* » fait une assez jolie carrière chez les jeunes cadres au profil marketing qui éprouvent sûrement le besoin de préciser un verbe qui n'en demandait pas tant puisqu'il porte déjà en lui une indiscutable idée d'anticipation.
Dans notre univers de consommation, on n'hésite guère à se payer de mots dans la mesure où les mots sont gratuits.

A quoi bon préciser qu'une « *panacée* est *universelle* » puisque la panacée se définit comme le remède à toutes les maladies ?

Et la « *fausse perruque* » ne peut pas être deux fois plus fausse qu'une perruque qui l'est déjà suffisamment toute seule !

Celui qui précise qu'il va faire un peu de « *marche à pied* » tient-il vraiment à ce que son interlocuteur sache qu'il n'a pas l'intention de marcher sur les mains ?

Et puisqu'il est question de mains, doit-on préciser à celui qui a bien parlé : « *J'applaudis des deux mains* » à votre proposition ? Il est vrai que l'applaudissement d'un manchot a toutes les chances d'être discret.

Lorsque Marthe Richard se mit en tête, en 1946, d'obtenir « *la fermeture des maisons closes* », elle ne commit pas seulement une faute, mais surtout un pléonasme.

Une alternative se définit déjà comme le choix entre deux possibilités. Le quidam qui prétend être placé « *entre deux alternatives* » complique la solution de son problème : le voici maintenant face à quatre éventualités !

Commenter chacun des pléonasmes qui offensent quotidiennement la grammaire deviendrait vite un exercice fastidieux. En collectionnant ces perles d'inculture, nous obtiendrions bientôt un collier de plusieurs rangs. Permettez-moi de vous offrir les premiers grains :

- *D'abord*, pour *commencer*...
- *Car, en effet*...
- *Tous* les experts sont *unanimes*
- Le *mutisme le plus total*, le *black-out le plus absolu*...
- *S'entraider mutuellement*...

- Le *petit nain* avait en main un *petit opuscule*...
- Ils sont *complémentaires l'un de l'autre*...
- Faire des *projets* d'*avenir*...
- Au *jour* d'*aujourd'hui*...
- Le *cadavre* était *inanimé*, sans doute à la suite d'une *hémorragie* de *sang*...
- Son amoureux, chaque *soir* lui donnait la *sérénade* et chaque *matin* lui chantait une *aubade*.

Voilà deux beaux pléonasmes qu'il convient pourtant de préférer à cette bourde que serait « une aubade du soir » ou « une sérénade du matin »!

- L'hypothèse s'est *avérée exacte*.
- Le fleuve et ses *sinueux méandres*...
- L'ingénieur qui est un *joyeux luron*, a présenté le *tout premier prototype* d'une *nouvelle invention*.
- *Voire même :* les deux adverbes ayant le même sens de même, nous voilà en présence d'un même de trop!
- Le coureur arrivé *le premier en tête*...
- Et puis, tous ces superlatifs qui viennent apporter un renfort inutile à des mots qui sont déjà des superlatifs : *la plus infime* partie, *la plus extrême* lenteur, ne frisent-ils pas le ridicule *le plus absolu*?

Si cette histoire vous amuse, comme celle du « petit navire », nous pourrions la... la... la... continuer, mais le risque serait grand de lasser le lecteur.
Alors, au lieu de nous affliger de la multiplication des pléonasmes, efforçons-nous de nous en amuser en en faisant un jeu.
« Vierge et martyre! C'est un pléonasme! » écrit Geoffrey Scott.
Autre exemple de pléonasme intentionnel donné par Jean Grenier : « Une femme insatisfaite »!
On peut broder sur ce modèle afin de se fâcher rapidement avec tout le monde. Essayons :
« Un mari égoïste » - « un enseignant en vacances » - « un Écossais radin » - « un fonctionnaire en grève » - « un automobiliste mal embouché ».
Les Français se moquent de leurs voisins belges en prétendant que la dénomination « primitifs flamands » est un pléonasme. Ce à quoi répliquent les Belges en assurant que l'expression « le Français moyen » en est un également!

Certains pléonasmes connaissent une promotion inattendue. Sanctionnés par un long usage, ils terminent leur carrière dans le dictionnaire :

C'est ainsi qu'on parle couramment de nos jours de « *l'économie domestique* » alors que chacun des termes contient l'idée de « maison » : une fois en grec - *oïkos* - et une fois en latin - *domus*. De même qu'il n'est plus aujourd'hui un puriste pour sourciller en entendant parler de « *démocratie populaire* ». Le mot de « démocratie » signifiant « gouvernement par le peuple », doit-on considérer que, dans ce genre de régime, le peuple a si peu de pouvoir qu'on se croit obligé d'y accoler l'adjectif « populaire »?
Si Pascal vivait aujourd'hui, il pourrait écrire : « Plaisante abondance qu'une frontière borne : démocratie en deçà du rideau de fer, pléonasme au-delà! »

PRISON (écrit en)

Le poète est né pour être libre, pour vivre en état d'apesanteur, pour traverser les miroirs.
Le poète se nourrit d'air pur et d'eau fraîche et non de pain sec et d'eau. Il arrive parfois qu'on emprisonne le poète, qu'on l'enchaîne, qu'on le désespère et même qu'on le tue.
Pourtant, personne ne peut interdire au poète de chanter et les cachots aux épaisses murailles ne peuvent empêcher sa voix de parvenir jusqu'à nous. Les geôliers qui le gardent, les bourreaux qui le torturent mourront oubliés. La revanche du poète vaincu, humilié, emprisonné, c'est de vivre éternellement dans les mémoires.
« Toutes les filles du monde rêvent d'un prisonnier, dit la chanson, mais pas une d'elles au monde ne rêve d'un geôlier. »
Prêtez l'oreille : écoutez, si faible mais si beau, le chant du poète qu'on retient dans les fers :

François Villon

Il est né en 1431 mais Dieu seul sait quand il est mort. Connaît-on seulement son véritable nom? de Montcorbier? ou des Loges?
Il connaîtra plusieurs fois la prison et il échappera de bien peu à la pendaison. A la suite d'une rixe dans la rue Saint-Jacques, il subira la question et la sentence du Châtelet qui le condamne à être « pendu et étranglé ». C'est dans l'attente du supplice qu'il écrit en 1463 sa fameuse

Ballade des pendus

Frères humains qui après nous vivez
N'ayez les cœurs contre nous endurcis
Car, si pitié de nous, pauvres, avez
Dieu en aura plus tôt de vous merci
Vous nous voyez ci attachés, cinq, six,
Quant de la chair que trop avons nourrie,
Elle est piéça, dévorée et pourrie,
Et nous, les os, devenons cendre et poudre
De notre mal, personne ne s'en rie :
Mais priez Dieu que tous nous veuille absoudre.

Sa peine sera commuée en dix ans de bannissement en province et nul n'entendra plus jamais parler de lui.

Clément Marot

Il naît à Cahors en 1496. Comme son père Jean qui fut le secrétaire de la reine Anne de Bretagne, Clément se fait une place parmi les poètes de cour. Marguerite de Navarre le prend à son service comme valet de chambre. Mais Clément Marot - est-ce gourmandise ou provocation? - sera accusé d'avoir mangé du lard en carême.
Ne riez pas! L'Église ne plaisantait guère avec les écarts de régime! Manger gras était une présomption de calvinisme qui pouvait valoir le bûcher.
Grâce à l'intervention de ses amis, on le délivre. Il les remercie d'un rondeau :

En liberté maintenant me promène,
Mais en prison, pourtant, je fus cloué;
J'eus à Paris prison fort inhumaine
A Chartres fut doucement encloué.

Incorrigible, le « maraud » récidive. Le voici qui rosse le guet pour délivrer un homme qu'on arrêtait. Il écrit à François Ier pour raconter son arrestation et solliciter son pardon :

Trois grands pendards vinrent à l'étourdie
En ce palais, me dire en désarroi :
« Nous vous faisons prisonnier par le Roi! »
Incontinent, qui fut bien étonné?
Ce fut Marot, plus que s'il avait tonné [...].
Si vous supplie, Sire, mander par lettre
Qu'en liberté vos gens me veuillent mettre.

Théophile de Viau (1590-1626)

C'est un esprit libre et révolté qui se refuse à toute contrainte. Il fut emprisonné sous l'inculpation d'avoir publié des poésies licencieuses. L'Église le considère comme un écrivain aux mœurs douteuses, habitué des cabarets et des mauvais lieux. Pendant trois ans, il sera enfermé au Châtelet dans la cellule où Ravaillac avait attendu son supplice. « On me dévala dans un cachot dont le toit-même était sous terre. Je couchais tout vêtu et chargé de fers si rudes et si pesants que les marques et la douleur en demeurent encore en mes jambes. Les murailles y suaient d'humidité et moi de peur. »

« Je n'y avais de la clarté que d'une petite chandelle à chaque repas ; le jour y éclaire si peu qu'on ne saurait discerner la voûte d'avec le plancher, ni la fenêtre d'avec la porte. Je n'y ai jamais eu de feu ; aussi la vapeur du moindre charbon, n'ayant là-dedans par où s'exhaler, m'eût été du poison. Mon lit était de telle disposition que l'humidité de l'assiette et la pourriture de la paille y engendraient des vers et autres animaux qu'il me fallait écraser à toute heure. »

Théophile de Viau sera brûlé en effigie place de Grève et on fera un autodafé de ses livres le 19 août 1623. Puis il sera condamné à être banni de Paris. Brisé par la prison, il mourra l'année suivante.

Je naquis au monde tout nu
Je ne sais combien je vivrai
Si je n'ai rien quand je mourrai,
Je n'aurai gagné ni perdu.

Voltaire (1694-1778)

Voltaire, qui s'était fait de l'irrévérence une spécialité, pouvait tout se permettre... - ou presque. Il dépassa la mesure le jour où il écrivit des vers dans lesquels le régent, Philippe d'Orléans, était accusé d'inceste. Le voici embastillé incontinent. Il y restera un an (1717-1718) au calme, ce qui lui permettra d'écrire tranquillement le début de son grand poème épique *La Henriade.*

Le régent n'est pas rancunier... et Voltaire sait être un habile courtisan lorsque ça l'arrange. Il lui fait porter son poème *La Bastille* et Philippe d'Orléans le fait venir à Versailles pour le féliciter. Voltaire lui écrit :

« Monseigneur, je trouverais fort bien si Sa Majesté voulait désormais se charger de ma nourriture, mais je supplie Votre Altesse de ne plus se charger de mon logement. »

André Chénier (1762-1794)

C'est par hasard que ce grand voyageur né à Constantinople, secrétaire d'ambassade à Londres, se trouve à Paris lorsqu'éclate la Révolution. Après l'avoir accueillie avec enthousiasme, il proteste contre les excès de la Terreur. Arrêté, emprisonné à Saint-Lazare, il montera sur l'échafaud le 7 thermidor an II, deux jours avant Robespierre.

Comme un dernier rayon, comme un dernier zéphyre
Animent la fin d'un beau jour
Au pied de l'échafaud, j'essaye encor ma lyre
Peut-être est-ce bientôt mon tour?
Peut-être avant que l'heure, en cercle promenée
Ait posé sur l'émail brillant,
Dans les soixante pas où sa route est bornée
Son pied sonore et vigilant,
Le sommeil du tombeau pressera ma paupière,
Avant que de ses deux moitiés,
Du vers que je commence ait atteint la dernière,
Peut-être en ces murs effrayés,
Le messager de mort, noir recruteur des ombres,
Escorté d'infâmes soldats,
Ébranlant de mon nom ces longs corridors sombres
Où seul dans la foule à grands pas,
J'erre, aiguisant ces dards persécuteurs du crime,
Du juste trop faibles soutiens,
Sur mes lèvres soudain va suspendre la rime...

Gérard de Nerval 1808-1855

En 1832, Nerval qui n'est encore que Gérard Labrunie, se trouve emprisonné quelques jours à Sainte-Pélagie pour avoir participé à une manifestation estudiantine :

Dans Sainte Pélagie
Sous ce règne élargie,
Où rêveur et pensif,
Je vis captif,

Pas une herbe ne pousse
Et pas un brin de mousse [...].

Oiseau qui fend l'espace
Et toi, brise qui passe
Sur l'étroit horizon
De la prison.

Dans votre vol superbe
Apportez-moi quelque herbe
Quelque gramen mouvant
Sa tête au vent

Pour que mon âme triste
Sache encor qu'il existe
Une nature, un Dieu
Dehors ce lieu,

Faites-moi cette joie
Qu'un instant je revoie
Quelque chose de vert
Avant l'hiver!

Au matin du 25 janvier 1855, Gérard de Nerval fut retrouvé pendu par un lacet blanc attaché à la fenêtre d'un escalier ouvrant sur la rue de la Vieille-Lanterne (à l'exact emplacement où se trouve aujourd'hui le trou du souffleur du Théâtre de la Ville à Paris).

Paul Verlaine (1844-1896)

Il a tiré deux coups de revolver sur son ami Arthur Rimbaud le blessant à la main. On le condamne à deux ans de détention qu'il fera du 8 août 1873 au 16 janvier 1875 à la prison de Mons en Belgique :

Le ciel est par-dessus le toit
Si bleu, si calme
Un arbre par-dessus le toit
Berce sa palme.

La cloche dans le ciel qu'on voit
Doucement tinte
Un oiseau sur l'arbre qu'on voit
Chante sa plainte.

Mon Dieu, mon Dieu la vie est là
Simple et tranquille
Cette paisible rumeur-là
Vient de la ville.

Qu'as-tu fait, ô toi que voilà
Pleurant sans cesse
Dis, qu'as-tu fait toi que voilà
De ta jeunesse?

Oscar Wilde (1856-1900)

Par sa beauté, par son élégance, par son esprit, par son raffinement il était l'auteur le plus fêté de l'Angleterre. Et puis, le marquis de Queensberry, père de lord Alfred Douglas, dénonça publiquement ses mœurs homosexuelles. Il fut condamné à deux ans de travaux forcés. Il ne se releva pas de cette déchéance et mourut en France dans une solitude tragique.
La Ballade de la geôle de Reading témoigne des souffrances qu'endura Wilde :

La cellule étroite où nous vivons
Est sur une latrine puante et sombre
Et le souffle fétide de la mort vivante
Engorge barreaux et grillages,
Et tout, sauf la luxure, tombe en poussière
Dans la machine humaine.

L'eau saumâtre que nous buvons
Est souillée d'une vase infecte
Et le pain amer qu'on nous rationne
Est plein de craie et de chaux
Et le Sommeil ne peut se coucher mais marche
Les yeux fous et à grands cris appelle le Temps

Ce que je sais, et il serait sage
Que chacun puisse aussi le savoir,
C'est que chacune des prisons que construit l'homme
Est bâtie avec les briques de la honte,
Et fermée de barreaux de peur que le Christ ne voie
Comment les hommes y torturent leurs frères.

Guillaume Apollinaire (1880-1918)

A la suite du vol de la Joconde (1911), la police soupçonnera d'abord le secrétaire d'Apollinaire, puis le poète lui-même qui n'y était pour rien, mais qui sera tout de même emprisonné quelques mois.

En arrivant dans la cellule
Il a fallu me mettre nu
Une voix sinistre ulule
« Guillaume, qu'es-tu devenu? »

Que lentement passent les heures
Comme passe un enterrement
Tu pleureras l'heure où tu pleures
Qui passera trop vitement
Comme passent toutes les heures.
...

J'écoute les bruits de la ville
Et prisonnier sans horizon
Je ne vois rien qu'un ciel hostile
Et les murs nus de ma prison.

Et puis voici qu'avec la Deuxième Guerre mondiale arrive le temps de la haine, le temps des assassins.

Max Jacob (1876-1944)

Ce poète français, ami de Picasso, s'était converti au catholicisme à la suite d'une apparition du Christ. Il se retira à l'abbaye de Saint-Benoît-sur-Loire à partir de 1921. Pour les Allemands, il était toujours israélite et il fut conduit au camp de Drancy où il mourut.

La muse est un oiseau qui passe
Par les barreaux de ma prison
J'ai vu son sourire et sa grâce
Mais n'ai pu suivre son sillon

Adieu, Muse, va dire aux hommes
Ce soir de fête en la cité
Que dans les prisons où nous sommes
On meurt de les avoir aimés.

Robert Desnos (1900-1945)

Il fit partie du groupe des surréalistes et s'affirma comme l'un des plus grands poètes du siècle. Il fit la guerre puis rejoignit la Résistance. Arrêté par la Gestapo, il fut déporté à Auschwitz, Buchenwald puis Terezin. Son camp fut délivré le 2 mai 1945. Il était trop tard pour Robert Desnos qui mourut du typhus. Son ultime joie fut d'être reconnu par un étudiant tchèque qui soignait les déportés :

Le Dernier Poème

J'ai rêvé tellement fort de toi,
J'ai tellement marché, tellement parlé,
Tellement aimé ton ombre,
Qu'il ne me reste plus rien de toi.
Il me reste d'être l'ombre parmi les ombres
D'être cent fois plus ombre que l'ombre,
D'être l'ombre qui viendra et reviendra
Dans ta vie ensoleillée.

Robert Brasillach (1909-1945)

Cet auteur brillant, ce romancier doué, ce critique exceptionnel aurait pu avoir une destinée littéraire exemplaire. Malheureusement, il adhéra au fascisme et se fit remarquer par ses prises de positions antisémites. Malgré une pétition signée par les plus grands écrivains français, de Gaulle refusa de revenir sur le jugement qui le condamnait à mort. Le 6 février 1945, il fut fusillé au fort de Montrouge.
Il a écrit pendant son incarcération les émouvants *Poèmes de Fresnes*.

Bijoux

Je n'ai jamais eu de bijoux,
Ni bagues, ni chaîne aux poignets
Ce sont choses mal vues chez nous :
Mais on m'a mis la chaîne aux pieds.

On dit que ce n'est pas viril,
Les bijoux sont faits pour les filles :
Aujourd'hui comment se fait-il
Qu'on m'ait mis la chaîne aux chevilles?

Il faut connaître toutes choses,
Être curieux du nouveau :
Étrange est l'habit qu'on m'impose
Et bizarre ce double anneau.

Le mur est froid, la soupe est maigre
Mais je marche, ma foi, très fier,
Tout résonnant comme un roi nègre
Paré de ces bijoux de fer.

Cervantes, Étienne Durand, Diderot, Sade, Casanova, Dessoucy, Lamennais, Béranger, Jean Cassou... et tant d'autres, poètes ou écrivains, vous qui savez décrire la misère, vous qui savez chanter la souffrance, votre voix est faite des milliers de voix anonymes qui montent des cachots.
Votre honneur de poète ce fut de témoigner.

PRIX LITTÉRAIRES

Un écrivain qui reçoit
un prix littéraire
est déshonoré.

Paul Léautaud

Le Français, grand amateur de médailles devant l'Éternel, se plaît à collectionner décorations, palmes, ordres, titres, rubans et distinctions diverses. Puisqu'il faut que chaque médaille ait son revers, on se demande où trouver la veste qui en ait suffisamment pour qu'on puisse les exposer toutes.
Dans notre pays qui se flatte d'avoir inventé l'égalité, rien n'est aussi couru que ce qui distingue des autres. Tout, chez nous, est prétexte à classement, à palmarès, à distribution de prix... tout, sauf le travail scolaire où, pourtant, la méthode avait prouvé son efficacité. Mais, s'il est un domaine entre tous où la médaille connaît une inflation galopante, c'est celui de la chose littéraire.
☘ Combien décerne-t-on chaque année de prix littéraires en France? Bien malin le statisticien qui en donnera le nombre exact. Il faut savoir que le chiffre en est élevé et se situe, selon les sources les plus autorisées, autour de 1 500 prix, ce qui donne, par simple division, la moyenne étonnante de quatre prix attribués chaque jour que Dieu fait, dimanches et fêtes compris!
Comme le but avoué de tout prix littéraire et d'attirer l'attention du public sur un auteur et sur une œuvre, il est vain de penser qu'il existe en France un lecteur - aussi rapide et enthousiaste soit-il - capable de se frayer un chemin à travers cette inextricable forêt de lauriers. C'est donc au milieu de la plus parfaite indifférence que sont décernés quatre-vingt-dix-neuf pour cent des prix littéraires... et c'est encore donner bien de l'importance au « un pour cent » restant!

Soyons justes ! Ces prix ne sont pas tout à fait dépourvus d'intérêt, ils font même un certain nombre d'heureux :

- Le *lauréat* tout d'abord, qui ajoutera une ligne flatteuse à sa carte de visite professionnelle.
- Ses *amis* ensuite qui seront invités au cocktail sans lequel il n'est pas de remise de prix digne de ce nom.
- Enfin, et surtout, les *membres du jury* qui se sentent investis, une fois l'an, du pouvoir redoutable de distinguer un auteur, c'est-à-dire, en fait, d'éliminer tous les autres en fonction de critères inavoués et d'antipathies personnelles.

La saison des prix

L'été fini, le petit monde de l'édition qui a retrouvé les allées du VIe arrondissement, commence à ressentir les premières atteintes d'un mal saisonnier qui se caractérise par une intense fébrilité, une agitation désordonnée et par une perte provisoire du sens critique. On s'énerve chez les éditeurs ; les imprimeries tournent jour et nuit afin de livrer à l'heure les succès ou les déceptions de demain ; les critiques s'émeuvent à voir croître à vue d'œil la pile des livres à lire ; les jurés des prix se donnent des airs de conspirateurs cependant que les auteurs - enjeux des batailles qui s'annoncent - ne cessent d'osciller, tremblants, de l'espérance au désespoir.

C'est à de tels signes que se reconnaît la « rentrée littéraire » - une rentrée qui précède de bien peu la distribution des prix ! -, sorte de grande course d'automne à laquelle participent, bon an mal an, quatre cents romans d'écrivains célèbres ou inconnus courant sous la casaque d'une trentaine de grands éditeurs de la place.

Mais la compétition n'est qu'apparente. En réalité, et en dépit des listes de présélection que publient régulièrement les jurys des grands prix, malgré les indiscrétions calculées que laisse filtrer tel ou tel augure, en dépit d'une activité médiatique chargée d'entretenir l'espoir et de souffler sur les braises du feu sacré, les jeux sont déjà faits... ou presque.

Seuls, une vingtaine d'auteurs dont les noms reviennent dans les conversations des spécialistes, possèdent une chance d'être couronnés par les six jurys littéraires de l'automne : le Grand Prix du roman de l'Académie française, le prix Goncourt, le Renaudot, le Fémina, le Médicis et l'Interallié. Bien souvent, les mêmes auteurs se retrouvent favoris sur plusieurs listes de sélection. C'est dire qu'en dehors des quelques heureux mortels qu'une rumeur savamment entretenue a placés en tête de liste, tous les autres ne servent qu'à faire une figuration qu'ils s'efforcent de rendre intelligente. Pourtant, le milieu littéraire français est d'une telle subtilité qu'il ne faut jamais exclure une surprise de dernière minute due à un vote équivoque ou à un retournement d'alliance qui vient remettre en cause les négociations compliquées et déjouer les pronostics les plus sûrs. Il peut même arriver, car tout est possible, que ce soit le meilleur qui l'emporte!

♣ *Existerait-il une recette infaillible qui permît de décrocher un prix?* Quels seraient, dans ce cas, les ingrédients de cette potion magique?

1. *Le choix de l'éditeur.* Statistiquement, un livre publié par Gallimard, Grasset ou le Seuil, a plus de chances qu'un autre de remporter un prix. C'est le plus souvent chez l'un de ces trois éditeurs-là que frappe le prix Goncourt : au cours des vingt dernières années, il n'a échappé que quatre fois à la fameuse trinité Galligrasseuil.

En outre, chez Gallimard, on couve tout spécialement les dames du Fémina; au Seuil, on ne peut se défendre d'un certain penchant pour le Renaudot et, chez Grasset, on ne laisse pas échapper souvent l'Interallié.

2. *La notoriété.* A-t-on plus de chances d'obtenir un prix lorsqu'on est connu du milieu littéraire, ou vaut-il mieux être le parfait inconnu qu'un jury aura la gloire de rendre célèbre? Sans doute un juste dosage est-il souhaitable : avoir déjà écrit un ou deux livres de qualité et donner aux jurés l'impression grisante qu'il leur appartient de couronner un talent qui s'affirmera grâce à eux.

3. *La date de lancement.* La date de sortie du livre doit être choisie avec soin : ni trop tôt, ni trop tard, c'est-à-dire entre juin et septembre.

Il est bon que l'auteur ait eu quelques critiques louangeuses, mais un accueil trop enthousiaste et une presse surabondante pourraient donner à croire aux jurés que ce roman peut exister par lui-même et se passer de leur consécration.

De même, le roman doit avoir obtenu avant le prix quelques résultats de vente encourageants quoique modestes : lorsqu'un livre est déjà classé au palmarès des meilleures ventes, les jurés, craignant d'être accusés de voler au secours d'une victoire obtenue sans leur aide, reporteront leur vote sur un roman moins vendu.

4. *La qualité de l'œuvre.* Si la qualité d'un roman ne suffit pas à lui assurer un prix, elle est tout de même une condition suffisante quoique puissent en dire quelques méchantes langues.

Passons en revue ces prix littéraires qui, s'il faut en croire Georges Perros, « donnent un complexe de supériorité aux jurés et un complexe d'infériorité aux élus ».

Grand prix du roman de l'Académie française

Les académiciens, censés représenter l'élite officielle du monde des lettres, sont confusément humiliés de n'avoir à décerner qu'un prix pâlichon, presque d'intérêt secondaire. Traditionnellement, les petits hommes verts, en proclamant leur prix dans la première quinzaine de novembre, ouvrent le rideau du grand spectacle littéraire de l'automne. Position peu glorieuse et qui ne simplifie pas les choix : certains auteurs, donnés favoris dans la course aux prix, choisissent de réserver toutes leurs chances pour un éventuel Goncourt et déclinent à l'avance l'honneur d'être primés par l'Académie.
Pourtant ce prix, qui vaut à son lauréat de recevoir un chèque de 50 000 francs, est de loin le plus richement doté des grands prix littéraires de l'automne. Il n'est pas proclamé dans un restaurant comme les autres prix : créé en 1915, il est décerné par un jury de quatorze académiciens sous la Coupole et non... à la Coupole :

Jacques de Bourbon-Busset
Michel Déon
Michel Droit
Maurice Druon
Jean Dutourd
Claude Lévi-Strauss
Félicien Marceau
Michel Mohrt
Pierre Moinot
Jean d'Ormesson
Bertrand Poirot-Delpech
Maurice Rheims
Maurice Schumann
Henri Troyat.

En 1988, dans la première semaine de novembre, les académiciens, incapables de s'accorder sur le nom d'un lauréat, durent reporter la proclamation de leur prix au jeudi qui suivait le vote des Goncourt. On se demande si cette valse-hésitation n'est pas le prélude à un déplacement du prix de l'Académie du mois de novembre au mois de mai, ce qui lui permettrait de se démarquer nettement des cinq grands prix d'automne qui lui font de l'ombre pour se faire au soleil printanier une place plus prestigieuse parce que moins disputée. A suivre.

Le prix Goncourt

C'est en France « le » prix littéraire par excellence, le seul dont le résultat soit attendu et connu dans la France profonde.
On offre le Goncourt pour les fêtes, et le roman comme l'auteur font

l'objet de débats passionnés jusque dans les salons des notabilités de province.

Le prix Goncourt fait vendre : de 100 000 exemplaires pour un roman peu commercial à 600 000 exemplaires lorsque le choix des jurés rencontre l'adhésion du public.

Au début du siècle, le prix Goncourt rapportait à son auteur une somme coquette de 5 000 francs-or. Aujourd'hui, par le jeu des dévaluations successives, le lauréat n'empoche qu'un chèque de 50 francs tiré sur la Caisse des dépôts et consignations. Seuls les écrivains avares l'encaissent... les autres le font encadrer.

L'auteur couronné s'enrichit grâce au montant des droits - droits principaux, droits annexes, droits d'adaptation cinématographique, droits étrangers... - que lui vaut le tirage plus ou moins considérable consécutif à l'attribution du prix (2 millions à 10 millions de francs environ).

Le Goncourt est devenu une formidable opération médiatique mettant en jeu de tels intérêts commerciaux et financiers qu'il est compréhensible que, parfois, des considérations politiques ou passionnelles viennent jeter quelque ombre sur des choix qu'on souhaiterait purs et incontestables.

Mais où sont les critères objectifs du talent? Comment les jurés pourraient-ils s'abstraire du goût de la mode pour juger selon les valeurs qui seront celles de la postérité?

(Pour plus de détails, voir le chapitre « ACADÉMIE GONCOURT ».)

Le prix Renaudot

1925 : un groupe de journalistes littéraires s'impatiente devant chez Drouant en attendant que le jury Goncourt en ait fini avec ses délibérations interminables.

« Et si nous fondions un prix, nous aussi ! » propose Georges Charensol. L'objectif déclaré de ce prix sera de corriger le choix des Goncourt en retenant comme unique critère le talent et, éventuellement, l'originalité.

Ces journalistes vont placer leur prix sous le parrainage de Théophraste Renaudot (1586-1653), médecin et fondateur de la célèbre *Gazette* qui fut le second journal français et celui qui eut la plus longue destinée : fondé le 30 mai 1631, il parut jusqu'en 1915.

Comme celui du Goncourt, le jury des Renaudot se réunit dans une salle à manger de chez Drouant, mais à l'étage au-dessus.

Le résultat du prix Renaudot est proclamé immédiatement après celui du Goncourt, ce qui oblige les jurés à voter pour deux romans

(au cas où leur premier choix leur serait soufflé par les Goncourt), mais à n'en proclamer qu'un seul.
Ce prix ne rapporte qu'une invitation à déjeuner l'année suivante chez Drouant. Le jury Renaudot est toujours composé de journalistes et de critiques. Les dix membres sont actuellement :

Francis Ambrière	José Cabanis
Alain Bosquet	Luc Estang
André Bourin	Louis Gardel
Jacques Brenner	Marcel Sauvage
André Brincourt	Roger Vrigny

On doit aux Renaudot d'avoir couronné Marcel Aymé (1929), Céline (1932), Aragon (1936), Roger Peyrefitte (1944), Henri Bosco (1945), Robert Margerit (1951), Michel Butor (1957).

Le prix Fémina

Le Fémina est né en 1904 d'une révolte contre le machisme des Goncourt. Au moment d'attribuer le prix à Mme Myriam Harry, Rosny aîné, président du jury Goncourt, s'écria : « Pas de femme parmi nous! » et Léon Frapié fut couronné pour *La Maternelle.*
Indignées par cette injustice, vingt-deux journalistes du magazine *Fémina-Vie heureuse* décidèrent sur-le-champ de se réunir en jury et de fonder un prix destiné « à couronner le meilleur roman de l'année, à encourager les lettres et à rendre plus étroites les relations de confraternité (consororité?) entre les femmes de lettres ».
Bien sûr, Myriam Harry obtint le premier prix Fémina de l'histoire pour son roman *La Conquête de Jérusalem.*
Le jury du Fémina est exclusivement composé de femmes. Le nombre des membres a été ramené de vingt-deux à douze en 1951. Ce sont actuellement Mesdames :

Dominique Aury	Renée Massip
Madeleine Chapsal	Zoé Oldenbourg
Régine Deforges	Suzanne Prou
Claire Gallois	Edmée de La Rochefoucauld (présidente)
Benoîte Groult	Marie Susini
Diane de Margerie	

Un seul homme est toléré dans ce club de bas-bleus, Jacques Nels, qui en est depuis vingt-six ans le secrétaire général.
Le jury se réunit au Cercle de l'Union Interalliée et proclame son prix le dernier lundi de novembre, une semaine après le Goncourt et en même temps que le Médicis.
Le prix est d'un montant de 5 000 francs, offerts par la maison Hachette.

Ces dames ont eu, dans l'ensemble, la main heureuse. Elles n'ont pas laissé passer Romain Rolland, Roland Dorgelès, Georges Bernanos, Antoine de Saint-Exupéry, Marguerite Yourcenar...
Le record de vente pour un prix Fémina était de 250 000 exemplaires en 1955 pour *Le Pays où l'on n'arrive jamais* d'André Dhotel. Ce record tombera sûrement avec *Le Zèbre* d'Alexandre Jardin (1988).
Mais le Fémina peut s'enorgueillir d'un autre record qui ne sera pas battu de sitôt, celui de l'âge de la présidente du jury, Madame Simone, qui mourut à l'âge coquet de cent huit ans!

Le prix Médicis

De tous les grands prix littéraires de l'automne il est le benjamin ; né en 1958 sur une idée de Jean-Pierre Giraudoux soumise à Gala Barbizan qui accepta d'en être le mécène, son objectif est de « sauver les livres de la décadence des autres prix, de couronner un roman sans fautes d'orthographe et de récompenser la qualité d'un style ».
On choisira donc un roman, un récit ou un recueil de nouvelles apportant un ton ou un style nouveau et dont l'auteur débute ou n'a pas une notoriété correspondant à son talent.
Ce prix passe pour être le moins sensible aux affectueuses pressions des grandes maisons d'édition. Il est proclamé le même jour que le Fémina et son lauréat reçoit 4 500 francs.
Le jury se compose de onze membres, comme une équipe de football :

François-Régis Bastide
Dominique Fernandez
Jean-Pierre Giraudoux
Francine Mallet
Claude Mauriac
Jacqueline Piatier
Christine de Rivoyre
Alain Robbe-Grillet
Marthe Robert
Denis Roche
Marcel Schneider

Le prix Interallié

Souvent les mêmes causes engendrent les mêmes effets : de même que le prix Fémina avait été créé en révolte contre une décision des Goncourt, de même le prix Interallié naîtra en 1930 d'une colère contre un vote des dames du Fémina! Qui a contesté doit s'attendre à être contesté à son tour!
Les journalistes-courriéristes chargés de couvrir les événements littéraires de cet automne 1930 estimaient tous que le meilleur roman de l'année était, et de loin, *La Voie royale* du jeune André Malraux.

Furieux de constater que ce roman n'avait pas été retenu par les Goncourt - qui lui avaient préféré *Malaisie* d'Henri Fauconnier - ni par les jurés du Renaudot - qui avaient élu *Piège* de Germaine Beaumont - ils furent saisis d'une saine colère lorsqu'à leur tour ces dames du Fémina écartèrent Malraux au profit de Marc Chadourne et de son roman *Cécile de la folie.*

Ils se réunirent aussitôt au Cercle Interallié et décidèrent de fonder leur propre prix, dont le premier lauréat fut - devinez qui? - André Malraux évidemment. Les journalistes décidèrent que leur prix serait purement honorifique et qu'aucune remise de chèque n'accompagnerait la proclamation de l'ouvrage couronné. La seule récompense est un déjeuner auquel est convié le lauréat de l'année précédente qui, exceptionnellement, participe au vote.

En 1930, les premiers jurés de l'Interallié s'étaient réunis dans un bistrot de la rue Sainte-Anne. Aujourd'hui, ils préfèrent le cadre et la cuisine de chez Lasserre.

☘ En principe, ce prix récompense - mais il y a des exceptions - l'œuvre d'un journaliste. Tous les membres du jury ont été choisis parmi les titulaires du prix. Les jurés sont d'une exemplaire fidélité. Seule défection à signaler : la colère d'Antoine Blondin qui démissionna en 1975 sur un coup de sang et un coup de gueule.

Aujourd'hui les dix jurés de l'Interallié sont :

Lucien Bodard
Jean Couvreur
Jacques Duquesne
Jean Ferniot
Roger Giron
Paul Guimard
Serge Lentz
Eric Ollivier
Jean-Marie Rouart
Pierre Schoendoerfer

En raison du nombre de prix Interallié - dix-sept dans les vingt-cinq dernières années - qui sont venus couronner les auteurs d'une des deux maisons d'édition de la rue des Saints-Pères, ce prix est parfois surnommé avec quelque perfidie le « prix Grasset ».

☘ A tous les auteurs qui se retrouvent les mains vides et le cœur gros après une distribution des prix au cours de laquelle leur nom n'a pas été prononcé, nous rappellerons ces phrases de Jacques Laurent lequel, après avoir vilipendé les prix et fait le coup du mépris à l'Académie, obtint le Goncourt et siège aujourd'hui sous la Coupole :

« Supprimer les prix littéraires serait une mesure de salut public... aucune consécration officielle n'a jamais servi la littérature française. Quels grands écrivains ont été à l'Académie? »

Des prix en or

Le prestige ne nourrit pas son homme et ne se mange pas en salade, prétend la sagesse des nations qui n'a pas tout à fait tort. A quoi bon se polariser sur le prix Goncourt ou faire une fixation sur le Fémina alors qu'existent des prix qui n'assurent peut-être pas à leurs lauréats une aussi lumineuse renommée, mais qui leur procurent cette ceinture dorée qui vient au secours des comptes en banque mal assurés. Voici des prix qui ne font pas vendre mais qui rapportent de fort appréciables lots de consolation :

☘ *Le grand prix de la Francophonie*

Créé le 20 février 1986 à l'initiative du gouvernement canadien qui a remis à l'Académie française un fonds de 400 000 $ (2 millions de francs) destiné à couronner une œuvre « ayant assuré la présence ou le renouvellement de la langue française ». Le montant du prix est de *400 000* francs. Ça vaut le coup, pour une fois, d'être francophone!

☘ *Le prix Paul Morand*

Décerné par l'Académie française à un auteur pour l'ensemble de son œuvre : *300 000* francs.

☘ *Le prix Del Duca*

Créé à la mémoire de Cino par sa veuve Simone, pour « une œuvre au message de l'humanisme moderne » : *200 000* francs.

☘ *Le prix* « Ritz Paris Hemingway Award »

Créé par M. Al Fayed, propriétaire du Ritz : *50 000* $ soit *300 000* francs.

☘ *Le prix Marcel Proust*

Créé en 1972 par la municipalité de Cabourg pour récompenser un livre proustien, vient de devenir, grâce à la générosité du même M. Al Fayed, un des prix les plus richement dotés : *50 000* $ soit *300 000* francs.

☘ Du Ritz au champagne, il n'y a qu'un saut de bouchon : Alain Chevalier, P.-D. G. de Moët-Hennessy, a créé le *Grand Prix de l'Histoire*. Sous la présidence de Laurent Fabius, le prix de *100 000* francs est remis à son lauréat dans les salons de l'hôtel de Lassay.

☘ Les éditions belges Duculot, pour le cinquantième anniversaire du *Bon usage*, ont créé un prix de langue française, le *Prix Grévisse,* doté de *150 000* francs.

☘ Primagaz, afin d'entretenir la flamme littéraire, a créé un prix *Paul Léautaud* doté de *50 000* francs.

Citons pêle-mêle :

☘ Le *prix de l'Insolent* créé par les parfums Charles Jourdan. L'insolence a maintenant son prix évalué à *50 000* francs.

☘ *Mannesman Taly,* constructeur d'imprimantes, donne *100 000* francs à l'auteur d'un ouvrage qui traite d'informatique. Le prix est remis à la Géode.

☘ La FNAC attribue un *prix de la Nouvelle : 50 000* francs.

☘ Boucheron, le joaillier, a créé un *prix littéraire de la Femme.* La lauréate reçoit une broche en saphir et diamants, paraît-il, assez ringarde.

☘ *Le prix Rabelais* rapporte 100 bouteilles de Beaujolais.

☘ *Le prix littéraire des Relais gourmands* rapporte au lauréat 70 « chèques-restaurants » pour deux personnes à utiliser dans ces cantines de luxe qui ont nom le Grand Véfour, Faugeron, Jamin, Guy Savoy ou le Crillon.

☘ Il existe un *prix Havane* qui rapporte à un auteur une caissette de cigares. La première année, le lauréat avait été invité à Cuba pour cueillir ses cigares sur place.

☘ Il existe même un *grand prix du livre pour enfants* décerné par l'académie Smarties qui vaut à son lauréat de recevoir son poids en pastilles multicolores de chocolat.

Si nous voulons rester sérieux, voici une liste de prix qui sont pour le lecteur une garantie de qualité :

- Le grand prix national des Lettres (20 000 francs).
- Le grand prix de la Ville de Paris (30 000 francs).
- Le prix du prince Pierre de Monaco (30 000 francs).
- Le prix Chateaubriand (50 000 francs).
- Le prix Hassan II des Quatre-jurys (30 000 francs) pour un écrivain ayant obtenu au moins une voix à l'un des quatre grands prix littéraires de fin d'année.
- Grand prix de la Critique littéraire (3 000 francs).
- Prix des Deux-Magots, créé par René Mathivat, le patron du célèbre café, en 1933 (8 000 francs).
- Prix Cazes, feu le patron de la brasserie Lipp.
- Prix Max Jacob (10 000 francs).
- Grand prix de l'Humour noir (honorifique).
- Prix Albert-Londres - pour un journaliste (5 000 francs).
- Prix du Quai des Orfèvres.
- Grand prix de la Littérature policière.
- Prix des Volcans (10 000 francs).
- Prix de la Fondation de France (60 000 francs).
- Prix Sainte-Beuve.
- Prix Paul Valéry.
- Prix Aujourd'hui... etc.

Des prix en vert

L'Académie française est la reine du prix : en 1988, la vieille dame du Quai Conti n'en a pas distribué moins de 115!

Il y a les prix très sérieux comme le prix Morand, déjà nommé (300 000 francs), le prix Gobert du livre d'histoire (50 000 francs), le prix du Théâtre (50 000 francs), le prix Cinéma (50 000 francs), le grand prix de Littérature (100 000 francs), le grand prix de Poésie (30 000 francs)...

Puis, il y a les prix moins indispensables et ceux carrément farfelus :

- Le *prix Auguste Capdeville* décerné à trois lauréats d'un concours de poésie dont le sujet imposé est : « Amour d'un fils pour sa mère. »
- Le *prix Dodo* destiné à « récompenser des actes de vertu ou de courage ou bien des ouvrages d'économie politique, de socialisme pratique, en tous les cas utiles à la religion, à la morale et aux bonnes mœurs ».
- Le *prix Siret* qui récompense un écrivain non domicilié à Paris, poète de terroir si possible et de préférence forézien.
- Le *prix Antoine Giraud,* couronne celui qui est de parents savoyards et a illustré la France par des travaux scientifiques, littéraires ou artistiques.
- Le *prix Pierre Villey* destiné à encourager les aveugles à vaincre les obstacles que leur infirmité oppose aux travaux intellectuels.
- Le *prix de la fondation Gillot* s'adresse à un incurable, écrivain ou artiste pauvre.
- Le *prix Valentine Abraham Verlain* destiné à une femme de lettres ou une artiste malheureuse.
- Le *prix Pierre Damade* récompensera un lycéen de classe terminale ou étudiant de première année universitaire qui se sera particulièrement distingué en histoire.
- Le *prix Auguste Bon* réservé à un ouvrier mécanicien appartenant au département de la Seine et, s'il existe, au Xe arrondissement de Paris, qui sera resté trente ans dans le même atelier.

Il existe mathématiquement beaucoup plus de chances d'obtenir un prix littéraire en France que de gagner au tac-o-tac. Six mille livres nouveaux chaque année pour mille cinq cents prix : une chance sur quatre!

Des prix venus d'en bas

A côté des prix décernés par des jurys de spécialistes ou par des institutions existent maintenant des prix qui reposent sur les votes d'un grand nombre de lecteurs non professionnels. Attribués par la base, sans considérations de copinage ou de marchandage, ils ont davantage de chances de séduire un large public.

C'est ainsi qu'un jury d'auditeurs de France-Inter décerne chaque année le *prix du livre Inter,* de même que les auditeurs de R.T.L. choisissent le roman qui obtiendra le *prix R.T.L.*

Des lectrices du magazine *Elle* attribuent leur prix après qu'une importante présélection a été effectuée dans chacune des métropoles régionales au cours de l'année.

De même, ce sont les votes des libraires qui permettent de décerner le *prix des Libraires* et ceux des dépositaires de presse le *prix des Maisons de presse.*

Ces récompenses accompagnées d'une intense promotion dans les stations de radio ou dans les magazines initiateurs du prix, ou encore dans les vitrines des libraires concernés, atteignent généralement leur but qui est de faire lire des livres de qualité à un public que l'importance et la variété de la production littéraire désorientent souvent.

Les prix en Europe

How do you say « Goncourt » *in English?*

En Angleterre

~ Le *Booker price* est le plus prestigieux des prix. En principe, il doit couronner le meilleur livre anglais paru dans l'année.

Ce prix est décerné par un jury hétéroclite dont les membres changent chaque année. Chacun des jurés doit lire une centaine de livres en quelques semaines, ce qui n'est pas à la portée du premier venu. Les choix du Booker Price sont généralement sans surprise. Le prix est de 10 000£

~ Le *Whitebread literary award* rapporte 1500£.

~ En dehors de ces deux prix importants, on note 170 prix décernés par des firmes industrielles ou par des marques de bière et de whisky. Il existe même un prix du « most readable book »!

En Allemagne

Avant d'être une bonne affaire, un prix littéraire est un honneur dans ce pays où le sérieux est une vertu nationale. D'ailleurs, les éditeurs vous diront que le prix littéraire ne fait pas vendre.

On recense le *prix de la Paix* créé au lendemain de la guerre, le *prix Goethe* (50 000 DM) et le *prix Büchner* (20 000 DM). Plus une poussière de petits prix créés dans chaque Land où chaque association morale ou chrétienne a le sien.

La décentralisation politique allemande se double d'une décentralisation culturelle. Aucun éditeur ne peut influencer le vote de jurés disséminés à travers le pays et qu'il a peu de chances de pouvoir rencontrer.

☘ *En Italie*

Les Italiens possèdent une multitude de prix littéraires. Ils disputent à la France le record du nombre de prix (plus de 1 500). Certains sont misérables et valent à leurs lauréats d'empocher quelques millions de lires, une voiture ou un réfrigérateur.

Parmi les prix sérieux, le *Campiello* (1 500 000 lires) qui fait vendre de 50 à 100 000 exemplaires, le *Viareggio*, le *Bancarello*.

En Italie, prix Goncourt se traduit par *Premio Strega* (nom d'une liqueur célèbre, propriété d'un des mécènes), un prix qui échappe à toute *combinazione* : les fondateurs, méfiants, ont prévu un jury de deux mille personnes, dont la plupart sont des non-professionnels de l'édition, votant sur une présélection de cinq titres.

☘ *En Espagne*

Il serait vain de se faire des illusions : lorsque l'obtention d'un prix littéraire est synonyme de chiffre d'affaires important, il y a fort à parier que les considérations commerciales prendront le pas sur les préoccupations purement littéraires, entraînant magouillage et corruption. Or, il se trouve que le prix *Planeta* rapporte 15 millions de pesetas (700 000 francs) à son auteur et lui assure une vente d'un million d'exemplaires, notamment grâce au système du porte-à-porte que pratiquent tous les éditeurs. (Certaines entreprises espagnoles achètent de grosses quantités du livre primé pour le distribuer à leur personnel.)

Il existe aussi un prix *Nadal* et un prix *Cervantes*, dotés chacun de 3 millions de pesetas.

☘ *En Belgique*

Un best-seller en Belgique ne dépasse guère 25 à 30 000 exemplaires. C'est dire que l'édition belge, vertueuse de nature, est aussi condamnée à le rester par la modestie de l'enjeu.

Le prix *Victor Rossel* créé par le quotidien *Le Soir* en 1938 est un vrai prix, indépendant et crédible. Il rapporte 200 000 francs belges à son auteur. Le *prix de la Communauté française* est un peu plus généreux, avec 300 000 francs belges.

☘ Et l'on pourrait faire un tour aux États-Unis pour mentionner le *prix Pulitzer* en revenant par l'U.R.S.S. où le *prix Lénine* a remplacé le prix Staline et en passant par le Japon où l'on décerne le *prix Akutagawa Ryunosuke* !

Décidément les prix littéraires sont la chose au monde la mieux partagée. Mais le nombre des prix existant doit-il faire conclure à leur utilité? N'est-ce pas d'une douce utopie que relève l'assurance de chaque jury de discerner, parmi des milliers, le meilleur roman de l'année?
En attendant que la postérité ratifie leurs choix, ou qu'elle s'en moque, l'essentiel n'est-il pas que l'on parle du livre avec passion et que l'on se batte à son sujet - passionnément?

PSEUDONYMES

En dépit de son apparence savante de mot qu'on jurerait tout droit venu du grec ancien - *pseudo*, faux et *onuma*, nom - *pseudonyme* est de création tardive puisqu'on en trouve la première trace dans le *Dictionnaire* de Furetière (1690) avec cette définition : « Qui porte un nom faux. »
Nous voici bien avancés... Tous les noms ne sont-ils pas faux? S'ils correspondaient à une réalité lors de leur création, il y a belle lurette qu'en se transmettant de père en fils ils ne représentent plus rien : « Charpentier » aujourd'hui est peut-être viticulteur, « Bourguignon » habite la Bretagne et « Lelong » est un nabot.

Littré établit une distinction entre le *pseudonyme* (le nom mensonger proprement dit), le *cryptonyme* (où le nom de l'auteur se cache sous une anagramme) et l'*hétéronyme* (lorsque l'auteur a pris le nom d'une autre personne). Et n'ayons garde d'oublier l'*anonymat* qui est le degré zéro du pseudonyme en même temps que le plus utilisé des faux noms!
Si les écrivains renoncent parfois à signer de leur nom véritable certaines de leurs œuvres c'est rarement par modestie, qualité fort peu répandue parmi les gens de plume.
Et, s'il leur arrive ainsi de déguiser leur nom et de s'avancer masqués à la rencontre de leurs lecteurs ce n'est pas, bien souvent, sans d'excellentes raisons. Face à l'intolérance du pouvoir politique ou à la pudibonderie vigilante des mœurs officielles, un *pseudonyme* - ou

l'anonymat pur et simple - a quelquefois permis à l'auteur d'une œuvre non conformiste ou subversive d'éviter les poursuites... en attendant l'arrivée de temps meilleurs ou le retour de la liberté. Comme un loup de carnaval, le pseudonyme est confortable et rassurant. Toute notre vie, les conventions nous obligent à porter un masque sur notre véritable personnalité... Ce masque qu'un autre masque peut faire tomber.

On pourrait écrire une histoire de la littérature à travers le pseudonyme. Les exemples ne manquent pas :

☘ En 1721, Montesquieu fit paraître anonymement ses *Lettres persanes*.

☘ Voltaire a publié *Candide* et *Zadig* sans nom d'auteur et, au cours de sa vie littéraire, il n'a pas utilisé moins de 175 pseudonymes différents dont Hume, Caille, Passeran ou le célèbre docteur Akakia dont « la diatribe » fit quelque bruit à la cour de Frédéric II.

☘ Prosper Mérimée a publié ses premières œuvres dramatiques en se cachant sous le nom de Clara Gazul, l'actrice aux prunelles de feu et à la féminité satanique et il a récidivé en publiant des prétendues poésies illyriques sous le nom de La Guzla (anagramme de Gazul).

☘ Plus près de nous, Charles Maurras signait certains de ses articles Xénophon XIII, Léon Rameau ou Octave Martin.

☘ Curnonsky, prince des gastronomes, n'était pas né en Russie comme son pseudonyme pourrait le donner à croire. Il s'appelait Maurice-Edmond Sailland et avait vu le jour en 1872 à Angers. Il était encore étudiant lorsqu'en 1893, ayant à envoyer un article au *journal* et voulant le signer d'un pseudonyme, il demanda conseil à Alphonse Allais. Comme on était en pleine amitié franco-russe, l'humoriste lui conseilla de se choisir un nom en « sky ».

« Pourquoi sky ? demanda le jeune Sailland.

- Pourquoi pas sky? » répliqua Allais.

Alors Sailland, qui avait des lettres, traduisit la phrase en latin : « Cur non sky? » (Pourquoi pas sky ?)

Le pseudonyme était trouvé. Il allait faire de l'usage et somptueusement nourrir son homme!

☘ Pendant l'Occupation, de grands écrivains entrèrent en Résistance sous un nom de guerre : Forez, c'était François Mauriac - François La Colère, Aragon - Lomagne, Jean Paulhan et Vercors était - et est toujours - Jean Bruller.

Les éditions de Minuit nées pendant l'Occupation publièrent une très belle anthologie des poètes de la Résistance intitulée *L'Honneur des poètes*.

C'est Eluard qui en rédigea - anonymement - la préface. Vingt-deux poètes y participèrent sous des pseudonymes depuis révélés, parmi lesquels :

Jacques Destaing cachait	Louis Aragon
Maurice Hervent.............	Paul Éluard
Jean Amyot	Pierre Emmanuel
Serpières	Eugène Guillevic
Paul Vaille..................	Loys Masson
Roland Mars................	Francis Ponge
Robert Barade..............	Charles Vildrac
Roland Dolée	Vercors
Daniel Thérésin..............	Jean Tardieu
Louis Masté	Pierre Seghers
etc.	

☘ Certains hommes politiques jugent préférable d'écrire un livre sous un nom d'emprunt afin d'éviter - mais le pseudonyme est vite découvert - l'interférence d'une activité accessoire avec une autre plus lucrative.

~ Ainsi Jacques Malterre, auteur des *Partis politiques français,* était Michel Rocard qui utilisait aussi le pseudonyme de Michel Servet. L'écrivain Roger Jacques n'a pas caché très longtemps Jacques Delors. Antoine Laurent, auteur du *Socialisme industriel,* n'était autre qu'Alain Boublil.
Quant à Jacques Gallus qui écrivit *L'Inflation au cœur,* c'était Xavier Stasse.

~ Jacques Attali, conseiller du président de la République, qui écrit beaucoup maintenant sous son nom, avait signé autrefois quelques livres Simon Fer.

~ Spécialiste de la supercherie littéraire, André Bercoff, sous le nom de Philippe de Commines, écrivit en 1982 *Les 180 jours de Mitterrand.* C'est un peu plus tard sous le pseudonyme de Caton qu'il intrigua la France entière en publiant deux ouvrages intitulés *De la reconquête* et *De la renaissance.*

~ Sous le pseudonyme de Hasard d'Estin, Bertrand Poirot-Delpech - devenu depuis Immortel - a publié *Tout fout le camp* (1976), un portrait au vitriol d'une certaine France politique.

~ N'oublions surtout pas feu le président Edgar Faure que ses innombrables mandats politiques n'empêchèrent pas de publier - sous son nom - quelques ouvrages sérieux et d'imaginer des romans policiers sous le pseudonyme transparent d'Edgar Sanday (sous prétexte que son prénom d'Edgar s'écrivait « sans d » à la fin).

☘ Dans le domaine de la littérature, l'exemple le plus célèbre fut celui de Romain Gary, seul auteur à avoir obtenu - alors que les statuts de l'Académie s'y opposent - deux fois le prix Goncourt : la première fois sous son nom, en 1956, pour *Les Racines du ciel* et la seconde pour *La Vie devant soi* en 1975 sous le nom d'Émile Ajar (pseudonyme de Paul Pavlowitch, son cousin). Il avait voulu ainsi, avant de quitter volontairement notre monde, faire un dernier pied-de-nez à tous les critiques littéraires qui avaient cessé de lui trouver du talent.

☘ Un autre pseudonyme fameux est celui qu'utilisa Boris Vian pour écrire, à des fins alimentaires, des parodies de romans noirs américains : *J'irai cracher sur vos tombes* (1946), *Les Morts ont tous la même peau* (1947), *Et on tuera tous les affreux* (1948). Ces livres déclenchèrent un véritable scandale qu'on a peine à comprendre aujourd'hui. Le traducteur et l'éditeur furent poursuivis devant les tribunaux. En effet, sur les premières éditions, ces romans étaient signés du nom d'un certain Vernon Sullivan, le nom de Boris Vian n'étant cité que comme traducteur.

☘ Pour ne pas quitter le roman policier, rappelons le nom de Jo Barnais qui, dans les années trente et quarante, écrivit trois polars - dont le fameux *Mort aux ténors* -, publiés par la Série noire. Sous ce pseudonyme se cachait une très grande vedette de music-hall, Georgius, le chanteur fantaisiste, auteur immortel du *Lycée Papillon* et de *La plus bath des javas*. Pourquoi avait-il eu l'idée de ce nom? Tout simplement parce que sa mère lorsqu'il était adolescent le traitait sans cesse de « jobard-né »!

~ Autre pseudonyme amusant, celui que prit l'écrivain Mathieu Lindon pour son premier livre publié par les paternelles éditions de Minuit : « P.S. Heudaux. »

☘ C'est dans le domaine de la littérature érotique que le pseudonyme trouve, on s'en doute, son terrain... d'érection.

~ *Le Con d'Irène,* publié clandestinement en 1928 par un certain René Bonnel, avec des illustrations d'André Masson et tiré à 150 exemplaires, était un écrit anonyme. Soixante années plus tard et après un certain nombre de procès, cet écrit est maintenant très officiellement attribué à Louis Aragon.

~ La poétesse grecque Bilitis dont on retrouva « miraculeusement », en 1894, un recueil de chants fort licencieux n'était autre que le très brillant et très érudit Pierre Louÿs, l'auteur d'*Aphrodite*.

~ Quant au plus célèbre des livres érotiques contemporains *Histoire d'O,* signé Pauline Réage, personne ne conteste plus aujourd'hui qu'il avait été écrit conjointement par Jean Paulhan - qui le préfaça - et Dominique Aury.

En voudriez-vous une preuve cachée? Le nom de Pauline Réage est l'anagramme de « Égérie Paulan », parfaite à un « h » près.

Nous avons borné volontairement cette liste aux trois exemples les plus célèbres pour oublier tous les écrivains connus qui ont, un jour ou un autre, commis un roman érotique. Qui disait que l'argent n'avait pas de droits d'odeur?

☘ A tous ceux qui souhaiteraient se choisir un pseudonyme et qui hésitent longuement avant de se décider, Tristan Bernard, dans *La Faune des plateaux,* donne le judicieux conseil que voici :
« Choisir de préférence comme pseudonyme le nom d'une rue très passante. S'appeler, par exemple, Henri Poissonnière ou Gaston de Bonne-Nouvelle. Aussitôt que l'auteur aura acquis une certaine notoriété, la foule s'imaginera vaguement qu'il a reçu du Conseil municipal cet éclatant hommage : l'attribution de son nom à une des voies parisiennes les plus en vue. » C'est sûrement le conseil qu'ont suivi Voltaire ou Victor Hugo en se choisissant un nom de boulevard ou d'avenue... Et qui ne leur a pas trop mal réussi !

N'existe-il pas pour un auteur qui va trouver la célébrité sous un pseudonyme un risque grave de dédoublement de personnalité ? Quels vont être les rapports entre l'auteur qui conçoit son œuvre dans la souffrance et son double de lumière qui vit sous les feux de la gloire ?

☘ Le deuxième roman qu'écrivit l'aspirant de marine Julien Viaud fut publié, comme le premier d'ailleurs, de façon anonyme : *Le Mariage de Loti* était le récit à peine romancé d'une aventure vécue par l'auteur qui avait seulement changé les noms des personnages : Julien Viaud, officier à bord du *Flore* était devenu le midship Harry Grant embarqué sur le *S.S. Reindeer.*
A Tahiti, l'officier anglais vit une merveilleuse histoire d'amour avec une belle indigène de quinze ans, Rarahu. Celle-ci, incapable de prononcer le nom de son amant, le baptise du nom d'une fleur de l'île, Loti. Et c'est sous ce nom de Loti que Julien Viaud deviendra célèbre et écrira toute son œuvre.
Comment espérer parvenir jusqu'à un auteur qui se dissimule ainsi sous le surnom de l'un de ses personnages, c'est-à-dire sous le reflet d'une ombre ? Où se trouve la vérité de l'auteur dans ce jeu subtil de miroirs ?

☘ Chacun sait que les princes qui nous gouvernent n'ont pas le temps matériel d'écrire eux-mêmes leurs discours.
Erik Arnoult, brillantissime énarque, dut à la qualité de son style d'être choisi comme nègre par François Mitterrand.
Parallèlement à cette vie passée dans l'ombre d'un grand homme, Erik Arnoult poursuit une carrière littéraire sous le pseudonyme d'Erik Orsenna, un nom qu'il a emprunté à la géographie du *Rivage des Syrtes* de Julien Gracq. Comme l'auteur se sentait un peu solitaire avec son nom de plume, il a baptisé Orsenna les deux protagonistes - le père et le fils - de son dernier roman *L'Exposition coloniale,* se dotant ainsi d'une famille de papier. Ce sont donc trois Orsenna d'un coup qui reçurent le 14 novembre 1988 le prix Goncourt !

Il en est de l'écrivain comme du poète dont parlait Jean Cocteau dans son discours de réception à l'Académie française :
« Qui connaît le véritable auteur des œuvres d'un poète ? Personne, même pas lui. Le véritable auteur est d'autant plus difficile à connaître qu'il exige que son nègre signe à sa place. »

QUI A DIT?

Pour alimenter leurs conversations quotidiennes ou pour fleurir leurs discours, les Français disposent d'un incomparable trésor d'expressions toutes faites, de proverbes et d'aphorismes en vers ou en prose dans lequel ils ne se privent pas de puiser à pleines mains.

Les citations surgissent au coin des phrases comme autant de références culturelles à l'appui d'une opinion ou comme une illustration familière à chacun des interlocuteurs. L'intention de celui qui les emploie est moins de surprendre que de rassurer en conférant au sujet de la discussion une résonance plus large, universelle presque. Un rien d'emphase dans la diction, un certain sourire dans le propos salue au passage l'emprunt littéraire ou historique et lui tient lieu de guillemets verbaux.

Mais qui sont donc les auteurs de ces phrases si connues qu'on n'a pas le souvenir de les avoir apprises un jour?

De qui sont ces citations qui sifflent sans cesse à nos souvenirs? Sauriez-vous rendre à César ce qu'il a dit un jour?

Un jour de pluie, nous vous proposons de jouer au petit jeu du « Qui a dit? ».

~ (Les) Absents ont toujours tort.

PHILIPPE NÉRICAULT dit DESTOUCHES (1680-1754),
L'Obstacle imprévu, acte I, scène 6.

~ Ah! qu'en termes galants ces choses-là sont mises!

MOLIÈRE (1622-1673)
Le Misanthrope, acte I, scène 2.

~ Ah! qu'il est doux de ne rien faire
Quand tout s'agite autour de vous!

MICHEL CARRÉ (1819-1872)
JULES BARBIER (1825-1901),
Galatée, opéra comique de VICTOR MASSÉ.

~ (L')Appétit vient en mangeant, la soif s'en va en buvant.

FRANÇOIS RABELAIS (1490-1553) dans *Gargantua*
citant Jérôme de Hangest, évêque du Mans (mort en 1538).

~ (L')Asile le plus sûr est le sein d'une mère.

JEAN-PIERRE CLARIS DE FLORIAN (1755-1794),
Fables, II-1, « La Mère, l'enfant et les sarigues ».

~ Au banquet de la vie, infortuné convive.

NICOLAS-JOSEPH GILBERT (1751-1780) *Odes*, IX.

~ (Les) Beaux esprits se rencontrent.

FRANÇOIS-MARIE AROUET dit Voltaire (1694-1778),
Correspondance à M. Thiérot, 30 juin 1760.

~ Chacun son métier, les vaches seront bien gardées.

FLORIAN, *Fables*, « Le vacher et le garde-chasse ».

~ Chaque âge a ses plaisirs, son esprit et ses mœurs.

NICOLAS BOILEAU (1636-1711),
Art poétique.

~ Charbonnier est maître chez lui.

BLAISE DE MONTLUC (1500-1577),
Commentaires.

~ Chassez le naturel il revient au galop.

DESTOUCHES,
Le Glorieux, acte III, scène 5.

~ (Le) Cœur a ses raisons que la raison ne connaît point.

BLAISE PASCAL (1623-1662),
Pensées.

~ Couvrez ce sein que je ne saurais voir. MOLIÈRE,
Tartuffe, acte III, scène 2.

~ (La) Critique est aisée et l'art est difficile.

DESTOUCHES,
Le Glorieux, acte II, scène 5.

~ (L')Ennui naquit un jour de l'uniformité.

ANTOINE HOUDAR DE LAMOTTE (1672-1731),
Fables, « Les Amis trop d'accord ».

~ (L')Esprit qu'on veut avoir gâte celui qu'on a.

JEAN-BAPTISTE GRESSET (1709-1777),
Le Méchant, acte IV, scène 7.

~ Et le jeu, comme on dit, n'en vaut pas la chandelle.

PIERRE CORNEILLE (1606-1684),
Le Menteur, acte I, scène 1.

~ (L')Exactitude est la politesse des rois.

LOUIS XVIII (1758-1824).

~ (Les) Extrêmes se touchent.

LOUIS SÉBASTIEN MERCIER (1740-1814),
Tableau de Paris, t. IV, titre du chapitre 348.

~ Et l'on revient toujours à ses premiers (!) amours.

CHARLES-GUILLAUME ÉTIENNE (1778-1845),
Joconde ou les Coureurs d'aventures.

~ (La) Façon de donner vaut mieux que ce qu'on donne.

PIERRE CORNEILLE,
Le Menteur, acte I, scène 1.

~ (Les) Gens que vous tuez se portent assez bien.

PIERRE CORNEILLE,
Le Menteur, acte IV, scène 2.

~ (Le) Geste auguste du semeur.

VICTOR HUGO (1802-1885),
Chansons des rues et des bois :
Saison des Semailles, « Le soir ».

~ Glissez, mortels, n'appuyez pas!

PIERRE-CHARLES ROY (1683-1764),
derniers vers d'un quatrain figurant
sous une gravure de Lancret,
L'Hyver, représentant des patineurs.

~ Hâtez-vous lentement!

NICOLAS BOILEAU,
Art poétique, I.

~ Il est peu de distance de la Roche Tarpéienne au Capitole.

HONORÉ GABRIEL RIQUETI, comte de Mirabeau (1749-1791),
Discours à la Constituante, 22 mai 1790.

~ Il faut manger pour vivre et non pas vivre pour manger.

PLUTARQUE attribue à SOCRATE cette maxime reprise
par MOLIÈRE dans *L'Avare*, acte III, scène 5.

~ Il faut qu'une porte soit ouverte ou fermée.

BRUEYS et PALAPRAT,
Le Grondeur, acte I, scène 6.

~ Il grandira car il est espagnol.

HENRI MEILHAC (1831-1897) et LUDOVIC HALEVY (1834-1908),
La Périchole (1868),
musique d'Offenbach.

~ Il ne faut pas être plus royaliste que le roi.

FRANÇOIS RENÉ DE CHATEAUBRIAND (1768-1848),
La Monarchie selon la Charte.

~ Ils n'ont rien oublié ni rien appris (les Bourbons).

NAPOLÉON (1769-1821),
Proclamation du 1er mars 1815.

~ Il n'y a point de pires sourds que ceux qui ne veulent pas entendre.

MOLIÈRE,
L'Amour médecin, acte I, scène 4.

~ Il y a aura du bruit dans Landerneau.

ALEXANDRE DUVAL (1767-1842),
Les Héritiers ou le Naufrage, scène 23.

~ Madame, si c'est possible c'est fait, impossible cela se fera!

CHARLES-ALEXANDRE DE CALONNE (1734-1802),
à Marie-Antoinette.

~ Ma foi! s'il m'en souvient, il ne m'en souvient guère!

THOMAS CORNEILLE (1625-1709),
Le Geôlier de soi-même.

~ Mes pareils à deux fois ne se font pas connaître
Et pour leurs coups d'essai veulent des coups de maître.

PIERRE CORNEILLE,
Le Cid, acte II, scène 2.

~ Mon verre n'est pas grand mais je bois dans mon verre.

ALFRED DE MUSSET (1810-1857),
La Coupe et les lèvres.

~ Nécessité fait gens méprendre et faim saillir le loup du bois.
FRANÇOIS VILLON (1431-1463),
Le Testament.

~ Nous n'irons plus au bois les lauriers sont coupés.
MARQUISE DE POMPADOUR (1721-1764),
Chanson.

~ Oh! N'insultez jamais une femme qui tombe.
VICTOR HUGO,
Les Chants du Crépuscule, « Napoléon II ».

~ O liberté! Que de crimes on commet en ton nom!
MANON ROLAND (1754-1793).

~ On est plus près du cœur quand la poitrine est plate.
LOUIS BOUILHET (1821-1869),
A une jeune fille manquant de charme.

~ On n'est jamais si bien servi que par soi-même.
CHARLES-GUILLAUME ÉTIENNE,
Brueis et Palaprat, acte I, scène 4.

~ O sancta simplicitas!! (O sainte simplicité).
JEAN HUSS (1369-1415), sur le bûcher en voyant une vieille femme apporter un fagot pour son supplice.

~ Où peut-on être mieux qu'au sein de sa famille?
JEAN-FRANÇOIS MARMONTEL (1723-1799),
Lucile, opéra de Grétry.

~ Partir, c'est mourir un peu.
EDMOND HARAUCOURT (1856-1942),
Le Rondel de l'adieu.

~ Plaisir d'amour ne dure qu'un moment
Chagrin d'amour dure toute la vie.
JEAN-PIERRE CLARIS DE FLORIAN,
Célestine.

~ Plus ça change... Plus c'est la même chose.
ALPHONSE KARR (1808-1890).
Titres de deux de ses ouvrages parus en 1875.

~ Pour vivre heureux, vivons cachés.
FLORIAN, *Fables*, « Le Grillon ».

~ Quand on est mort, c'est pour longtemps.
ANTOINE DESAUGIERS (1742-1793),
Chansons.

Quand on n'a pas ce que l'on aime
Il faut aimer ce que l'on a.

ROGER DE BUSSY RABUTIN (1618-1693),
Lettre à Madame de Sévigné, 23 mai 1667
et Thomas Corneille, *Nouveau Prologue de l'inconnu*.

Que diable allait-il faire dans cette galère?

MOLIÈRE,
Les Fourberies de Scapin, acte II, scène 7.

Que la République était belle sous l'Empire!

Dit vers 1885 par ALPHONSE AULARD, (1849-1928).

Qu'importe le flacon pourvu qu'on ait l'ivresse!

ALFRED DE MUSSET,
La Coupe et les lèvres.

Qui veut noyer son chien l'accuse de la rage.

MOLIÈRE,
Les Femmes savantes, acte II, scène 5.

Rappelez-vous qu'il n'est aucun de vous qui n'ait dans sa giberne le bâton de maréchal du duc de Reggio, c'est à vous de l'en faire sortir.

LOUIS XVIII
aux élèves de l'école de Saint-Cyr,
le 8 août 1819.

Rien ne manque à sa gloire
Il manquait à la nôtre.

B. J. SAURIN (1706-1781),
gravé sous le buste
de Molière à la Comédie-Française.

Rira bien qui rira le dernier.

FLORIAN, *Fables*,
« Les deux paysans et le nuage ».

Savoir par cœur n'est pas savoir.

MICHEL EYQUEM DE MONTAIGNE (1533-1592),
Essais.

Si Dieu n'existait pas, il faudrait l'inventer.

VOLTAIRE, *Épitres*,
« A l'auteur du livre des trois imposteurs. »

Si jeunesse savait... si vieillesse pouvait.

HENRI ESTIENNE (1531-1598),
Les Prémices.

(Le) Temps est un grand maître, il règle bien des choses.

PIERRE CORNEILLE, *Sertorius.*

~ (Le) Temps ne fait rien à l'affaire. MOLIÈRE,
Le Misanthrope, acte I, scène 2.

~ Tout bonheur que la main n'atteint pas n'est qu'un rêve.
JOSÉPHIN SOULARY (1815-1891),
Sonnets humoristiques.

~ Tout homme a dans le cœur un cochon qui sommeille.
CHARLES MONSELET (1825-1888).

~ Tout homme a deux pays, le sien et puis la France.
HENRI DE BORNIER (1825-1901),
La Fille de Roland,
acte III, scène 2.

~ Tout vient à point à qui peut attendre.
CLÉMENT MAROT (1496-1544),
Chansons.

~ Tous les méchants sont buveurs d'eau
C'est bien prouvé par le déluge.
L. PHILIPPE SÉGUR L'AÎNÉ (1753-1830),
Chanson morale.

~ Un dessert sans fromage est une belle à qui il manque un œil.
ANTHELME BRILLAT-SAVARIN (1755-1826),
Physiologie du goût.

Rébus

Le *rébus* mérite l'appellation d'ancêtre des jeux de lettres et d'esprit dans la mesure où les hiéroglyphes de l'Égypte ancienne peuvent être considérés comme des rébus codifiés. D'ailleurs, le nom latin de ce jeu suffirait déjà à lui conférer une indiscutable origine antique. Tous les écoliers latinistes ont appris que *rebus* est l'ablatif pluriel du mot *res* « la chose » et signifie donc : « au sujet des choses ».
Nous nous contenterons de remonter au xve siècle où apparaît ce mot dans la région picarde. A l'occasion du carnaval annuel de leur ville, les basochiens et les escholiers d'Amiens composaient sur les événements qui avaient marqué la vie de leur cité un genre de journal satirique, plein d'allusions et d'équivoques, intitulé *De rebus quae geruntur* (« Sur les choses qui ont eu lieu »). C'était en quelque sorte la chronique scandaleuse d'Amiens. Sans doute en étaient-ils amenés à introduire dans la rédaction de leur libelle ce genre d'hiéroglyphes que chacun connaît aujourd'hui sous le nom de rébus.
C'est dans un poème de Marot qu'on trouve une allusion à cette pratique :

> C'est un rébus de Picardie
> Une étrille, une faux, un veau,
> Cela fait « étrille Fauveau ».

On prit par la suite l'habitude de désigner sous le nom d'*écriture in rebus*, un texte dans lequel on exprimait par des figures les choses qu'on voulait dire.
Puis le rébus devint un jeu qu'on peut définir comme un ensemble de dessins mêlés de lettres, de signes ou de mots disposés de façon à ce que leur lecture phonétique révèle le sens caché de la phrase. Sous l'Ancien Régime, puis sous la Révolution et l'Empire, le *rébus* connut une grande fortune. Il fleurissait sur les enseignes d'hôtel ou de cabarets :
Un « lion d'or » signifiait tout simplement « Au lit on dort » et la formule « 0.20.100.0 » devait se traduire par « Au vin sans eau ». On décorait de rébus les assiettes à dessert, les fonds de chapeau et tous les almanachs en proposaient à leurs lecteurs. Grandville (1803-1847), le célèbre dessinateur et graveur, consacra de très nombreuses et remarquables illustrations au rébus.
Nés de pères connus - ou le plus souvent anonymes -, voici une galerie de rébus. Il y en a de naïfs, de drôles, de spirituels, d'édifiants et de peu convenables. Chacun de vous en connaît sûrement un ou plusieurs qu'il pourrait rajouter à cette collection.

Le sieur Estienne Tabourot (1547-1590) dans ses *Bigarrures et touches du seigneur des Accords* (voir à la rubrique « Contrepets ») cite un certain nombre de rébus, dont celui-ci fort poétique :

PIR	VENT	VENIR	
UN	VIENT	D'UN	①

Né de la même veine d'inspiration, en voici un autre :

VENT	VIENT	PIRE	VENT	
A QUI	D'AMOUR	LE CŒUR	BIEN	②

Le plus royal des rébus est celui que Frédéric II, roi de Prusse, adressa à Voltaire qu'il avait invité à venir vivre dans son Palais de Sans-Souci à Postdam :

P	A	6	
6 HEURES		100	③

A quoi l'écrivain répondit par retour :

G.a. ④

Arago - non pas François, le savant, mais son frère Jacques, l'explorateur - avait composé pour lui-même ce rébus en forme de profession de foi :

URE		
ARE		ERIL

⑤

Voici, au hasard, d'autres rébus non moins savoureux quoiqu'anonymes :

~ MADEMOSELLE, JE BIS À VORE ⑥

~ LE AS $\frac{P}{A}$ I R CHEZ SON N ⑦

~ L'OISIVETÉ $\frac{\text{VENT}}{\text{N NOUS N}}$ O MAL ⑧

~ CHANTILLY VALENCIENNES ⑨

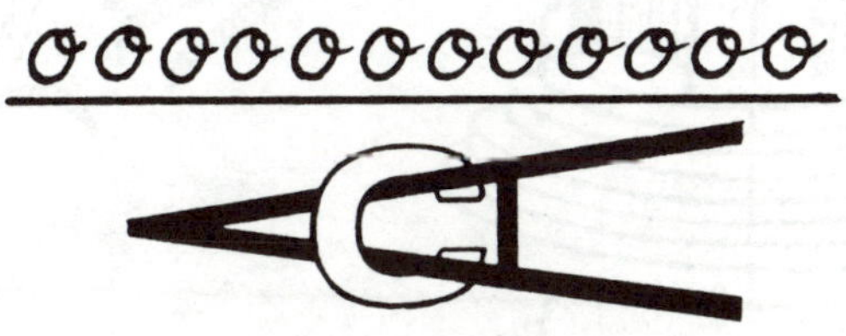

⑩

⑪

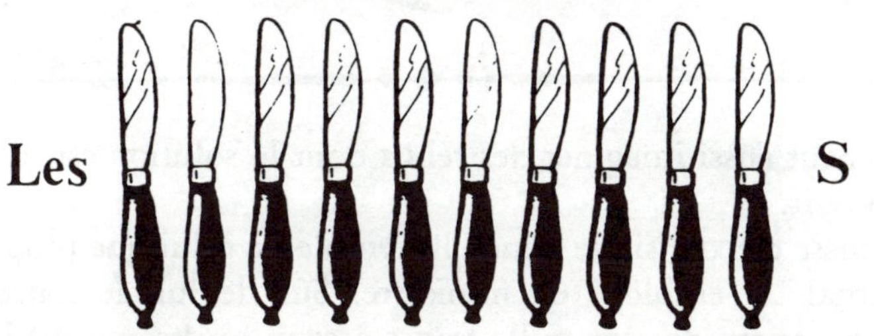

⑫

~ LUNDI, mardi, MERCREDI, *JEUDI*, vendredi, SAMEDI, DIMANCHE ⑬

☘ Un brin de folie et d'absurdité ne messied pas parfois au rébus. Témoin celui ci-dessous :

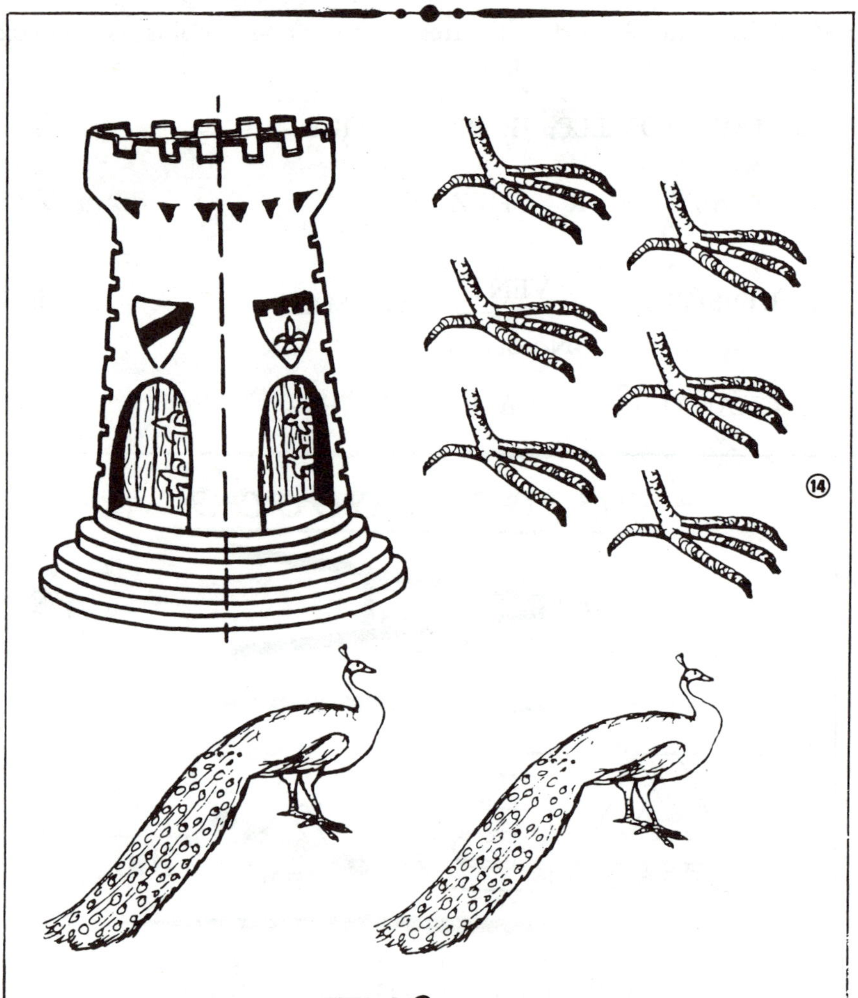

⑭

☘ On peut aussi imaginer des rébus dont la solution est impossible à découvrir.

Le Larousse du XIXe siècle donne l'exemple de celui que proposa dans un journal un employé de ministère. Sûr de lui, le fonctionnaire offrit une prime de cent mille francs à celui qui trouverait la phrase dissimulée sous ce dessin. Bien sûr, personne ne trouva. Notre employé, alors, révéla la solution du rébus. Mais il offrit à nouveau cent mille francs à celui qui parviendrait à en trouver l'explication.

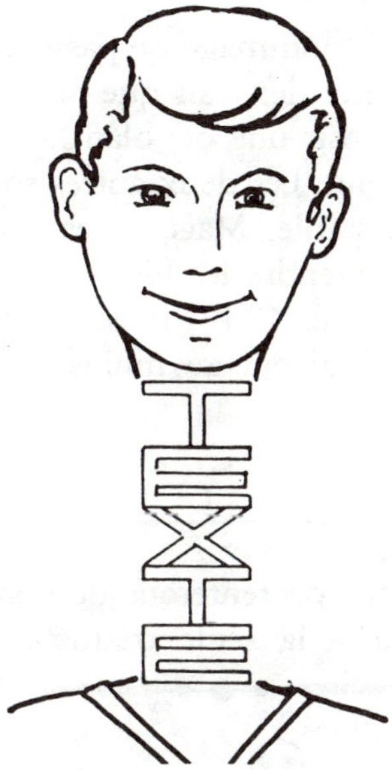

⑮

Voici donc la solution :
« On ne manque pas de prétextes pour couvrir ses fautes au ministère. »
Personne ne trouva. Et vous, sauriez-vous découvrir la démarche qui permet de passer du rébus à sa solution?

♣ Autre rébus à la solution impossible, cette figure très simple qui cache le récit d'un épouvantable drame historique :

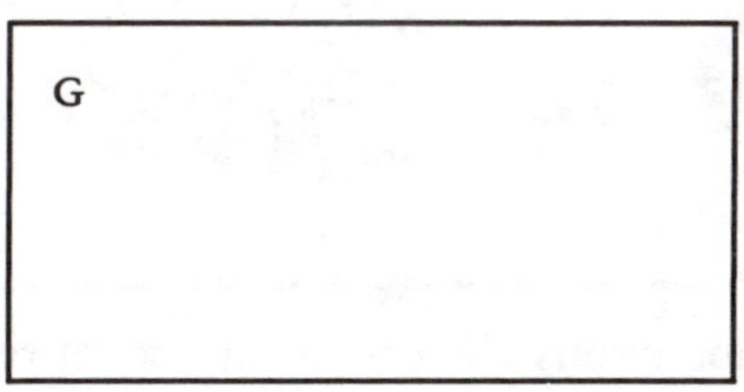

⑯

Dans ce genre de rébus, seul s'amuse celui qui connaît la solution et qui s'apprête à l'expliquer à des personnes qui, elles, ne commenceront à rire vraiment qu'à partir du moment où elles vont s'imaginer en train de coller à leur tour leurs amis et connaissances.

Afin de mettre nos lecteurs sur la voie, nous leur dévoilerons qu'au centre du rectangle aurait dû figurer la mention : « Le roi Pépin », si précisément - et c'est là toute l'astuce de ce rébus - les éléments n'en avaient été progressivement effacés. Nous en avons trop dit!

☘ Pour terminer, il serait dommage de passer sous silence les rébus « à carré blanc ». Le premier des trois que nous vous proposons parviendrait à peine à faire rosir une oie blanche - si, par bonheur, on parvenait à en dénicher une. Les deux autres sont plus salés et d'un bon goût peut-être contestable. Mais, si les parents susceptibles de s'en indigner pouvaient entendre les histoires que se racontent leurs jeunes écoliers et écolières du CM2, ils seraient autrement horrifiés que par ces plaisanteries qui ont au moins le mérite d'être drôles. Voici le premier :

SON T L SON (17)

Pour le suivant, nous nous contenterons de donner - à ceux qui ne l'auraient pas découverte - la seule traduction phonétique :

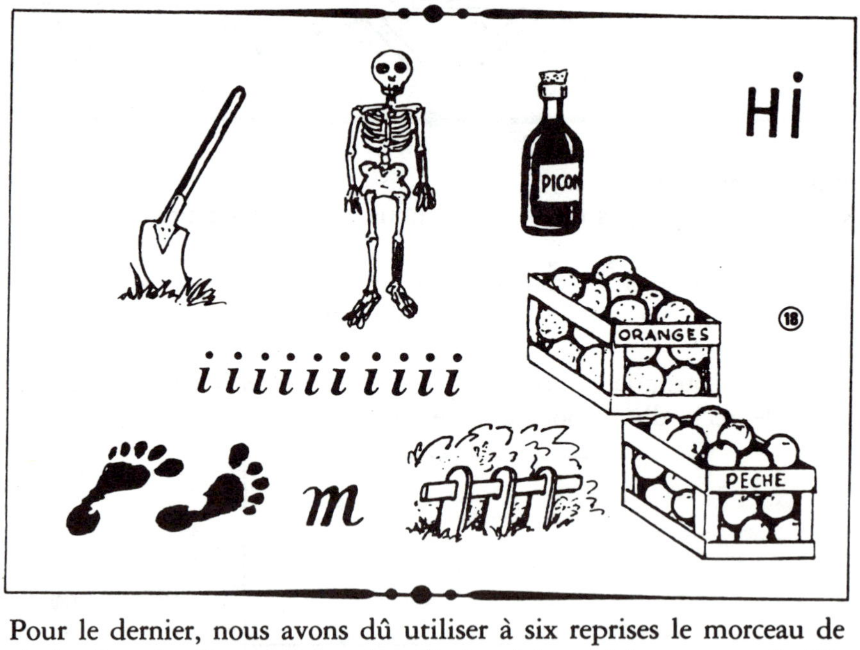

(18)

Pour le dernier, nous avons dû utiliser à six reprises le morceau de choix d'un Apollon, celui qui se dissimulait parfois sous une feuille de vigne. Le rébus donne la réponse à cette question essentielle : De quoi donc peut vivre un pillard ivrogne et brutal?

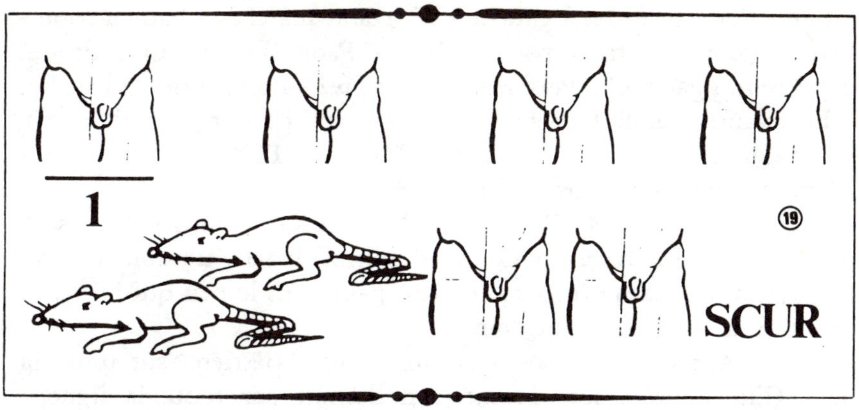

Solutions :

1. « un » sous « pir » - « vient » sous « vent » - « d'un » sous « venir ». (Un soupir vient souvent d'un souvenir)
2. « A qui » sous « vent » - « d'amour » sous « vient » - « le cœur » sous « pire » - « bien » sous « vent » (A qui souvent d'amour souvient, le cœur soupire bien souvent)
3. « Six heures » sous « P » - A - « Cent » sous « Six » (Six heures, souper à Sans-Souci)
4. G grand - a petit (J'ai grand appétit)
5. « Are » à gauche, « Eril » à droite, « Ure » par- dessus tout (Arago chérit la droiture par-dessus tout)
6. Mademoiselle (sauf I) je bois (sans O) à votre (sans T) - (Mademoiselle Sophie, je bois sans eau à votre santé)
7. Le - je n'ai pas mis nom d'As - « A » sous « P » - I.R, sans serrer mon « I » - chez son oncle (sauf ocle) - (Le jeune Epaminondas a soupé hier sans cérémonie chez son oncle Sophocle)
8. L'oisiveté « nous » entre « N » sous « Vent« O Mal (L'oisiveté nous entraîne souvent au mal)
9. Le point d' « I » de Chantilly est plus fin que le point d' « I » de Valenciennes (Le point dit de Chantilly est plus fin que le point dit de Valenciennes)
10. « A » long dans « C » sous les « O » rangés (Allons danser sous les orangers)
11. Un grand « A.B » plein d' « a » petits « A » traversé par « I » « 100 » sous « P » (Un grand abbé plein d'appétit a traversé Paris sans souper)
12. « Les » - dix manches ont dix lames - « S » (Les dimanches on dit la messe)
13. Les jours se suivent mais ne se ressemblent pas
14. Demi-tour à droite - Demi-tour à gauche - Porte et armes à

droite - Porte et armes à gauche - En avant, marches - Patte à paon - Patte à paon - Patte à paon - Paon - Paon (Demi-tour à droite! demi-tour à gauche! - Portez arme à droite! - Portez arme à gauche! - En avant, marche! Pa-ta-pan, pa-ta-pan, pa-ta-pan, pan pan!)
15. « On ne » manque - Pas de « Pré » - « TEXTE » pour cou - « Vrir ses fautes » omis - Ni « Stère »!
16. Le roi Pépin, sans « R », sans « O », sans « l'I », sans « Pin », sans « le PE » qui lui reste... « G » mis tout seul dans un coin (Le roi Pépin, sans air, sans eau, sans lit, sans pain, sans le peu qui lui reste, gémit tout seul dans un coin)
17. « L » après « T », « son » devant, « son » derrière, sur toute la ligne (Elle a prêté son devant, son derrière sur toute la ligne)
18. « Houe » - « squelette » - « amer » - H.I. dans un coin - « dix I » - caisse d'oranges - pas - m'haie - caisse de pêches
19. « Un » sous dard - nœud - vit - queue - deux rats - pine - zob - scure (Un soudard ne vit que de rapines obscures)

RENARD (Jules)
1864-1910

« Tout le monde ne peut pas être orphelin. »
Cette phrase horrible, venue spontanément aux lèvres de *Poil de carotte*, résume tout le malheur des enfants mal aimés. Ce garçon intelligent, sensible, détesté par une mère qui parle trop et aimé en silence par un père craintif et renfermé, Poil de Carotte, c'est Jules Renard lui-même.

☘ Il était le quatrième enfant d'un ménage mal assorti et marqué par le malheur. Les époux Renard - qui servirent de modèles à M. et Mme Lepic - avaient subi un terrible choc : Amélie, leur première petite fille née en 1856, était morte à l'âge de deux ans. François Renard, le père, bouleversé par ce deuil, avait songé à se tuer. Depuis, rien n'était plus pareil et le couple vivait dans une réserve proche de l'indifférence. Pourtant, deux autres enfants naquirent : Amélie, deuxième du nom, et Maurice. C'est dans une ambiance de rancœur partagée et de haine recuite que, le 22 février 1864, le petit Jules fit son entrée dans le monde.

A peine la mère eut-elle aperçu la chevelure blond-roux du bébé qu'elle le baptisa Poil de carotte. L'enfant, pour elle, n'eut jamais d'autre nom. Pour se venger de la maladresse de son mari, responsable de cette maternité non désirée, la mère reporta toute sa tendresse sur ses deux aînés, confondant dans une même haine le père et son dernier fils. Soucieux d'éviter les foudres de la mégère, François Renard se mure dans le silence. Désormais, il se borne à écrire sur une ardoise les rares mots qu'il veut communiquer à sa femme. C'est dans ce foyer sans amour, dans cette atmosphère irrespirable, que va grandir le petit Jules Renard. Comment l'écrivain qu'il devint n'aurait-il pas été marqué à jamais par tant d'agressivité latente, tant de haine injuste?

Il vint au monde dans le village de Chalons-du-Maine, près de Laval, où son père, inspecteur des Travaux publics, était venu surveiller la construction d'une voie ferrée.

Un an plus tard, la famille revint s'installer à Chitry-les-Mines dans la Nièvre où François était né et dont il devint maire.

Le père et la mère se disputent aussi pour l'éducation des enfants. Elle, catholique, veut une institution religieuse. Lui, franc-maçon, une école laïque. Ils s'accordent sur un compromis : Maurice et Jules iront à l'Institut Saint-Louis de Nevers et suivront en même temps les cours du lycée. Pour tous les élèves, Jules devient *Poil de carotte*. C'est un excellent élève qui échoue pourtant à son premier baccalauréat. Son père décide de l'envoyer au lycée Charlemagne à Paris où il redoublera sa classe de première. Il trompe son ennui en élevant des vers à soie dans son pupitre. En classe de philosophie, son professeur note sur une copie : « Vous écrivez mal sous tous rapports. Vous avez un style de médecin, presque de pharmacien. »

Après son bac, Jules Renard se refuse à préparer le concours de l'École normale. Il fréquente des cafés littéraires et court les éditeurs pour présenter des textes toujours refusés.

Il trouve un emploi à la Société de magasinage et de crédit, spécialisée dans le stockage du charbon... et qui perche à Aubervilliers.

Je sais enfin ce qui sépare l'homme de la bête ce sont les ennuis d'argent

Le 28 avril 1888, il épouse Marie Morneau - qu'il surnomme « Marinette » - une jolie fille de dix-sept ans qu'il a rencontrée à Barfleur et dont la mère, veuve, a du bien et possède un immeuble, rue du Rocher.

Les jeunes époux s'installent au deuxième étage. La belle-mère au

premier. Grâce à l'argent de sa femme, il peut faire éditer son recueil *Crime de village* à compte d'auteur et participer avec Vallette et sa femme Rachilde à la fondation d'une revue dont on parlera bientôt : *Le Mercure de France*.
Il collabore à plusieurs hebdomadaires littéraires et humoristiques. On reçoit beaucoup rue du Rocher... et du beau monde : Courteline, Marcel Schwob, Catulle Mendès, Alphonse Allais, Alphonse Daudet... Toutes les gloires du Paris de l'époque.
Deux enfants naissent : Jean-François - dit Fantec -, le 2 février 1889, et Julie - dite Baïe -, le 22 mars 1892.

Jules Renard écrit sans arrêt : il écrit, réécrit, travaille son style. Il s'applique à débarrasser sa phrase de tout effet littéraire. Il cherche le mot exact. Par-dessus tout il déteste que l'écrivain « fasse le beau ». Son ambition à lui, c'est de faire vrai. Il analyse l'homme avec la méticulosité de l'entomologiste observant un insecte. Sous son regard aigu comme un scalpel, les prétentions, les faux-semblants, les afféteries ne résistent pas, les baudruches se dégonflent. Jules Renard est une sorte de naturaliste du genre humain. Surtout, ne tromper personne et surtout pas soi-même :

- « C'est l'homme que je suis qui me rend misanthrope. »
- « On place ses éloges comme on place de l'argent, pour qu'ils nous soient rendus avec les intérêts. »
- « Pour arriver, il faut mettre de l'eau dans son vin jusqu'à ce qu'il n'y ait plus de vin. »
- « Ce n'est pas le tout d'être heureux, encore faut-il que les autres soient malheureux. »
- « Pour bien arriver, il faut d'abord arriver soi-même, puis que les autres n'arrivent pas. »
- « Quand je donne un billet de cent francs, je donne le plus sale. »

Ce n'est pas un hasard si ses écrivains préférés sont La Bruyère dont il a retrouvé l'art du trait et du portrait et La Fontaine pour sa langue simple. Il n'aura de cesse d'aller, par désir d'authenticité, vers le dépouillement du style :

- « La clarté est la politesse de l'homme de lettres. »
- « Le style c'est l'oubli de tous les styles. »
- « Le style, c'est l'habitude, la seconde nature de la pensée. »

La critique salue ses livres mais le public ne suit pas : *L'Écornifleur, Coquecigrues, Poil de carotte.* « Pas un de mes livres n'arrive à un second tirage. Je gagne en moyenne vingt-cinq francs par mois. Si mon ménage reste pacifique, c'est grâce à une femme douce comme les anges. Mon imagination, c'est un cul de flacon déjà vide. Et cette ambition à regarder par-dessus l'Arc de triomphe ! »

Alors, il va se tourner vers le théâtre qu'il considère comme le seul moyen de lui apporter la gloire et l'argent qui va avec.
Il a fait en 1886 la connaissance de Lucien Guitry qui devient vite pour lui un ami inséparable. *Le Plaisir de rompre* en 1897 fut son premier succès et il récidiva avec *Le Pain de ménage*. En 1908, il fut élu à l'académie Goncourt où il remplaça J.K. Huysmans.
Le succès tant espéré ni la notoriété ne l'avaient rendu heureux pour autant :

- « On n'est pas heureux : notre bonheur, c'est le silence du malheur. »
- « Ne réveillez pas le chagrin qui dort. »
- « La vie n'est ni longue ni courte : elle a des longueurs. »
- « On ne peut pas pleurer et penser car chaque pensée absorbe une larme. »
- « Toutes mes pensées ont une teinte de mort. »

En 1908, il vote à l'académie Goncourt pour *Les Provinciales* d'un jeune auteur inconnu nommé Jean Giraudoux qui n'obtiendra pas le prix. Lorsque Giraudoux vient remercier Renard d'avoir voté pour lui, il est surpris par son air absent et croit l'avoir dérangé.
« Mais non, je ne suis pas occupé, je suis malheureux. Ma femme m'aime, mes enfants sont charmants. Mes amis sont dévoués. Mes livres se vendent. Le chien de ma concierge aussi m'adore. Mais je suis malheureux. J'ai tout ce qu'il faut pour parer au malheur : on m'a doué d'ironie, de méchanceté, de style. Mais je suis malheureux. »
Il avait peint les autres à travers lui-même et il ne cessait de s'écorcher tout vif à coups d'épingle.
Même célèbre, il était persuadé de rester un éternel méconnu :

- « Moi et toi, cochon, nous ne serons estimés qu'après notre mort. »
- « Mes mots feront fortune, moi pas. »
- « Il faut vivre pour écrire non pas écrire pour vivre. »
- « Le métier des lettres est tout de même le seul où l'on puisse sans ridicule ne pas gagner d'argent. »

Cet ironiste se contentait d'être méchant sur le papier :

- « L'ironie est la pudeur de l'humanité. »

Derrière son humour glacé, se cache - mal - un timide et un sentimental. Que de tendresse et de douleur, contient chacune de ses phrases !

- « Que de gens ont voulu se suicider et se sont contentés de déchirer leur photographie ! »

Jules Renard avait donné à sa famille ce qu'il n'avait jamais reçu de la sienne. Il fut le meilleur des époux, le plus tendre des pères. Bon bourgeois, décoré de la Légion d'honneur, conseiller municipal, puis maire de son village de Chitry.
Il était d'ailleurs sans aucune illusion celui qui écrivait : « Je vois très bien mon buste avec cette inscription : " A Jules Renard, ses compatriotes indifférents. " »
Il avait loué à Chitry un presbytère où il passait chaque année plusieurs mois en famille. Homme d'intérieur heureux, il chassait, pêchait ou faisait de la bicyclette.

Le malheur, qui ne l'avait jamais complètement abandonné, se rappelait à lui.
Le 19 janvier 1897, son père âgé de soixante-seize ans se tirait un coup de fusil en plein cœur, incapable qu'il était d'accepter la maladie qui le frappait. Son frère et sa sœur étaient morts, eux aussi. Seule demeurait sa mère qui ne pouvait pas lui pardonner de l'avoir immortalisée sous les traits de Mme Lepic. « Chieur d'encre ! » avait-elle laissé tomber après avoir lu *Poil de carotte*. Son fils disait d'elle : « Maman a eu des tas de qualités naissantes qui n'ont pas grandi. »
Un jour d'août 1909 où il lui avait rendu visite, il entendit en partant une domestique hurler au secours : Mme Renard venait de tomber dans le puits. Accident ou suicide, on ne le sut jamais.
Il survécut moins d'un an à celle qui l'avait si peu aimé. A quarante-six ans, le 22 mai 1910 il mourut d'« une immense fatigue ».
Le 6 avril, il avait noté à la dernière page de son *Journal* qu'il tenait depuis le 15 juin 1887 : « Je veux me lever cette nuit. Lourdeur. Une jambe pend au-dehors. Puis un filet coule le long de ma jambe. Il faut qu'il arrive au talon pour que je me décide. Ça séchera dans les draps, comme quand j'étais Poil de carotte. »

Mme Renard avait conservé dans un coin l'énorme manuscrit du *Journal*. Un jour, pour se faire un peu d'argent, elle se décida à en autoriser la publication. Mais, comme il contenait de nombreux passages qu'elle désapprouvait, elle les biffa au crayon bleu et fit recopier ce qui restait par un scribouillard nommé Bachelin. Ensuite, elle brûla le manuscrit. Nous ne connaissons donc de cet extraordinaire *Journal* qu'une version amputée et corrigée par une veuve abusive. Une perte irréparable pour la littérature qui se trouve être, une fois de plus, la victime des bons sentiments.
« Rien de sert de mourir, avait-il écrit, il faut mourir à point. »

RÉPONSES EN VERS

Les conversations de salon au XVIIe siècle avaient ceci de semblable aux duels que les pointes y voltigeaient, rapides et assassines, qu'il fallait parer avec grâce et vivacité. Une attaque bien menée était applaudie par l'assistance, mais certainement moins que la contre-attaque fulgurante qui renversait la situation.
Joutes et parades se poursuivaient parfois à coups de plume... et en vers. Réjouissons-nous de ces prolongements : si les duels se sont envolés, les écrits, eux, sont restés pour le plaisir des générations suivantes. Ce qui permet, aujourd'hui encore, à nos rires d'accompagner les vainqueurs de ces combats littéraires.

la courtisane et le prince

Voici un duel qui opposa un prince à une courtisane. Que pensez-vous qu'il arriva? Ce fut la femme qui gagna !
Ninon de Lenclos (1616-1706) fut la plus célèbre courtisane de son siècle. Au cours d'une riche carrière elle reçut dans son lit, dit-on, quelque cinq mille amants, au nombre desquels se comptaient les plus grands personnages du royaume (les statisticiens calculeront qu'à raison d'un amant par jour, il faut presque quatorze ans pour venir à bout d'une telle cohorte.). Si Ninon avait son corps à donner, elle avait aussi de l'esprit à revendre. Elle eut notamment celui de demeurer dans les meilleurs termes avec ceux qu'elle quittait, ce qui lui assura une multitude d'amis, honorés d'avoir tous servi dans ce même corps.
Le prince de Guéméné fit exception à cette aimable coutume. Furieux d'avoir été remplacé dans le cœur changeant de Ninon, il fit parvenir à l'infidèle le quatrain de rupture suivant :

Insensible à tes vœux, insensible à tes larmes,
Je quitte sans regret tes perfides appas.
Mon amour te prêtait des charmes,
Ingrate... Que tu n'avais pas !

On ne saurait être plus inélégant et moins princier. Ninon, du tac au tac, répondit au malotru par ces quatre vers à peine différents des siens :

Insensible à mes vœux, insensible à mes larmes,
Vous quittez sans regret mes perfides appas.
Mais si l'amour prête des charmes,
Pourquoi n'en empruntiez-vous pas?

Sans doute, ce jour-là, la production des spécialités charcutières de la bonne ville de Guémené s'accrut-elle d'une unité.

Le paillard et le bas-bleu

L'« historiette » suivante nous est contée par Tallemant des Réaux (1619-1692), malicieux chroniqueur des règnes d'Henri IV et de Louis XIII.
Henri IV avait élu la belle Henriette d'Entragues commme favorite. Mais, comme ce monarque avait au plus haut point le sens de la famille, il ne tarda pas à s'intéresser aussi de très près aux charmes de la sœur d'icelle, Catherine d'Entragues, qui était la maîtresse du maréchal de Bassompierre. Indignée par une telle duplicité, Anne de Rohan - une « femme savante » capable de vous déchiffrer la Bible dans le texte hébreu et un peu bossue sur les bords - tint à instruire son ami Bassompierre de l'infortune qui l'atteignait. Elle le fit par ce quatrain :

Bassompierre on vous avertit,
Aussi bien l'affaire vous touche,
Qu'on vient de baiser une bouche
Dans la ruelle de ce lit.

Elle eut mieux fait de s'abstenir car la réponse du maréchal ne fut peut-être pas celle qu'elle attendait :

Bassompierre dit qu'il s'en rit
Et que l'affaire ne le touche :
Celle à qui l'on baise la bouche
A mille fois baisé son...

Et, avec une infinie délicatesse, il ajoutait : « Je mettrai, quand il vous plaira, la rime en vos belles mains. »
L'histoire n'a pas dit si Anne de Rohan avait jugé la rime assez riche pour son goût.

La marquise et le barbon

La du Parc était la plus célèbre comédienne de son temps. Elle avait tout pour elle, beauté, talent, esprit. Son père, un charlatan italien, nommé de Gorla, l'avait prénommée Marquise-Thérèse.

Corneille, dont elle fut l'interprète, se consumait d'amour pour la belle. Mais les chances d'un barbon de cinquante-cinq ans, pas très beau de surcroît, ne pèsent pas lourd aux yeux d'une jeunesse triomphante. Sans doute fut-il recalé à l'oral car il se crut obligé de plaider sa cause par écrit en se plaçant sur le terrain, plus avantageux pour lui, de la poésie. Et ce furent les fameuses

Stances à marquise

Marquise, si mon visage
A quelques traits un peu vieux
Souvenez-vous qu'à mon âge
Vous ne vaudrez guère mieux...

On a souvent connu Corneille mieux inspiré !
La réponse que fit la du Parc au grison se fit attendre plus de deux siècles et demi. Mais nous aurions mauvaise grâce à nous en plaindre car ce délai permit à Tristan Bernard de venir au monde et d'imaginer à la mésaventure une chute inattendue. Puis arriva Georges Brassens qui mit le tout en musique :

Il se peut qu'un jour je sois vieille
C'est entendu, mais cependant,
J'ai vingt-huit ans, mon vieux Corneille
Et te dis « Merde » en attendant !

Pique et pique et épigramme...

Le poète Lebrun-Pindare (1729-1807) fut un redoutable épigrammatiste. Un jour, il avait « exécuté » son confrère Baour-Lormian dans un distique sévère :

Sottise entretient l'embonpoint :
Aussi Baour ne maigrit point !

Il faut croire que Baour-Lormian n'était pas aussi sot qu'on le prétendait puisqu'il répondit du tac au tac :

Lebrun, de gloire se nourrit
Aussi, voyez comme il maigrit !

L'amoureux transi

Dans l'œuvre d'un auteur, la postérité fait son choix et ne retient que ce qu'elle veut, avec le plus parfait arbitraire. Ainsi, de toute la production que laissa Félix Arvers (1806-1850), ce poète et dramaturge fécond dont on joua dix-sept comédies, a-t-elle retenu un seul sonnet... et encore ! seulement le premier vers du sonnet qu'il adressa à une « inconnue » qu'il aimait en silence.

Mon âme a son secret, ma vie a son mystère :
Un amour éternel en un moment conçu.
Le mal est sans espoir, aussi j'ai dû le taire
Et celle qui l'a fait n'en a jamais rien su

Hélas ! J'aurai passé près d'elle inaperçu
Toujours à ses côtés et pourtant solitaire,
Et j'aurai jusqu'au bout fait mon temps sur la terre
N'osant rien demander et n'ayant rien reçu.

Pour elle, quoique Dieu l'ait faite douce et tendre
Elle ira son chemin, distraite, et sans entendre
Ce murmure d'amour élevé sur ses pas.

A l'austère devoir pieusement fidèle,
Elle dira, lisant ces vers tout remplis d'elle
« Quelle est donc cette femme? » Et ne comprendra pas.

Que de mystère pour un secret de Polichinelle! Chacun sait aujourd'hui que celle que Félix Arvers aimait d'un amour sans espoir se nommait Marie et qu'elle était la fille de Charles Nodier, le poète. Comment Marie aurait-elle pu savoir qu'elle désespérait le timide Arvers en ne lui accordant pas ce qu'il n'avait jamais osé lui demander? Ou alors, le sachant, aurait-elle dû se jeter au cou du malheureux en y risquant sa réputation?
Ce sonnet méritait une réponse. Un poète - on dit que c'était Alfred de Musset - imagina la réponse qu'aurait pu faire la belle à son amoureux transi, en se servant des rimes mêmes qu'il avait utilisées. Voici donc le « revers » du sonnet d'Arvers :

Mon cher, vous m'amusez quand vous faites mystère
De votre amour immense en un moment conçu.
Vous êtes bien naïf d'avoir voulu le taire,
Avant qu'il ne fût né, je crois que je l'ai su.

Pouviez-vous, m'adorant, passer inaperçu,
Et, vivant près de moi, vous sentir solitaire?
De vous il dépendait d'être heureux sur la terre :
Il fallait demander, et vous auriez reçu.

Apprenez qu'une femme au cœur épris et tendre
Souffre de suivre ainsi son chemin sans entendre
L'aveu qu'elle espérait trouver à chaque pas.

Forcément au devoir on reste alors fidèle.
J'ai compris, vous voyez, ces vers tout remplis d'elle :
C'est vous, mon pauvre ami, qui ne compreniez pas.

Le coup de bec

Auteur dramatique à la dent dure, Henry Becque (1837-1899) mettait en scène dans ses pièces - à moins qu'il ne mit en pièces dans ses scènes! - les mœurs impitoyables de l'affairisme bourgeois des débuts de la IIIe République. *Les Corbeaux*, au titre évocateur, est son chef-d'œuvre; mais le public, surpris et choqué par la violence de la satire, sortait divisé du théâtre.
Becque eut, un jour, la malencontreuse idée de s'en prendre aux Dumas, père et fils, en les comparant à Corneille; non pas à Pierre, tragédien génial, mais à Thomas, son jeune frère, copie très falote de l'aîné.

Comme les deux Corneille, ils étaient deux Dumas,
Mais aucun ne fut Pierre, tous deux furent Thomas.

Qu'avait-il écrit là?
Ce méchant distique piqua au vif Alexandre Dumas fils qui répliqua sur-le-champ :

Si ce coup de bec de Becque t'éveille
O Thomas Corneille en l'obscur tombeau,
Pardonne à l'auteur qui baye aux corneilles
Et songe au public qui bâille aux « Corbeaux ».

Il n'y a que deux mots à ajouter à une telle réplique : RI-DEAU!

RHÉTORIQUE

Que devient notre pauvre langue française?
Elle ne va pas très fort ces temps-ci : malmenée, dédaignée, méprisée, elle subit les assauts permanents d'un vocabulaire international, l'agression d'onomatopées venues de la bande dessinée, l'invasion de

mots passe-partout - super, hyper, extra, génial, galère - et tend à se réduire, pour une partie de plus en plus grande de la population, à un vocabulaire de base de mille mots servant à exprimer de vagues besoins ou des sentiments primaires.
L'humanité revient à ses sources : le singe n'est plus très loin!
Il fut un temps, pas si lointain, où l'on s'efforçait encore d'apprendre à bien parler, à bien écrire. Le style, la rhétorique étaient au programme des lycées.
En souvenir de cette époque aussi révolue que celle des Pharaons, nous nous sommes amusés à rechercher quelques-unes des figures de rhétorique les plus connues. Les noms, venus du grec, nous en semblent barbares, ce qui, vous l'avouerez, est un comble! Mais la plupart de ces procédés sont familiers à tous ceux qui ont conservé le souci de s'exprimer correctement.
On a l'habitude de parler de fleurs de rhétorique. En voici tout un bouquet :

♣ *Allégorie*
Fiction qui consiste à présenter un objet à l'esprit de manière à lui en suggérer un autre.

Et rose, elle a vécu ce que vivent les roses
L'espace d'un matin. MALHERBE

La vie brève des roses évoque la mort prématurée d'une jeune fille.
La Fortune est représentée par une femme aux yeux bandés. La Justice par une femme tenant une balance et une épée..., etc.

♣ *Allitération*
Répétition des mêmes lettres ou plutôt des mêmes sonorités de façon à obtenir un effet surprenant ou harmonieux :

Pour qui *s*ont *c*es *s*erpents qui *s*ifflent *s*ur vos têtes...
RACINE

De *c*e *s*acré *S*oleil dont je *s*uis de*sc*endue... RACINE

Un *f*rais par*f*um * sortait des tou*ff*es d'as*ph*odèles,
Les sou*ff*les de la nuit *f*lottaient sur Galgala.
VICTOR HUGO

* *Un poète a tous les droits : même celui d'imaginer un parfum à l'asphodèle qui en est dépourvu.*

Il pl*eure* sans raison
Dans ce c*œur* qui s'éc*œure*. VERLAINE

*D*ormeuse, amas *d*oré *d*'ombres et *d*'aban*d*ons.

PAUL VALÉRY

Je m'instr*ui*sis mieux par *fui*te que par *sui*te.

MONTAIGNE

Anacoluthe

Rupture, discontinuité dans la construction d'une phrase :

Vous voulez que ce Dieu vous comble de bienfaits
Et ne l'aimer jamais?
Et, voyant un renfort qui nous vient secourir,
L'ardeur de vaincre cède à la peur de mourir

CORNEILLE

Anaphore

Répétition du même mot au commencement de deux ou plusieurs phrases :

Rome, l'unique objet de mon ressentiment
Rome, à qui vient ton bras d'immoler mon amant
Rome, qui t'a vu naître et que ton cœur adore
Rome, enfin que je hais parce qu'elle t'honore

CORNEILLE

Antanaclase

Répétition d'un mot en le prenant dans un sens différent. L'antanaclase serait une sorte de calembour :

L'*Histoire* n'est qu'une *histoire* à dormir debout.

JULES RENARD

Le cœur a ses *raisons* que la *raison* ne connaît pas.

PASCAL

Antiphrase

Emploi d'un mot ou d'une expression dans un sens opposé au sens littéral. C'est par antiphrase et dans le but de se concilier leurs faveurs que les Grecs nommaient les épouvantables Furies les Euménides, c'est-à-dire « les Bienveillantes ». Et la mer Noire, Pontus Euxinus, « la mer hospitalière ».
Souvent l'antiphrase est employée par moquerie :
« Bravo! bien visé! » dit-on à celui qui vient de manquer sa cible.

Antonomase

Substitution de mot qui fait qu'on emploie soit un nom propre, soit une périphrase énonçant sa qualité essentielle à la place d'un nom commun et réciproquement :

- « C'est un Harpagon » au lieu de « c'est un avare ».
- « C'est un Crésus » au lieu de « il est riche ».
- « L'Empereur des Français » au lieu de Napoléon.

Antonymie

Opposition de noms ou de mots qui offrent un sens contraire : « Car le *jeune homme* est *beau*, mais le *vieillard* est *grand*. »

VICTOR HUGO

Aphérèse

Figure grammaticale par laquelle on retranche une lettre ou une syllabe au commencement d'un mot :

- Las! J'ai tant souffert! (pour « hélas »! J'ai tant souffert!)
- Lors mis pour « alors ».
- 'Jour à la place de « bonjour! » ou « bus » à la place d'autobus.

Apocope

Retranchement d'une lettre ou d'une syllabe à la fin d'un mot.

- Grand'mère pour grande mère ou grand messe pour grande messe.
- Encor employé poétiquement à la place d'encore (voir ellipse).

Apophtegme

Dit notable, sentencieux, pensée forte de quelque personnage célèbre :

« Vous pouvez épuiser mes forces, vous n'épuiserez pas mon courage! »

GUIZOT

Apostrophe

Figure d'éloquence par laquelle on affecte de s'adresser directement à une personne - ou à une chose personnifiée - pour lui faire des reproches, ou pour l'appeler en témoignage.

- La seule phrase qui surnage dans la mémoire de ceux qui ont étudié le latin est précisément une apostrophe : celle de Cicéron dans les *Catilinaires :* « Quousque tandem abutere Catilina patientia nostra? » (« Jusqu'à quand, Catilina, abuseras-tu ainsi de notre patience? »)
- Depuis le 10 janvier 1975 - date de la première émission d'Apostrophes - le mot a pris une toute autre signification : Apostrophes n'est plus en France le signe de l'élision (cette petite virgule

haut placée), mais l'insigne de l'édition qui y voit l'indispensable étape du lancement d'un livre. Bernard Pivot portera, vis-à-vis de l'histoire de notre langue, la responsabilité d'avoir imposé à ce mot sa forme plurielle.

Il est à signaler qu'au siècle dernier, le mot *apostrophe* avait des significations bien différentes :

1 - Dans la comédie, *apostropher* quelqu'un était lui donner une gifle ou un coup de bâton :

> J'accours et je vous vois, étendu sur la place
> Avec une apostrophe au milieu de la face. »
>
> REGNARD, *Les Folies amoureuses.*

2 - En médecine *apostrophe* signifiait « dégoût pour les aliments ».

3 - *Apostrophie*, dans la mythologie, était le nom sous lequel les Grecs invoquaient Vénus lorsqu'ils lui demandaient de les affranchir des passions déréglées!

♣ *Archaïsme*

Mot, tournure de phrase ou expression vieillie que l'on emploie par négligence, par affectation ou par calcul.

~ « Peu me chaut », « d'aucuns », « moult », « vous me la baillez belle »...

♣ *Asyndète* (autrefois asyndeton)

Retranchement des conjonctions copulatives (et, or, puis, car, donc...) pour donner plus de vivacité au style :

> Qu'un ami véritable est une douce chose!
> Il cherche vos besoins au fond de votre cœur.

L'asyndète a consisté à retrancher « car » entre les deux vers.

♣ *Catachrèse* (du grec *katachresis* : abus)

Procédé consistant à employer un mot au-delà de son sens strict :

~ Les *bras* et les *pieds* du fauteuil.

~ Être *à cheval* sur une chaise.

~ Une *feuille* de papier..., etc.

♣ *Chiasme* (du grec *khiasma*, croisement)

Procédé de style qui consiste à placer les éléments de deux groupes formant une antithèse dans l'ordre inverse de celui que laisse attendre la symétrie :

∾ Un roi chantait *en bas, en haut* mourait un Dieu.
∾ Il faut *manger* pour *vivre* et non pas *vivre* pour *manger.*

Circonlocution

Manière détournée de s'exprimer par souci de ne pas dire directement ou brutalement sa pensée (voir périphrase).

Ellipse

Raccourci dans l'expression de la pensée. Fait de style consistant à omettre un ou plusieurs éléments de la phrase :
∾ Il a un grain (sous-entendu... de folie) !
∾ Qu'est-ce qu'il tient (... comme cuite) !
∾ Combien (vaut) ce bijou ?
∾ Comment vas-(tu) ?
∾ Il n'est plus le même (qu'avant).
Dans *Andromaque*, cette ellipse est archicélèbre :

Je t'aimais inconstant, qu'aurais-je fait fidèle?

c'est-à-dire : je t'aimais (bien que tu fusses) inconstant, qu'aurais-je fait (si tu avais été) fidèle.
Les mots subissent des ellipses qu'on nomme « apocopes » :
Le cinématographe est devenu le cinéma avant d'être le ciné.
C'est dans un télégramme ou dans une petite annonce que l'art de l'ellipse est poussé à l'extrême limite de la compréhension (J.F. 40 a. blde. y. bl. ch. H. âge indif. b. sit. vue mar. Pas sér. s'abst.)

Enthymène

Argument composé de deux propositions : l'antécédent et le conséquent. Contrairement au syllogisme qui en comporte trois.

Je pense, donc je suis. DESCARTES

Épitrope

Figure de rhétorique qui consiste à accorder quelque chose qu'on pourrait nier afin d'obtenir ce qu'on demande.

Euphémisme

Adoucissement d'une expression qui pourrait choquer par sa brutalité ou sa tristesse.
∾ « Il n'est plus très jeune » pour « il est vieux ».
∾ « Il s'est éteint » ou « il a disparu » ou « il est parti pour un monde meilleur » au lieu de « il est mort ».

Elle a vécu, Myrto, la jeune Tarentine. A. CHÉNIER

♣ *Gradation*
Accumulation de termes de force croissante ou décroissante :

Va, cours, vole... et me venge. CORNEILLE

Je le vis, je rougis, je pâlis à sa vue [...]
Un trouble s'éleva dans mon âme éperdue

Mes yeux ne voyaient plus, je ne pouvais parler,
Je sentis tout mon corps et transir et brûler. RACINE

♣ *Hypallage* (du grec *hupalage* : échange)
Procédé par lequel on paraît attribuer à certains mots d'une phrase ce qui appartient à d'autres mots de cette phrase et sans qu'il soit possible de se méprendre sur le sens.

Ce marchand, accoudé sur son comptoir avide.
V. HUGO

~ Rendre quelqu'un à la vie (au lieu de rendre la vie à quelqu'un).
~ Enfoncer son chapeau dans sa tête (au lieu de : sa tête dans son chapeau).

Trahissant la vertu sur un papier coupable. BOILEAU

♣ *Hyperbole* (du grec *hyperbole* : excès)
Procédé qui consiste à exagérer l'expression afin de frapper l'imagination de l'auditoire ou du lecteur.
~ Un « génie » pour un « homme intelligent ».
~ Un « hercule » pour un « homme très fort » (dans ce dernier cas, l'antonomase s'ajoute à l'hyperbole).

Et des fleuves français les eaux ensanglantées
Ne portaient que des morts aux mers épouvantées.

Ainsi Voltaire décrit-il le massacre de la Saint-Barthélemy dans *La Henriade*. L'hyperbole peut facilement dégénérer en enflure :

C'est alors que ses cris en tonnerres éclatent,
Ses soupirs se font vents qui les chênes combattent
Et ses pleurs qui, tantôt, descendaient mollement
Ressemblaient au torrent qui, des hautes montagnes,
Ravageant et noyant les voisines campagnes,
Veut que tout l'univers ne soit qu'un élément.
MALHERBE

Idiotisme
Expression ou construction particulière à une langue et qui est intraduisible directement dans une autre langue.
Dans la langue grecque, ce sont les hellénismes ; en latin, les latinismes ; en français, les gallicismes..., etc.

Ironie (du grec *eironeia* : interrogation)
Raillerie qui consiste à dire le contraire de ce qu'on veut faire entendre et ce, grâce à l'intonation.
Par exemple, lorsqu'Oreste, qui a tué Pyrrhus pour plaire à Hermione, apprend que celle-ci n'a pu lui survivre et vient de se donner la mort, il s'écrie :

> Grâce au ciel, mon malheur passe mon espérance
> Oui, je te loue, O ciel, de ta persévérance [...]
> Eh bien, je suis content, et mon sort est rempli !
>
> RACINE

Aristote assimile l'ironie à l'antiphrase.

Litote (du grec *litotes* : simplicité)
Expression consistant à dire moins pour faire entendre plus. C'est le contraire de l'hyperbole.

> Va, je ne te hais point !

Chimène veut ainsi dire à Rodrigue qu'elle l'aime.
Cette pratique est courante chez les Anglais qui l'appellent l'*understatement*.

Métaphore (du grec *metaphora* : transport)
Figure de rhétorique par laquelle on transporte la signification propre d'un mot à une autre signification qui ne lui convient qu'en vertu d'une comparaison qui se fait dans l'esprit.
C'est une comparaison écourtée, réduite à son second terme qui est pris dans son sens figuré.
La lumière de l'esprit - La fleur de l'âge - Brûler de désir, etc. (voir le chapitre Métaphore).

Métonymie
Procédé de style par lequel on exprime l'effet par la cause, l'objet

par son origine, le contenu par le contenant, le tout par la partie... etc.

- Vivre de son travail (mis pour « l'argent qu'on retire de son travail »).
- Voilà une méchante langue.
- Voici une bouteille de Bourgogne (de vin de Bourgogne).
- Le Midi bouge (pour les habitants du Midi).

Néologisme

Habitude d'employer sans besoin des termes nouveaux ou de donner aux mots reçus des significations différentes de celles qui sont en usage.

Oxymoron

Se disait d'une figure par laquelle on cachait une fine raillerie sous une apparente absurdité.

> Cette obscure clarté qui tombe des étoiles... CORNEILLE

> Cette petite grande âme venait de s'envoler.
> VICTOR HUGO

Périphrase

Expression formée de plusieurs mots que l'on substitue à un seul.

- « La Ville-Lumière » pour Paris.
- « La messagère du printemps » pour l'hirondelle.

La périphrase ne se justifie que si elle est plus expressive que le mot propre. Pascal a écrit : « il y a des lieux où il faut appeler Paris Paris et d'autres où il le faut appeler capitale de la France » (voir *Circonlocution.*)

Prétérition ou *Prétermission*

Figure au moyen de laquelle on feint de passer sous silence ou de ne toucher que légèrement des choses sur lesquelles on appuie cependant avec force :

- « Je ne parlerai point de sa naissance obscure. Je ne m'étendrai pas sur les forfaits sans nombre..., etc. »

Prosopopée

Discours prêté à des objets inanimés ou à des personnes mortes;

- Dans sa première *Catilinaire*, Cicéron fait parler l'Italie, la patrie, la république.

Syllepse (du grec *sullepsis* : compréhension)
Accord des mots au sein d'une phrase en fonction du sens général et non selon les règles grammaticales.
∾ *Une* personne me disait un jour qu'*il* avait eu une grande joie.

> Entre *le pauvre* et vous, vous prendrez Dieu pour juge,
> Vous souvenant, mon fils, que, caché sous le lin
> Comme *eux* vous fûtes pauvre et comme *eux* orphelin.
>
> RACINE

Synecdoque
Procédé de style qui consiste à prendre
1 - le tout pour la partie;
2 - la partie pour le tout : âmes pour hommes ou voiles pour vaisseaux.
3 - le nombre : l'homme pour les hommes;
4 - le genre pour l'espèce : l'animal pour le cheval, par exemple;
5 - l'espèce pour le genre : les roses pour les fleurs;
6 - la matière : le fer pour l'épée, le bronze pour la cloche...;
7 - l'abstraction : la jeunesse pour les jeunes..., etc.

Tautologie (du grec : le même discours)
Répétition inutile d'une même idée en différents termes.

Tmèse (du grec *tmêsis* : coupure)
Figure qui consiste à placer une ou plusieurs expressions entre les deux parties d'un mot composé :
∾ *Lors* même *que* vous auriez raison...

Zeugma (du grec *zeugma* : réunion)
Procédé consistant à rattacher grammaticalement deux ou plusieurs noms à un adjectif ou à un verbe qui ne se rapporte logiquement qu'à l'un des noms :
« En achevant ces mots, Damoclès tira de sa poitrine un soupir et de sa redingote une enveloppe jaune et salie. » GIDE
« L'inspecteur Poileau Luc s'enfonça dans le brouillard et un clou dans la fesse droite. » PIERRE DAC

Nous étions comme Monsieur Jourdain qui, chaque jour de notre vie, faisions de la rhétorique sans le savoir. Quel bonheur ce sera désormais de pouvoir plaquer un mot savant sur les plus banales de nos tournures de phrase!

RIMES

Tout poète classique se doit de respecter, dans la composition de ses œuvres, deux impératifs majeurs : ses vers compteront le nombre de pieds voulus par le genre choisi - douze pour un alexandrin - et rimeront deux à deux. C'est du dépassement de ces contraintes que naissent l'harmonie et la musique du poème.
A la fin du siècle dernier, il était du dernier chic pour certains poètes de composer des œuvres aux rimes rares et sophistiquées : divertissement d'esthète à qui le goût de la performance littéraire et de l'acrobatie verbale faisait oublier que l'art et l'émotion proviennent le plus souvent de la simplicité.

♣ *Théodore de Banville* avait un véritable culte pour la rime. Dans son *Petit Traité de poésie contemporaine,* il écrivait : « *La rime est tout le vers* parce que, dans un vers, on n'entend que le mot qui est à la rime. »
On l'avait surnommé « l'homme-le-plus-spirituel-de-Paris-depuis-que-Rochefort-habite-Genève » et il tenait, en toutes circonstances, à se montrer digne d'une si flatteuse réputation. Il s'était fait une spécialité dans les rimes impossibles comme le prouvent les échantillons ci-dessous :

Dans tout ce que l'Afrique a d'air
Bugeaud veut prendre Abd el-Kader.

Blanc comme Églé qui dort auprès d'un ami sien,
Blanc comme les cheveux d'un académicien.

On cite aussi de lui ce quatrain moqueur écrit aux dépens d'Alice Ozy, sous-maîtresse en renom, sorte de « Madame Claude » de l'époque :

Les demoiselles chez Ozy
Menées
Ne peuvent plus prétendre aux hy-
Ménées.

C'est amusant, certes... mais à vouloir à tout prix réussir des acrobaties poétiques, il arrive que les meilleurs poètes versent dans la rime-calembour.

Stéphane Mallarmé, chercheur de rimes rares et de mots inconnus, ne plaisantait pas, lui, avec la poésie, qu'il définissait comme « la forme suprême du sens du monde ». Selon lui, et en toute simplicité, le poète « est un homme qui s'isole pour sculpter son propre tombeau ».

Voici son *Sonnet IV* dans lequel il réussit la gageure d'introduire des rimes en « ix », ce qui était considéré comme une difficulté insurmontable :

Ses purs ongles très haut dédiant leur onyx
L'angoisse, ce minuit, soutient, lampadophore
Maint rêve vespéral brûlé par le Phénix
Que ne recueille pas de cinéraire amphore.

Sur les crédences, au salon vide, nul ptyx
Aboli bibelot d'inanité sonore
(Car le Maître est allé puiser des pleurs au Styx
Avec ce seul objet dont le Néant s'honore.)

Mais proche la croisée au nord vacante, un or
Agonise selon peut-être le décor
Des licornes ruant du feu contre une nixe,

Elle, défunte nue en le miroir, encor
Que, dans l'oubli fermé par le cadre, se fixe
De scintillations sitôt le septuor.

Voilà qui n'est peut-être pas d'une aveuglante clarté, mais qui ne nous empêche pas d'applaudir la performance. On admire un bijou sans chercher à le comprendre : le poète, ici, s'est fait orfèvre.

Abandonnons ces régions éthérées où se meuvent en apesanteur les poètes sublimes afin de retrouver sur terre un air plus respirable et propice à l'humour. Dans un journal comme le *Charivari,* qui n'avait aucune prétention à la poésie, on trouvait parfois des distiques aux rimes calembouresques comme celui-ci :

On demande une panacée universelle
Pour guérir une panne assez universelle.

Il est en poésie des mots interdits qui passent pour n'avoir pas de rime dans la langue française, des mots qui ne riment à rien : *soif* et *triomphe* sont de ceux-là.

Le premier, c'est vrai, ne réussit à rimer qu'en Belgique où la prononciation locale autorise des vers comme ceux-ci que j'improvise :

Celui qui à Bruxelles a soif,
Ya pas de doute, il faut qu'il boif'.

Triomphe, en revanche, est susceptible de rimer avec un mot qu'on trouve encore dans d'anciens dictionnaires : *agomphe* qui est le synonyme d'édenté. Pauvre récolte, en vérité! Pourtant Philippe et Daniel Berthelot ont relevé le gant et composé le sonnet suivant où d'impossibles rimes en « omphe » sonnent comme autant de défis au vocabulaire.

Alexandre à Persépolis
330 avant J.-C.

Au-delà de l'Araxe où bourdonne le gromphe
Il regardait, sans voir, l'orgueilleux Basileus,
Près du rose granit que poudroyait le leuss,
La blanche floraison des étoiles du romphe

Accoudé sur l'Homère au coffret chrysogomphe,
Revois-tu ta patrie, ô jeune fils de Zeus,
La plaine ensoleillée où roule l'Aeripeus,
Et le marbre doré des murailles de Gomphe.

Non! Le roi qu'a troublé l'ivresse de l'arack,
Sur la terrasse où croît un grêle azédarac,
Vers le ciel, ébloui du vol vibrant du gomphe,

Levant ses yeux rougis par l'orgie et le vin,
Sentait monter en lui comme un amer levain
L'invincible dégoût de l'éternel triomphe.

Admirable et superbe! car le poète a tous les droits, même celui de forger ses propres mots.
Tout le monde connaît *Booz endormi,* l'archi-célèbre poème du père Hugo, dans lequel se trouve le vers souvent cité :

Tout reposait dans Ur et dans Jérimadeth
Les astres émaillaient le ciel profond et sombre
Le croissant fin et clair, parmi ces fleurs de l'ombre
Brillait à l'occident, et Ruth se demandait [...].

De Victor Hugo, on accepte tout, même cette ville de Jérimadeth, née de son imagination et dont le nom apporte une incontestable couleur locale au poème tout en fournissant au verbe « demandait » une rime propice. En y regardant de plus près, n'y voyez-vous pas comme un clin d'œil du poète qui avoue : « J'ai rime a dait! » Bien joué Totor!

Qui connaît de nos jours le nom de Georges Fourest, l'auteur de *La Négresse blonde* et du *Géranium ovipare*? Bien peu de gens, hélas! ont eu le bonheur de lire ce poète génial aux alexandrins impeccables et farceur impénitent, mort méconnu en 1945. Voici le *Pseudo-sonnet asiatique et littéraire* de ce prince de la rime et du verbe :

Emmi les hauts roseaux, les rotangs et les joncs que
Réfléchit l'étang mauve où nagent les cyprins,
La frêle Hadja-Sari, fille des mandarins
Au teint jaune citrin navigue dans sa jonque :

La Salangane vole, effroi des moucherolles,
A son nid de fucus, potage expectatif;
Un friselis frivole affole les corolles
Des lotus fiers d'avoir Loti pour génitif;

On entend miauler un tigre dans les jungles,
Or, de ses doigts menus que terminent des ongles
Pointus, Hadja-Sari, princesse de Bangkok,

Avec un geste mièvre et des mines jolies,
Feuillette, abandonnant la rame à ses coolies
Un roman très cochon que signa Paul de Kock.

La rime selon Courteline

Ce chapitre consacré à la rime est déjà bien avancé et nous n'avons pas encore donné le sens de ce mot. Lacune aussitôt réparée grâce à la définition qu'en donne le Larousse en un involontaire alexandrin : « Retour du même son à la fin de deux vers. »
Georges Courteline, que l'on vit rarement se mêler de poésie, imagina pourtant un dialogue irrésistible sur le thème de la rime. Il s'y est mis en scène face à un de ces butors, discourant de tout sans rien connaître, qui prétendait lui donner une leçon de littérature en déclarant sur le mode péremptoire que la rime était « la rencontre de trois lettres semblables en queue de deux mots différents ».
- Parfaitement, lui répondit l'humoriste. Oyez plutôt :

Monsieur Georges Courtel*ine*
A l'âme républica*ine*.

- J'ai dit trois lettres, croyant dire quatre. C'est la langue qui m'a fourché!

- A la bonne heure! Voilà qui change tout... et je le prouve :

J'ai débuté dans R*uche*
Vous étiez même assez mo*uche*.

- Voyez pourtant, quand cela ne veut pas! Tout à l'heure, croyant dire quatre, je disais trois, et à présent, croyant dire cinq, je dis quatre...
- Évidemment : témoin le distique que voici :

Mêlés au bruit des orche*stres*
Tintent les cristaux des lu*stres*.

- C'est tout à fait par exception que les désinences de cinq lettres ne parviennent pas à former rimes. En tout cas, supposez-les de six et je vous garantis que, pour le coup, l'exception cesse d'être possible.
- Ainsi qu'il appert clairement de ces deux vers improvisés :

L'humidité des i*sthmes*
Ne vaut rien pour les a*sthmes*.

- Vous êtes un esprit contrariant! Vous me concéderez pourtant, je l'espère, que des rimes faites des sept mêmes lettres sont ce qu'on peut appeler des rimes ayant du foin dans leurs bottes.
- Et je le démontre sur l'heure :

Les poules du *couvent*
Ont des œufs qu'elles *couvent*.

- Oui? Eh bien, il faut en finir. Voulez-vous parier cent mille francs que des rimes composées de huit lettres pareilles constituent ce qui se fait de mieux dans le genre?
- Je parie que non : je gagne et je le prouve :

Les intérêts publics *résident*
Dans les pouvoirs du p*résident*.

Donnez-moi mes mille balles!
- Flûte vous m'agacez! Allez vous faire lanlaire, vous n'aurez pas un radis!

La rime selon Allais

Le bon Courteline aurait pu continuer longtemps encore sa démonstration. La preuve! C'est Alphonse Allais qui nous la donne :

Les gens de la m*aison Dubois, à Bône scient,*
Dans la bonne s*aison du bois à bon escient*

(C'est vraiment triste, ajoute-t-il, pour deux vers, d'avoir les vingt-deux dernières lettres pareilles et de ne pas arriver à rimer.)

☘ Allais a laissé deux pièces de vers intitulées *Rimes riches à l'œil* dans lesquelles il aligne avec jubilation des mots qui se ressemblent comme des frères et qui mettent à s'assembler une évidente mauvaise volonté.
Les voici :

Étonnant le jury par sa science en dol*mens*
Le champion de footing du collège de *Mens,*
Gars aux vaillants mollets, durs tel l'acier Sie*mens,*
A passé l'autre jour de brillants exa*mens,*
Que je sois foudroyé sur l'heure si je *mens* !
« In corpore sano », vive Dieu ! « sana *mens* ».

Post-scriptum d'Alphonse Allais : J'entends murmurer quelques personnes dans l'assistance et prétendre que sur ces six vers, pas un ne rime. Ne vous ai-je point prévenu que ce petit poème était dû à M. Xavier Roux, le poète sourd-muet de Grenoble ?
En matière de rimes, les sourds, comme l'indique leur nom, ne connaissent que d'ophtalmiques satisfactions.
Quelque temps après, voici qu'Allais récidive pour nous offrir une œuvre d'un incontestable souffle lyrique :

L'homme insulté qui se re*tient*
Est, à coup sûr, doux et pa*tient,*
Par contre, l'homme à l'humeur a*igre*
Gifle celui qui le dén*igre.*
Moi, je n'agis qu'à bon *escient* :
Mais, gare aux fâcheux qui m*e scient* !
Qu'ils soient de Château-l'Abb*aye*
Ou nés à Saint-Germain-en-L*aye,*
Je les rejoins d'où qu'ils é*manent,*
Car mon courroux est per*manent.*
Ces gens qui se croient des Shakesp*eares*
Ou rois des îles Bal*éares* !
Qui, tels des condors se s*oulèvent* !
Mieux vaut le moindre eng*oulevent,*
Par le diable, sans être un a*igle,*

Je vois clair et ne suis pas b*igle*.
Fi des idiots qui balbu*tient*!
Gloire au savant qui m'entre*tient*!

Est-il possible de démontrer plus spirituellement que la rime se moque de tout... et surtout de la raison?

☘ Être poète est un dur métier, car il arrive parfois qu'il faille renoncer à trouver à un mot sa sonorité jumelle. Témoin la mésaventure - authentique - que connut un jour un poète. Au cours d'une soirée mondaine, alors que les conversations connaissaient un moment de répit, notre rimeur laissa échapper dans le silence un bruit fort incongru. Confus, il essaya de donner le change en se raclant la gorge, en faisant craquer sa chaise, en la faisant frotter sur le parquet. Sa voisine, qui avait tout compris et que son manège amusait, se pencha pour lui dire en confidence :
- « Bien que vous soyez poète, je ne pense pas que vous parveniez à trouver... l'autre rime! »

RIMES ALPHABÉTIQUES

Poètes romantiques, rimeurs parnassiens, glorieux fabricants d'alexandrins, laissez ici toute espérance, ou plutôt n'entrez pas! Cette rubrique n'est pas la vôtre!
Les poèmes que nous citons ne riment à rien puisque chacun de leurs vers ne débouche que sur une lettre de l'alphabet, ce qui limite singulièrement l'inspiration mais accroît la difficulté. Ce sont des exercices de style qui prétendent seulement étonner ou divertir.

☘ C'est dans les almanachs du XIXᵉ qu'on trouve généralement ces poèmes fabriqués à des fins commerciales par des rimeurs besogneux mais point trop maladroits.
Celui-ci date de 1830 :

Le jour où l'on nous mari .... A
Je m'en souviens, Monsieur l'a....... B
Nous dit d'un air fort compa........ C
« Enfants, il faudra vous ai .... D

« Madame vous obéir . . . . E
« A votre époux, à votre ch' . . . . F
« Puisqu'il ne pourra vous chan . . . . . . G
« Et pour éviter qu'il vous l' . . . . H
« Ayez toujours l'air bien gent. I
« Montrez un front pur qui rou . . . . . . J
« Evitez tous les mauvais . . . . K
« C'est ainsi que toujours près d' L
« Attachant son époux qui l' . . . . M
« Une femme évite sa . . . . N
« S'il lui tourne pourtant le d. . . . . O
« Et qu'il se mette à la trom . . . . P
« Qu'elle ne se croie pas vain . . . . Q
« Qu'elle lui monte son meilleur. . . . . . R
« Et l'enchaîne par sa tendr . . . . S
« Qu'en lui voyant tant de bon . . . . . . T
« Il en devienne tout conf . . . . U
« Son amour sera retrou V
« Le ménage aura le beau f' X

Nous aurions aimé que le rimailleur qui fabriqua ce poème eût fait preuve d'un peu plus d'imagination et qu'il n'eût pas hésité à y introduire des rimes en Y ou Z, du style :

Il n'ira pas se faire voir par l' . . . . Y
ou
Ils n'auront pas besoin qu'on les . . . . . Z

Pour des raisons autres que poétiques, les féministes n'aimeront pas ce texte qui aura eu au moins le mérite de leur faire réaliser l'évolution de la condition féminine en quelques générations !

☘ En 1855, un certain Alexandre Flan composa quelques vers de circonstance aux désinences phonétiques à la mort du télégraphe aérien. Que lui avait donc fait l'invention de M. Chappe pour s'attirer ces méchants vers octosyllabiques (en dépit de son prénom, il semble que l'alexandrin ait été au-dessus des moyens de l'auteur !) ? Cette littérature ne vaut pas bien cher : comme son nom l'indique, M. Flan n'écrit que des poèmes de... deux ronds !

Le télégraphe aérien D.C.D.

Tout se dit avec l'A.B.C.
L'A.B.C. partout F.E.T.
Longtemps par le sort K.O.T.

Nous cesserons de V.G.T.
Le télégraphe est A.J.T.
De fureur il est R.I.C.;
Il ne peut supporter L'I.D.
Que du monde il est F.A.C.!
Oui, malgré son R.E.B.T.
Trop longtemps il nous R.S.T.
Debout comme une D.I.T.
Vieillard que le temps A.K.C.
C'est une affaire d'S.I.D.
Son F.I.J. est même O.T.
De lui, nous allons R.I.T.
Car il est enfin D.C.D.

☘ A la suite de ces rimailleurs inconnus, il est agréable de pouvoir faire entrer en scène un nom glorieux entre tous, celui de Victor Hugo.

Le fait que l'œuvre suivante soit l'œuvre d'un Victor Hugo de treize ans atténue peut-être la valeur poétique de l'exemple, mais augmente en revanche son intérêt anecdotique.

Au lycée, le jeune Victor avait remarqué les beaux yeux d'une élève de son âge, Mlle Hossédé. Sans doute la gamine était-elle charmante car l'un des professeurs, un certain Roux, se croyait obligé de faire le beau en sa présence, multipliant sourires et ronds-de-jambe. Furieux, Victor se vengea de son « rival » par une fougueuse épigramme :

Du savoir, oubliant jusqu'à l'A.B.C.D.,
Le vieux Roux fait la cour à la jeune O.C.D.
S'il ne renonce pas à ce vil pro C.D.
Gageons qu'avant longtemps, il sera D.C.D.!

Heureusement, Victor Hugo a vécu ensuite soixante-dix ans pour écrire son œuvre!

RIMES NUMÉRIQUES

Que l'on se plaise à faire rimer des mots ensemble n'étonnera plus personne. Il est déjà plus original de terminer par une lettre de l'alphabet les vers que l'on compose (voir RIMES ALPHABÉTIQUES).

Pourquoi donc ne pas utiliser des chiffres pour essayer d'en faire autant?
Ce genre d'acrobatie ne court pas les rues et les rares exemples existants méritent d'être connus.
La question à poser en pareil cas ne serait pas : « Ça rime à quoi? », mais plutôt : « Ça rime à combien? »
Il est une comptine charmante qu'ont chantée bien des enfants. Peut-être les adultes qu'ils sont devenus seront-ils heureux qu'on la leur remette en mémoire :

Un, deux, trois,
Nous irons au bois
Quat', cinq, six,
Cueillir des cerises
Sept, huit, neuf,
Dans mon panier neuf
Dix, onze, douze,
Elles seront tout' rouges.

☙ Dans le temple protestant Saint-Thomas à Strasbourg, Pigalle a sculpté l'un de ses chefs-d'œuvre qui est le mausolée élevé à la gloire de Maurice, comte de Saxe - dit le maréchal de Saxe - (1695-1750) l'un des plus grands chefs de guerre de son temps.
Sur le monument figure l'épitaphe ci-dessous qui fut écrite en mémoire de lui :

Son courage l'a fait admirer de chac.......... 1
Il eut des ennemis mais il triompha.......... 2
Les rois qu'il défendit sont au nombre de..... 3
Pour Louis, son grand cœur se serait mis en... 4
Des victoires par an il gagna plus de......... 5
Il fut fort comme Hercule et beau comme Tir. 6
Pleurez, braves soldats, ce grand homme *hic ja.* 7
Il mourut en novembre et, de ce mois le..... 8
Strasbourg contient son corps en un tombeau tout 9
Pour tant de *Te Deum*, pas un *de profun*...... 10

Si l'on s'amuse à additionner les dix chiffres de cette épitaphe, on obtient 55 comme résultat, c'est-à-dire précisément l'âge auquel est mort le maréchal de Saxe. Cette curiosité littéraire mériterait d'être mieux connue.

☙ Nous n'en dirons pas autant du poème qui suit, qu'on attribue généralement à Boileau. Les vers classiques s'y mêlent aux chiffres pour un résultat assez peu convaincant. Qu'on en juge :

Le bilan de la vie humaine

L'homme, dont la vie entière
Est de *quatre-vingt-quinze ans*
Dort le tiers de sa carrière
C'est juste *trente-deux ans*. 32
Ajoutons pour maladie
Procès, voyages, accidents,
Au moins un quart de sa vie
C'est encore *deux fois douze ans*. 24

Par jour, deux heures d'étude
Ou de travaux font *huit ans*. 8
Noirs chagrins, inquiétudes
Pour le double font *seize ans*. 16
Pour affaire qu'on projette
Demi-heure, encor *deux ans*. 2
Cinq quarts d'heure de toilette
Barbe et caetera : *cinq ans*. 5

Par jour, pour manger et boire
Deux heures font bien *huit ans*. 8
Cela porte le mémoire
Jusqu'à *quatre-vingt-quinze ans*. 95

On remarquera que, dans ce bilan assez sinistre, il est prévu de consacrer deux fois moins de temps à l'étude qu'aux larmes et autant qu'à la table. L'amour ni la fête n'étant prévus au programme, chacun se demande où est alors l'utilité de vivre aussi vieux.

SIGLES

Les mots et les noms sont peaux de chagrin qui rétrécissent à l'usage, s'érodent, s'élident et se contractent pour se retrouver au bout du compte amputés de plusieurs lettres, voire de plusieurs syllabes. Nous avons cessé depuis belle lurette de conduire des automobiles, de chevaucher des vélocipèdes et de prendre un taximètre ou le métropolitain pour aller voir le cinématographe... et c'est tant mieux, car nous arriverions après la séance!

Dans chaque famille ou cercle d'amis, en vertu d'un phénomène identique, les prénoms sont remplacés par d'aimables diminutifs, Léopold devenant Léo, Maximilien Max, Alexandre Alex, cependant que Georges et Joseph répondent ensemble « présent » lorsqu'on les appelle Jo tout court. L'affection et la familiarité sont des maladies réductrices auxquelles n'échappent ni les sociétés ni les institutions : les mots qui composent leur raison sociale tendent vers leur plus simple expression, c'est-à-dire vers leurs initiales : ce sont des *sigles*, ces groupes de lettres qui prolifèrent à notre époque comme des bactéries dans le bouillon de notre culture.

Dresser un inventaire des sigles en usage demande un volume de belle taille et de constantes mises à jour.

Le sigle n'est pourtant pas une invention récente. Le mot lui-même vient et d'ailleurs et de loin, du latin *siglum*. Tous les amateurs d'inscriptions romaines ont lu sur les monuments antiques la formule d'usage S.P.Q.R. - *Senatus* PopulusQue Romanus - signifiant que tel décret ou telle décision avait été pris au nom du Sénat et du peuple romain. Depuis que les aventures de notre gaulois national Astérix ont été traduites en italien, ces initiales ont pris une signification moins noble. Elles sont le sigle de la phrase fameuse d'Obélix! « Ils sont fous, ces Romains! » « Sono Pazzi Questi Romani! »

Du temps que les chrétiens constituaient une secte clandestine, ils dessinaient sur les murs des *poissons* comme signe de reconnaissance parce que « poisson » se dit en grec *ichthus*, sigle mystérieux formé des initiales des cinq mots sacrés : Iêsous, CHristos, THêou, Uios, *S*ôter, c'est-à-dire Jésus-Christ, de Dieu, Fils et Sauveur.

Autre sigle historique fort connu, la devise des Jésuites - *Societas Jesu* : S.J., en abrégé - qui est A.M.D.G. (Ad Majorem Dei Gloriam : pour la plus grande gloire de Dieu).

Les sigles se sont multipliés de nos jours au point que l'homme de la rue finit par oublier quel mot recouvre chacune des initiales. Tous les fumeurs sauraient-ils dire que S.E.I.T.A., les cinq lettres du sigle de leur fabricant de poison préféré signifient Société d'Exploitation Industrielle des Tabacs et des Allumettes? Et les millions de voyageurs que transportent chaque jour le métro et les bus parisiens savent-ils que la R.A.T.P. est la Régie Autonome des Transports Parisiens?

Une énumération des sigles les plus connus risquant de devenir fastidieuse, nous nous contenterons de recenser quelques-uns des domaines où le sigle a trouvé un champ d'application favorable.

Les sigles politiques

C'est en *politique*, bien sûr, que le sigle a trouvé son terrain d'élection!

R.P.R. - ex- R.P.F. - P.R., P.S., S.F.I.O., P.C., U.D.R. - ex- U.D.F. - F.N., C.N.I., M.R.G. autant de majuscules pour recouvrir en temps normal l'éventail des opinions et, en période électorale, les murs de nos villes.

On s'amuse souvent à jouer sur les sigles :

Aux élections législatives du 12 juin 1988, le petit C.D.S. (Centre des Démocrates Sociaux) détenait la clé de l'ouverture. Le C.D.S. quitta l'U.D.F. pour fonder l'U.D.C. (Union Du Centre); pour quelle politique? Gouverner avec les socialistes? ou rester dans l'opposition? La

première formule souriant à plusieurs de ses membres, un humoriste décida que le sigle C.D.S. signifiait désormais : « Comment Devenir Socialiste ! »
Dans le monde *syndical,* les défilés se font sur les mêmes boulevards, derrière les mêmes banderoles sur lesquelles on a seulement changé les lettres des sigles : **C.G.T., C.F.D.T., C.F.T.C., F.O., F.E.N., F.N.S.E.A., S.N.E.S.** ou **S.N.E.SUP., C.G.C...,** etc.

Sigles et médias

Dans le domaine des *médias*, la prolifération des sigles semble aller de soi dans la mesure où le temps de la communication, c'est de l'argent, beaucoup d'argent !

Pour les télévisions, le chiffre de chaque chaîne vient s'ajouter aux initiales : T.F.1, A 2, FR 3... Les dirigeants de la future « septième chaîne » ont eu l'excellente idée de se forger un sigle à partir de leur numéro d'ordre. « S.E.P.T. » signifie, en effet, Société d'Éditions de Programmes de Télévision.
Radio-Télé-Luxembourg est devenu R.T.L. cependant que Radio Monte-Carlo se rajeunissait en R.M.C. En revanche, Radio-Énergie préférait jouer sur la particularité phonétique de son nom pour déterminer les trois lettres de son sigle « N.R.J. ».

Même évolution dans la presse où quelques journaux se donnèrent à peu de frais un air branché en réduisant leur titre à un sigle. « Salut Les Copains » et « Mademoiselle Age Tendre » étaient ainsi devenus S.L.C. et M.A.T. Quant à « Vendredi-Samedi-Dimanche », personne ne l'a jamais désigné autrement que V.S.D.

Dans l'édition, corporation fort sérieuse, nous sommes autorisés exceptionnellement à sourire en découvrant la signification du sigle de la Société A.U.D.I.E., éditrice de bandes dessinées sous le label - farce ! - de Fluide Glacial. A.U.D.I.E. signifie « Amusement, Umour, Dérision, Ilarité, Et toutes sortes de choses ! ». Il a été imaginé par Marcel Gotlib et Jacques Diament fondateurs de cette société déclarée - la date n'est pas innocente ! - le 1er avril 1975.

Les sigles internationaux

Les *organisations internationales* :
O.N.U, en anglais U.N.O (ex- S.D.N.), UNESCO ; O.M.S., en anglais WHO ; OTAN ou NATO, G.A.T.T., C.E.E., O.U.A., O.C.D.E.,... etc. La liste de ces sigles et de leur signification a de quoi décourager n'importe quel fonctionnaire qui ne serait pas international.

Sigles policiers

Dans les pays totalitaires, les *organisations policières* s'affublent volontiers de sigles aussi terrifiants que la réalité qu'ils recouvrent. Du temps que l'Allemagne était nazie, la **GESTAPO** avait tissé sur tous les territoires occupés son diabolique réseau policier. Ce sigle signifiait **GE**heime **STA**ts **PO**lizei, « Police Secrète d'État ».

☙ En **U.R.S.S.**, trois noms font trembler : **GUEPEOU**, **GOULAG** et **K.G.B.**, les terrifiants Marx Brothers du stalinisme.

GEPEOU s'écrit en réalité **G.P.U.**, abréviation (indispensable !) de **G**ossoudarstvennoïe **P**olititcheskoïé **OU**pravlénié, c'est-à-dire en toute simplicité : « Administration Politique d'État ! »

GOULAG signifie **G**lavnoïe **OU**pravlénié **LAG**hériéï, soit « Administration Principale des Camps de Travail Disciplinaires ».

Le **K.G.B.**, c'est le **K**omitet **G**ossoudarstvennoï **B**ézopasnosti, le « Comité de Sécurité d'État ».

Soljenitsyne a écrit à son sujet : « Un régime qui écrit " dieu " avec une minuscule et **K.G.B.** avec des majuscules ne mérite pas le respect des hommes. »

Les sigles prennent l'air

Objets de sigles plus sympathiques, voici les *compagnies aériennes*. Que signifient ces sigles ronflants qui nous passent au-dessus de la tête dans un bruit de tonnerre ? La **K.L.M.** a eu l'excellente idée de réduire à trois lettres sa raison sociale de **K**öninklijke **L**uchtwaart **M**aatschappij N.V. On a peine à imaginer un passager en retard demander où se trouve le comptoir de cette compagnie hollandaise au nom si charmant. En revanche **S.A.S.** (**S**candinavian **A**ir **S**ystem), **J.A.L.** (**J**apan **A**ir **L**ine), **T.W.A.** (**T**rans**W**orld **A**irlines) ou **SABENA** (**S**ociété **A**nonyme **BE**lge d'Exploitation de la **N**avigation **A**érienne) se prononcent sans difficultés particulières. Quant à la **Q.U.A.N.T.A.S.**, la compagnie aérienne australienne, il faut savoir que son sigle signifie **Q**ueensland **A**nd **N**orthen **T**erritories **A**irline **S**ystem : c'est la seule compagnie au monde à n'avoir jamais eu d'accident mortel à déplorer.

☙ Un petit jeu avait cours il y a quelques années parmi les habitués des compagnies aériennes. Il s'agissait, à partir de son sigle, de composer une phrase drôle et méchante sur chaque compagnie. C'est ainsi que la **T.W.A.**, renommée pour ses retards, avait été affublée du surnom de « **T**wo **W**eeks **A**fter » (Deux semaines plus tard !), et que la compagnie **U.T.A.** était une « **U**ne **T**riste **A**ffaire ». Quant à la **SABENA**, elle héritait de l'antislogan : « **S**uch **A** **B**loody

Experience, Never Again ! » (Quelle foutue expérience ! Plus jamais ça !), Pour désamorcer un conflit avec un éventuel lecteur belge, nous ajouterons qu'à ce petit jeu, la compagnie Air-France avait reçu le nom peu aimable de « Air Chance » (les hasards de l'air !).

Les sigles et l'ordinateur

Entrons maintenant dans le monde de *l'informatique* où l'emploi des sigles connaît une inflation galopante. On peut faire confiance à l'esprit imaginatif des informaticiens pour trouver à chacun de leurs programmes un sigle drôle ou suggestif. Dans ce cas, la démarche intellectuelle est inversée : on choisit le sigle qu'on sollicite ensuite afin de trouver à chacune de ses lettres une signification appropriée :

- Les informaticiens de Thomson avaient baptisé leur système de transmission sur fibre optique, **L.I.B.I.D.O.** (**LI**aison **BID**irectionnelle **O**ptique) et **E.R.O.S.**, bien sûr, l'**É**metteur-**R**écepteur **O**ptique **S**ystème qui allait avec !
- Sur votre écran de télévision, le système chargé de la reproduction écrite des textes codés se nomme **A.N.T.I.O.P.E.**, sigle qui correspond à **A**cquisition **N**umérique et **T**élévisualisation d'**I**mages **O**rganisées en **P**ages d'**É**criture.
- On a beaucoup parlé de l'ordinateur qui, depuis 1973, règle l'ensemble de la circulation automobile dans Bordeaux à la satisfaction des usagers. Cet ordinateur a été baptisé **G.E.R.T.R.U.D.E.** par Christian Franceries, son inventeur. Ce prénom, en forme de clin d'œil, destiné à désarmer les râleurs, dissimule un sigle : **G**estion **É**lectronique de **R**égulation du **T**rafic **R**outier **U**rbain **D**éfiant les **E**mbouteillages. Le système a tellement bien fonctionné que la ville de Reims lui a donné un petit frère. Le 17 décembre 1987, on y inaugurait **R.E.M.I.** (du nom de l'archevêque qui, en 496, donna le baptême à Clovis dans cette ville) c'est-à-dire **R**égularisation des **É**changes par les **M**oyens **I**nformatiques.
- Les embouteillages s'aggravent à Paris, la paralysie guette la capitale, et il est urgent de trouver une solution au problème de la circulation. Parmi les projets, le percement, à 70 mètres sous terre, d'un réseau de tunnels routiers qu'on a déjà baptisé **L.A.S.E.R.**, **L**iaison **A**utoroutière **S**outerraine **E**xpress et **R**égionale.
- Un ministre chargé de l'Enseignement supérieur commanda un jour un réseau télématique qui regrouperait les demandes des élèves afin de pouvoir inscrire ceux-ci dans des établissements de leur choix. On baptisa cet ordinateur **R.A.V.E.L.**, c'est-à-dire **R**ecensement **A**utomatique des **V**œux des **ÉL**èves.

Qui connaît **E.S.P.R.I.T.** ? C'est pourtant l'**E**uropean **S**trategic **Pr**ogram for Research and development in Information Technology, un projet ambitieux destiné à promouvoir l'industrie européenne des technologies de l'information et à lui donner les moyens de faire face à la concurrence américaine et japonaise des années 90.

On pourrait énumérer longtemps la théorie des sigles informatiques, depuis le **C.O.B.O.L.** (COmmon Business Oriented Language) ou le **Fortran** (FORmula TRANslator), jusqu'à **I.B.M.** (International Business Machine) ou à **A.M.S.T.R.A.D.**, sigle composé des initiales des fondateurs de la compagnie : Allen, Michael, Sugar, suivies de la désinence " **trad** " pour trade : commerce.

Les sigles socioculturels

Les sigles *socioculturels*, ou « socio-cul » pour parler le langage actuel, riche en délicates apocopes...

L'archétype de l'Américain de bonne société se définit en fonction de trois critères indispensables : il doit être *blanc* - of course ! -, d'origine *anglo-saxonne* et de religion *protestante*, conditions que résume le sigle fameux de **W.A.S.P.** (White, Anglo-Saxon, Protestant). Sans doute parce que *the wasp* signifie en anglais « la guêpe », ces gens-là se piquent-ils d'incarner les valeurs essentielles de la nation américaine.

Mais le monde change et les sociétés évoluent : c'est devenu une habitude que d'épingler un sigle sur chacune des catégories socioculturelles qui se font remarquer par un mode de vie commun et des réactions identiques.

Au début des années 1980 sont apparus les **Y.U.P.P.I.E.S.** (Young Urban Professionals), équivalent made in **U.S.A.** de nos jeunes cadres dynamiques. Ils étaient banquiers à Wall Street ou chercheurs dans la Silicon Valley, avaient de 25 à 39 ans et un revenu annuel supérieur à 40.000 $. Ce sont eux qui définissaient les goûts et les modes d'hier. Ils étaient affamés de tous les objets de consommation représentant un symbole de statut social : la **B.M.W.**, la montre Cartier, l'imper Burburry..., etc. Il semble que le krach boursier d'octobre 1987 ait porté un coup d'arrêt à la carrière de ces gracieux jeunes loups à canines démesurées.

D'autres catégories ont aussitôt pris la relève et notamment les **Y.U.M.P.I.E.S.** (Young Upwardly Mobile Professionals) c'est-à-dire « les jeunes qui grimpent dans l'échelle sociale ».

Autre phénomène américain, les **D.I.N.K.S.** (Double Income, No Kids) c'est-à-dire les couples non mariés à double revenu et qui ne veulent pas s'encombrer d'enfants, ceux qui préfèrent l'argent à la famille.

On trouve aussi en haut de l'échelle sociale les J.A.P.'S (Jewish American Princesses), les héritières de familles juives richement dotées. Situés à l'autre bout de la hiérarchie on trouve les P.W.T. (Poor White Trash) les « saletés de blancs pauvres », quart monde du pays le plus riche qui soit.

☘ Dernier avatar de la société américaine consécutif au krach boursier, le retour aux valeurs traditionnelles de la famille et du foyer. Qu'on est bien au chaud chez soi pour passer ses soirées entre intimes ! Ce phénomène récent de la vie dans un cocon accueillant a reçu le nom de *cocooning* ou le surnom dérisoire de Couch Potatoes (patates sur canapé). Le mot de passe de la génération Cocoon est un sigle : T.B.I.M. (Too Bad It's Monday !) qu'on peut traduire en français C.C.C.L. (Ça Craint C'est Lundi !)

☘ En France, où les catégories socioculturelles sont moins tranchées qu'aux États-Unis, quelques sigles pourtant se sont imposés. Le plus célèbre est, sans doute aucun, le Bon Chic Bon Genre, si répandu qu'un livre a même été consacré (*Le Guide du* B.C.B.G., Hermès éditeur) au mode de vie, aux habitudes vestimentaires et aux coutumes bizarres de cette faune de luxe.

ATTENTION ! La B.C.B.G. de sexe féminin pourra être répartie en deux catégories distinctes suivant qu'elle est jolie (P.A.C.M. : on ne nous en voudra pas de traduire incomplètement le sigle : P... AU CUL METTABLE) ou impropre à la consommation. Dans le premier cas, B.C.B.G. se traduit par Beau Cul Belle Gueule. Dans le second cas, on a affaire à une T.T.C.S. (Tasse à Thé Cul Serré) !

De même qu'on peut avoir droit à la fois au fromage *et* au dessert, de même il est possible d'être à la fois B.C.B.G *et* C.P.C.H. (Collier de Perles, Carré d'Hermès) et même N.A.P. par-dessus le marché : N.A.P. le fameux triangle des Bermudes de l'Ouest parisien (Neuilly-Auteuil-Passy), à ne confondre sous aucun prétexte avec cet autre triangle Nanterre-Aubervilliers-Pantin !

☘ Lorsque éclata comme un coup de tonnerre la grande peur de l'an 2000 qui porte un nom en forme de sigle, le S.I.D.A. (Syndrome Immuno-Déficitaire Acquis) - AIDS dans les pays anglo-saxons -, on parle de la nécessité d'un N.O.A. (Nouvel Ordre Amoureux) basé sur le retour au romantisme et à la fidélité. Au Zaïre, où le Sida fait des ravages, on tente encore de plaisanter sur ce Syndrome Inventé pour Décourager les Amoureux !

☘ Pour clore ce long paragraphe sur les sigles socioculturels, faisons un retour de près d'un demi-siècle en arrière. En 1945, après la Libération, nous eûmes droit à la génération des B.O.F. (les Beurre-Œufs-Fromage), les crémiers enrichis dans le marché noir qui, une fois sur les plages, devenaient des O.D.V. (Œufs-Durs-Varices).

Le détournement des sigles

Un sigle n'est pas forcément chose sérieuse. On peut tout faire avec des sigles, même se moquer, provoquer ou crier sa révolte. Les murs sont accueillants aux sigles des mouvements clandestins.

☙ En 1859, déjà, on écrivait sur les murs ! L'Italie était en lutte conte l'occupant autrichien qui, par sa présence, s'opposait à l'instauration du régime monarchique, condition de l'unification du pays. Sur tous les murs on lisait V.I.V.A. V.E.R.D.I. Ce n'était pas là une simple manifestation d'admiration envers le grand compositeur dont les opéras triomphaient dans toute l'Europe. V.E.R.D.I., c'était aussi un sigle destiné à berner l'Occupant et à exiger l'accession au trône de Vittorio-Emmanuele Re D'Italia (Victor-Emmanuel, roi d'Italie).

☙ Si, en 1987, les murs d'Allemagne se couvraient de l'inscription B.M.W., ça n'était pas la manifestation d'une publicité sauvage pour la célèbre voiture, mais l'expression d'un mécontentement contre l'ancien chancelier socialiste : Brandt Muss Weg (Brandt doit partir).

☙ L'attentat à l'explosif qui, en octobre 1983, détruisit à Toulouse une partie des ordinateurs de la société Sperry était revendiqué par un mouvement clandestin inconnu, le C.L.O.D.O. (Comité Liquidant Ou Détournant les Ordinateurs), sigle hautement provocateur tout comme celui qui protestait contre la venue à Lyon de Jean-Paul II, le 3 octobre 1986 : les affiches qu'on découvrit le matin sur les murs étaient signées du sigle O.S.T.I.E. (Opposition à la Soumission, à la Théocratie et à l'Intrusion Ecclésiastique). Sans doute, les auteurs de cette manifestation de mauvais goût, l'Italienne Paola Piazzalunga et le Suisse Markus Schusser, avaient-ils dû renoncer à trouver un mot commençant par H à placer au début de leur sigle... Ce qui les avait contraints à ajouter la faute d'orthographe au sacrilège.

☙ Dans le numéro du journal *Elle* du 23 mai 1988, on trouvait cette information bouleversante : Être B.C.B.G. est une douloureuse et longue épreuve. Si douloureuse que certains de ses jeunes membres les plus éminents : Félicité Herzog (fille de Maurice), Laetitia et Mathieu Cocteau (neveux de Jean), Marie Mitterrand (nièce de Tonton) en ont refusé l'étiquette et ont créé le C.A.C.A's club (Club des Analphabètes Cons mais Attachants). En mai 88, ils étaient 200 jeunes Parisiens de 20 à 25 ans avec une carte portant la devise : « La crise est affreuse, il faut rire et ne penser qu'à la fête. »

Au même mois de la même année, décidément riche en manifestations intellectuelles, on apprenait la naissance d'un mouvement anarchiste dirigé contre les mouvements d'extrême droite et néo-nazis, le S.C.A.L.P. (Section Carrément Anti Le Pen) (*Le Point*, 9 mai 1988).

L'humour noir américain est particulièrement féroce : lorsque le 28 janvier 1986 la navette spatiale Challenger pulvérisait ses sept occupants en plein ciel, on se posait la question suivante : « Savez-vous ce qui signifie le sigle NASA? - Need Another Seven Astronauts » (Nous avons besoin de sept autres astronautes). Affreux !

Tout est sigle aujourd'hui

Walt Disney baptise son troisième parc de loisirs orienté sur les technologies de demain E.P.C.O.T. Center. Traduisez : « Experimental Prototype Community Of Tomorrow ».

L'association qui regroupe les Pieds-Noirs a été baptisée « Le R.E.C.O.U.R.S. », c'est-à-dire Rassemblement Et Coordination Unitaire des Rapatriés et Spoliés.

Le satellite européen chargé de dresser une carte du ciel a été baptisé H.I.P.P.A.R.C.O.S. (HIgh Precision PARallax COllecting Satellite) du nom du grand astronome grec Hipparque qui fonda au IIe siècle avant J.-C. l'astronomie de position.

Décide-t-on d'ouvrir dans chaque région des centres destinés à observer, chaque hiver les premières apparitions de la grippe, on baptisera G.R.O.G. le Groupe Régional d'Observation de la Grippe !

Et puis, il y a des tirs en rafale :
La Z.A.C. (Zone d'Aménagement Concerté)
La Z.A.D. (Zone d'Aménagement Différé)
La Z.I. (Zone Industrielle)
La Z.I.F. (Zone d'Intervention Foncière)
La Z.U.P. (Zone à Urbaniser par Priorité)..., etc.

Nous avons en 1987 assisté à un tir groupé, sorte de variation autour du thème « Paysage » :
A la suite du fameux P.A.F. (Paysage Audio-visuel Français) inventé par François Léotard, on vit surgir dans la foulée le P.I.F. (Paysage Informatique Français), puis le P.E.F. (Paysage Éditorial Français) titre d'une série d'articles d'André Rollin dans *Le Canard enchaîné*. Le P.U.F. était déjà pris par les Presses Universitaires de France sans quoi on l'eût rapidement mis à contribution. On trouva même le moyen, à propos de l'Opéra de la Bastille et de l'Opéra-Comique, de parler du P.O.P. (Paysage Opératique Parisien) !

Fort heureusement, un sigle chasse l'autre sans quoi notre mémoire ressemblerait à un abécédaire. D'autres sigles, en revanche se sont si bien adaptés à notre langage quotidien qu'on a fini par les prononcer comme des mots ordinaires et non plus comme une série de lettres phonétiquement épelées :
Par exemple, le S.M.I.C. (Salaire Minimum Interprofessionnel de Croissance) ou le C.A.P.E.S. (Certificat d'Aptitude au Professorat de

l'Enseignement Supérieur) ou les T.U.C. (Travaux d'Utilité Collective).

Cette catégorie de mots est baptisée par les grammairiens du nom savant d'*acronymes*. Certains acronymes donnent lieu à dérivation : on a vu apparaître les substantifs « smicard », « capésien » ou « tuciste ».

Ainsi bouge la langue française sous nos yeux : des mots s'assemblent dont on ne retient que les initiales, lesquelles finissent ensuite par former un mot nouveau... Dont on peut espérer qu'un jour il sera associé à d'autres mots, qui réduits à leurs initiales... etc, etc.

SONNET

Sonnet : quatorze vers pour une idée

Jules Renard

Le *sonnet* a ceci de commun avec la vérole que Français et Italiens n'ont cessé de s'en disputer l'origine. Si les deux peuples revendiquaient la gloire d'avoir inventé le sonnet, chacun, en revanche, rejetait sur le voisin la paternité de la syphilis, longtemps désignée comme « mal de Naples » par nos compatriotes et comme « mal français » par les Italiens. Lorsque nous aurons signalé que vérole et sonnet sont, à peu de chose près, contemporains, nous pourrons cesser ce petit jeu des comparaisons. Car, après tout, que le sonnet soit italien ou français, nous n'en ferons pas une maladie ! Et que la vérole soit née en deçà ou au-delà des Alpes, il n'y a pas de quoi en faire un poème !

Quand naît le sonnet

Longtemps, les Français ont cru par erreur que le sonnet était d'origine provençale. La confusion venait de ce que les troubadours, au XIIIe siècle, appelaient *sonnet* une petite chanson qu'on accompagnait sur des instruments de musique.

On trouve la toute première mention du mot *sonnet* dans une liste de mots « équivoques » (ainsi appelait-on alors les jeux de mots et les calembours) publiée dans un ouvrage daté de 1493 :

Sansonnet,
Sans son est
Sans *Sonnet*
Sans son net.

Mais, dût notre orgueil national en être froissé, force est de reconnaître que le premier sonnet français ne fut écrit par Clément Marot qu'en 1529 et publié en 1548.
L'Italien **Pétrarque** avait, le maraud, deux bons siècles d'avance ! Il avait rencontré sa Laure en 1327 en l'église d'Avignon et aussitôt rimé à sa gloire les premiers sonnets : *Le Rime*, son recueil de sonnets, sera imprimé en 1470.
En Italie, les vers composant le sonnet sont des hendécasyllabes (onze syllabes). En Angleterre, ce sont des décasyllabes (dix syllabes) et des alexandrins en France.
Le sonnet est vraiment le poème par excellence, et son histoire, chez nous, se confond avec celle de notre poésie.

☘ Au XVIIe siècle, Boileau, dans son *Art Poétique* (1674) décrira en vers les contraintes qu'impose le sonnet. Quel dommage qu'il n'ait consacré que treize vers à ce sujet : un de plus et il avait fait un sonnet sur le sonnet !

On dit, à ce propos, qu'un jour ce dieu bizarre
Voulant pousser à bout tous les rimeurs françois,
Inventa du sonnet les rigoureuses lois,
Voulut qu'en *deux quatrains* de mesure pareille,
La *rime avec deux sons* frappa huit fois l'oreille,
Et qu'ensuite six vers artistement rangés
Fussent en *deux tercets* par le sens partagés.
Surtout, de ce poème, il bannit la licence :
Lui-même en mesura le nombre et la cadence ;
Défendit qu'un vers faible y pût jamais entrer ;
Ni qu'un mot déjà mis osât s'y remontrer.
Du reste, il l'enrichit d'une beauté suprême :
Un sonnet sans défaut vaut seul un long poème.

☘ Retournons un siècle en arrière : une fois que Clément Marot eut composé son premier sonnet en 1529, la mode s'en répandit comme une traînée de poudre. Et cette poudre aussitôt trouva sa rime : ce fut « coup de foudre ».

Joachim du Bellay publia d'abord (1549) cinquante sonnets à la louange de l'« Olive ». Une deuxième édition en portera le nombre à cent quinze. Quelle est donc cette Olive si abondamment célébrée? Était-elle une demoiselle de Viole (anagramme d'Olive), était-elle Olive de Sévigné, cousine du poète, ou était-elle plutôt la princesse Marguerite de France, sœur de Henri II, dont les armes contenaient un rameau d'olivier?
Du Bellay se fait le propagandiste enthousiaste de cette forme nouvelle de poésie. Il écrit cette phrase qui claque comme un slogan publicitaire : « Sonne-moi ces beaux sonnets ! »
A la cour d'Henri II, la jeune génération s'empare du sonnet pour en faire son mode d'expression privilégié. Heureuse époque où l'habituelle querelle des générations s'exprimait poétiquement sous la forme de quatorze vers alexandrins !

Duels au sonnet

Le sonnet ne se contente pas de chanter sans fin l'amour et la nature. Sous l'apparence de la grâce, il lui arrive de cacher, comme le fait un fourreau précieux, l'acier froid d'une lame : le sonnet devient alors arme de duel.
Le duc de Nevers et sa sœur la duchesse de Bouillon - neveu et nièce de Mazarin - détestaient Racine. L'annonce de *Phèdre* leur fut insupportable et ils montèrent une cabale pour faire siffler ce chef-d'œuvre à chacune de ses représentations. Ils payèrent un pâle tragédien du nom de Nicolas Pradon pour qu'il écrivît à la hâte une Phèdre concurrente; après quoi, avec l'aide d'une certaine Antoinette Deshoulières, ils composèrent un méchant sonnet intitulé *Contre Racine* pour caricaturer laidement sa pièce. Voici comment ils défiguraient l'une des plus belles tragédies françaises :

Dans un fauteuil doré, Phèdre, tremblante et blême,
Dit des vers où d'abord personne n'entend rien.
Sa Nourrice lui fait un sermon très chrétien
Contre l'affreux dessein d'attenter sur soi-même.

Hippolyte la hait presqu'autant qu'elle l'aime :
Rien ne change son cœur, ni son chaste maintien,
La Nourrice l'accuse; elle s'en punit bien.
Thésée a pour son fils une rigueur extrême.

Une grosse Aricie, au teint rouge, aux crins blonds,
N'est là que pour montrer deux énormes tétons,
Que, malgré sa froideur, Hippolyte idolâtre.

Il meurt enfin, traîné par ses coursiers ingrats,
Et Phèdre, après avoir pris de la mort-aux-rats,
Vient en se confessant, mourir sur le théâtre.

Racine fut ulcéré par ces attaques injustes.
Heureusement, son ami Boileau vint lui apporter son soutien. Ensemble, ils se vengèrent en utilisant les mêmes rimes pour répliquer au moyen d'un sonnet assez méchant qui mettait en cause les mœurs du duc de Nevers :

Dans un palais doré, Damon jaloux et blême
Fait des vers où jamais personne n'entend rien.
Il n'est ni courtisan, ni guerrier, ni chrétien;
Et souvent, pour rimer, il s'enferme lui-même.

La Muse, par malheur, le hait autant qu'il l'aime,
Il a d'un franc poète et l'air et le maintien
Il veut juger de tout et n'en juge pas bien.
Il a pour le Phoebus une tendresse extrême.

Une sœur vagabonde, aux crins plus noirs que blonds,
Va pour tout l'univers promener deux tétons,
Dont, malgré son pays, Damon est idolâtre.

Il se tue à rimer pour des lecteurs ingrats.
L'Énéide, à son goût, est de la mort-aux-rats,
Et, selon lui, Pradon est le roi du Théâtre.

La publication de ce sonnet est un scandale sans précédent qui met la cour en effervescence. Le duc de Nevers menace de faire bâtonner Boileau et Racine par ses gens afin d'apprendre à ces roturiers à demeurer à leur place. Heureusement, le grand Condé, en prenant les deux poètes sous sa haute protection, leur évitera la correction.

☘ Quelques années plus tôt, en 1649, une querelle mémorable avait agité le petit monde des salons littéraires... C'était la grande époque de la Préciosité : deux auteurs et deux sonnets s'affrontaient. Isaac de Benserade avait composé *Le Sonnet de Job* et Vincent Voiture *Le Sonnet d'Uranie*. Pendant plusieurs années, le camp des *jobelins* dirigé par le prince de Conti et le camp des *uranistes* sous les couleurs de la duchesse de Longueville se livrèrent une guerre acharnée.
Une guerre pour deux sonnets !
Appelé à trancher le débat, Corneille s'en tira par un jugement... de Normand. Pouvait-on mieux se défiler qu'il ne le fît?

Deux sonnets partagent la ville,
Deux sonnets partagent la cour,
Et semblent vouloir à leur tour
Rallumer la guerre civile.

Le plus sot et le plus habile
En mettent leur avis au jour
Et ce qu'on a pour eux d'amour
A plus d'un échauffe la bile.

Chacun en parle hautement
Suivant son petit jugement,
Et, s'il y faut mêler le nôtre,

L'un est sans doute mieux rêvé,
Mieux conduit et mieux achevé;
Mais je voudrais avoir fait l'autre.

☘ C'était aussi un sonnet, à ce qu'il paraît, qui avait décidé de la vocation de Pierre Corneille. Âgé de vingt ans, il avait composé ce sonnet pour une beauté rouennaise que ses vers laissèrent de marbre :

« Après l'œil de Mélite il n'est rien d'admirable »...

C'est pour donner à ce poème une dimension plus large qu'il avait écrit deux ans plus tard *Mélite*, sa première pièce.

☘ Dans l'œuvre de Molière on trouve deux sonnets célèbres. Le premier qu'il écrivit pour *Le Misanthrope* est connu sous le nom du « Sonnet d'Oronte » :

L'espoir, il est vrai, nous soulage
Et nous berce un temps notre ennui
Mais, Philis, le triste avantage
Lorsque rien ne marche après lui...

L'autre fut emprunté par Molière à l'abbé Cotin qu'il ridiculisa dans *Les Femmes savantes* sous les traits du pédant Trissottin, le « Sonnet à Mlle de Longueville sur sa fièvre quarte » :

Votre prudence est endormie
De traiter magnifiquement
Et de loger superbement
Votre plus cruelle ennemie..

Prince au XVIe siècle, roi au XVIIe, le sonnet connut une éclipse au XVIIIe. Il appartenait à Charles Augustin de Sainte-Beuve de le remettre à la mode du XIXe siècle.
Dans un sonnet intitulé « Imité de Wordsworth », il rime :

> Ne ris point des sonnets, ô critique moqueur !
> Par amour, autrefois, en fit le grand Shakespeare;
> C'est sur ce luth heureux que Pétrarque soupire,
> Et que le Tasse aux fers soulage un peu son cœur;

Et il termine :

> *Moi, je veux rajeunir le doux sonnet en France;*
> Du Bellay, le premier, l'apporta de Florence,
> Et l'on en sait plus d'un de notre vieux Ronsard.

Et ce fut un nouvel âge d'or pour le vieux sonnet, une nouvelle jeunesse :

Il y eut Gérard de Nerval :

> Je suis le Ténébreux - le Veuf - l'Inconsolé...

Et Alfred de Musset qui rime à dix-huit ans :

> Jamais, avez-vous dit, tandis qu'autour de nous
> Résonnait de Schubert la plaintive musique...

Puis Baudelaire :

> Sois sage, ô ma douleur, et tiens-toi plus tranquille...

José-Maria de Hérédia, l'impeccable rimeur parnassien :

> Comme un vol de gerfauts hors du charnier natal...

Et Verlaine, le « pauvre Lélian » :

> Je fais souvent ce rêve étrange et pénétrant
> D'une femme inconnue, et que j'aime et qui m'aime,
> Et qui n'est, chaque fois, ni tout à fait la même
> Ni tout à fait une autre, et m'aime et me comprend.

Stéphane Mallarmé, sculpteur de rimes rares et de mots précieux, conçoit la mission du poète comme un sacerdoce : le voici...

> Tel qu'en lui-même enfin l'éternité le change.

Et Arthur Rimbaud qui donne aux voyelles les couleurs de la poésie :

> A noir, E blanc, I rouge, U vert, O bleu : voyelles...

✤ Tristan Corbière, le maudit, le révolté, s'est moqué gentiment du sonnet, de sa rigueur et de ses lois qu'il respecte pourtant, lui, l'anarchiste :

Je vais faire un sonnet; des vers en uniforme
Emboîtant bien le pas, par quatre, en peloton,
Sur du papier réglé, pour conserver la forme,
Je sais ranger les vers et les soldats de plomb.

Je sais faire un sonnet; jadis, sans que je dorme,
J'ai mis des dominos en file, tout au long,
J'ai suivi mainte allée épinglée où chaque orme
Rêvait d'être de zinc et posait en jalon.

Je vais faire un sonnet; et toi, viens à mon aide
Que ton compas m'inspire, ô muse d'Archimède,
Car l'âme d'un sonnet, c'est une addition.

1, 2, 3, 4 et puis 4 : 8, je procède
Ensuite 3 par 3 - Tenons Pégase raide!
O lyre! O délire! oh! - assez! attention!

✤ Voilà maintenant que le sonnet aborde le xxe siècle :

∾ *Georges Fourest* dédie des vers à sa *Négresse blonde* et signe un vers immortel qui résume en se moquant les cinq actes du *Cid* :

« Il est joli garçon l'assassin de papa! »

∾ Et voici Aragon, Montherlant et Cocteau, Pierre Louÿs, Apollinaire et Péguy.

∾ Toujours neuf, toujours nouveau, le sonnet français entre en Résistance avec les *Trente-Trois Sonnets composés au secret* de Jean Cassou, imaginés de tête dans sa cellule et appris par cœur, faute de disposer de plume et de papier.

∾ Puis l'époque devient atomique et informatique et les poètes choisissent toujours de s'exprimer sous la forme du sonnet comme on le faisait du temps des cours d'amour.

Dans ses *Sonnets pour une fin de siècle*, Alain Bosquet accepte de soumettre son imagination à la contrainte des quatorze vers et de l'alexandrin, comme une chose évidente et naturelle :

Si vous avez un cœur, c'est simple : faites-lui
de la publicité dans les hebdomadaires [...].

Non, le sonnet n'est pas anachronique. Le sera-t-il un jour? Il aborde aux rivages du XXIe siècle avec le secret de celui qui détient l'éternelle jeunesse.
Théodore de Banville s'est moqué de la silhouette de cet aristocrate au « buste trop long, jambes trop courtes ».
Quatorze vers pour raconter toute la grâce, toute la beauté, toute la poésie du monde. Quatorze vers pour tout dire.

SUPERSTITIONS

> La superstition est la poésie de la vie; c'est pourquoi il n'est pas mal que le poète soit superstitieux.
>
> GOETHE

La France, qui se vante d'être le pays de Descartes, n'oublie pas qu'elle est aussi celui de Nostradamus, et ces deux personnages contradictoires ne cessent d'influencer le comportement des Français, tiraillés entre la méthode scientifique du philosophe et l'irrationnalité du prophète. Sait-on que 60 p.100 de nos compatriotes croient à l'astrologie et au surnaturel dur comme Luci - fer, et que deux sur trois d'entre eux avouent avoir un jour consulté une voyante? Sans doute nous imaginons-nous cartésiens sous le prétexte que nous nous faisons tirer les cartes!
Les progrès de la science ont apporté à l'homme la connaissance, le confort, le plaisir, tout ce qu'autrefois, dans son ignorance et sa misère, il eut appelé le bonheur. Et pourtant, jamais on ne vit autant de mages, de devins, d'astrologues, de sorciers, de cartomanciennes ou de voyantes qu'aujourd'hui. On cite de nombreux hommes d'affaires, gestionnaires rigoureux, qui ne prendraient jamais une décision importante avant d'avoir consulté un marabout. Et nos hommes politiques, si sûrs d'eux lorsqu'ils nous expliquent toutes les bonnes raisons que nous avons de leur confier notre destin, ne vont-ils pas régulièrement interroger une voyante afin de s'enquérir du leur?

L'être humain, civilisé en apparence, cache toujours au fond de lui les terreurs primitives que suscitent les démons, l'inconnu et l'invisible et cherche à conjurer ses terreurs par des rites secrets.
Les superstitions ont ceci de merveilleux et d'irremplaçable qu'elles fournissent des réponses à toutes les questions et qu'elles déculpabilisent l'homme en lui enlevant le poids d'une responsabilité qui l'écrase. « Un homme n'est pas tout à fait misérable s'il est superstitieux, a écrit Balzac. Une superstition vaut une espérance. »
La superstition et la religion sont deux formes de croyance que les penseurs ont voulu opposer :
« La superstition est à la religion ce que l'astrologie est à l'astronomie, la fille très folle d'une mère très sage. » VOLTAIRE
« La superstition est la seule religion dont soient capables les âmes basses. » JOUBERT
« La superstition est plus injurieuse à Dieu que l'athéisme. » DIDEROT
« La superstition est le réservoir de toutes les vérités. » BAUDELAIRE
« La superstition est un peu plus humaine que la religion parce qu'elle manque de morale. » REMY DE GOURMONT

Sur un bateau ou sur la scène

Les gens les plus superstitieux au monde sont, à n'en pas douter, les comédiens et les marins. Quoi de plus normal puisque leur existence se passe à défier le sort? A chaque représentation, le premier joue sa carrière... A chaque traversée, l'autre risque sa vie. Et un théâtre n'est-il pas un grand vaisseau qui, chaque soir, hisse la toile pour appareiller? Le souffle du public qu'on devine dans le noir, c'est celui de la mer et du vent. Parfois, ce sont les mêmes expressions qui servent au marin et au comédien. Si le public est houleux, la pièce fera naufrage et le spectacle sombrera corps et biens. A moins que la tempête ne soit d'acclamations!
Chaque comédien, parmi une foule de superstitions personnelles, connaît trois interdictions majeures : la corde, l'œillet et le vert.
♣ *La corde* - Sur une scène, comme sur un bateau, prononcer le mot *corde* est interdit sous peine de malheur. Le marin dit « l'écoute », « la drisse », « le bout »... Jamais la corde!
Cette commune superstition peut s'expliquer ainsi :
~ au XIXe siècle, on construisit de grands théâtres dotés de machineries importantes. Comme à cette époque, la marine à voile était en déclin, on engagea dans ces théâtres des marins sans emploi habitués au maniement des voiles et ne craignant pas le vertige.

Ainsi auraient-ils apporté leur superstition en passant du bateau au théâtre.

D'autres proposent une explication différente. A la fin du siècle dernier, une comédienne, Melle Dufresne, fut retrouvée pendue dans les cintres, et depuis... il serait défendu de parler de corde dans le théâtre d'une pendue.

Autre superstition chez les comédiens : on ne doit jamais offrir d'*œillets*. L'œillet, c'est... le mauvais œil! Cette fleur bon marché sent la pauvreté; on n'en offre qu'aux figurants ou aux seconds rôles. Toute actrice qui reçoit une gerbe d'œillets s'imagine que l'expéditeur sous-estime son talent. Et de là à penser que les œillets lui porteront malheur il n'y a qu'un pas!

Troisième interdit : le *vert*. Cette hantise viendrait, pense-t-on, de l'Antiquité grecque. Les comédiens jouaient avec un masque vert; leur respiration et leur transpiration faisaient couler ce vert qui leur teignait le visage et qui les faisait repérer lorsqu'ils quittaient le théâtre. Or, pendant des siècles, les comédiens ont été des maudits, des excommuniés. Est-ce pour cette raison qu'ils auraient fait une fixation sur cette couleur qui rappelait leur appartenance à une communauté d'exclus?

Le vert pourtant est loin d'être toujours maléfique au théâtre : Alceste, le héros du *Misanthrope* - l'une de nos plus belles pièces classiques - n'est-il pas « l'homme aux rubans verts »?

Les marins, condamnés à manger du poisson plus souvent qu'à leur tour, adorent la viande, mais haïssent le *lapin*. Vous ne ferez jamais prononcer à un marin le nom de cet animal maudit. Peut-être est-ce le souvenir du naufrage de ce bateau qui transportait une cargaison de lapins : les charmantes bestioles auraient, en rongeant la coque du navire, ouvert une voie d'eau qui l'aurait fait sombrer. Tous les marins se souviennent du naufrage du *Pourquoi Pas?*, le navire du commandant Charcot, le 15 septembre 1936. Celui-ci, à la terreur de son équipage qui n'avait rien osé lui dire, avait installé dans sa cabine deux lapins en peluche, « porte-bonheur » offerts par sa fille.

Petit dictionnaire superstitieux

Les superstitions sont innombrables et parfois contradictoires. Il semble pourtant qu'on puisse dresser un catalogue rapide des objets, animaux ou situations les plus fréquemment cités comme signes, heureux ou funesres, du destin :

Ail. Chacun sait que son odeur éloigne les vampires. Aurait-on remarqué que ces suceurs de sang hésitaient à s'aventurer en Provence ou en Charente, provinces exorcisées par l'haleine que donne aux indigènes une fréquentation assidue de l'aïoli ou des cagouilles à la charentaise?

☘ *Alliance.* Les Romains croyaient qu'une veine rejoignait l'annulaire de la main gauche et le cœur. Ne jamais laisser tomber une alliance pendant la cérémonie du mariage : c'est un mauvais présage pour l'union du couple.

☘ *Araignée.* En Chine comme en Angleterre, l'araignée est un présage d'argent. En France, on se récite ce proverbe :

Araignée du matin, chagrin
Araignée du midi, souci (ou profit!)
Araignée du tantôt, cadeau
Araignée du soir, espoir.

☘ *Bois.* C'est pour chacun un réflexe de toucher de la main droite un objet en bois lorsqu'il est question de santé ou de projets afin de conjurer le sort contraire. Cette superstition remonte-t-elle au temps où les primitifs croyaient aux esprits cachés dans les arbres, ou est-elle un rappel chrétien du bois de la croix?

☘ *Bossu.* Toucher une bosse porte chance. Entretenons cette croyance puisqu'elle fait vivre un certain nombre de pauvres gens contrefaits qui se tiennent aux portes des casinos.

☘ *Chapeau.* Mis à l'envers, c'est un journée de malchance. Un chapeau posé sur un lit signifie une condamnation à mort venue de l'au-delà : Picasso s'enferma chez lui pendant une semaine un jour qu'il avait découvert un chapeau sur son lit.

☘ *Chat noir.* En principe, il porte bonheur pourvu qu'il n'ait pas la moindre touffe de poils blancs. Pourtant, Chateaubriand tout comme Pierre Loti, se pâmait à la vue d'un chat noir.

☘ *Cigarette.* Allumer trois cigarettes à la même allumette porte malheur : le plus jeune est menacé de mort. Cette croyance remonte à la guerre des Boers : la nuit, un tireur habile préparait son arme à la première cigarette, visait à la seconde et tirait à la troisième. Et comme les Anglais sont gens polis qui offrent du feu d'abord aux plus âgés, c'est le plus jeune qui était tué.

☘ *Ciseaux.* Ne jamais ramasser soi-même une paire de ciseaux qu'on a laissé tomber. Si une lame de ciseaux se fiche dans le plancher, c'est signe de mort.

☘ *Coccinelle.* Les Anglais l'appellent *Lady Bird.* C'est l'oiseau de la Vierge Marie. Si une coccinelle se pose sur vous, c'est un signe de chance. Quant à vous indiquer le temps qu'il fera en s'envolant de votre doigt, c'est une autre affaire!

☘ *Coucou.* S'il chante sur votre droite, faites un vœu : il sera exaucé.

Il renseigne les vieilles gens sur leur espérance de vie : autant de *coucou* que d'années à vivre!

☘ *Coude*. Se cogner le coude, un cadeau vous arrive.

☘ *Couteau*. Les croiser à table est un présage de malheur. Si l'on vous offre un couteau, vous devez donner en échange une petite pièce pour que l'amitié ne soit pas coupée.

☘ *Dents*. Si les deux incisives supérieures sont écartées, cela s'appelle avoir « les dents du bonheur ».

☘ *Doigts*. Croiser les doigts pour écarter le mauvais sort. Si vos jointures craquent lorsque vous tirez sur vos doigts, c'est que quelqu'un vous aime. Doit-on en conclure que les arthritiques sont des Don Juan?

☘ *Échelle*. Ne jamais passer sous une échelle appuyée à un mur.

☘ *Éternuement*. Éternuer était un des premiers symptômes de la peste. C'est pourquoi les Romains avaient l'habitude de dire : « Que les dieux vous bénissent! » Pour d'autres, pendant l'éternuement, le cœur s'arrête et l'âme quitte le corps. Pour qu'elle revienne, on prononce la formule sacrée. Éternuer une fois, c'est un souhait; deux fois, un baiser; trois fois, quelque chose de mieux. Éternuer le matin est bénéfique, mais grave avant de s'endormir.

☘ *Étoile filante*. Faire un vœu avant qu'elle ne disparaisse.

☘ *Fer à cheval*. Porte chance. L'accrocher au-dessus de la porte d'entrée, les branches dirigées vers le haut, ou bien dirigées vers le côté droit pour faire la lettre « C » comme Christ. Le meilleur fer à cheval est celui qui a sept trous.

☘ *Fleurs*. N'offrez pas de fleurs blanches à un malade. Ne déposez jamais de fleurs sur un lit de malade.

☘ *Grains de beauté*. Au milieu du front : richesse. Sur le menton, l'oreille ou le nez : porte bonheur. Sur le sein gauche d'une fille, la rend irrésistible...

☘ *Grillon*. Messager de la chance. Dans une cheminée apporte le bonheur dans la maison. Le tuer porte malheur.

☘ *Gui*. C'était la plante sacrée pour les druides qui l'appelaient « le rameau d'or ». L'arbre sur lequel pousse le gui est appelé « arbre du tonnerre » et peut protéger une maison de la foudre... Mais peut-être pas du coup de foudre, puisqu'il est d'usage à Noël ou au jour de l'an d'embrasser toutes les filles sous une branche de gui.

☘ *Hibou*. Son hululement sinistre, pour certains, annonce la mort de quelqu'un. Une femme enceinte qui entend le cri du hibou donnera le jour à une petite fille.

☘ *Hirondelle*. C'est un excellent présage pour une maison que d'abriter un nid d'hirondelles. Quand l'hirondelle vole haut, c'est un signe de beau temps et au ras du sol un présage de pluie.

☘ *Hoquet*. Signe que quelqu'un pense à vous. Pour le faire cesser, se pincer le nez et dire trois fois de suite sans respirer : « J'ai le hoquet, Dieu me l'a donné, trois fois Jésus, je ne l'ai plus ! »

☘ *Houx*. C'est la plante de Noël. Son nom anglais *holly* (Hollywood : le bois de houx) rappelle l'adjectif *holy* qui signifie « saint ». Ses piquants protègent contre les mauvais esprits. Il faut en accrocher au-dessus des portes pour s'assurer d'un Noël heureux. Le houx protège de la foudre.

☘ *Idiot*. Jadis, l'idiot du village était considéré comme béni. Sa présence dans la communauté était un signe de bonheur : « Heureux les pauvres en esprit, car ils verront Dieu. »

☘ *Jaune*. Serait une couleur maléfique. Partout associée au malheur en ménage.

☘ *Jours de chance*. Le mercredi est un jour de malchance.

~ En Allemagne, c'est le jeudi qui est le jour de la déveine : aucun mariage ne doit être célébré ce jour-là.

~ Le vendredi est un jour fatidique. N'est-ce pas un vendredi qu'Ève fit à Adam le coup de la pomme ?

~ Il faut éviter de se marier un vendredi et - si possible - de naître ce jour-là !

~ S'il pleut le vendredi - ou si l'on pleure - il fera beau dimanche et l'on rira.

~ Le samedi, le soleil brille toujours. Sauf une fois, dit-on, en Languedoc : « Il n'y a qu'un samedi dans l'an où le soleil ne se voit pas. »

~ Le dimanche est un jour faste. Les enfants du dimanche seront bénis du ciel. Certains auront le don de divination.

☘ *Langue*. Se mordre la langue en mangeant est signe de mensonge.

☘ *Lapin*. Selon d'antiques croyances, les lapins dansaient en rond les nuits de pleine lune. La patte de lapin est un fétiche réputé. On en suspend parfois au berceau des enfants.

☘ *Lit*. Se lever du pied gauche est le présage d'une mauvaise journée.

☘ *Loup*. L'imaginaire collectif a fait du loup l'animal de mauvais augure par excellence. On en menaçait jadis les enfants méchants. Une dent de loup accrochée autour du cou protège des esprits du mal.

☘ *Lune*. La pleine lune engendre la folie selon les Romains qui ont inventé le mot « lunatique » (les Anglais appellent *lunatic asylum* un asile de fous).

La lune est à l'origine d'innombrables rites et superstitions. Le cycle de la Lune est observé attentivement par les paysans, car il conditionne le succès de la plupart des opérations agricoles.

☘ *Main.* Serrer la main gauche est maléfique. Lorsque plusieurs personnes se serrent la main, il est recommandé que les bras ne se croisent pas. Se laver les mains à deux sous un même filet d'eau peut engendrer une dispute... qu'il est facile de conjurer en crachant dans l'eau : dégoûtant, mais prudent!

☘ *Mandragore.* Cette plante, dont la racine a parfois des formes humaines, est un des produits de base de l'attirail magique. On la récoltait, prétendait-on, sous les potences car elle naîtrait du sperme des pendus. On disait aussi que la mandragore poussait un cri affreux lorsqu'on déterrait sa racine. C'est un remède inégalé contre la stérilité et les sortilèges amoureux.

☘ *Mardi gras.* La première crêpe du Mardi gras doit être retournée dans la poêle d'un seul geste de la main, cependant que, dans l'autre main, on serre un louis d'or. Si la crêpe retombe à plat dans la poêle, on aura de l'argent toute l'année. Dans le cas contraire, attention aux ennuis financiers (idem pour les crêpes de la Chandeleur).

☘ *Marguerite.* Les amoureuses arrachent ses pétales en disant : « Il m'aime : un peu, beaucoup, passionnément, à la folie, pas du tout » jusqu'au dernier pétale supposé donner la réponse.

☘ *Mariage.* « Mariage pluvieux, mariage heureux », dit-on afin de consoler les participants à une cérémonie gâchée par la pluie. On dit aussi que la mariée sera heureuse si le soleil brille. Pas le marié? Il est excellent de se marier en juin, car c'est le mois qui est sous la protection de Junon, l'épouse de Jupiter.

~ Quels jours se marier? Le lundi est excellent pour la richesse. Le mardi pour la santé. Le mercredi pour le bonheur. Le jeudi laisse présager des querelles. Le vendredi est un jour néfaste. Le samedi, bien que jour habituel des mariages, n'est absolument pas dispensateur de chance.

~ La mariée doit porter « quelque chose de nouveau, quelque chose de vieux, quelque chose d'emprunté (de volé, disent certains), quelque chose de bleu. »

~ Le rouge porte malheur ce jour-là : gare à la mariée qui tacherait d'une goutte de sang sa robe blanche! La jeune fille ne doit pas coudre elle-même sa robe de mariage. Elle ne doit pas non plus l'essayer en se regardant dans un miroir en pied.

~ Il est de mauvais présage de rencontrer sur le chemin de la mairie ou de l'église un aveugle, un prêtre, un policier, un juge ou un médecin (!). Le riz, lancé sur les nouveaux mariés à la sortie de l'église, est gage de prospérité. A l'origine, le riz devait être lancé autour des jeunes époux pour les protéger du malheur.

~ Le mari doit porter sa femme pour lui faire franchir le seuil de leur maison, symbole d'un temps où l'homme enlevait sa compagne.

☘ *Marin.* Lorsque vous apercevez un marin, vous devez pincer la personne qui vous accompagne. Toucher le pompon rouge d'un béret de marin porte bonheur.
Attention à ne pas faire tomber de verre : chaque verre qui tinte en se brisant signifie la mort d'un marin en mer.
On ne monte jamais sur le pont d'un bateau du pied gauche.
☘ *Miroir.* Briser un miroir est le signe de sept ans de malheur. Après la mort de quelqu'un, il était jadis d'usage de recouvrir d'un voile tous les miroirs de la maison pour que l'image des invités ne soit pas reflétée au risque d'être emportée par la mort.
☘ *Mouche.* Une mouche dans son verre ou dans son assiette est signe de prospérité. Luther, ayant aperçu une mouche noire pendant sa méditation, crut voir une apparition du diable.
☘ *Mouton.* Rencontrer un troupeau de moutons au cours d'un voyage porte bonheur, surtout si vous vous frottez le pouce contre l'index en répétant plusieurs fois : « Mouton, mouton, mouton. »
☘ *Naissance.* « L'enfant du lundi sera beau, celui du mardi gracieux, celui du mercredi triste, l'enfant du jeudi fera son chemin, celui du vendredi sera amoureux et généreux, celui du samedi sera un travailleur, celui du dimanche sera joyeux et doué. »
☘ *Nez.* Si le nez d'une fille la démange cela veut dire qu'un jeune veut l'embrasser et qu'un vieux en meurt d'envie.
☘ *Oiseau.* Les enfants morts sans avoir été baptisés deviennent des oiseaux. Si vous rencontrez un vol d'oiseaux se dirigeant vers votre droite, vos projets réussiront. Dans le cas contraire, il devrait vous suffire de faire demi-tour !
☘ *Ongles.* Les sorcières utilisent dans leurs potions magiques de la rognure d'ongles.
Défense de se couper les ongles le vendredi ou le dimanche.
~ Les taches blanches qui se forment sur les ongles sont des présages. Sur l'index : un nouvel ami. Sur le médius : un nouvel ennemi. Sur l'annulaire : une nouvelle richesse ou un nouvel amour. Sur l'auriculaire : un nouveau voyage.
☘ *Oreilles.* Si l'oreille droite vous siffle, c'est que quelqu'un parle de vous avec gentillesse. Si c'est l'oreille gauche, on médit de vous. Demandez un chiffre à votre entourage, il indiquera l'initiale de celui qui parle de vous.
☘ *Ortie.* En porter dans la poche protégerait de la foudre. On prétend que si on les cueille sans respirer, les orties ne vous piquent pas (sans garantie de l'auteur !).
☘ *Pain.* Symbole de la nourriture ou de la vie. Le pain qu'on jette porte malheur. Ne jamais retourner le pain sur la table.
☘ *Parapluie.* Un parapluie ouvert dans une maison porte malheur.

☘ *Pie*. Ce serait une créature du diable sous prétexe qu'elle refusa d'entrer dans l'Arche de Noé. Voir une pie est mauvais signe, deux pies, au contraire est présage heureux (une pie, tant pis... Deux pies, tant mieux!) Trois pour un mariage. Quatre pour une naissance. Cinq c'est le paradis. Six, l'enfer... et sept, le diable (plaignons ce pauvre diable de Pie VII!)
☘ *Rasoir*. N'offrez pas de rasoir, sa lame coupe l'amitié. Ou alors, demandez « un sou » en échange.
☘ *Rêve*. Les rêves du vendredi se réaliseront. De même si vous faites le même rêve trois fois de suite.
☘ *Rouge-gorge*. Cet oiseau s'est taché de rouge les plumes de la gorge en essayant de retirer les épines de la couronne du Christ. C'est pourquoi, maudit soit celui qui tuera un rouge-gorge.
Il faut faire un vœu en voyant le premier rouge-gorge de l'année.
☘ *Saint-Valentin*. Une fille en âge de se marier peut deviner qui sera son époux selon le premier oiseau qu'elle rencontrera le jour de la Saint-Valentin : :

Un merle : homme d'église ou pasteur (pas un curé)
Un rouge-gorge : marin
Un oiseau jaune : homme riche
Un moineau : fermier
Un bec-croisé : homme sage
Une colombe : un homme bon.
Mais, si c'est un pic-vert, elle restera vieille fille!

☘ *Sel*. Si l'on renverse la salière, il convient de conjurer le sort en jetant une pincée de sel par dessus son épaule droite.
☘ *Soupe*. Manger de la soupe fait grandir.
☘ *Sourcils*. Lorsque les sourcils se rejoignent au-dessus du nez, c'est signe de chance, mais aussi de jalousie.
☘ *Trèfle*. Ève aurait emporté un trèfle à quatre feuilles en quittant le paradis. Une feuille pour l'amour, une feuille pour la santé, une feuille pour la richesse, une feuille pour la renommée : Que demander de mieux! C'est un porte-bonheur... mais moins efficace que le trèfle à cinq feuilles, infiniment plus rare.
☘ *Treize*. « Évitez d'être treize à table, ça porte malheur. Les esprits forts ne devront jamais manquer de plaisanter : " Qu'est-ce que ça fait, je mangerai pour deux! " ou bien, s'il y a des dames, de demander si l'une d'elles n'est pas enceinte. »

GUSTAVE FLAUBERT, *Dictionnaire des idées reçues*.

☘ *Veine*. Bien que veine soit synonyme de chance, on assure que « qui voit ses veines, voit ses peines ».

☘ *Vendredi saint.* Ne jamais laver de linge ce jour-là, car il ne sera jamais propre. C'est une conséquence de la malédiction que Jésus montant au calvaire lança à la lavandière qui le salua en agitant un linge humide.
☘ *Verre.* Casser du verre blanc porte bonheur. Ne regardez pas quelqu'un à travers un verre brisé, vous vous disputeriez avec lui.
☘ *Verrues.* Pour les faire disparaître, enterrez dans le fumier une ficelle portant autant de nœuds que vous avez de verrues.
☘ *Vin.* Lorsque vous redressez une bouteille après avoir versé du vin, la bulle qui se forme parfois dans le goulot signifie l'arrivée d'une lettre.
☘ Y.X.Z. On prétend qu'un auteur qui emploierait les trois dernières lettres de l'alphabet dans la dernière phrase d'un livre ne connaîtrait aucun succès et n'écrirait plus rien d'autre.
Les auteurs de dictionnaires seraient-ils plus exposés que les autres ?

Un mot de Cocteau pour conclure :
« La superstition, c'est l'art de se mettre en règle avec les coïncidences.

SURNOMS

Être affublé d'un surnom n'est agréable à personne.
Pourtant, les noms que nous portons aujourd'hui et dont nous sommes si fiers ne sont rien d'autre que de vieux sobriquets dont l'origine remonte au XIIe siècle. A cette période, par suite de ce que nous appellerions aujourd'hui un « boom démographique », la population de la France atteignit pour la première fois le chiffre considérable de dix millions d'habitants.
Jusque-là, on se contentait de désigner les gens par leur prénom de baptême. Dans chaque village, on évitait seulement de donner aux nouveau-nés des prénoms trop fréquemment attribués. Mais, avec la multiplication des naissances, des homonymies se produisaient qui étaient la source de confusions désagréables. Il fallait trouver autre chose et c'est ainsi que, spontanément, s'imposa l'attribution du *surnom.*

On avait déjà l'habitude, pour distinguer certaines personnes dont la renommée s'étendait au-delà des frontières du village, de leur accoler un sobriquet destiné à éviter toute confusion. Créés tout naturellement à partir du parler rural, les surnoms sont d'origines diverses :

- Le prénom plus ou moins déformé :
Guillaume :
Guillemin, Guilleminot...
- L'emplacement de l'habitation :
Dumoulin, Dupré, Delamare...
- L'apparence physique :
Lelong, Lenain, Gros...
- L'origine géographique :
Lorrain, Bourguignon, Lenormand...
- Le statut familial :
Loncle, Neveu, Besson (jumeau)...
- Le caractère :
Hardy, Tonnerre, Ledoux...
- Le métier :
Laboureur, Taillefer, Portefaix...

Ce sont tous ces surnoms qui, à partir de cette époque, vont se fixer et se transmettre de façon héréditaire et deviendront nos noms actuels. Peu de gens sachant écrire, l'orthographe des noms évolue, selon les régions, selon les prononciations, selon les erreurs des clercs chargés de rédiger les actes... Il faudra attendre l'alphabétisation généralisée du XIXe siècle et l'apparition du livret de famille pour que l'orthographe de tous ces noms se fixe de façon définitive.

Le surnom n'était pas réservé aux vilains ou aux roturiers. Nos rois eux-mêmes n'y échappaient pas :

Charles le Grand (Charlemagne) - Pépin le Bref - Louis II, le Bègue ou le Fainéant - Louis IV d'Outre-Mer - Louis V, le Fainéant - Louis VI, le Gros - Louis VII, le Jeune - Louis VIII, le Lion - Louis X, le Hutin ou le Querelleur - Charles II, le Chauve - Charles III, le Simple - Charles IV le Bel - Charles V, le Sage - Charles VI, le Bien-Aimé puis le Fou, etc.

Qui n'a pas son sobriquet

Les surnoms devenus des noms, la pratique d'affubler les gens d'un sobriquet ne cessa pas pour autant. C'est même une pratique bien française que celle qui consiste à habiller d'un surnom, méchant et drôle si possible, les personnalités les plus en vue de la politique, du spectacle ou des arts. De nos jours cette saine habitude a tendance à se faire plus rare et c'est bien dommage!

Nombre de ces sobriquets qui enchantaient nos grands-parents et nos parents nous sont aujourd'hui totalement hermétiques parce qu'ils faisaient référence à une actualité qui ne nous évoque plus rien. Voici une liste de ceux qui nous semblent avoir le mieux traversé le temps :

- Napoléon III : « Badinguet. »
- Pauline Bonaparte : « La grande horizontale. »
- Catherine Hubscher, maréchale Lefebvre : « Madame Sans-Gêne » (le surnom, dans son cas, est plus célèbre que le nom).
- La Païva : « Qui paye y va ! »
- Hortense Schneider : « Le Passage des Princes. »
- Général Trochu : « Participe passé du verbe trop choir » (Victor Hugo).
- Guy de Maupassant : « Le taureau triste » (Taine).
- George Sand : « La vache bretonne de la littérature » (J. Renard).
- Émile Zola : « Le porc épique » (Leconte de l'Isle), « Le Grand Fécal » (Léon Daudet).
- Jean Lorrain : « La bonne Lorraine. »
- Sainte-Beuve : « Sainte Bévue » (Balzac) - « Sainte-Bave » (Paul Dubois).
- Meg Steinheil (entre les bras de qui trépassa Félix Faure) : « Bouche à feu » ou « La Pompe funèbre. »
- Sarah Bernhardt (amputée d'une jambe, elle jouait assis) : « La mère Lachaise. »
- Léon Bloy : « Saint-Jean Bouche d'égout » (Laurent Tailhade).
- Louis Lépine, préfet de Paris, à la taille minuscule : « Le mouchard de poche » (Rip).
- Le sénateur Béranger : « Le père la Pudeur » ou « Le vieux continent. »
- Le Président Fallières : « Adipeux-Roi » (La Fouchardière).
- Georges Clemenceau : « Le Tigre. »
- De Selves (ministre des Affaires étrangères) ; « Le con d'Orsay ».
- Paul Géraldy (auteur de *Toi et Moi*), lorsqu'il divorça d'avec la cantatrice Germaine Lubin : « Eux... Brouillés ? »
- Henry Bernstein : « Divan Le Terrible. »
- Erik Satie : « Esotérik Satie » (A. Allais).
- Comtesse de Caillavet (Léontine Lippmann), égérie d'Anatole France : « La Bonne sous France. »
- Henri de Jouvenel : « La Braguette enchantée » (Eugène Merle).
- Julien Benda : « Un mélancolique passé défini » (Henri Jeanson).
- Jean Cocteau, après la mort de Raymond Radiguet : « Le Veuf sur le toit. »

- Le président Albert Lebrun, qui avait la larme facile : « Le chialant qui passe » (Breffort).
- Edouard Herriot : « Le discrédit lyonnais » (Jules Rivet).
- Mistinguett : « Les soirées de mes dents » (André Royer).
- Cécile Sorel et la comtesse de Ségur : « La fossile et le marteau. »
- Marcel et Elise Jouhandeau : « Pédéraste et Médisante. »
- Edouard Daladier : « Le Taureau du Vaucluse » - « Le Taureau de la Camarde » (Breffort).
- Philippe Pétain : « Philippe Éteint » ou « Le Connétable du Déclin. »
- Amiral Darlan : « L'Amiral Courbette. »
- Pierre Laval : « Le Bougnat. »
- Abel Bonnard : « Gestapette. »
- Serge Lifar : « La Loïe Führer. »
- Jean Luchaire : « Louche Herr » (Jean Galtier-Boissière).
- Le ménage Georges Bidault : « M. et Mme Crapotte » (Roger Peyrefitte).
- Le roi Farouk : « Porc Royal. »
- Salvador Dali : « Avida dollars » (André Breton).
- Edgar Faure : « Edguère Fort » (Albert Paraz).
- Henri de Montherlant : « Monsieur Henri " soi-même " de Montherlant » (*Le Canard enchaîné*) - « Un bas-du-cul qui se prend pour un grand d'Espagne » (Jacques Prévert).
- Elsa Triolet : « L'Aragonzesse » (Jeanson).
- Roger Richebé, metteur en scène médiocre de films commerciaux : « Pauvre Cé » (Jeanson).
- Sacha Guitry : « Sacha qui triche » (Jeanson) - « Le Paon total » (Breffort).
- Yves Allégret, metteur en scène de films noirs : « Water Clouzot » (Jeanson).
- Cecil B. de Mille, metteur en scène fastueux de superproductions : « Cecil Billets de Mille » (Jeanson).
- Marthe Richard qui fit fermer les maisons closes : « La Veuve qui clôt. »
- Les quatre frères Willot : « Les Dalton. »
- Jean-Baptiste Doumeng : « Le milliardaire rouge. »
- Pierre Gaspard-Huit, cinéaste : « Double zéro. »
- Bernard Hinault : « Le Blaireau. »
- Philippe de Gaulle - Descendant (ô combien!) de son père : « Sosthène. »
- Simone de Beauvoir que Sartre surnommait « Le Castor ». On l'appelait « La Grande Sartreuse » ou « La Sartreuse de Charme ».

- Charles Trenet : « Le Fou chantant. »
- Gilbert Bécaud : « Monsieur 100 000 Volts. »
- René Han - P.D.G. de FR 3 : « Hi-Han » (Bernard Frank, du *Monde*).
- Silvio Berlusconi, propriétaire de plusieurs chaînes de TV en Italie : « Sua Emittenza », jeu de mots entre « Son Éminence » et « Son Émetteur ».
- Une péripatéticienne : « Petite Secousse. »
- Un historien très laid et efféminé : « 35 » (parce qu' « il » est « vilaine »).
- Tous les ministres des Finances « Le bourreau de mes thunes » (Jean Rigaux).
- Guy Lux, l'increvable bateleur de la télévision : « Minux » (Coluche).

Nos chers hommes politiques actuels ne sauraient échapper au petit jeu des surnoms. Il est permis de regretter, qu'à quelques exceptions près, ils ne soient pas très drôles. De toute façon, les meilleurs surnoms sont toujours ceux qui habillent les politiciens du « camp d'en face »!

- François Mitterrand : « Le Florentin » - « La Mite » pour ses adversaires. Mais surtout « Tonton », nom de code employé en 1981 par les policiers chargés de sa protection.
- Jacques Chirac : « Crac-Crac » - « Le Hussard »
- Raymond Barre : « Raymond la Science » *(Le Canard enchaîné)*, « Babarre », « Barzy » (Cocoricocoboy) ou « Sancho Pansu ».
- Valéry Giscard d'Estaing : « Super-Valy » en 1974 - « L'Ex » en 1981 - « Hasard d'Estin » (Bertrand Poirot-Delpech).
- Michel Rocard : « Tintin ».
- Georges Pompidou : « Bougnaparte » (François Brigneau).
- Michel Debré : « L'Amer Michel », « La Mère Michel » *(Le Canard enchaîné)* ou « Michou la Colère ».
- Jean Lecanuet : « Dents Blanches » à cause de son sourire à l'américaine découvert pendant la campagne présidentielle de 1965.
- Jean-Jacques Servan-Schreiber : « Kennedillon » (François Mauriac) - « Turlupin » (Alexandre Sanguinetti).
- Jean-Marie Le Pen : « Le Menhir » - « Laval qui rit » (Thierry Le Luron) - « Enfant de Pétain » (Rampal).
- Edouard Balladur : « Ballamou » ou « Ballamouchi ».
- Lionel Jospin : « Le Caniche » quand il était frisé au petit fer.
- Michel Jobert : « Rikikissinger » (André Ribaud).
- Pierre Joxe : « Le Pasteur » (protestant) ou « l'Ayatollah » pour ses positions sectaires.

- François Léotard : « Saint Léo » pour ses amis, « Léotarte » pour ses ennemis. « Le frère de l'acteur » (Guy Bedos) - « Waterléo ».
- Jack Lang : « La Panthère rose. »
- Paul Quilès : « Robespaul » pour avoir demandé au congrès de Valence « que des têtes tombent ».
- Louis Mermaz : « Loulou » pour sa fidélité à Mitterrand.
- Pierre-Auguste Messmer : « Rien et Danube » (Jean Manan).
- René Monory : « Le Shérif » à Loudun.
- Alain Peyrefitte : « Roquet les grandes oreilles. »
- Pierre Mauroy : « Rougeaud de Lille » ou « le gros Quinquin ».
- Jean-Pierre Chevènement : « Le Prof. »
- Charles Hernu : « Hernul » ou « Hernucléaire » *(Le Canard enchaîné)*.
- André Laignel : « Joxe Terrier » pour sa fidélité à Pierre Joxe ou « le Nain sectaire » pour sa taille minuscule.
- Maxime Gremetz, du P.C.F. : « Minime. »
- André Bergeron : « Le Carré de l'Est » pour sa ressemblance avec le fromage.
- Henri Krasucki : « Bigoudi. »
- Maurice Couve de Murville : « Belle tête de camomille » (Jeanson).

Tous ceux qui ne sont pas cités voudront bien nous pardonner notre apparente indifférence : un surnom, ça se mérite!

Totems

Le scoutisme est l'un des rares microcosmes où l'on puisse se traiter gentiment, et sans que bagarre s'ensuive, de noms d'animaux. Après quelques années d'ancienneté, le Scout se voit baptiser, au cours d'un feu de camp initiatique, du nom de l'animal dont il est censé détenir les qualités.

Les plus grandes personnalités du monde ont appartenu au scoutisme : Jean-Paul II, le roi Carl-Gustav de Suède, Jimmy Carter, Gerald Ford, Valéry Giscard d'Estaing...

Dans la politique ou le métier du spectacle, certaines vedettes se souviennent de leur totem. Nous pouvons nous apercevoir, quelques décennies plus tard, que ces surnoms donnés à des adolescents, conviennent encore assez bien aux adultes qu'ils sont devenus :

- Jacques Chirac : Bison Égocentrique
- François Léotard : Zèbre Réaliste
- Michel Rocard : Hamster Érudit
- Lionel Jospin : Langue Agile
- Monique Pelletier : Autruche Affolée

- Roger Holeindre : Bélier Têtu
- Claude Rich : Castor Distrait
- Jacques Martin : Grenouille Optimiste
- Alain Souchon : Cœur Vaillant
- Jean Carmet : Canard Sympathique
- Huguette Bouchardeau : Ourson Bagarreur

Surnoms collectifs

Les habitants de quelques villes en France ont hérité d'un surnom collectif qui leur vient de l'histoire ou d'une spécialité locale.

- Les habitants de Joigny (Yonne) ayant massacré, en 1438, Guy de la Trémoille, seigneur de la ville, à coups de maillet, doivent à ce fait d'arme d'être surnommés *Maillotins*.
- Saint-Gengoux-Le-National (Saône-et-Loire) fut rebaptisée pendant la Révolution *Jouvence* en raison de ses nombreuses fontaines. Depuis les habitants continuent de s'appeler *les Jouvenceaux*.
- Saint-Denis-d'Anjou (Sarthe). On y cultivait jadis de la graine de moutarde, d'où le nom de *Moutardiers* que portent toujours les habitants du bourg.
- Villedieu-Les-Poêles (Manche). La petite ville perpétue la tradition de la dinanderie de cuivre qui remonte au XIIe siècle. Les habitants, qui frappaient comme des sourds pour marteler le métal, se nomment toujours les *Sourdins*.
- Eus (Pyrénées-Orientales). Passe pour être le village le plus ensoleillé de France. Sans doute est-ce pour cela que les habitants d'Eus sont surnommés *les Lézards*.
- Saint-Ambroix (Gard). Les habitants, tous les 15 août, célèbrent la vieille légende du bœuf que leurs ancêtres avaient muni de deux ailes avant de le précipiter du haut du rocher qui domine la ville (le bœuf aujourd'hui est en baudruche!). Les habitants se nomment les *Volobioù*, ceux qui font voler le bœuf!

SYLLOGISME

Qui ne connaît le fameux syllogisme d'Aristote?

> Les hommes sont mortels (majeure).
> Or, Socrate est un homme (mineure).
> Donc, Socrate est mortel (conclusion).

Le syllogisme se présente sous la forme d'un argument en trois propositions : la majeure, la mineure et la conclusion et tel que la conclusion est déduite de la majeure, par l'intermédiaire de la mineure.

☘ Le syllogisme a joué un grand rôle dans l'enseignement au Moyen Age. Pourtant, son usage strict est d'une faible portée dans le raisonnement scientifique et les auteurs n'ont pas manqué de retourner contre lui ses propres armes afin de mieux le ridiculiser.

~ Par exemple :

Ce qui est bon marché est rare
Or, ce qui est rare est cher,
Donc, ce qui est bon marché est cher.

~ Même le sage et sérieux Montaigne a tourné le syllogisme en dérision :

Le jambon fait boire
Or, le boire désaltère,
Donc le jambon désaltère.

~ Et Jonathan Swift :

Personne n'accepte de conseils
Par contre, tout le monde accepte de l'argent
Donc, l'argent vaut mieux que les conseils.

~ En Bavière, on cite ce proverbe ancien qui est un parfait syllogisme en quatre propositions :

Si tu bois du vin, tu dormiras bien
Si tu dors, tu ne pècheras pas
Si tu ne pèches pas, tu seras sauvé
Donc bois du vin, c'est le salut.

☘ Il arrive que la forme sévère du syllogisme soit utilisée comme support d'un satire politique et devienne une très réjouissante et fort peu respectueuse chanson populaire :
C'était en 1871, Henri de Bourbon duc de Bordeaux et comte de Chambord, fils du duc de Berry, fit valoir ses prétentions au trône de France sous le nom de Henri V.
Voici la chanson qui courut :

Le duc de Bordeaux
Ressemble à son père
Son père à son frère
Et son frère à mon cul.
De là je conclus
Que le duc de Bordeaux
Ressemble à mon cul
Comme deux gouttes d'eau.

A défaut d'être d'une grande portée politique, le raisonnement est sans faille. Ce syllogisme chanté aura au moins permis au souvenir du duc de Bordeaux de demeurer vivant dans la mémoire des étudiants d'aujourd'hui.

☘ Nous avons gardé pour la bonne bouche ce syllogisme bouffon d'Eugène Ionesco qui s'attaque précisément au modèle du genre, celui d'Aristote. L'appartenance de son auteur à l'Académie française lui confère une évidente solennité :

Tous les chats sont mortels,
Or, Socrate est mortel
Donc, Socrate est un chat.

Ce qu'il fallait démontrer!

Tac au tac

L'esprit, comme la balle de tennis, acquiert une efficacité plus grande et un impact plus redoutable lorsqu'il vient en réponse à un coup initial de l'adversaire. En un mot, une réponse spirituelle à l'envoyeur sera d'autant plus applaudie que chacun avait pu croire le premier assaut décisif. Après une réponse du tac au tac, c'est un tic, on se surprend à dire : « Et, toc! »

♣ Lequel d'Oscar Wilde ou de George Bernard Shaw avait le plus d'esprit? Rosse pour rosse, quiconque se serait hasardé à parier sur l'un ou l'autre, risquait bien d'y laisser sa mise.
Oscar Wilde, dont une pièce allait être jouée, eut l'attention délicate d'adresser à son rival G.B. Shaw deux places pour le soir de la générale. Il ne put s'empêcher pourtant de les accompagner d'un petit mot méchant :
« Je vous envoie deux places. Vous pourrez ainsi amener un ami... si toutefois vous en avez un! »
Par retour du courrier, il fut remercié par le billet que voici :
« Merci pour les places que vous m'avez fait parvenir. Désolé! Je ne suis pas libre ce soir-là, mais je viendrai à la seconde représentation... si toutefois il y en a une! »
Et toc!

Chacun sait que M. de Talleyrand était affligé d'un pied-bot, particularité qui, jointe à un art consommé de la duplicité, l'avait fait surnommer « le Diable boiteux ». Une fâcheuse, qui louchait désespérément, avait cru spirituel, un jour, d'interpeller cavalièrement l'Excellence :
- Alors, monseigneur. Comment est-ce que ça marche?
La réponse ne tarda guère :
- Mais, comme vous voyez, madame!
Et toc!

Ce n'est pas d'aujourd'hui que les candidatures à l'Académie française font l'objet de combats acharnés. A la mort de Ducis, Michaud et Campenon se disputèrent âprement son fauteuil.
Campenon attaqua le premier en lançant cette épigramme contre son concurrent :

Au fauteuil de Ducis, on veut porter Michaud
Ma foi! pour l'y placer, il faut un ami chaud!

Ce n'était guère spirituel. La réponse ne le fut pas davantage. Mais, n'oublions pas qu'il ne s'agissait « que » de l'Académie française : Par retour, Michaud répondit brillamment (!) :

Au fauteuil de Ducis aspire Campenon
A-t-il assez d'esprit pour qu'on l'y campe? Non!

Et toc!

La charité se moque bien souvent de l'hôpital. La rapide passe d'armes ci-dessous mit aux prises deux célèbres homosexuels, l'écrivain et poète Jean Lorrain et le comédien de Max.
Jean Lorrain, ayant appris que de Max l'avait surnommé : « Jeanne, la bonne Lorraine », se hâta de baptiser le comédien « Le Monsieur aux camélias ».
Et toc!

Pierre Loti, de l'Académie française, n'aimait guère son éminent confrère Victorien Sardou, de l'Académie française itou.
Si les deux hommes n'avaient pas siégé ensemble sous la Coupole, nous serions même allés jusqu'à dire qu'ils se détestaient cordialement.
Ayant un jour à écrire à Sardou qui habitait Marly-le-Roi, Pierre Loti crut spirituel, avant de confier la lettre à un messager, de rédiger l'enveloppe sous la forme d'un contrepet :

Monsieur Victorien Sardy
à Marlou

Ça n'était pas d'un goût exquis. Mais sans doute Loti riait-il encore de sa plaisanterie lorsque le porteur lui remit la réponse. Au petit jeu du contrepet, Sardou avait marqué un point décisif. L'enveloppe portait la suscription suivante :

Monsieur Pierre Loto
Lieutenant de Vessie

Et toc!

TAUTOGRAMMES

En dépit de son nom, ce n'est pas au nombre des unités de poids qu'il convient de répertorier le *tautogramme*, mais dans les anthologies poétiques où - reconnaissons-le de bonne grâce - il ne pèse pas d'un poids bien considérable.
Le *tautogramme*, qu'on nomme aussi « vers lettrisés », est une pièce de vers dont tous les mots commencent par la même lettre (du grec *tautos* : même et *gramma* : lettre).
Les enfants qui s'amusent à répéter de plus en plus vite :
« Tata, ton thé t'a-t-il ôté ta toux? »
ou
« Didon dîna, dit-on, du dos dodu d'un dodu dindon ».
font des tautogrammes sans le savoir.

Les auteurs latins avaient moins de mérite que n'en ont les Français à pratiquer ce genre d'exercice dans la mesure où le latin ignore les articles et les pronoms.
Au XVe siècle, un certain Jean Molinet rima, à la gloire de la Vierge Marie, un tautogramme de cinq fois huit vers intitulé « Oraison ».
Les huit premiers vers étaient un tautogramme en « M », les huit suivants en « A », puis « R », « I » ou « J » et « E ». L'ensemble du poème faisait un acrostiche sur le nom de Marie. En voici le début :

Marie, mère merveilleuse
Marguerite, mundifiie,
Mère miséricordieuse
Mansion moult magnifie,
Ma maîtresse mirifiie,
Mon mesfait maculeux me matte
M'âme mordant mortifiie;
Mercy m'envoye m'advocate!

Ardent amour, arche aornée
Ancelle annuncée, acceptable,
Arbre apportant aulbe adjournée
Acroissant avoir aggréable
Astriférent aigle, attraictable
Accoeul amorti ayemant
Azime aspirant, adorable
Ancre aiguë, âmes attirant

Sans doute le lecteur nous tiendra-t-il quitte de la suite, car le français de cette époque ne nous permet guère d'apprécier la performance.

Un Allemand au nom bien peu germanique de Christianus Pierus, qui vivait au XVIe siècle, rima courageusement un poème de 1 200 vers à la gloire de Jésus-Christ et dont tous les mots commençaient par la lettre « C ». C'est également un « C » qu'avaient pour initiale tous les mots d'un poème que consacra à la chasse Nicolas Memmeranus.
Nous retrouvons ici le seigneur des Accords, messire Étienne Tabourot en personne, l' « inventeur » du contrepet. On connaît de lui un poème tautogrammique - et formant acrostiche qui plus est - consacré au petit roi François II qui fut roi de France à quinze ans, épousa Marie Stuart et mourut âgé de seize ans.

François faisant florir France
Royalement régnera
Amour aimable aura
N'y ayra nulle nuisance
Conseil constant conduira,
Ordonnant obéissance
Injustice il illustrera
Sur ses sujets sans souffrance.

Sans doute, le sieur des Accords attendait-il quelque faveur de la publication de ce poème dont le côté alimentaire n'échappe à personne.

Clément Marot s'est aussi exercé au *tautogramme*. Mais c'est un des défauts de ce genre d'exercice qu'il est difficile d'y briller :

Triste, transi, tout terni, tout tremblant,
Sombre, songeant, sans sûre souvenance [...]

Certaines méthodes d'apprentissage de la lecture offrent ainsi des phrases en forme de tautogrammes destinées à imprimer dans les jeunes cerveaux la forme et la sonorité des lettres de l'alphabet. Dans la splendide plaquette « Alphabets » que Massin composa à la demande de la S.E.I.T.A., nous avons trouvé deux exemples d'un (nous citons) « Alphabet instantané, nouvelle méthode amusante, à répétition optique et phonétique gravant chaque lettre d'emblée dans la mémoire, sans effort pour l'enfant ».

L'auteur de ce chef-d'œuvre, un certain René des Alyscamps (!) n'avait sûrement jamais vu un enfant ni de près ni de loin sans quoi, comment aurait-il osé proposer aux petites têtes blondes des années 20 une telle accumulation de mots grotesques et sans signification? Êtes-vous prêt? Voici l'heure du « T » :

> Tel un tank torrentueux triturant les Teutons, le toboggan tintinnabulant du tonitruant Tartarin de Tarascon tourbillonne tumultueusement dans un triomphal tintamarre de trompettes et de trophées.

« Ce qui n'est pas clair n'est pas français », disait Rivarol. En quel volapük ce texte a-t-il été composé? A l'usage de ceux qui auraient pu ne pas comprendre du premier coup, M. des Alyscamps récidive : « Hue! », voici venir le « U » :

> Urbain, l'hurluberlu en Ulster,
> Utilise tout uniment des ustensiles
> Usurpés d'usage universel,
> Pour les unifier en un ultravion uniplan.

☘ Après un tel effort intellectuel, une récompense s'impose. Signée *Yak Rivais* (voir le chapitre « Centons »), elle nous prouve qu'un tautogramme de qualité est plus « sorcier » qu'il n'y paraît :

> Voici Venir Vingt Vampires Verts!
> Six Sales Sorcières Sifflantes Suivent!
> Deux Dragons Déchaînés Dégobillent des Déchets Dégoûtants!
> Attention Aux Affreux Assaillants!
> Courez, Car Cinquante Crapauds Crachent Cent Cancrelas Caoutchouteux!
> Trente Terrifiants Tapirs Tonitruents!
> Mille Monstres Marins Mordent!
> Cent Cavaliers Chevauchent Cent Centaures Colossaux!
> Douze Diables Dévorent Des Dames Désespérées
> Fuyez Faibles Femmes!

Dans *Paroles* de Jacques Prévert, on trouve ces deux phrases un peu folles et presque tautogrammiques :

La **P**ipe au **P**apa du **P**ape **P**ie **P**ue!
et
Sophie sur son sofa s'affale et fait la folle!

Yves Gasc, un poète contemporain a composé en l'honneur de la dame de ses pensées dont le prénom a « J » pour initiale, un très joli sonnet tautogrammique :

« J », ma jacinthe, mon jasmin
Ma jaspe du Japon, ma jade
Jonquille de Janvier ma joie
Joyau du jour en mon jardin

« J » jarre d'eau jatte de lait
A jeun jeudi de jouissance
Joue de jais jambes jumelles
Jalousie jaune de Juin

En juillet les javelles jointes
Javeline et joncs de la joute
Jeu de la jungle juvénile

Jadis justice de Jésus
Jeune jamais je n'ai jugé
Si joli joug de jubilé.
(*L'instable* - *L' Instant*, édition Saint-Germain-des-Prés)

Sans espérer atteindre à cette fraîcheur d'inspiration, il est permis de s'amuser à composer, seul ou à plusieurs, des tautogrammes aussi longs que possible :
Lançons-nous :

Paul Perrin, pauvre petit pêcheur périgourdin, part pédestrement portant pliant, pélerine pliée, panier pas percé pour pas perdre poisson. Pris pour pure pitance : pamplemousse, pâté persillé, picholines, pain passé, petites pommes, plus picrate en pichet pour pouvoir pinter parfois. Paul pense pouvoir prendre perches, plies en pagaille pour porter à Paris... etc.

☘ Michel Laclos, dans sa rubrique « Lettres et l'esprit » du *Figaro*, suggérait de se livrer au jeu des traductions tautogrammiques qui consiste à transformer une citation connue en n'utilisant que des mots commençant par la même lettre :
Il s'amuse à donner quelques très beaux exemples :

> Un seul être vous manque et tout est dépeuplé devient :
>
> **Ma mie me manque, mon monde meurt.**
>
> **Mamartine**
>
> O temps, suspends ton vol
> se transforme en :
> **Té! Temps, termine ta translation.**
>
> **Tatartine**
>
> Mourir... dormir... rêver peut-être
> est traduit par :
> **Passer!... pieuter!... phantasmer peut-être.**
>
> ou :
> **Sombrer!... sommeiller!... songer, supposons!**
>
> **Phakespeare**

TITRES (OH! LES BEAUX)

Comme n'importe lequel d'entre nous, chaque livre reçoit un nom à sa naissance et, la littérature étant d'essence noble, ce nom s'appelle un titre. Choisi avec soin par l'auteur qui en est le père, approuvé par l'éditeur qui en sera la mère - à moins que ce ne soit le contraire -, ce nom influencera la destinée du livre.
Le choix de ces quelques mots est essentiel. Entre le contenu de l'œuvre et le titre dont elle a été baptisée doit exister cette mystérieuse correspondance qui attirera précisément le lecteur pour qui elle fut écrite.
Le joaillier frappe d'un poinçon le bijou qu'il fabrique, le certifiant ainsi composé de pur métal. Comme lui, le romancier est orfèvre en matière de titre. Le plus souvent, il invente à son œuvre un nom ori-

ginal, mais parfois, il préférera emprunter à un auteur qu'il aime quelques mots tirés de ses vers ou de sa prose pour en baptiser le roman qu'il vient d'écrire.
Références qui sont autant d'affectueuses révérences.

☘ *Françoise Sagan* dont la bibliographie ressemble à un poème tant elle met de soin à choisir les titres de ses romans se plaît à pratiquer de tels emprunts littéraires :

∾ Ainsi, son premier roman, *Bonjour tristesse*, rappelle-t-il par son titre un poème de Paul Éluard (« La Vie immédiate »).

Adieu tristesse
Bonjour tristesse
Tu es inscrite dans les lignes du plafond
Tu es inscrite dans les yeux que j'aime
Tu n'es pas tout à fait la misère
Car les lèvres les plus pauvres te dénoncent
Par un sourire
Bonjour tristesse

∾ C'est également dans l'œuvre de Paul Éluard qu'elle a trouvé cet autre titre remarquable *Un peu de soleil dans l'eau froide* :

Inconnue, elle était ma forme préférée,
Celle qui m'enlevait le souci d'être un homme,
Et je la vois et je la perds et je subis
Ma douleur, comme *un peu de soleil dans l'eau froide*.

∾ *Dans un mois, dans un an* est le début d'un vers de Racine tiré d'une déchirante scène d'amour entre Titus, empereur de Rome, et Bérénice, reine de Palestine (acte V, scène 4) :

Pour jamais! Ah! Seigneur, songez-vous en vous-même
Combien ce mot cruel est affreux quand on aime?
Dans un mois, dans un an, comment souffrirons-nous
Seigneur, que tant de mers me séparent de vous?
Que le jour recommence et que le jour finisse
Sans que jamais Titus puisse voir Bérénice,
Sans que de tout le jour je puisse voir Titus!

∾ *Les Merveilleux Nuages*, ces deux mots proviennent d'une phrase souvent citée de Baudelaire (« L'Étranger »)

J'aime les nuages... les nuages qui passent...
Là-bas... Là-bas... *les merveilleux nuages*

☘ C'est, bien sûr, à La Fontaine et à sa fable « Les Deux Pigeons » que *Valéry Larbaud* a emprunté son titre *Amants, heureux amants* :

Amants, heureux amants, voulez-vous voyager?
Que ce soit aux rives prochaines
Soyez-vous l'un à l'autre un monde toujours beau,
Toujours divers, toujours nouveau
Tenez-vous lieu de tout, comptez pour rien le reste.

☘ *Henri Troyat*, lui, a pêché dans la Bible, à la suite l'un de l'autre, les titres de deux de ses plus célèbres cycles romanesques. Voir le passage de la Genèse (8.22) qui raconte le retour sur la terre ferme de l'arche après le Déluge :

« Noé bâtit un autel à l'Éternel. Il prit de toutes les bêtes pures et tous les oiseaux purs et il offrit des holocaustes sur l'autel. L'Éternel sentit une odeur agréable et il dit en son cœur : Je ne maudirai plus la terre à cause de l'homme parce que les pensées du cœur de l'homme sont mauvaises dès sa jeunesse; et je ne frapperai plus tout ce qui est vivant comme je l'ai fait.
Tant que la terre durera,
Les semailles et les moissons,
Le froid et la chaleur,
L'été et l'hiver
Le jour et la nuit
Ne cesseront point. »

~ Pour un autre de ses romans, *Le Bruit solitaire du cœur*, Henri Troyat s'est servi d'une phrase tirée du *Fanal bleu* de Colette : « Au lieu d'aborder des îles, je vogue donc vers ce large où ne parvient que *le bruit solitaire du cœur*, pareil à celui du ressac. Rien ne dépérit, c'est moi qui m'éloigne, rassurons-nous. Le large, mais non le désert. »

☘ *André Malraux* a intitulé *Les Chênes qu'on abat* l'ouvrage consacré à ses derniers entretiens avec le général de Gaulle. Il a trouvé cette belle métaphore dans un poème de Victor Hugo dédié à Théophile Gautier *(Toute la Lyre).*

Lorsqu'un vivant nous quitte, ému, je le contemple;
Car entrer dans la mort, c'est entrer dans le temple; (...)
Tout penche et ce grand siècle avec tous ses rayons
Entre en cette ombre immense où, pâles nous fuyons.

Oh! quel farouche bruit font dans le crépuscule
Les chênes qu'on abat pour le bûcher d'Hercule!

☘ *Raphaële Billetdoux* a un nom qui sonne comme une heureuse correspondance. Cette jeune romancière sait choisir ses titres et elle ne s'est pas trompée en empruntant à P.-J. Toulet et à Racine les mots susceptibles de charmer les lecteurs potentiels dès la couverture de ses livres.
~ *Prends garde à la douceur des choses*, roman qui lui valut en 1976 le prix Interallié, est un vers tiré d'un poème de P.-J. Toulet (« Les Contrerimes ») :

En Arles

Dans Arles où sont les Aliscamps
Quand l'ombre est rouge sous les roses
Et clair le temps
Prends garde à la douceur des choses
Lorsque tu sens battre sans cause
Ton cœur trop lourd
Et que se taisent les colombes :
Parle tout bas si c'est l'Amour
Au bord des tombes;

~ Quant à son roman qui fut récompensé en 1985 par le prix Renaudot *Mes nuits sont plus belles que vos jours*, le titre en est inspiré d'une phrase gravée au-dessus de la porte du pavillon Racine à Uzès (Gard). Le jeune Racine, orphelin de père et de mère, séjourna pendant deux ans (1661-1663) dans cette charmante ville où l'avait invité son oncle Antoine Sconin, vicaire général, qui essaya, en vain, de lui faire obtenir un bénéfice. Dans une lettre datée du 17 janvier 1662, adressée à M. Vitart, Racine écrivait ce poème qui témoigne de son émerveillement pour la clarté des nuits provençales :

Enfin lorsque la nuit a déployé ses voiles,
La lune au visage changeant
Paraît sur un trône d'argent
Et tient cercle avec les étoiles
Le ciel est toujours clair tant que dure son cours
Et nous avons des nuits plus belles que vos jours.

☘ *Emmanuel Roblès* a écrit en 1952 l'un de ses romans les plus célèbres, *Cela s'appelle l'aurore*, que Luis Bunuel porta à l'écran. Cette courte et belle phrase est tirée de l'*Electre* (II, 10) de Jean *Giraudoux* :

La femme Narsès :
- Comment cela s'appelle-t-il, quand le jour se lève, comme aujourd'hui, et que tout est gâché, que tout est saccagé, et que l'air pourtant se respire, et qu'on a tout perdu, que la ville brûle, que les innocents s'entretuent, mais que les coupables agonisent, dans un coin du jour qui se lève?
Le mendiant :
- Cela a un très beau nom, femme Narsès, *cela s'appelle l'aurore*!

Dans son livre *Patience dans l'azur* (Seuil, 1981), l'astrophysicien canadien *Hubert Reeves* réussissait l'exploit de nous faire participer à la naissance du monde en direct, exactement comme cela s'est passé, il y aura de cela 15 milliards d'années mercredi prochain. Le beau titre de son livre vient en droite ligne d'un poème de Paul Valéry tiré de « Palme » :

Patience, patience
Patience dans l'azur!
Chaque atome de silence
Est la chance d'un fruit mûr.

Du même Paul Valéry, la phrase célèbre. « *L'avenir n'est plus ce qu'il était* » a été joliment adaptée par Simone Signoret qui en fit le titre de son livre de souvenirs : *La Nostalgie n'est plus ce qu'elle était* (Seuil).

Autre exemple célèbre, celui des fameux *Oiseaux qui se cachent pour mourir*, titre français de l'œuvre de la romancière *Colleen Mc Cullough* (« Que dis-je une Colleen, c'est une vraie montagne! » aurait pu s'écrier Cyrano face au quintal et demi de la dame). Le roman s'intitule dans sa version originale *The Thorn birds*. Pierre Belfond, éditeur des œuvres de Colleen Mc Cullough, imagina pour l'édition française de ce roman un titre de légende *Les Oiseaux se cachent pour mourir*. Ce n'est qu'après plusieurs années qu'il s'aperçut que la phrase qu'il croyait avoir inventée et dont il était - à juste... titre! - si fier, était due à une inconsciente Coppée-ration avec le poète François Coppée :

La Mort des oiseaux

Le soir, au coin du feu, j'ai pensé bien des fois
A la mort d'un oiseau quelque part, dans les bois,
Pendant les tristes jours de l'hiver monotone
Les pauvres nids déserts, les nids qu'on abandonne,

Se balancent au vent sur le ciel gris de fer,
Oh! Comme les oiseaux doivent mourir l'hiver!
Pourtant, lorsque viendra le temps des violettes,
Nous ne trouverons pas leur délicats squelettes
Dans le gazon d'avril où nous irons courir.
Est-ce que *les oiseaux se cachent pour mourir*?

Tout en haut du palmarès des ventes de livres on rencontre souvent le nom de *Belva Plain*, autre faiseuse habituelle de best-sellers made in U.S.A. Un de ses romans a été traduit en France sous le titre *Tous les fleuves vont à la mer*. Belle phrase tirée de l'Ecclésiaste (I,3) :

« Quel avantage tire donc l'homme de tout le mal qu'il se donne sous le soleil? Une génération s'en va, une autre vient, et la terre est toujours là. Le Soleil se lève, le Soleil se couche (...) Le vent se dirige vers le Sud, tourne vers le Nord, puis il tourne encore et reprend les mêmes circuits. *Tous les fleuves vont à la mer* et la mer n'est point remplie; ils continuent de couler vers le lieu où ils se dirigent [...] Ce qui a été sera et ce qui s'est fait se fera, il n'y a rien de nouveau sous le soleil. »

Rien de nouveau non plus sous le soleil de l'édition, c'est vrai! Pas même les plus beaux titres.

TOMBES ILLUSTRES

Contraints par l'ambition ou poussés par la nécessité, la plupart de nos contemporains habitent les grandes villes. Une fois achevée leur existence terrestre, c'est sous terre qu'ils se retrouvent dans d'immenses nécropoles, répliques funèbres des cités des vivants, où ils possèdent - caveau modeste ou chapelle résidentielle - un logement correspondant à leur standing passé (parler de « train de vie » eût été impropre!)
Il arrive parfois que des personnages célèbres choisissent de fuir la métropole, théâtre de leur gloire, pour élire domicile dans un minuscule cimetière de campagne, au milieu des champs et des arbres frui-

tiers. Est-ce de leur part une tardive manifestation d'humilité ou bien l'orgueil posthume de ceux qui préfèrent jouer la vedette dans leur village plutôt que les seconds rôles au Père-Lachaise?

Que soit bénie leur initiative, car rien n'est moins attristant que ces cimetières campagnards où les puissants d'hier reçoivent, couchés et en toute simplicité, les hommages des touristes, caméra en bandoulière.

Voici une liste de personnalités avec l'adresse de la résidence secondaire qu'ils ont élue pour l'éternité.

Des écrivains...

- Louis Aragon et Elsa Triolet dans leur propriété de Saint-Arnould-en-Yvelines (78730).
- Henri Bataille, dramaturge. Dans la chapelle de Moux (11700).
- Maurice Barrès à Charmes (88130).
- Pierre Benoit à Ciboure, près de Biarritz (64500).
- Georges Bernanos, à côté de sa mère à Pellevoisin (36500).
- Georges Louis Leclerc, comte de Buffon, dans la chapelle du château de Montbard (21500).
- Albert Camus à Lourmarin (84160).
- René Char, poète, à l'Isle-sur-la-Sorgue (84800).
- François René, vicomte de Chateaubriand, îlot du Grand-Bé au large de Saint-Malo (35400).
- Paul Claudel à Brangues (38510) à 6 kilomètres de Morestel.
- Jean Cocteau dans la chapelle Saint-Blaise-des-Simples qu'il a décorée à Milly-la-Forêt (91490).
- Jean-Pierre Claris de Florian à côté de l'église Saint-Jean-Baptiste à Sceaux (92330).
- Paul Fort, poète, dans le jardin de sa maison, sur la colline d'Argenlieu à Montlhéry (91310).
- Anatole France à la Béchellerie, Saint-Cyr-sur-Loire (37100).
- André Gide au cimetière de Cuverville à Criquetot-l'Esneval (76280).
- Francis Jammes à Hasparren (64240).
- Henri Lacordaire, orateur, à Sorèze (81540).
- Alphonse de Lamartine, chapelle de l'église de Saint-Point près de Milly (71770).
- Pierre Loti dans le jardin de la maison des Aïeules à Saint-Pierre-d'Oléron (17310).
- Stéphane Mallarmé à Samoreau (77210).
- Katherine Mansfield au cimetière d'Avon (77210).
- Frédéric Mistral à Maillane (13910).

- Marcel Pagnol au petit cimetière de La Treille près d'Aubagne (13400).
- Charles Péguy, tombé à Villeroy (77410) près de Meaux le 5 septembre 1914.
- Georges de Porto-Riche dans le cimetière marin de Varengeville-sur-Mer (76119).
- Jacques Prévert, sous un rocher de granit et un rosier rouge à Omonville-la-Petite (50440).
- Romain Rolland à Brèves (58530).
- Pierre de Ronsard à La Riche (37000), banlieue de Tours, au prieuré de Saint-Côme.
- Georges Sand dans le petit cimetière de famille à Nohant (36400).
- Marie de Rabutin-Chantal, marquise de Sévigné, au château de Grignan (26230).
- Hippolyte Taine, au roc de Chère à Menthon-Saint-Bernard (74290).
- Paul-Jean Toulet à Guéthary (64210).
- Louise de Vilmorin dans sa propriété de Verrières-le-Buisson (91370).

Des artistes...

- Georges Braque à Varengeville-sur-Mer (76119).
- Le facteur Ferdinand Cheval qui a conçu le « Palais Idéal », dans un tombeau construit de ses mains à Hauterives (26390).
- Gustave Courbet à Ornans (25290).
- Johan Barthold Jongkind à la Côte-Saint-André (38260).
- Aristide Maillol - sculpteur - à Banyuls-sur-Mer (66650).
- Jean-François Millet à Chailly-en-Bière (77960).
- Claude Monet dans le chevet de l'église de Giverny (27200).
- Pablo Picasso, sur la terrasse du château de Vauvenargues (13126).
- Auguste Renoir à Essoyes (10360).
- Auguste Rodin - sculpteur - à la villa des Brillants, musée Rodin, à Meudon (92190) sous la statue du Penseur.
- Henri Rousseau, dit « le Douanier » dans le jardin de la Perrine à Laval (53000).
- Théodore Rousseau à Chailly-en-Bière (77960).
- Albert Roussel - compositeur - à Varengeville-sur-Mer (76119).
- Henri de Toulouse-Lautrec à Verdelais (33490).
- Vincent Van Gogh, à côté de Théo, à Auvers-sur-Oise (95430).

Des grands personnages...

- Jean Bart dans l'église Saint-Éloi à Dunkerque (59140).
- Georges Bidault à La Celle-les-Bordes (78720).
- Aristide Briand à Chambray (27120) près de Pacy-sur-Eure.
- Georges Clemenceau à Mouchamps (85640).
- Le pape Clément V à l'intérieur de l'église d'Uzeste (33730).
- Gaston Doumergue à Aigues-Vives (30670).
- Armand Fallières à Mezin (31).
- Charles de Gaulle à Colombey-les-Deux-Églises (52330).
- Henri Gouraud à Suippes (51600).
- Jules Grévy à Mont-sous-Vaudrey (39380).
- Bertrand du Guesclin, mort pendant le siège de Châteauneuf-de-Randon, enterré en l'église Saint-Laurent-des-Jacobins, Le Puy (43000).
- Maréchal Joseph Joffre sous un petit temple en rotonde, rue du Maréchal-Joffre à Louveciennes (78430).
- Jean de Lattre de Tassigny, à côté de son fils tué en Indochine à Mouilleron-en-Pareds (85390).
- Albert Lebrun, à Mercy-le-Haut (54560).
- Louis XI à Cléry-Saint-André (45370).
- Michel de Nostredame dit Nostradamus, en l'église Saint-Laurent à Salon-de-Provence (13300).
- Dom Pierre Pérignon - inventeur du champagne - en l'église d'Hautvillers (51160).
- Philippe Pétain dans l'île d'Yeu (85350).
- Raymond Poincaré à Nubecourt (55250) dans le cimetière privé des Gillon (nom de jeune fille de sa mère).
- Georges Pompidou à Orvilliers (78115).
- Robert Schuman à Scy-Chazelles (57160) dans une chapelle fortifiée du XIIIe siècle.
- Maximilien de Béthune, baron de Rosny, duc de Sully à Sully-sur-Loire (45600).

Des vedettes...

- Jacques Anquetil - champion cycliste - à Quincampoix (76230).
- Francis Blanche à Èze (06360).
- André Raimbourg dit Bourvil à Montainville (78124).
- Claude François à Dannemois (91490).
- Thierry Le Luron à Ploumanach (22700).
- Luis Mariano à Arcangues (64200).
- Gérard Philipe à Ramatuelle (83350) sous un laurier-rose.

- Tino Rossi dans la chapelle du cimetière marin des Sanguinaires près d'Ajaccio (20000).
- Romy Schneider à Boissy-sans-Avoir (78490).

Tous les Bouglione sont enterrés à Lizy-sur-Ourcq (77440). Il y a fort longtemps une des aïeules de la tribu avait choisi ce petit cimetière pour y dormir de son dernier sommeil. Comme il est en contrebas de la route, elle avait déclaré qu'ainsi les gens du voyage pourraient la voir en passant. Tous les grands Firmin, Alexandre, Sampion et Joseph y sont maintenant enterrés.

Dans la première page de la biographie qu'elle a consacrée à François Mitterrand, *Le Noir et le Rouge* (et dont le moins qu'on puisse dire est qu'il ne s'agit pas d'une hagiographie), la journaliste Catherine Nay s'étonne d'une étrange habitude du président de la République : « Quand on évoque [devant lui] un grand poète ou un peintre fameux, [il] songe aussitôt à préciser le lieu de sa dernière demeure.
« - Où sont allés les corps de ceux qui ont " inventé des mondes "? déclara un jour François Mitterrand au magazine *Lire*. La question m'intéresse. Qui aime la mort, aime la vie. »

TROIS

Un... deux... trois... partez!
« Jamais deux sans trois » est la suite logique de cet autre adage qui voudrait qu' « un malheur n'arrivât jamais seul ». Les Anglais, en gens pratiques, les ont réunis en une même formule : « Une déception, puis deux autres. » Et un plus deux égale bien *trois*.
Gardons-nous d'en conclure pour autant que *trois* est doué de pouvoirs maléfiques, car il est possible de démontrer, à l'inverse, les vertus de ce chiffre magique qu'on rencontre à chaque pas dans la mythologie et dans la Bible.
Dieu est une Trinité. Il existe trois vertus théologales. On compte trois Rois mages, trois Grâces, trois Parques, trois Gorgones, trois Grées, trois Erinyes, trois fois trois Muses... Sans parler du cheval de Troie!
Comme posthume villégiature, le choix nous est proposé entre un paradis, un purgatoire et un enfer. Il faut trois personnes au moins, un père, une mère et un enfant pour constituer une famille. Les jeux

se jouent en trois coups : une partie, une revanche et une belle.
Les raisonnements reposent volontiers sur les trois pieds de la thèse, de l'antithèse et de la synthèse, à moins que ce ne soit sur les trois propositions du syllogisme et le monde est en trois dimensions.
Le chiffre trois se décline en trio, triade, triangle, trident, tricorne, tricycle, trinôme, trigone, trilogie, trijumeau, triceps, triglyphe, trilingue, triède, trirème ou trimaran...
Que voudriez-vous que nous fissions contre trois ? Que nous mourussions, bien sûr !...
Trois points de suspension.
Les proverbes, pensées, maximes ou aphorismes reposant sur le chiffre trois ou comprenant trois propositions ne se comptent pas.
Nous vous en proposons trente-trois :
Trois et trois... Nous n'en sortirons pas !

Un amant, c'est de l'amour,
Deux amants, c'est du tempérament,
Trois amants, c'est du commerce.

PROVERBE FRANÇAIS

« Il y a devant l'amour trois sortes de femmes : celles qu'on épouse, celles qu'on aime, celles qu'on paie. Ça peut très bien être la même : on commence par la payer, on se met à l'aimer, puis on finit par l'épouser. » SACHA GUITRY

Un mois avant le mariage : il parle, elle écoute.
Un mois après le mariage : elle parle, il écoute.
Dix ans après le mariage : ils parlent en même temps et les voisins écoutent. PIERRE VÉRON

« Il y a trois choses qu'une femme est capable de réaliser avec rien : un chapeau, une salade et une scène de ménage. »

MARK TWAIN

« Il y a trois variétés de femmes : les emmerdeuses, les emmerdantes, les emmerderesses, cette dernière catégorie comprenant celles qui amènent l'homme à la passivité totale. » PAUL VALÉRY

Il y a trois sortes de vieilles femmes :
un : cette bonne vieille
deux : cette vieille femme
trois : cette vieille sorcière. COLERIDGE

« On a remarqué que, de tous les animaux, les chats, les mouches et les femmes sont ceux qui perdent le plus de temps à leur toilette. »

CHARLES NODIER

« Il n'y a pour l'homme que trois événements : naître, vivre et mourir. Il ne se sent pas naître, il souffre à mourir et il oublie de vivre. »

LA BRUYÈRE

« Il y a trois sortes d'ingrats : ceux qui oublient le bienfait ceux qui le font payer et ceux qui s'en vengent »

SANTIAGO RAMON Y CAJAL

« Dans le monde, vous avez trois sortes d'amis : vos amis qui vous aiment, vos amis qui ne se soucient pas de vous et vos amis qui vous haïssent. »

CHAMFORT

« Il y a trois opinions dont je tiendrai le plus grand compte : 1) la vôtre 2) la mienne 3) et la bonne ! »

FRÉDÉRIC DE VILLANI

« Il y a pour un patron trois manières de se ruiner : les femmes, le jeu et les polytechniciens : La première est la plus agréable, La deuxième est la plus rapide, La troisième est la plus sûre. »

AUGUSTE DETŒUF

« Il y a trois sortes de lois : 1) les lois divines 2) les lois humaines 3) les lois sur les sociétés. »

PAUL LAFFITTE

« Il y a trois sortes d'intelligence : l'intelligence humaine, l'intelligence animale, l'intelligence militaire. »

ALDOUX HUXLEY

« Un bon soldat ne doit penser qu'à trois choses :
1. Au roi, 2. A Dieu, 3. A rien. »

PROVERBE ALLEMAND

« Il y a trois sortes de savoir : Le savoir proprement dit, Le savoir-faire, Et le savoir-vivre ; les deux derniers dispensent assez bien du premier. »

TALLEYRAND

« Il y a trois choses vraies :
Dieu, la sottise humaine et le rire.
Puisque les deux premières dépassent notre entendement, nous devons nous arranger au mieux avec la troisième. »

JOHN F. KENNEDY

« C'est par une grâce de Dieu que nous possédons dans ce pays ces trois choses indiciblement précieuses :
La liberté de parole
La liberté de conscience
Et la sagesse de ne jamais mettre en pratique ni l'une ni l'autre. »

MARK TWAIN

« Les bavards sont ceux qui vous parlent des autres.
Les raseurs sont ceux qui vous parlent d'eux-mêmes.
Mais ceux qui vous parlent de vous sont de brillants causeurs. »

MARCEL PAGNOL

« Le secret de tout art d'exprimer consiste à dire la même chose trois fois :
On dit qu'on va la dire
On la dit
On dit qu'on l'a dite. » JEAN GUITTON

« Être bête, égoïste et avoir une bonne santé, voilà les trois conditions voulues pour être heureux. Mais si la première vous manque, tout est perdu. » GUSTAVE FLAUBERT

« L'homme est la proie de trois maladies chroniques et inguérissables : le besoin de nourriture, le besoin de sommeil et le besoin d'égards. » HENRY DE MONTHERLANT

« Il y a trois grandes écoles pour apparendre l'homme : l'Église, la prison et le Deuxième Bureau. » MAURICE SACHS

« Il y a trois choses dont un écrivain doit se garder : postuler un fauteuil à l'Académie, écrire dans la *Revue des Deux Mondes* et demander la croix de la Légion d'honneur. »

GUY DE MAUPASSANT.

« Pénétrez-vous de cette maxime :
l'intérêt de l'accusé est sacré
l'intérêt de la Société est deux fois sacré
l'intérêt de la Justice est trois fois sacré. »

ANATOLE FRANCE

Un serviteur, deux seaux d'eau à la maison
Deux serviteurs, un seul seau d'eau à la maison
Trois serviteurs, pas de seau d'eau à la maison.

PROVERBE CHINOIS

« En France, on fait sa première communion pour en finir avec la religion. On passe son bac pour en finir avec les études. On se marie pour en finir avec l'amour. » ERNEST BERSOT

« Lyon est une ville illustre traversée par trois grands fleuves : le Rhône, la Saône et le Beaujolais. » LÉON DAUDET

Un Hollandais est un théologien
Deux Hollandais forment une Église
Trois Hollandais font un schisme. PROVERBE BATAVE

Un Suisse, un monologue
Deux Suisses, un dialogue
Trois Suisses, un catalogue.

« Il y a trois choses supérieures au Mexique :
1. Le tabac. 2. le café. 3. la vérole. » EDMOND ET JULES GONCOURT

Picasso est peintre : moi aussi
Picasso a du génie : moi aussi
Picasso est communiste : moi non plus.

SALVADOR DALI

« A l'éternelle triple question, toujours demeurée sans réponse : 1. Qui sommes-nous ? 2. D'où venons-nous ? 3. Où allons-nous ? Je réponds : " En ce qui me concerne personnellement : Je suis moi, je viens de chez moi et j'y retourne ". » PIERRE DAC

Et voici, en prime, une forte parole de Maurice Chapelan :
« Vous êtes un idiot en trois lettres... et je vous dis zut en cinq ! »

VERS CÉLÈBRES

A

Ah! Frappe-toi le cœur, c'est là qu'est le génie!
ALFRED DE MUSSET, *Premières Poésies*
« A mon ami Édouard B. »

Albe vous a nommé, je ne vous connais plus!
PIERRE CORNEILLE, *Horace*, acte II, scène 3.

Amants, heureux amants, voulez-vous voyager?
JEAN DE LA FONTAINE, *Fables*,
« Les Deux Pigeons ».

A noir, E blanc, I rouge, U vert, O bleu, voyelles.
ARTHUR RIMBAUD, « Voyelles ».

A qui venge son père, il n'est rien d'impossible
PIERRE CORNEILLE, *Le Cid*, acte II, scène 2.

Ariane, ma sœur, de quel amour blessée
Vous mourûtes aux bords où vous fûtes laissée.
JEAN RACINE, *Phèdre*, acte I, scène 3.

Aux yeux du souvenir, que le monde est petit!
CHARLES BAUDELAIRE,
Les Fleurs du mal, « Le Voyage ».

B

Beau ciel, vrai ciel, regarde-moi qui change.
PAUL VALÉRY, *Charmes*, « Le Cimetière marin ».

Bon appétit, Messieurs, O ministres intègres...
VICTOR HUGO,
Ruy Blas, acte II, scène 2.

C

Car le jeune homme est beau, mais le vieillard est grand.
VICTOR HUGO,
La Légende des siècles, « Booz endormi ».

Ce que je sais le mieux c'est mon commencement.
JEAN RACINE, *Les Plaideurs*, acte III, scène 3.

Ce siècle avait deux ans, Rome remplaçait Sparte.
VICTOR HUGO, *Les Feuilles d'automne.*

C'était pendant l'horreur d'une profonde nuit.
JEAN RACINE, *Athalie*, acte II, scène 5.

Cette faucille d'or dans le champ des étoiles.
VICTOR HUGO, *La Légende des siècles*,
« *Booz* endormi ».

Cette obscure clarté qui tombe des étoiles.
PIERRE CORNEILLE, *Le Cid*, acte IV, scène 3.

Ceux qui, pieusement, sont morts pour la patrie.
VICTOR HUGO, *Les Chants du crépuscule.*

Comme on voit sur la branche au mois de mai la rose.
PIERRE DE RONSARD, « Sur la mort de Marie ».

Comme un vol de gerfauts hors du charnier natal.
JOSÉ-MARIA DE HÉRÉDIA, « Les Conquérants ».

Cueillez dès aujourd'hui les roses de la vie.
PIERRE DE RONSARD,
Sonnets pour Hélène, livre II.

D

Dans le grand parc solitaire et glacé.
PAUL VERLAINE, *Colloque sentimental.*

Dans un mois, dans un an, comment souffrirons-nous...
JEAN RACINE, *Bérénice*, acte IV, scène 5.

Dans Venise la rouge
Pas un bateau ne bouge.
ALFRED DE MUSSET, *Contes d'Espagne et d'Italie*,« Venise ».

De la musique avant toute chose.
PAUL VERLAINE, « Art poétique ».

De l'autre côté des tombeaux
Les yeux qu'on ferme voient encore.
SULLY PRUDHOMME, *La Vie intérieure*, « Les Yeux ».

Deux coqs vivaient en paix; une poule survint.
JEAN DE LA FONTAINE, *Fables*, « Les Deux Coqs ».

Deux pigeons s'aimaient d'amour tendre.
JEAN DE LA FONTAINE, *Fables*, « Les Deux Pigeons ».

Donne-lui tout de même à boire, dit mon père!
VICTOR HUGO,
La Légende des siècles, « Après la bataille ».

E

Ecoutez la chanson bien douce
Qui ne pleure que pour vous plaire.
PAUL VERLAINE, *Sagesse*.

En cette foi je veux vivre et mourir.
FRANÇOIS VILLON, *Ballade pour prier Notre-Dame*.

Entends ma chère, entends la douce nuit qui marche.
CHARLES BAUDELAIRE, *Recueillement*.

Et, j'ai vu quelquefois ce que l'homme a cru voir!
ARTHUR RIMBAUD, *Le Bateau ivre*.

Et le combat cessa, faute de combattants.
PIERRE CORNEILLE, *Le Cid*, acte IV, scène 3.

Et les fruits passeront la promesse des fleurs.
FRANÇOIS DE MALHERBE,
Prière pour le roi Henri le Grand, allant en Limousin.

Et nous les petits, les obscurs, les sans-grade.
EDMOND ROSTAND, *L'Aiglon*.

Et plus que l'air marin la douceur angevine.
JOACHIM DU BELLAY, « Les Regrets ».

Et qui n'est chaque fois, ni tout à fait la même
Ni tout à fait une autre, et m'aime et me comprend.
PAUL VERLAINE,
Poèmes saturniens, « Mon rêve familier ».

Et rose elle a vécu ce que vivent les roses.
FRANÇOIS DE MALHERBE, *Consolations à Du Périer*.

Et s'il n'en reste qu'un, je serai celui-là!
VICTOR HUGO, *Les Châtiments*, « Ultima Verba ».

Et tout le reste est littérature.
PAUL VERLAINE, *Jadis et naguère*, « Art poétique ».

G

Gémir, pleurer, prier, est également lâche.
ALFRED DE VIGNY, *La Mort du loup.*

H

Heureux qui comme Ulysse a fait un beau voyage.
JOACHIM DU BELLAY, « Les Regrets ».

Homme libre toujours tu chériras la mer.
CHARLES BAUDELAIRE, *Les Fleurs du mal,* « L'Homme et la mer ».

Horloge! Dieu sinistre, effrayant, impassible
Dont le doigt nous menace et nous dit « souviens-toi. »
CHARLES BAUDELAIRE, *Les Fleurs du mal,* « l'Horloge ».

I

Il pleure dans mon cœur
Comme il pleut sur la ville.
PAUL VERLAINE, *Romances sans paroles.*

J

J'aime le son du cor, le soir au fond des bois.
ALFRED DE VIGNY, *Poèmes antiques et modernes,* « Le Cor ».

J'ai perdu ma force et ma vie
Et mes amis et ma gaieté.
ALFRED DE MUSSET, *Tristesse.*

J'ai plus de souvenirs que si j'avais mille ans.
CHARLES BAUDELAIRE, *Les Fleurs du mal,* « Spleen ».

Je suis le Ténébreux, le Veuf, l'Inconsolé.
GÉRARD DE NERVAL, *Les Filles du feu,* « El desdichado ».

Je suis venu trop tard dans un monde trop vieux.
ALFRED DE MUSSET, *Poésies nouvelles,* « Rolla ».

J'étais seul, l'autre soir au Théâtre français.
ALFRED DE MUSSET, *Poésies,* « Une soirée perdue ».

Je fais souvent ce rêve étrange et pénétrant.
PAUL VERLAINE, *Poèmes saturniens,* « Mon rêve familier ».

Je meurs de soif auprès de la fontaine.
FRANÇOIS VILLON

Je ne l'ai point encore embrassé d'aujourd'hui.
JEAN RACINE, *Andromaque,* acte I, scène 4.

Je veux de la poudre et des balles.
VICTOR HUGO, *Les Orientales,* « L'Enfant grec ».

L

La chair est triste, hélas! et j'ai lu tous les livres.
STÉPHANE MALLARMÉ, « Brise marine ».

Laisse faire le temps, ta vaillance et ton roi.
PIERRE CORNEILLE, *Le Cid*, acte V, scène 7.

La mer, la mer toujours recommencée...
PAUL VALÉRY, *Charmes*, « Le Cimetière marin ».

La nature est un temple où de vivants piliers.
CHARLES BAUDELAIRE, *Les Fleurs du mal*, « Correspondances ».

Le Chef borgne monté sur l'éléphant gétule.
JOSÉ-MARIA DE HÉRÉDIA, « Après Cannes ».

Le ciel est par-dessus le toit.
PAUL VERLAINE, *Sagesse*.

Le coup passa si près que le chapeau tomba.
VICTOR HUGO, *La légende des siècles*, « Après la bataille ».

Le jour n'est pas plus pur que le fond de mon cœur.
JEAN RACINE, *Phèdre*, acte IV, scène 2.

Le laboureur m'a dit en songe “ fais ton pain ”.
SULLY PRUDHOMME, *Stances et poèmes*, « Un songe ».

Les morts, les pauvres morts, ont de grandes douleurs.
CHARLES BAUDELAIRE, *Les Fleurs du mal*.

Les sanglots longs
Des violons
De l'automne.
PAUL VERLAINE, *Poèmes saturniens*, « Chanson d'automne ».

Le temps a laissé son manteau
De vent, de froidure et de pluie.
CHARLES D'ORLÉANS, *Rondeaux*.

Le vent se lève, il faut tenter de vivre.
PAUL VALÉRY, *Charmes*, « Le Cimetière marin ».

Le vierge, le vivace et le bel aujourd'hui.
STÉPHANE MALLARMÉ, *Sonnets* ».

L'homme est un apprenti, la douleur est son maître
Et nul ne se connaît tant qu'il n'a pas souffert.
ALFRED DE MUSSET, « La Nuit de mai ».

L'inflexion des voix chères qui se sont tues.
PAUL VERLAINE, *Poèmes saturniens*, « Mon rêve familier ».

L'œil était dans la tombe et regardait Caïn.
VICTOR HUGO, *La Légende des siècles*, « La Conscience ».

Lorsque l'enfant paraît, le cercle de famille
Applaudit à grands cris.
VICTOR HUGO, *Les Feuilles d'automne.*

M

Mais aux âmes bien nées
La valeur n'attend pas le nombre des années.
PIERRE CORNEILLE, *Le Cid*, acte II, scène 2.

Mais le vert paradis des amours enfantines.
CHARLES BAUDELAIRE, *Les Fleurs du mal*, « Maesta et Errabunda ».

Mais où sont les neiges d'antan?
FRANÇOIS VILLON, *Ballade des dames du temps jadis.*

Mars qui rit malgré les averses
Prépare en secret le printemps.
THÉOPHILE GAUTIER, *Emaux et camées.*

Mes chers amis, quand je mourrai
Plantez un saule au cimetière.
ALFRED DE MUSSET, *Poésies*, « Lucie ».

Midi, roi des étés, épandu sur la plaine.
LECONTE DE LISLE, *Poèmes antiques*, « Midi ».

Mignonne, allons voir si la rose.
PIERRE DE RONSARD, *Odes*, « A Cassandre ».

Mon âme a son secret, ma vie a son mystère.
FÉLIX ARVERS, « Mes heures perdues ».

Mon père, ce héros au sourire si doux.
VICTOR HUGO, *La Légende des siècles*, « Après la bataille ».

N

Ne pas monter bien haut, peut-être, mais tout seul!
EDMOND ROSTAND, *Cyrano de Bergerac*, acte II, scène 8.

Nourri dans le sérail, j'en connais les détours.
JEAN RACINE, *Bajazet*, acte IV, scène 7.

Nous aurons des lits pleins d'odeurs légères.
CHARLES BAUDELAIRE, *Les Fleurs du mal*, « La mort des amants ».

N'y touchez pas, il est brisé!
SULLY PRUDHOMME, *Les Solitudes*, « Le Vase brisé ».

O

Objets inanimés avez-vous donc une âme...
ALPHONSE DE LAMARTINE,
Harmonies poétiques et religieuses,
« Milly ou la terre natale ».

O! Combien de marins, combien de capitaines.
VICTOR HUGO, *Les Rayons et les ombres*,
« Oceano nox ».

O, l'amour d'une mère! Amour que nul n'oublie.
VICTOR HUGO, *Les Feuilles d'automne*.

O mort, vieux capitaine, il est temps, levons l'ancre.
CHARLES BAUDELAIRE *Les Fleurs du mal*,
« Le Voyage », VIII.

O rage, O désespoir, O vieillesse ennemie.
PIERRE CORNEILLE, *Le Cid*, acte I, scène 4.

O saisons, O châteaux
Quelle âme est sans défauts?
ARTHUR RIMBAUD, « Derniers vers ».

O soleil! Toi sans qui les choses
Ne seraient que ce qu'elles sont!
EDMOND ROSTAND, *Chantecler*.

O temps suspends ton vol! Et vous heures propices.
ALPHONSE DE LAMARTINE,
Méditations poétiques, « Le Lac ».

O toi que j'eusse aimée, O toi qui le savais!
CHARLES BAUDELAIRE,
Les Fleurs du mal, « A une passante ».

P

Poète, prend ton luth et me donne un baiser.
ALFRED DE MUSSET, « La Nuit de mai ».

Pour qui sont ces serpents qui sifflent sur vos têtes.
JEAN RACINE, *Andromaque*, acte V, scène 5.

Pour réparer des ans l'irréparable outrage.
JEAN RACINE, Athalie, acte II, scène 5.

Prends l'éloquence et tords-lui son cou.
PAUL VERLAINE, *Jadis et naguère*, « Art poétique ».

Prends un siège Cinna.
PIERRE CORNEILLE, *Cinna*.

Q

Quand vous serez bien vieille, au soir, à la chandelle.
PIERRE DE RONSARD, *Sonnets pour Hélène*, livre II.

Que ces vains ornements, que ces voiles me pèsent!
JEAN RACINE, *Phèdre*, acte I, scène 3.

Que dis-je c'est un cap? C'est une péninsule!
EDMOND ROSTAND, *Cyrano de Bergerac*, acte I, scène 4.

Que tu es belle maintenant que tu n'es plus!
PIERRE-JEAN JOUVE, *Matière céleste*, « Hélène ».

Que vouliez-vous qu'il fît contre trois? - Qu'il mourût!
PIERRE CORNEILLE, *Horace*, acte II, scène 6.

Qu'il est joli garçon l'assassin de papa!
GEORGES FOUREST, *La Négresse blonde*.

R

Rien ne nous rend si grands qu'une grande douleur.
ALFRED DE MUSSET, « La Nuit de mai ».

Rodrigue, as-tu du cœur?
PIERRE CORNEILLE, *Le Cid*, acte I, scène 5.

Rome, l'unique objet de mon ressentiment.
PIERRE CORNEILLE, *Horace*, acte IV, scène 5.

Rome n'est plus dans Rome, elle est toute où je suis.
PIERRE CORNEILLE, *Sertorius*.

S

Ses ailes de géant l'empêchent de marcher.
CHARLES BAUDELAIRE,
Les Fleurs du mal, « L'Albatros ».

Sois sage, o ma douleur, et tiens-toi plus tranquille.
CHARLES BAUDELAIRE, *Les Fleurs du mal*.

Sous le pont Mirabeau coule la Seine.
GUILLAUME APOLLINAIRE, *Alcools*.

Souvent dans l'être obscur habite un Dieu caché.
GÉRARD DE NERVAL, *Les Chimères*,
« Vers dorés ».

T

Tel qu'en lui-même enfin l'éternité le change.
STÉPHANE MALLARMÉ, « Le Tombeau d'Edgar Poe ».

U

Une rose d'automne est plus qu'une autre exquise.
AGRIPPA D'AUBIGNÉ, *Les Tragiques*.

Un étranger vêtu de noir
Qui me ressemblait comme un frère.

ALFRED DE MUSSET, *La Nuit de décembre.*

Un frais parfum sortait des touffes d'asphodèle.

VICTOR HUGO, *La Légende des siècles,*
« Booz endormi ».

Un seul être vous manque et tout est dépeuplé.

ALPHONSE DE LAMARTINE, *Méditations poétiques,*
« L'isolement ».

V

Voici des fruits, des fleurs, des feuilles et des branches
Et puis voici mon cœur qui ne bat que pour vous.

PAUL VERLAINE, *Romances sans paroles,* « Green ».

Voici venir l'hiver, tueur de pauvres gens.

JEAN RICHEPIN, « La chanson des gueux ».

PETITES PIÈCES DE VERS

Il n'est pas donné à n'importe qui de composer *La Légende des siècles* et de léguer à la postérité des kilomètres d'alexandrins. A côté des poètes officiels, croulant sous les honneurs, statufiés et solennels, ont existé - Dieu merci ! - des rimeurs vagabonds, des poétaillons de rien du tout, buveurs et paillards, moins soucieux de construire une œuvre immortelle que de se faire acclamer par quelques compagnons de cabaret.
On rencontre aussi des philosophes souriants et indulgents, composant pour leur plaisir des quatrains sans prétention et d'autant plus charmants. Vous n'avez que peu de chances de rencontrer dans les anthologies sérieuses et dans les manuels scolaires ces petits chefs-d'œuvre de grâce, d'humour ou de non-conformisme.

☘ Si vous aviez traité Léon-Paul Fargue en gloire nationale et académique, il vous aurait sûrement répondu :

Au pays de Papouasie,
J'ai caressé la Pouasie...
La grâce que je vous souhaite,
C'est de n'être pas Papouète.

Les philosophes qui, au cours des siècles, nous ont laissé des pages savantes sur la vie, l'amour, la mort, peuvent-ils prétendre à la vérité, à la naïveté simple et touchante qu'atteignent les petits quatrains ci-dessous :

On entre, on crie
Et c'est la vie.
On baîlle, on sort
Et c'est la mort!

AURORE DE CHANCEL (1836)

On s'enlace
Puis, un jour
On s'en lasse :
C'est l'amour!

VICTORIEN SARDOU (1831-1908)

On connaît une variante moins indulgente du précédent quatrain, mélancolique raccourci des accoutumances du cœur :

On s'enlace,
On se veut.
On se lasse,
On s'en veut.

Dix mots à peine... et tout est dit!

Chaque poète choisit pour ses vers le support qu'il mérite. Au poète épique les alexandrins gravés dans le marbre. Au petit poète les vers peints au fond des cendriers fantaisie.
Que la gloire soit avec le premier et « paix au cendres » du second!

La vie est vaine
Un peu d'amour
Un peu de haine
Et puis - bonjour!

La vie est brève
Un peu d'espoir
Un peu de rêve
Et puis - bonsoir!

L. DE MONTENAEKEN, *(Peu de chose et presque trop)*

En 1782, le marquis de Boufflers, « abbé libertin, militaire philosophe, diplomate chansonnier » (Rivarol), composa un poème-express en mémoire du pauvre Loth, amoureux de ses deux filles. Pouvait-on exprimer avec plus de délicatesse l'horreur de cette tragédie antique et familiale?

Il but
Il devint tendre
Et puis il fut...
Son gendre

☘ Un libertin anonyme risqua un quatrain très osé qu'on ne saurait blâmer vraiment puisque l'audace de la rime parvient à faire pardonner la témérité du geste :

Ma main qui se sent efficace
Dans son pantalon de pilou
Hésite à jouer à pile ou
Face.

☘ Puisqu'en quelques poèmes nous voici descendus... vers l'aine, restons-y, le temps d'un couplet de cabaret signé Paul Verlaine :

Heureux qui, profitant des plaisirs de la terre,
Baisant un petit cul, buvant dans un grand verre
Remplit l'un, vide l'autre et passe avec gaieté
Du cul de la bouteille au cul de la beauté.

☘ Francis Blanche, n'est guère plus sérieux, mais, lui, n'hésite jamais entre un mot cru et un mauvais jeu de mots : il prend les deux!

Lorsque l'on veut faire la bombe,
Il faut la faire avec raison
Soyons sages jusqu'à Colombes,
Mais à la Garenne... Bezons!

Aurions-nous soupçonné que la banlieue fût une région à si forte connotation érotique?

☘ Ce bon biberon que fut Raoul Ponchon (1848-1937) sut chanter comme personne les joies de la bouteille. Sa muse, qu'il traîna de bistrot en estaminet, lui souffla de bien jolies piécettes, chefs-d'œuvre de « littérature au jour le jour ». Ponchon fut pourtant l'un des piliers - un peu branlant, il est vrai - de la digne académie Goncourt. Voici quelques petits couplets qui méritent d'être déclamés en chœur au cours de soirées bien arrosées :

Quand mon verre est vide,
Je le plains,
Quand mon verre est plein
Je le vide.

Eh oui! C'est de lui!

Si les femmes étaient sans fesses,
Qu'est-ce
Que nous ferions de nos mains
Pauvres humains?

A cette idée nous voilà saisis d'une terreur rétrospective!

Quand nous partîmes de Melun
Nous étions un!
En arrivant à Carcassonne,
Y avait plus personne!

Pour terminer ce mini-récital Ponchon, voici sa très célèbre invective contre l'église Saint-Sulpice :

Je hais les tours de Saint-Sulpice
Si, par hasard, je les rencontre,
Je pisse
Contre!

Tristan Bernard s'amuse à plaisanter gentiment la mythologie en s'interrogeant sur le « mode d'emploi » de ces créatures mi-humain, mi-cheval, que sont les Centaures :

L'Amazone passait. Sur le bord de la route,
Un Centaure « y »pensait, des plus visiblement...
Lors, l'Amazone triste et qu'assaille le doute :
« Est-ce à moi qu'il en veut, ou bien à ma jument? »

Rien n'est plus triste qu'un parapluie, dit-on. L'auteur dramatique Eugène Scribe (1791-1861) a sûrement voulu dérider le sien en lui dédiant ce charmant quatrain :

Ami commode, ami nouveau
Qui, contrairement à l'usage,
Te montres dans les jours d'orage
Et te caches quand il fait beau.

Dans ce chapitre où fleurissent les quatrains, la courte fable de Jean-Luc Moreau fera figure d'œuvre-fleuve. Elle est la parfaite illustration de l'ambiguïté de la position... du missionnaire. Contrairement aux histoires drôles où le pauvre homme se trouve jouer le rôle du pot-au-feu dans une énorme marmite (« un anthropophage est un homme qui aime son prochain... avec de la sauce »), le curé de ce poème sera mangé tout cru :

Le Tigre et le Curé

Dans la jungle, un jour s'aventure
Un curé. Le tigre survient.
Prions! se dit l'abbé.
Seigneur, je t'en conjure,
Fais que ce tigre soit chrétien!
Comment le Très-haut se débrouille
La chronique n'en parle pas.
Le fauve, en tout cas, s'agenouille :
« Seigneur, dit-il, bénissez ce repas! »

D'un recueil de poèmes d'*André Salmon* intitulé *Vocalises*, nous avons extrait cette petite pièce à la gloire de Picasso. On notera l'habileté des rimes qui suivent l'ordre des voyelles :

Celui qui frac*assa*
Un art trop comp*assé*
L'œil en grain de *cassis*
C'est Monsieur Pic*asso*
Tout l'univers l'*a su*.

Livres d'or

Dans la catégorie des poèmes-express se rangent tout naturellement les « vers de circonstance ». Lequel d'entre nous n'a jamais eu la désagréable surprise de se voir présenter un « livre d'or » afin d'y déposer une pensée définitive et irrésistible! Voici une raison supplémentaire d'admirer le talent et le sang-froid de ceux qui ont improvisé un petit chef-d'œuvre en quelques secondes (qui dira si les poèmes improvisés n'ont pas été longuement préparés en secret?).

Tristan Bernard dormit une nuit dans un charmant hôtel de village. Tout se serait passé à merveille si, à l'aube, il n'avait été réveillé en sursaut par le départ d'un autobus pétaradant et ferraillant. Au moment du départ, le patron, honoré de la venue du grand humoriste, lui présenta le livre d'or de l'établissement. Fut-il tout à fait ravi d'y lire ce quatrain?

C'est un hôtel très calme et fier
Qui se trouve un peu à l'écart.
On peut s'y ficher du tiers...
Mais pas du car!

Francis Blanche, attendu dans les studios de Radio Genève, était venu de Paris en voiture. Un panneau indicateur marquant la direction de La Chaux-de-Fonds lui avait inspiré, bien sûr, un très mauvais contrepet dont hérita le sérieux livre d'or helvétique :

Ami qui visite la Suisse
Prends garde à toi si tu confonds :
Pour éviter La Chaux-de-Fonds
Il faut passer par Saint-Sulpice.

Le seul phare français construit à l'intérieur des terres se trouve en Normandie, en plein pays allaisien, à Fatouville. Le livre d'or du phare porte ce joli quatrain d'Alphonse Allais :

Comme il est des femmes gentilles
Il est des calembours amers.
Le fard enlumine les filles
Le phare illumine les mers!

Afin de témoigner envers Alphonse Allais de sa déférente admiration, l'auteur s'autorise modestement à terminer ce chapitre... en vers :

Si les quatrains de circonstance
Avaient tous cet humour, alors...
Alors, bien mieux que le silence
C'est le livre qui serait d'or.

VERS RIDICULES

Qui donc a prétendu que le ridicule pouvait tuer? Bien au contraire, il lui arrive de conférer à certains vers comme une sorte d'immortalité. Emportés par leur fougue créatrice, les poètes et les dramaturges

qui les ont enfantés n'ont pas remarqué - ou alors trop tard - qu'un de leurs pompeux alexandrins acquérait à la déclamation une irrésistible vertu comique.
Voici quelques exemples célèbres nés sous le signe du vers sot :

☘ A tout seigneur, tout honneur : il revenait de droit à *Corneille*, ce génial auteur tragique, d'ouvrir cette galerie des monstres :

> Plus le désir s'accroît, *plus l'effet se recule*
>
> *Polyeucte* (1642).
>
> Car c'est ne pas régner qu'être *deux à régner!*
>
> *La Mort de Pompée* (1644).
>
> Je suis *Romaine, hélas!* puisque *mon époux l'est.*

Cet alexandrin, superbe dans son ingénuité, figurait dans la première version d'*Horace* - acte I, scène 1. L'auteur, sensible aux rires qui accueillaient son « poulet », le modifia en 1656.

☘ Contrairement à ce que l'on croit, la littérature ne compte pas seulement deux Dumas, mais trois. A côté - ou plutôt au-dessous, très au-dessous! - des deux Alexandre Dumas, père et fils, se trouve un *Adolphe Dumas* (1810-1861), secrétaire de Lamartine, qui commit quelques drames en cinq actes dont ce *Camp des Croisés* où se trouvent deux vers inoubliables :

> J'en sortirai du camp, mais quel que soit mon sort
> J'aurai montré du moins *comme un vieillard en sort!*

Quoi de plus normal que ce vieil hareng saur soit dur à digérer et nous revienne souvent!

☘ Voici venu le moment de faire la connaissance de *Charles-Victor Prévot d'Arlincourt* (1789-1856), un bien curieux personnage, qui mérite la palme de l'humour involontaire. Voici quatre alexandrins extraits de son drame *Le Siège de Paris* (1827) :

> J'habite à la montagne *et j'aime à la vallée.*
>
> Mon père, en ma prison, *seul à manger m'apporte.*
>
> Le roi Louis s'avance *avec vingt mille francs.*
>
> Sur le sein de l'épouse, *il écrasa l'époux.*

☘ *Antoine Leblanc de Guillet* (1730-1799) est devenu célèbre pour un seul vers. En 1763, il fit représenter la tragédie *Manco-Capac, premier Inca du Pérou* dans laquelle il revient à un acteur de déclamer sans bafouiller le vers suivant :

Crois-tu de ce forfait *Manco-Capac capable ?*

☘ Au passage, nous égratignerons *Victor Hugo* dont la gloire inoxydable peut résister à tous les mauvais traitements :

Le *Roi de Perse habite*, inquiet, redouté...
La Légende des siècles

☘ Dans *Le Crapouillot*, Jean Galtier-Boissière citait, mais sans pouvoir préciser ses sources, ce vers d'anthologie :

Quoi ! Je ne t'ai point dit *quelle était ma querelle ?*

☘ Au XVIIe vivait un certain *abbé Pellegrin* - totalement oublié aujourd'hui - qui se prétendait dramaturge. Il vivait, ou survivait plutôt, en faisant jouer ses pièces, mais l'état de son habit suffisait à témoigner du peu de succès qu'elles rencontraient. Lors de la première de son opéra *Loth*, alors qu'un personnage s'écrie :

L'amour *a vaincu Loth !*,

on entendit, venant de la salle, la voix d'un loustic qui lança :

Qu'il en donne une à l'auteur !

☘ Un poète nationaliste allemand nommé Becker ayant écrit, en défi aux Français, le poème fameux :

Vous n'aurez pas notre Rhin allemand !

Alfred de Musset releva le gant et lui répliqua superbement :

Nous l'avons eu votre Rhin allemand
Il a tenu dans notre verre [...]

C'est dans ce même poème que se trouve le vers célèbre et héroïque :

Où le père a passé, passera bien l'enfant !

que gynécologues et sages-femmes s'amusent à citer aux jeunes parturientes afin de calmer leur inquiétude.

☘ La médaille d'or du ridicule revient sûrement à ces vers tirés de *Daire* (Darius), tragédie (!) de *Jacques de La Taille de Boudaroy* (1562) :

> O! Alexandre, adieu! Quelque part que tu sois,
> Ma mère et mes enfants aie en recommanda...
> ... il ne put achever, car la mort l'en garda.

VIEILLESSE

« Si jeunesse savait... si vieillesse pouvait!... »
S'il fallait en croire la formule célèbre, un équilibre harmonieux s'établit entre les âges extrêmes de la vie, chacun d'eux acceptant d'un cœur satisfait une juste répartition des responsabilités : aux jeunes la force inexpérimentée, aux têtes chenues le savoir et la sagesse.
Mais, hélas! ceci ne compense pas cela! Les dés sont pipés et, chaque jour qui passe, s'il vient accroître la science du blanc-bec, fait décliner du même coup les performances du barbon. Ainsi, l'un « saura »-t-il de plus en plus, pendant que l'autre « pourra » de moins en moins!
☘ Une charmante petite histoire illustre à merveille cet inconvénient qu'il y a d'être trop jeune - fût-ce à titre temporaire - ou trop vieux. Par une magnifique soirée de printemps où tout invite à l'amour, des couples passent enlacés. Seul, assis sur le bord du trottoir, un tout petit garçon, insensible au bonheur ambiant, sanglote à chaudes larmes. Un vieillard vient à s'arrêter qui s'informe sur la cause d'une si grande détresse :
- C'est... c'est parce que je voudrais pouvoir faire l'amour comme les grands... et que je ne peux pas!
Alors, le grand-père, sans répondre, s'assied à côté du petit garçon et se met à pleurer avec lui...
☘ Ambrose Bierce, dans son *Dictionnaire du Diable*, définit ainsi la vieillesse : « Période de notre existence pendant laquelle nous composons avec les vices que nous chérissons encore, en vitupérant ceux que nous n'avons plus la hardiesse de pratiquer. »
« Comme c'est triste d'être vieux! se plaignait Anatole France, on

peut faire les mêmes choses que quand on est jeune, mais on les fait moins bien. » Les mêmes choses? Voire!
« Passe encore de bâtir, mais planter à cet âge! » disait La Fontaine sans y entendre malice.
Le vieux maréchal de Richelieu - le petit neveu du cardinal - ci-devant gaillard et paillard devant l'Éternel, imagina, à l'âge de quatre-vingt-quatre ans, de se marier pour la troisième fois et avec une jeune veuve. Béat d'admiration et dévoré de curiosité, l'un de ses amis se précipite dès le lendemain afin d'avoir des détails sur la nuit de noces :
- Comment diable, à votre âge, avez-vous pu vous en sortir?
- Je vous avoue, cher ami, que le plus difficile, n'était pas de sortir!
C'est cette situation que Pierre Motin (*Le Cabinet satirique* - 1618) décrivait sans ambages par la plaisante formule que voici :
« La jeunesse a quatre membres souples et un raide. La vieillesse a quatre membres raides et un souple. »
Curnonski, le fameux critique gastronomique, venait d'être opéré de la prostate et il parlait, avec le mépris qu'on affiche pour les ustensiles hors d'usage, de « cet appareil, de moins en moins génital et de plus en plus urinaire ». Et à ses amis qui s'inquiétaient pour sa santé et son moral, il répondait : « Le moral, ça va encore... c'est plutôt l'immoral qui m'inquiète! »
Questionné sur le même sujet, le président Herriot, sans doute préoccupé par une séance du Parlement sur les bouilleurs de cru, avait répondu : « Ça n'est pas l'alambic qui ne va pas très bien, c'est le petit robinet! »
Quant à Alfred Capus, aussi féroce envers ses propres ridicules qu'il l'était envers ceux des autres, il grinçait :
« Moi? mais je me défends très bien! Je peux encore faire l'amour deux fois de suite : une fois l'hiver et une fois l'été! »
« En amour, disait Beaumarchais, les jeunes paient pour ce qu'ils font, les vieux pour ce qu'ils ne font pas! »
Dans le fond, la vieillesse, c'est surtout une question de tuyauterie. Mais il serait malséant de se polariser sur une seule déficience en négligeant de se préoccuper de la fragilité de ces fichues artères dont on a l'âge, à ce qu'il paraît.
Au cours d'une séance particulièrement agitée à l'Académie française, l'amiral Lacaze, dans le feu de la discussion, s'agitait et virait au cramoisi. Son collègue, le chirurgien Mondor, crut prudent d'intervenir : « Amiral, attention à vos vaisseaux! »
Serait-ce à cause de ces vaisseaux à la paroi fragile que de Gaulle eut l'idée de comparer la vieillesse à un naufrage?
Jonathan Swift a écrit sur ce triste sujet une pensée définitive : « Tout

le monde voudrait vivre longtemps, mais personne ne voudrait être vieux. »

« Et dire que les vieux arbres sont si beaux ! » dit Henri Duvernois. Mais on n'est pas de bois, n'est-ce pas ?

Z

ZYGOMATHÈQUE

« Français ! du haut de ce dictionnaire, cinquante mille mots vous contemplent ! »
Voilà ce qu'aurait pu s'écrier fièrement le petit Napoléon Larousse une fois son œuvre achevée. Écrire un dictionnaire, cette impressionnante pyramide de mots, représente, il est vrai, un travail d'Égyptien !
Assurer d'abord la solidité de l'édifice en rassemblant à sa base l'A.B.C. du vocabulaire disponible, puis s'élever peu à peu dans l'alphabet jusqu'à l'ultime lettre... Tout en n'oubliant pas surtout de se réserver un dernier mot, juste pour la pointe. Un dictionnaire qui ne se refermerait pas sur un mot de la fin aurait trop triste allure !
Le hic, c'est qu'à ce stade final de l'opération, il est difficile à un lexicographe de faire preuve d'originalité.

♣ Le dernier mot, le dernier de la classe, celui qui clôture tous les dictionnaires, c'est le sempiternel *zythum* ou *zython*, cette boisson fermentée que fabriquaient les anciens Égyptiens avec de l'orge germée et broyée, de la bière, quoi !
Si chaque année, le Larousse, le Robert, le Quillet et les autres ouvrent leurs pages à une armée de mots nouveaux destinés à rem-

placer quelques substantifs obsolètes admis à faire valoir leurs droits à la retraite, force leur est de reconnaître au zythum une pérennité quasi institutionnelle dans le rôle du point final.
Un dictionnaire, qu'on se le dise, ça n'est pas de la petite bière!

Maintenant que le voici parvenu au dernier chapitre de cette petite encyclopédie résolument placée sous le signe du sourire alphabétique, et au risque de passer pour présomptueux, l'auteur se propose de rompre avec la tradition en choisissant comme mot de la fin un substantif de son invention. Ce n'est pas faute, croyez-le, d'en avoir cherché un qui existe et qui soit drôle!

☘ Nous avons donc le plaisir de vous faire part de la naissance du substantif de sexe féminin *zygomathèque* qui n'est pas, comme on pourrait le déduire d'un examen trop bref, le produit des amours furtives d'un zigomar et d'une anthropopithèque.
Tout au contraire, c'est un mot de bonne famille - grecque, cela va de soi! - à l'étymologie impeccable, forgé d'après le préfixe *zygoma* et le suffixe *thèque*.
Le *zygoma* est l'os de la pommette où vient s'insérer le muscle zygomatique lequel se contracte afin de rendre possible le miracle du sourire en rapprochant de l'oreille le coin de la bouche.
Quant au suffixe *thèque*, il vient du grec *thêké*, signifiant « boîte, collection ». C'est ainsi qu'une *bibliothèque* - même lorsqu'elle n'est pas en bois de teck - est une boîte à livres et qu'on peut obtenir de la même façon une *discothèque*, une *phonothèque*, une *cinémathèque*, une *vidéothèque*, une *photothèque*, une *œnothèque* (magasin spécialisé dans la vente des vins de crus), une *pinacothèque* (musée de tableaux pas forcément consacrés aux nus masculins) ou une *glyptothèque* (musée de sculptures), etc.
Notre *zygomathèque* désignerait donc - à la condition que l'Académie voulût bien accepter ce néologisme - toute collection de mots, d'images ou de sons destinés à provoquer le sourire.
La plus belle des récompenses ne serait-elle pas, pour ce livre, d'être parvenu à mériter ce terme?

Quelques références bibliographiques

- Allais, Alphonse, *Œuvres anthumes - Œuvres posthumes*, réunies par François Caradec (La Table Ronde) ; coll. « Bouquins » (Robert Laffont).
- Antel, Jacques, *Le Tout de mon cru* (J.-J. Pauvert).
- Apollinaire, Guillaume, *Œuvres complètes* (Gallimard).
- Bardèche, Maurice, *Balzac* (Julliard).
- de Beaumarchais, Couty et Rey, *Dictionnaire de littérature française* (Bordas).
- Bechtel et Carrière, *Dictionnaire de la bêtise* (Robert Laffont).
- Bechtel et Carrière, *Le Livre des bizarres* (Robert Laffont).
- Benayoun, Robert, *Les Dingues du non-sens* (Balland).
- Bescherelle, *Dictionnaire national* (Garnier, 1863).
- Blanche, Francis, *Les pensées* (Cherche-Midi).
- Bracquart, Michel, *Le Petit Livre des grandes pensées* (M.A.).
- Brandy, Daniel, *Métamorphoses* (Casterman).
- Breton, Guy, *Histoires d'humour de l'histoire de France* (Presses de la Cité).
- Caradec, François, *Feu Willy* (J.-J. Pauvert).
- Carrière, Jean-Claude, *Humour 1900* (J'ai Lu).
- Castelbajac, Bernadette de, *Les Mots les plus drôles de l'histoire* (Perrin).
- Castelot, André, *L'Almanach de l'histoire* (Perrin).
- Castelot, André, *Le Calendrier de l'histoire* (Perrin).
- Castries, duc de, *La Vieille Dame du Quai Conti* (Perrin).
- Cellard, Jacques, *Anthologie de la littérature argotique* (Mazarine).
- Cocteau, Jean, *Œuvres complètes.*
- Courteline, Georges, *Ma petite philosophie* (Flammarion).

- Dac, Pierre, *Les Pensées* (Le Cherche-Midi).
- Decaux, Alain, *Victor Hugo* (Perrin).
- Desanti, Dominique, *Sacha Guitry* (Grasset).
- Desproges, Pierre, *Dictionnaire superflu* (Seuil).
- Dissere, Jean, *Dictionnaire des citations* (N.O.E.).
- Dorgelès, Roland, *Bouquet de bohême* (Albin Michel).
- Dournon, *Dictionnaire de citations* (Acropole).
- Duchesne et Leguay, *Petite Fabrique de littérature* (Magnard).
- Duhamel, Jérôme, *Le Grand Méchant Dictionnaire* (Seghers).
- Duneton, Claude, *La Puce à l'oreille* (Balland).
- Dupray, Micheline, *Roland Dorgelès* (Presses de la Renaissance).
- Dupré P., *Encyclopédie de citations* (Trévise).
- Étienne, Luc, *L'Art du contrepet* (Harpo).
- Étienne, Luc, *L'Art de la charade à tiroirs* (Pauvert).
- Fontbrune, Jean-Charles de, *Nostradamus, historien et prophète* (Le Rocher).
- Fourest, Georges, *La Négresse blonde* (José Corti).
- Frémy, Dominique, *Quid des présidents de la République* (Robert Laffont).
- Galtier-Boissière, Jean, *Dictionnaire de la conversation* (Le Crapouillot).
- Galtier-Boissière, Jean, *Faux Génies* (Le Crapouillot).
- Gavoty, Bernard, *Les Grands Mystères de la musique* (Trévise).
- Germa, Pierre, *Minute, papillon !* (Hermé).
- Germa, Pierre, *3 000 citations* de la langue française (Marabout).
- Greverand, J.L. et G., *Les Portugaises ensablées* (Duculot).
- Grousset, Jean-Paul, *Si t'es gai, ris donc !* (Julliard).
- Guilleminault, Gilbert, *Le Roman vrai de la IIIe République* (Denoël).
- Guilleminault, Gilbert, *Le Roman vrai du demi-siècle* (Denoël).
- Guitry, Sacha, *Œuvres complètes.*
- Guy, Christian, *Almanach historique de la gastronomie française* (Hachette).
- Harding, James, *Étonnant Sacha Guitry* (Grancher).
- Hugo, Victor, *Œuvres complètes* (Robert Laffont).
- Ifrah, Georges, *Les Chiffres* (Robert Laffont).
- Jadoux, Henri, *Sacha Guitry* (Perrin).
- Jadoux, Henri, *Sacha Guitry, le théâtre et l'amour* (Perrin).
- Jaubert, Jacques, *L'Académie épinglée* (Sylvie Messinger).
- Jean-Charles, *La Foire aux cancres* (Calmann-Lévy).
- Jean-Charles, *Le Dictionnaire du Sphinx* (Press-Pocket).
- King Peters, Arthur, *Jean Cocteau* (Le Chêne).
- Laclos, Michel, *Jeux de lettres, jeux d'esprit* (Marabout).
- Lacroix, Jean-Paul, *H. comme Humour* (Grancher).
- Lacroix, Jean-Paul, *S. comme Sottise* (Grancher).
- Lacroix, Jean-Paul, *L'Humour loufoque* (Grancher).
- Laffont, Robert, *Éditeur* (Robert Laffont).
- Lemaire, H., *Dictionnaire de littérature française* (Bordas).
- Lorcey, Jacques, *Sacha Guitry* (La Table ronde).
- Louÿs, Pierre, *Poésies* (Pauvert).
- Maloux, Maurice, *Dictionnaire de l'humour et du libertinage* (Albin Michel).
- Maloux, Maurice, *Traits et mots d'esprit dans l'histoire* (Albin Michel).
- Martin, Joël, *Manuel de contrepets* (Albin Michel).
- Martin, Joël, *Sur l'album de la comtesse* (Albin Michel).
- Oulipo, *La Bibliothèque oulipienne* (Seghers).
- Oulipo, *La Littérature potentielle* (Folio).

~ Perceau, Louis, *La Redoute des contrepétries* (Briffaut).
~ Perec, Georges, *La Disparition* (Denoël).
~ Petit, Karl, *Le Dictionnaire des citations du monde entier* (Marabout).
~ Poisson, Georges, *Guide des demeures d'hommes célèbres* (Horay).
~ Pomerand, Gabriel, *Le Petit Philosophe de poche* (Livre de Poche).
~ Queneau, Raymond, *Cent mille milliards de poèmes* (Gallimard).
~ Rat, Maurice, *Le Français facile pour tous* (Garnier).
~ Renard, Jules, *Journal* (Gallimard).
~ Rivais, Yak, *Les Demoiselles d'A.* (Belfond).
~ Sabatier, Robert, *Histoire de la poésie française en neuf volumes* (Albin Michel).
~ Villers, Jean de, *Dictionnaire des pensées des auteurs du monde entier* (Marabout).
~ Walter, Henriette, *Le Français dans tous ses états* (Robert Laffont).
~ Weil Sylvie et Louise Rameau, *Trésors des expressions françaises* (Belin).
~ X, *Paris, vingt siècles de chroniques surprenantes* (Balland).
~ Zeyons, Serge, *Le Roman-Photo de la Grande Guerre* (Hier et Demain).
~ Zweig, Stefan, *Honoré de Balzac, le roman de sa vie* (Albin Michel).

Et la presse : *Canard enchaîné, Elle, Événement du Jeudi, Express, Figaro Magazine, Lire, Madame Figaro, Magazine Littéraire, Nouvel Observateur, Paris-Match, Point, Télérama, V.S.D., etc.*

Remerciements

L'auteur exprime ici sa chaleureuse reconnaissance à ceux de ses amis que l'idée de ce livre a séduits et qui ont bien voulu en suivre l'aventure avec intérêt. Certains d'entre eux – parmi lesquels quelques personnalités – lui ont même apporté une collaboration aussi spontanée que désintéressée, sous la forme d'un document inédit, d'un souvenir personnel ou d'une citation peu connue. Que le lecteur n'oublie pas d'associer leurs noms, ci-dessous répertoriés, à la joie que tel passage ou tel chapitre de cette encyclopédie souriante a pu lui procurer.

Pierre Belfond, Georges Belle, Laurence de Bélizal, Albert Benloulou, Édith de Blic, Alain Bombard, Renaud Bombard, Karsten Diettrich, Florence Dupin, Jacques Duquesne, Robert Esménard, Paul Fournel, Edmond Gauron, Xavier Genty, Jacques Glénat, Cyril Hénique, Jean-Paul Lacroix, Joël Martin, Massin, René Millot, Pierre Moiroud, Henri Mouliérac, Michel Topolinski, Danièle de Yparraguirre.

L'auteur et les Éditions Robert Laffont remercient vivement les Éditeurs qui ont permis la reproduction de textes extraits de leurs fonds :

Robert Brasillach : « Bijoux » extrait de *Poèmes de Fresnes* (Lib. Julliard). Jean Dutourd : « Le jeu de la dictée » de Victor Sorin (Lib. Hatier). Georges Fourest : « Pseudo-sonnet asiatique et littéraire » extrait de *La négresse blonde* (éd. José Corti). Yves Gasc : « J » extrait de *L'instable - L'instant* (éd. St Germain-des-Prés). Pierre Louÿs : « Consolations à Curnonsky » (S.G.D.L.). Georges Perec : « Chanson, par un fils adoptif du commandant Aupick » extrait de *La disparition* (éd. Denoël). Bernard Pivot et Micheline Sommant : deux dictées de la finale du championnat de France d'orthographe : 1985 « Pour une garden-party réussie », 1987 « Trois fureteurs insolites », et une dictée du championnat du monde 1988 « La longue balade des mots » (Lire).

CET OUVRAGE
MIS AU POINT
PAR LES ÉDITIONS ROBERT LAFFONT
AVEC LE CONCOURS
D'ALAIN MEYLAN
POUR LA MISE EN PAGES,
ET DE BRIGITTE EVENO
POUR LA RÉALISATION TECHNIQUE,
A ÉTÉ COMPOSÉ EN GARAMOND
PAR LA SOCIÉTÉ NOUVELLE FIRMIN-DIDOT
MESNIL-SUR-L'ESTRÉE
ACHEVÉ D'IMPRIMER
SUR LES PRESSES DE MAURY
À MALESHERBES
EN DÉCEMBRE 1990
& RELIÉ PAR LA NOUVELLE RELIURE INDUSTRIELLE
À AUXERRE
POUR
LE COMPTE DE FRANCE LOISIRS
123, BD DE GRENELLE
À PARIS

Dépôt légal : juin 1991
N° d'édition : 20171 – N° d'impression : 35125 B

Imprimé en France

ABC
GHI
MNO
STU